UTB 8362

Eine Arbeitsgemeinschaft der Verlage

Beltz Verlag Weinheim · Basel
Böhlau Verlag Köln · Weimar · Wien
Verlag Barbara Budrich Opladen · Farmington Hills
facultas.wuv Wien
Wilhelm Fink München
A. Francke Verlag Tübingen und Basel
Haupt Verlag Bern · Stuttgart · Wien
Julius Klinkhardt Verlagsbuchhandlung Bad Heilbrunn
Lucius & Lucius Verlagsgesellschaft Stuttgart
Mohr Siebeck Tübingen
C. F. Müller Verlag Heidelberg
Orell Füssli Verlag Zürich
Verlag Recht und Wirtschaft Frankfurt am Main
Ernst Reinhardt Verlag München · Basel
Ferdinand Schöningh Paderborn · München · Wien · Zürich
Eugen Ulmer Verlag Stuttgart
UVK Verlagsgesellschaft Konstanz
Vandenhoeck & Ruprecht Göttingen
vdf Hochschulverlag AG an der ETH Zürich

Sieglind Luise Ellger-Rüttgardt

Geschichte der Sonderpädagogik

Eine Einführung

Mit 42 Abbildungen und 12 Tabellen

Ernst Reinhardt Verlag München Basel

Prof. Dr. *Sieglind Luise Ellger-Rüttgardt*, Lehrstuhl für Allgemeine Rehabilitationspädagogik und Lernbehindertenpädagogik, Humboldt Universität zu Berlin

Cover: (von links nach rechts) Abbé de L'Epée, Edouard Séguin, Johann Heinrich Pestalozzi, Betty Hirsch, Johann Amos Comenius, Samuel Heinicke (oben), Samuel Gridley
Howe (unten), Anne Sullivan

Bibliografische Information der Deutschen Nationalbibliothek

Die Deutsche Nationalbibliothek verzeichnet diese Publikation in der
Deutschen Nationalbibliografie; detaillierte bibliografische Daten
sind im Internet über <http://dnb.d-nb.de> abrufbar.
UTB-ISBN 978-3-8252-8362-9
ISBN 978-3-497-01932-8

Einbandgestaltung: Atelier Reichert, Stuttgart
Satz: Fotosatz Reinhard Amann, Aichstetten
Druck und Bindung: Friedrich Pustet, Regensburg
Printed in Germany
ISBN 978-3-8252-8362-9 (UTB-Bestellnummer)

Ernst Reinhardt Verlag, Kemnatenstr. 46, D-80639 München
Net: www.reinhardt-verlag.de E-Mail: info@reinhardt-verlag.de

Inhalt

Hinweise zur Benutzung dieses Lehrbuches

Zur schnelleren Orientierung werden in den Randspalten
Piktogramme benutzt, die folgende Bedeutung haben:

 Begriffserklärung, Definition

 Pro und Contra, Kritik

 Beispiel

„Was in den Rahmen der Normalität, den die Anlage, die Sitte, das Vorurteil und das Urtheil gebildet haben, nicht hineinpasst, wird von der Gesellschaft überall, wenigstens bis zu einem gewissen
Grade, ausgeschlossen, bei Seite geschoben, ver-
deckt. Ebenso verfahren die Erziehung und die
Heilpraxis, welche an sich die Aufgabe haben, die
Abnormitäten und Deformitäten, die sich vorfin-
den, so weit es möglich ist, zu überwinden und
die Normalität herzustellen."

Jan Daniel Georgens/Heinrich Marianus Deinhardt:
„Die Heilpädagogik mit besonderer Berücksichti-
gung der Idiotie und der Idiotenanstalten".
Erster Band. Leipzig 1861, 30

Vorwort

Eine Einführung in die Geschichte *der* Sonderpädagogik schreiben zu wollen, ist ein schwieriges Unterfangen, denn es lauern viele Gefahren. Der Leser und die Leserin könnten beispielsweise durch den Titel verführt werden anzunehmen, sie würden das Wichtigste aus der Geschichte erfahren, Geschichte sei gewissermaßen etwas Abgeschlossenes, Überschaubares, das sich mühelos aufrufen und berichten ließe. Aber weit gefehlt! Es gibt nicht *die* Geschichte, sondern wir können immer nur Ausschnitte vergangener Wirklichkeit in unser Gedächtnis zurückholen und wir vermögen Vergangenheit nicht objektiv nachzuzeichnen, sondern nur unter dem Aspekt gegenwärtiger Bedeutsamkeit auszuwählen – insofern gibt es keine objektive Geschichte. Aber Geschichte ist sehr wohl eine Wissenschaft, sie folgt empirisch-hermeneutischen Verfahren, sie muss ihr Erkenntnisinteresse offenlegen und genaue Quellenkritik betreiben. Einführungen wollen gerne die wesentlichen, sicheren Tatbestände einer Disziplin vermitteln – ein Vorgehen, das für eine Einführung in die Geschichte so nicht leistbar ist, denn sie kann nicht anders verfahren, als begründet auszuwählen. Was könnte demnach eine Einführung in die Geschichte der Sonderpädagogik leisten? Ich meine, sie sollte

- Verständnis anbahnen für historisches Denken,
- Kenntnisse vermitteln im Hinblick auf Fragen und Probleme, die in der Vergangenheit diskutiert wurden und die noch heute Relevanz besitzen,
- das Bedürfnis nach historischer Orientierung befriedigen und schließlich
- die Fähigkeit erzeugen, historische Entwicklungen zu erkennen und zu verstehen.

Sollte es gelingen, bei Studierenden und anderen neugierigen Menschen das Interesse für historische Phänomene in der Sonderpädagogik zu wecken, das Verständnis für geschichtliche Zusammenhänge anzubahnen und ein kritisches Bewusstsein hinsichtlich der Bedeutung von Historie für Entwicklungen und Probleme der Gegenwart zu schärfen, so wäre das Ziel dieser Einführung erreicht.

Dieses Buch hätte ohne die Hilfe anderer nicht geschrieben werden können. Mein Dank gilt der Deutschen Forschungsgemeinschaft: Sie hat das Projekt „Bildsamkeit und Behinderung. Die Erweiterung der Idee und Praxis der Bildsamkeit durch die ‚Entdeckung' der Bildbarkeit Behinderter" im Rahmen des DFG-Schwerpunktprogramms „Ideen als gesellschaftliche Gestaltungskraft im Europa der Neuzeit – Ansätze zu einer neuen ‚Geistes-

geschichte'" über einen Zeitraum von sechs Jahren in großzügiger Weise gefördert. Zu danken habe ich den wissenschaftlichen Mitarbeiterinnen des
DFG-Projektes, die durch umfängliche Recherchen die Quellenbasis für
wichtige Kapitel des Buches bereitgestellt haben: Dr. Ursula Hofer-Sieber,
Ute Keller, Dr. Monika Sonke und Sylvia Wolff. Als studentische Hilfskräfte
haben Kristina Rachow, Astrid Reim und Jana Schwärzel für die Ordnung
von Materialien, Beschaffung von Literatur und Korrekturarbeiten eine unentbehrliche Unterstützung geleistet. Dr. Grit Wachtel und Dietrich Ellger
waren manches Mal „Retter in der Not". Frau Gisela Frohberg schließlich
danke ich für ihre große Sorgfalt und Geduld bei der technischen Fertigstel-
lung des Manuskripts.

Für Anregungen, Hinweise und fruchtbare Gespräche habe ich vielen
Personen zu danken. Erwähnen möchte ich insbesondere: Lydia Abel, Ewald
Bachmann, Thomas Barow, Ulrich Bleidick, Gerhard Heese, Heribert Jus-
sen, Gustav O. Kanter, Dominique Lerch, Andreas Möckel, Christian Ritzi,
Svetluse Solarová, Otto Speck, Christian Stöger, Monique Vial, Joachim
Winkler.

Ein besonderer Dank gilt meinem Kollegen Heinz-Elmar Tenorth, dem
ich durch die Zusammenarbeit in dem erwähnten DFG-Projekt eine Sicht
auf die Sonderpädagogik verdanke, die „von außen" kommt – oder genauer
gesagt, ihren Ausgang von dem Allgemeinen und nicht dem Besonderen
nimmt.

Hamburg und Berlin, im Frühjahr 2007
Sieglind Luise Ellger-Rüttgardt

1 Einleitung

> „Wissenschaft ist etwas noch nicht ganz Gefundenes
> und nie ganz Aufzufindendes." (Wilhelm von Humboldt,
> 1767–1835)

Dieser Ausspruch Wilhelm von Humboldts, dem Gründer der Berliner Universität, findet sich auf einer Tafel im oberen Foyer der Humboldt-Universität zu Berlin. Er repräsentiert ein Wissenschaftsverständnis der Geistes- und Sozialwissenschaften, das ungeachtet allen Strebens nach verallgemeinerungsfähiger Erkenntnis von der Überzeugung der grundsätzlichen Begrenztheit wissenschaftlicher Forschung und Erkenntnis geprägt ist. Diese Aussage gilt in hohem Maße für die Geschichte, denn sie lässt sich, so lehrt die Erfahrung, besonders leicht in den Dienst politisch-ideologischer Zwecke nehmen. Der reflektierte, kritische Umgang mit Geschichte lehrt eine wissenschaftliche Haltung, die sich an der Begrenztheit wissenschaftlicher Erkenntnis orientiert und geprägt ist von Neugier, Skepsis, Vorsicht und Differenziertheit.

Jeder Historiker weiß, dass der Fund nur einer einzigen neuen Quelle, d.h. eines Bruchteils vergangener Wirklichkeit, ein ganzes historisches Theoriegebäude einstürzen lassen kann. Der Versuch, Vergangenes darzustellen und zu interpretieren, kann demnach niemals abgeschlossen sein, da neue Quellen auftauchen können oder aber die Perspektive der Fragenden sich verändert. Die Anerkennung, dass es *die* Rekonstruktion einer vermeintlich objektiv vorgegebenen Geschichte nicht geben kann, verweist auf die Standortgebundenheit und Perspektivität jeder historischen Betrachtung. Die Notwendigkeit, historische Phänomene zu verstehen und zu interpretieren und damit in den jeweiligen historischen Kontext angemessen einzubetten, begegnet uns auch in der Sonderpädagogik stets aufs Neue. Lassen Sie mich zur Veranschaulichung zwei Beispiele anführen:

In der Zeitschrift für Heilpädagogik von 1982 findet sich im Heft 8 unter der Rubrik: „Historische Rückschau: Sonderpädagogik 1937" der Abdruck eines Beitrages mit dem Titel: „Arbeit der blinden Hitlerjungen", der in der Zeitschrift „Der Hitlerjunge" von 1937 erschienen war. Die Redaktion der Zeitschrift für Heilpädagogik schrieb dazu einleitend:

> „Der nachfolgende Bericht eines Hitlerjugend-Führers, der als hochgradig Sehbehinderter eine Blindenschule besuchte, erschien am 16. Oktober 1937 [...] Die 45 Jahre alte Darstellung der Arbeit der blinden Hitlerjungen aus der Feder eines Betroffenen legt eindringlich Zeugnis ab von den speziellen Problemen einer Behindertengruppe während

des nationalsozialistischen Regimes. Das seltene aufschlußreiche Dokument wurde der Zeitschrift für Heilpädagogik von der Museumsbücherei der Blindenschule in Berlin-Steglitz zur Verfügung gestellt [...]" (Forum „Sonderpädagogischer Alltag", XXIII)

Der Abdruck dieses Beitrages erfuhr Kritik. So war die Rede von

„jener völligen Geschmacklosigkeit der Zeitschrift für Heilpädagogik [...] wo als erstes Dokument aus der Nazizeit (nach immerhin 37 Jahren!) ausgerechnet eine Selbstbeweihräucherung der doch noch möglichen Arbeit von Blinden in der Hitlerjugend abgedruckt wird" (Zeitschrift für Heilpädagogik, Heft 6, 1983, Nr. 34, IX).

Die Zeitschriftenredaktion bemerkte dazu:

„Offensichtlich ist der Kritiker nicht in der Lage, sich von überwertigen Projektionen freizuhalten. Für Schriftleitung und Vorstand des Verbandes jedenfalls muß nicht ständig deklamiert werden, daß sie sich auch 50 Jahre nach der ‚Machtergreifung' der Nationalsozialisten vom Sozialdarwinismus und von den verbrecherischen Maßnahmen der Eugenik und Euthanasie distanzieren [...] Was den mitunter geäußerten Vorwurf angeht, die historische Aufarbeitung der Nazizeit wurde versäumt, so muß gefragt werden, warum die allseitigen Kritiker nicht das zuliefern, was sie selbst vermissen." (1983, IX)

Dieser Vorgang zeigt, dass mit dem Abdruck dieses Beitrages des blinden HJ-Jungen Paul Werner – ob nun geschickt oder nicht – ein neuralgischer Punkt im Selbstverständnis der Disziplin getroffen worden war, und zugleich macht er auf die Vernachlässigung von Geschichte in der Sonderpädagogik aufmerksam.

 Das zweite Beispiel: Im Januar 1997 schrieb mir eine Frankfurter Sonderschullehrerin einen Brief und bat mich um fachlichen Rat hinsichtlich der Bewertung der geschichtlichen Vergangenheit des Namenspatrons ihrer Schule, dem ehemaligen Frankfurter Stadtschulrat August Henze. Auch Henze war aufgrund seiner NS-Vergangenheit in die Kritik geraten. Ausgelöst wurde diesmal der Vorgang vom Landesverband des Verbandes Deutscher Sonderschulen in Hessen, der sich im Februar 1996 an das Kollegium der August-Henze-Schule gewandt hatte und darin u. a. schrieb:

„Über Gustav Lesemann und August Henze hörte man – wenn überhaupt – lange Zeit nur Positives. Seit die Geschichte des Hilfsschulwesens etwas näher und kritischer erforscht wird, erfährt das strahlende Bild deutlich braune Flecken [...] Allerdings steht Lesemann mit seiner vehementen Unterstützung des NS-Eugenik-Programms im VdHD [Verband der Hilfsschulen Deutschlands, gegründet 1898; E.-R.] nicht alleine. Sein Freund und langjähriger Weggefährte August Henze hat sich ebenso unmißverständlich und schon vor 1933 für die Zwangssterilisierung der ‚Minderwertigen' und ‚Schwachsinnigen' ausgesprochen." (Vds-Landesverband Hessen 1996)

Die seit 1996 heftig geführte Debatte endete schließlich im Februar 1998 mit der Aufhebung des Namens August Henze für die Sprachheilschule in Frankfurt a. M.

Immer, wenn in der Gegenwart etwas fragwürdig, brüchig wird, stellt sich die Frage nach dem Warum, Woher – und damit nach Geschichte. Nicht zufällig nimmt seit dem Fall der Mauer jene Zahl von Büchern zu, die sich mit der deutschen Frage und damit der deutschen Geschichte befassen. Ein neu erwachendes historisches Interesse ist auch in der Behindertenpädagogik seit einiger Zeit erkennbar, und dieses wird verständlich vor dem Hintergrund einer allgemeinen Verunsicherung des Selbstverständnisses der deutschen Heil-, Sonder- oder Behindertenpädagogik. *historisches Interesse*

Einstmals mit tonangebend in der Welt und damit Vorbild für viele andere Länder, befindet sich diese Spezialdisziplin der Pädagogik seit den 70er Jahren in einer zunehmenden Identitätskrise. Sie muss sich damit auseinandersetzen, dass in einer Vielzahl westlicher demokratischer Staaten das sozialpolitische und pädagogische Hilfe- und Fördersystem für Behinderte eine andere Richtung eingeschlagen hat als in Deutschland. Weg von der Besonderung und Separierung hin zur „Normalisierung" der Lebensverhältnisse von Menschen mit Behinderungen – so lässt sich diese Richtung schlagwortartig beschreiben. *Selbstverständnis Sonderpädagogik*

Das Ziel ist stets überall identisch, nämlich ein Höchstmaß an gesellschaftlicher Eingliederung zu erreichen – unterschiedlich sind allerdings die Wege dorthin: Während man in Deutschland, dem deutschsprachigen Raum und in Holland in der Vergangenheit auf ein hochspezialisiertes System von Sondereinrichtungen setzte, ging man in den skandinavischen und angelsächsischen, später auch den romanischen Ländern mehr und mehr den Weg der stärkeren Einbeziehung sonderpädagogischer Förderung in das allgemeine Schulwesen, bekannt unter dem Stichwort der Integration bzw. neuerdings auch der Inklusion.

Als besondere Belastung erweist sich für die deutsche Diskussion, dass das System der Behindertenhilfe und seine Akteure im „Dritten Reich" in großen Teilen versagt haben, dass es eine jüngste historische Epoche in Deutschland gegeben hat, in der – entgegen allen traditionellen humanistischen Ansprüchen – Menschen mit Behinderungen in ihrer Existenz bedroht waren. Diese Hypothek war lange Zeit verdrängt – nicht zuletzt auch in der DDR. Und somit wirft die wiedergewonnene deutsche Einheit auch in der Behindertenpädagogik die Frage nach der Geschichte neu auf. Gerade im Hinblick auf eine Neuformulierung behindertenpädagogischen Selbstverständnisses wird man nicht daran vorbeikommen, sich auch kritisch mit jenem deutschen Teilstaat auseinanderzusetzen, der von seinem Anspruch her als ein Anwalt von Menschen mit Schädigungen – so der Terminus – auftrat. *historische Hypothek*

Geschichtliches Interesse in der Sonderpädagogik ist auch nicht verstehbar ohne eine Berücksichtigung des Wandels des Selbstverständnisses von Geschichte allgemein und von Erziehungsgeschichte im Besonderen. Geschichte ist nicht mehr wie zur Zeit des Historismus im 19. Jahrhundert vorrangig eine Geschichte der Haupt- und Staatsaktionen (also politische Geschichte, Geschichte der großen Männer), sondern sie versteht sich zunehmend als kritische Sozialwissenschaft und damit als ein Instrument der Aufklärung und Deutung von Vergangenheit und Gegenwart.

„In Wahrheit hat es der Historiker nicht mit der Vergangenheit zu tun, sondern immer nur mit ihrer Interpretation […] Es gibt keine Wirklichkeit ohne ihre Repräsentation […] Historiker sind Anthropologen des Vergangenen. Sie versuchen, jenen Menschen, die in den Texten der Vergangenheit zu uns sprechen, eine Stimme zu verleihen und sie zu verstehen." (Baberowski 2005, 22)

Selbstverständnis Geschichte

Geschichte wird also nicht mehr als „objektive" Wissenschaft verstanden, die erzählt, wie es „wirklich" war. Mit Blick auf Foucaults historischen Ansatz schreibt U. Brieler, dass historische Praxis nichts anderes sein kann „als Interpretation in und an der Gegenwart unter einer aktuellen Fragestellung" (1998, 280).Geschichte, so allgemeiner Konsens, ist stets standortgebunden und nimmt ihren Ausgang von relevanten Fragen der Gegenwart. Daraus folgt, dass jede historische Forschung ihr erkenntnisleitendes Interesse offenlegen muss. Eine um Aufklärung bemühte Geschichtsschreibung ist unvereinbar mit den Positionen einer dogmatischen materialistischen Geschichtsauffassung, aber ebenso mit einer vermeintlich wertfreien, narrativen (erzählenden) Ideengeschichte. Gefragt ist vielmehr eine pluralistische, kritische Geschichtsschreibung, die unterschiedliche methodische Zugangsweisen integriert und die daher Momente von Kultur- und Alltags-, Sozialgeschichte, von Institutionen- und Ideengeschichte als prinzipiell gleichberechtigt anerkennt (Eibach/Lottes 2002; Tenorth 2002). Geschichtliches Verständnis soll schließlich dazu beitragen, den professionellen Pädagogen eine Orientierung in der Gegenwart zu ermöglichen:

„Geschichte der Pädagogik, das ist […] immer auch der Versuch, an der Erziehungswirklichkeit der Vergangenheit Herkunft und Möglichkeiten der Pädagogik in der Gegenwart zu analysieren und den professionellen Pädagogen eine Tradition zu eröffnen, in der er eine zukunftsfähige berufliche Identität gewinnen kann." (Tenorth 1992, 9)

Der Sinn von Geschichte – so können wir zusammenfassen – zielt auf das handlungsfähige Subjekt, das seine Identität in Gegenwart und Zukunft durch die Begegnung mit dem Vergangenen erfährt. Die Beschäftigung mit der Geschichte nimmt stets ihren Ausgang von Problemen der Gegenwart, sie hilft, gegenwärtige Phänomene besser zu verstehen, und sie eröffnet Perspektiven für gesellschaftliches Handeln.

Wenn wir in der Gegenwart von *Sonderpädagogik* sprechen, dann verstehen wir darunter einen Oberbegriff für die verschiedenen sonderpädagogischen Einzeldisziplinen. Es wird deutlich werden, dass dieses Verständnis bereits Ergebnis eines historischen Prozesses ist, denn am Anfang der Entwicklung vor mehr als 200 Jahren gab es zunächst nur eine Pädagogik der Taubstummen, der Blinden und später auch der Geistesschwachen, aber keine ordnende, übergreifende Begrifflichkeit – diese erfolgte zum ersten Mal im 19. Jahrhundert mit dem zweibändigen Werk von Jan Daniel Georgens und Heinrich Marianus Deinhardt „Die Heilpädagogik", dessen erster Band 1861 erschien und sich schwerpunktmäßig der „Idiotie" und den „Idiotenanstalten" widmete, gleichwohl aber das Gesamtgebiet der Heilpädagogik im Auge hatte. „Heilpädagogik" als Oberbegriff wird wenig später von dem Taubstummen- und Schwachsinnigenpädagogen Heinrich Ernst Stötzner in seiner Schrift „Altes und Neues aus dem Gebiete der Heilpädagogik" von 1868 unter Berufung auf das Werk von Georgens und Deinhardt aufgegriffen, indem er den Gegenstand dieses „neuen Zweiges der Pädagogik" wie folgt umschreibt:

> „In ihren Bereich gehören die Viersinnigen, die sittlich Verwahrlosten, die Blöd- und Schwachsinnigen, die Cretinen, die Stotterer, die körperlich gebrechlichen Kinder; Letztere, so weit dadurch die geistige Entwicklung gehemmt wird. Im weitesten Sinn wird alle Pädagogik zur Heilpädagogik, sobald es gilt, falsch ausgebildeten Willens- und Gemüthsrichtungen im Kinde entgegenzutreten." (Stötzner 1868, 2)

Geschichte der Heil- und Sonderpädagogik war bislang primär eine Geschichte der jeweiligen sonderpädagogischen Disziplinen und das von Svetluse Solarová 1983 herausgegebene Werk „Geschichte der Sonderpädagogik" spiegelt genau dieses Vorgehen wider, indem es jeweils einzelne Abhandlungen zu den jeweiligen sonderpädagogischen Fachrichtungen aufweist.

Die von Andreas Möckel 1988 vorgelegte „Geschichte der Heilpädagogik" repräsentiert die erste übergreifende Darstellung des Gegenstandes Heilpädagogik. Dabei ist von besonderer Bedeutung, dass Möckel die Geschichte der Heilpädagogik im Referenzsystem von Pädagogik schlechthin thematisiert, denn er postuliert, dass „die Ursprünge der Heilpädagogik [uns] pädagogische Ursprünge [sind]" (Möckel 1988, 24f). Indem Möckel allerdings seinen Blick auf das Scheitern in der Erziehung richtet, Versagen als zentrale Fragestellung wählt, ferner sein Augenmerk vor allem auf die Entstehung und Entwicklung „der ersten, bahnbrechenden Institutionen" (S. 27) für behinderte Schüler lenkt und schließlich Heilpädagogik eher als Gegenentwurf (so gegen Rousseau), nicht jedoch als komplementäres oder gar einheitsstiftendes Element der Allgemeinen Pädagogik ansieht, verharrt er letztlich, so scheint uns, notwendigerweise in einem eingeschränkten behindertenpädagogischen Referenzsystem.

Unser Blick auf die Geschichte der Sonderpädagogik möchte einen anderen Weg einschlagen, indem er die Blickrichtung wechselt. Ausgangspunkt unserer Darstellung soll nicht das bereits als Ergebnis historischer Prozesse generierte Besondere der Pädagogik sein, sondern das Allgemeine, der Universalitätsanspruch auf Bildung für alle. **Universalität von Bildung**

Die Pädagogik der Moderne (vgl. Herrmann 2005; Tenorth 2006a) ist gekennzeichnet durch Ambivalenzen und Widersprüche, die sich am zentralen Begriff der Bildsamkeit aufzeigen lassen. Bildsamkeit als der zentrale Begriff der Pädagogik „zur Bezeichnung der Erziehbarkeit und Selbstbestimmungsfähigkeit des Menschen" (Benner/Brüggen 2004, 174) schließt als Idee und aus anthropologischer Sicht alle Personen ein, also auch Behinderte, sie gilt demnach universell. In ihrer praktischen Wirksamkeit – und darin liegt zugleich ihr paradoxaler Charakter – führt diese Idee der Bild- **Ambivalenzen moderner Pädagogik** samkeit zu Besonderheiten, zur Partikularität, sei es durch spezifische Methoden, besondere Bildungsorganisationen oder aber eigene Professionsgruppen.

> „In der subtilen Identifikation von Problemen wird die Partikularisierung verschärft und die Differenz und Separierung der Klientel erzeugt, die der an Gleichheit von Bildung und Bildsamkeit orientierte Diskurs an sich verbietet." (Tenorth 2006a, 498)

In ähnlicher Weise, unter Rekurs auf Störungen der Bildsamkeit, schrieb U. Bleidick 1978:

> „Die Idee der Allgemeinen Pädagogik stammt von Herbart. Er hat ihr im Grundbegriff der Bildsamkeit des Zöglings […] das begriffliche Fundament gewiesen. Wenn nun Pädagogik über diese allgemeinen Aussagen hinausgeht, nach den einzelnen speziellen Inhalten der Bildung in den sprachlichen, religiösen, technischen Disziplinen, nach ihren institutionellen Formen in Familie, Schule, Kirche und Staat, nach Erziehungsformen, Bedingungen der Bildsamkeit usw. fragt, fächert sie sich in eine differenzielle Pädagogik besonderer Bereiche auf." (S. 52f)

Bildsamkeit Behinderter

Dieses Phänomen der Ambivalenz und Widersprüchlichkeit ist – und das sei hier besonders betont – konstitutiv für den Charakter der Pädagogik seit ihrem Entstehen als Disziplin im 18. Jahrhundert. Die vorliegende Einführung in das pädagogische Spezialgebiet Sonderpädagogik unternimmt demzufolge den Versuch, die Idee der Bildsamkeit im Hinblick auf den Personenkreis der Behinderten unter dem Aspekt der Gleichzeitigkeit von Universalität und Partikularität zu untersuchen. Dabei ist es Ziel, sowohl die Idee selbst in ihrer Variabilität als auch die Referenzräume von Methoden, Institutionen und Profession zu analysieren.

historische Grundfragen

Es sind die in Tabelle 1.1 aufgeführten Grundfragen, die wie ein roter Faden die einzelnen Kapitel durchlaufen, aber in jeweils unterschiedlicher Akzentuierung zum Tragen kommen werden. Ich wähle also als Ausgangspunkt meiner Darstellung nicht die besonderen Problemlagen oder Institutionen, sondern orientiere mich in der historischen Frage nach einer Pädagogik der Behinderten an der für jede Pädagogik zentralen Kategorie der Bildsamkeit. Damit erteile ich allen Versuchen eine Absage, Fragestellungen und Antworten einer Geschichte der Heil- bzw. Sonderpädagogik ermitteln zu wollen, die nur für die Heil- bzw. Sonderpädagogik gelten.

Differenz und Differenzierung

Ungeachtet des verbindlichen, universalen, gemeinsamen Bezugspunktes von Bildsamkeit geht es in der Sonderpädagogik mit Blick auf Partikularität allerdings sehr wohl um Differenz und Differenzierungsprozesse. Die bereits bei Arno Fuchs 1928 anzutreffende Unterscheidung in ältere und jüngere Sonderschulen, die von Andreas Möckel in seiner Geschichte der Heilpädagogik (1988) aufgegriffen wurde, ist ein bedeutsamer Hinweis auf das Phänomen der Differenzierung bzw. Ausdifferenzierung, das auch jüngst von U. Hofer als zentral herausgestellt wurde. Sie schreibt: „Die historische Konsolidierung des Fachgebiets Sonderpädagogik zeigt sich als

Tab. 1.1: Historische Grundfragen

– Warum werden behinderte Kinder und Jugendliche gebildet und erzogen?	Die Frage nach den Ideen.
– Wer ist gemeint?	Die Frage nach dem Personenkreis.
– Wie sollen Bildung und Erziehung geschehen?	Die Frage nach den Methoden.
– Wo soll es geschehen?	Die Frage nach den Institutionen.
– Wer soll das leisten?	Die Frage nach der Profession.
– Wie artikulieren sich die Subjekte?	Die Frage nach der Selbstvertretung behinderter Menschen.

Akt zunehmender Ausdifferenzierung und Spezialisierung der Bemühungen um menschliche Bildbarkeit" (2004, 887). Dabei wird das Phänomen der Differenzierung nicht nur auf die Institutionen bezogen, sondern auch untersucht im Hinblick auf Methode, Anthropologie, Klassifikation, Bildungsziele und Normen.

Der Fokus auf die Differenz offenbart erneut das ambivalente Spannungsverhältnis zwischen dem Besonderen und dem Allgemeinen in der Pädagogik. Die in der Disziplin der modernen Pädagogik selbst zu verortenden Tendenzen von Universalität und Partikularität, von Inklusion und Exklusion, von Gleichheit und Differenz haben in verschiedenen Epochen zu unterschiedlichen Resultaten geführt; ihre exemplarische Darstellung soll uns im Folgenden beschäftigen, eingedenk der Erkenntnis von Kontingenz, nämlich, „es hätte auch anders kommen können" (Bleidick 2001, 11).

Gemäß dem geschilderten Verständnis von Geschichte kann die vorliegende Einführung in die Geschichte der Sonderpädagogik nicht den Versuch unternehmen, ein möglichst vollständiges Bild einer mehr als 200-jährigen Entwicklung nachzeichnen zu wollen. Das Ziel ist ein sehr viel bescheideneres, nämlich anhand spezifischer Fragestellungen und in exemplarischer Weise unter dem Aspekt der Bedeutsamkeit für die Gegenwart die Historie im Hinblick auf Bildung und Erziehung behinderter Kinder und Jugendlicher zu befragen.

Bedeutsamkeit für Gegenwart

Die Entscheidung für das Exemplarische ist notgedrungen subjektiv, aber nicht beliebig. Die Auswahl orientiert sich an der Frage, welchem Wandel die Idee der Bildsamkeit Behinderter über den Zeitraum von zwei Jahrhunderten unterlag und welche Wirkungen und Folgen sich hinsichtlich der erwähnten Fragestellungen ergaben. Die Verpflichtung zur informierenden Orientierung verlangt, dass der gesamte Zeitraum präsent ist – unter dem Gesichtspunkt der erkenntnisleitenden Fragestellung muss es jedoch zu

Schwerpunktsetzungen kommen. So wird der Darstellung der Entwicklung des ersten Jahrhunderts (bis ca. 1860) relativ viel Raum gewährt, da in ihr die entscheidenden Grundlagen für die Entfaltung und Wirksamkeit des Bildungsbegriffs für Behinderte gelegt sind, während hingegen das Dritte Reich, das eher eine Pervertierung dieses Gedankens verkörpert, in der Logik dieser Einführung keine dominante Stellung erhält.

Periodisierung

Da diese Einführung in die Geschichte der Sonderpädagogik auch ein Verständnis für das historische Gewachsensein gegenwärtiger Phänomene anbahnen möchte, muss die Darstellung nach meinem Verständnis der zeitlichen Chronologie folgen, womit sich die Frage nach der Periodisierung geschichtlicher Abläufe stellt. Ein Blick in historische Standardwerke, wie etwa das „Handbuch der deutschen Geschichte" von B. Gebhardt in vier Bänden (1954ff) oder aber die „Deutsche Gesellschaftsgeschichte" von H.-U. Wehler, ebenfalls in vier Bänden (1989ff), zeigt keine Übereinstimmung in der Festlegung der Perioden, was schließlich auch für das „Handbuch der deutschen Bildungsgeschichte" in sechs Bänden von Berg und Mitautoren (1987ff) sowie die „Geschichte der Erziehung" von H.-E. Tenorth (1992[2]) zutrifft. Diese unterschiedliche Akzentuierung bei der Festlegung von Perioden offenbart nur einmal mehr, dass es *die* Geschichte nicht gibt, dass jede Darstellung historischer Phänomene durch Standortgebundenheit mitbestimmt wird.

Die sich anschließenden sieben Kapitel folgen der Entwicklung von den Anfängen gegen Ende des 18. Jahrhunderts bis zu einer Analyse gegenwärtiger Tendenzen wobei nicht nur die „Einheit" der Pädagogik den Blick lenkt, sondern, in aller Begrenztheit, auch die Rückbindung an Politik- und Gesellschaftsgeschichte sowie das Interesse für Entwicklungen des Auslandes.

Quellenstudium

Eine Einführung in historisches Denken ist schließlich nicht möglich ohne die Begegnung mit dem Original, also der Quelle. Auch dies kann hier nur ansatzweise erfolgen, denn wir müssen auf einen umfänglichen Abdruck von Originaltexten sowie eine eingehende Erörterung von Quelleninterpretation und Quellenkritik verzichten. Aber die Verwendung von Auszügen ursprünglicher Texte soll die Erkenntnis vermitteln, dass die Darstellung vergangener Phänomene, und das sei hier wiederholt, immer bereits Interpretation ist, dass also der Unterschied von „Quelle" und „Darstellung", so Hans-Jürgen Pandel, auf einer „fundamentalen erkenntnistheoretischen Differenz" beruht:

„Geschichte […] ist narratives Wissen, das sich jede Generation immer wieder neu erarbeiten muß, da die Gegenwart sich ständig verändert […] Jede Gegenwart läßt neue Fragen an die Vergangenheit entstehen. Insofern gibt es auch neue Antworten, und selbst die bekannten Quellen geben auf neue Fragen neue Antworten […] Im Gegensatz zu den Quellen ist historisches Wissen immer gegenwärtiges Wissen." (2003, 8f)

Dem Reiz, auch unveröffentlichte Quellen abzudrucken, konnte ich nicht widerstehen; im Interesse von leichterer Zugänglichkeit und Nachprüfbarkeit schien es mir allerdings geboten, den Schwerpunkt auf veröffentlichte Quellen zu legen.

Mir ist sehr wohl bewusst, dass eine Geschichte der Sonderpädagogik ein kühnes Unternehmen ist, das viele Fallstricke bereithält, denn der Stand der historischen Forschung ist nicht so, dass man mit Gelassenheit auf breite gesicherte Erkenntnisse zurückgreifen könnte. Groß sind nach wie vor die Lücken des historischen Wissens, und vieles liegt eher schemenhaft an der Oberfläche, ohne gründlich erforscht zu sein. Mangel herrscht an regionalgeschichtlichen Studien sowie an Darstellungen, die sich auf bestimmte Zeitepochen konzentrieren, aber auch die Ansätze einer ideen-, institutions-, historisch-vergleichenden und alltagsgeschichtlichen Zugehensweise verlangen eine stärkere Beachtung in der sonderpädagogischen Historiografie. Die Not der Auswahl erfordert schließlich einen Mut zur Lücke, den jeder aufbringen muss, der das Wagnis einer Einführung auf sich nimmt. Der kluge und historisch bewanderte Leser wird vieles vermissen; diesem Mangel versuche ich durch ausführliche Literaturhinweise ein Stück zu begegnen.

Forschungsdesiderata

Ungeachtet der angedeuteten Begrenztheiten und Unsicherheiten möchte ich mit dem vorliegenden Buch den Versuch wagen, eine übergreifende Darstellung zur Geschichte der Sonderpädagogik zu präsentieren, die seit längerer Zeit ein Desiderat auf dem Buchmarkt ist und seit Jahren in der akademischen Lehre vermisst wird.

Ein letzter Hinweis gilt der Terminologie. In der Regel benutze ich die historischen Begriffe, die uns heute häufig fremd und befremdlich erscheinen, aber als zeitgebunden, meist nicht wertende pejorative Termini zu verstehen sind. Heil-, Sonder-, Behinderten- und Rehabilitationspädagogik werden schließlich als synonyme Begriffe verwendet.

Geschichte ist immer auch Erzählung und lebt von der Erzählung, sie ist ohne Narration nicht vorstellbar. Ich möchte somit im Folgenden erzählen von der mehr als 200-jährigen Geschichte der pädagogischen Anstrengungen um Bildung und Erziehung Behinderter, von dem Entstehen einer Heil- und Sonderpädagogik, ihren Glanzlichtern und Triumphen, aber auch ihren Schatten und Niederlagen.

2 Pädagogik der Aufklärung: Das späte 18. Jahrhundert

„Menschlichkeit (Moral)
Menschlichkeit ist ein Gefühl des Wohlwollens für alle Menschen, das nur in einer großen und empfindsamen Seele aufflammt. Diese edle und erhabene Begeisterung kümmert sich um die Leiden der anderen und um das Bedürfnis, sie zu lindern; sie möchte die ganze Welt durcheilen, um die Sklaverei, den Aberglauben, das Laster und das Unglück abzuschaffen [...] Es macht ihr Freude, die Wohltätigkeit auf alle Wesen auszudehnen, die die Natur neben uns gestellt hat. Ich habe diese Tugend [...] zwar in vielen Köpfen bemerkt, aber nur in wenigen Herzen."
(Diderot/d'Alembert 1765)

2.1 Die Idee der Bildsamkeit Behinderter

Johann Amos Comenius

„Nicht nur die Kinder der Reichen und Vornehmen sollen zum Schulbesuch angehalten werden, sondern alle in gleicher Weise, Adlige und Nichtadlige, Reiche und Arme, Knaben und Mädchen aus allen Städten, Flecken, Dörfern und Gehöften [...] Dem widerspricht nicht, daß manche Menschen von Natur aus träge und dumm erscheinen. Gerade das empfiehlt und fordert eine solche Wartung der Geister nur noch mehr. Denn je träger und schwächlicher einer von Natur aus ist, umso mehr bedarf er der Hilfe, um von seiner schwerfälligen Stumpfheit und Dummheit so weit wie möglich befreit zu werden. Und man findet keine so unglückliche Geistesanlage, daß sie durch Pflege nicht verbessert werden könnte [...]" (Comenius 1985, 55f u. 194)

Aufklärung

Allen, die als Menschen geboren werden, also auch Behinderten, das Lebens- und Bildungsrecht zuzuerkennen, sie zu erziehen und zu unterrichten – dieses Ziel findet sich schon bei dem großen Pädagogen Comenius (1592–1670) im 17. Jahrhundert und hat seine Aktualität bis in die Gegenwart nicht eingebüßt. Es sollte seit Erscheinen der Amsterdamer Ausgabe der „Didacta Magna" (1657) von Comenius allerdings noch mehr als ein Jahrhundert vergehen, bis im Zeitalter der europäischen Aufklärung einzelne Persönlichkeiten Überlegungen, Pläne und praktische Unterrichtsversuche für jene erdachten, entwarfen und umsetzten, die „anders" waren und die als Blinde, Taubstumme und „Blödsinnige", vornehmlich als Angehörige der unteren Stände, von Bildung und Erziehung ausgeschlossen waren.

Dieser Impetus, Bildungsanstrengungen für die im ökonomischen Sinne armen Behinderten zu unternehmen, ist besonders hervorzuheben, denn in den höheren Gesellschaftsschichten hatte es zu allen Zeiten pädagogische Anstrengungen für Sinnes- und Körperbehinderte gegeben. Nach Jürgen Oelkers war „die Verschulung der ‚unteren Stände‘ der ‚Testfall‘ der pädagogischen Aufklärung" (Benner/Oelkers 2004, 102). Die von ihm herausgestellten drei wesentlichen Innovationen der Aufklärung, nämlich das experimentelle Verfahren der Naturwissenschaften, das Konzept der öffentlichen Bildung sowie die sensualistische Lerntheorie, waren notwendige Bedingungen für die ersten planvollen Erziehungsversuche für junge Menschen mit einer Behinderung.

Doch zunächst sei daran erinnert, dass es bereits im Altertum gebildete Behinderte gab. Das blinde Mädchen von Brauron etwa gehörte zum Kreis gehobener Töchter Athens, deren Mädchenbildung im Rahmen des Artemiskultes erfolgte und das „nicht nur in den Kreis der sehenden Mädchen integriert, sondern […] wahrscheinlich sogar eine herausgehobene Position" innehatte (Hoof 1990, 270). Auch in anderen Kulturkreisen gab es frühe Bildungsbemühungen um blinde Menschen, die meist handwerklicher Natur waren. So berichtet Wanecek (1969, 28f) von Zusammenschlüssen blinder Musiker und Masseure in Japan und China, die ihren Nachwuchs selbst heranbildeten, und Grosse (1993) erwähnt die Aufmerksamkeit, die in der Kultur der Sumerer einzelnen behinderten Menschen entgegengebracht wurde. Für das frühe Christentum wird von dem gelehrten Blinden Didymus (313–398 n. Chr.), ägyptischer Herkunft, erzählt, der ein aus Holz angefertigtes Alphabet benutzte, mit Hilfe des Tastsinns das griechische Alphabet erlernte und es bis zum Leiter der theologischen Hochschule von Alexandria brachte (Azer 1990). Und auch für das häufig als finster bezeichnete Mittelalter kann nicht pauschal von Ablehnung und Ausschluss behinderter Menschen die Rede sein:

Behinderte im Altertum

> „Von den verschiedenen Arten der Darstellung Gehörloser im Mittelalter her […] scheint es, daß die Gehörlosen trotz ihrer Andersartigkeit im Mittelalter weniger benachteiligt waren als andere Behinderte." (de Saint-Loup 1993, 447)

Selbst verwahrlosten, wilden, geistig zurückgebliebenen „Wolfskindern", die, einmal aufgegriffen, die Menschen des Mittelalters vor große Rätsel hinsichtlich ihrer Wesenshaftigkeit stellten, wurde keinesfalls pauschal die Fähigkeit zur Entwicklung abgesprochen. Am Beispiel des bislang ältesten Berichtes über ein Wolfskind aus dem 14. Jahrhundert, dem hessischen Wolfsjungen, lesen wir als Fazit einer gründlichen Quellenanalyse folgendes Urteil:

„Wolfskinder"

> „Es wird deutlich, daß der Junge – so befremdlich er auch gewirkt haben mag – für seine Zeitgenossen nur eine relative Gefahr dargestellt haben kann, denn sonst hätte man sich nicht um ihn gekümmert, ihn ernährt, ihm den aufrechten Gang beizubringen versucht und ihm eine Sprachfähigkeit zugeschrieben. Der Wolfsjunge konnte ohne ‚Verdammung' das bleiben, was er war: ein Kind, das Hilfe brauchte. Wahrscheinlich geschah dies nicht zuletzt deshalb, weil man in dem Kind eher ein Kuriosum

Abb. 2.1: Altägyptisches Grabrelief

und ein menschliches Wesen, aber kein Teufelswerk sah, weil man weniger eine schaurige Geschichte erzählen wollte, sondern vielmehr einen Hinweis geben auf die […] Lernfähigkeit der Kinder." (Saathoff 2001, 104f)

Behinderte der Oberschicht

Nicht unerwähnt seien in diesem Zusammenhang schließlich die nachgewiesenen Bildungsanstrengungen für hochgradig Hörgeschädigte aus den höheren Gesellschaftsschichten, die bereits im 16. Jahrhundert in Spanien durch den Benediktinermönch Pedro Ponce de Leon (1510–1584) unternommen wurden und die Nachahmer sowohl in England und den Niederlanden als auch in Frankreich und Deutschland fanden. Nach Löwe (1992, 25ff) liegt in diesen ersten planmäßigen Unterrichtsversuchen der Beginn der Beschulung hörgeschädigter Kinder, denn im Unterschied zu früheren Zeiten, wo es sich in der Regel nur um den Unterricht einzelner, meist erwachsener Personen handelte, wandten sich diese Lehrer nun bewusst Kindern und Jugendlichen zu, die sie zunehmend in kleinen Gruppen zusammenfassten.

europäische Aufklärung

Auch wenn es bereits in früheren Jahrhunderten immer wieder Bildungsbemühungen um behinderte Menschen gegeben hat, so kann von einem planvollen Beginn jedoch erst im letzten Drittel des 18. Jahrhunderts die Rede sein. Die „Entdeckung der Bildbarkeit Behinderter" (Ellger-Rüttgardt/Tenorth 1998) war möglich geworden, weil mit den Ideen der europäischen Aufklärung das allgemeine Bildungsrecht für jeden und damit auch für den behinderten Menschen proklamiert wurde. Der Philosoph Immanuel Kant (1724–1804) hat Aufklärung wie folgt definiert:

„Aufklärung ist der Ausgang des Menschen aus seiner selbstverschuldeten Unmündigkeit. Unmündigkeit ist das Unvermögen, sich seines Verstandes ohne Leitung eines anderen zu bedienen. Selbstverschuldet ist diese Unmündigkeit, wenn die Ursache derselben nicht am Mangel des Verstandes, sondern der Entschließung und des Mutes liegt, sich seiner ohne Leitung eines andern zu bedienen. Sapere Aude! Habe Mut, dich deines eigenen Verstandes zu bedienen! ist also der Wahlspruch der Aufklärung." (Herrmann 2005, 99)

Weil jeder Mensch auf Lernprozesse angewiesen ist, weil Bildung und Erziehung den „neuen Menschen" schaffen können, der in der Lage ist, sich seines Verstandes zu bedienen, wird das 18. Jahrhundert immer wieder als das „pädagogische Jahrhundert" bezeichnet (Herrmann 1981; 1993; 2005; Tenorth 1992).   **pädagogisches Jahrhundert**

Bedeutsam für die Pädagogik der Aufklärung waren vor allem die Ideen des englischen Philosophen John Locke (1632–1704), der als Sensualist die Bedeutung der Sinne für Wahrnehmung, Denken und Erkenntnis als zentral hervorhob. Die Aussage, dass Ideen nicht etwa göttlichen Ursprungs, also angeboren seien, sondern durch sinnliche Erfahrungen entwickelt und aufgebaut werden, eröffnete eine radikal neue Sicht auf die Entwicklungsfähigkeit eines jeden Menschen und unterstrich zugleich die Notwendigkeit von Erziehung und Bildung.   **John Locke**

Locke beeinflusste vor allem die Vertreter der französischen Aufklärung, wie etwa die Enzyklopädisten d'Alembert und Diderot, aber auch Rousseau, Condorcet und Condillac (Hofer-Sieber 2000).

Diderots „Brief über die Blinden" von 1749 gewann entscheidenden Einfluss auf eine gewandelte Einstellung gegenüber behinderten Menschen (Möckel 2006). Indem Diderot eine Sinnesbehinderung nicht mehr unter dem Aspekt eines Defizits betrachtete, sondern sich für Kompensationsleistungen durch andere Sinne, wie etwa den Tastsinn als „Vikariatssinn" interessierte, bescheinigte er auch den in ihren Sinnen eingeschränkten Personen prinzipielle Bildungsfähigkeit. Folglich existierte nach Auffassung der Sensualisten kein grundlegender anthropologischer Unterschied mehr zwischen behinderten und nicht behinderten Menschen. Damit bestand die Aufforderung an findige Pädagogen, Methoden und Hilfsmittel zu erdenken, durch deren Einsatz bei der Beanspruchung der „Stellvertretersinne" das Bildungspotenzial behinderter Menschen zur Entfaltung zu bringen war.   **„Brief über die Blinden"**

Diderot thematisierte in seinem Brief bereits konkrete Fragen der Unterrichtung blinder Menschen wie die Gestaltung unterschiedlicher Unterrichtsfächer oder den Einsatz von Hilfsmitteln und gab damit unschätzbare Anregungen für die sich entwickelnde pädagogische Praxis der Bildung Blinder. Auch die Gruppe der Taubstummen erfuhr durch Diderot eine ungeahnte Aufwertung, da Sprache und Verstand von ihm nicht mehr als unaufhebbare Einheit betrachtet wurden und damit Taubstumme nicht mehr, wie so häufig, als geistlose Wesen und nicht zur Kategorie des Menschen gehörend, betrachtet wurden. Diderot sah vielmehr in der Gebärdensprache

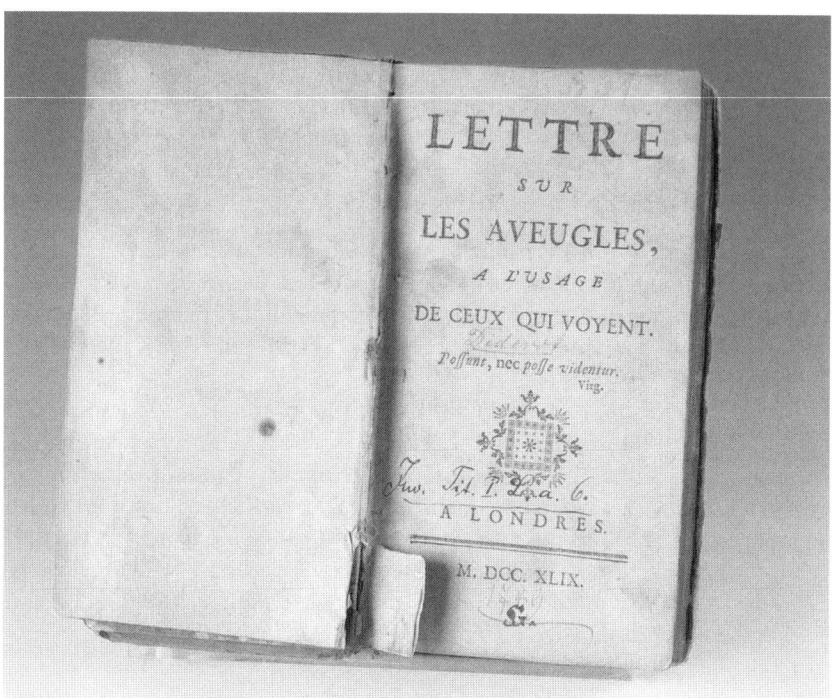

Abb. 2.2: Diderots „Brief über die Blinden"

eine natürliche und aussagekräftige menschliche Sprache. Deren besondere Wertschätzung schlug sich auch in seinem literarischen Werk „Rameaus Neffe" nieder.

Diese neue Sicht auf eine Behinderung findet sich in Diderots „Brief über die Blinden. Zum Gebrauch für die Sehenden", in dem uns ein Blinder aus dem Provinzstädtchen Puiseaux vorgestellt wird, der nicht nur über erstaunliche Fähigkeiten verfügt, sondern recht selbstbewusst sein tägliches Leben meistert:

„Das ist ein Mann, dem es nicht an gesundem Verstand fehlt, den viele Leute kennen, der etwas von Chemie versteht und der mit einigem Erfolg die Vorträge über Botanik im Jardin du Roi gehört hat. Er stammt von einem Vater, der an der Pariser Universität unter Beifall Philosophie gelehrt hat. Er besaß ein ansehnliches Vermögen, mit dem er die Sinne, die er noch hatte, leicht hätte befriedigen können; doch überwältigte ihn in der Jugend die Vergnügungssucht. Man mißbrauchte seine Neigungen, seine häuslichen Angelegenheiten gerieten in Unordnung, und so zog er sich in eine kleine Provinzstadt zurück, von der er nun jedes Jahr eine Reise nach Paris macht. Er vertreibt dort Liköre, die er selber destilliert und mit denen man sehr zufrieden ist […]

Wir trafen gegen fünf Uhr abends bei unserem Blinden ein und fanden ihn damit beschäftigt, mit Hilfe erhabener Buchstaben seinen Sohn das Lesen zu lehren. Er war erst vor einer Stunde aufgestanden; denn Sie müssen wissen, daß der Tag für ihn anfängt, wenn er für uns aufhört. Er pflegt seine häuslichen Angelegenheiten zu erledigen und zu arbeiten, während die anderen ruhen. Um Mitternacht stört ihn nichts und fällt er niemandem zur Last. Seine erste Sorge ist, alles aufzuräumen, was man im Lauf des Tages von seinem Platz entfernt hat; und wenn seine Frau erwacht, findet sie gewöhnlich das Haus in Ordnung […]

Wir sahen ihn sehr feine Nadeln einfädeln. Darf man Sie bitten, Madame, hier Ihre Lektüre zu unterbrechen und zu erproben, wie Sie an seiner Stelle damit zurechtkommen würden? Falls Sie keinen Ausweg finden, will ich Ihnen den unseres Blinden verraten. Er hält das Öhr der Nadel quer zwischen seinen Lippen, und zwar in der Richtung, die sein Mund hat; dann saugt er mit Hilfe seiner Zunge den Faden an, der seinem Atem folgt, vorausgesetzt, daß der Faden nicht zu dick für das Öhr ist. Aber in diesem Fall kommt der Sehende kaum weniger in Verlegenheit als derjenige, der des Gesichtssinns beraubt ist.

Er hat ein überaus gutes Gedächtnis für Töne, und uns zeigen die Gesichter keine größere Verschiedenheit, als er in den Stimmen bemerkt. Sie haben für ihn unendlich viele feine Nuancen, die uns entgehen, weil wir nicht das gleiche Interesse an ihrer Beobachtung haben wie der Blinde …

Irgendeiner von uns kam auf den Gedanken, den Blinden zu fragen, ob er sich nicht freuen würde, wenn er Augen hätte. ‚Wenn mich nicht die Neugierde beherrschte!‘, sagte er, ‚so hätte ich ebensogern lange Arme. Mir scheint, daß meine Hände mich dann über das, was auf dem Mond geschieht, besser unterrichten würden als eure Augen oder eure Fernrohre. Außerdem hören die Augen eher auf zu sehen als die Hände zu fühlen. Es wäre also für mich wertvoller, wenn man bei mir das Organ vervollkommnete, das ich besitze, als wenn man mir jenes Organ gäbe, das mir fehlt.‘ […]

Der Blinde aus Puiseaux schätzt die Nähe des Feuers nach den Hitzegraden, das Maß, bis zu dem Gefäße gefüllt sind, nach dem Geräusch, das die Flüssigkeiten beim Eingießen verursachen, und die Nähe der Körper nach der Wirkung der Luft auf sein Gesicht. Für die geringsten Veränderungen, die in der Atmosphäre eintreten, ist er so empfindlich, daß er eine Straße von einer Sackgasse unterscheiden kann. Er schätzt vortrefflich das Gewicht der Körper sowie die Hohlmaße der Gefäße und hat sich aus seinen Armen eine so genaue Waage und aus seinen Fingern einen so bewährten Zirkel gemacht, daß ich in den Fällen, in denen es um Fragen des Gleichgewichts geht, immer auf unseren Blinden gegen zwanzig Sehende setzen werde. Die glatte Oberfläche der Körper hat für ihn kaum weniger feine Unterschiede als der Klang der Stimme, und daß er seine Frau mit einer anderen verwechselte, wäre nur zu befürchten, wenn er bei dem Tausch gewänne […]

Vorher hatte er die Absicht, sich mit einem Tauben zusammenzutun, der ihm Augen leihen sollte und dem er als Gegenleistung Ohren bieten wollte. Nichts hat mein Erstaunen dermaßen erregt wie seine eigentümliche Begabung für sehr viele Dinge; doch als wir ihm unsere Überraschung bezeugten, sagte er: ‚Ich bemerke wohl, meine Herren, daß Sie nicht blind sind. Sie sind erstaunt über das, was ich tue. Und warum staunen Sie nicht darüber, daß ich sprechen kann?‘ In dieser Antwort, so glaube ich, liegt mehr Philosophie, als er selbst hineinlegen wollte. Erstaunlich ist in der Tat die Leichtigkeit, mit der man sprechen lernt. Mit einer Menge von Wörtern, die nicht durch sinnlich wahrnehmbare Gegenstände vorgestellt werden können und sozusagen körperlos sind, können wir Ideen doch nur durch eine Reihe von feinen und tiefen Kombinationen zwischen den Ähnlichkeiten verbinden, die wir zwischen diesen nicht sinnlich wahrnehmbaren Gegenständen und den durch sie erweckten Ideen bemerken." (Diderot 1961, 51ff)

Es war die französische Aufklärung, so möchte ich resümierend mit U. Hofer-Sieber feststellen, der die Anerkennung gebührt,

französische Aufklärung

„wesentliche Akzente gesetzt zu haben, um den Rahmen angenommener menschlicher Bildbarkeit zu erweitern durch den Einbezug von Menschen, denen diese bisher noch weitgehend abgesprochen worden war. Damit konnte einerseits der Bereich pädagogischen Wirkens durch methodische Differenzierung erweitert werden. Andererseits wurde damit gleichzeitig die Vorstellung des Allgemeinmenschlichen breiter und vielfältiger gedacht. Bisher geltende Normierungen mussten bezüglich ihrer Gültigkeit für Erziehungs- und Bildungsmöglichkeiten hinterfragt und relativiert werden" (2000, 211).

Bildung geistig Behinderter

Schließlich liegen auch die Anfänge der Bildung und Erziehung geistig Behinderter im Zeitalter der Aufklärung, auch wenn die institutionalisierten Erziehungsversuche zeitlich deutlich später als die der Gehörlosen und Blinden erfolgten.

Im deutschsprachigen Raum war es Johann Heinrich Pestalozzi (1746–1827), auch ein Kind der Aufklärung und anfänglicher Bewunderer seines Landsmannes Rousseau, der bis in die Gegenwart als Urvater einer Pädagogik gilt, die in Theorie und Praxis auch jene mit einschließt, die nicht zu den Musterbildern an Stärke, Schönheit und Klugheit gehören. Damit zählt Pestalozzi mit seiner Theorie der allgemeinen Menschenbildung zugleich zu den Mitbegründern der Heilpädagogik. Pestalozzis Erziehungsversuch auf dem Neuhof von 1777, wo er sich verwaister, verwahrloster und auch behinderter Kinder annahm, gibt davon Zeugnis. Ausgelöst durch die Enttäuschungen über die Schattenseiten der menschlichen Natur, wie sie im Laufe der französischen Revolution und der Revolutionskriege zutage traten, hat sich Pestalozzi später von dem optimistischen anthropologischen Grundmuster des Naturzustandes des Menschen eines Rousseau abgewandt. Hans Scheuerl schreibt:

Johann Heinrich Pestalozzi

„Lienhart und Gertrud"

„In seinem Volksbuch ‚Lienhart und Gertrud' […] zeichnet Pestalozzi […] ein umfassenderes Bild des Menschen als Rousseau, ein Bild von den Menschen in ihren wirklichen Wechselbeziehungen, in denen zwischen Gut und Böse, Gelingen und Scheitern auch die Mitteltöne nicht fehlen; ein realistisches Gemälde sozialer und ökonomischer, moralischer und geistiger Zustände, wie er sie im Züricher Gebiet und von seinem Gut in Neuhof aus hatte studieren können." (1982, 116)

Pestalozzi schreibt in seinem Aufruf an die Gönner und Förderer seiner Armenerziehungsanstalt von 1777:

B

„Edle Menschenfreunde.
Sie haben vor einem Jahr den schwachen Anfang meiner Erziehungsanstalt für arme Kinder unterstützen wollen, und ich wende mich auch dis Jahr wieder an Sie, edle Gönner dieser Endzwecke. Noch ist der Erfolg und die ganze Sache klein – aber dennoch ist es Ihnen Freude, daß ich mit Wahrheit versichere, daß einige Jünglinge und Mädchen davon, die einen unfehlbar dem Bettel und allem ihn begleitenden Elend aufgeopfert, die ändern in der äussersten Vernachlässigung einer drückenden Hausarmuth geblieben wären – zu Arbeitern gezogen sind, die mir wirklich jetzo schon Hilfe und Freude sind.
Es zeichnen sich aus
Barbara Brunner von Esch Zürichbieth, voll Empfindung, Verstand und angreifen-

der Thätigkeit. Nur fühlt es sich zu sehr in der niedern Claß des Dienstenlebens – und ist zu wenig sanft für ein Mädchen.

Franziska Hediger catholischer Religion ein achtsames bescheidens weitgefölgigers Mädchen – eine vortreffliche Magd im ganzen Sinn des Worts.

Leonze Hediger sein Bruder wird ein vorzüglich guter Weber werden – ein Knab voll Muth, Stärke und Wachsthum, kühn bis zur Frechheit aber doch gutherzig […]

Anna Vogt und Elisabeth Vogt von Mandach.

Diese 2 Geschwisterte sind im erbärmlichsten Landstreifferleben eines gänzlichen Müssiggangs gewohnt gewesen – und fast ohne Hofnung war es die Arbeit dreyer Jahre sie von dieser Unthätigkeit und der damit verknüpften Untreu und Dieberey zurück zubringen. Mit inniger Freude sehe ich die Dumheit des ältern, von der man sich keine Vorstellung machen kann, nach und nach entwickeln – und seine gänzliche Unempfindlichkeit – fangt an zu weichen; Empfindungen von sittlicher Freude und Dankbarkeit und Pflicht kommen in sein Herz, und die Folgen der tieffesten, ödesten, verworrensten Wildheit und des hartesten Elends fangen an sich zu schwächen […]

Noch muß ich Maria Bächli und Lisabeth Arnolds gedenken. Das erste ist gänzlich blödsinnig im höchsten Verstand des Worts – so stark, daß ich keinen grössern Grad von Blödsinnigkeit bey eingesperrten Narren gesehen – Dabey hat es ein bewundernswürdiges musicalisches Gehör. Das zweyte voll Fähigkeiten, aber von der höchsten Armuth entkräftet krumzwerg, konnte es im neunten Jahr noch nicht gehen – Beyde diese Kinder verdienen ihr Brod, und gehen einem Leben entgegen in welchem sie ruhig eines ihre Wünsche befriedigenden Unterhalts sicher sind – Und es ist grosse tröstende Wahrheit, auch der aller Elendeste ist fast unter allen Umständen fähig zu einer alle Bedürfnisse der Menschheit befriedigenden Lebensart zu gelangen – Keine körperliche Schwäche, kein Blödsinn allein gibt Ursach genug – solche mit Beraubung ihrer Freyheit in Spitälern und Gefängnissen zu versorgen – sie gehören ohne anders in Auferziehungshäuser, wo ihre Bestimmung ihren Kräften und ihrem Blödsinn angemessen gewählt und leicht und einförmig genug ist – so wird ihr Leben, der Menschheit gerettet, für sie nicht Qual sondern beruhigte Freude, für den Staat nicht lange kostbare Ausgabe sondern Gewinnst werden. Und ich fühle die Wichtigkeit dieser Wahrheit so sehr, daß ich der Bestätigung derselben durch mehrere Erfahrung mit Sehnsucht entgegen sehe – und wirklich wünsche ich noch einige Kinder von diesem Grade des Blödsinns – und cörperlicher Schwäche, wenn selbige nicht mit Auszehrungskrankheit behaftet ist, in meiner Anstalt zu haben." (Pestalozzi 1927, 176ff)

Auch im Frankreich der Aufklärung gab es ein frühes Erziehungsexperiment, das von großer Bedeutung für die Entwicklung der Geistigbehindertenpädagogik werden sollte: der Erziehungsversuch mit Victor, dem „Wilden von Aveyron".

der „Wilde von Aveyron"

Dieser fand im August 1800 Aufnahme in der Taubstummenanstalt von Paris, die nun unter der Leitung des Priesters Sicard stand und in der Jean Itard als leitender Arzt tätig war. Die Kunde über das Aufgreifen des Wilden von Aveyron im Jahre 1799 drang auch nach Deutschland. 1800 erschien ein entsprechender Bericht in der Zeitschrift „Frankreich", die im liberalen Altona von 1799 bis 1804 erschien – ein Beleg dafür, wie stark alles, was in Frankreich zur Zeit der Revolution geschah, in intellektuellen Kreisen in Deutschland Beachtung fand und wie dicht der internationale Diskurs zum Thema „Behinderung" war. Die Pariser Korrespondenten übermittelten folgenden französischen Bericht:

Jean Itard

„Wir haben diesen Knaben neulich in dem Garten von St. Magloire gesehn. Er scheint 12 bis 13 Jahre alt zu seyn. Er aß halbgekochte Bohnen, mit denen er eben so behend, wie ein Affe mit Nüssen umzugehn wußte. Er heftet seine Augen auf keinen Gegenstand; er mag nicht mit vielen Menschen seyn; sobald man ihm zu nahe kommt sucht er zu entfliehn. Man gab ihm ein Stück Zwieback; er warf es weg […] Er hat starke Narben am linken Arm; man sollte glauben die Stellen wären verbrannt. Wie es scheint hat man ihm den Hals abschneiden wollen, denn der Einschnitt des Messers ist noch sichtbar […]

Wie uns geschienen ist er nicht taub. Er läuft nicht schnell, und hat einen üblen Anstand und keine Leichtigkeit beim Laufen. Er weint zuweilen, und schreyt immer erst auf ehe er lacht. Er läßt sich ein leichtes Kleid gefallen; doch weder Schuhe noch Strümpfe. Seine Haare, seine Haut, seine Farbe, seine Füße und seine Hände sind nicht die eines Waldbewohners. Einige Taubstumme haben uns zu verstehn gegeben, daß er zuweilen Baumrinde äße. Wir haben gesehn, daß er Stroh von der Erde aufnahm und es zwar nicht aß, aber doch aussog. Man sollte glauben, daß er gerne auf Bäume kletterte; er thut es nie. Der Bürger Sicard, der krank gewesen ist, hat uns gesagt, daß er sich mit diesem Kinde noch nicht hätte beschäftigen können. Er hofft, daß es ihm zu den wichtigen Versuchen die er anstellt, und zur Bestätigung seines Systems über die Erzeugung der Ideen sehr nützlich werden soll." (Werner 2004, 11)

Itards Erziehungsversuch

Itards Erziehungsversuch ist nur zu verstehen vor dem Hintergrund einer Reform der französischen Psychiatrie, vertreten durch Pinel und Esquirol, die nicht nur für eine menschenwürdigere Behandlung der „Irren" eintraten, sondern auch wichtige Vorarbeiten für eine differenzierte medizinische Sicht auf das Phänomen „Geisteskrankheiten" leisteten. Itard, der in der Tradition des Sensualismus stand, unternahm sein sorgfältig dokumentiertes Erziehungsexperiment, um nachzuweisen, dass – entgegen der landläufigen Meinung – auch dieses scheinbar idiotische Kind durch menschliche Zuwendung sowie geduldige, gezielte sinnliche Erziehung zu einer höheren Entwicklung gebracht werden könne. Sein Bericht beeindruckt noch heute durch die Präzision der Beobachtung, den methodischen Erfindungsreichtum sowie eine Haltung, die von der prinzipiellen Bildungsfähigkeit eines jeden Menschen, auch eines offenbar „aussichtslosen Falles" ausgeht. Damit stand Itard im Gegensatz zu dem Psychiater Pinel, der als leitender Arzt der Pariser Irrenanstalt Bicêtre in Victor nur ein idiotisches, nicht bildbares Kind zu entdecken vermochte. 1801 legte Itard seinen ersten, aufsehenerregenden Bericht vor, der wie folgt beginnt:

„Vorwort
Schwach an Körperkräften, ohne eigenes Denkvermögen und außerstande, selbständig den Gesetzen seines Wesens zu folgen, die ihn zur Krone der Schöpfung machen, betritt der Mensch die Erde. Nur im Rahmen der Gemeinschaft kann der Mensch die große Aufgabe, die ihm von der Natur zugedacht wurde, erfüllen, und ohne Zivilisation wäre er eines der schwächsten und unbegabtesten Lebewesen: Eine oft wiederholte Behauptung, die man aber noch nicht eindeutig bewiesen hat. Die Philosophen haben sie zuerst aufgestellt und andere haben sie weitergeführt und propagiert, indem sie als Beweis den physischen und moralischen Stand irgendwelcher herumziehender Völkerschaften nahmen, die sie als unzivilisiert betrachteten, weil sie nicht nach unserer Art zivilisiert waren, und bei welchen sie diejenigen Züge suchten, die

der Mensch im reinen Naturzustand aufweist. Nein, hier muß man ihn nicht suchen und studieren. In der wildesten Nomadenhorde und in der zivilisiertesten europäischen Nation ist der Mensch nur das, was man aus ihm macht. Notwendigerweise von seinesgleichen aufgezogen, nimmt er auch Gewohnheiten und Bedürfnisse an. Seine Ideen gehören ihm nicht allein. Er genießt den schönsten Vorzug seiner Gattung, nämlich die Fähigkeit, seinen Verstand zu entwickeln durch die Kraft der Nachahmung und den Einfluß der Gemeinschaft [...]

Bericht über die ersten Entwicklungsschritte eines jungen Wilden

Ein Kind von bis 12 Jahren wurde in den Wäldern von Caune gesichtet. Es war vollständig nackt, suchte Eicheln und Wurzeln als Nahrung. Gegen Ende des Jahres VII [das Jahr 1799 nach dem republikanischen Kalender, E.-R.] wurde es wieder am gleichen Ort von drei Jägern gesehen. Sie ergriffen es im Moment, als es auf einen Baum klettern wollte, um sich ihrer Verfolgung zu entziehen. In einen Weiler der Nachbarschaft geführt und der Obhut einer Witwe überlassen, entfloh es im Verlaufe einer Woche. Es suchte die Berge zu erreichen, wo es in der winterlichen Kälte herumirrte, kaum bedeckt mit einem zerrissenen Hemd. Während der Nacht zog es sich zurück an einsame Orte, am Tag näherte es sich den benachbarten Dörfern und führte so ein vagabundierendes Leben bis zum Tage, an dem es von sich aus in ein bewohntes Haus im Departement Saint-Sernin eintrat.

Es wurde wieder aufgenommen, überwacht und gepflegt während zwei oder drei Tagen [...] Ein Minister, Gönner der Wissenschaften, glaubte, daß dieses Ereignis für die Kenntnis der menschlichen Natur aufschlußreich sein könnte. Er gab Anweisung, daß das Kind nach Paris gebracht werde. Dorthin kam es Ende des Jahres VIII in Begleitung eines armen und achtbaren Greises, welcher versprach, es wieder zu sich zu nehmen und an ihm Vaterstelle zu vertreten, wenn die Gesellschaft es verlassen sollte.

Übermäßige, ja unvernünftige Hoffnungen gingen in Paris der Ankunft des Knaben vom Aveyron voraus. Viele Neugierige machten sich ein Vergnügen daraus, sein Erstaunen beim Betrachten der schönen Dinge in der Hauptstadt zu sehen. Viele sonst durch ihre Einsicht bekannte Persönlichkeiten dachten nicht daran, daß unsere Organe umso weniger anpassungsfähig sind und die Nachahmung umso schwerer ist, je isolierter ein Mensch lebt und je älter er ist. Sie glaubten, daß die Erziehung dieses Individuums die Angelegenheit einiger Monate sei und daß man schon bald über sein vergangenes Leben die interessantesten Auskünfte bekommen könne. Was sah man statt dessen? Ein widerlich schmutziges Kind, von spastischen und zeitweise krampfartigen Zuckungen befallen, das sich ständig wie gewiße Tiere in einer Menagerie hin- und herwiegte. Es biß und kratzte seine Betreuer und war dann wieder ganz gleichgültig.

Es ist leicht begreiflich, daß ein solches Wesen nur vorübergehend die Aufmerksamkeit der Neugierigen reizen konnte. Man rannte in Massen herzu, man sah es, ohne es zu beobachten, man beurteilte es, ohne es zu kennen und dann sprach man nicht mehr davon. In der allgemeinen Gleichgültigkeit vergaßen die Leiter und der berühmte Direktor der staatlichen Taubstummenanstalten nicht, daß man diesem Kinde gegenüber Verpflichtungen übernommen hatte, die es zu erfüllen galt. Sie erhofften wie ich viel von einer medizinischen Behandlung und übergaben das Kind mir zur Pflege." (Itard 1965, 17ff; Malson et al. 1972)

Nach fünf Jahren engagierter pädagogischer Arbeit resignierte Jean Itard. **Itard scheitert** Die Fortschritte in der Entwicklung Victors waren sehr viel geringer, als Itard erhofft hatte; trotz großer Anstrengungen war es ihm z. B. nicht gelungen, Victor zum Sprechen zu bringen (eine psychoanalytische Deutung des Scheiterns von Itard findet sich bei Leber 1981).

Edouard Séguin

Aber nicht nur die Idee von der Bildbarkeit auch geistig Behinderter war geboren, sondern es waren auch erste Beweise für deren praktische Umsetzung erbracht. Es war ein junger Mitarbeiter Itards aus der Pariser Taubstummenanstalt, der den Faden Itards wieder aufgriff und mit großem Erfolg in der ersten Hälfte des 19. Jahrhunderts weiterspann: der Taubstummenlehrer und Arztsohn Edouard Séguin (Pellicier/Thuillier 1996).

Condorcets Bildungsplan

Diderot formulierte nicht nur revolutionäre Bildungsideen, sondern er entwickelte auch eine Konzeption für das öffentliche Bildungswesen, das allen Kindern der Nation offenstehen und in dem alleine die Fähigkeiten und das Vermögen des Einzelnen, nicht aber der gesellschaftliche Stand über das Maß an Bildung für den Einzelnen entscheiden sollte (Nieser 1992, 43ff).

Antoine de Condorcet

Fortgeführt wurde der Gedanke einer allgemeinen Bildung für alle durch Marie Jean Antoine de Condorcet (1767–1794), einem Gegenspieler der Jakobiner und ihres durch Le Peletier repräsentierten Erziehungskonzepts radikaler Gleichheit (Hellekamps/Musolff 1999, 107ff). Condorcets liberaler Schulentwurf ging von einer natürlichen Gleichheit individueller Rechte bei gleichzeitiger Ungleichheit individueller Fähigkeiten aus, und er propagierte demgemäß ein gestuftes Bildungswesen, das aus Primarschulen, Sekundarschulen, Instituten und Lyzeen bestehen sollte. Auch wenn Condorcets Bildungsplan in Frankreich nicht in die Praxis umgesetzt wurde, so blieb dieser Entwurf doch bis auf den heutigen Tag Modell eines demokratischen Bildungswesens (Michael/Schepp 1993, 84f).

Als sich Valentin Haüy 1786 mit seinem Erziehungs- und Unterrichtsplan für blinde Kinder an den französischen König wandte, war es kein geringerer als Condorcet – Mitglied der Académie Française und der Académie des Sciences, Generalinspekteur der Staatsmünze –, den Haüy als Kronzeugen für seine erfolgreiche pädagogische Arbeit mit blinden Kindern benennen konnte. In seiner Eigenschaft als Mitglied der königlichen Akademie der Wissenschaften hatte Condorcet im Februar 1785 einen Bericht über die ersten Unterrichtserfolge Haüys verfasst, in dem er nicht nur die außerordentlichen methodischen Fortschritte der Blindenerziehung beschrieb, sondern zugleich auf das Wärmste die Etablierung einer Institution für die Erziehung und Unterrichtung blinder Kinder und Jugendlicher empfahl. Dabei erinnerte Condorcet ausdrücklich an die nur wenige Jahre zurückliegenden pädagogischen Erkenntnisse und Erfolge eines Abbé de l'Epée, der sich wie Haüy einer bislang vernachlässigten gesellschaftlichen Gruppe zugewandt hatte (Haüy 1990, Anhang).

Jean-Jacques Rousseau

Erziehungs-roman „Emile"

Während John Locke und der Sensualismus in Deutschland einen geringeren Einfluss als in Frankreich ausübten, war hingegen ein anderer Vertreter der frankophonen Aufklärung im deutschsprachigen Raum von ungeheurer Wirkung, nämlich Jean-Jacques Rousseau (1712–1778).

Sein Erziehungsroman „Emile oder über die Erziehung" von 1762 fand begeisterte Aufnahme in Deutschland:

„Der Einfluß, den Rousseau auf die gesamte deutsche Aufklärung ausübt, kann gar nicht hoch genug geschätzt werden; Lessing und Kant sind von ihm tief beeindruckt, die Philanthropen übersetzen seinen ‚Emile' und orientieren ihre Erziehungsvorstellungen zum Teil an ihm, ohne allerdings seiner Gesellschafts- und Kulturkritik zu folgen. Für Herder und den Sturm und Drang dagegen wird gerade dieser Teil von Rousseaus Gedanken zum Evangelium." (Nieser 1992, 217)

Rousseaus Lehre von der natürlichen Erziehung, die kritische Distanz gegenüber der vorfindlichen Gesellschaft und Kultur, die Anerkennung einer eigenständigen kindlichen Entwicklung sowie die Entdeckung des Eigenrechts des Kindes (Flitner 1957, 31ff; Blankertz 1982, 69ff), das Denken in Entwicklungsstufen – kurzum, eine „Pädagogik vom Kinde aus" – sind die bahnbrechenden neuen pädagogischen Ideen, die auch jene erfasste, die sich den vernachlässigten, behinderten Kindern zuwendeten. So berief sich Johann Jakob Guggenbühl (1816–1863) in seinem „Hülfsruf aus den Alpen, zur Bekämpfung des schrecklichen Cretinismus" von 1840 neben anderen Kronzeugen ausdrücklich auf das Vorbild Rousseau, und Johann H. Pestalozzi gab aus Verehrung für Rousseau seinem Sohn den Vornamen Jean-Jacques.

Pädagogik vom Kinde aus

Und dennoch werden an die Erziehungstheorie Rousseaus gerade in der Gegenwart und vor dem Hintergrund der Erfahrungen einer ausgrenzenden Pädagogik im 20. Jahrhundert kritische Anfragen seitens der Sonderpädagogik gestellt. Indem Rousseau, zweifellos in exemplarischer Absicht, für sein Erziehungsexperiment bewusst ein gesundes und starkes Kind auswählte, schloss er all jene aus, die diesen Idealvorstellungen nicht entsprachen. Daraus den Schluss zu ziehen, dass Rousseau behinderten Kindern keine Erziehung gewähren wollte, kann aus dem Kontext des Textes meines Erachtens nicht abgeleitet werden, aber es bleibt aus sonderpädagogischer Sicht das Problem, dass der imaginäre „durchschnittliche" Educandus als anthropologisches Modell begrenzt ist und damit die Vielfalt menschlicher Existenz nicht umfasst. Haeberlin urteilt,

„dass Rousseau mit seiner Vorstellung von natürlicher Entwicklung einerseits das entwicklungspsychologische Verständnis für das Kind ausserordentlich gefördert, dass er aber andererseits damit den Zugang zum Kind mit Abweichungen von der Entwicklungsnorm eher verbaut hat." (2005, 128)

Lassen wir Rousseau selbst zu Wort kommen:

„Dieser vorher abgeschlossene Vertrag setzt eine glückliche Entbindung, ein wohlgebildetes, starkes und gesundes Kind voraus. Ein Vater hat keine Wahl und darf kein Kind bevorzugen; sie sind alle auf gleiche Weise seine Kinder, er schuldet ihnen allen die gleiche Fürsorge und die gleiche Zuneigung. Ob Krüppel oder nicht, kränklich oder stark, jedes ist sein Gut, über das er dem Rechenschaft ablegen muß, der es ihm schenkte […]

Wer eine Pflicht übernimmt, die ihm die Natur nicht aufzwingt, muß sich zuvor der Mittel versichern, sie zu erfüllen. Andernfalls ist er sogar dafür verantwortlich, was er nicht leisten konnte. Wer sich mit einem kränklichen und schwächlichen Zögling belastet, macht sich zum Krankenpfleger statt zum Erzieher [...]

Ich würde mich nicht mit einem kränklichen und siechen Kind belasten, und wenn es achtzig Jahre alt würde. Ich mag keinen Zögling, der sich selbst und anderen unnütz ist, der allein damit beschäftigt ist, sich am Leben zu erhalten, und dessen Leib der Erziehung der Seele schadet. Verschwende ich meine Fürsorge an ihn, so verdopple ich den Verlust, indem ich der Gesellschaft zwei statt nur einen Menschen entziehe. Mag ein anderer sich dieses Krüppels annehmen. Ich bin einverstanden und lobe seine Nächstenliebe; hier aber liegt nicht meine Stärke. Ich kann nicht jemanden leben lehren, der nur daran denkt, wie er dem Tode entgeht." (Rousseau 1995, 28)

Am Beispiel Rousseaus werden Widersprüche und Ambivalenzen einer Pädagogik der Aufklärung deutlich, wie sie auch in der deutschen Aufklärung durch die Proklamierung des Prinzips der Perfektibilität (Moser 1995, 47) zu finden sind. Die philanthropische Bewegung in Deutschland verkündete zwar das Streben nach individueller Vollkommenheit und Glückseligkeit, aber zugleich auch das nach gesellschaftlicher Brauchbarkeit und Nützlichkeit. Damit waren Widersprüche gegeben „zwischen Individuum und Gesellschaft, zwischen Anpassung und Mündigkeit, zwischen dem Utilitarismus [...] und der Bildung der Individuen zur Humanität" (Tenorth 1992, 76), aber auch – so möchte ich im Hinblick auf Behinderung hinzufügen – zwischen dem Besonderen und dem Allgemeinen sowie zwischen Differenz und Verschiedenartigkeit auf der einen und Normierung und Ausgrenzung auf der anderen Seite.

Pädagogik der Armut

Diese Widersprüchlichkeit zwischen zweckfreier Allgemeinbildung und gesellschaftlicher Brauchbarkeit spitzt sich zu, wenn Strategien einer Pädagogik der Armut in den Blick genommen werden. Der mutige Landreformer Fritz Eberhardt von Rochow (1734–1805) proklamierte zwar, „daß Bildung als allgemeines ‚Menschenrecht auch dem Geringsten und Ärmsten' zustehe" (Wehler 1989, 287; Schmitt 2003), aber er scheiterte mit seinen Plänen. Das Schulwesen am Ende des 18. Jahrhunderts war in Deutschland nach wie vor ein Abbild der ständischen Gesellschaft, in der jedem von Geburt her sein Platz zugewiesen war. Auch die Industrieschule kann als eine „Institution der Pädagogik der Armut" klassifiziert werden (Leschinsky/Roeder 1976), denn ihr primäres Ziel war die Erziehung zu Tugenden wie Fleiß und Sparsamkeit im Rahmen der vorfindlichen Gesellschaftsordnung, die dem Phänomen der Armut vorrangig mit Überwachung und Strafe begegnete (Foucault 1961; 1976; Herrmann 1981; Moser 1995). Herwig Blankertz urteilte über den Philanthropismus:

„[...] im Programm der allgemeinen Menschenbildung drückte Rousseau den revolutionären Anspruch der Aufklärung pädagogisch aus. Die deutschen Philanthropen faßten das Problem sehr viel enger. In ihrer Theorie der utilitären Erziehung rechtfertigten sie das, was die Praxis des merkantilistischen Staates war, nämlich den einzelnen Menschen dem gesellschaftlichen Anspruch preiszugeben, durch die Aufgabe, an dem ihm angewiesenen Orte zu funktionieren." (1982, 81f)

Und dennoch, so möchte ich abschließend unterstreichen, waren mit der Aufklärung im 18. Jahrhundert die Ideen der allgemeinen Menschen- und Bildungsrechte in die Welt gekommen, die fortan ihre Wirksamkeit entfalteten. Der nicht mehr hintergehbare Anspruch einer Bildung für alle war die Voraussetzung dafür, dass auch für behinderte, benachteiligte und arme Kinder das Recht auf Bildung und Erziehung eingefordert werden konnte – ein Recht, das bis auf den heutigen Tag keine Selbstverständlichkeit ist.

allgemeines Menschen- und Bildungsrecht

2.2   Die ersten Institutionen

Damit Ideen gesellschaftliche Wirksamkeit und Nachhaltigkeit erlangen können, bedarf es des Handelns von Personen, die bahnbrechende Ideen in gesellschaftliche Praxis umsetzen. Im Falle der Idee der Bildsamkeit behinderter Menschen waren es einzelne Pioniere, die durch Gründung von Institutionen der bereits im Einzelfall bewiesenen Bildungsfähigkeit gehörloser und blinder, etwas später auch geistig behinderter Menschen, zur gesellschaftlichen Anerkennung verhalfen. Ob in Paris, Leipzig und Wien, wenig später auch in Berlin – stets waren es außergewöhnliche Persönlichkeiten, die zum entscheidenden Motor für die institutionelle Entwicklung eines besonderen Zweiges im Bildungswesen wurden. Ob diesen mutigen Schritten Einzelner aber Erfolg und eine langfristige Wirkung beschieden war, hing von den spezifisch politisch-gesellschaftlichen Umständen ab. Daher sind stets gesellschaftliche Antriebskräfte und Widerstände mit zu bedenken, wenn es um eine Darstellung der Erfolgsgeschichte der ersten Institutionen für die Bildung und Erziehung behinderter Kinder und Jugendlicher geht.

Institutionalisierung

Paris

2.2.1   Die Taubstummenanstalt

Die Gründung der Pariser Taubstummenanstalt ist unaufhebbar verknüpft mit dem Wirken des Priesters Charles Michel de l'Epée (1712–1789), der nicht nur eine Methode des Taubstummenunterrichts wissenschaftlich begründete, sondern mit dem Beginn eines privaten Unterrichts taubstummer Schülerinnen den Grundstein für die Entwicklung eines Bildungswesens für Gehörlose legte.

Abbé de l'Epée

De l'Epée, Sohn eines Architekten in Versailles, Jansenist[1] und wegen freisinniger Ansichten aus dem Priesteramt entlassen, war zu seiner Zeit keineswegs der Einzige, der taubstumme Personen unterrichtete – erinnert sei nur an seinen Gegenspieler Jacob Rodriguez Pereira (1715–1780), ein Verfechter der Lautsprache –, aber er verstand es, durch seine jahrelangen, auch international wirksamen Aktivitäten die Basis für die Etablierung einer öffentlich anerkannten Gehörlosenbildung zu legen.

Der immer wieder in der Literatur erwähnte Auslöser für den Unterricht Gehörloser war de l'Epées etwa im Jahre 1760 erfolgte Begegnung mit zwei taubstummen Mädchen, die bereits von einem anderen Priester unterrichtet worden waren. Das erste Kapitel seines 1776 veröffentlichten Werkes „Institution des sourds et muets par la voie des signes méthodiques" gibt Auskunft über die religiösen Motive de l'Epées, spiegelt die ungeheure Aufbruchstimmung und Begeisterung wider und berichtet schließlich von den öffentlich zur Schau gestellten Unterrichtserfolgen:

„Kommen seit etwa dreißig Jahren mehr taubstumme Kinder zur Welt als vorher? Die Stadt Paris beherbergt eine große Anzahl von ihnen, man meldet sie uns von allen Seiten aus den Provinzen, und wir wissen, daß sich in den uns umgebenden Reichen ebensoviele finden. Ohne die Ratschlüsse der göttlichen Vorsehung durchdringen […] zu wollen […] glaube ich, daß dieses Gebrechen immer in fast gleichem Verhältnis zu allen unsern Leiden gefunden worden ist. Wenn es trotzdem scheint, daß es heute mehr Taubstumme gibt als in früheren Zeiten, so kommt das daher, daß man bis auf unsere Tage die Kinder, die ohne die Fähigkeit zu hören und zu sprechen geboren wurden, von der menschlichen Gesellschaft fern hielt, weil ihr Unterricht immer als sehr schwer, in mancher Hinsicht sogar als unmöglich angesehen wurde. Die Gelehrten wußten indessen sehr wohl, daß seit zwei Jahrhunderten einige Phänomene dieser Art […] mehr oder weniger unterrichtete Taubstumme, aufgetreten waren, was man alsdann als eine Art Wunder ansah; aber die übrigen Menschen kamen gar nicht auf den Gedanken, daß man jemals dieses Werk versucht hatte, und noch weniger ahnten sie, daß es jemandem gelungen war.

Die Taubstummheit stellte sich also den Augen als ein entsetzlicher Zustand dar und schien nach der Ordnung der Natur ein unheilbares Übel zu sein. Wir wissen sogar durch einwandfreie Berichte, daß es noch jetzt barbarische Länder gibt, in denen man die Kinder, die weder hören noch sprechen können, tötet, weil man sie als Ungeheuer ansieht […]

Heute haben sich die Dinge geändert. Man hat mehrere Taubstumme sich in der Öffentlichkeit zeigen sehen. Die Prüfungen, die sie zu bestehen hatten, sind durch Programme angekündigt worden, welche die Aufmerksamkeit des Publikums erregt haben. Personen jeden Standes und jeden Ranges haben sich in Menge dazu eingefunden. Die Schüler sind umarmt worden, man hat ihnen Beifall gezollt, sie mit Lob überhäuft, sie mit Lorbeeren gekrönt. Die Kinder, die man bis dahin als Auswurf der Natur angesehen hatte, haben sich mehr ausgezeichnet und ihren Vätern und Müttern mehr Ehre gemacht als deren andere Kinder, die nicht imstande waren, gleiches zu leisten, und die darob erröteten […]

Da die inländischen und fremden Zeitungen über das berichtet, was sich in Paris unter den Augen einer beträchtlichen Anzahl von vornehmen Zeugen zugetragen hat, sind die gewöhnlichen Unterrichtsstunden der Taubstummen sozusagen fortwährende Prüfungen geworden. Man sieht dort alle Tage Gelehrte verschiedener Länder und Personen höchsten Standes. Sogar einige unserer Fürsten haben sie mit ihrer Anwesenheit beehrt, und fremde Herrscher haben sich selbst davon überzeugen wollen, daß die öffentlichen Zeitungen sie nicht durch falsche Berichte getäuscht hatten.

Es ist also gar nicht mehr die Rede davon, die Taubstummen gänzlich von der Welt abzuschließen […] Die Taubheit, die man allein für das Los der Menschen erhielt, die, sich durch eine kleine Glocke bemerkbar machend, ihr Brot in den Straßen erbetteln, erscheint jetzt nur noch als eine jener körperlichen Häßlichkeiten, von denen auch die höchsten Stände nicht ausgenommen sind, und deren Nachteilen leicht abzuhelfen ist […]

Ich bin Lehrer der Taubstummen geworden, ohne daß ich damals wußte, daß es jemals andere vor mir gegeben hatte […] Der P. Vanin, ein sehr achtbarer Priester der Kongregation der Christlichen Lehre, hatte vermittelst Bilder (einem an sich sehr schwachen und ungewissen Hilfsmittel) den Unterricht von zwei taubstumm geborenen Zwillingsschwestern begonnen. Als dieser barmherzige Geistliche gestorben war, blieben die beiden armen Mädchen ohne alle Hilfe […] Da ich nun fürchtete, daß diese beiden Kinder ohne Kenntnis ihrer Religion leben und sterben würden, wenn ich nicht irgend ein Mittel versuchte, sie zu unterrichten, wurde ich von Mitleid für sie gerührt und ließ sie mir bringen, um mein möglichstes an ihnen zu tun." (de l'Epée 1910, 1ff)

De l'Epées ungeheurer pädagogischer Optimismus, gepaart mit religiösen Motiven, galt in erster Linie nicht den Kindern aus besseren Kreisen, sondern jenen aus den unteren Volksschichten, die bislang von allen besonderen Bildungsbemühungen ausgeschlossen waren. Durch diese Betonung des sozialpolitischen Aspektes seiner Aktivitäten, durch die Forderung nach gleichen Menschen- und Bildungsrechten auch für die Vernachlässigten erwies sich de l'Epée als ein wahrer Protagonist der Aufklärung: **Protagonist der Aufklärung**

„Die Taubheit ist ein Elend, dem Personen jeden Standes und jeden Berufes verfallen sind. Wir haben unter unsern Schülern vornehme und reiche, aber auch arme und solche aus der Hefe des Volkes. Daß wir den ersteren alle Arten von Kenntnissen geben, die sie verstehen können, damit wird man wohl ohne Zweifel einverstanden sein. Nun wohl, so muß man, was man auch dazu sagen möge, dulden, daß die anderen sie in Gesellschaft miterwerben können. Das ist um so gerechter, als die Reichen nur bei mir geduldet werden. Nicht ihnen, sondern den Armen habe ich mich gewidmet. Ohne diese würde ich niemals den Unterricht der Taubstummen übernommen haben. Die Reichen haben die Mittel, einen Lehrer für ihre Kinder zu suchen und zu bezahlen." (de l'Epée 1910, 90)

De l'Epée begann seine ersten Unterrichtsversuche in seinem Privathaus in der Rue des Moulins und bestritt sie, unterstützt von seinem Bruder, bis zu seinem Tod 1789 weitgehend aus seinen privaten Geldmitteln. Aus seinen Aufzeichnungen von 1776 geht allerdings auch hervor, dass der Gründer der privaten Taubstummenanstalt von Paris schon sehr bald deren Umwandlung in eine öffentliche Unterrichtsanstalt im Auge hatte, da nach seiner Ansicht nur besondere „Erziehungshäuser" den spezifischen Bildungsauftrag sichern könnten. So schreibt er: **erste Unterrichtsversuche**

„Die Welt wird niemals lernen, ihre Finger und Augen in größter Eile arbeiten zu lassen, nur um das Vergnügen zu haben, sich mit den Taubstummen unterhalten zu können. Das einzige Mittel, diese der menschlichen Gesellschaft völlig wiederzugeben, ist, sie zu lehren, mit den Augen zu hören und sich mündlich auszudrücken. Bei vielen unserer Schüler gelingt uns das, obgleich sie nicht bei uns wohnen, sondern nur zweimal wöchentlich in unsere Unterrichtsstunden kommen […] Diese Fähigkeit sollte man ausbilden, und man würde unfehlbar zu etwas Vollkommenem gelangen, wenn man Erziehungshäuser hätte, die ganz diesem Werke geweiht wären. Es scheint jetzt, daß das erste in Deutschland durch den Herzog von Sachsen/Weimar gegründet werden wird. Als dieser junge Fürst einer unserer Unterrichtsstunden beigewohnt hatte, hat er sogleich den Plan einer solchen Anstalt gefaßt […]" (de l'Epée 1910, 76f)

Streben nach Verstaatlichung

Michel de l'Epée unternahm mehrere Anläufe, um für seine private Schule den Status einer öffentlichen Schule zu erlangen. Wiederholte Eingaben an den König sowie eine unermüdliche Zurschaustellung erzielter Unterrichtserfolge waren die Mittel, um die prekäre finanzielle Situation, wenn nicht zu überwinden, so doch zumindest zu mildern. Ungeachtet des Wohlwollens des französischen Königs sowie anderer privater Förderer erfüllte sich der Wunsch nach staatlicher Übernahme lange Zeit jedoch nicht.

Abbé Sicard

Als de l'Epée am 23. Dezember 1789, im Jahr der Revolution, starb, trug seine Unterrichtsanstalt immer noch den Charakter einer Privatanstalt. In ihr befanden sich zu diesem Zeitpunkt etwa 60 Schüler, die entweder durch die Eltern oder verschiedene Wohltäter, teilweise auch durch die „Société philanthropique" unterstützt wurden. Der strenge Winter 1788/89, der Ausbruch der Revolution und damit die geringer werdenden privaten Finanzmittel brachten die Anstalt in eine äußerst prekäre Lage. So erschien der Nachfolger de l'Epées, der Abbé Sicard (1742–1822), mit einer Delegation seiner taubstummen Schüler in der Sitzung der Nationalversammlung und überreichte eine Bittschrift zur Verbesserung der unhaltbaren Anstaltssituation. Die Nationalversammlung erkannte 1790 die Nützlichkeit der Anstalt an, versprach auch staatliche Protektion, machte aber zugleich den Vorschlag, die Anstalten für Gehörlose und Blinde aus Kostengründen zusammenzulegen, was wenig später tatsächlich erfolgte.

humanitäre versus utilitaristische Ziele

Als die Taubstummenanstalt 1791 tatsächlich verstaatlicht wurde, erinnerte sie allerdings kaum noch an das ursprüngliche Konzept ihres Gründers. Dessen Motive waren zwar auch utilitaristischer Natur gewesen, denn es ging stets um die sozialpolitische Aufgabe einer möglichst kostengünstigen gesellschaftlichen Eingliederung von Außenseitern, aber diese Zielsetzung war nicht zu trennen von den humanitär-pädagogischen Beweggründen einer allgemeinen Menschenbildung.

Die offizielle französische Politik der 90er Jahre setzte hingegen immer stärker auf soziale Kontrolle und Kostenreduzierung bei gleichzeitigem Zurückdrängen des Bildungsanspruches. Hierzu passt auch, dass das Taubstummeninstitut und die 1785 gegründete Pariser Blindenanstalt noch im Oktober 1791 zusammengelegt und in dem „Couvent des Célestines" untergebracht wurden. Hauptziel der Anstalt war nun das Ausüben einer Moralerziehung und das Verdienen des eigenen Lebensunterhaltes. Nach erlassenen Richtlinien herrschte in der Institution eine klar geregelte Hierarchie, durch welche die ununterbrochene Produktivität überwacht, Müßiggang geahndet und Fleiß belohnt werden sollten. Keiner der Einrichtungs- und Gebrauchsgegenstände, welche von den Schülern selbst hergestellt werden konnte, durfte außerhalb der Institution in Auftrag gegeben werden. Eine autarke Institution dank ökonomischer Unabhängigkeit, erwirtschaftet durch die Arbeit der Blinden und Taubstummen, das war das erklärte Ziel dieser neuen Institution, in der die Zöglinge kontrolliert und lückenlos überwacht wurden.

Es kam noch einmal im Nationalkonvent in den Jahren 1793 und 1794 zu einer hitzigen Debatte um die Funktion der Taubstummenerziehung. Dabei blieben aber jene in der Minderheit, die unter Verweis auf die Menschenrechte und das Prinzip der Brüderlichkeit den Bildungsanspruch auch für Gehörlose reklamierten. Die Vertreter der Gegenposition hingegen plädierten dafür, den Betroffenen einen Bildungsanspruch generell abzusprechen.

Die utilitaristische Ausrichtung der Taubstummenanstalt wurde in den Folgejahren fortgeführt. Für die 60 Freiplätze wurde festgelegt, dass der Staat bei einer Unterrichtszeit von fünf Jahren (im Alter von 9 bis 16 Jahren) nur für die ersten drei Jahre die Pensionskosten übernehmen würde, im vierten Jahr nur noch zur Hälfte für die Kosten aufkäme und das fünfte Jahr schließlich ganz durch die Arbeit der Schüler finanziert werden musste.

Die sich nach dem Machtantritt Napoleons abzeichnende Restauration der französischen Gesellschaft mit ihrer erneuten Zementierung gesellschaftlicher Klassengegensätze bewirkte eine noch stärkere Pointierung der Nützlichkeitsbestimmung der Taubstummenerziehung bei gleichzeitiger Verfestigung ihres klassenspezifischen Charakters. In einem Prospekt vom Jahre 1801[2], welcher den Auftrag der Institution neu umreißen sollte, wurde insbesondere die gesellschaftliche Nutzbarmachung der Taubstummen hervorgehoben, eine Nutzbarmachung – so der Verfasser des Prospekts – welche die Schule de l'Epées weitgehend vernachlässigt habe. Die Leistung des Gründers wurde zwar gewürdigt, gleichzeitig aber auf das Problem verwiesen, dass die Zeit, welche von diesem für die Entwicklung intellektueller Fähigkeiten aufgewendet wurde, „fût perdu pour le travail des mains".[3] Taubstumme – so die Meinung der Verfasser des Prospektes – waren durch die ausschließlich intellektuelle Bildung zu einem müßigen und faulen Leben erzogen worden und damit weiterhin eine Bürde ihrer Eltern geblieben. **Restauration in Frankreich**

Demgegenüber wurden nun die entstandenen Werkstätten in den Vordergrund gerückt, in denen die verschiedenen Handwerke gelernt werden konnten: Druckerei, Drechslerei, Gravur, Zeichnen, Mosaik, Schreinerei, Schneiderei, Schuhmacherei. Wie bereits schon 1792 festgelegt, wurde auch in diesem Prospekt darauf verwiesen, dass sämtliche Gebrauchsartikel und Unterrichtsgegenstände von der Institution selbst herzustellen seien, und darüber hinaus wurde angeregt, auch andere Hospize mit den Erzeugnissen der Anstalt zu versorgen.

Als eine besondere Neuigkeit wurde die Zweiteilung der Institution angepriesen, die die gesellschaftliche Schichtung getreu widerspiegelte, indem eine spezielle Schulabteilung für Taubstumme aus vermögenden Familien eingerichtet wurde. Damit bestand die Pariser Anstalt zu Beginn des 19. Jahrhunderts aus zwei strikt voneinander getrennten Sektionen, die kaum noch Gemeinsamkeiten in der pädagogischen Arbeit aufwiesen. In der ersten Abteilung befanden sich etwa 80 Taubstumme, die auf Kosten der Nation unterrichtet und nur für eine nützliche Tätigkeit ausgebildet wurden. In der zweiten, kleineren Gruppe erhielten dagegen etwa 40 taubstumme Kinder zahlender Eltern in allen üblichen Unterrichtsfächern Unterweisung.

Nicht allgemeine Menschenbildung war mehr das Ziel der Unterrichtung Gehörloser aus den armen Volksschichten, sondern soziale Disziplinierung und die Perpetuierung sozialer Ungleichheit. Für all diejenigen, die auf- **Sozialdisziplinierung**

grund ihres gesellschaftlichen Status zu einer frühen Berufswahl prädes-
tiniert waren, musste demnach eine über das Notwendige hinausweisende
intellektuelle Bildung als Verschwendung gelten. Somit war es nur konsequent, dass Anträge auf Freiplätze nur noch für Taubstumme im Alter von
12 bis 14 Jahren gestellt werden konnten, denn nur durch Heraufsetzung des
Eintrittsalters war die erwartete Arbeitsfähigkeit der Taubstummen zu gewährleisten.

2.2.2   Die Blindenanstalt

Valentin Haüy

August Zeune

Die Parallelen zwischen den Anfängen der Taubstummen- und Blindenbildung in Paris sind unübersehbar. So ist, ungeachtet der zeitlichen Differenz,
auch im Falle der Blindenbildung eine hervorragende Persönlichkeit Motor
der Anstaltsgründung: Valentin Haüy (1745–1822), Sprachwissenschaftler
und königlicher Dolmetscher. Nicht anders als die Taubstummenanstalt hat
auch die Blindenanstalt zunächst den Charakter einer Privatanstalt, und sie
soll gerade den Kindern armer Bevölkerungsschichten offenstehen. Auch
sie befindet sich permanent in einer finanziell äußerst angespannten Situation und bewegt sich in ihrem pädagogischen Konzept zwischen dem Ideal
allgemeiner Menschenbildung und der utilitaristischen Festlegung auf die
Hinführung zur Erwerbsarbeit.

Natürlich kannte Haüy wie alle gebildeten Franzosen seiner Zeit Diderots Briefe über die Blinden, aber es bedurfte eines Schlüsselerlebnisses, um
in ihm den Plan reifen zu lassen, mit einem Unterrichtsversuch für blinde
junge Menschen zu beginnen. Es war die unwürdige Zurschaustellung blinder, kostümierter Musikanten auf dem Pariser Markt Saint-Ovide im Jahre
1771, von der Haüy in verschiedenen Zusammenhängen immer wieder berichtete und die ihn zutiefst empört hatte. Noch im Sommer 1806, als Haüy
Paris Richtung Russland verließ und auf seiner Reise Halt in Berlin machte,
trug er den bildlichen Beweis dieser Szene mit sich, gleichsam als symbo-
lischen Beleg für die notwendige Befreiung blinder Menschen aus solch er-
niedrigender Abhängigkeit durch Unterricht und Erziehung. August Zeune,
der spätere Direktor der Blindenanstalt in Berlin, erwähnte diese Episode
in seinem Werk „Über Blinde und Blindenanstalten", in dem er schrieb:
„Haüy zeigte bei seiner Anwesenheit in Berlin mir einen Kupferstich, wo
dieses lächerliche Tonspiel vorgebildet war, worunter noch Reimereien zur
Verspottung der Blinden standen." (Zeune 1817, 32)

**Philanthropische
Gesellschaft**

Die Gründung der Philanthropischen Gesellschaft, der „Société Philanthropique", 1780 schuf die Voraussetzung für die Etablierung einer Institution zur Unterrichtung Blinder. Diese Vereinigung wohlhabender, aufge-
klärter Bürger und Adeliger, der auch Louis XVI seit 1784 angehörte, wollte
drei Personengruppen Unterstützung und Hilfe gewähren: unversorgten
armen und alten Menschen, armen Wöchnerinnen sowie armen Blinden. In
einem Aufruf im „Journal de Paris", der ersten Pariser Tageszeitung, vom
Dezember 1783 bat die Gesellschaft die Öffentlichkeit um Spenden für

blinde Kinder. Mit dem Hinweis auf das Quinze-Vingts[4], welches Blinde erst im Alter von 21 Jahren aufnehmen könne und außerdem überfüllt sei, gab die Société Philanthropique bekannt, dass sie zwölf blinden Kindern eine jährliche Unterstützung zukommen lassen wolle. Als Aufnahmebedingung war festgelegt, dass diese Kinder im Alter von zwei bis zwölf Jahren Wohnsitz in Paris haben und armen, aber ehrenwerten Arbeiterfamilien entstammen. Außerdem war der Anmeldung das Zeugnis eines Augenarztes zur Bestätigung der geburts- oder früherworbenen Blindheit beizulegen.

Die Motive des Société Philanthropique lagen keineswegs nur in selbstloser Nächstenliebe, sondern ebenso in einem wohlbegründeten gesellschaftlichen Interesse, das auf die soziale Tüchtigkeit bisher untätiger Personen abzielte. Der König selbst bekundete die Absicht, die Bettelei mit allen Mitteln zu bekämpfen und den Müßiggang in Arbeitsamkeit umzuwandeln, ablesbar an einem Brief aus dem Jahre 1771, in welchem er sein Entsetzen über das Ausmaß an Bettelei in den Straßen von Paris und Versailles äußerte. Der Generalleutnant der Polizei, so forderte der königliche Brief, solle demzufolge geeignete Arbeitshäuser für körperlich Gesunde, wie auch für Versehrte errichten.

Maria Theresia Paradis Im September 1784 meldete sich Valentin Haüy bei der Philanthropischen Gesellschaft zu Wort und unterbreitete einen Vorschlag zur Unterrichtung Blinder – unter Berufung auf Diderot, aber auch Maria Theresia Paradis und Johann Ludwig Weissenburg. Die blinde Wienerin Maria Theresia Paradis (1759–1824), war Sängerin, Pianistin, Komponistin. Sie unternahm 1783 eine dreijährige Konzertreise durch Deutschland, in die Schweiz, nach England und Frankreich. In Paris traf sie im März 1784 ein, wo sie bis zum Oktober des Jahres zahlreiche, mit großem Beifall des Publikums aufgenommene Konzerte gab und engen Kontakt mit Haüy pflegte, der bei ihr viele Hilfsmittel für Blinde kennenlernte.

Johann L. Weissenburg Johann Ludwig Weissenburg (1752–1800) stammte aus Mannheim, und er war im Alter von fünf Jahren erblindet. Für seine Unterrichtung waren verschiedene Hilfsmittel konstruiert worden, welche Haüy ebenfalls durch Maria Theresia Paradis während ihres Aufenthaltes in Paris kennenlernte (Mell 1952; Dreves 1998).

Eröffnung der Pariser Blindenschule Die Philanthropische Gesellschaft reagierte positiv auf das Angebot Haüys, und nur wenige Monate später, im Februar 1785, würdigte die „Académie Royale des Sciences" die pädagogischen Erfolge Valentin Haüys, wobei sie insbesondere sein Verdienst für die Ausarbeitung einer zusammenhängenden, so bislang nicht existierenden Methode des Blindenunterrichts hervorhob. Bereits am 19. Februar 1785 erfolgte die Eröffnung der Blindenschule Haüys mit einem Konzert in der „Académie Royale de Musique" und einer anschließenden Demonstration der Unterrichtserfolge der ersten Schüler, deren Zahl sich im folgenden März bereits auf 24 belief.

1786 veröffentlichte Valentin Haüy seinen „Essai sur l'Education des aveugles", der einen kurzgefassten Bildungs- und Lehrplan für den Unterricht blinder Schüler enthält. In seinem Vorwort erinnerte Haüy an das doppelte Schicksal von Armut und Behinderung, indem er darauf hinwies, dass er vor allem der „classe d'infortunés", also der Klasse der Unglücklichen, Armen, mit seinem Erziehungsplan dienen möchte. Haüy, der sein Werk dem französischen König widmete, unterließ es nicht, das positive Urteil mehrerer Mitglieder der Académie Royale des Sciences – namentlich Antoine de Condorcet – als Beleg für seine erfolgreiche pädagogische Arbeit mit blinden Kindern anzuführen. In ihrem Bericht würdigten die Mitglieder der Königlichen Akademie der Wissenschaften vom Februar 1785 nicht nur die außerordentlichen methodischen Fortschritte der Blindenerziehung, sondern empfahlen zugleich auf das Wärmste die Etablierung einer Institution für die Erziehung und Unterrichtung blinder Kinder und Jugendlicher. Dabei erinnerten auch sie an die nur wenige Jahre zurückliegenden pädagogischen Erkenntnisse und Erfolge eines Abbé de l'Epée, der sich wie Haüy einer bislang vernachlässigten gesellschaftlichen Gruppe zugewandt hatte.

öffentliche Darbietungen

Haüy folgte dem Beispiel de l'Epées und trachtete danach, ein großes Publikum für seine Anstalt zu interessieren und lud somit auch zu öffentlichen Darbietungen ein. So gab er bereits im Dezember 1784 im „Journal de Paris" bekannt, dass man sich künftig in seiner Wohnung, Rue Coquillière, einschreiben könne, und schon kurze Zeit später kündigte er an, dass die Prüfungen seiner blinden Schüler nun zweimal wöchentlich abgehalten würden.

Blinde als Lehrer

Nicht anders als de l'Epée unterrichtete Haüy von Anfang an Blinde beiderlei Geschlechts. Aus dem Programm der öffentlichen Unterrichtsschau, welche Haüy mit seinen blinden Schülern im Dezember 1786 vor der königlichen Familie in Versailles abhielt, geht hervor, dass sich unter den 24 anwesenden Blinden im Alter von 8 bis 30 Jahren neun Mädchen befanden. Eine Besonderheit der Blindenanstalt war, dass nach Möglichkeit begabte blinde Schüler als Lehrer eingesetzt werden sollten, was zweifellos der Kostenersparnis diente. Vorbild war der sehr begabte erste Schüler Haüys, Le Sueur, der nach seiner Aufnahme 1784 schon bald als Lehrer tätig wurde und als Anerkennung für seine Arbeit eine regelmäßige finanzielle Entschädigung erhielt.

Bericht eines deutschen Besuchers

Die im Vorjahr der Revolution über Frankreich hereinbrechenden Naturkatastrophen veränderten das Finanzgebaren der Société Philanthropique, die nun vor allem die Katastrophenopfer unterstützte und damit die Gelder für die Blinden spärlicher fließen ließ. Ähnlich wie de l'Epée musste Haüy neue Finanzquellen erschließen, und er tat es, indem er ab 1789 Klassen sehender Kinder aufnahm, die durch blinde Lehrer unterrichtet wurden. Die Wirren der Revolution ließen schließlich die private Unterstützung immer weiter schrumpfen, denn viele Mitglieder der Philanthropischen Gesellschaft zählten zu den politisch Verfolgten, die entweder enteignet oder umgekommen waren oder das Land verlassen hatten. Ein deutscher Besucher der Blindenanstalt im Jahre 1791 vermittelt in seinem Bericht einen Eindruck von den existenzsichernden Maßnahmen der Blindenanstalt:

„Diese Waren werden zum Besten des Instituts verkauft. Diejenigen, die Geisteskraft, Fähigkeit und Kenntnisse haben, bietet man dem Publikum in einer eigenen Ankündigung zu Lehrern sehender Kinder an, nicht sowohl, um eine geschwindere, leichtere und fasslichere Unterrichtsmethode erwarten zu lassen, als dem Publikum Gelegenheit zu geben, Wohlthätigkeit zu üben und aus diesem Grunde diese blinden Kinder vorzüglich für ihre Kinder zu wählen. Ich habe ein paar, von ihnen unterrichtete, Kinder gesehen, die einige Fragen aus der Religion, Moral, Geschichte und Geographie sehr fertig beantworteten." (Schulz 1791, 188f)

Es leuchtet unmittelbar ein, dass Haüy, nicht anders als de l'Epée, alles daran setzte, seine Unterrichtsanstalt unter staatliche Aufsicht zu stellen, nicht zuletzt um dem finanziellen Ruin zu entgehen. Dabei schwebte ihm gleichfalls vorrangig der Charakter einer Schule, weniger der einer Arbeitsanstalt vor. Hiervon zeugt die öffentliche Prüfung im Pariser Rathaus von 1790, deren Programm aus folgenden Punkten bestand: **Lehrplan Blindenschule**

- Protokollverlesung,
- Instrumentalmusik der Blinden,
- Schreibdiktat für einen Blinden,
- Lesen,
- Rechnen, Lesen von taktiler Musiknotation,
- Schreiben in Schwarz- und in Reliefschrift,
- Drucken von Text und Musik in Schwarz- und Reliefdruck,
- Unterricht sehender Kinder durch Blinde,
- Darstellung von Produkten und gleichzeitig demonstrierte Anfertigung handwerklicher Arbeiten,
- Vortrag eigener Poesie,
- Geographie,
- Musik von Gossec.[5]

Die überlieferten Kritiken dieser Veranstaltung attestierten Haüy uneingeschränkt große Erfolge hinsichtlich der erworbenen Kenntnisse seiner Schüler, insbesondere im Lesen, der Musiknotationen, aber auch in der Unterrichtung sehender Schüler durch blinde „Lehrer".

1791 wurden, wie bereits erwähnt, die Blinden- und die Taubstummenanstalt verstaatlicht. Zugleich verordnete die Nationalversammlung die Zusammenlegung beider Einrichtungen, was allerdings nicht die erhoffte finanzielle Rettung der Blindenanstalt bewirkte, wohl aber eine unüberbrückbare feindschaftliche Rivalität zwischen Haüy und Sicard (Weygand 2003, 161ff). Die Zusammenführung wurde bereits 1794 wieder aufgehoben, und die Gehörlosen unter der Leitung Sicards zogen in ein neues Lokal in der Rue St. Jacques – der Ort, an dem die Pariser Gehörlosenschule noch heute ansässig ist. **Verstaatlichung**

1795 wandten sich Haüy und sein zweiter Lehrer mit einer Petition an den Nationalkonvent, in der sie sehr eindringlich die Hungersnot in ihrer Anstalt schilderten, die bereits Todesopfer gefordert hatte. Trotz der ungenügenden finanziellen Ausstattung während all der Jahre gelang es Haüy dennoch immer wieder, seine Blindenanstalt über Wasser zu halten und den Blinden ein Mindestmaß an Bildung sowie eine Existenzgrundlage zu verschaffen. **Blindenanstalt in Not**

Ernst Moritz Arndt

Ernst Moritz Arndt, der während seiner Reisen 1798 und 1799 auch die Blindenanstalt von Paris besuchte, zeichnet in seinem Reisebericht das Bild einer Art Selbsthilfe- und Überlebensgemeinschaft, wenn er schreibt:

„Den Namen, blinde Arbeiter, führen sie nicht blos als eine Zierde, sondern ihre ganze Einrichtung und Subsistenz ist auf Arbeitsamkeit und Industrie berechnet [...] Man wundert sich gewiß, wenn ich erzähle, daß die Oekonomie, das Rechnungswesen, der Einkauf der Materialien, und der Verkauf der Produkte ihrer Arbeit von einzelnen Mitgliedern der Gesellschaft verwaltet, und gut verwaltet wird. Noch mehr wird man sich wundern, wenn ich erzähle, daß unter diesen Bürgern der Republik in ihrem kleinen Staate mehrere Blinde in der Ehe leben [...] Diese guten Leute zeugen sich denn mit Gottes Hülfe sehende Kinder, und haben Leiter für ihre alten Tage [...] Es sind hier Knaben und Mädchen, Jünglinge und Jungfrauen, Männer und Weiber unter einander, und alles wird durch die Bande der Liebe in Zucht und Ordnung verbunden. Durch rastlose Thätigkeit sucht diese kleine Kolonie ihren Zustand zu verbessern, und zu dem Wenigen, was der Staat für sie thun kann, sich noch einige Freuden und Vergnügungen zu verschaffen. Sie lernen das Lesen, Schreiben und Rechnen sich selbst, und gaben uns davon seltne Proben; ihre Bücher, Musikalien und eine Art Landkarten drucken sie sich selbst auf dickes Papier mit erhabnen Lettern, so, daß die eine Seite leer bleibt." (Arndt 1802, 204ff)

existenzsichernde Maßnahmen

Insgesamt waren es die folgenden Maßnahmen, die im Einzelnen dazu beitrugen, das Fortbestehen der Blindenanstalt zu gewährleisten:

- manuelle Arbeiten und deren Verkauf im eigenen Laden und auf Ausstellungen,
- Druck von kleinen Schriftstücken gemäß Aufträgen,
- Unterricht sehender Kinder, wobei alle Inhalte, mit Ausnahme von Schrift und Zeichnen, durch blinde Lehrer unterrichtet wurden,
- musikalische Darbietungen in Gottesdiensten,
- Anstellung blinder Musiker für private festliche Anlässe,
- Auftritt eines Orchesters blinder Musiker,
- Unterrichtung blinder (zahlender) Kinder aus reichem Hause.

Niedergang der Blindenanstalt

Die 1800 verfügte Zusammenlegung der Blindenanstalt mit dem „Hospice des Quinze-Vingts", dem Hospiz für ältere Blinde, läutete den Niedergang der Blindenanstalt als einer Bildungseinrichtung ein und damit auch das Ende der Tätigkeit Haüys in dieser Institution. Unverhohlen und eindeutig begründete der Innenminister die Zusammenführung beider Institute mit ausschließlich ökonomischen Motiven. So teilte er 1802 der Blindenversorgungsanstalt mit, dass aus Gründen der Kostenersparnis die überwiegende Zeit den Handarbeiten zu widmen sei, der Unterricht hingegen auf nur zwei Stunden pro Tag reduziert wird. Haüy erhob Einspruch gegen die Übersiedlung der Blindenanstalt und ihre damit verbundene Zerschlagung, aber sein Einspruch blieb erfolglos – im Gegenteil, Minister Chaptal beeilte sich, die geplante organisatorische Maßnahme sogar als einen pädagogischen Erfolg auszugeben, da nun doch die Bewohner des Versorgungsheims an den Arbeiten der jungen Blinden mit beteiligt werden könnten.

Nach viermonatigem Widerstand musste sich Haüy geschlagen geben. **Entlassung Haüys**
Das staatliche Blindeninstitut zog im Februar 1801 in das Gebäude des Hospice des Quinze-Vingts, und nur ein Jahr später erreichte Innenminister
Chaptal, dass der verhasste Revolutionär Haüy seines Amtes enthoben
wurde. Die jungen blinden Menschen erwartete für die kommenden Jahre
ein ghettoartiges Überwachungssystem, das durch Strafe, Kontrolle und Arbeit bestimmt war und nur noch schemenhaft an eine Bildungseinrichtung
erinnerte. Nach dem Urteil Weygands (2003, 299) war dies ein Rückschritt in
die Zeit vor Haüys Schulgründung im Jahre 1785, als ausschließlich begü-
terte Taubstumme in den Genuss von Bildung gelangt waren.

Auch die Fachwelt brachte der politischen Entscheidung kein Verständnis entgegen und verurteilte sie scharf. In den „Französischen Miscellen"
wurde Heilmann, ein ehemaliger Schüler Haüys und später dessen Nachfolger als Direktor des „Musée des aveugles", mit seiner Kritik sehr deutlich:

> „Man wies ihn [gemeint ist Haüy, E.-R.] zwar mit einer ehrenvollen Pension zurück,
> unter dem Vorwand, dass es besser wäre, die Blinden Handarbeiten, als Künste und
> Wissenschaften zu lehren. Diese zuvor mit Wissenschaften beschäftigten Menschen,
> wurden nun zum Spinnen und Weben angehalten, auch errichtete man ihnen eine
> Tabakfabrik, auf welcher sie einen kümmerlichen Unterhalt verdienten. Die Neider des
> Herrn Haüy trugen kein Bedenken, auszusprechen, dass die Blinden durch die Natur
> nicht zu den Künsten und Wissenschaften, sondern nur zu den groben Handarbeiten
> bestimmt wären, und dass man ihnen nur soviel Unterhalt geben müsste, dass sie ver-
> hindert würden zu sterben." (Heilmann 1804, 125f)

Nach seiner Entlassung gründete Haüy 1802 erneut eine private Anstalt, die **Haüy in**
aber weitgehend nur von zahlenden jungen Blinden des In- und Auslandes **St. Petersburg und**
besucht wurde. 1806 kehrte Haüy Paris endgültig den Rücken. Er folgte dem **Berlin**
Ruf des russischen Zaren, um in Sankt Petersburg eine Blindenanstalt aufzubauen. Auf der Durchreise blieb er einige Tage in Berlin und führte mit
Hilfe seines mitreisenden blinden Schülers seine Unterrichtserfolge einem
interessierten Publikum vor. Hier war der Boden bereits gut vorbereitet,
und der Auftritt beim Preußischen König Friedrich Wilhelm III. war vielleicht der letzte Anstoß, damit 1806 durch August Zeune die erste Blindenanstalt auf deutschem Boden errichtet werden konnte (Dreves 1998;
Mehlitz 2003; Drave/Mehls 2006).

Vor seiner Abreise nach Russland im Jahre 1806 hatte Haüy die Leitung
seiner Privatschule dem blinden Deutschen Heilmann übertragen; wie
lange diese Schule noch weiter existierte, ist anhand der Quellenlage nicht
genau zu bestimmen. In der staatlichen Blindeninstitution, nun mit dem
Quinze-Vingts verbunden, spielte der Unterricht nur noch eine Nebenrolle,
denn es wurden überhaupt nur noch zwei Unterrichtsstunden gegeben.
Aber nicht nur der Unterricht kam in der staatlichen Anstalt in den Folgejahren zum Erliegen, sondern auch die manuelle Beschäftigung, da durch
die Aufgabe der Leintuchmanufaktur im Jahre 1805 keine ausreichenden
Beschäftigungsmöglichkeiten für die Blinden mehr gegeben waren. Damit

Neuorganisation staatlicher Blindenfürsorge

hatte diese Institution kurz nach der Jahrhundertwende ihre Bedeutung eingebüßt. Sie war weder eine Bildungsanstalt noch eine Einrichtung der Arbeitserziehung; sie verkam zu einer Verwahranstalt.

Mit Machtantritt der Bourbonen 1815 erfolgte eine Neuorganisation der Blindenfürsorge. Die Zusammenlegung mit dem Versorgungsheim wurde zurückgenommen, und 1816 zogen die jungen Blinden in ein neues Gebäude. Aber ganz im Unterschied zu der Zeit, in der Haüy die Blindenanstalt als eine Lebens- und Selbsthilfegemeinschaft geleitet hatte, wurde sie nun als eine Einrichtung organisiert, die streng auf Effizienz ausgerichtet war und in der die blinden Zöglinge durch Unterricht und Arbeit einer straffen Ordnung und Disziplin unterlagen. Ein streng geregelter Tagesablauf, eine strikte Trennung nach Geschlechtern, das Verbot jeglichen körperlichen Kontaktes, ständige Überwachung, lange Arbeitszeiten, himmelschreiende hygienische Verhältnisse, mangelhafte Ernährung und medizinische Versorgung sowie harte Strafen – all das sind die Kennzeichen der Pariser Blindenanstalt in den ersten Jahrzehnten des 19. Jahrhunderts.

Direktor Guillié

Ein besonders dunkles Kapitel bildet die Ära unter der Leitung des Arztes Doktor Guillié, der zur Zeit der Restauration von 1815 bis 1821 wie ein Despot in der Anstalt agierte und der nicht nur vor dem Auspeitschen und Anketten der Zöglinge nicht zurückschreckte, sondern auch mit Hilfe operativer Eingriffe medizinische Experimente an ihnen durchführte (Weygand 2003, 317ff). Kein Schüler durfte sich nach Belieben frei in der Institution bewegen; jeder, der irgendwo angetroffen wurde, musste sich ausweisen können und belegen, dass er aufgrund dieser speziellen Erlaubnis mit einem besonderen Auftrag unterwegs war.

Die 1815 beschlossene Neuorganisation des Königlichen Blindeninstituts in Paris als eine Einrichtung für Unterricht und Arbeit blieb weitgehend graue Theorie. Bis in die 40er Jahre des 19. Jahrhunderts hatte die Anstalt sowohl mit einer ungenügenden räumlichen Unterbringung als auch mit einer mangelhaften finanziellen Ausstattung zu kämpfen. In ihr war weder das zugestandene Lehrpersonal vorhanden noch die anvisierte Schülerzahl von 90 Freistellen realisiert. Erst 1843 konnte durch den Umzug in das Gebäude am Boulevard des Invalides, das das Institut noch heute bewohnt, für die desolate Raumsituation eine zufriedenstellende Antwort gefunden werden.

Protokolle des Verwaltungsrats

Mangelnde politische und damit finanzielle Unterstützung ließen die Pariser Anstalt in einem recht erbärmlichen Zustand verharren, der eindrucksvoll durch die Protokolle des Verwaltungsrats der Blindenanstalt während der 20er und 30er Jahre belegt wird:

29. März 1824: Die Anstalt ist voll belegt; es gibt keine vakanten Plätze mehr; Anfragen können nicht berücksichtigt werden in nächster Zeit.

8. Juli 1824: Der Direktor und der Buchhalter berichten über die Besichtigung verschiedener Grundstücke, welche zur Errichtung einer Anstalt geeignet sein könnten; die weiteren Maßnahmen hierzu werden vertagt.

17. April 1826: Aufgrund der schlechten finanziellen Lage des Staates und demzufolge auch des Instituts, wird vom Innenminister in Erwägung gezogen, die Anzahl der Schüler zu verringern, also nicht mehr alle vakanten Plätze zu besetzen.

12. Mai 1828: Verschiedene Schüler sind ihren Familien zurückgegeben worden. Ein Schüler wurde infolge seiner Epilepsie in ein Spital aufgenommen; drei sind gestorben. Der Direktor berichtet über die große Zahl an Krankheiten in der Anstalt und die Überlastung der Krankenschwester. Der bauliche Zustand des Instituts ist schlecht; die nötigen Mittel für Reparaturen fehlen. Es ist sehr dringend nötig, ein anderes Lokal zu finden. Der Bestand der kostenlos aufgenommenen Schüler ist jetzt stark reduziert.

27. April 1830: Zwei Schüler sind gestorben. Die Krankenschwester ist überlastet, muss Unterstützung erhalten.

10. Februar 1831: Der Buchhalter ist mit der Kasse und den Unterlagen verschwunden. Die prekäre finanzielle Situation der Anstalt wird durch diesen Vorfall noch verschlimmert.

8. März 1831: Der Innenminister teilt mit, dass die finanzielle Lage des Staates den Ankauf von Gebäuden für die Institution momentan nicht erlaubt.

22. April 1831: Zwei Schüler sind gestorben.

30. März 1832: Die Cholera breitet sich in der Hauptstadt aus, und die Blindenanstalt befindet sich in den besonders gefährdeten Gebieten.

7. April 1832: Angesichts der Choleragefahr rät der Innenminister, die Kontakte mit der Außenwelt weitmöglichst zu reduzieren.

25. April 1832: Aufgrund der schwierigen finanziellen Lage der Anstalt ordnet der Minister an, auf weitere Aufnahmen von Schülern im Moment zu verzichten. Ein Schüler ist gestorben. Auch der neu eingestellte Buchhalter ist gestorben.

20. Juli 1832: Zwei Schüler sind an Cholera gestorben.

28. Dezember 1832: Dem Minister wird in Erinnerung gerufen, dass immer noch viele Plätze in der Anstalt unbesetzt sind.

29. März 1833: Zwei Schüler sind gestorben.

31. Mai 1833: Ein Schüler ist gestorben. Der Minister ernennt 20 neue Freischüler; anschließend noch zwei weitere, um somit die vakant gebliebenen Plätze wiederum zu besetzen.

28. Juni 1833: Einer der neuen Schüler ist bereits gestorben.[6]

Todesfälle

Diese Berichte, die sich fortsetzen ließen, sprechen für sich und lassen keinen Zweifel aufkommen über den desolaten Zustand der Pariser Blindenanstalt in der ersten Hälfte des 19. Jahrhunderts. Wie Weygand (2003) berichtet, lagen die jährlichen Todesraten der Zöglinge zwischen 1803/04 und 1811 durchschnittlich bei mehr als vier Insassen, wobei diese statistischen

Angaben eher noch als zu niedrig einzuschätzen sind. Die Sterblichkeitsrate blieb auch in den folgenden Jahren hoch, obgleich sich der Nachfolger des unsäglichen Guillié im Amte eines Direktors, der Arzt Alexandre-René Pignier (ab 1821), für eine verbesserte Ausstattung der materiellen Rahmenbedingungen der Anstalt einsetzte. So waren, folgt man der offiziellen Statistik, auch unter seiner Leitung zwischen 1821 und 1838 54 Todesfälle in der Blindenanstalt zu beklagen (s. a. Henri 1952, 14ff).

Zuständigkeit: Innenministerium

Eine entscheidende Ursache für den Niedergang der Bildungsinstitute für Sinnesbehinderte lag zweifellos in der zur Zeit der Revolution gefallenen Entscheidung, diese Institute nicht dem Erziehungsministerium zu unterstellen, sondern sie als Einrichtungen der Wohlfahrt dem Zuständigkeitsbereich des Innenministeriums zuzuordnen. Damit war eine folgenreiche bildungspolitische Strukturentscheidung getroffen, die bis zum heutigen Tag im Bereich der Sondererziehung in Frankreich nachwirkt. Der Großteil der „klassischen" Behinderungen gehört nach wie vor nicht zum Ressort des Erziehungsministeriums (Ellger-Rüttgardt 2006b).

Aufgabe von Gleichheitsideal

Aber auch die ideelle Basis erwies sich als brüchig, denn die uneingeschränkte Anerkennung Behinderter als gleichwertige Menschen war noch keineswegs Gemeingut. Mit der Diskreditierung des revolutionären Gleichheitsideals durch Restauration und staatliche sowie kirchliche Reaktion wurde folgerichtig der Personenwert behinderter Menschen erneut in Frage gestellt. Hierauf deuten Äußerungen Sicards bzw. Guilliés hin, die den Taubstummen in seinem „natürlichen" Zustand mit einer beweglichen Maschine verglichen, welche in ihrer Organisation unterhalb der Tiere stehe oder aber den Blinden als ein Wesen ohne Moral und nur mit einer rudimentären Gefühlswelt ausgestattet, betrachteten (Hofer-Sieber 2000, 276ff; Weygand 2003, 321).

Mit derartigen Charakterisierungen erfolgte nicht nur ein Rückschritt in den Bildungsanstrengungen für behinderte Menschen, sondern zugleich ein Rückfall in eine partikularistische und exkludierende Anthropologie. Somit manifestierte sich noch vor der Wende zum 19. Jahrhundert in den ersten Bildungsinstituten für Behinderte auf französischem Boden eine Abkehr vom Ideal der allgemeinen Menschenbildung und die Kehrseite einer Pädagogik der Aufklärung, die auf ökonomische Nützlichkeit und soziale Kontrolle setzte, wurde zunehmend gesellschaftliche Praxis.

Wien

2.2.3   Das Taubstummen-Institut

Kaiser Joseph II.

Das Urteil Paul Schumanns, dass die Wirkung Michel de l'Epées nicht auf Frankreich begrenzt sei, sondern „alle Kulturnationen" von ihm lernten (1940, 131f), trifft im ganz besonderen Maße für die Gründung der Wiener Taubstummenanstalt zu. Ihr Initiator und Förderer, der aufgeklärte Monarch Joseph II., Bruder der französischen Königin Marie Antoinette und damit Schwager Ludwig des XVI., hatte anlässlich seines Besuchs in Paris

1777 nicht nur von der Taubstummenschule de l'Epées erfahren, sondern diese auch selbst besucht (Schumann 1940, 196; Schott 1995, 54f).

Nach Wien zurückgekehrt, beauftragte Joseph II. Kardinal Migazzi mit der Benennung eines geeigneten Leiters für die zu gründende Anstalt. Dieser entschied sich für den Priester Friedrich Stork (1746–1823), dem er als Gehilfen den Lehrer Joseph May an die Seite stellte. Das von Kaiser Joseph II. 1779 eingerichtete k. k. Taubstummen-Institut, das zunächst für nur zwölf Zöglinge vorgesehen war, fiel – und hier sehen wir den Unterschied zu Frankreich – in die Zuständigkeit der für die Unterrichtsangelegenheiten in der Monarchie zuständigen Studienhofkommission. Die Finanzierung des Instituts teilten sich zwei Institutionen: für die Besoldung zeichnete die Hofkammer verantwortlich, während für den Unterrichtsraum die „Milde Stiftungs-Hof-Kommission" aufkam. Die Kosten für den Unterricht der kaiserlich-königlichen Zöglinge wurden ebenfalls durch diese Behörde getragen. **Friedrich Stork Joseph May**

Die Anfänge der Institutionalisierung in Wien verdeutlichen, wie groß die Unterschiede zu Paris waren. Hier in Wien war es keine Privatperson, die die Initiative ergriff und stets um die finanzielle Absicherung der Einrichtung kämpfen musste, sondern die Spitze des Staates, die das Vorhaben ideell und auch materiell in ausreichender Weise unterstützte: **staatliche Verantwortung**

„Somit waren Stork und May die ersten staatlich angestellten Gehörlosenlehrer und das k. k. Taubstummen-Institut die erste staatliche Gehörlosenanstalt. Das Jahresgehalt von 800 fl (Gulden) für Stork entsprach der damaligen Norm für den etwas angehobenen Staatsdienst. Der ‚kaiserliche Compositeur' Wolfgang Amadeus Mozart erhielt bekanntlich ein ebenso hohes Jahresgehalt." (Schott 1995, 60)

Charakteristisch für die Wiener Gründung war auch, dass sie keineswegs nur auf den Großraum Wien beschränkt bleiben sollte. Sogenannte „Circulare" wurden in allen Ämtern der Kronländer bekannt gegeben, um auf die neu errichtete Anstalt für Taubstumme in Wien aufmerksam zu machen. Schon bald war die Kapazität der zwölf Plätze überschritten.

Bereits im November 1779 erstattete Stork der Studienhofkommission einen Bericht über die von ihm „unterrichteten Tauben und Stummen", in dem die folgenden Zöglinge mit den Angaben ihrer sozialen Herkunft und der Einschätzung ihrer Fähigkeiten aufgeführt sind (s. Tab. 2.1).

Nach Verlautbarung der „Wiener Zeitung" vom 22. Dezember 1779 fand die erste genehmigte und öffentliche Prüfung der Zöglinge im Beisein „hochgestellter Persönlichkeiten" der Wiener Gesellschaft statt. Stork hatte sogenannte „Prüfungszettel" vorbereiten und drucken lassen, die den Lehrstoff der Prüfung enthielten und die jedem Besucher überreicht wurden. **öffentliche Prüfung**

Sowohl Stork als auch May kannten den Unterricht de l'Epées aus eigener Anschauung. Joseph May war mehrere Jahre als Deutschlehrer an der Pariser Militärakademie tätig gewesen und hospitierte nach seiner Nominierung für das Taubstummeninstitut in Wien gemeinsam mit Stork acht

Tab. 2.1: Storks Bericht an die Studienhofkommission[7]

„Allerunterthänigster Bericht Johann Friedrichs Stork des erzbischöflichen Kur Priester Über die von Ihm im Monathe November 1779 unterwiesenen Taubstummen	
Namen der Taubstummen	**Fähigkeiten und Fleiß**
Josepha Fräulein von Gudenus alt 25 Jahr	Sehr gut
Christoph Wachter k. k. Thürhüters Sohn, alt 19 Jahr	Sehr gut er thut sich unter allen Schülern am meisten hervor
Veit Kreilitz k. k. Zögling, alt 38 Jahr	Gut, er könnte aber seiner Fähigkeit nach fleißiger seyn
Joseph Okowalsky k. k. Trabantens Sohn, alt 21 Jahr	Sehr gut
Bartholomäus Kramer in der Versorgung im Bürgerspitale, alt 24 Jahr	Sehr gut
Franz Heinrich Tagwerkers Sohn, alt 13 Jahr, sehr arm	Sehr gut
Johann Kramer Bürgerl. Wollzeugmachers Sohn, alt 9 Jahr	Sehr gut
Franz Reith Schustermeisters Sohn, alt 9 Jahr	Gut
Anna Fegerl Schneiders Wittib Tochter, alt 22 Jahr	Gut besonders im Schreiben
Aloysia Okowalsky eine Schwester des vorigen, alt 11 Jahr	Sehr gut
Theresia Fräulein von Prina Schwester der Frau Hofrätin von Braun, alt 32 Jahr	Gut auf ihre schwach Gedächtniß
Aloysius Weiner Tagswerkers Sohn, alt 10 Jahr	Mittelmäßig
Peter Moll Bedientens Wittib Sohn, alt 12 Jahr	Sehr nachläßig in Schulgehen
Thekla N. Ein Findling, alt bey 20 Jahr	Etwas blöd, aber emsig

(Fortsetzung von Tabelle 2.1)

Namen der Taubstummen	Fähigkeiten und Fleiß
Anton Linz Müllerknechts Sohn, alt 13 Jahr	Etwas dumm
Maria Anna Pöschl, alt 19 Jahr Und Maria Anna Hörner, alt 17 Jahr beyde k. k. Zöglinge Summa 17	Gut Für den Anfang sehr gut
J. Friedrich Stork k. k. Lehrer der Tauben und Stummen"	

Monate lang in der Taubstummenanstalt de l'Epées. Aufgrund der engen Verbindung zu Frankreich war es nur naheliegend, dass die Wiener Anstalt die Methode de l'Epées übernahm – allerdings mit der Ausnahme, dass Lehrer May bereits frühzeitig mit einem Artikulationsunterricht begann. Diese Bemühungen und ihre offenbar günstigen Resultate wurden anlässlich einer weiteren öffentlichen Vorführung im Jahre 1780 dem erstaunten und begeisterten Publikum präsentiert. Die Reaktion des Kaisers bestand darin, May eine Gehaltserhöhung von 100 fl Gulden zu gewähren.

Mit dem Dekret vom 8. September 1784 legte Joseph II. fest, dass die Zahl der Zöglinge auf 30 zu erhöhen sei, allerdings mit dem Zusatz, dass diese bei Schülern mit besonderen Fähigkeiten auch überschritten werden dürfe. Schon nach kurzer Zeit befanden sich 31 männliche und 16 weibliche Zöglinge im Taubstummeninstitut von Wien.

Allerdings kam es schon bald zu Konflikten zwischen Stork und May, die **Johann Strommer** vor allem auf unterschiedlichen Auffassungen hinsichtlich des Unterrichts Gehörloser beruhten. Die Kritik an der Unterrichtsmethode Storks verschärfte sich, als 1783 ein dritter Lehrer, Johann Strommer, eingestellt wurde. May und Strommer hatten der Studienhofkommission berichtet, dass Stork das ganze Jahr über nur die Fragen und Antworten unterrichtete, die er für die öffentlichen Prüfungen bestimmte. Die Schüler wüssten bereits vor der Prüfung die Antworten auswendig, und auf diese Weise würde Stork das Publikum täuschen.

Die Kritik an Stork zielte zugleich auf die Methode seines Vorbildes de **Entlassung Storks** l'Epée, dessen Verfahren nun grundsätzlich in Frage gestellt wurde. Der Me- **und Methoden-** thode de l'Epées wurde der Vorwurf gemacht, dass sie weder das Sprachver- **wechsel** ständnis Gehörloser befördere noch die gesellschaftliche Kommunikation und damit die gesellschaftliche Eingliederung der Betroffenen bewirke. Am 28. September 1792 wurde Direktor Stork von seinem Amt entfernt und an seine Stelle der Lehrer Joseph May berufen;[8] damit war zugleich ein Wechsel in der Methode des Unterrichts zugunsten einer stärkeren Beachtung der Lautsprache entschieden.

Ziel: bürgerliche Brauchbarkeit

Mit dem Wechsel in der Leitung der Wiener Taubstummenanstalt von Stork zu May war aber auch die erste Institutionalisierungsetappe des Wiener Taubstummeninstituts abgeschlossen. Die Wiener Anstalt verdankte ihre Entstehung und weitere Entwicklung großzügiger staatlicher Unterstützung wobei ihr vorrangiges Ziel nicht in erster Linie eine zweckfreie Entfaltung der persönlichen Kräfte des einzelnen Zöglings, sondern die Vorbereitung auf ein späteres Erwerbsleben war. Die 1793 für das Taubstummeninstitut erlassenen Grundsätze belegen unmissverständlich, dass Auswahl der Zöglinge und Zweck der Anstalt dem übergeordneten Ziel der Erziehung zur bürgerlichen Brauchbarkeit dienten:

„1. Der Endzweck, den der Staat durch das k. k. Taubstummen-Institut zu erreichen sucht, ist gehör- und sprachlosen Kindern nach einer eigenen, ihren Organisations-Fehlern angemessenen Lehrart, Unterricht und Übungen in gemeinnützlichen, und zum bürgerlichen Leben unentbehrlichen Kenntnissen so lange zu verschaffen, bis sie imstande sind, sich selbst ihren Lebensunterhalt zu erwerben, und wieder anderen Unglücklichen dieser Art im Institute Platz zu machen."

Hinsichtlich der weiblichen Taubstummen heißt es unter Punkt 10:

„Die weiblichen taubstummen Zöglinge müssen in allen weiblichen Arbeiten, als Nähen, Stricken, Märken, Spinnen, Kochen u. s. w. unterrichtet, und dadurch in Stand gesetzt werden, bey dem Austritte aus dem Institute sich selbst ihren Unterhalt bey ihren Ältern oder in Diensten auf die thunlichste Weise zu verschaffen."[9]

Ausrichtung auf Erwerbsleben

Entsprechend der utilitaristischen Zielsetzung war auch der Unterricht nicht für alle Schüler gleich. Die Zöglinge wurden vielmehr in drei Klassen aufgeteilt: Die erste Klasse hatte täglich vier Unterrichtsstunden und sechs Handarbeitsstunden, die zweite Klasse drei Unterrichts- und acht Handarbeitsstunden, und die dritte erhielt schließlich nur zwei Unterrichtsstunden, arbeitete die übrige Zeit jedoch in- oder außerhalb des Instituts bei ihrem Lehrherren. Mit der Ausrichtung auf das Erwerbs- und Arbeitsleben in der Ära nach Joseph II. reihte sich auch das Wiener Taubstummeninstitut in ein Bildungswesen ein, das in der Folgezeit vor allem der Bekämpfung der Armut dienen sollte (Engelbrecht 1984, 240).

Leipzig

2.2.4   Die Taubstummenanstalt

Wie de l'Epée in seinem Werk „Die Unterweisung der Taubstummen durch die methodischen Zeichen" von 1776 erwähnt hatte, wurde tatsächlich im Jahre 1778 durch den Kurfürsten Friedrich August von Sachsen in Leipzig das erste Taubstummeninstitut in einem deutschen Land eröffnet. Berufen zur Leitung wurde Samuel Heinicke (1727–1790), der bereits über eine mehrjährige Erfahrung in der Unterrichtung taubstummer Personen verfügte.

Heinicke war ein glühender Verfechter der Lautsprache und geriet damit in Widerspruch zu de l'Epée, mit dem er in den Jahren 1781/82 eine fünf Briefe umfassende kontroverse Korrespondenz führte. Die Differenz zwischen Lautsprachmethode und Gebärdensprache hat hier ihren Ursprung – und sie wirkte fort, nationalistisch überhöht, als Gegensatz von „deutscher" und „französischer" Methode (List 1991) bis in das 20. Jahrhundert.

So veröffentlichte Paul Schumann aus Leipzig, zweifellos der beste deutschsprachige Kenner der historischen Gehörlosenpädagogik, die Früchte seiner langjährigen Forschungstätigkeit zu einer Zeit (1940), als erneut größter Wert auf die Hervorhebung des Deutschtums gelegt wurde. Die von der Reichsfachschaft V Sonderschulen im NS-Lehrerbund herausgegebene Schrift trug den Titel „Geschichte des Taubstummenwesens vom deutschen Standpunkt aus dargestellt". Dieser kompromittierende Titel sowie die zeitgeschichtlichen Umstände hatten zur Folge, dass dieses kenntnisreiche und differenzierte wissenschaftliche Werk über lange Zeit nicht die Würdigung erhielt, die es verdient.

Samuel Heinicke

Betrachtet man die Protagonisten und Kontrahenten de l'Epée und Heinicke, so lassen sich kaum größere Gegensätze vorstellen: auf der einen Seite der katholisch-aufklärerisch geprägte Priester de l'Epée, durch akademische Studien gebildet, gut situiert, der als alleinstehende Person über genügend Zeit verfügte, um seine selbstgewählte Aufgabe praktisch zu erproben und theoretisch zu begründen. Wir haben somit eine Person vor uns, die in großer Unabhängigkeit national und international agieren konnte. Auf der anderen Seite der vermögende Bauernsohn Samuel Heinicke aus Sachsen, pietistisch erzogen, Autodidakt, der, von großem Bildungshunger getrieben, der dörflichen Enge entfloh und als 23-Jähriger sich als Soldat bei der Leibgarde in Dresden verdingte. In seiner freien Zeit nahm er Privatunterricht in Latein, Französisch, Mathematik und Musik und begann schon während seiner Dresdner Zeit einen taubstummen Soldaten zu unterrichten und Literatur über die Erziehung und Bildung Gehörloser zu lesen.

Kontrahenten: de l'Epée – Heinicke

Bei Ausbruch des Siebenjährigen Krieges floh Heinicke vor den Preußen, wurde Student in Jena (Philosophie, Mathematik, Naturlehre) und kam auf der Flucht vor den preußischen Häschern 1758 in das dänische Altona. Altona und Hamburg waren zur damaligen Zeit eine Hochburg der Aufklärung und des Philanthropismus (Overhoff 2004), und es muss angenommen werden, dass Heinicke, der sowohl in Altona als auch in Hamburg ab 1760 als Privatlehrer und Hofmeister tätig war, nicht nur Kontakt zu den Repräsentanten der aufklärerischen Reformpädagogik hatte, sondern auch wichtige Impulse von ihnen empfing. So berichten Georg und Paul Schumann (1912) in der biografischen Einleitung zu den von ihnen herausgegebenen Schriften Samuel Heinickes, dass der Druck seiner biblischen Geschichte für Taubstumme den Beifall von „angesehenen Gelehrten" wie Reimarus fand, der neben Richey zu den wichtigsten Repräsentanten der hamburgischen Frühaufklärung zählte, und Schumann erwähnt, dass Heinicke in Altona „von 1763–1786 als Hofmeister in der vornehmen Familie des dänischen Residenten und Schatzmeisters Heinrich Carl Schimmelmann Verwendung fand" (1940, 146).

Biografie Heinickes

Heinicke war von 1768 bis 1777 Küster, Organist und Lehrer in Eppendorf bei Hamburg. Während dieser Zeit unterrichtete er mehrere taubstumme Schüler in der lautsprachlichen Methode und verfasste seine ersten Aufsätze. Heinicke bewarb sich beim sächsischen Kurfürsten um die Leitung der geplanten Gehörlosenschule, und er war erfolgreich. 1778 übersiedelte er mit seiner Familie sowie neun gehörlosen Zöglingen nach Leipzig.

Heinicke ein Kind der Aufklärung

Wie sehr Samuel Heinicke ein Kind der Aufklärung war, belegt der folgende Auszug aus seiner Schrift „Über die Denkart der Taubstummen, und die Mißhandlungen, welchen sie durch unsinnige Kuren und Lehrarten ausgesetzt sind. Ein Fragment" von 1780, in der er gegen Vorurteile und Unwissenheit und für die Menschenrechte Gehörloser stritt:

„Noch vor Kurzem brachte ein Vater seinen taubstummen Sohn zu mir, und wollte ihn unterrichten lassen, den ich aber nicht annehmen konnte, so gern ich auch wollte, weil man ihm die Zunge gelähmt hatte. Ich will das Gespräch hersetzen, welches ich mit dem Vater dieses unglücklichen Knaben hielte. Nach vorhergegangenen Höflichkeiten sagte Er: Ich habe sehr viel an meinen Sohn gewandt; ich habe Vermögen, und gerne wendete ich noch einige tausend Thaler für ihn an, wenn er nur sprechen lernte; alle Arzneyen hat er schon gebraucht; und dreymal habe ich ihm die Zunge lösen lassen.

Ich: Das ist entsetzlich! Wer hat denn Ihrem Sohne die Zunge gelöst?

Er: Unser Physicus.

Ich: Euer Physicus? Wer?

Er: Ja Herr. Er ist ein studirter, sehr geschickter, und weit und breit berühmter Mann.

Ich: Gott erbarme sich der Kranken, die bey ihm Hülfe suchen!

Er: Ey warum aber das?

Ich: Aber auch eine Frage: Können Sie die spanische Sprache?

Er: Nein, davon habe ich in meinem Leben kein Wort gehört.

Ich: Nicht – Aber muss man denn eine Sprache hören, wenn man sie will reden lernen?

Er: Das dächt ich doch.

Ich: Auch ich denke es. Und kann denn Ihr Sohn hören?

Er: Nein, auch nicht einmal einen Kanonenschuss.

Ich: Und nun besinnen Sie sich einmal – Wie kann denn Ihr Sohn die deutsche Sprache reden lernen, wenn er von keinem Menschen jemals ein deutsches Wort sprechen gehört hat?

Er: Nun sehe ichs ein – erkenne meinen Irrtum. Gott! was hat mein Sohn vergebens ausstehen müssen! Der dumme Physicus! hätte ich ihn doch nie gesehen!

Ich: Beruhigen Sie sich: denn alles diess kann nun weder Ihnen noch Ihrem Sohne helfen. Dem Physicus aber möchte wohl durch die Obrigkeit bedeutet werden: dass er künftig in Fällen, wo er nichts versteht, vorsichtiger werde, verständigere Männer, als er ist, um Rath frage, und dem Henker nicht ins Handwerk falle.

Traurig und trostlos musste der bekümmerte Vater von mir gehen. Seinen unglücklichen Sohn aber, dem die Zungenbänder zerschnitten waren, und dessen Zunge daher dick und unbeweglich war, musste ich seinem Schicksale überlassen, und konnte dabey nichts thun, als – mitempfinden und bedauern.

Hier klagt das Unglück selbst die Unwissenheit an; und es ist sehr betrübt, einen Menschen, aus Irrthum, verstümmelt zu sehen, dem auf keine Weise wieder geholfen werden kann [...]

Es fällt mir noch Etwas bey, nämlich die Leute, die über den unglücklichen Zustand der Stummen spotten, sie, als wenn sie nicht auch Menschen wären, übel behandeln und zum Narren brauchen, auch wohl gar ihre Aeltern darüber aufziehen und sie verunglimpfen, dass sich deswegen manche ihrer stummen Kinder schämen. Allein es ist sehr thöricht über Anderer Unglück zu spotten, das doch auf so mancherley Weise einem Jeden alle Tage begegnen kann. Aeltern aber haben gar nicht nöthig, sich ihrer taubstummen oder gebrechlichen Kinder wegen zu schämen. Auf die Frage wegen einem Blindgebornen an unsern Heiland: Wer hat gesündigt, dieser, oder seine Aeltern? war die Antwort von ihm: Weder dieser noch seine Aeltern haben gesündigt, sondern dass die Herrlichkeit Gottes offenbar werde an ihm. Joh. 9, 3." (Heinicke 1912, 87f u. 103f)

Das Besondere an dem kurfürstlichen Taubstummeninstitut zu Leipzig war nicht nur sein staatlicher Charakter, sondern die Tatsache, dass, laut Berufungsurkunde, auch „arme Landeskinder" unentgeltlich zu unterrichten seien. Heinicke, der in zweiter Ehe verheiratet war und selbst vier Kinder aus erster Ehe hatte, begann mit etwa zehn gehörlosen Kindern seine Tätigkeit in Leipzig. Rechtlich unterstand das Institut der Leipziger Universität; die Räumlichkeiten waren zunächst sehr beengt. **Unterricht armer Landeskinder**

Heinicke hegte große Pläne zum Ausbau eines international anerkannten Taubstummeninstituts, doch die Verhältnisse waren anders. Samuel Heinicke konnte in dem international geführten Gelehrtendisput um die „richtige" Methode als Autodidakt und zudem als impulsive, wenig diplomatische Person nicht gewinnen. Er unterlag in der akademischen Welt in seinem Streit mit de l'Epée vor der Züricher Akademie im Jahre 1783 (Ernst 1906). Heinicke befand sich stets in materieller Abhängigkeit und finanzieller Not, was ihn letztlich auch hinderte, seine ausgearbeitete Lehrmethode sowie sein „Berufsgeheimnis" (genannt „Arkanum") zu veröffentlichen. Paul Schumann urteilt:

„Es ist eine tiefe Tragik im Leben Heinickes: Überall klafft der Gegensatz zwischen Idee und Ausführung. Heinicke stellte das Prinzip des in der Lautsprache sprechenden und in dieser Sprache denkenden Taubstummen auf und konnte doch nur selten seine Verwirklichung in vollkommener Form zeigen." (1940, 147)

Heinickes Gesundheit litt zunehmend; Geld-, Existenzsorgen und Rivalitäten nahmen kein Ende, und die großen Pläne erfüllten sich nicht. Nur 63-jährig verstarb Samuel Heinicke am 30. April 1790. „Verarmt und unversorgt hinterließ der Verstorbene die junge Witwe, denn ein 1782 beantragtes Witwengehalt war nicht bewilligt worden." (Winkler 1994, 326)

Heinicke war aber nicht nur ein Pionier der Gehörlosenpädagogik, sondern auch ein bedeutsamer Anreger der allgemeinen Volksbildung, insbesondere des Leseunterrichts in der Volksschule, für den er 1780 seine Fibel „Neues A, B, C, Sylben- und Lesebuch" vorlegte. Darin geißelte er die herkömmliche Buchstabiermethode und forderte stattdessen, beim Leselehrgang bei den Lauten, also bei der Artikulation, anzusetzen: **allgemeine Volksbildung**

Abb. 2.3: Heinickes Fibel 1780

„Die gewöhnliche Lesemethode beruhet auf einem alten Schlendrian, dieser aber auf einem Vorurtheile, das noch eine ganze Heerde Junge nach sich schleppt, wovon immer eins abscheulicher als das andre ist, und dieses Vorurtheil heisst Buchstabiren – vor der Lesekunst. Man hat bisher geglaubt, durch diese einzelne Tonleierei lesen zu lernen; allein das ist ganz unmöglich, und so lange die Welt steht, hat noch nie ein Mensch eine Sprache durch Buchstabiren lesen gelernt." (Heinicke 1912, 523)

Schließlich unterbreitete Heinicke seinem Kurfürsten 1784 einen Plan zur **Plan: Lehrerseminar** Errichtung eines Lehrerseminars, das in räumlicher Nähe zu dem Taubstummeninstitut stehen sollte, so dass eine enge Verbindung zwischen Elementar- und Taubstummenpädagogik in der Lehrerausbildung erreicht würde (Heinicke 1912, 544ff).

Das Leipziger Taubstummeninstitut hätte nach dem Tode Heinickes vermutlich über kurz oder lang seine Existenz eingebüßt – es gab viele Widersacher, nicht zuletzt in der Universität vor Ort –, wenn nicht eine Frau auf den Plan getreten wäre, die energisch, kompetent und mit viel psychologischem Geschick das Haus weiterführte: Anna Catharina Elisabeth Heinicke (1757–1840). Es war Heinickes Witwe, die 1790 noch eine junge Frau war und die bis zum 1. Januar 1829, also fast 50 Jahre lang, die Gehörlosenschule leitete. Anna C. E. Heinicke gelang es, die Zustimmung des Kurfürsten zur Weiterführung des Instituts unter ihrer Leitung zu erwirken, und sie organisierte erfolgreich die Neueinstellung von Personal sowie den Umzug in bessere Lokalitäten. Sie initiierte die Einführung einer jährlichen Landeskollekte zur Unterstützung der Schule, und sie wurde nicht müde, durch rege Öffentlichkeitsarbeit das Interesse des Publikums für die Leipziger Anstalt zu wecken. Sie legte für die zahlreichen Besucher ein Gästebuch an, in das sich Johann Wolfgang Goethe unter dem Datum vom 7. Mai 1800 eintrug.

Anna C. E. Heinicke

Anna C. E. Heinicke war nicht nur eine glänzende und phantasievolle Organisatorin, sondern zugleich eine kompetente Fachfrau. Joachim Winkler, der ein eindrucksvolles Portrait ihrer Person gezeichnet hat, berichtet auch von ihren pädagogischen Aktivitäten. So regte sie an, eine Überprüfung der „Verstandes- und Unterrichtsfähigkeit" zukünftiger Schüler vorzunehmen, wobei sie klare diagnostische Kriterien vorschlug:

Anna Heinicke als Pädagogin

„Man frage die Eltern, ob das Kind zu häuslichen, seinem Alter und Kräften angemessenen Verrichtungen zu gebrauchen ist – ob es mit anderen Kindern spielt – ob es sich wieder nach seiner Eltern Haus finden kann, wenn es so weit davon entfernt ist, daß das Kind es nicht mehr sieht – ob es Kleinigkeiten für kleine Münze holen [...] ob er zählen kann, ob er bemerken kann wie viel Stühle, Tische, Personen in der Stube sind und wenn einiges davon wegenommen, wie viel noch übrig u wie viel fehlet [...] Auch womit er sich beschäftigt, ob er Lust zur Arbeit zeiget oder ob er unbeschäftigt mehrere Stunden in Unthätigkeit bleibet." (Winkler 1994, 336)

Ihr psychologisches Geschick und Einfühlungsvermögen zeigen sich, wenn sie Überlegungen anstellt, wie eine Überprüfung der Fähigkeiten vonstatten gehen solle:

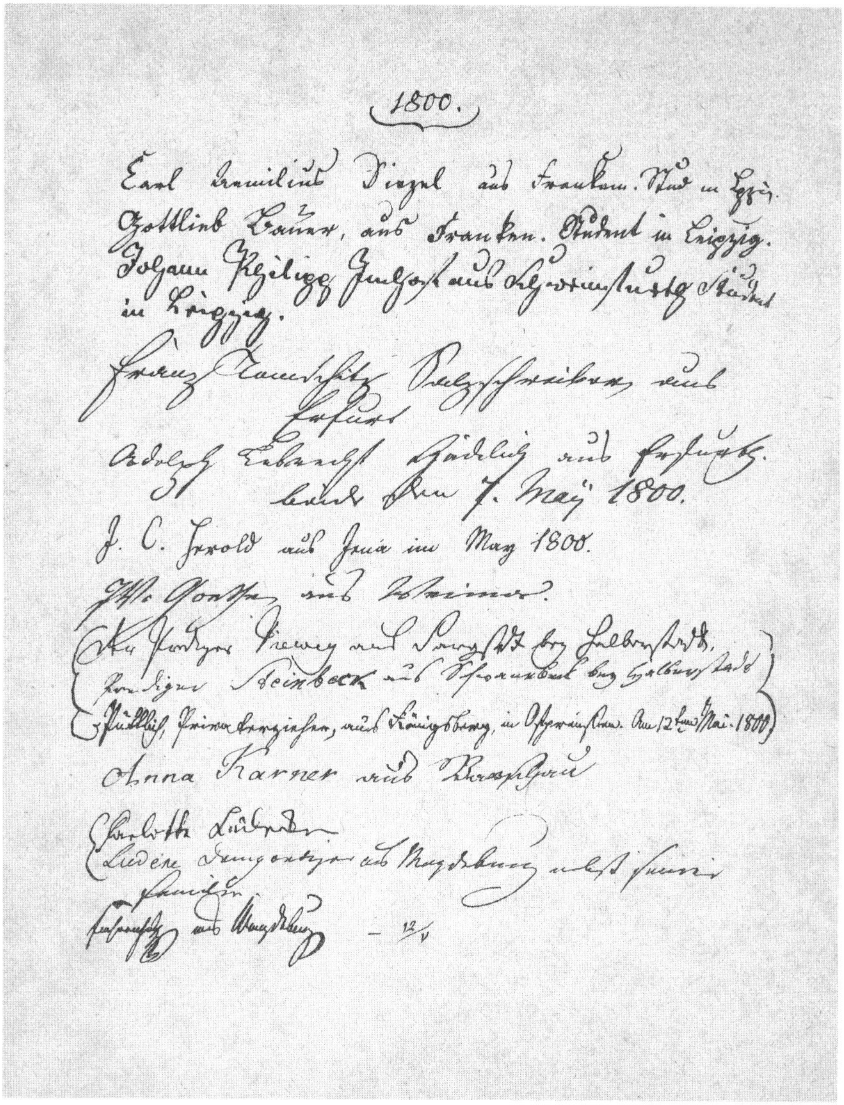

Abb. 2.4: Goethes Eintrag in das Fremdenbuch der Taubstummenanstalt zu Leipzig am 7. Mai 1800

„Eine solche Prüfung muß freilich von solchen Personen, die dem Kinde bekannt sind angestellt und vielleicht öfter wiederholt werden bis das Kind erst Zutraun zu dem Fragenden bekömt. Es ist dabei die äußerste Behutsamkeit nöthig um nicht zu bald über ein solch unglückliches Wesen abzustimmen. Die hl. Predigern und Schullehrer eignen sich am besten zu dieser menschenfreundlichen Untersuchung, denn bei ihnen und in ihrer Behausung ist nichts was den unglücklichen Taubstummen zurück schreckt. Ein liebevolles Annähern wird ihnen sein Zutraun erwerben. Nicht so ist es, wenn sie in eine Amtstube treten, da wird das Gemüth eines solchen Kindes beängstiget, es weiß nicht was die Herren von ihm wollen, es tritt schon in sich zurück […]" (Winkler 1994, 336; die alte Schreibweise wurde leicht verändert)

Ausgestattet mit den Geldern einer Stiftung kaufte Anna Heinicke 1821 ein Haus mit Grundstück und hatte endgültig die Existenz des Leipziger Taubstummeninstituts gesichert.

„So ging nach genau 44 Jahren des Bestehens der Leipziger Taubstummenanstalt ein langgehegter Traum in Erfüllung. Unabhängig von Hauseigentümern, finanziell gesichert, mit wesentlich erweiterter Aufnahmekapazität ausgestattet, beherbergte das neue Institut im Jahre 1823 bereits 38 Schülerinnen und Schüler. Sie lernten in vier Klassen und hatten pro Woche 40 Stunden Unterricht. Dieser verteilte sich auf die Wochentage Montag bis Sonnabend und wurde nachmittags von 14 bis 17 Uhr erteilt." (Winkler 1994, 338)

Und was wissen wir über die Schüler des Leipziger Taubstummeninstituts? **Schülerbiografien**
Wie sah ihr Alltag aus, und gelang es ihnen, sich in der Gesellschaft zu behaupten und ein eigenständiges Leben zu führen? Überlieferte Zeugnisse veranschaulichen Institutsalltag und Biografien einzelner Zöglinge und erfüllen so Ereignisse von vor mehr als 200 Jahren mit Leben.

Der spätere, hochgeehrte Kunstmaler Georg Andreas Hoffmann, der **Georg A. Hoffmann**
1793 zum Mitglied der „Königlich-Preußischen Akademie der Künste und mechanischen Wissenschaften" gewählt wurde, war seit 1781 Schüler bei Samuel Heinicke. Er stammte aus der Nähe von Bayreuth und war das vierte von insgesamt 15 Kindern eines evangelisch-reformierten Pfarrers, wobei neun der 15 Kinder als taubstumm galten. Georg Andreas besuchte zunächst keine Schule und lebte bis zum 28. Lebensjahr im Elternhaus; in seiner Freizeit ging er seinem Hobby nach: Malen und Zeichnen. Initiiert und auch finanziert durch einen aufgeklärten Reformer, den Freiherr von Erthal, Fürstbischof von Bamberg und Würzburg, kam G. A. Hoffmann in die Taubstummenschule von Leipzig. Über seine Schulzeit lesen wir:

„Der 28jährige Georg Andreas war der älteste ‚Zögling' in Heinickes kleiner Residenz am Roßplatz und – ab 1782 – in der Klostergasse beim Thomaskirchhof. In der Klostergasse lebte Hoffmann bis 1784 mit der Familie Heinicke und weiteren 11 Schülern unterschiedlichen Alters. Wie schon in Eppendorf, waren die ‚Lehrlinge' voll in den Familienalltag Heinickes integriert. In den Räumen einer Etage schlief, speiste und lernte man gemeinsam; Freiluftaufenthalte erfolgten zumeist gruppenweise unter Aufsicht Heinickes oder seiner Frau. Bei Heinicke fühlten sich nicht alle ‚Zöglinge', aber zweifellos der aus ärmlichen Verhältnissen stammende Georg Andreas ‚besser aufgehoben, als in ihrer Aeltern Hause' [...]

Vor allem war die Beköstigung bei Heinicke für die Zeitverhältnisse ausgesprochen üppig. Es gab vier Mahlzeiten am Tag, mehrmals in der Woche Fleisch sowie reichlich Gemüse. Zu den Getränken, die gereicht wurden, gehörten (auch für Kinder!) Bier, Wein und Kaffee. Auch übermäßige Strenge mußten die Schüler im allgemeinen nicht fürchten. Ultima ratio der Strafen für faule, unachtsame, nachlässige und unfolgsame Kinder war der Ausschluß von den Mahlzeiten und Gemeinschaftsspielen. Lediglich die beengten Verhältnisse im ‚Churfürstlich Sächsischen Institut' gaben den Revisoren der Universität Leipzig, der die Aufsicht oblag, immer wieder Anlaß zu Beanstandungen [...]

Georg Andreas Hoffmann hat sicherlich nichts dabei gefunden, mit jüngeren Mitschülern in einer kleinen Kammer zusammen zu wohnen. Das war er von Haus aus gewohnt. In der Kommunikation mit seinen Mitschülern konnte er die natürlichen Gebärden ‚testen' und weiter ausbilden, die er mit seinen gehörlosen Geschwistern entwickelt hatte. Die Gebärde war und blieb sein wichtigstes Verständigungsmittel im Umgang mit der hörenden Umwelt. Auf die Aneignung der Lautsprache legte er keinen gesteigerten Wert. Entsprechend bescheinigte ihm Anna Catharina Elisabeth Heinicke ‚geringe Fortschritte' beim Sprechenlernen […] nach Heinickes Lautiermethode. Aber Schreiben und Lesen lernte er einigermaßen, auch wenn es ihm mit seinen 28 Lebensjahren nicht leichtgefallen sein dürfte.

Zusammen mit Hoffmann besuchte der spätere Meißner Porzellanmaler Johann Gottfried Posselt (Posselt, 1770–1809) das Heinicke-Institut. Es ist denkbar, daß das gemeinsame Interesse an der Malerei eine engere Verbindung zwischen dem 18 Jahre Jüngeren und Georg Andreas bewirkte. Zusammen immatrikulierten sich beide – auf Vermittlung Heinickes – als Studenten […] an der Leipziger Kunstakademie […]" (Feige 1999, 33)

Christian A. Schlick Einige seiner Zöglinge konnte Samuel Heinicke in dem sehr angesehenen Beruf des Porzellanmalers in Meißen unterbringen. Einer von ihnen war Christian August Schlick, der aus Leipzig stammte und der nach der Übersiedlung des Heinicke'schen Instituts von Hamburg-Eppendorf nach Leipzig 1778 als 30-Jähriger aufgenommen worden war. Schon nach zwei Jahren wurde C. A. Schlick mit der Konfirmation entlassen und trat als Lehrling in die Kurfürstliche Sächsische Porzellanmanufaktur in Meißen ein, wo er bis zu seinem Lebensende mit 70 Jahren tätig war. Hans-Uwe Feige schreibt über seinen Arbeitsalltag:

„Christian August Schlick war derjenige von Heinickes ‚Lehrlingen', der am längsten an der Porzellanmanufaktur Meißen arbeitete. Er erlebte, wie der erblindete Zeichenschüler Johann Adam Ernst Backmann ins Armenhaus Waldheim geschickt wurde (1799). Er überlebte den wesentlich jüngeren Johann Gottfried Posselt, der 1809 an Wassersucht verstarb. Gehörte er – nun mit seinen bald 30 Dienstjahren ein Senior unter den Manufakturisten – zu den Porzellanarbeitern, die am 3. April 1810 mit zwei Wagen nach Dresden fuhren, um die drohende Schließung der Fabrik zu verhindern? Sicherlich nahm er an dem Volksfest teil, mit dem im gleichen Jahr das 100. Gründungsjubiläum der ältesten europäischen Porzellanmanufaktur in Meißen begangen wurde: reich geschmückte Straßen und eine festliche Illumination prägten die Stadt, Turmblasen und ein gemeinsamer Gottesdienst im Dom vereinten Bürger und Porzellanarbeiter; 412 Arbeiter, Angestellte und Künstler, 22 ‚angestellte Frauenzimmer', 28 Pensionäre, 331 Ehefrauen und 154 Witwen waren in die Festzelte auf der Schützenwiese geladen […]
Christian August Schlick erlebte die zweimalige Besetzung Meißens durch Napoleon (1806 und 1812/1813). Im September/Oktober 1813 stand Meißen im Zentrum der Kampfhandlungen. Nach der ‚Beschlagnahme' unentbehrlicher Arbeitsmittel, Werkzeuge, Brennstoffe und Feuerlöschgeräte durch preußische und russische Offiziere mußte die Arbeit in der Manufaktur im September 1813 völlig eingestellt werden […] Der in Dresden residierende russische General-Gouverneur Fürst Repin reformierte die Meißner Manufaktur radikal. Ihre Belegschaft wurde auf 328 Mitarbeiter reduziert. Christian August behielt seinen Job in der Brennerei. Aber in die neu eingeführte vier-klassige Rangordnung der Porzellanmaler […] fand er keinen Eingang […] Christian August Schlick blieb trotz angegriffener Gesundheit bis ins hohe Alter berufstätig. Im Alter von 70 Jahren […] verstarb der gehörlose Porzellanmaler ohne den Pinsel aus der Hand gelegt zu haben. Die Sterbe-Caße der Porzellanmanufaktur Meißen stellte für seine Beerdigung 70 Taler und 6 Groschen bereit." (Feige 1999, 51f)

Als nach dem Tode Samuel Heinickes 1790 dessen Witwe für die weitere
Existenz der Schule kämpfte, überprüfte eine Kommission, bestehend aus
30 Professoren der Leipziger Universität, die Leistungen der Schüler. Das
Gutachten fiel insgesamt positiv aus, und damit war die Voraussetzung für
das Fortbestehen des Instituts gegeben; nur eine Sache wurde negativ ver-
merkt: Die Schüler zeigten ungenügende Leistungen im Schreiben mit Feder und Tinte auf Papier.

Die erfindungsreiche Anna C. E. Heinicke ersann ein didaktisches Mittel,   **Tagebuch-**
um diese Fertigkeit bei den Schülern zu üben: Sie regte zum Schreiben von   **aufzeichnungen**
Tagebüchern an. Aus den Tagebuchaufzeichnungen des Schülers Adam
Ernst G. Backmann erfahren wir nicht nur etwas über den Alltag innerhalb
des Taubstummeninstituts, sondern auch über die Kontakte zur Außenwelt,
die sich recht liberal gestalteten.

„Sehr beliebt war bei den Heinike'schen Pensionären das Bad in der Pleiße während
der Sommermonate. Ein bevorzugter Spielplatz war der Boden des fünfstöckigen
Miethauses am Neuen Kirchhof, in dem Heinicke sein Institut 1785 auf einer ganzen
Etage untergebracht hatte. In Backmanns Aufzeichnungen finden sich Schilderungen
von Spielen der Schüler und der Töchter Heinickes [...] auf dem Boden. Außerdem
diente er als ‚Ausguck'. Von seinen Fenstern aus beobachteten Adam Ernst und seine
Mitschüler die vorbeiziehenden Passanten, zumeist Handwerker oder Bauern auf dem
Weg zum Markt. Seine bevorzugte Freizeitbeschäftigung waren allerdings ausge-
dehnte Spaziergänge in der Allee [...]

Alle seinerzeit berühmten Leipziger Gärten kannte Adam Ernst. Als ‚vorzüglich ver-
ständiger' Lehrling durfte er ‚ohne sichere Begleitung' ausgehen [...] den Tagebuch-
eintragungen nach zu schließen, nutzte er dieses Privileg ausgiebig. Überall beobach-
tete er die Mitbürger genau bei ihren Verrichtungen. ‚Ich habe gestern viel nackende
Menschen gesehen', notierte er unter dem 18. Juni 1790, ‚sie hatten Hemde, Schuh-
schnallen, Hoth, Strümpfe, Halstuch und alle Kleider ausgezogen, badeten sich im
Wasser und gingen hernach spazieren, wenn sie sich wieder angezogen hatten' [...]
Wichtig war ihm, wie ihm bekannte Personen gegenübertraten: ob sie grüßten zum
Beispiel. Lobend erwähnt wurde ein Bauer namens Rudolph aus dem Heimatdorf Gre-
then, den Adam Ernst eines Sonntagmorgens 5 Uhr in der Grimmaischen Gasse traf:
,Er hat den Hut vor mir abgenommen' [...]

Als ältester ‚Lehrling' im Heinicke-Institut genoss Adam Ernst Backmann gewisse
Vorrechte. So durfte er den Lehrer Petschke begleiten, wenn dieser für das Institut
einkaufen ging. Ihm war der Schlüssel für die Speisekammer der Pension anvertraut.
Zuweilen ließ er sich von der Mitschülerin Anna Dorothea Richter oder dem Mitschüler Johann Christoph Hofmann dazu verleiten, den begehrten (Kandis-)Zucker zu verteilen, wenn Madame Heinicke schlief [...] Zusammen mit Christian Friedrich Irm-
scher wurde Adam Ernst zur Erledigung kleinerer handwerklicher Tätigkeiten in den
Räumlichkeiten des Instituts herangezogen.

Adam Ernst Gottlieb Backmanns Schulzeit in Leipzig endete am 27. Januar 1792. Er
mußte das Institut A. C. E. Heinickes ohne förmlichen Abschluß und ohne Konfirmati-
onsexamen verlassen, ‚weil ihm sein Vater, ehe dieses geschehen konnte, eine Stelle in
Meißen bei der dasigen Porzelanfabrike ... ausbedungen hatte' [...] wie in der Matri-
kel nachzulesen ist. Frau Heinicke hat das bedauert. Ihrem ehemaligen Schüler bescheinigte sie abschließend, ‚seine Gedanken ziemlich correct zu Papier bringen, auch
sonst fleißig und ein guter Kopf' zu sein [...] Den Ausbildungsplatz in Meißen hat der
Vater vermutlich unter Vorlage der Blumenzeichnungen seines Sohnes erwirkt."
(Feige 1999, 68ff)

Diese durch Selbstzeugnisse beschriebene familiäre und zugleich bildungsorientierte Lebenssituation der Leipziger Zöglinge beeindruckt als ein positives Beispiel für die ersten Bildungsanstrengungen mit behinderten Kindern und Jugendlichen – vielleicht war es sogar eine Ausnahme.

Gefährdung Behinderter in Notzeiten

Zu einem Zeitpunkt, wo noch längst nicht für alle Kinder und Jugendliche Bildungsangebote bereitgestellt wurden, verwundert es nicht, dass die ersten planmäßigen Unterrichtsversuche für behinderte Schüler zunächst in eher bescheidenen Bahnen verliefen. Die beiden Pariser Anstalten, wir erinnern uns, sind hierfür beispielhaft; denn sie waren fortwährend durch materiellen Mangel und immer weiteres Zurückdrängen des Bildungsanspruchs bestimmt. Aber auch in anderen Ländern zeigte sich das Phänomen, dass in Not- und Mangelsituationen jene am weitesten an den Rand gedrängt werden, die am bedürftigsten sind.

Gehörlosenschule Madrid

Als Napoleon Spanien besetzte und die Bevölkerung unter Entbehrung und Hunger litt, traf dies besonders stark jene junge Institution, die 1805 als staatlich unterstützte Taubstummenschule in Madrid ihre Tore geöffnet hatte. In nahezu aussichtsloser Situation siedelte der gehörlose Kunstlehrer Roberto Francisco Prádez 1811 mit sechs gehörlosen Schülern an die städtische Schule von San Ildefonso über, und der Bericht hierüber lautet:

„Dort erwartete sie ein kühler Empfang. Da die gehörlosen Jugendlichen deutlich älter waren als die Kinder an der städtischen Schule, befürchtete man, daß sie einen schlechten Einfluß ausüben könnten. Deshalb wurde rigoros die totale Trennung der beiden Gruppen durchgesetzt. Die Verbindungstür vom Zimmer der gehörlosen Schüler zum Rest der Schule wurde von außen verschlossen, der Schlüssel wurde fortgenommen und obendrein wurde noch ein Riegel über die Außenseite genagelt […] Obwohl sich auf dem Schulgrundstück ein Brunnen befand, wurde Prádez und seinen Schülern der Zugang zu diesem verweigert, und sie mußten Wasser aus einem öffentlichen Brunnen in der Nachbarschaft holen […] Sie durften nicht im Speisesaal der Schule essen, und ihre Verpflegung, zwei magere Mahlzeiten pro Tag, wurde in einem öffentlichen Gasthaus zubereitet […] Die Kinder waren barfuß, ihre ungewaschenen Kleider zu Lumpen heruntergekommen […] In einen einzigen Raum eingesperrt waren sie wie Gefangene in San Ildeforso. In derartigen Umständen fand ein Beobachter, es sei nicht […] verwunderlich, daß sie sich damit unterhalten, ihr Quartier zu ruinieren, indem sie alles in den Abort werfen, was ihnen in die Finger kommt, nachdem sie ihn vollkommen zerschlagen und den Abfluß mit Knochen, Steinen und Schutt verstopft haben." (Plann 1993, 75)

Nachdem die ersten Schulgründungen für Gehörlose und Blinde erfolgt waren, war die Idee der Bildsamkeit Behinderter international nicht mehr aufzuhalten:

Schulen für Gehörlose

1763: Paris, Edinburgh
1778: Leipzig, Wien
1784: Rom
1786: Prag
1787: Bordeaux
1790: Groningen
1800: Waitzen (Vác, Ungarn), Barcelona
1805: Madrid
1806: Pawlowsk, St. Petersburg
1807: Kopenhagen
1808: Gent
1809: Stockholm
1824: Trondheim
1846: Porvoo/Bargo/Helsinki

Schulen für Blinde

1784: Paris
1791: Liverpool
1792: Edinburgh
1793: Bristol
1799: London
1804: Wien
1806: Berlin, Glasgow
1807: Mailand, St. Petersburg (Leiter Haüy)
1808: Prag, Amsterdam, Stockholm
1809: Dresden, Zürich
1811: Kopenhagen
1861: Christiania (Oslo)
1865: Helsinki

Anstalten für Taubblinde

1832: Boston/USA
1860: Larnay bei Poitiers/Frankreich
1874: New York/USA
1886: Venersborg /Schweden
1901: Edinburgh/Schottland
1906: Noawes bei Potsdam/Deutschland

Dieser europäische Siegeszug einer Idee war nur möglich durch die Existenz einer internationalen Kommunikationsstruktur. Frankreich war im 18. Jahrhundert tonangebende Kulturnation, und für gebildete Menschen in Europa war es eine Selbstverständlichkeit, in der französischen Sprache zu kommunizieren – ein berühmtes Beispiel ist der intensive Dialog zwischen Voltaire und dem Preußenkönig Friedrich dem Großen. De l'Epée und Heinicke wussten nicht nur voneinander, sondern sie führten eine europaweit beachtete, kontroverse Diskussion über die „richtige" Methode. De l'Epée, aber auch Haüy empfingen zahlreiche ausländische Gäste in ihren Schulen, und es waren wiederum Einzelpersonen, die, angeregt durch diese Begegnungen, Institute wie etwa in Berlin (Zeune), in Wien (Stork) oder in Rom (Tommaso Silvestri) ins Leben riefen. Auch außerhalb des europäischen Festlandes, im Lande John Lockes, entwickelten sich parallel zu Paris, Leipzig und Wien erste Bildungseinrichtungen für Gehörlose und Blinde:

> „Two years before Rousseau wrote Emile, and in the same year as the first Parisian deaf entered de l'Epée's school, nine-year-old Charles Shirref became a pupil of Thomas Braidwood […] so […] began the first school for the deaf in Britain." (Pritchard 1963, 11)

Trotz dieses imposanten Aufschwungs könnte das Bild täuschen. Es war lange Zeit nur eine kleine Minderheit behinderter Menschen, die in den Genuss von Bildung und Erziehung kam, denn die Ideen der europäischen Aufklärung, die die Bildungsfähigkeit Behinderter mit einschloss, entfalteten ihre Wirksamkeit nur langsam:

> „Unverkennbar, man muß einen Bruch zwischen pädagogischen Programmen und gesellschaftlicher Wirklichkeit, zwischen dem umfassenden Erziehungsanspruch und den bescheidenen Grenzen der realisierten Erziehungsreformen konstatieren. Man muß aber zugleich berücksichtigen […] daß erst mit der Aufklärung selbst dieser Bruch, die Differenz zwischen Wirklichkeit und Möglichkeit systematisch als […] Problem formulierbar wird." (Tenorth 1992, 112f)

Recht auf Bildung   Erst in der zweiten Hälfte des 20. Jahrhunderts wurde das Recht auf Bildung in den entwickelten Staaten in größerem Umfang in die Praxis umgesetzt, und blicken wir auf die Gegenwart, so müssen wir feststellen, dass nicht einmal alle europäischen Länder den Bildungsanspruch für jedes behinderte Kind bislang eingelöst haben. So wird in Frankreich, dem Land der ersten Pioniere einer Pädagogik für Behinderte, mit zunehmender Empörung registriert, dass etwa 40.000 Kinder und Jugendliche mit einer Behinderung ohne jede Schulbildung sind (Kristeva 2003). Geht man gar von einer globalen Sichtweise aus, so müssen wir zur Kenntnis nehmen, dass die verheißungsvollen Anfänge noch im 21. Jahrhundert weit davon entfernt sind, im weltweiten Maßstab gesellschaftliche Realität zu werden.

2.3   Die Erfindung neuer Methoden

Ohne die Entwicklung angepasster Methoden an die besonderen Bildungsbedürfnisse gehörloser, blinder und wenig später auch geistig behinderter Menschen hätte sich die pädagogische Spezialdisziplin der Heilpädagogik nicht etablieren können, denn nur mit Hilfe spezifischer Methoden konnte die in der Theorie anerkannte Bildungsfähigkeit jedes Menschen in der Praxis tatsächlich entwickelt werden, und somit kann zu Recht die Erfindung neuer Methoden als die „Geburtsstunde der Behindertenpädagogik" (Drewek/Tenorth 2001, 63) gelten.

Methoden bei Gehörlosigkeit: Angeregt durch die Philosophie der Sensualisten und ihrer Erkenntnistheorie richtete sich das Augenmerk der „Erfinder" auf die Frage, wie ein fehlender Sinn durch den Einsatz eines anderen kompensiert werden könne. Im Falle von Gehörlosigkeit lag ein gravierendes Problem vor, da der fehlende Gehörsinn zugleich Sprachlosigkeit nach sich zog. Somit stand zur Debatte, ob der Gehörlose in seiner „eigenen" Sprache, also der Gebärde, kommunizieren solle – allerdings damit weitgehend isoliert von der übrigen menschlichen Gesellschaft – oder aber befähigt werden solle, die menschliche Lautsprache zu erlernen – möglicherweise um den Preis eines Verlustes von Identität.

Kompensation fehlender Sinne

Wie die historische Entwicklung zeigt, spitzten sich die beiden unterschiedlichen methodischen Zugehensweisen erst in der zweiten Hälfte des 19. Jahrhunderts zu wahren Gegensätzen zu, als „deutsche" Lautspracherziehung und „französische" Gebärdensprache zu unversöhnlichen Gegensätzen konstruiert wurden. Die Realität sah meist anders aus, nämlich sehr viel bunter. Weder Heinicke noch de l'Epée schlossen das jeweils andere methodische Verfahren aus. Wie berichtet, benutzten Heinickes Zöglinge selbstverständlich Gebärden, und ebenso versuchte de l'Epée seine Schüler auch zur Lautsprache zu erziehen. Aber – und das ist bedeutsam – die Schwerpunkte beider Verfahren unterschieden sich im Kern, und das belegt auch der kontroverse Briefwechsel zwischen den beiden Protagonisten (Heinicke 1912, 104ff).

Während Heinicke vor allem aus wirtschaftlichen Gründen keine präzise Darstellung seiner lautsprachlichen Methode veröffentlichte – er wollte seine Methode gewinnbringend veräußern –, hat de l'Epée ganz im Gegenteil den öffentlichen Diskurs gesucht, um seiner Methode national und international den erhofften Einfluss zu sichern. In seinem Werk „Die Unterweisung der Taubstummen durch die methodischen Zeichen" räumte er der Darstellung seines praktischen Vorgehens breiten Raum ein. Es folgt ein Beispiel für das methodische Vorgehen de l'Epées, das sich bewusst von der Methode des Handalphabets absetzte:

Methode de l'Epée

„Das Handalphabet bezeichnet am Anfange den Taubstummen, die keine Sprache verstehen, nichts; es vermittelt ihnen aus sich selbst nicht das geringste Verständnis. Wenn wir, nachdem wir uns seiner bedient haben, um einen Taubstummen die Buchstaben unterscheiden zu lehren, die beiden Wörter nous portons [wir tragen] an die Tafel schreiben, wird er große Augen machen und nichts davon verstehen. Es wird ihm auch nichts nützen, wenn wir über diese beiden Wörter die drei Personen der Einzahl und unter sie die beiden andern der Mehrzahl setzen; er wird nur noch größere Augen machen und uns mit trauriger Miene ansehen. Die meisten führen ihre Hand oder ihren Finger an die Stirn und begleiten diese Geste mit dem gewöhnlichen Zeichen der Verneinung, um uns begreiflich zu machen, daß sie nichts davon verstehen. Aber nur einen Augenblick Geduld, und unserm neuen Schüler wird bald mit Hilfe unserer methodischen Zeichen das Verständnis erschlossen werden.

Ein Folioband, den wir auf den Tisch legen lassen, beginnt seine Aufmerksamkeit anzuziehen. Alle anderen Taubstummen versammeln sich um uns, und ich stelle den Neuling neben mich, zu meiner Rechten. Dann setze ich den Zeigefinger meiner linken Hand auf das Wort je [ich] und zeige gleichzeitig mit dem der rechten mich selbst, indem ich mich damit auf die Brust klopfe; sodann stelle ich den Finger meiner linken Hand auf das Wort *porte* [trage], nehme den Folioband und trage ihn nacheinander auf der Schulter, auf dem Arm, in den Zipfeln meines Rockes; auf dem Rücken und auf dem Kopf; alles das im Gehen und mit der Haltung eines Menschen, der sich schwer beladen fühlt. Keine meiner Bewegungen entgeht der Aufmerksamkeit des Taubstummen. Ich gehe nun zum Tische zurück und setze, um die zweite Person zu erklären, den Zeigefinger der linken Hand auf das Wort, *tu* [du]; gleichzeitig richte ich den der rechten Hand gegen die Brust des Taubstummen und klopfe einige mal sanft darauf, wobei ich ihn darauf aufmerksam mache, daß ich ihn ansehe; und daß er mich auch ansehen muß. Sodann setze ich den Finger auf das Wort *portes* [trägst] und gebe ihm den Folioband, indem ich ihm ein Zeichen mache, nun seinerseits dasselbe zu tun, was er mich zuerst hat ausführen sehen. Er fängt an zu lachen, nimmt das Buch und richtet den Auftrag sehr gut aus." (de l'Epée 1910, 46f)

Methodenstreit

Wie schon dargelegt, obsiegte im internationalen akademischen Streit um die adäquate Unterrichtsmethode Gehörloser zunächst de l'Epée. Spätestens jedoch in der zweiten Hälfte des 19. Jahrhunderts wendete sich das Blatt, und mit den Beschlüssen des Mailänder Kongresses der Taubstummenlehrer von 1880 erfolgte wiederum eine einseitige Entscheidung, nun zugunsten der Lautsprache.

Urteil der Züricher Akademie

Ein schweizerisches Dokument, ein Artikel aus dem Feuilleton der Neuen Züricher Zeitung von 1906, erinnert an das Urteil der Züricher Akademie über den Methodenstreit zwischen Heinicke und de l'Epée von 1783 und wirft rückblickend ein differenziertes Bild auf die scheinbar so unversöhnlichen Positionen:

„Zu der Eigenart des großen Abbé de l'Epée gehört, daß er wenig Widerspruch ertrug und seine Lehrweise zwar als verbesserungsfähig, aber doch als die beste der bestehenden betrachtete. Er glaubte, der Taubstumme sei vorzugsweise nur durch den Gesichtssinn zu unterrichten, daher entspreche das geschriebene und nicht das gesprochene Wort seinen Bedürfnissen; seine Muttersprache sei die Gebärdensprache, die durch methodische Zeichen so vervollkommnet werden könne, daß sie allein es ermögliche, seine geistigen Kräfte allseitig auszubilden. Nicht dass de l'Epée die Fingersprache oder das laute Sprechen vernachlässigt hätte. Von der ersten Stunde an übte er beide nach bekannter Methode; denn jene war notwendig, um das Handalphabet zu lehren, diese wegen des Verkehrs mit den Vollsinnigen […] Allein die Fingersprache und das laute Sprechen schienen ihm so einfach und für die Erfassung der übersinnlichen Begriffe so beschränkt zu sein, daß er die größte Arbeit auf die Anwendung und Ausbildung seiner methodischen Zeichen verwandte. Es waren dies teils natürliche, teils künstlich kombinierte pantomimische Beschreibungen der zu erklärenden sinnlichen oder übersinnlichen Begriffe […]

In der Großartigkeit des Systems lag aber gerade seine Schwäche; die Fingersprache wie das eigentliche Sprechen mußten zu kurz kommen. Indem de l'Epée das Grösste wollte, die vollständige, geistige Ausbildung der Taubstummen, die ihm nur bei wenigen gelingen konnte, unterschätzte er das Nächstliegende und Einfachste, was alle Taubstummen in erster Linie nötig haben, die tägliche Umgangssprache. Abbé de l'Epée war nicht nur in seiner uneigennützigen Hingabe für die Armen, sondern auch in der groß angelegten Unterrichtsmethode Idealist.

Einen entgegengesetzten Standpunkt nahm der Zeitgenosse Epées, der Deutsche Samuel Heinicke ein, der, ein ausgezeichneter, praktischer Schulmann, dem gesprochenen Wort die erste Stelle im Taubstummenunterricht anwies […]

Leider hielt er, teils aus Spekulation, teils aus Furcht vor Mißbrauch, seine Methode geheim. Er ging von der richtigen Annahme aus, daß die Gedanken erst durch die Sprache gebildet werden und man somit auch im Unterricht der Taubstummen so schnell als möglich zum artikulierten Sprechen übergehen müsse. Die Lernfähigkeit der Taubstummen gründe sich auf Gesicht, Gefühl und Geschmack […] Auch er erreichte überraschende Resultate; geschickte Schüler vermochten die Worte von den Lippen abzulesen und mit Vollsinnigen zu reden. Natürlich erregten seine Tätigkeiten und Erfolge großes Aufsehen; weckten aber ebenso sehr Neugier, Mißtrauen und Verleumdung, in seiner Anstalt in Leipzig hatte er selten gleichzeitig mehr als 9 Zöglinge, die er kaum 4 Jahre behalten konnte. Auch fehlte es ihm nicht an ökonomischen Schwierigkeiten; er war und blieb arm. Dazu kam seine Reizbarkeit; denn Heinicke war eine streitbare Natur und griff Uebelstände und Personen schonungslos an, wenn sie ihm hindernd in den Weg traten. Besonders hatte er für die Mängel der Volksschule einen offenen Sinn, für die Klagen der Lehrer ein williges Ohr und auf die Anmaßungen der Geistlichen ein scharfes Auge. Er verstand es aber, nicht nur zu tadeln, sondern auch besser zu machen und darf füglich ein Vorläufer der modernen Pädagogik und Schule genannt werden […]

Auch Heinicke überschätzte seine Lehrart und fällte deswegen über die anderen Methoden, ohne sie zu kennen, ein scharfes und ungerechtes Urteil […]

Es wäre eine müßige Frage, zu untersuchen, wer von den beiden Taubstummenlehrern Epée und Heinicke der größere wäre: beide haben ihr ganzes Können und ihre ganze Persönlichkeit für eine erhabene Aufgabe eingesetzt. Ihre Ziele und ihre Erfolge waren nahezu die gleichen, nicht aber ihre Wege, die sie betraten. Der Streit um den Vorzug ihrer Methode konnte nicht ausgetragen werden, weil der Wert einer Methode weniger von ihr selbst abhängt, als vielmehr von der Art und Weise, wie sie ausgeübt wird. Der Buchstabe tötet, der Geist ist's der lebendig macht. Was aber dieser literarischen Fehde besondere Bedeutung verleiht, ist, daß sie in allen Ländern zum erstenmal die öffentliche Meinung für die Bildung der Taubstummen interessierte." (Ernst 1906)

In den ersten praktischen Unterrichtsversuchen, ich hatte bereits darauf hingewiesen, überwog ein pragmatisches Ausprobieren, das zwangsläufig verschiedene methodische Elemente berücksichtigte.

So ging der Italiener Silvestri in der römischen Gehörlosenschule zwar **Beispiel Rom** von der Gebärdensprache de l'Epées aus, ergänzte sie aber um lautsprachliche Anteile. Er schrieb 1785:

„Unser Ziel in Rom ist nicht allein, diesen armen Menschen die Sprache wiederzugeben, sondern auch, ihre wichtigste Qualität, ihren Verstand zu fördern. Zu diesem Zwecke bediene ich mich eines einfachen, natürlichen Mittels, welches der natürlichen Stärke des Taubstummen keine Gewalt antut, sondern im Gegenteil gerade die Kommunikationsform bevorzugt, mit der er […] so wohlvertraut ist, und die ihm zu Gewandtheit und Schnelligkeit verhilft. Mittels Gebärden drückt ein jeder Taubstumme seine Wünsche und Bedürfnisse vollends aus. Aus diesem Grunde hat die Schule sich die Gebärden für seine Bildung zunutze gemacht, dabei aber gewisse Korrekturen vorgenommen […] Doch um den Taubstummen wieder ganz der Gesellschaft zuzuführen, versäumt die Schule es auch nicht, ihn das Verstehen von Lippenbewegungen und die ihnen zu Grunde liegenden Gedanken zu lehren. Dies gestattet es ihm, unverzüglich und ohne andere Hilfsmittel als die lebendige Stimme zu antworten." (Pinna et al. 1993, 417f)

Wiener Methode

Die Verbindung unterschiedlicher Elemente wurde nach dem Ausscheiden Storks auch in dem Wiener Taubstummeninstitut unter der Leitung seines Nachfolgers May praktiziert. Walter Schott spricht von einer „Wiener Methode", über die er Folgendes schreibt:

> „Die ersten Lehrer des k. k. Taubstummen-Instituts hatten […] die Gebärdenmethode des de l'Epée in Paris erlernt und in Wien zur Anwendung gebracht. Die Pariser Gebärdensprache war aber in ihrem Gebrauch so umständlich (infolge der vielen grammatikalischen Endungen, Ableitungen usw.), daß sie als Kommunikationsmittel für den alltäglichen Gebrauch der Gehörlosen untereinander sehr unpraktisch und zeitraubend war. Daher war es nur natürlich, wenn neben der im Unterricht verwendeten Gebärdensprache eine andere, abgekürzte, sich entwickelte und die Schrift als sicheres Mittel zur Verständigung gegenüber der hörenden Umwelt besondere Bedeutung erlangte […] Während Stork ein entschiedener Gegner Heinickes war, verschloß sich May nicht dessen Gedanken. Besonders den sozialen Ideen stimmte May durchaus bei […] May löste sich von der französischen Methode auch insofern, als er die komplizierten Zeichen durch Vereinfachungen ersetzte und diese mit […] Handalphabetszeichen ergänzte. Damit gelang ihm die Konstruktion eines ‚gemischten Systems', das Gebärde und Lautsprache verband. Offenbar versuchte May die Vorteile beider Methoden zu vereinen." (Schott 1995, 112f)

Musikerin M. Paradis

Methoden bei Blindheit: Was die Methode zur Unterrichtung Blinder betraf, so lagen die Dinge hier wesentlich einfacher. Als Haüy mit seinen Überlegungen begann, hatte er nicht nur wesentliche Anregungen durch Diderots Brief über die Blinden erfahren, sondern aus eigener Anschauung miterlebt, in welch erstaunlichem Maße eine blinde Person über intellektuelle und musische Fähigkeiten verfügte.

Am 1. April 1784 trat die blinde Pianistin und Komponistin Maria Theresia Paradis aus Wien zu öffentlichen Konzerten in Paris auf, und ihre Präsentationen wurden umgehend zum Stadtgespräch. In Alexander Mells Handbuch des Blindenwesens von 1900 lesen wir über sie:

> „Sie wurde in allen Städten, wo sie auftrat, Mittelpunkt der Gesellschaft; die berühmtesten Personen der Zeit, Gelehrte, Musiker, Dichter, Staatsmänner suchten ihren Umgang, um sich an ihrem geistreichen Gespräche, an ihren feinen gesellschaftlichen Formen zu erfreuen. Nichts erinnerte, wenn sie saß, an ihr Unglück." (S. 577)

Maria Theresia Paradis

Paradis' Hilfsmittel

Maria Paradis, ein Patenkind der österreichischen Kaiserin Maria Theresia und „Mozarts berühmte Zeitgenossin" (Fürst 2005) war nicht nur eine exzellente Musikerin und Komponistin, sondern zugleich eine allseits gebildete Persönlichkeit. Sie vermochte sich mit Hilfe einer kleinen Handpresse schriftlich mitzuteilen, verfügte über geografische Karten, konnte Karten und Schach spielen sowie mit Hilfe besonderer Tafeln rechnen. Die dafür notwendigen Hilfsmittel hatte sie, wir erwähnten es bereits, durch ihre Kontakte zu dem Blinden Johann Ludwig Weissenburg, Sohn eines Kammerdieners aus Mannheim, erhalten, der aufgrund seiner Begabung insbesondere in Mathematik ausgebildet worden war.

Grundlegend für die Unterrichtung Blinder war die Erkenntnis, dass der fehlende Gesichtssinn durch den des Tastens zu ersetzen sei, und alle Kunst bestand darin, Hilfsmittel zu erfinden, die den Tastsinn für die Anbahnung von Lernprozessen nutzbar machten.

Haüy hat in seinem 1786 erschienenen Werk „Essai sur l'éducation des aveugles" (Abhandlung über die Erziehung Blinder) beschrieben, welche Mittel er für den Leselernprozess seiner blinden Schüler einsetzte, wobei er ausdrücklich auf die Hilfsmittel der Maria Paradis sowie J. L. Weissenburgs verwies:

Leselernprozess

„Durch das Lesen wird das Gedächtniss leicht, rasch und methodisch ausgebildet. Es ist der Canal, durch welchen wir verschiedene Kenntnisse erlangen. Unsere hauptsächlichste Sorgfalt muss daher darauf gerichtet sein, die Blinden lesen zu lehren und für ihren Gebrauch eine Bibliothek herzustellen. Früher hat man in dieser Hinsicht verschiedene vergebliche Versuche gemacht. Man lehrte den Blinden lesen durch Buchstaben, die erhaben und beweglich auf einer Platte waren, oder indem man Buchstaben anwandte, die auf eine Karte durch Nadelstiche gebildet waren. Schon erschlossen sich ihnen die Wunder der Schreibkunst […] Aber diese rohen Hülfsmittel gaben dem Blinden nur die Möglichkeit, den Reiz der Lectüre empfinden zu lassen, ohne ihm die Mittel derselben zu gewähren. Wir fanden dieselben ohne Mühe, ihr Princip existirte schon lange, und täglich machte es sich vor unsern Augen geltend.

Wir beobachteten, dass ein bedrucktes Blatt beim Verlassen der Presse auf der Rückseite alle Buchstaben in relief zeigte, aber verkehrt. Wir liessen Buchstaben giessen, die so beschaffen waren, dass ihr Abdruck auf Papier von den Augen wahrgenommen werden kann, und mit Hülfe eines nach Art der Buchdrucker angefeuchteten Papiers gelang es uns, das erste Exemplar abzuziehen, das bisher mit erhabenen Buchstaben erschienen war, welche durch das Gefühl unterschieden werden konnten. Das war der Ursprung der Bibliothek für die Blinden […]

Vom Lesen des Gedruckten bis zu dem des Geschriebenen hat der Blinde nur einen Schritt zu thun. Wir sprechen hier nicht von der Schrift der Sehenden; wir haben bis zu diesem Tage vergebens den Gebrauch von Relieftinten versucht, und wir haben dieselben durch Schriftzüge ersetzt, die auf einem dicken Papiere vemittelst einer eisernen Feder, deren Schnabel nicht gespalten ist, erzeugt werden. Es ist unnütz zu bemerken, dass man, wenn man an einen Blinden schreibt, sich keiner Tinte bedient; dass die Buchstaben gerade, von einander getrennt und etwas dick sind, und dass man nur die eine von den zwei Seiten eines Blattes beschreibt. Wird dies beobachtet, werden die Blinden leidlich fliessend die Cursivschrift der Sehenden, ihre eigene und die anderer Blinden lesen. Ausserdem werden sie auf dem Papiere ebenso die Musiknoten und andere Figuren unterscheiden, welche durch unser Verfahren fühlbar gemacht worden sind." (Haüy 1883, 2ff)

Der 17-jährige François Le Sueur war Haüys erster Schüler, mit dem er bald den Beweis seiner Unterrichtserfolge öffentlich machte. Alfred Mell hat uns in Dokumenten die Entstehungsgeschichte der Pariser Blindenanstalt übermittelt und dabei auch den Auftritt Haüys mit seinem Schüler im „Bureau Académique d'Ecriture" wiedergegeben:

Haüys Auftritt mit blindem Schüler

„Herr Haüy ließ sodann seinen Schüler Uebungen ausführen. Der Herr Generalleutnant der Polizei hatte ein Buch aufgeschlagen und gab daraus einige Wörter an, die sofort auf die Tafel gebracht wurden; und der junge Le Sueur las, nachdem er die Fingerspitzen über die Buchstaben hatte gleiten lassen, mit lauter Stimme: ‚Tableau de la

Maison du Roi'. Er führte mit demselben Verfahren die Addition mehrerer Zahlensummen, die man auf die Tafel eingetragen hatte, aus. Man nahm auch aufs Geratewohl einige Lettern, Buchstaben and Ziffern gemischt; man druckte sie auf ein Papier ab und der junge Mann brachte es zuwege, sie zu nennen, wenngleich mit etwas Mühe; was nicht überraschen darf, weil man, abgesehen davon, daß diese Lettern keinerlei Sinn bildeten, es darauf angelegt hatte, sie ohne Ordnung vorzulegen und einige davon sogar umzukehren. Er bewegte sich ebenso auf mehreren geographischen Karten, die man ihm gab und auf denen die Grenzen der verschiedenen Länder durch eine Menge von Nadelstichen, die den Konturen folgten, tastbar gemacht worden waren. Le Sueur erkannte die einzelnen Provinzen, auf die man seine Hand legte, und nannte gleichzeitig die Hauptstädte dieser Provinzen. Er unterschied ebenfalls die Musikzeichen, indem er der Reihe nach sowohl die Stufe, die sie in der Tonleiter einnahmen, als auch die Ausdrücke, die ihre verhältnismäßigen Werte angaben, benannte […]

Man vergegenwärtige sich, daß dieser junge Mann noch vor sechs Monaten in tiefer Unwissenheit steckte; daß er, geboren ohne Vermögen und genötigt, um die Unterstützungen betteln zu gehen, die er mit seiner Familie teilt, täglich nur ein paar Augenblicke dem Studium widmen kann; man vergleiche mit seinen Fortschritten selbst jene, die in einem gleichen Zeitraum ein junger Mann macht, der sich aller seiner Sinne und der Muße, die Wohlhabenheit gewährt, erfreut, und man wird ermessen, wie berechtigt sowohl die Befriedigung der hochgebildeten Beamten, die sich an der Spitze der Versammlung befanden, als auch die Beifallsbezeugungen waren, die die Zuseher den Erfolgen der erfinderischen und wohltätigen Bemühungen des Herrn Haüy verschwenderisch spendeten. Man wird schließlich folgern, wie interessant eine Anstalt wäre, die die des Gesichtssinnes beraubten Individuen in die Lage versetzen würde, aus den für ihren Gebrauch gedruckten Büchern Kenntnisse, geeignet ihren Geist zu bilden und zu schmücken, und Reize zu schöpfen, fähig, in ihrem Herzen das Bewußtsein ihres Unglücks zu mindern oder selbst aufzuheben." (Mell 1952, 34f)

Louis Braille

Auch wenn es mit der Entwicklung dieser neuen Methoden zum ersten Mal gelungen war, blinden Menschen in systematischer Weise Bildungsprozesse zu vermitteln, so ist doch einschränkend anzumerken, dass diese ersten Methoden aus der Sicht der Sehenden entwickelt worden waren und letztlich nur begrenzte Kommunikationsmöglichkeiten eröffneten. Erst als Louis Braille (1809–1852), der 1819 als Zehnjähriger in der Pariser Blindenanstalt Aufnahme gefunden hatte, ein aus der Kombination von sechs Punkten bestehendes Schriftsystem erfand, war der entscheidende Schritt zur Verbesserung der Kommunikationsmöglichkeiten blinder Menschen getan.

Punktschrift

Erfunden hatte die Punktschrift Charles Barbier de La Serre, ein ehemaliger Artillerieoffizier, der während der Revolution in die USA emigriert und Anfang des 19. Jahrhunderts nach Frankreich zurückgekehrt war. Barbier bot seine Methode dem Pariser Königlichen Blindeninstitut an, das sich unter der Leitung von Pignier 1821 zur Einführung der Punktschrift entschloss. In der praktischen Erprobung durch die blinden Schüler selbst, unter ihnen Louis Braille, der 1821 erst zwölf Jahre alt war, stießen diese aber auf eine Reihe von Nachteilen der Methode Barbiers. Sie bemängelten, dass sich Barbiers Methode an den Lauten, nicht aber am Alphabet orientierte, keine Möglichkeiten für Rechenoperationen und Notensetzung vorsah und schließlich auf zwölf Punkten basierte, wodurch die Ertastbarkeit erschwert

4. 1. 1809   6. 1. 1852

LOUIS BRAILLE

Blindenpunktschrift

Grundform

a   b   c   d   e

f   g   h   i   j

k   l   m   n   o

p   q   r   s   t

u   v   w   x   y

z

Abb. 2.5: Blindenpunktschrift nach Louis Braille

wurde. Es war Louis Braille, der als 20-Jähriger schließlich die entscheidende Lösung fand: ein System aus nur sechs Punkten, das die Zeichen das Alphabets sowie musikalische und mathematische Zeichen umfasste (Weygand 2003, 327ff).

Erfindung einer Schreibmaschine

Braille arbeitete in den Folgejahren an der Optimierung seines Systems, das er in zweiter Auflage 1837 veröffentlichte und dessen Version von Direktor Pignier an zahlreiche Blindenanstalten des Auslandes verschickt wurde. Ein weiterer wichtiger Schritt auf dem Weg zur Erweiterung der Kommunikationsmöglichkeiten blinder Menschen war schließlich die Erfindung einer Schreibmaschine 1842, erdacht und hergestellt von dem Mechaniker Pierre-François de Foucault, einem ehemaligen Zögling der Blindenanstalt, in Zusammenarbeit mit Louis Braille.

Der Siegeszug der Braille-Schrift ließ allerdings noch einige Zeit auf sich warten, denn der Nachfolger Pigniers, Pierre-Armand Dufau, beeilte sich (1840), zum alten Schriftsystem zurückzukehren. Die Weltausstellung in Paris 1878, die mit einem Weltkongress der Blinden und Gehörlosen verbunden war, brachte letztendlich den nationalen und internationalen Durchbruch. Wie in allen anderen europäischen Ländern entschieden sich auch die deutschen Blindenpädagogen 1879 für die Einführung der Punktschrift nach Louis Braille. Er selbst war bereits 1852 in der Pariser Blindenanstalt verstorben. Nur ein Jahr später weihte das nun Kaiserliche Blindeninstitut eine Braille-Büste ein, mit der „le Jean Guttemberg des aveugles", der Johannes Gutenberg der Blinden, geehrt wurde. Bedenkt man, wie dürftig das Bildungsangebot für die große Mehrheit der Insassen der Pariser Blindenanstalt war, so ist die hohe Bedeutung und Wertschätzung dieser Methode zu verstehen, die den in der Isolation lebenden Blinden trotz aller Hindernisse plötzlich ungeahnte Wege zur Welt der Kultur, zur Kommunikation untereinander und zur intellektuellen Emanzipation eröffnete (Weygand 2003, 358).

Laura Bridgman

Unterricht Taubblinder: Der methodische Erfindungsreichtum der Anfangsphase führte schließlich auch dazu, dass bereits in den 30er Jahren des 19. Jahrhunderts, fünf Jahrzehnte vor der berühmten Helen Keller, die erfolgreiche Unterrichtung eines taubblinden Mädchens in der Blindenanstalt von Boston geschah: Laura Bridgman (1829–1889). Es war der Leiter der Blindenanstalt von Boston, Dr. Samuel Gridley Howe, der sich dieser Herausforderung stellte und mit großer Phantasie und Methodengeschick die Lernfortschritte des Mädchens über viele Jahre begleitete (Jerusalem 1890).

S. G. Howes Methode

Die taubblinde Laura Bridgman wurde 1837 in der Bostoner Blindenanstalt aufgenommen, und im „Encyklopädischen Handbuch des Blindenwesens" von Alexander Mell findet sich eine minutiöse Beschreibung der von Howe entwickelten Methode:

„Dr. Howe ließ auf kleine Papierstreifen die Namen häufig vorkommender Gegenstände, wie Messer, Gabel, Löffel, Schüssel, Stuhl, Buch u. dgl. in erhabenen, tastbaren Lettern drucken. Er befestigte dann einen solchen Streifen z. B. den mit knife (Messer) bedruckten auf ein Messer und ließ einen andern solchen Streifen lose. Darauf gab er nun Laura das Messer mit dem darauf geklebten Streifen in die Hand, ließ sie das Object und die Lettern betasten. Dann gab er ihr den losen Streifen mit dem Worte knife (Messer) und machte ihr das Zeichen der Gleichheit, indem er ihre beiden Zeigefinger genau nebeneinander legte. Laura schien leicht zu begreifen, dass die Zeichen auch bei den Streifen gleich seien; mehr aber wusste sie noch nicht. Man versuchte es nun ebenso mit anderen Objecten und setzte die Lection am dritten Tage fort. Am dritten Tage erst begriff Laura, dass die Lettern auf den Streifen Zeichen für die Dinge seien, an denen sie befestigt waren. Dies zeigte sich dadurch, dass sie den Streifen mit dem Worte „chair" (Stuhl), auf einen Stuhl, dann auf einen andern legte, wobei ein verständnisinniges Lächeln ihr bis dahin verdutztes Antlitz erhellte und ihre sichtbare Befriedigung ihrem Lehrmeister zeigte, dass sie ihre erste Lection begriffen hatte.

Damit hatte nun Laura die wichtige Erkenntnis gewonnen, dass die Dinge mit Namen bezeichnet werden. Diese Namen hatte sie aber bisher nur als einheitliche Complexe von Tastempfindungen kennen gelernt. Durch Zerschneiden der Streifen und mit Hilfe eines Typenkastens lehrte man sie nun, die Worte aus den einzelnen Buchstaben zusammensetzen, was sie mit großem Eifer und ziemlich schnell erlernte. Auch die Ordnung des Alphabets merkte sie sich bald und wusste ihre Typen nach beendeter Lection in richtiger Weise in den Kasten einzuordnen, was ihr die rasche Auffindung sehr erleichterte. Das Manipulieren mit den Typen war jedoch immerhin langwierig und nicht immer anwendbar. Dr. Howe sorgte deshalb dafür, dass Laura die Fingersprache der Taubstummen erlernte. Damit erst war für Laura die Einsamkeit, in die sie der Verlust der beiden vornehmsten Sinnesorgane gebannt hatte, durchbrochen, indem ihr jetzt erst die Sprache und der Verkehr durch dieselbe erschlossen war. Sie lernte die Fingersprache mit großem Eifer und brachte es darin im Sprechen sowohl, als auch im Verkehr zu großer Geläufigkeit." (Mell 1900, 135f)

Es sollte übrigens nur noch ein gutes Jahrzehnt dauern, bis ein Franzose den Boden der neuen Welt betrat und in den USA als Pionier der Geistigbehindertenpädagogik seine Erfolgsgeschichte begann: Edouard Séguin.

3 Bildung und bürgerliche Gesellschaft: Das 19. Jahrhundert (bis etwa 1860)

> „Der Punkt, auf welchen alle Erziehung und aller Unterricht gerichtet werden muss und welcher daher auch mein Ziel bleibt, ist die große Kunst zu leben."
> (Adolf Eschke, Gründer der Berliner Taubstummenanstalt, 1912)

3.1 Die preußische Reformära und die Bildung Behinderter

Philanthropismus Neuhumanismus

Es bestand eine hohe Kontinuität zwischen der Pädagogik der Philanthropen und dem neuhumanistischen Bildungsideal zu Beginn des 19. Jahrhunderts, denn die Ideen, die Entwürfe und auch die ersten Beispiele veränderter Institutionen lagen bereits vor. Ulrich Herrmann betont, es

> „kann auch eigentlich keine Rede sein von einer scharfen Entgegensetzung der rousseau-philanthropischen und der neuhumanistischen Denkweise […] weil die Zielsetzung durchaus übereinstimmend ist: die Menschlichkeit des Menschen zu befördern und zur Geltung zu bringen. Zwar hoben die Philanthropen und Pestalozzi mehr auf bürgerliche Brauchbarkeit ab und der Neuhumanismus auf das Rein-Menschliche; aber gemeinsam ist doch, daß die Realia […] eine neue Bildungsfunktion und einen neuen Bildungssinn bekommen: das ‚Materielle' zu sein der ‚formellen Bildung', die ‚Stoffe', an denen die ‚Kräfte' des Allgemeinen der menschlichen Bildung sich ausbilden." (2005, 120; s. a. Jeismann 1987; Benner/Oelkers 2004)

Niederlage Preußens

Infolge der Revolutionskriege löste sich das Heilige Römische Reich Deutscher Nation auf, und Preußen lag nach der vernichtenden Schlacht bei Jena und Auerstedt im Oktober 1806 darnieder – Berlin war von französischen Truppen besetzt, der preußische König Friedrich Wilhelm III. mit dem Hof nach Königsberg geflohen. Gerade zu dieser Zeit eröffnete August Zeune in Berlin eine Anstalt für blinde Zöglinge. Diese ungeheuer mutige Tat eines Einzelnen, der kein Risiko scheute, kündigt bereits das an, was nur ein Jahr später, nämlich im Herbst 1807, in Preußen geschah: ein staatlicher Neuanfang nicht durch Revolution, sondern durch Reformen „von oben", durch eine Strategie der „defensiven Modernisierung" (Wehler 1989, 532; Lundgreen 1980).

Bildungsreform

Die vom Freiherrn von Stein und von Fürst Karl August von Hardenberg (1750–1822) eingeläuteten Agrar-, Gewerbe-, Verwaltungs- und Heeresreformen fanden ihr Rückgrat in einer einschneidenden Bildungsreform, die das große Ziel verfolgte,

„ein umfassend rekonstruiertes Bildungssystem für die Modernisierung des Staates, für die Förderung der bürgerlichen Leistungsgesellschaft und der ihr korrespondierenden liberalen Volkswirtschaft einzurichten" (Wehler 1987, 473).

Der führende Kopf der preußischen Bildungsreformer war Wilhelm von Humboldt (1767–1835), ein vielseitig gebildeter Mann, Sprachforscher, Philosoph und Bildungstheoretiker, der mit seinem Privatlehrer, dem berühmten Philanthropen J. H. Campe, 1789 das revolutionäre Paris besuchte und bei dieser Gelegenheit auch der Blinden- und Taubstummenanstalt einen Besuch abgestattet hatte. Wie Nieser (1992, 324) berichtet, waren Condorcets Schriften Humboldt nicht nur sehr gut bekannt, sondern er führte sogar während seines Pariser Aufenthaltes mit der Witwe Condorcets Verhandlungen wegen derer Veröffentlichung.

Wilhelm v. Humboldt

Humboldt, der 1809 die Leitung der neu eingerichteten „Sektion für Kultus und Unterricht" im preußischen Innenministerium übernahm, vermochte in nur gut einem Jahr die entscheidenden Weichen für die gesamte Bildungsreform in Preußen zu legen. In seiner Schrift von 1792 „Ideen zu einem Versuch die Gränzen der Wirksamkeit des Staates zu bestimmen" hatte Humboldt die entscheidenden Leitlinien seiner Bildungstheorie niedergelegt, die auf dem Ideal einer „allgemeinen Menschenbildung" und nicht einer verengten Erziehung zur bürgerlichen Brauchbarkeit basierte, die für jeden, auch den ärmsten und schwächsten, gelten sollte:

Ideal allgemeiner Menschenbildung

„Gewiß ist es wohltätig, wenn die Verhältnisse des Menschen und des Bürgers soviel als möglich zusammenfallen; aber es bleibt dies, doch, nur alsdann, wenn das des Bürgers so wenig eigentümliche Eigenschaften fordert, daß sich die natürliche Gestalt des Menschen, ohne etwas aufzuopfern, erhalten kann – gleichsam das Ziel, wohin alle Ideen, die ich in dieser Untersuchung zu entwickeln wage, allein hinstreben. Ganz und gar aber hört es auf heilsam zu sein, wenn der Mensch dem Bürger geopfert wird." (Benner/Kemper 2000, 429)

Die Konsequenz einer die Standesgrenzen überwindenden Bildungsidee war Humboldts Forderung nach einem horizontal gegliederten, egalitären Bildungssystem, niedergelegt in seinen Königsberger und Litauischen Schulplänen, das durch die drei Stufen „Elementarunterricht", „Schulunterricht" und „Universitätsunterricht" gebildet sein sollte. In einem Schreiben an den preußischen König von 1809 hob Humboldt sehr deutlich den egalitären Charakter der gesamten Bildungsorganisation hervor, indem er bemerkte, dass die Unterrichtssektion ihren allgemeinen Schulplan

Humboldts Schulpläne

„auf die ganze Masse der Nation" berechnet und „diejenige Entwicklung der menschlichen Kräfte zu befördern" sucht, „welche allen Ständen gleich nothwendig ist und an welche die zu jedem einzelnen Beruf nöthigen Fertigkeiten und Kenntnisse leicht angeknüpft werden können. Ihr Bemühen ist daher, den stufenartig verschiedenen Schulen eine solche Einrichtung zu geben, daß jeder Unterthan Ew. Königl. Majestät darin zum sittlichen Menschen und guten Bürger gebildet werden könne, wie es ihm seine Verhältnisse erlauben" (Nieser 1992, 256).

Bildungspolitik   Humboldts Bildungsplan propagierte nicht nur eine zweckfreie allgemeine Menschenbildung, sondern wies auch die Machtansprüche des absolutistischen Staates zurück, weil er das Bildungswesen als öffentlich-nationale, nicht aber als rein staatliche Aufgabe betrachtete. Damit enthielten Humboldts bildungstheoretische Ideen starken politischen Sprengstoff, der auf eine Verfassungsreform im Sinne einer konstitutionellen Monarchie drängte:

> „Das Gelingen der Reform des Erziehungs- und Bildungssystems war […] davon abhängig, dass es auch im politischen System gelang, zwischen Bürgern und Menschen sowie Staat und Nation zu unterscheiden und eine Verfassung auszuarbeiten, welche die Rechte des absoluten Monarchen auf diejenige einer konstitutionellen Monarchie begrenzt." (Benner/Kemper 2003a, 255)

Süverns Gesetzentwurf   Der von Johann Wilhelm Süvern, einem engen Mitarbeiter Humboldts, 1819 vorgelegte Gesetzesentwurf für ein Unterrichtssystem entsprach uneingeschränkt dem von Humboldt vorgezeichneten egalitären und horizontalen Aufbau eines Einheits- bzw. Gesamtschulsystems. Einige wenige Passagen aus seinem Unterrichtsgesetzesentwurf, der „Krönung der preußischen Schulreformen" (Flitner 1957, 138), seien nicht zuletzt wegen ihrer ungebrochenen Aktualität hier in Erinnerung gerufen:

„Erster Teil: Die öffentlichen allgemeinen Schulen betreffend
I. Allgemeine Grundbestimmungen
§ l. Begriff der öffentlichen allgemeinen Schulen
Als öffentliche und allgemeine werden diejenigen Schulen und Erziehungsanstalten anerkannt, welche die allgemeine Bildung des Menschen an sich, und nicht seine unmittelbare Vorbereitung zu besonderen einzelnen Berufsarten bezwecken […]

§ 2. Ihr Verhältnis zum Staatszwecke
Die öffentlichen allgemeinen Schulen sollen […] die Grundlage der gesamten Nationalerziehung bilden. Die Erziehung der Jugend für ihre bürgerliche Bestimmung auf ihre möglichste allgemeinmenschliche Ausbildung zu gründen, sie dadurch zum Eintritt in die Staatsgemeinschaft zweckmäßig vorzubereiten und ihr treue Liebe für König und Staat einzuflößen, muß ihr durchgängiges eifriges Bestreben sein.

§ 3. Ihre Stufenfolge
Dieser Aufgabe zu entsprechen, sollen sie die allgemeine Jugendbildung vom Anfange des Schulunterrichts bis zu der Grenze, wo die Universität sie aufnimmt, durch drei wesentliche Stufen durchführen.
Auf der ersten dieser Stufen soll sich die Schule mit der ersten methodischen Entwicklung der menschlichen Anlagen und Hervorbringung der inmitelst derselben zu gewinnenden Einsichten, Kenntnisse und Fertigkeiten beschäftigen, dem Bildungsbedürfnisse der unteren Volksklasse in den Städten und auf dem Lande genügen, und allgemeine Elementarschule heißen.
Auf der zweiten soll sie die Bildung des Knabenalters bis zu der Grenze fortführen, wo sich die Fähigkeit und Bestimmung entweder zu weiterer wissenschaftlicher Ausbildung oder zu besonderer Vorbereitung für ein bürgerliches Gewerbe zu entscheiden pflegt. Die Schulen dieser zweiten Stufe sollen allgemeine Stadtschulen heißen.

Auf der dritten Stufe soll sie jenes Geschäft so weit fortsetzen, bis der Grund allgemein-wissenschaftlicher und sittlicher Bildung, sei es für die höheren und besonderen Studien der Universität, oder unmittelbar fürs praktische Leben, gelegt ist. Jede Schule, welche bis zu diesem Ziele führt, soll Gymnasium heißen." (Lundgreen 1980/1981, 56f)

Aber 1819 war die Restauration auch in Preußen bereits erstarkt. Vehemente Ablehnung erfuhr Süverns Plan durch den Minister von Beckedorff, der mit unverblümter Direktheit verlauten ließ: „Für Republiken mit demokratischer Verfassung mag dergleichen vielleicht passen, allein mit monarchischen Institutionen verträgt es sich gewiß nicht." (Lundgreen 1980/1981, 62) Auch wenn die Humboldt'schen Bildungsideale schon bald unter dem Druck von Restauration und Reaktion verblassten, so prägten sie doch die weitere Entwicklung des deutschen Bildungswesens und blieben Maßstab für ein demokratisches Schulwesen bis zum heutigen Tag:

Restauration in Preußen

„Trotz dieses Scheiterns war ihre kurze Wirksamkeit dennoch überaus folgenreich und weichenstellend für die schulgeschichtliche Entwicklung im 19. und 20. Jahrhundert" (Herrlitz et al. 1993, 43; s. a. Benner/Kemper 2003a, 257f; Tenorth 1992, 117ff).

Aber wie sah nun die Schulwirklichkeit aus, die doch meist weit entfernt ist von der Welt der Ideen? Hanno Schmitt fasst die wichtigsten Elemente des „elenden Zustandes des niederen Schulwesens" der Provinz Brandenburg zu Beginn des 19. Jahrhunderts wie folgt zusammen:

Elementarschulwesen

„1. Armut und Unwissenheit war für das Lehrerdasein im Elementarschulwesen bestimmend. Die Schulmeister hatten keine angemessene Ausbildung und rekrutierten sich ,aus der Klasse der Invaliden, Flickschneider, Nachtwächter und Hirten'. Dieser Zustand entsprach der miserablen Bezahlung.
  2. Die vorhandenen Schulhäuser waren in einem äußerst schlechten Zustand. In vielen Dörfern fand Unterricht in der beschränkten Wohnung des Lehrers statt, ,in der seine Familie, neben dem Unterricht, zugleich ihre häuslichen Geschäfte verrichtete'. Ca. 1/5 der Dörfer hatte weder Schule noch Schulmeister.
  3. Die Mehrzahl der Eltern hatte kein Interesse am Schulbesuch ihrer Kinder. Dies galt auch für die Mehrzahl der Prediger und Ortsobrigkeiten. ,Sommerschulen gab es fast nirgends.'" (Schmitt 2001, 129)

Betrachtet man die weitere Entwicklung des Bildungswesens in den deutschen Staaten und insbesondere in Preußen, so beeindrucken folgende Phänomene: Die Idee der allgemeinen Menschenbildung, am Anfang nur eine abstrakte Idee, ergriff – ungeachtet aller reaktionären Gegenangriffe – zunehmend die Vorstellungskraft und Gedankenwelt zunächst der Fachleute, dann allmählich auch weiterer Kreise des Bürgertums. Bildung für jeden bedeutete schließlich auch Bildung behinderter Kinder und Jugendliche, auch wenn es noch lange dauern sollte, bis dieser Gedanke letztlich erst im 20. Jahrhundert die Akzeptanz einer breiten Öffentlichkeit erfuhr. Dass diese Idee nicht blutleer blieb, im Status des hohlen Pathos verharrte, sondern sich zunehmend zu gesellschaftlichem Anspruch und gesellschaftlicher

Praxis wandelte, ist die große Leistung, die während der folgenden Jahrzehnte des 19. Jahrhunderts in Preußen, aber auch in anderen deutschen Ländern erbracht wurde.

preußisches Schulwesen im Vergleich

Alles ist eine Frage des Maßstabes: Misst man die tatsächliche Schulentwicklung Preußens im 19. Jahrhundert an den visionären Entwürfen eines Wilhelm von Humboldt, dann wurde eher wenig erreicht. Lenkt man aber die Betrachtung auf die Ausgangslage und den internationalen Vergleich, dann wurde viel erreicht. Während am Ende des 18. Jahrhunderts in Preußen höchstens 50 % der Kinder eine Schule besuchten, belegen die steigenden Einschulungsraten den gewaltigen Strukturwandel der preußischen Volksschule; so kletterten die Einschulungsquoten von ca. 60 % in 1816 auf etwa 90 % im Jahre 1870, und bereits für die 1880er Jahre wird eine 100 %ige Schulbesuchsquote angenommen. Damit lag Preußen „neben Teilen von Schottland und Neuengland international an der Spitze" (Wehler 1989, 478).

Primarschulwesen in Frankreich

Ein kurzer Blick auf die französische Entwicklung verdeutlicht aus einer anderen Perspektive die erzielten Erfolge. Obgleich zur Zeit der Revolution bedeutsame Schulpläne von Talleyrand, Condorcet und Le Peletier vorgelegt worden waren, und es im vor- und nachrevolutionären Frankreich zahlreiche Initiativen, Modelle, didaktische Überlegungen und Institutsgründungen gab (Harten 1990; 1996; Werner 2004), war doch den meisten Neuerungen nur eine kurze Dauer beschieden. Beispielsweise überlebte die 1795 geschaffene „Ecole Normale", eine Lehrerbildungsanstalt, nur ganze vier Monate, und auch die Elementarbildung verlor bereits unter dem Direktorium ihre Priorität, „so dass das Primarschulwesen um 1800 in einem denkbar schlechten Zustand war" (Werner 2004, 259).

Besuch der Taubstummenanstalt Paris

Dies war ein Tatbestand, der auch von einem Zeitgenossen, dem Leiter der Königsberger Taubstummenanstalt Ferdinand Neumann, erwähnt wurde, der 1822 eine „sonderpädagogische Reise" nach Paris unternahm und über seine Eindrücke in der Pariser Taubstummenanstalt eine Veröffentlichung vorlegte. Neumann, der voller Hochachtung über de l'Epées Verdienste schrieb, äußerte sich hingegen kritisch über seinen Nachfolger Sicard und dessen publikumswirksame Auftritte:

„Dieses Prunken Sicard's mit seiner Methode, die mancherlei Kunststückchen, mit denen er, bei jenen öffentlichen Sitzungen sein Publikum zu unterhalten verstand, überhaupt alle die äussern Hebel, mit welchen er das Interesse der Pariser rege zu erhalten wusste; aber auch die Methode selbst, die um so mehr Aufsehen erregen musste, als das Elementarunterrichtswesen in Frankreich immer sehr schlecht bestellt war und noch ist; endlich die wirklich ausgezeichneten Leistungen der oben genannten Zöglinge namentlich Massieu's, machen nicht allein den lebhaften und dauernden Antheil des sonst so leicht gesättigten Pariser Völkchens, sondern auch den ausgebreiteten Ruf erklärlich, den die Pariser Taubstummenanstalt sich im Auslande erwarb. Sie gehört seit 30 Jahren und länger zu den Merkwürdigkeiten von Paris, und nicht leicht versäumt es ein Reisender, ihren öffentlichen Uebungen beizuwohnen [...] dass bei solchen Gelegenheiten öfters mehr nach dem äussern Scheine, dem ersten Eindrucke als nach dem Zwecke geurtheilt wird, ist eine bekannte Erfahrung." (Neumann 1827, 130f)

Das erste französische Unterrichtsgesetz von 1793 hatte Schulpflicht und **Schulpflicht in** kostenlosen Schulbesuch festgelegt, aber nur ein Jahr später wurde die **Frankreich** Schulpflicht wieder zurückgenommen und damit Schulehalten der privaten Initiative überlassen. 1824 schließlich entstand ein eigenständiges Erziehungsministerium durch Abspaltung vom Innenministerium, aber eine allgemeine Schulpflicht wurde erst im Jahre 1882 erlassen – fast zehn Jahre nach dem Deutsch-Französischen Krieg von 1870/71. Im kollektiven Gedächtnis beider Völker ist die Erinnerung an den preußischen Volksschullehrer verankert, dessen Unterrichtsleistungen angeblich zum Erfolg der preußischen Armee beitrug, denn die preußischen Rekruten waren mehrheitlich keine Analphabeten mehr und konnten somit die Landkarten lesen.

Was schließlich die Bildung behinderter Kinder in Frankreich betraf, so **Schulbesuch** wurde diese nicht, ich erwähnte es bereits, dem neu geschaffenen Erzie- **Behinderter in** hungsministerium unterstellt, sondern verblieb beim Innenministerium – **Frankreich** ein folgenschwerer Schritt, bis in die Gegenwart. Die aktuell in Frankreich geführte Debatte um ein Recht auf Beschulung (le droit à la scolarisation) hat ihre historischen Wurzeln genau in der bis heute gültigen Entscheidung, die Bildung behinderter Kinder und Jugendlicher nicht dem Erziehungsministerium zu unterstellen.

Dass die praktische Einlösung des Bildungsanspruchs für alle Kinder, **ländliche** auch für behinderte, zunehmend Akzeptanz in Preußen erfuhr, lässt sich **Elementarschule** auch für das Elementarschulwesen im ländlichen Raum belegen. Als der **Preußens** Oberkonsistorial- und Schulrat Bernhard C. L. Natorp (1772–1846) Ende 1809 eine erste Erkundungsreise durch die Provinz Brandenburg unternahm, war es ihm offenbar selbstverständlich, alle Einrichtungen, auch die „Zuchthäuser" und „Irrenanstalten", zu besuchen. In seinem Bericht lesen wir:

„Ich habe in 19 Tagen eine Reise von mehr als 30 Meilen gemacht, mich an wichtigen Orten einen, auch zwei oder drei Tage aufgehalten, überall Kirchen, Schulen, Kirchhöfe, Pfarrhäuser, Schulhäuser, Zuchthäuser, Irrenanstalten, kurz, alles was mich anging, in Augenschein genommen, gegen 70 Schulen besucht, zu mehreren neuen Regulierungen betreffs des Schulwesens Veranlassung gegeben, viele angenehme Bekanntschaften gemacht und mir manche anschauliche Kenntnisse des Landes erworben." (Schmitt 2001, 131)

3.2   Die Berliner Institute für Gehörlose und Blinde

Einrichtung und Förderung der Berliner Taubstummen- und Blindenanstalt sind ein offenkundiges Zeichen für die grundsätzliche Bereitschaft der politisch Verantwortlichen in der preußischen Bildungsadministration am Ende des 18. bzw. zu Beginn des 19. Jahrhunderts, auch behinderten Kindern und Jugendlichen eine Teilhabe an der „allgemeinen Menschenbildung" zu gewähren. Zurück geht die Geschichte des Berliner Taubstummeninstituts auf das Jahr 1788, als dem Schwiegersohn Heinickes, Ernst Adolf Eschke (1766–

Ernst Adolf Eschke

1811), seitens des Königlichen Oberschulkollegiums die Erlaubnis erteilt wurde, mit dem privaten Unterricht von drei taubstummen Kindern beginnen zu können.

E. A. Eschke, Sohn eines Steuereinnehmers aus Meißen, besuchte die „Churfürstlich-sächsische" Schule „Afra" in Meißen und schrieb sich mit 17 Jahren für das Studium der Rechte an der Universität von Wittenberg ein; er studierte ferner Theologie, Philosophie, Psychologie und Pädagogik. Die ersten Begegnungen mit Gehörlosen soll Eschke anlässlich eines Besuches des k. k. Taubstummen-Instituts in Wien gehabt haben; ferner stand er im Briefwechsel mit Abbé de l'Epée in Paris. Eschke nahm auch an Unterrichtshospitationen in Leipzig teil, wo er in einer Tochter Heinickes seine spätere Ehefrau fand. Auf Empfehlung Heinickes ging das junge Paar nach Berlin, um dort 1788 mit dem Privatunterricht Gehörloser zu beginnen.

Unter Berufung auf seinen Schwiegervater hatte sich Eschke in Berlin um die Einrichtung einer Taubstummenanstalt nach Leipziger Vorbild beworben, was aber zunächst abgelehnt wurde mit dem Hinweis auf die fehlenden Finanzmittel, die zur Hebung des Bildungsstandes der Landschulen gebraucht würden. Eschke betrieb wie seine Vorbilder Heinicke und de l'Epée eine rege Öffentlichkeitsarbeit, und er wurde nicht müde, in immer neuen Anträgen an die behördlichen Stellen eine Erweiterung seines Instituts, die Anerkennung als gemeinnützige öffentliche Anstalt und damit die Übernahme der Kosten zu erwirken. Im Jahre 1798 war es endlich so weit. Der König bewilligte den Kauf eines Hauses in der Linienstraße zwischen dem Rosenthaler und Hamburger Thor. Er ernannte Eschke zum Direktor auf Lebenszeit mit einem anständigen Salär, und das Institut hieß fortan „Königliches Taubstummen-Institut zu Berlin." Die Zöglinge, die Eschke in seinem Institut aufnahm, gehörten drei unterschiedlichen Kategorien an. Es handelte sich um:

Berliner Taubstummeninstitut

- ▦ königliche Zöglinge,
- ▦ königliche Freischüler und
- ▦ Privatzöglinge.

Während die königlichen Zöglinge sowohl Unterricht als auch Aufenthalt kostenlos erhielten, waren die Freischüler lediglich von den Gebühren für den Unterricht befreit; die Privatschüler schließlich nahm Eschke auf eigene Rechnung auf.

Der Erfolg eines geglückten Anfangs darf nicht darüber hinwegtäuschen, dass der erste Unterricht Taubstummer nur den berühmten Tropfen auf den heißen Stein bedeutete. Immer wieder mussten Aufnahmegesuche wegen fehlender Plätze abgelehnt werden und Eschke musste sich gegen permanente Überlastung zur Wehr setzen. Sehr unverblümt schrieb er in seiner Schrift „Taubstummen-Institut zu Berlin" aus dem Jahre 1806:

„Das Taubstummeninstitut ist weder ein Armen- noch ein Waisenhaus, und es hat nicht die mindeste Verpflichtung, jeden unvermögenden verwaisten Taubstummen aufzunehmen. Es hat ganz und gar keinen Fonds dazu, daher ist es nicht bloß Unbilligkeit, nein es ist Unverschämtheit, wenn man mir zumutet, auf meine Kosten für eines Taubstummen Ernährung und Bekleidung zu sorgen. Man warf einst *Heinicke* vor, daß er einen armen verwaisten Hirtenknaben nicht ohne hundert Taler jährlich in sein Taubstummeninstitut habe aufnehmen wollen. Man nannte dies Benehmen hart, lieblos uff. und ihn selbst einen Menschenfeind. Ganz mit Unrecht. *Heinicke* tat, was er nur tun konnte, er opferte bei dieser Bedingung sich selbst auf; und man zeige mir doch den Menschenfreund, dem es gemütlich ist, jede unbemittelte Waise zu ernähren! Auch bei mir nimmt man so oft meine Menschenliebe in Anspruch; ja, wenn diese Speise, Trank, Schuhe und Kleider herbeischaffen könnte, so sollte es herzlich gern geschehen. – Künftig verbitte ich mir dergleichen Anträge und werde sie gar nicht beantworten. – Wie kann man vergessen, daß die Taubstummen sowenig als die Paradiesvögel von Blumendüften leben können, und daß der Mann, der herzlich gern sie ohne Entgelt unterrichtet, unter allen Menschen in der Welt dem Hungersterben am nächsten sein würde, wenn er sie auch ohne Entgelt beköstigen und kleiden wollte?" (Eschke 1912, 477)

Es ist vermutlich dem wirtschaftlichen Geschick der Ehefrau Eschkes zu verdanken, dass das Taubstummeninstitut während der schwierigen 90er Jahre weiter existieren konnte. Eschke finanzierte alle Ausgaben aus den vom König bewilligten Jahresgehältern, die eigentlich für ihn bestimmt waren sowie aus Kollekten und Erlösen seiner publizistischen Tätigkeit und bewegte sich damit allzu oft am Rande seiner Existenz. Die Zeit der französischen Besatzung stürzte auch die in ihrer Aufbauphase befindlichen Berliner Institute für Gehörlose und Blinde in eine tiefe Krise, und es war nur dem beherzten und entschlossenen Handeln Eschkes und Zeunes zu verdanken, dass beide Einrichtungen während dieser schwierigen Zeit aufrechterhalten werden konnten. In einem Brief an den nach Ostpreußen geflohenen König Friedrich Wilhelm III. verwies Eschke auf die schwierige finanzielle Situation des Institutes, die ausstehende Besoldung der Lehrer sowie die mangelhafte Unterbringung der Zöglinge. Eschke trug sich mit dem Gedanken, Berlin zu verlassen und einem Ruf nach Romanowa, einer Stadt im damaligen Galizien bei Lemberg, zu folgen; schließlich verwarf er diesen Plan, weil durch eine größere Schenkung sich die Situation des Taubstummeninstituts und damit auch seine persönliche Stellung deutlich verbesserte.

materielle Nöte

Die eingeläutete Reformperiode in Preußen und die Übernahme der Sektion für den öffentlichen Unterricht durch Wilhelm von Humboldt im Februar 1809 schuf auch für das Taubstummeninstitut Eschkes die Basis für eine längerfristig gesicherte Existenz. Der Wechsel der administrativen Zugehörigkeit des Taubstummeninstituts zur Sektion für den öffentlichen Unterricht hatte zur Folge, dass die Sektion die noch ausstehenden Zuschüsse für die Einrichtung des Instituts und die Besoldung der Lehrer übernahm. Im Oktober 1809 legte der für die Aufsicht des Taubstummeninstituts zuständige Obergeheimrat Nolte einen ersten Bericht vor, der mit Anmerkungen des bereits erwähnten Oberkonsistorialpräsidenten Natorp verse-

Übernahme durch Unterrichts-ministerium

hen war. Natorp bekundete nicht nur seine Zufriedenheit mit der geleiste-
ten Arbeit im Taubstummeninstitut, sondern entwickelte darüber hinaus
höchst innovative Ideen hinsichtlich einer Befruchtung des Elementarun-
terrichts durch die Methodik der Taubstummenpädagogik. Er verwies darauf, dass

„die Darstellung der bey der Bildung der Taubstummen genommenen Gangart und
der dabei beobachteten Untersuchungsweise für die Elementarbildungskunde überhaupt einen wirklichen Gewinn bringen. Der Elementarlehrer wird daraus die wahren
Elemente der Bildung ersehen, und er wird durch Benutzung der daraus für ihn her-
vorgegangenen Winke den Gang finden, den er auch bey der Elementarbildung […]
zu nehmen hat, auf eine wahrhaft elementare Weise zu verstehen und seine Unterweisung eben so planmäßig als methodisch einzurichten. Die Institute daran würden,
um dies nur beyläufig zu berühren, wichtige Beiträge zur Würdigung des pestalozzi-
schen Systems der institutionellen Bildung werden."[10]

**staatliche
Förderung**

In den folgenden Jahren erstattete Oberkonsistorialrat Nolte in regelmäßi-
gen Abständen Berichte über die Fortschritte des Taubstummeninstituts,
und die insgesamt positiven Beurteilungen führten dazu, dass die preußische
Kultusverwaltung und das Provinzialschulkollegium den weiteren personellen Ausbau der Anstalt tatkräftig unterstützten. Sämtliche Kosten für das
Gebäude des Instituts, die Besoldung der Lehrer sowie Bekleidung und
Kost der armen Zöglinge wurden staatlicherseits übernommen.

**Unterstützung
Mittelloser**

Das folgende Beispiel illustriert, dass die preußische Unterrichtsverwal-
tung unter von Humboldt recht großzügig mit den Gesuchen der Angehörigen mittelloser Taubstummer verfuhr. Im Oktober 1809 wandte sich der
Gastwirt Kolbe mit einem Schreiben an das Ministerium, in dem er außer
der bereits gewährten kostenlosen Unterrichtung auch die unentgeltliche
Unterbringung seiner Tochter in der Berliner Taubstummenanstalt erbat:

„Ich bin seit 13 Jahren mit Anne Louise Rieben […] aus Vierraden verheiratet, und
habe mit derselben 5 Kinder gezeugt, welche jetzt in einem Alter von 11, 8, 6$\frac{1}{2}$, 4 –
1$\frac{3}{4}$ Jahre sind, überdies befindet sich meine Frau im 3ten Monat schwanger. Ich habe
keinen eigenen Erwerb, die Gastwirtschaft habe ich mit dem Einmarsch der Franzosen
niedergelegt, und werde größtentheils von meinen Schwiegereltern erhalten. Ich sehe
in meiner gegenwärtigen Lage nur Noth gedrungen, meinen jetzigen Aufenthaltsort
zu verändern, und werde mir auf Vierraden bei meinen Schwiegereltern begeben und
in dem Ort meinen Broterwerb suchen, und ich muß die Hülfe meiner Schwiegereltern
am meisten suchen. Von jetzt besitze ich kein Vermögen, sondern bin vielmehr
120 Reichsthaler und 36 Silbergroschen schuldig, die ich in meiner jetzigen Lage nicht
bezahlen kann. Meinen Lebensunterhalt erhalte ich jetzt von Erdapfeln, welche ich im
Frühjahr zu meiner Consumtion gepflanzt habe, und muß mir höchst kümmerlich
durchbringen. Meine Noth wird dadurch vermehrt, daß ich eine 8jährige taubstumme
Tochter habe, obzwar der Königliche Geheimrat Herr v. Humboldt mir die gnädige Resolution erteilt hat, daß meine Tochter den freien Unterricht im Taubstummen-Institut
haben sollte, so wird doch darauf meine Noth nicht gehoben, weil ich aus Berlin ziehen muß, und noch nicht im Sommer wissen kann, ob ich eins von meinen Kindern ernähren kann.
Aus diesen angeführten Gründen bitte ich, daß Euer Magistrat meine Bitte bei der

Königlichen Regierung dafür unterstützen möchte, daß meine Tochter nicht allein den freien Unterricht im Taubstummen-Institut erhalte, sondern darin solange ernährt würde, bis sie sich auf einer andern Art selbst ernähren könnte […]"[11]

Die Bitte des Gastwirts Kolbe wurde mit behördlichem Schreiben vom Januar 1806 erfüllt und dem Mädchen eine königliche Freistelle gewährt.

Ernst Adolf Eschke verstarb im Jahre 1811, sein Nachfolger im Amt wurde sein Schwiegersohn Ludwig Grasshoff. Das 1813 unter der Leitung von Grasshoff erschienene Reglement für das Taubstummeninstitut in Berlin stellt in gewisser Weise den Abschluss der Aufbauphase dar, denn die Anstalt verfügte nunmehr über ein Kollegium (drei Lehrer sowie einen Zeichenlehrer und eine Lehrerin für Handarbeiten) als auch über eine feste Schülergruppe:

Reglement unter Grasshoff

- 10 königliche Zöglinge oder eigentliche Pensionäre,
- 15 königliche Freischüler sowie
- einige Privatpensionäre.

Der Zweck der Taubstummenanstalt war zweifellos, gesellschaftlich tüchtige Menschen heranzubilden, aber gemäß den neuhumanistischen Bildungsidealen enthielt das Reglement hinsichtlich des Maßes der zu vermittelnden Bildung keine strikte Festlegung nach Maßgabe des sozialen Standes, sondern verhieß durchaus ein Stück Offenheit und Unbestimmtheit des Bildungsprozesses. In der entsprechenden Passage heißt es:

„Die Dauer des, zur vollständigen Ausbildung eines Taubstummenzöglings erforderlichen Aufenthalts in der Anstalt, richtet sich allerdings nach dessen Fähigkeiten, Fleiß und Bestimmung; inzwischen kann im allgemeinen angenommen werden, daß, bei mäßigen Anlagen und einem angemessenen Fleiße, 8 bis 9 Jahre zu einer gehörigen Erreichung des Zwecks erforderlich sind."[12]

Als der Gelehrte August Zeune (1778–1853), Germanist und Geograf, im Oktober 1806 seine Arbeit im neu gegründeten Berliner Blindeninstitut begann, war das Terrain bestens vorbereitet. Nicht nur der Berliner Augenarzt Grapengießer, stellvertretender königlicher Leibarzt, hatte sich beim preußischen König für die Etablierung einer Blindenanstalt auf Berliner Boden stark gemacht, sondern Valentin Haüy selbst leistete Hilfestellung in der Anfangszeit. Grapengießer hatte sich bereits im August 1805 an den König gewandt und den Vorschlag unterbreitet, nach dem Vorbild der Pariser Anstalt ein Blindeninstitut in Berlin zu gründen. Grapengießer schilderte dem König, dass er durch seine Tätigkeit als Augenarzt eine große Zahl unheilbarer, höchst unglücklicher Menschen kennengelernt habe, denen durch die Gründung einer Blindenanstalt die Chance zum Erlernen von Fertigkeiten für ein späteres Erwerbsleben verschafft würde. Nach den Vorstellungen Grapengießers sollten die Schüler verschiedene Unterrichtsgegenstände lernen und auch als Lehrer – wie in Paris – eingesetzt werden. Ziel aller Bemühungen wäre es, die Blinden zu nützlichen Gliedern der Gesellschaft zu machen:

August Zeune

„Sie sind durch diesen Halbtod unnütze Glieder der Gesellschaft geworden, sind sich selbst und andern zur Last, und werden so oft von ihren unmoralischen Nachbarn und Verwandten wegen ihrer großen Unthätigkeit und wegen der Menge ihrer Bedürfnisse gemißhandelt und verspottet […]

Zu der Zeit wie ich in Paris war, existierte noch ein zweytes Etablissement für Blinde, welches man das Institut des aveugles travailleurs nannte. Herr Haüy […] machte sich um diese das Verdienst, sie in Kunstfertigkeiten aller Art zu unterrichten. Sie konnten Spinnen, Weben, Netze und Geldbörsen machen, Peitschen flechten, Buchdrucken u. s. w. und erwerben sich dadurch ihren Unterhalt größtentheils selbst […]

Halten Ew. Königl. Majestät nicht für nützlich und ausführbar, auch in Allerhöchstdero Staaten ein solches wohlthätiges Institut anzulegen? Ich halte es für möglich, daß wenn diese Menschen erst eine Zeitlang in der Arbeit unterrichtet und geübt werden, sie fast so viel produciren würden, als ihr täglicher Unterhalt erforderte.

Die Blindgeborenen, oder gleich nach der Geburt blindgewordenen Kinder, müßten nicht davon ausgeschlossen seyn, und daher könnte man sie in zwey Klassen theilen, wovon die eine arbeitete, und die andere nach ihren individuellen Fähigkeiten Unterricht erhielte. Dieser Unterricht müßte von den Blinden zum Theil selbst gegeben werden."[13]

Haüy in Berlin

Als Haüy im Juli 1806 mit seinem Schüler Fournier auf der Durchreise nach St. Petersburg Station in Berlin machte, stellte er seine Unterrichtsversuche mehrmals öffentlich vor. Höhepunkt seines etwa einmonatigen Aufenthaltes in Berlin war eine Audienz bei König Friedrich Wilhelm III. am 14. Juli. In dem Intelligenzblatt der Allgemeinen Literatur-Zeitung wird darüber wie folgt berichtet:

„Er [Haüy, E.-R.] ward Nachmittags um 4 Uhr nach Charlottenburg beschieden, wo er im Beysein der Königl. Familie, ingleichen des Prinzen Heinrich, der Fürstin von Fulda Kön. Hoh. und des Fürsten von Fulda Durchl., den Gang des Unterrichts und den Geist seiner Methode anschaulich machte. Der gewandte Vortrag des Lehrers, so wie die Fertigkeit und Geschicklichkeit des Schülers gewährten eine trostreiche Ansicht einer schweren und gemeinnützigen Lehrkunst. Die Unterhaltung dauerte beynahe zwey Stunden. Des Königs Fragen und Aeusserungen bezeugten den innigsten Antheil an der Sache selbst." (1806, 843f)[14]

Valentin Haüy, der vom preußischen König belobt und beschenkt wurde, erhielt vom diesem den Auftrag, Zeune bei der Einrichtung eines Blindeninstituts anzuleiten, und schon am 11. August erging die Kabinettsorder über die Gründung eines Blindeninstituts:

Auftrag an Zeune

„Seine Königliche Majestät von Preußen ertheilen dem Doktor Zeune im Vertrauen auf Haüys Empfehlung, den Auftrag, zu Berlin ein Institut zum Unterricht für Blinde zu begründen. Der von p. Haüy vorgelegte Etat zu den Einrichtungs- und jährlichen Unterhaltungskosten ist für ein schon ganz vollendetes Institut dieser Art berechnet. Es kömmt aber jetzt noch darauf an, einen soliden Anfang zu machen und dann, nach Maßgabe der zu machenden Erfahrungen allmählich weiter fortzuschreiten. Zu diesem Anfang halten Se. Majestät angemessen, sich auf vier blinde Zöglinge, die ihrem Alter und ihren Fähigkeiten nach, eine gute Entwicklung versprechen, zu beschränken […]

Charlottenburg den 10. August 1806

Friedrich Wilhelm"[15]

Nur zwei Monate später, im Oktober 1806 begann August Zeune in einer Mietwohnung in der Gipsstraße 11 mit dem Unterricht seines ersten blinden Zöglings: Wilhelm Engel. In seiner in mehreren Auflagen erschienenen Schrift „Belisar. Über den Unterricht der Blinden" (erstmals 1808) beschreibt Zeune die neue Bildungsanstalt wie folgt:

„Die Anstalt, 1806 errichtet, hat ein eigenes zweistöckiges, 11 Fenster breites Haus in dem nördlichen Teile der Stadt zwischen zwei belebten Straßen, der neuen Königs- und der Landsberger Straße, auf dem Georgenkirchhofe 19. Im oberen Stockwerk sind die Wohnung des Vorstehers und die Schlafgemächer der blinden Mädchen, im unteren die Wohnung des Hauswärters, die Schlafstuben der blinden Knaben, das Krankenzimmer und der Lehrsaal. Auf dem Hofe ist ein Spielplatz für die Blinden, ein viereckiger mit einem Tau umspannter Rasenplatz, worin die Kinder in völliger Sicherheit laufen, sich haschen und tummeln können, was zu ihrer Gesundheit so nötig ist.

Angestellt sind:

1. als Vorsteher und zugleich Lehrer des ganzen geistigen Unterrichts: *August Zeune* aus Wittenberg,
2. als Vorsteherin und Lehrerin der Handarbeiten; *Augusta Zeune*, geb. Hahn, aus Zeitz,
3. als Sing- und Geigenlehrer: Herr *Friedr. Schulz* aus Schlieben,
4. als Klavierlehrer: ein ehemaliger Zögling der Anstalt, Herr *Heinr. Grothe* aus Berlin,
5. als Flötenlehrer: ebenfalls ein früherer Zögling, Herr *Wilhelm Engel* von Kolberg (Erfinder der Flaschenorgel),
6. als Arzt: der Regimentsarzt des Königl. Kadettenhauses und der Kriegsschule, Herr Dr. *Völker* aus Magdeburg,
7. als Hauswärter der gewesene Kanonier *Engelhart* aus Neuwedel und seine Frau.

Die Blinden wohnen entweder in der Anstalt, werden daselbst beköstigt und eigentlich erzogen, weshalb sie Kostgänger oder Zöglinge genannt werden, oder sie wohnen in der Stadt bei ihren Verwandten oder in öffentlichen Verpflegehäusern und kommen bloß zum Schulunterricht in die Anstalt, weshalb sie Schulgänger heißen. Die Zahl der sogenannten königlichen Zöglinge ist auf 10 festgesetzt, die Zahl der bürgerlichen Kostgänger ist bald mehr, bald weniger; ebenso wechselt die Zahl der Schulbesucher. Wer in eine königliche Koststelle, welche 5 bis 7 Jahre dauert, einrücken will, muß zwischen 9 bis 12 Jahre alt und gesund an Leib und Seele sein. Er muß sonach den Taufschein, einen Fähigkeitschein und einen Gesundheit- und Pockenschein beibringen [...]

Die Hausordnung der Anstalt ist diese: Im Sommer um 6, im Winter um 7 Uhr stehen die Zöglinge auf, waschen, kämmen und bekleiden sich und frühstücken hierauf Milchkaffee und Semmel, von 8 bis 12 Uhr ist Unterricht, um 12 Uhr wird gegessen, wo sie gewöhnlich Suppe, Gemüse nebst Fleisch bekommen. Nachmittags von 2 bis 5 Uhr ist wieder Unterricht, nachher Erholung und Arbeitsstunden; um 7 Uhr erhalten sie Abendbrot und Bier, um 10 Uhr gehen sämtliche Zöglinge zu Bett. Zu ihrer Reinigung und Stärkung werden die Zöglinge wöchentlich ins Badehaus geführt, wo denselben freies Bad gütig verstattet worden.

Da der Zweck einer Blindenerziehanstalt ist, den Blinden nicht nur die allgemeine menschliche Bildung, sondern auch solche Fertigkeiten zu verschaffen, wodurch sie beim Austritt aus der Anstalt sich ihren Erwerb einigermaßen sichern können, so ist hiernach der Unterricht ein dreifacher:

1. Handarbeiten,
2. Tonkunst,
3. Wissenschaft." (Zeune 1969, 28f)

Nicht anders als im Falle des Taubstummeninstituts von Adolf Eschke erfolgte erst mit dem Amtsantritt Wilhelm von Humboldts 1809 eine längerfristige politische und materielle Absicherung des Blindeninstituts, wie sie durch die königliche Kabinettsorder vom Juli 1809 belegt ist:

Existenzsicherung des Blindeninstituts

„Meine lieben Staats-Minister Freiherr von Altenstein und Graf zu Dohna. Auf den Antrag der Section für den öffentlichen Unterricht vom 4ten und Euren Bericht vom 8ten d. M. will Ich dem Doctor Zeune zu Berlin als Director des dortigen Blinden Instituts ein Jahresgehalt von Ein Tausend Thalern und eine jährliche Pension von Fünf Hundert Thalern für zwey in das Institut aufzunehmende Zöglinge, dem mit dieser Anstalt in Verbindung zu setzenden Augenarzt Flemming aber eine jährliche Remuneration von Fünfzig Thalern vom I. July d. J. an bewilligen; auch gestatte Ich […] daß dem p. Zeune statt der rückständigen Summe, welche er für sein Institut noch zu fordern hat, 1,500 Thaler in 5 Jahren mit 300 Thaler jährlich gezahlt werden. Ich verbleibe Euer pp. König. Königsberg, d. 12. July 1809.
    Friedrich Wilhelm"[16]

Ziel bürgerlicher Brauchbarkeit

Auch wenn die Bildung Blinder im deutschsprachigen Raum – zunächst in Wien durch Johann Wilhelm Klein (1804), dann kurze Zeit später durch August Zeune in Berlin (1806) – eine nicht mehr aufgebbare pädagogische Errungenschaft war, so blieb dieses neue pädagogische Fachgebiet doch mit einem Problem konfrontiert, das in derart zugespitzter Form nur sie betraf: der fragwürdige Erfolg einer späteren beruflichen Eingliederung. Während dem interessierten, aufgeklärten und gutwilligen Zeitgenossen sowie den staatlichen Repräsentanten ohne weiteres einleuchtete, dass angemessen unterrichtete Gehörlose ohne weiteres Handwerksberufe erlernen und damit ihr eigenes Brot verdienen können, waren die Aussichten für Blinde, selbst wenn sie gebildet waren, sehr viel düsterer. Welcher Handwerksmeister wollte schon einen Blinden einstellen, der ständiger Anleitung und Aufsicht bedurfte und wohl nur sehr eingeschränkt zu produktiver Arbeit in der Lage war?

Damit stand die Blindenpädagogik vor der schwer zu lösenden Aufgabe, neben dem Ziel der allgemeinen Menschenbildung auch für jenes der bürgerlichen Brauchbarkeit Lösungen zu finden, die die Akzeptanz sowohl der Gesellschaft als auch der Betroffenen finden konnte. Hier eröffnete sich eine Konfliktlinie, die sich zwischen Selbstbestimmung der Betroffenen und Fremdbestimmung in Form von nahezu geschlossenen Blindenanstalten und Versorgungsheimen bewegte. Für das frühe 19. Jahrhundert in Preußen gilt, dass, trotz aller hoffnungsvollen Anfänge, das Ziel der gesellschaftlichen Teilhabe weitgehend verfehlt wurde und die große Mehrheit im späteren Leben „leider zum größten Theile Bettler geworden" (Dreves 1998) ist.

Lehrplan der Berliner Blindenanstalt

Die von Zeune konzipierte Berliner Blindenanstalt versuchte über viele Jahre den nur schwer miteinander zu vereinbarenden Zielen von allgemeiner Menschenbildung und bürgerlicher Brauchbarkeit Rechnung zu tragen. Als der selbst blinde Leiter der Breslauer Blindenanstalt, Johann G. Knie, 1835 eine pädagogische Reise durch Deutschland antrat und auch die Ber-

liner Anstalt besuchte, die von „1809 bis 1815 […] meine Heimath gewesen"
ist (Knie 1837b, 239), teilte er den aktuellen Lehrplan mit, der die Vielfalt
des Unterrichtsangebotes widerspiegelt (s. Tab. 3.1).

Tab. 3.1: Lehrplan der Berliner Blindenanstalt 1835 (nach Knie 1837b, 243)

Stunden	Montag	Dienstag	Mittwoch	Donnerstag	Freitag	Sonnabend
8–9	Formlehre	Religion	Kirchen-geschichte	Formlehre	Religion	Kirchen-geschichte
9–10	Sprach-übungen Abt. II u. I	Rechnen, Abt. II, Abt. I	Schreiben	Sprach-übungen Abt. II, Abt. I	Rechnen, Abt. II, Abt. I	Schreiben
10–11	Allgemeine Gesch.	Allgemeine Gesch.	Deutsche Muster-schriften	Allgemeine Gesch.	Allgemeine Gesch.	Deutsche Muster-schriften
11–12	Bibellesen	Erdkunde	Sprachthum	Bibellesen	Erdkunde	Sprachthum
2–3	Hand-arbeiten	Hand-arbeiten	–	Hand-arbeiten	Hand arbeiten	–
3–4	Hand-arbeiten, Violine	Hand-arbeiten, Violine	Hornstunde	Hand-arbeiten, Violine	Hand-arbeiten, Clavier	Hornstunde
4–5	Naturkunde, Violine, Flöte	Naturkunde, Clavier, Flöte	Latein, Hornstunde	Naturkunde, Violine, Flöte	Naturkunde, Clavier, Flöte	Latein, Hornstunde
5–6	Violine	Gesang	Hornstunde	Violine	Gesang	Hornstunde
6–7	Violine	Clavier	Hornstunde	Violine	Clavier	Hornstunde

An Knies weiteren Ausführungen wird aber auch ablesbar, dass die Frage **gesellschaftliche**
der späteren gesellschaftlichen Eingliederung der blinden Schüler zuneh- **Eingliederung**
mend Einfluss auf die Auswahl der Unterrichtsinhalte in der Berliner Blindenanstalt gewann:

„Die Anstalt beförderte wie früher bei ihren fähigern Zöglingen mehr eine höhere
geistige, als eine bloß mechanisch industrielle Ausbildung, doch soll mit der Erweiterung der Anstalt auch die Anstellung eines ausschließlichen Werkmeisters und überhaupt eine vermehrte Richtung der Gewerblichkeit eintreten. Die bisher betriebenen
Arbeiten sind: Spinnen, Strumpf- und Netzstricken, einige Uebungen in der Korbma-
cherei, Fabrication von Löscheimern aus Stroh und Weidenruthen, Flechten von Stroh-
zöpfen und von Strohtellern aus diesen, nebst Winterschuhen Stahlbändern" (Knie
1837b, 244).

Zunahme der Blindeninstitute

Ein Blick auf die Statistik (s. Tab. 3.2) belegt zum einen, dass – und hier offenbart sich ein Unterschied zu Frankreich – die Bildungsanstrengungen für Blinde in Preußen nicht auf Berlin beschränkt blieben, sondern weiter ausgebaut wurden. Die Statistik zeigt aber auch, wie bescheiden, zumindest aus heutiger Sicht, die ersten Bildungsbemühungen waren, denn von den um 1860 in Preußen 10.701 gezählten blinden Personen wurden nur knapp 12 % überhaupt in Blindeninstituten unterrichtet.

Tab. 3.2: Blindeninstitute und Anzahl ihrer Zöglinge in Preußen im 19. Jahrhundert (bis etwa 1860; nach Dreves 1998, 545)

Blindeninstitut	Anzahl der Zöglinge
Berlin 1806–1859	ca. 333
Breslau 1819–1859	ca. 580
Halle/S. 1836–1849	ca. 40
Paderborn 1842–1859	ca. 45
Düren 1845–1859	ca. 140
Königsberg 1846–1859	ca. 30
Soest 1847–1859	32
Stettin 1851–1859	ca. 10
Wollstein 1853–1859	ca. 11
insgesamt	ca. 1.221

3.3   Bildung und Erziehung geistig Behinderter

Bildbarkeit „idiotischer" Menschen

Auch wenn der Mediziner Itard nach sechsjährigen Anstrengungen (1801–1807) seine Erziehungsbemühungen um Victor als gescheitert ansah, so war doch eine Signalwirkung von ihnen ausgegangen: die feste Überzeugung, dass auch sogenannte idiotische Menschen bildbar seien. Die ersten Institutionen, die diesem Zweck dienten, entstanden zwar zeitlich deutlich später als die Anstalten für Taubstumme und Blinde, aber sie entsprangen demselben aufklärerischen Bildungsideal, das prinzipiell für jeden Menschen, ungeachtet seines Standes und ungeachtet seiner Begabungen, galt. Die Verankerung dieses Gedankengutes in der europäischen Ideenwelt ist auch an der Etablierung der ersten Institutionen ablesbar, die, nahezu zeitgleich, in Frankreich, der Schweiz und in Deutschland entstanden.

Allerdings, und das konnte nur von Nachteil für die weitere Entwicklung der im Entstehen begriffenen Disziplin Heilpädagogik in Deutschland sein, war schon zu Beginn des 19. Jahrhunderts als Reflex auf die Zeit des Terrors während der Französischen Revolution, die Eroberungskriege Napoleons und die Befreiungsbewegungen ein übersteigertes Nationalgefühl in Deutschland entstanden, das nicht nur zahlreiche Vertreter einer deutschen Nationalerziehung wie etwa Wilhelm Harnisch beherrschte (Stübig 1999), sondern auch Vertreter der Heilpädagogik erfasste. **übersteigertes Nationalgefühl**

Ein frühes prominentes Beispiel ist August Zeune selbst, der, ungeachtet seines herzlichen Verhältnisses zu Valentin Haüy, von einem „ans Fanatische grenzende[n] Franzosenhass" (Mehlitz 2003, 132) beseelt war. Es war die zunehmende Ablehnung aller Ideen und Entwicklungen, die aus Frankreich kamen, die bewirkte, dass Séguin – von wenigen Vertretern wie Georgens und Deinhardt sowie Krenberger und Kirmsse abgesehen – bis weit in das 20. Jahrhundert hinein nahezu keine Rolle im heilpädagogischen Diskurs Deutschlands spielte.

Nicht ohne Ironie hatte sich Max Kirmsse anlässlich des 100. Geburtstages Séguins bereits 1912 über das Unverhältnis der deutschen zu den französischen Repräsentanten geäußert:

„Es ist Tatsache, daß die französischen Bahnbrecher Fodéré, Pinel, Itard, Esquirol, Ferrus, Falret, Voisin und der in ihren Fußstapfen wandelnde Prof. Bourneville gleich zu Beginn ihrer Tätigkeit tiefer in die Theorie eindrangen als beispielsweise die deutschen Pfadfinder Kern, Saegert und die neben ihnen wirkenden Männer der inneren Mission" (S. 117)

– ausdrücklich ausgenommen von seiner Kritik hatte Kirmsse Traugott Weise und Gotthard Guggenmoos.

Der profunde Kenner der Geschichte der Heilpädagogik in der ersten Hälfte des 20. Jahrhunderts, Max Kirmsse, veröffentlichte 1915 in der renommierten Zeitschrift für Kinderforschung eine Rezension des 1912 erstmals in deutscher Sprache erschienenen Werkes des Franzosen Edouard Séguin „Die Idiotie und ihre Behandlung nach physiologischer Methode", die, basierend auf der englischen Ausgabe von 1907, von dem Wiener Salomon Krenberger übersetzt worden war. **Edouard Séguin**

Da heute fast vergessen, sei mit wenigen Strichen an diesen bedeutenden Repräsentanten der deutschsprachigen Heilpädagogik erinnert: Salomon Krenberger (1861–1931), Dr. phil., war Theoretiker und Praktiker auf dem Gebiet der Heilpädagogik, der nach Kirmsse (Enzyklopäd. Hdb. der Heilpädagogik 1934, I, Sp. 1469) den Begriff der „Spezialpädagogik" vorzog. Krenberger gründete 1890 in Tulln ein „ärztliches Pädagogium für geistig schwache Kinder", das er 1893 nach Wien verlegte. Er gab 1908 „Itards Bericht über den Wilden von Aveyron" in deutscher Bearbeitung heraus und veröffentlichte 1912 die erste deutsche Übersetzung des Hauptwerkes von **Salomon Krenberger**

Séguin. Krenbergers internationale Orientierung, besonders nach Frankreich, fand ihren Niederschlag in der von ihm gegründeten Zeitschrift „EOS. Vierteljahresschrift für die Erkenntnis und Behandlung jugendlicher Abnormer", die Mitarbeiter aus aller Welt zählte. 1929 rief er die Zeitschrift „Levana, internationale wissenschaftliche Beiträge zur gesamten Heilpädagogik" ins Leben, der aufgrund der Zeitumstände nur eine kurze Existenz beschieden war. Krenberger übernahm während des Ersten Weltkrieges die Leitung des seit 1844 existierenden Israelitischen Taubstummeninstituts in Wien, das aus wirtschaftlichen Gründen 1926 sein Bestehen einstellen musste.

Unverhohlen kritisch bedauert Kirmsse die Tatsache, dass Séguin in Deutschland „kaum Beachtung und noch weniger Anerkennung gefunden [hat] als in Amerika, England, Skandinavien und Frankreich, wo man sich seinen Lehren anpaßte und praktisch danach verfuhr" (1915b, 104). Séguin wird von Kirmsse als ein Mann dargestellt, der durch Itards Erziehungsversuch, die Pädagogik Rousseaus und die Taubstummenpädagogik Pereiras entscheidende Impulse erfuhr. Natürlich hatte auch Séguin Vorläufer, und nur schwer ist zu entscheiden, inwieweit die jeweiligen Pioniere voneinander wussten und worauf sie im Einzelnen zurückgriffen.

der „wilde Peter von Hameln"

So trug sich Graf von Zinzendorf, der Stifter der Brüdergemeinde, bereits zu Beginn des 18. Jahrhunderts mit dem Gedanken, sich der Idiotenbildung zu widmen, als 1724 der „wilde Peter von Hameln" aufgegriffen wurde, der lange vor dem Wilden von Aveyron zu einer europäischen Berühmtheit wurde. Der etwa zwölfjährige Junge wurde allerdings auf Geheiß des englischen Königs Georg I. nach England überführt, wo ebenfalls ein Arzt mit ihm Erziehungsversuche unternahm – die Parallele zu Itard und Victor ist unübersehbar.

Gotthard Guggenmoos

In Österreich war es der Lehrer Guggenmoos, der in Hallain 1816 eine „Kretinenschule" aufbaute, die 1829 nach Salzburg verlegt, aber bereits 1836 wegen fehlender Unterstützung geschlossen wurde. Im Kanton Waadt schließlich errichtete der Mediziner Dr. Schnell eine „Erziehungsanstalt für stumpfsinnige Kinder", deren Existenz offenbar ebenfalls nicht von langer Dauer war.

Thomas H. Gallaudet

In anderen Ländern, wie etwa den USA und Holland, fanden geistig behinderte Kinder häufig in den Taubstummenanstalten Aufnahme, wo gelegentlich besondere Abteilungen für sie gebildet wurden. Die enge Verbindung von Taubstummen- und Schwachsinnigenpädagogik, die wohl für die meisten europäischen Länder zutrifft, ist auch nachweisbar für die USA, wo der Gründer der ersten Taubstummenanstalt, Thomas H. Gallaudet (1787–1851), ausgebildet in Paris durch Abbé Sicard, ab 1815 ebenfalls Schwachsinnige aufnahm. In Frankreich schließlich entstanden erste Schulabteilungen für Blödsinnige an der Irrenanstalt von Bicêtre erstmals 1828 und erneut 1834 sowie an der Irrenanstalt La Salpêtrière 1831 (Kirmsse 1911b).

Auch wenn es also Wegbereiter und Vordenker gab, so war Séguin doch der Erste, der in seinem grundlegenden Werk „Traitement moral, hygiène et éducation des idiots" 1846 theoretische Überlegungen und praktische Erprobungen einer ganzheitlich ausgerichteten Erziehung und Unterrichtung geistig behinderter Kinder und Jugendlicher niederlegte (1997), und dessen zentrale Aussagen Kirmsse in prägnanter Weise zusammengefasst hat:

„1. Die Erziehung der Geistesschwachen soll nicht einseitig den Intellekt bilden, nicht den Geist mit mechanischem Wissen anfüllen, sondern den ganzen Menschen so fördern, daß er leiblich und geistig emporgehoben wird, um je nach seinen Fähigkeiten inmitten der bürgerlichen Gesellschaft einen Beruf auszuüben. **Séguins pädagogische Grundsätze**

  2. Die Anwendung der Physiologie auf die Erziehung ist das geeignetste Mittel, um dieses Ziel zu erreichen.

  3. Die Erziehung hat stufenweise zu erfolgen. Sie beginnt mit der Entwicklung des Muskelsystems und schreitet dann zu der des Nervensystems und der Sinnesorgane fort. Der rein schulmäßige Unterricht und die moralische Beeinflussung folgen erst dann, wenn die Psyche dafür aufnahmefähig geworden ist.

  4. Durch die geübte individualisierende Methode soll soviel wie möglich die Selbständigkeit und Selbsttätigkeit des Zöglings gefördert werden.

  5. Der Unterricht erfolgt teils gruppenweise, teils löst er sich in Einzelunterricht auf.

  6. Aller Unterricht hat sich in lebendige Beziehung zur Umwelt zu setzen.

  7. Bei der Erziehung der Schwachsinnigen ist jeglicher Zwang zu vermeiden.

  8. Alle im Schwachsinnigenunterrichte gesammelten Erfahrungen sind sorgfältig zu prüfen und zum Ausbau der Methode zu verwerten." (Kirmsse 1915b, 117; s. a. Lindmeier/Lindmeier 2002, 82ff u. 311ff)

Aus heutiger Sicht interessant ist Kirmsses kritisch-ironischer Seitenhieb auf Maria Montessori, die durch den Psychiater Bourneville auf die Schriften Séguins in Paris gestoßen war, die sie zur Grundlage ihrer „neuen" Pädagogik machte: **Maria Montessori**

„Ihr vor kurzem erschienenes Werk [gemeint ist ‚Selbsttätige Erziehung im frühen Kindesalter. Nach den Grundsätzen der wissenschaftlichen Pädagogik dargestellt'. Stuttgart 1913, E.-R.] hierüber beweist zur Genüge, daß ihren Ideen die Priorität abgeht. Denn das, was die Verfasserin fordert [...] das Recht der Freiheit, d. h. der spontanen Entwicklung seiner geistigen und sittlichen Kräfte an der Hand einer zweckmäßigen Leitung ‚ist ein alter pädagogischer Grundsatz, den insbesondere Séguin für die Behandlung geistesschwacher Kinder originell erfaßt und festgelegt hat' [...] Hoffentlich gelingt es der Dame, ihre Ergebnisse auch in wissenschaftlich einwandfreier Weise festzulegen, damit sie einen Beleg mehr bilden können für den Wert der Ideen Séguins. Denn es wäre dringend zu wünschen, daß dieser durch seine Nachahmer nicht mißkreditiert wird." (Kirmsse 1915b, 118f)

Edouard Séguin (1812–1880), Sohn eines Mediziners, Lehrer an der Pariser Taubstummenanstalt, erhielt, wie bereits erwähnt, entscheidende Impulse durch den Mediziner Itard. Die Forschungen Pelliciers und Thuilliers (1996) belegen, dass Séguin sich in den 30er Jahren zunehmend der Erziehung geistig behinderter Kinder zuwandte und zusammen mit dem Mediziner Esquirol über die gemeinsamen Erziehungsversuche 1839 publizierte. Nach dem Tode seines Förderers Esquirol im Jahre 1840 eröffnete Séguin eine kleine Privatanstalt für Geistesschwache in der Rue Pigalle und erhielt seitens des Innenministeriums die Erlaubnis, seine Methode am „Hospice des Incurables" zu erproben.

Edouard Séguin

Aufgrund seiner erzielten Erfolge wird Séguin eingeladen, die Erziehungsarbeit mit geistig Behinderten auch an der Anstalt Bicêtre aufzunehmen, die unter der Leitung des Mediziners Félix Voisin steht. Schon bald entstehen Rivalitäten und Eifersüchteleien zwischen den beiden Männern; Séguin weigert sich, Medizin zu studieren, und verlässt 1843 Bicêtre. Er eröffnet erneut eine kleine Privatanstalt, aber wenig ist bekannt über sein Leben zwischen den Jahren 1843 und 1850. Isoliert und verbittert über die fortwährenden Auseinandersetzungen mit Medizinern, veröffentlicht er sein Hauptwerk 1846, in dem er besondere Anstalten für geistig Behinderte und zugleich eine enge Verbindung zwischen allgemeiner und spezieller Pädagogik fordert. Ohne Aussicht auf einen beruflichen Erfolg und im Widerspruch zur herrschenden politischen Restauration verlässt Séguin Frankreich 1850 und geht in die USA, wo sein Werk bereits bekannt ist und er mit offenen Armen empfangen wird.

Gründungen in den USA

Beeinflusst von den Entwicklungen auf dem alten Kontinent waren in den USA ebenfalls in der ersten Hälfte des 19. Jahrhunderts die ersten Bildungseinrichtungen für behinderte Menschen gegründet worden.

Gallaudet bei Braidwood und Sicard

So trat der Pfarrer Thomas Hopkins Gallaudet (1787–1851) aus Connecticut 1815 eine Reise nach Europa an, um sich zunächst in Schottland bei dem erfolgreichen Gehörlosenlehrer Thomas Braidwood (1715–1806), der nahezu zeitgleich mit de l'Epée die erste Gehörlosenschule in Edinburgh gegründet hatte, in die Geheimnisse der Gehörlosenerziehung einweisen zu lassen. Da die politischen Beziehungen zwischen der abtrünnigen ehemaligen Kolonie und dem Mutterland England nicht zum Besten standen und Braidwood außerdem, wie Heinicke, seine Methode als Familiengeheimnis hütete, reiste Gallaudet weiter nach Frankreich. Dort wurde er bereitwillig von de l'Epées Nachfolger, dem Priester Sicard, in die „französische" Methode des Taubstummenunterrichts eingeführt. 1816 kehrte Gallaudet mit einem Gehörlosenlehrer der Pariser Schule in die USA zurück, wo beide 1817 in Hartford/Connecticut mit dem Unterricht gehörloser Kinder begannen. In kurzem Abstand folgte die Gründung weiterer Schulen für gehörlose Kinder, so 1818 in New York, 1829 in Philadelphia und 1823 in Danville/Virginia.

Von hervorragender Bedeutung für die Behindertenpädagogik der USA war der Mediziner Samuel Gridley Howe (1801–1876) aus Boston, der nicht nur als Begründer des Blindenwesens in den USA gilt, sondern auch den Grundstein für das Erziehungswesen Geistesschwacher legte. Howe hatte durch einen Freund von der Blindenanstalt Haüys erfahren und unternahm mehrjährige Reisen nach Europa (Frankreich, Deutschland und England). Howe, ein glühender Demokrat und Freiheitskämpfer, der am Unabhängigkeitskrieg der Griechen 1821 als Freiwilliger teilnahm, interessierte sich nach seiner Rückkehr in die USA für die Lage behinderter Menschen. In Boston gab es auf Betreiben des Mediziners John Fisher bereits eine Initiative, die die Schaffung einer Blindenanstalt nach dem Vorbild der von Haüy in Paris anstrebte. Howe wurde auf eine Informationsreise nach Europa geschickt, wo er verschiedene Blindenanstalten besuchte, nicht zuletzt die in

Samuel G. Howe

Paris, wo er in Emile Tranchery, einem ehemaligen Schüler, einen zukünftigen Lehrer für die Blindenanstalt in Boston gewinnen konnte (Weygand 2003, 327).

Howe, der auch ein Kämpfer für die Rechte der Schwarzen in den USA war, unternahm als Erster einen Erziehungsversuch mit einem taubblinden Mädchen (Laura Bridgman, s. S. 70f), und angeregt durch seine Reisen zu Guggenbühl in die Schweiz und Séguin in Paris, kam es 1848 in Verbindung mit dem Perkins Institut für Blinde zur Etablierung einer ersten Einrichtung für Geistesschwache, die bald die staatliche Anerkennung als „Massachusetts School for Idiotic and Feebleminded Youth" erhielt. **erste Einrichtung für Geistesschwache**

Séguin ist in den folgenden Jahren maßgeblich am weiteren Aufbau eines Erziehungswesens für geistig Behinderte in den USA beteiligt. 1873 kehrt er noch einmal auf den alten Kontinent zurück, nun als amerikanischer Delegierter auf der Weltausstellung von Wien (Pellicier/Thuillier 1996). **Séguin in den USA**

Séguin, in der philosophischen Tradition der französischen „Ideologen" verankert, betont die Bedeutung der Willenserziehung und der Eigenaktivität für die Entwicklung eines jeden Menschen: **Séguins Theorie**

„Der generelle Plan der physiologischen Erziehung sah die Entwicklung der motorischen und sensorischen Fähigkeiten ebenso wie die der intellektuellen vor und suchte all diese Fähigkeiten dann abschließend, unter der Kontrolle des Willens, zu intellektuellen Kapazitäten zu machen. Dabei stand die Aktivität des Schülers im Zentrum aller pädagogischen Absichten, so auch in der intellektuellen Erziehung. Dadurch konnte letztlich die willentliche Aktivierung und somit das wichtigste Ziel aller Menschenbildung angestrebt werden." (Hofer-Sieber 2000, 268)

Ein kleiner Auszug aus der Originalschrift Séguins soll einen Eindruck von der ganzheitlichen und individuellen Vorgehensweise seiner Methode vermitteln:

„Nach dieser Methode ist Erziehung die Gesamtheit der Mittel zur harmonischen und wirksamen Entwicklung der moralischen, intellektuellen und physischen Fähigkeiten als Funktionen im Menschen und der Menschheit […]

Bevor wir jedoch weiter auf die Erziehung im allgemeinen eingehen, muß die Individualität der Kinder sichergestellt werden, denn die Rücksicht auf die Individualität ist das erste Zeugnis für die Eignung des Lehrers. Auf den ersten Blick sehen alle Kinder ganz gleich aus, beim zweiten erscheinen ihre zahllosen Verschiedenheiten wie unübersteigbare Hindernisse; bei besserem Hinsehen lösen sich diese Verschiedenheiten in leicht begreifliche und nicht unlenkbare Gruppen auf […]

Die allgemeine Erziehung umfaßt die Muskel-, Nachahmungs-, Nerven- und Reflexfunktionen, die jeden Augenblick in Bewegung gesetzt werden können. Das alles gehört zur Bewegung, wie Lokomotion und spezielle Bewegungen: Greifen, Handgriffe und Befühlen mit Kraft oder ausgesuchter Zartheit; Nachahmung und Mitteilung von Geist zu Geist durch Sprache, Zeichen und Symbole; all das muß gründlich behandelt werden. Dann wird von der Nachahmung das Zeichnen abgeleitet, vom Zeichnen das Schreiben, vom Schreiben das Lesen, das den ausgedehntesten Gebrauch der Stimme beim Sprechen, der Musik etc. in sich schließt. Die Sinne werden geschult, nicht nur ein jeder, um als solcher vollkommen zu sein, sondern ebenso, wie in gewissem Maße andere Organe an Stelle des Magens die Nahrung aufnehmen und ein Absonderungsorgan an Stelle eines anderen treten kann, so müssen die Sinne erzogen werden, daß, wenn der Gebrauch eines Sinnes verloren wird, ein anderer für ihn fühlen und wahrnehmen kann. Dieselbe Vorsorge ist für den Gebrauch beider Körperhälften zu treffen; die Linke muß tauglich gemacht werden, alles für die Rechte zu machen [...]

Wenn unsere Sinne so weit als möglich entwickelt sind, so sind wir noch nicht in der Nähe der Grenzen ihrer Kapazität. Dann sind die künstlichen Sinne in Anspruch zu nehmen; die Behandlung des Kompasses, des Prismas, des naturwissenschaftlichsten unter ihnen, des Mikroskopes, und anderer muß den Kindern vertraut gemacht werden, die lernen sollen, die Natur durch sich selbst anstatt durch sechsundzwanzig Buchstaben des Alphabetes zu sehen, und aufhören sollen, mechanisch auf Treu und Glauben anstatt durch Erfahrung zu lernen. Wirkliches Wissen kommt nur auf diese Weise zustande." (Séguin 1912, 45ff)

Viszániks Bericht

Im Jahre 1843 bereiste der Arzt und Leiter der Irrenheilanstalt zu Wien, Michael Viszánik, verschiedene Irren- und Pflegeanstalten in Deutschland, Frankreich und der Schweiz, darunter auch Bicêtre und La Salpêtrière. Sein 1845 veröffentlichter Bericht ist eines der wenigen Zeugnisse über die Unterrichtsabteilungen in den beiden Anstalten. Einleitend erwähnt Viszánik alle drei französischen Anstalten, die sich klar nach sozialen Klassen unterschieden:

„Wenn ich von den mir bekannten Irrenanstalten Frankreichs spreche, so wollte ich dadurch jene von Charenton, Bicêtre und La Salpêtrière verstanden wissen, als die öffentlichen unter dem Gouvernement stehenden Irrenanstalten, wovon die erste für vermögende zahlende, und die beiden letzteren für arme Patienten bestimmt sind." (S. 208)

Über Bicêtre lesen wir:

Bicêtre

„Zu den übrigen nennenswerthen Merkwürdigkeiten der Anstalt gehört eine eigene Abtheilung für Idioten-Kinder, welche erst mit ihrem dritten Lebensjahre aufgenommen werden. Bei meiner Anwesenheit zählte diese Abtheilung acht solche Idioten, welche in einer eigenen Schule einen wahrhaft zweckmäßigen Unterricht im Lesen und Schreiben erhalten. Diese Idioten unterscheiden sich von den Blödsinnigen durch ihre größere Capacität, durch ihre lebhafteren Augen, und den Mangel an Bosheit, welche man so häufig an Blödsinnigen wahrnimmt [...] Ich erlaube mir hier [...] einen Fall meiner öffentlichen Irrenpraxis in dem k. k. Irrenthurme zu Wien zum Beweis anzuführen, dass ich erstens die Nothwendigkeit einer eigenen Abtheilung für Kinder in einer Irrenanstalt, allwo dieselben einen geregelten eigenthümlichen Unterricht genießen sollten, schon längst einsah, und das zweitens ich die als von Geburt, oder von der ersten Kindheit an, für blödsinnig erklärten Kinder eines Unterrichtes für fähig erkläre." (Viszánik 1845, 210f)

Ähnliches schreibt Viszánik über die nur für weibliche Zöglinge eingerichtete Anstalt La Salpêtrière:

„So wie jede Anstalt ihre Eigenthümlichkeiten hat, so fand ich hier eine eigene Schule, wo die Kranken Declamiren, Singen und Musik lernen. Bei mancher fand ich ein außerordentliches Gedächtniß; denn es gab unter ihnen Individuen, welche durch eine halbe Stunde ohne Unterbrechung declamirten. Der Blödsinn ist hier selten, sehr häufig aber sind die Sinnestäuschungen. Zu der Zeit, als ich die Anstalt besuchte, war da selbst die Tochter des berühmten englischen Psychiaters Haslam, welcher eine Privat-Irrenanstalt in London hat." (S. 218)

Internationalität des Diskurses

Nicht anders als in der Gehörlosen- und Blindenbildung ist auch in der Geistigbehindertenpädagogik der Diskurs durch seinen internationalen Charakter bestimmt. So erwähnte Séguin in seinem Hauptwerk von 1846 zwei weitere Vertreter namentlich, nämlich Guggenbühl aus der Schweiz und Saegert aus Berlin, deren Werke ebenfalls 1846 erschienen waren.

Der Satz Guggenbühls aus seinem „Hülfsruf aus den Alpen zur Bekämpfung des schrecklichen Cretinismus", der da lautet,

Dr. Hans Jakob Guggenbühl.

„der Mensch ist geboren zur Herrschaft über die Natur und auch der Cretin der mit dem menschlichen Aussehen die lebendige Seele verloren, und von Jedermann verlassen in dumpfen Kerkern, auf Misthaufen und in Viehställen sein elendes Dasein hinschleppt, wird sich wieder erheben auf die menschliche Bahn" (Guggenbühl 1840; zit. nach Lindmeier/Lindmeier 2002, 27),

Hans Jacob Guggenbühl

Verhütung des Cretinismus

bezeugt nicht nur den Glauben an die Größe der menschlichen Natur sowie einen auf Veränderung angelegten pädagogischen Optimismus, sondern enthält zugleich die Aufforderung, jene, die schon ausgestoßen waren, wieder in die menschliche Gesellschaft zurückzuholen, da sie menschliches Antlitz tragen.

Indem Guggenbühl die „Lebens- und Erziehungsweise" als die entscheidende Ursache für das Entstehen des Cretinismus verantwortlich macht, weist er auf äußere Einflüsse und Bedingungen hin, die durch entsprechende gesellschafts- und bildungspolitische Maßnahmen zu beheben wären. Die Verhütung des Cretinismus ist vor allem ein „großartiges Culturwerk, welches alle Elemente der öffentlichen Gesundheitspflege und Volkserziehung in sich schließt" (Guggenbühl 1904, 184). Damit verbinden sich pädagogischer Optimismus und sozialpolitischer Impetus.

Hans Jacob Guggenbühl (1816–1863) hatte sich zweifellos zu viel vorgenommen, und er hatte zu viel versprochen, denn auch er konnte wirklich Geistesschwache nicht wieder „normal" machen, was ihm bekanntlich den Vorwurf der Scharlatanerie einbrachte und das Schimpfwort von der „Guggenbühlerei" entstehen ließ. Séguin hatte in seiner Abhandlung zwar Guggenbühl und die Anstalt auf dem Abendberg erwähnt, aber die medizinischen Fachleute in Paris hegten ihm gegenüber deutliche Reserven. Als Guggenbühl 1857 seine Mitgliedschaft in der Société medico-psychologique von Paris beantragte, wurde eine Kommission aus drei Experten, unter ihnen Pinel, eingesetzt. Aufgrund der erstellten Gutachten, die den Verdacht der Unseriosität wiederholten und bekräftigten, wurde Guggenbühls Antrag nicht stattgegeben (Pellicier/Thuillier 1996, 460ff). Wohlwollend-kritisch urteilt Kirmsse:

„Für alle Zeit steht es jedenfalls fest, daß G. seine Versuche ehrlich meinte, daß er aber andererseits die Erfolge derselben überschätzte. Daß er absichtlich zu täuschen suchte, ist keineswegs bewiesen. Wohl aber ließ er es vielfach an der nötigen Sorgfalt fehlen." (1911b, 692f)

Carl-Wilhelm
Saegert

Auch der Direktor der königlichen Taubstummenanstalt zu Berlin, Carl-Wilhelm Saegert (1809–1879), der sich seit 1842 mit der pädagogischen Förderung sogenannter blödsinniger Kinder theoretisch und praktisch beschäftigte, hatte Kenntnis von den Erziehungsversuchen Séguins und Guggenbühls. Er erwähnt beide in seinem zweiten Band von 1846 in einem Atemzug (S. 134), wobei er allerdings an anderer Stelle anmerkt, dass er die Anstalt Guggenbühls noch nicht besucht habe (S. 153). Da Kirmsse Saegerts „eminente Begabung für Sprachen" hervorhebt (Enzyklopäd. Hdb. 1911a, Sp. 1347), kann es als sicher gelten, dass dieser die Schriften Séguins im Originaltext gelesen hat. Im Unterschied zu dem Mediziner Guggenbühl waren sowohl Séguin als auch Saegert Pädagogen, und zwar Taubstummenpädagogen – ein weiterer Hinweis darauf, dass die Geistigbehindertenpädagogik wichtige Impulse von der Taubstummenpädagogik empfing.

Der Titel des Buches von Saegert „Die Heilung des Blödsinns auf intellectuellem Wege" und sein Inhalt atmen den aufklärerischen Geist eines geradezu überschäumenden Optimismus – ein Optimismus, der letztlich alle drei Pioniere der Geistigbehindertenpädagogik, Guggenbühl, Saegert und Séguin, einte und dessen Kritik nicht lange auf sich warten lassen sollte.

Gemeinsamkeiten: Séguin und Saegert

Unübersehbar weist die pädagogische Arbeit Saegerts viele Parallelen zu der von Séguin auf, denn sie war ebenfalls ganzheitlich angelegt, ging von der Schulung der Sinne und der körperlichen Funktionen aus, suchte auf vielfältige Weise die intellektuellen Fähigkeiten anzuregen und zu entwickeln, pflegte die Anschauung und die manuelle Arbeit und sah in der Überwindung der „sozialen Isolierung" ihr oberstes Ziel. Saegert hat minutiös beschriebene, systematisch angelegte Erziehungsversuche niedergelegt, von denen einer hier auszugsweise vorgestellt werden soll:

B

„Christian
  Geboren am 25. November 1836, auf Grund einer Zeitungsnachricht hierher gebracht und an den Geheimen Medicinalrath u. Dr. Barez adressirt, wurde
    mir auf dessen Rath am 24. Juni 1844 in Behandlung gegeben.
  Derselbe ist das jüngste von neun Geschwistern, kam durch glückliche Entbindung zur Welt und zeigte sich als ein gesundes kräftiges Kind. Fünf Wochen alt bekam er heftige Kopfkrämpfe, als deren Ursache der Arzt die Amme betrachtete und sie zu wechseln rieth. Die Krämpfe blieben jedoch und wurden stärker, als er ein Jahr alt war, insbesondere fiel er sehr leicht nach vorn über […]
  Die geistige Entwickelung war während der Periode der Krämpfe zurückgeblieben, während er nach dem ersten Jahre laufen lernte aber leicht fiel. Sinn für Musik zeigte sich bei ihm sehr früh.
  Seine häusliche Erziehung war bis jetzt sehr schwer; er war ohne alle Aufmerksamkeit, zerschlug Alles und nahm Alles zum Essen, was er irgend in die Hand bekam […]

Verlauf der Behandlung.

Da sich in körperlicher Beziehung durchaus keine Veranlassung zu ärztlicher Behandlung zeigte, so ist seine Entwickelung eine rein intellectuelle und pädagogische geworden. Der Stufengang derselben ist ganz naturgemäß nach dem Vorbilde der Natur an gesunden Kindern im Alter von etwa zwölf bis funfzehn Monaten angelegt worden und dem Verlaufe nach sind die Pensa nur zusammengedrängt, da die körperliche Entwickelung des Knaben jede vernünftige Anstrengung gestattete.

Derselbe zeigte in Betreff der Sinnesentwickelung eine auffallende Feinheit des Gehörs bei einem sehr lebendigen Interesse für Musik. Die Verbindung zwischen Gehörs- und Stimmorgan war bereits so gut entwickelt, daß er mit Leichtigkeit ganze Melodien nachsingen konnte; die Einwirkung der Musik war so lebhaft, daß er sich auf dem Stuhle am Klaviere hin und her bewegte, bei Tanzmusik in der Stube umhersprang […] Behufs seiner intellectuellen Entwickelung ließ sich daher am passendsten an das Gehör anknüpfen und er war mit Leichtigkeit stets in guter Laune zu erhalten.

Das Auge, obwol klar und rein, zeigte sich weniger entwickelt; die Farben unterschied er in keiner Weise […] Die Entwickelung des Farbensinnes wurde daher methodisch angebahnt und zu diesem Zwecke die weiter unten beschriebenen Apparate angefertigt. Das Gefühl für Schmerz, Kitzel, Hartes und Weiches, Festes, für Wärme und Kälte wurde sehr bald individualisirt; der Geruch schien besonders hervorzutreten, indem er jeden Gegenstand ohne Ausnahme beroch […] Ebenso verhielt sich der Geschmack. Dieser letztere Sinn, von welchem aus es in der Regel am ersten gelingt, den Begriff des Adäquaten und Unadäquaten anzubahnen, entwickelte sich bei ihm nach allen anderen und es hat sehr lange gedauert, ehe er das Maaß in Essen und Trinken fand; bei ihm legte sich dieser Begriff zunächst bei dem Gefühle des Unangenehmen und Angenehmen an. – Große Leichtigkeit im Nachahmen […] machte, daß er in der Articulation sehr rasch vortschritt […]

Der Hang, Alles in seinem Bereiche zu zerbrechen, zu zerschlagen etc. verlor sich sehr bald, während der gleichmäßig wiederkehrenden täglichen Beschäftigung mit gymnastischen und Articulationsübungen, musikalischer Anregung, Spazirengehen etc. und die unwillkürlichen Bewegungen mit Händen und Füßen traten nur dann ein, wenn ein plötzlicher Sinneseindruck seine Nerven aufregte, die in centrifugaler Richtung sich dann nicht grade auf ein Object wendeten. – Die fortschreitende Entwickelung des Muskelsystems durch gymnastische Uebungen hat in solchen Fällen zur Beseitigung dieser Zuckungen in Händen und Füßen stets die besten Dienste geleistet […]

Während der Knabe sich zu Johannis 1844 ohne alle Umstände von Mutter und Geschwistern trennte, war er sehr zärtlich gegen sie, als sie ihn gegen Ende September ej. a. wieder besuchten […]" (Saegert 1846, 183ff)

Wie groß das Interesse war, das Saegert mit seiner kleinen Privatanstalt in Berlin hervorrief, belegt ein ausführlicher Artikel in der populären „Illustrirten Zeitung" von 1847, verfasst von einem gewissen Ferdinand Schmidt, der mit großer Anteilnahme und Präzision die erlebten Hospitationen nebst Abbildungen unter der Überschrift „Ein Besuch in der Saegert'schen Heilanstalt für Blödsinnige in Berlin" beschrieb. Dieser Bericht ist aus verschiedenen Gründen aufschlussreich: Er dokumentiert den tatsächlichen Erfolg, den Saegert mit der Erziehung geistig behinderter Kinder erzielte; er vermittelt einen Einblick in die praktizierte ideenreiche pädagogische Arbeit; er betont ferner die Bedeutung einer gut ausgebildeten, engagierten und liebevollen Lehrerpersönlichkeit und betrachtet die Unterrichtung

Saegerts Privatanstalt

schwachbefähigter Kinder nicht als etwas Isoliertes, sondern als Teil der allgemeinen Elementarbildung.

Zeitungsbericht

„Man geleitete mich zuerst in die dritte Klasse. Es ist die Kinderstube. Die Ausbildung des Leiblichen ist hier Hauptzweck. Die Kinder lernen gehen, sitzen, laufen, selbst essen und trinken. Die Sorgfalt erstreckt sich hier auf die Verrichtungen des Körpers. Die Kinder lernen hier den Gehorsam, lernen Personen und Sachen von einander unterscheiden. Hier beginnt man die fünf Straßen – die äußern Sinne – zu üben, auf denen die Bilder und Eindrücke der Außenwelt zum Innern gelangen, um dort im engen Raume eine neue Welt zu erzeugen, die frei und unabhängig von jener ist. Diese Uebungen dauern ein Jahr. Hierauf kommt der Zögling in die zweite Klasse der Anstalt. Die fünf äußeren Sinne sind geweckt, der Zögling geht, steht, sitzt auf Befehl, er ahmt körperliche Bewegungen auf Nöthigung nach, aber – es fehlt die Sprache. Hier soll vorzüglich die Sprache entwickelt werden. Die Vorstellungen, welche die geweckten äußern Sinne in das Innere tragen, sollen erkannt, sollen unterschieden und benannt werden [...]

Ist dies durchgearbeitet, so geht es ans Sprechen. Aber wie unbeschreiblich mühsam hier der Weg des Fortschritts sein muß, kann man daraus schließen, daß es ja Unglückliche gibt, aus denen keine Bemühungen der Väter, keine Liebe der Mütter [...] auch nur ein Wörtchen, daß irgend ein Zeichen einer Wahrnehmung wäre, hervorgebracht hat [...] Man staunt über die Größe der Aufgabe, die hier dem Lehrer gesteckt ist, aber man staunt noch mehr, wenn man sieht, mit welchen Erfolgen seine Bemühungen gekrönt sind. Ehe ich ein Weiteres über die erste Abtheilung dieser Klasse sage, sei es mir erlaubt, etwas über den Ordinarius der Klasse mitzutheilen, dessen Charakterisierung auf das ganze Heilverfahren ein helleres Licht werfen wird. Herr Päch, so heißt derselbe, hat etwa vor 10 Jahren das Seminar in Neuzelle verlassen und war bis vor einem halben Jahre Lehrer an einer Landschule im Oderbruche. In jedem Jahre sendet die Regierung eine Anzahl Lehrer der Provinz zu einem sechswöchigen Kursus in die Taubstummen-Anstalt des Dir. Saegert, um durch dieselben die Kenntniß des Taubstummenunterrichts über Stadt und Land zu verbreiten [...]

Der Scharfblick des Directors erkannte bald in ihm den Mann, den er als Lehrer für die unterste Abtheilung der Blödsinnigen gebrauchen könnte. Päch besitzt ein außerordentliches mimisches Talent; große Lebendigkeit und eine fast nie betrübte Heiterkeit. Alles, was er spricht, wird unterstützt durch die lebhafte Gestikulation; Miene und Auge verdeutlichen jedes Wort und zwar in der ungezwungensten Weise. Mehr noch in seiner Persönlichkeit, als in der allerdings geistvollen Methode liegen die Ursachen der großen Erfolge, die in der ersten Abtheilung seiner Klasse nach halbjähriger Wirksamkeit sichtbar geworden sind [...]

Die Schüler der dritten Abtheilung wurden uns zuerst vorgeführt, um ihre Lehr- und Schreibfertigkeit zu zeigen [...] Noch immer treten mir eine Menge der erhaltenen Antworten vor die Seele. Sie waren gar zu schön und zu innig gesprochen, als daß ich sie bald vergessen könnte. So fragte der Lehrer einen etwa zehnjährigen Knaben: ‚In unserer Geschichte, lieber Fritz, heißt's: Und der Schmetterling hatte das Veilchen so lieb, – das kann ich nicht gut verstehln, willst Du mir das wol erklären?' ‚O ja, das will ich Dir schon sagen', antwortete der liebe Kleine, ‚das ist: so recht gut sein, wie ich es dem Albert bin, und' – indem er sich nahe zum Ohr des Lehrers wandte – ‚ich gebe dem Albert so gern ein Stückchen ab.' – ‚Erde?' fragte der Lehrer. ‚Nein, nein, Du verstehst mich noch nicht, ein Stückchen Brot, oder Apfel, oder was ich zu essen habe, denn das hat der Albert so gerne; dann ist er mir so gut.' " (Schmidt 1847, 203)

Hubertusburg

In den 40er Jahren des 19. Jahrhunderts war der Boden bereits gut vorbereitet für eine erfolgreiche Erziehung auch geistig behinderter Personen, denn es gab sowohl theoretische Entwürfe als auch überzeugende praktische Bei-

spiele. Es sollte jedoch anders kommen. Während der Staat für die Gehörlosen und Blinden die öffentliche Verantwortung im Grundsatz anerkannte
und sie allmählich auch in die Tat umzusetzen suchte, nahm er im Fall der
Geistesschwachen eine merkwürdig unentschlossene Haltung ein. Zwar
gründete der Staat Sachsen 1846 in Hubertusburg die erste staatliche Erziehungsanstalt für blödsinnige Kinder auf deutschem Boden, aber dieses Beispiel blieb eine Ausnahme.

Als Julius Disselhoff (1827–1896), ein Pastor aus dem Rheinland und   **Julius Disselhoff**
Vertreter der Inneren Mission, 1857 seinen Aufruf „Die gegenwärtige Lage
der Cretinen, Blödsinnigen und Idioten in den christlichen Ländern" veröffentlichte, in dem er insbesondere die Situation in Preußen scharf geißelte,
reagierte der preußische Staat. Allerdings nicht, wie viele erhofft hatten,
durch Anerkennung und Übernahme der Aufgabe als staatliche Verpflichtung, sondern durch Delegation an die private Wohltätigkeit, vertreten vor
allem durch die beiden christlichen Kirchen in Form von Innerer Mission
und Caritas. In dem betreffenden Erlass des preußischen Kultusministeri-
ums von 1859 heißt es:

„Nach den bisherigen Erfahrungen empfiehlt es sich, die Gründung derartiger Anstalten vorzugsweise der Privattätigkeit zu überlassen und die Mitwirkung der Provinzial-
stände sowie wohltätiger Vereine zu diesem Zwecke als Beihilfe eventuell zur Begründung von Freistellen in Anspruch zu nehmen." (Lindmeier/Lindmeier 2002, 216)

Während es bis zu diesem Zeitpunkt nur wenige, meist private Anstalten für   **private Anstalts-**
Geistesschwache gab (etwa Saegert in Berlin sowie Georgens und Deinhardt   **gründungen**
in Liesing bei Wien), so löste die öffentliche Debatte um Erziehung und
Pflege Geistesschwacher ab den 50er Jahren eine Welle von Anstaltsgrün-
dungen aus, die folgerichtig in privater Trägerschaft lagen (s. Sengelmann
1885, 135ff).

Die christlich geführten Anstalten verstanden sich zwar auch als Bildungseinrichtungen, aber sie verfochten kein grundsätzliches Bildungsrecht
der betreffenden Personengruppe:

„Die Notwendigkeit, für die Erziehung und Bildung und/oder Pflege von Menschen
mit geistiger Behinderung zu sorgen, war anerkannt […] Ein Recht auf Bildung war
aber nie für die gesamte Gruppe anerkannt worden." (Lindmeier/Lindmeier 2002,
139)

Diese für die weitere Entwicklung der Geistigbehindertenpädagogik bedeutsame Einschränkung des Bildungsanspruchs seitens der christlichen
Erziehungsprogramme war begründet in dem konservativen Charakter
kirchlicher Bildungspolitik, die auf der Seite „der restaurativen Tendenzen
des Vormärz und der Reaktionszeit nach 1848" stand (Jacobi 1998, 82).

Die staatliche Abstinenz wurde aber noch bestärkt durch die Medizin,   **Friedrich Kern**
die sowohl in der theoretischen Debatte um Blödsinn, Idiotismus und Irr-
sinn als auch in der Frage der tonangebenden Profession im Rahmen der

Institutionen an Boden gewann, den sie am Ende des Jahrhunderts unangefochten beherrschen sollte. So bezog sich der preußische Erlass von 1859 explizit auf die „Zeitschrift für Psychiatrie", herausgegeben von H. P. Damerow, in der der ehemalige Taubstummenlehrer und Mediziner Friedrich Kern (1814–1868), Leiter einer Privatanstalt für Schwachsinnige in Leipzig, dem Bildungsoptimismus eines Séguin, Guggenbühl und Saegert eine Absage erteilte.

Begriff Krankheit

Kern verneinte die angeblich versprochene Möglichkeit einer „Heilung" des Blödsinns und leistete zugleich einer Medizinalisierung der Debatte um Bildung und Erziehung durch Verwendung des Krankheitsbegriffs Vorschub:

> „Weiterhin aber ist es nicht möglich wirklich constatirten, auf Degeneration des Gehirns und seiner Hüllen beruhenden Blödsinn zu heilen, sondern die Aufgabe kann nur dahin gehen, den Zustand zu bessern […] ebenso ist gewiss viel gewonnen, wenn die Kranken durch eine zweckmäßige Pflege gegen tieferes Versinken geschützt werden. Wenn auch nicht als geheilt, so können doch Viele von diesen Unglücklichen noch soweit herangebildet werden, dass sie als nützliche Glieder im Familienkreis auftreten können." (Kern 1855, 569)

Mediziner gegen Bildungsoptimismus

Wie gering die Mediziner die Bildungsaussichten geistig Behinderter einschätzten, ist den Äußerungen Damerows selbst zu entnehmen, der in seiner kritischen Replik auf Disselhoff, betitelt „Zur Cretinen- und Idiotenfrage" (1858), erklärte:

> „Von eigentlicher Heilung kann bei zahllosen Cretinen und Idioten nicht die Rede sein. Nie seelen- und geistesgesund gewesen, können sie auch nicht seelen- und geisteskrank sein, werden. Es giebt nichts wieder herzustellen, was nie da gewesen ist. Eben so wenig sollte von einer eigentlichen *Bildung* und *Erziehung* die Rede sein, da ihnen schon in dem körperlichen Grund und Boden selbst die Anlage zur Ausbildung eines immanenten selbstbewussten Seelenlebens – also die reale Möglichkeit fehlt […] Mit Ausnahme der nicht wirklich von Kindheit an Blödsinnigen, sondern mehr Verwahrlosten, Zurückgebliebenen […] werden die wirklich Blödsinnigen von Kindheit an, innerlich und äußerlich nicht selbständig und frei werden […] Die Anstalten für Cretinen, Idioten, Blödsinnige sollten daher nicht Heil- Erziehungs- Bildungsanstalten genannt werden, sondern resp. Aufbewahrung-Bewahr- Behütung- Halte- Pflegeanstalten, am klügsten Cretinenanstalten schlechtweg." (Lindmeier/Lindmeier 2002, 156f)

pädagogische Theoriedefizite

Die schwindende Definitionsmacht der Pädagogen in der Debatte um Bildung, Erziehung und Pflege geistig behinderter Menschen lag aber nicht nur in dem Mangel staatlichen Engagements sowie dem vor allem auf christlicher Mission ausgerichteten Handeln der Kirchen bei gleichzeitigem Desinteresse gegenüber sozialpolitischen Herausforderungen begründet und auch nicht allein in dem erfolgreichen Aufstieg der medizinischen Profession, sondern war gewissermaßen „hausgemacht", nämlich mit verursacht durch den fehlenden theoretischen Diskurs der eigenen Disziplin. Wie schrieb doch Max Kirmsse bereits 1912 selbstkritisch?

„Waren so die Franzosen – Itard ausgenommen – von der Theorie ausgegangen, sehen wir die Deutschen Weise, Guggenmoos, Kern, Saegert, Katenkamp, Haldenwang u. a. den umgekehrten Weg machen. Sie begannen praktisch, und das, weil der vorhandene Notstand der unversorgten geistesschwachen Kinder sie dazu trieb. Sie frugen nicht nach Theorien, sondern bemühten sich, möglichst vielen Verlassenen gerecht zu werden. Leider vergaßen sie aber, ihre erzielten Resultate systematisch zu verarbeiten, und das war der Fehler, den sie begingen, und durch dieses Versäumnis luden sie den Vorwurf der Unwissenschaftlichkeit auf sich." (S. 118)

3.4   Weitere Ausdifferenzierungen: Rettungshausbewegung und Erziehungsanstalten für krüppelhafte Kinder

Ein heutiger Blick auf das frühe 19. Jahrhundert bliebe unvollständig ohne Betrachtung jener Institutionen, deren Entstehen unaufhebbar verknüpft ist mit den sozioökonomischen und politischen Umwälzungen dieser Epoche: den Rettungshausanstalten und im weiteren Sinne auch den Erziehungsanstalten für krüppelhafte Kinder.

„Mitteleuropa war durch die napoleonischen Kriege und die Befreiungskriege gebeutelt. Die anschließenden ökonomischen und sozialen Desaster von Teuerung und Hungersnöten verstärkten des Elend der Armen. Die Folgen von Bauernbefreiung auf dem Lande und von beginnender Urbanisierung führten zum Zusammenbruch eines im Aufklärungszeitalter in Einzelfällen bereits gut ausgebauten Armenfürsorgesystems." (Jacobi 1998, 83)

Johann Heinrich Pestalozzi ist der prominenteste Pädagoge, der sich früh der verwaisten und verwahrlosten Kinder annahm und in seinem berühmten „Stanser Brief" seine Absicht beschrieb,   **Pestalozzis Stanser Brief**

„Kinder, die durch entsprechende Umstände vom natürlichen Weg dieser Entwicklung abgekommen und ‚im Schlamm der Rohheit, der Verwilderung und der Zerrüttung' versunken sind […] auf den rechten Weg zurück zu bringen" (Göppel 1989, 53).

Mit großem Realismus zeichnete Pestalozzi ein Bild der von ihm in Obhut genommenen jungen Menschen:

„Die meisten dieser Kinder waren, da sie eintraten, in dem Zustand, den die äusserste Zurücksetzung der Menschennatur allgemein zu seiner nothwendigen Folge haben muß. Viele traten mit eingewurzelter Krätze ein, daß sie kaum gehen konnten, viele mit aufgebrochenen Köpfen, viele mit Hudeln [Hudeln sind Lumpen, Fetzen, E.-R.], die mit Ungeziefer beladen waren, viele hager, wie ausgezehrte Geripppe, gelb, grinzend, mit Augen voll Angst und Stirnen voll Runzeln des Mißtrauens und der Sorge, einige voll kühner Frechheit, des Bettelns, des Heuchelns und aller Falschheit gewöhnt; andere vom Elend erdrückt, dultsam aber mißtrauisch lieblos und furchtsam." (Göppel 1989, 31)

Getragen von einem unerschütterlichen pädagogischen Optimismus unternahm Pestalozzi sein Erziehungswerk, dessen Ziel die sittliche Erziehung, die harmonische Entfaltung aller Kräfte und damit die Überwindung der Verwahrlosung war, was mit den Mitteln Liebe, Übung und Einsicht erreicht werden sollte.

Industrialisierung

Aber nicht nur Kriegswirren erschütterten Europa und dessen traditionale Sozialgefüge, sondern auch die einsetzende Industrialisierung, „der Siegszug des industriellen Produktionskapitalismus" (Wehler 1989, 241), der zunächst in England, seit den 20er Jahren auch in Deutschland, zunehmend den Charakter der Wirtschaft prägte und weitreichende Auswirkungen auf das gesamte politisch-gesellschaftliche Leben ausübte.

Pauperismus

Der Pauperismus, die Verelendung des neuen Typus des Fabrikarbeiters, hatte zur Folge, dass Frauen- und Kinderarbeit für das Überleben der proletarischen Familie unverzichtbar waren, was die Gesundheit vieler Kinder ruinierte und deren Teilhabechancen an Bildung vereitelte. Die Nichteinhaltung der Schulpflicht widersprach zwar den bildungspolitischen Interessen des preußischen Staates, wurde aber angesichts der Akzeptanz einer wirtschaftsliberalen Politik auch seitens der preußischen Reformvertreter nicht ernsthaft in Frage gestellt. Als in den 40er Jahren der Pauperismus und damit auch die Kinderarbeit ihren Höhepunkt erreichte, waren unter den Fabrikarbeitern nach einer Statistik von 1848 6,45 % Kinder (Herzig 1990, 182).

Kein geringerer als Adolph Diesterweg (1790–1866), Leiter des Berliner Lehrerseminars seit 1832, bezog Stellung gegen die vorherrschende Industriepädagogik, die ihr Ziel in der Erziehung zur wirtschaftlich-gesellschaftlichen Nützlichkeit der Zöglinge sah und damit auch keine Einwände gegen die Fabrikarbeit der Kinder erhob. In seiner Schrift „Über den Gebrauch der Kinder zu Fabrik-Arbeit. Aus pädagogischem Gesichtspunkte betrachtet" hatte Diesterweg bereits 1827 pädagogische Freiräume für die Entwicklung von Kindern, fern jeden Zwanges zur Industriearbeit, gefordert und beschrieb eindrücklich die Situation der arbeitenden Kinder:

> „Im Sommer um 5 oder 6 Uhr, im Winter um 6 oder 7 Uhr […] ruft die Glocke das Kind in die Fabrik. An den meisten Fabrikaten kann das Kind vom 8. oder 9. Jahre an gebraucht werden. Sobald es in dem Fabrikhause angekommen ist, geht es an die Maschine und verrichtet sein Geschäft […] Nachdem das Fabrikkind den ganzen bösen langen Tag den Faden gezogen hat, schleppt es die müden Glieder und den noch erschlafferen Geist heim in die Hütte, sich sehnend nach Ruhe. Dem glücklichern Kinde winkt sie auf weichem Lager, das Fabrikkind hat am Feierabend […] noch nicht Feierabend. Es muß zur Schule." (Pogt 1990a, 155; Flecken 1981)

Einschränkung der Kinderarbeit

Nicht zuletzt die sich wandelnden Produktionsmethoden, die den Einsatz von Maschinen günstiger als den von Kindern werden ließ, bewogen den preußischen Staat zu einem politischen Umsteuern. 1839 erließ er das „Regulativ über die Beschäftigung jugendlicher Arbeiter in Fabriken", nach dem Kinderarbeit erst ab dem neunten Lebensjahre erlaubt wurde und einen mindestens dreijährigen Schulbesuch voraussetzte; Jugendliche unter

16 Jahren durften nicht länger als zehn Stunden am Tage beschäftigt werden (Hoppe 1958, 93ff). Seine Wirksamkeit erlangte das Gesetz erst am Ende des vierten Jahrzehnts, als die Zahl der jugendlichen Fabrikarbeiter deutlich zurückging – unberücksichtigt in der Statistik blieb allerdings die große Zahl der in der Landwirtschaft und Heimindustrie tätigen Kinder; ihr Los veränderte sich kaum.

Es waren die städtischen Unterschichten, die in der ersten Hälfte des 19. Jahrhunderts die größte aller Einwohnergruppen der Städte ausmachte, z. B. in Hamburg 75 bis 80 %, in Barmen sogar etwa 90 % und die sich zusammensetzten aus **städtische Unterschichten**

„Handlangern, Tagelöhnern, Fuhrleuten, Verlagsarbeitern, Handwerksgesellen, auch Landarbeitern und Knechten in Ackerbürgerstädten, aus allen Arten von Gelegenheits- und Heimarbeitern, verarmten Kleinbürgern, unterstützungsbedürftigen Armen, Krüppeln, Kranken und Arbeitsscheuen" (Wehler 1989, 279).

Diese Bevölkerungsgruppen sind es vor allem, an die man zu denken hat, wenn es um die Entstehung und Verbreitung der Rettungsanstalten geht.

Rettungshausbewegung: Die Rettungshausbewegung, die in enger Verbindungen zur Sozialpädagogik und Sozialpolitik steht (Kraus 1987; Niemeyer 1998; Jacobi 1998; Reyer 2002), ist die Antwort der protestantischen Kirche auf die drängende Pauperismusfrage des frühen 19. Jahrhunderts. Ideell verankert in dem älteren Pietismus, war es Ziel der neuen „Erweckungsbewegung", in einer bewusst religiös gestalteten Erziehung armen und verwahrlosten Kindern und Jugendlichen ein neues Zuhause und eine Perspektive für die erfolgreiche Meisterung des Erwachsenenlebens zu eröffnen. Aufgrund ihres religiösen Charakters wurden diese Einrichtungen in deutlicher Distanz zu jenen der staatlichen Armenpolitik konzipiert: **Erweckungsbewegung**

„Es war keineswegs politische Taktik, daß die christliche Liebestätigkeit der Erwecktenkreise sich nicht an den Staat als den Adressaten wandte [...] Vielmehr hing die privat organisierte soziale und pädagogische Tätigkeit aufs engste mit der frommen Motivation zusammen, die nur verständlich wird, wenn der Missionsgedanke ernst genommen wird. Mission heißt, die Zöglinge für den christlichen Glauben zu gewinnen, Erziehung als Rettung aus Sünde zu verstehen und ‚Seelenpflege' (Wichern) zu betreiben." (Jacobi 1998, 80)

Der hier erwähnte Johann Hinrich Wichern (1808–1881) ist im historischen Gedächtnis der Gegenwart zweifellos der bekannteste Vertreter der Rettungshausbewegung. Die Fokussierung nur auf seine Person verkennt allerdings, dass es sich um eine wirkliche Bewegung handelte, die 1813 mit den ersten Erziehungsversuchen eines Johannes Falk in der Umgebung Weimars begann und die während des Höhepunktes ihrer Entwicklung um 1860 etwa 354 Anstalten umfasste (Göppel 1989, 112).

Johannes Daniel Falk (1786–1826), zu seiner Zeit berühmter Schriftsteller und Satiriker aus dem Weimarer Kreis und Freund Goethes, gründete **Johann Hinrich Wichern**

Falks Lutherhof Weimar

1813 die „Gesellschaft der Freunde in der Not", die sich verwahrloster, vagabundierender, auch behinderter Kinder annahm. Die aufgenommenen Kinder wurden entweder in Familien oder auf dem von Falk gegründeten „Lutherhof" in Weimar untergebracht (Glaue 1966).

Berichte über Zöglinge

Der Deutschlandfunk widmete dem heute weitgehend vergessenen Falk im Mai 2006 eine Sendung, in der neben dem Schriftsteller vor allem des Pädagogen Falk gedacht wurde. Anhand vorliegender Akten aus Magistraten und Pfarrämtern zitiert der Autor der Sendung Berichte über die aufgenommenen verwahrlosten Kinder, die keines weiteren Kommentars bedürfen:

„Anna Elisabetha Bergmann […] starrend von Krätze, verkümmert, siech und elend, glich […] mehr einem Kruzifix als einem Menschen. Niemand wollte sie, selbst für Geld, nicht anfassen, waschen und reinigen […]

Carl Gottlob Bier […] in seinem elften Jahre in dem Kriege gegen Rußland mit dahin gelaufen und nach mitgemachten Rückzug von Moskau, aus Caen in der Normandie […] hierher gekommen […]

der vaterlose Heinrich Eichmann ein höchst verwilderter und noch im 12. Jahre des Buchstabenlesens unkundig gebliebener Knabe […]

Johann Christian Günther […] wegen eines an einem Blinden verübten Straßenraubes aus dem Schuhmacher-Handwerk gestoßen […]

Johann Christian Schulze, welcher aus hiesigem Arbeitshaus entlaufen war […]

Martin Schöning […] schon im zarten Alter mit den schauderhaftesten Ausschweifungen vertraut gewesener Knabe von vier Jahren."

Und weiter war zu hören:

„Diesen Kindern wollte Falk ein Dach überm Kopf geben, Essen, eine Berufsausbildung und religiösen Unterricht. Das war der Plan. Die staatlichen Waisenhäuser hatten zu wenig Plätze. Uneheliche und landesfremde Waisen nahmen sie gar nicht erst auf. Und die sie aufnahmen, wurden oft als billige Arbeitskräfte missbraucht. Falk wollte allen Kindern helfen. Das war mehr als er konnte […]

Die Gesellschaft der Freunde in der Not nahm ihre Arbeit auf. Von Anfang an war es mühselige und kleinteilige Arbeit. Für jedes Kind, das in eine Lehre vermittelt werden sollte, musste das Lehrgeld gesammelt werden, Taler für Taler. Falk schrieb Bettelbriefe an die Stadtbürger und an den Hof. Er wollte die Kriminaljustiz um möglichst viele künftige Delinquenten betrügen. Er rechnete so:
,Brot, Wasser, Schande und Prügel für einen Knaben im Zuchthaus kosten jährlich 52 Taler, 16 Groschen und 6 Pfennige. Brot, Fleisch, Ehre, Bibel, Christentum und Arbeit in einer ehrsamen Werkstatt kosten ein für allemal 25 Taler.'" (Manuskript Deutschlandfunk 2006, 24ff)

Christian H. Zeller

Es ist unübersehbar, dass die einzelnen Gründer der Rettungsanstalten voneinander lernten, sich gegenseitig beeinflussten und auch wieder voneinander abgrenzten, wobei Vorbild und Anreger für alle Pestalozzi war. Für die Entwicklung im süddeutschen Raum erlangte die 1820 von Christian H. Zeller gegründete Einrichtung in Beuggen/Baden große Bedeutung, da sie mit einem „Armenschullehrerseminar" verbunden war und somit durch die Qualifizierung von Mitarbeitern für eine erfolgreiche Verbreitung des Rettungshausgedankens sorgen konnte.

Den Prototyp der norddeutschen Rettungshausbewegung repräsentierte **„Rauhes Haus"** das „Rauhe Haus", das 1833 von Johann Hinrich Wichern in Hamburg ins **Hamburg** Leben gerufen wurde. Der junge Theologe Wichern kam während seiner Tätigkeit als Lehrer an einer Hamburger Sonntagsschule 1832 zum ersten Mal mit dem sozialen Elend der Unterschichten seiner Vaterstadt in Berührung, was in ihm den Plan zur Gründung einer Bildungsanstalt auf Hamburger Boden entstehen ließ.

Peinlich genau hat Wichern über seine Besuche bei Schülern der Sonn- **Berichte über** tagsschule Bericht erstattet, und sie sind in der Anschaulichkeit der Darstel- **Sonntagsschüler** lung kaum zu übertreffen:

Familie Gerhard (genannt Doktor). Steinstraße. Ibenhof letzte Bude. Empfohlen durch den Pfleger Eberstein. Den 10. Oktober ging ich zu der Familie. Die Bude enthielt ein Stübchen und eine Diele. Im Zimmer eine hölzerne Kommode, ein Stuhl, ein Ding, das wie ein Tisch sein sollte, ein zerlumpter Lehnstuhl. In der Ecke ein Haufe Stroh, darüber ein Strohsack und Lumpen, unter den Lumpen ein 73jähriger Mann, an der Brustkrankheit entsetzlich krank, daß er kaum sprechen konnte, ohne Wäsche, ohne Kopfkissen – ein Bild des Entsetzens und des herzschneidenden Jammers. Die Frau (39 Jahre alt), nur mit einem Katun-Leibchen und einem Katun-Rock bekleidet, und schier nichts weiter auf ihrem Leibe – ohne Wäsche und alle Unterkleider und jene katunene Bedeckung, zum Teil noch zerlumpt, so daß das Fleisch heraussah. Ebenso ein großgewachsenes Mädchen Marie (13 Jahre) und ein großer Bengel (Louis, 23 Jahre) und zwei Knaben, Heinrich 8 Jahre und August 10 Jahre, und Naucke 5 Jahre. Alle ohne Wäsche, blasse Gestalten, klappernd vor Hunger und Frost. Die Lippen strömten über von Klagen über ihren Jammer, alle sprachen zugleich. Die 13jährige Marie saß auf dem Boden und schabte einen rasengrünen Apfel auf einer Scherbe und setzte das dem kranken Vater vors Bette. Feuer hatten sie nicht mehr auf dem Herd gehabt seit langer Zeit […]
Biehl, Vater (Krankenwärter auf dem Krankenhof), Mutter 47 Jahre alt. Zwei Söhne, 1: 16 Jahre; 2: 12 Jahre; ein Mädchen 9 Jahre. Bernhardstr. in Freitagswohnung, Erste Saaltreppe. Zwei Knaben in der Sonntagsschule, das Mädchen bei Herrn Schutt. Bitterarm, ohne Bettzeug, nur Bettstellen mit Stroh, ohne Feuerung – ohne Brot. Ein Tisch, zwei zerbrochene Stühle und ein Bock. Der Vater ist aus Not Krankenwärter am Krankenhof und bekommt dafür 4 Mark monatlich. Die Mutter handelt im Sommer mit Grünwaren, im Winter weiß sie nichts zu verdienen, bekam früher im Winter vier oder wohl auch 8 Schilling Armengeld, jetzt *nichts*, trotz der Bemühungen. Ein Knabe seit Weihnacht 1832 in der Abendschule, sonst kein Kind in einer Schule. Die beiden arbeiten auf Tabakwickeln und verdienen 1 Mark und 1 Mark, 8 Schilling. Die Frau ist ruiniert seit der Verheiratung mit diesem (ihrem zweiten) Mann, der keine Arbeit finden konnte (suchen mochte?!). (Lindmeier 1998, 143f)

Bewertet man Wicherns sozialpolitischen Ansatz aus dem Blickwinkel mo- **Innere Mission** derner, rechtsstaatlich verankerter Gesellschaftspolitik, dann ist unübersehbar, dass der Begründer der „Inneren Mission" der evangelischen Kirche sich nicht von dem Gedanken einer Veränderung der gesellschaftspolitischen Verhältnisse leiten ließ, sondern sein sozial und religiös motiviertes „Rettungswerk" im Rahmen der gegebenen gesellschaftlichen Ordnung verankert sah.

„Betrachtet man die bildungsgeschichtliche Frontlinie zwischen christlichen Konservativen und rationalistisch-aufklärerischen Liberalen […] so gehören die christlichen Erziehungsprogramme, die aus der Erweckungsbewegung hervorgegangen sind, frag-
los auf die Seite der restaurativen Tendenzen des Vormärz und der Reaktionszeit nach
1848." (Jacobi 1998, 81f)

Noch schärfer urteilt H.-U. Wehler über Wicherns politisches Selbstverständnis:

„Wichern hatte das Vordringen sozialistisch-kommunistischer Ideen sorgfältig beobachtet. Er machte daher auch kein Hehl daraus, daß für ihn christliche Sozialfürsorge
zugleich effektive Sozialismusbekämpfung bedeutete […] Soziale Ideen mit Zukunft
wurden auch von ihm mit einer restaurativen Staatsideologie verknüpft, die den Konservativen mit ihrem Gespinst eines ‚christlichen Staats' zugute kam, während sein
Paternalismus die Emanzipation der Arbeiterschaft kompromißlos ausschloß." (Wehler 1989, 469)

Wicherns
pädagogischer
Ansatz

Verlässt man jedoch die gesellschaftspolitische Perspektive und wendet sich
der von Wichern vertretenen Pädagogik in Theorie und Praxis zu, dann wird
ein Erzieher sichtbar, dessen Ideen und Praktiken weit seiner Zeit voraus-
eilten und noch heute Bestand haben. Hierzu zählt zum einen die Hinwen-
dung zu dem einzelnen Kind, eine geradezu revolutionäre Tat angesichts
eines Massenunterrichts im Elementarbereich, in dem Klassenstärken von
100 Schülern keine Seltenheit waren. Ferner beeindruckt an Wicherns Konzept, dass es auf dem Grundsatz von Freiheit gegründet war. Der Grundsatz
der Freiheit begleitete jeden neuen Erziehungsversuch, und an dessen Anfang stellte Wichern die folgenden Worte:

„Mein Kind, dir ist alles vergeben! Sieh um dich her, in was für ein Haus du aufgenommen bist! Hier ist keine Mauer, kein Graben, keine Riegel; nur mit einer schweren
Kette binden wir dich hier, du magst wollen oder nicht; du magst sie zerreißen, wenn
du kannst; diese heißt Liebe und ihr Maß ist Geduld. – Das bieten wir dir, und was wir
fordern, ist zugleich das, wozu wir dir verhelfen wollen, nämlich daß du deinen Sinn
änderst und fortan dankbare Liebe übst gegen Gott und Menschen!" (Göppel 1989,
107)

Lebens-
gemeinschaft

Ausgehend von einem optimistisch-realistischen, christlichen Menschenbild, das in dem Menschen sowohl gute als auch böse Kräfte am Werk sieht –
und hier liegen deutliche Unterschiede zu Pestalozzi – entwarf Wichern das
Modell einer nach dem Familienprinzip gestalteten Lebensgemeinschaft. In
dieser sollte nicht durch Zwang und Strafe, sondern durch Liebe, Freiheit,
religiöse Erziehung sowie Unterricht, Arbeit und positives Vorbild, aber
auch Feste, Feiern und Spiel die „Rettung" zu einem neuen Leben gelingen.
Das Wichern'sche Rettungshaus, das auf keinen Fall eine Strafanstalt sein
wollte, lehnte jede zwanghafte staatliche Zuweisung ab, und in seinem Verständnis als Lebensgemeinschaft pflegte es auch sehr bewusst den Kontakt
zu den Eltern.

Ziel aller pädagogischen Maßnahmen war die Selbständigkeit des Zöglings, ablesbar an seiner sittlichen Festigung als auch an seinem späteren be-

ruflichen Fortkommen. Wichern ist in seinen zahlreichen Rechenschaftsberichten auch der Frage nach dem Erfolg seiner Anstalt nachgegangen, und anhand des Werdegangs der ersten 200 männlichen und weiblichen Entlassenen kommt er 1853 zu dem beeindruckenden Ergebnis, dass die große Mehrheit der ehemaligen Zöglinge sich im späteren Leben bewährt hat (s. Lindmeier 1998, 292ff).

Die Rettungsanstalten – und hier zeigt sich eine Parallele zu den ersten **Erziehungs-** Einrichtungen für Taubstumme, Blinde und geistig Behinderte – sind eben- **schwierigkeiten** falls aus der Initiative einzelner Persönlichkeiten hervorgegangen. Ihr Entstehen hing unleugbar mit sozialen Ursachen zusammen, aber nicht ausschließlich. Ein genuin pädagogisches Moment, das sich in dem Phänomen der „Erziehungsschwierigkeiten" manifestierte, war bereits für Pestalozzis Anstalt in Ifferten konstitutiv. Nach Göppel (1989, 32) war die Schülerschaft dieses Instituts

„nicht mehr vergleichbar mit den Kindern von Stans oder vom Neuhof. Hier handelte es sich nicht mehr um Vertreter der ‚niedrigsten Menschheit', die es zu ‚retten' galt, auch nicht um arme, verwaiste, verwilderte oder verwahrloste Kinder, die aus dem ‚Schlamm der Rohheit' gehoben werden sollten, sondern hier waren Söhne europäischer Adels- und Kaufmannsfamilien untergebracht, um ihnen eine besonders exklusive und fortschrittliche Erziehung angedeihen zu lassen. Doch auch innerhalb dieser relativ elitären Schülerschaft gab es natürlich Probleme mit ‚schwierigen Kindern', mit Kindern, deren Entwicklung Anlaß zu Klage und Sorge bot".

Auch bei Wichern findet sich dieser doppelte Ansatz: einerseits sozialpäd- **Jugendliche aus** agogische und sozialfürsorgerische Stätte für arme Verwahrloste und ande- **gehobenem** rerseits eine korrektive Erziehungsanstalt für „Erziehungsschwierige". So **Bürgertum** berichtet B. Lindmeier von der Aufnahme erziehungsschwieriger Jungen aus dem Bürgertum, die ab dem 14. Lebensjahr in dem sogenannten Pensionat, einer Familiengruppe von Jungen aus dem gehobenen Bürgertum, untergebracht waren. Wichern selbst äußerte sich sehr eindeutig zu der ganz offensichtlichen pädagogischen Notlage auch in bürgerlichen Kreisen:

„Das Bedürfniß der Anstalt ist in Wahrheit größer als man gewöhnlich glaubt oder wissen kann. Ich will hier von den schweren Verlegenheiten gar nicht reden, durch welche auch die durch Stand und Glücksgüter begünstigten Eltern häufig genöthigt sind, sich an unser Haus mit der Bitte um Aufnahme zu wenden. Für erstattetes Kostgeld sind und werden auch solche Kinder in unser Haus aufgenommen. Nach meinen bisherigen Erfahrungen sind der Kinder von dieser Art in den bezeichneten Ständen so viele, daß recht gut für sie eine eigene Rettungsanstalt bestehen könnte, wie eine solche in der *correction paternelle* neben der 1839 gestifteten colonie agricole zu Mettray bei Tours wirklich besteht." (Lindmeier 1998, 148)

Dass es sich in der Tat um ein pädagogisches Phänomen handelte, das wir heute mit dem Begriff der Verhaltensauffälligkeit bzw. Verhaltensstörung bezeichnen, belegen die folgenden beiden Schülercharakteristiken:

„Ein Knabe von 13 Jahren. Der Lehrer schreibt: ‚ein ungerathener Sohn – betrügt bald den Einen bald den andern und ersinnt allerlei Verstecke und Bemäntelungen für seine schlechten Streiche, – ist zu allem Guten träge, zeigt kein Fünkchen Ehrgefühl, hat für nichts Sinn und Empfänglichkeit als für sinnliche Genüsse, fürchtet nichts als körperliche Schmerzen' und schleicht in die Küchen Fremder, bestiehlt die Mägde zu Hause und außer Hause, treibt sich mit ähnlichen Jungen umher, ist aus der Schule ausgewiesen u. s. w., unehelich. –

– Ein Knabe, unehelich, confirmiert: das Jahr von seiner Confirmation an hat er etwa so verlebt: 1) Fortsetzung aller früheren Lügen und Heucheleien, Possenreißen, dann 2) bei einem Schuster 4 Wochen, 3) bei einem Töpfer 4 Wochen – verschwindet – 4) taucht wieder auf bei einem Bürstenbinder, will immer mehr verdienen, stiehlt 1 Mark, dann mehr, dann noch mehr, wird gerichtlich belanget, 5) wird Tagelöhner, stiehlt aus Magazinen, fängt Geldschwindeleien an – verschwindet – wird im Arrest wiedergefunden. Jammer der braven Versorger." (B. Lindmeier 1998, 148f)

Wurzel der Verhaltensgestörtenpädagogik

Betrachtet man die Rettungshausbewegung aus der Sicht der Disziplin der Verhaltensgestörtenpädagogik, dann wird erkennbar, dass sie eine bedeutsame, fruchtbare Wurzel repräsentiert, deren Wert nicht selten verkannt wurde und für die das Urteil Myschkers, dass sich die Reaktionen auf unerwünschtes Verhalten durch die Jahrhunderte „mit den Begriffen Separieren, Isolieren, Disziplinieren und Normalisieren" zusammenfassend bezeichnen lassen (Myschker 1969, 16), in seiner Pauschalität so mit Sicherheit nicht zutrifft. Viele der Rettungshäuser praktizierten eine Pädagogik, die, ungeachtet aller Normalisierungsbemühungen, die Persönlichkeit jedes einzelnen Zöglings achtete und sie in einem Geist von Freiheit, emotionaler Wärme und Selbstverantwortung erzog.

J. N. Edler v. Kurz

Erziehungsanstalten für krüppelhafte Kinder: Die ersten Erziehungsanstalten für krüppelhafte Kinder, die gleichfalls in der ersten Hälfte des 19. Jahrhunderts entstanden, weisen unübersehbare Gemeinsamkeiten mit den Rettungsanstalten auf, denn sie verdanken ihre Existenz vor allem den gesellschaftlichen Ursachen von Frühindustrialisierung und gewerblicher Ausbeutung, durch die die Zahl körperversehrter Menschen beträchtlich zunahm. Während bereits seit Ende des 18. Jahrhunderts orthopädische Institute für Körperbehinderte aus wohlsituierten Kreisen existierten (André Venel 1880 in der Schweiz), erfolgte die erste Gründung eines orthopädischen Instituts für Angehörige der armen Bevölkerung, die „Armenheilanstalt für Verkrümmte", 1845 durch die Ärzte C. C. J. Heller und J. W. Camerer (Wilken 1983, 239). Eine im engeren Sinne pädagogisch ausgerichtete Einrichtung für körperbehinderte Kinder und Jugendliche schuf Johann Nepomuk M. Edler von Kurz (1783–1865), der 1832 eine „Technische Industrieanstalt für arme krüppelhafte Kinder in München" ins Leben rief.

Vorbereitung auf Beruf und Arbeit

Aufschlussreich für dieses Konzept ist – und damit zeigen sich Unterschiede zu den klassischen Rettungsanstalten – dass die berufspädagogische Ausbildung und spätere Arbeitstätigkeit der Zöglinge im Zentrum der Anstalten standen. Während Wichern mit der Zielvorgabe einer bürgerlichen Existenz danach trachtete, seine Zöglinge möglichst im Handwerk unterzubringen, verfolgte von Kurz angesichts der beschränkten Möglichkeiten seiner Klientel vor allem eine Vorbereitung auf einfache berufliche Tätigkeiten. Dadurch sollte sichergestellt werden, dass auch diese Gruppe körperlich versehrter und armer Kinder und Jugendlicher ein späteres Auskommen finden könne. So heißt es in dem Anstaltsprogramm von 1838:

> „Der Zweck der Anstalt ist: Werktagsschulfreie, dreizehn bis vierzehn Jahre alte, arme krüppelhafte Kinder, welche wegen ihrer körperlichen Mängel zu zünftigen Gewerben und anderen Berufsarten nicht wohl taugen, durch mechanische Uebungen in verschiedenen denselben angemessene Beschäftigungen zu Fabrik-Arbeitern zu bilden oder denselben auch in der Anstalt selbst andauernden Verdienst zu verschaffen, um sie vor dem Müssiggang und den daraus hervorgehenden Lastern zu bewahren." (Stadler 2004, 74)

Eine Anlehnung an die Industrieschulpädagogik ist zwar unübersehbar, aber zugleich weist dieser neue Anstaltstypus über jene hinaus. Er praktiziert nämlich nicht nur, wie die meisten Industrieschulen, einen notdürftigen Nachhilfeunterricht für die in den Fabriken tätigen Kinder, sondern er intendiert sowohl eine berufspädagogische Qualifikation für behinderte und nicht behinderte Kinder und Jugendliche als auch ein Angebot geschützter Arbeitsplätze. Daher nahm er, wie Stadler (2004, 53) zu Recht bemerkt, „Intentionen vorweg, wie sie in den heutigen Werkstätten für Behinderte zugrunde liegen". In seinem Antrag an den Bayerischen König von 1832 beschreibt von Kurz die Zielsetzung seines „pädagogischen und Industrie Unternehmens" wie folgt:

berufliche Qualifizierung

> „Ich erkläre mich weiters bereit, durch die fabrikmäßige Anfertigung mehrerer mir bereits schon gnädigst bewilligten Industrie und Fabrik-Gegenstände, armen und besonders verkrüpelten Kindern, Bildung und Verdienst zu verschaffen, gleichzeitig auch ein Industrie-Institut, daher eine bildende technische Beschäftigungs-Anstalt für Knaben und verkrüpelte Kinder zu gründen, in welchem die gesunden Kinder Beschäftigung und die nöthige technische Vorbildung zur Erlernung eines Handwerkes, die Verkrüpelten aber bildende technische Beschäftigung und andauernden Verdienst erhalten würden." (Stadler 2004, 68)

Der Gründer der zunächst privaten, ab 1844 staatlichen Anstalt für krüppelhafte Kinder und Jugendliche, sah sich zum einen in der Tradition der Philanthropen, denn er bezog sich in seinem Schreiben an den König u.a. auf Salzmann und Pestalozzi. Er stellte sich aber zugleich in eine Reihe mit den neuen pädagogischen Errungenschaften einer sich ausdifferenzierten Pädagogik, wenn er in seiner Abhandlung von 1856 schreibt:

> „Eine Reihe von Jahren erfreuen sich in Bayern bekanntlich schon jene unglücklichen Geschöpfe der allergroßmüthigsten Unterstützung seiner Majestät des Königs […] welche, obschon theilweise der wichtigsten Sinne beraubt, doch in der Folge eines methodischen eigenthümlichen Unterrichts, und einer sorgfältigen, christlichen Erziehung einzeln zu nützlichen, möglichst erwerbsfähigen Gliedern der menschlichen Gesellschaft auf die wohlthätigste Weise herangebildet werden, nämlich arme, blinde und taubstumme Kinder. Es ist geschichtsmerkwürdig, dass, nachdem man diese für sie gegründeten Unterrichts- und Erziehungsanstalten für nützlich, segens-

reich, sogar für nothwendig erachtete und erklärte, und als solche denselben von allen Seiten Unterstützung angedeihen ließ, Bewahranstalten für arme kleine Kinder mit großem Kostenaufwand gründete, und Armenschulen längst bestehen […] man Jahre lang die nicht minder bedauernswürdigen, unglücklichen, mit Körpergebrechen behaftete Kinder beharrlich allein unberücksichtigt ihrem traurigen harten Schicksal überließ, da sie doch von der Natur oder durch Unglücksfälle getroffen, gleichfalls ohne ihre Schuld körperlich verkürzt sind, und gewöhnlich armen Familien angehören, ich meine die armen gebrechlichen (krüppelhaften) Kinder." (Stadler 2004, 70f)

Eingliederung Schwerbehinderter

Die von Nepomuk Edler von Kurz gegründete Anstalt für krüppelhafte Kinder komplettiert die Palette der älteren Sonderschulen, die sich im frühen 19. Jahrhundert konstituierten. Als prägender Vorläufer der gegenwärtigen Körperbehindertenpädagogik markiert der Ansatz des Edler von Kurz zugleich einen bedeutsamen Meilenstein in der Geschichte der Heilpädagogik, da er erstens schon frühzeitig auf die Klientel der Schwerbehinderten verweist, für die Bildung, Erziehung und berufliche Eingliederung durch besondere Erschwernisse beeinträchtigt sind und zweitens den berufspädagogischen Aspekt thematisiert, also die Frage nach der „Zeit nach der Schule" aufwirft – eine Frage, die bis in die Gegenwart konstitutiv für das Selbstverständnis der Sonderpädagogik und ihrer Fachrichtungen ist.

3.5   Versuch einer institutionellen Absicherung des Bildungsanspruches: Die „Verallgemeinerungsbewegung"

Wenn gegenwärtig in Deutschland unter Berufung auf die UNESCO-Konferenz von Salamanca (1994) die Forderung nach einer „Schule für alle" und damit einer inklusiven Schule erhoben wird, dann wird wie selbstverständlich und meist unausgesprochen vorausgesetzt, dass eine Schulpflicht für alle behinderten Kinder längst selbstverständlich sei und es jetzt lediglich darum ginge, diese im gemeinsamen Unterricht mit nicht behinderten Schülern zu realisieren. Diese nicht weiter hinterfragte Annahme mag für Deutschland gelten, aber sie gilt schon nicht einmal überall in Europa und schon gar nicht weltweit. Und sie galt natürlich auch nicht vor etwa 200 Jahren in Deutschland, als fortschrittliche Länder wie etwa Sachsen und Preußen sich daran machten, die anerkannte Bildbarkeit für gehörlose und blinde Kinder und Jugendliche in die Praxis umzusetzen. Und schließlich ist die Forderung, Behinderte und Nichtbehinderte zusammen zu unterrichten, keineswegs originell, denn es gibt hierfür interessante historische Vorläufer aus der ersten Hälfte des 19. Jahrhunderts.

Die sogenannte Verallgemeinerungsbewegung, die den Versuch repräsentiert, das theoretisch anerkannte Bildungsrecht taubstummer und blinder Kinder im Rahmen der Elementarbildung zu realisieren, ist ein noch aus heutiger Sicht aufschlussreiches bildungspolitisches Experiment, da es viel von den Ambivalenzen einer sich etablierenden pädagogischen Spezialdis-

Verallgemeinerungsbewegung

ziplin, auch in ihrem Verhältnis zur Mutterdisziplin, also der Allgemeinen Pädagogik, widerspiegelt.

„Verallgemeinerung" in der Taubstummenpädagogik: Bereits Samuel Heinicke hatte sich frühzeitig Gedanken darüber gemacht, wie es anzustellen sei, dass nicht nur die wenigen in seinem Leipziger Institut erzogenen Zöglinge Unterricht erhielten, sondern auch die vielen, bislang unversorgten jungen taubstummen Menschen, die entsprechend der vorherrschenden Volksmeinung meist als blödsinnig angesehen wurden. So unterbreitete Heinicke in verschiedenen Denkschriften die Idee, am Leipziger Mutterinstitut Lehrer in der Kunst der Taubstummenpädagogik auszubilden, die anschließend im Lande Sachsen gehörlosen Kindern in besonderen Klassen Unterricht erteilen sollen, als auch ein Lehrerseminar zu errichten, das in enger Verbindung mit dem Leipziger Taubstummeninstitut für die Ausbildung spezialisierter Lehrer sorgen sollte (Schumann 1940, 250). Während Heinickes Ideen noch ohne Resonanz bei den politisch Verantwortlichen blieben, entstand zu Beginn des 19. Jahrhunderts eine neue Lage, als im Zuge der Anerkennung des humanistischen Bildungsideals auch für Blinde und Gehörlose bildungspolitischer Handlungsbedarf entstand.

Heinickes Denkschriften

Auf der Diskursebene war es vor allem die Veröffentlichung des Kreisschulrates Heinrich Stephani aus Ansbach/Bayern, die eine Diskussion in Gang setzte, die mit der Veröffentlichung von Johann Baptist Graser (1766–1841), ebenfalls ein Bayerischer Schulrat (Bayreuth), ihren ersten Höhepunkt fand. Ausgangspunkt war für beide die unterrichtliche Vernachlässigung der Gruppe der Taubstummen, die zu unterrichten eine staatliche Pflicht sei, sowie die Überzeugung, dass dies im Rahmen der allgemeinen Elementarerziehung erfolgen sollte. Während aber Stephani auf die Lautsprache verzichtete und nur das Fingeralphabet als Kommunikationsmittel mit dem Ziel der Vermittlung der Schriftsprache propagierte, war Graser ein überzeugter Anhänger der Lautsprache. Aufgrund der hohen finanziellen Lasten, aber auch wegen der Entfernung vom realen Leben, wandte sich Graser gegen einen weiteren Ausbau von abgeschlossenen Taubstummenanstalten und forderte stattdessen,

Stephani und Graser

„daß jeder Schullehrer auch Taubstumme zu unterrichten vermag, und folglich jede Schule eine Taubstummen-Schule seyn könne; folglich jeder Taubstumme seinem Orte und im Kreise seiner Familie seine Bildung erhalte; und – dahin muß es kommen, daß jeder Taubstumme die Sprach seiner Mitmenschen erlerne, und mit ihnen wie andere Hörende in Verkehr trete" (Graser 1829, Vorwort).

Die Position Grasers blieb nicht ohne Kritik, und die vor allem von den wenigen Vertretern der Taubstummeninstitute ins Feld geführten Argumente in dieser überaus lebendigen Debatte sind auch heute noch von Interesse. So entgegnete der Direktor des Taubstummen- und Blindeninstituts in Gmünd (Württemberg), Viktor August Jäger, dass ein Elementarlehrer niemals so viel Zeit für seine taubstummen Schüler aufbringen könne wie der

Viktor A. Jäger

Lehrer in einer Taubstummenanstalt und dass es unmöglich sei, allen Begabungen in der Klasse gerecht zu werden. In einer Erwiderung auf Graser be-
zweifelte Jäger nicht, dass es möglich sei, Taubstumme an den Ortsschulen
zu bilden, „vorausgesetzt der Taubstumme erhalte dort Privatunterricht",
also individuellen Unterricht, aber er wiederholte seine Überzeugung, dass
auf besondere Institute nicht verzichtet werden könne, wobei er gern einräumte, dass kleinere, direkt in den Wohnorten sich befindende Anstalten
gegenüber den größeren zu bevorzugen seien, so dass die Möglichkeit zur
Begegnung mit hörenden Menschen gegeben sei.

Jäger berichtete aber auch von seiner Beobachtung, dass „andere Kinder
sich nicht gern mit ihm [dem Taubstummen, E.-R.] abgeben, ja ihn nicht selten sogar misshandeln" und dass sich daher der Taubstumme in einem Taubstummeninstitut „erst unter seines Gleichen den Genuß des Umgangs mit
Anderen findet" und sich „heimisch" fühle. Jäger bekräftigte, dass Taubstummeninstitute „immer nötig bleiben" werden, und zwar sowohl als Orte
der Professionalisierung von Taubstummenlehrern als auch als Bildungsstätte für jene taubstummen Schüler, die weit entfernt von Schulen wohnen,
die ohne Eltern wären oder wegen Misshandlung durch die Eltern von
ihnen entfernt werden müssten (Jäger 1831).

In ähnlicher Weise wie Jäger argumentierte sein Kollege Otto Friedrich
Kruse, Direktor der Taubstummenanstalt in Schleswig und selbst gehörlos.
Kruse bestritt in seiner Schrift „Bemerkungen die Aufhebung der Taubstummeninstitute betreffend" von 1831 die Möglichkeit einer gemeinsamen
Unterrichtung von gehörlosen und nicht gehörlosen Schülern in der Elementarschule aufgrund der nicht ausgebildeten Fähigkeit der gehörlosen
Kinder zum Absehen. Unter Verweis auf die Schwierigkeit der Sprachent-
wicklung bei Taubstummen, die so anders verlaufe als die bei den Hörenden, schlug Kruse vor – und hier unterschied er sich von Jäger, der den umgekehrten Weg favorisierte –, die Bildung der betreffenden Taubstummen
zwischen dem sechsten und zwölften Lebensjahr an einem Taubstummeninstitut erfolgen zu lassen, um sie dann zur weiteren Bildung an die Ortsschule
zu schicken.

Otto F. Kruse

Ein Taubstummenlehrer aus der Rheinprovinz, von der Anstalt in Köln,
Joseph Gronewald, besuchte voll Sympathie für die Graser'sche Verallgemeinerungsidee dessen Unterricht mit Gehörlosen in Bayreuth im Jahre
1835. Gronewald, der seine Ausbildung an der Berliner Taubstummenanstalt erhalten hatte, war allerdings massiv enttäuscht von dem, was er sah,
nicht zuletzt wegen der geringen Kenntnisse der taubstummen Schüler. Was
waren nun seine Beobachtungen und Erkenntnisse? Gronewald hospitierte
in einer Elementarklasse, die von 143 (!) sechs- bis achtjährigen Schülern
besucht wurde, von denen sieben taubstumm waren. Diese gehörlosen
Schüler waren vor Aufnahme in die Klasse in einem zweijährigen vorberei-
tenden Unterricht in Sprechen, Lesen und Schreiben eingeführt worden
und erhielten jeden Tag eine Art Nebenunterricht, in dem der Unterrichts-
stoff der Klasse vor- und nachbereitet wurde. Die gehörlosen Schüler rückten mit den anderen nun aber nicht in die nächste Klasse auf, sondern ver-

Joseph Gronewald

blieben während ihrer gesamten Schulzeit in der ersten Klasse, wo „auch jedes Mal das alte Pensum von vorn wieder anfängt" (Gronewald 1835, 58).

Gronewald kam zu dem Schluss, dass die insgesamt geringen Lernergebnisse der gehörlosen Schüler vor allem Frucht des besonderen Nebenunterrichts waren und dass ihre Lernmöglichkeiten in einer Schule nur für Gehörlose ungleich größer gewesen wären – ein Urteil, dass der sehr tüchtige Lehrer Poland, der diese Klasse unterrichtete, teilte, denn auch er sprach von einem „Notbehelf" (Gronewald 1835, 49ff). Aufgrund seiner desillusionierenden Erfahrungen urteilte Gronewald:

> „Sollte ich nun […] bekennen müssen, welcher Art von Taubstummen-Bildungs-Anstalten ich nach Betrachtung der Graserschen Schule den Vorzug gäbe, so würden es […] unbedingt die reinen Taubstummen-Schulen sein." (1835, 57)

Ungeachtet der von den „Fachleuten" erhobenen Bedenken und Einwände fand die Idee der Verallgemeinerung bei Vertretern der Volksschulpädagogik breite Unterstützung, denn sie erschien angesichts der gegebenen Verhältnisse wohl als der einzig aussichtsreiche Weg, auch sinnesbehinderten Kindern ein Mindestmaß an Bildung zu vermitteln.

So schrieb Friedrich Heinrich Christian Schwarz in seiner 1829 in zweiter Auflage in Leipzig erschienenen „Erziehungslehre in 3 Bänden": **Friedrich H. C. Schwarz**

> „Es giebt sehr gute Unterrichtsanstalten für die Taubstummen und Blinde, und ein sehr wichtiger Fortschritt in unsern Tagen ist die Einführung dieser Hülfe in die Volksschulen, und also ihre Verallgemeinerung." (Schwarz 1829, 504)

Unter dem Kapitel „Die Volksschule in besonderen Gestaltungen" widmete sich Wilhelm Harnisch, der Seminardirektor von Weißenfels, in seinem „Handbuch für das deutsche Volksschulwesen" auch den Schulen für Taubstumme und Blinde, und seine leitende Fragestellung lautete: „Wie ist es zu bewirken, daß wie jedes vollsinnige Kind, so auch jedes taubstumme und jedes blinde den nöthigen Schulunterricht erhalte?" (1839, 557) Harnisch gibt zu bedenken, dass es nicht zuletzt aus Kostengründen unmöglich sei, für alle Betroffenen besondere Institutionen zu gründen. Er bringt aber auch den Gedanken von Inklusion und Exklusion ins Spiel, wenn er schreibt: **Wilhelm Harnisch**

> „Aber angenommen, man brächte auch die Mittel dazu auf, alle Taubstummen und alle Blinden in geschlossenen Anstalten zu erziehen, so fragt es sich noch, ob das gut wäre […] oder ob es zweckmäßiger sein möchte, erwachsene Taubstumme und Blinde in der Gemeinschaft mit Vollsinnigen zu lassen." (1839, 557)

Vor dem Hintergrund der breiten pädagogischen Debatte und angesichts des zunehmend als unhaltbar empfundenen Zustandes fehlender Bildungsangebote für sinnesbehinderte Kinder reagierten die politisch Verantwortlichen im Königreich Preußen. Die preußische Provinz Sachsen griff die Idee der Verallgemeinerung frühzeitig auf und verfolgte eine Bildungspoli- **preußische Provinz Sachsen** tik, die, wie von Harnisch propagiert, darauf abzielte, gehörlose und blinde Kinder an den Ortsschulen durch speziell ausgebildete Lehrer unterrichten zu lassen. Diese besondere Qualifikation der Lehrer sollte an den zu Beginn des 19. Jahrhunderts neu eingerichteten Lehrerseminaren erworben werden, die eng mit Taubstummen-Übungsschulen verbunden waren. Derartig kombinierte Lehrerseminare und Taubstummenschulen entstanden zunächst an den bereits bestehenden Taubstummeninstituten in Erfurt und Halberstadt, später kamen Magdeburg und Weißenfels hinzu. Die Quellen aus dem Jahre 1837 berichten, dass in den Jahren 1832 bis 1834 etwa 100 Seminaristen in Erfurt und Halberstadt eine besondere Qualifikation für den Taubstummenunterricht erwarben und es nützlich sei,

„bei jedem Institute einige der geeignetsten Seminaristen noch längere Zeit bei dem Taubstummen-Institute festzuhalten. Solche Seminaristen erhielten dadurch eine vorzüglichere Befähigung und würden sich dann vorzugsweise zur Anstellung in den Städten eignen und der wirkliche Unterricht der Taubstummen – nicht die bloße Verbreitung – würde allgemeiner werden".[17]

Aber schon Anfang der 40er Jahre drehte sich der Wind, die entstandenen Mehrkosten wurden unübersehbar und der sächsische Landtag zog die Finanzbremse. Mit dem Hinweis auf die Provinz Brandenburg plädierten die politisch Verantwortlichen in Sachsen nun nur noch für eine erste Vorbereitung gehörloser Kinder an der Ortsschulen und eine daran anschließende Unterbringung in einer Taubstummenanstalt. Diese gewissermaßen als Kompetenzzentren konzipierten Taubstummenanstalten sollten darüber hinaus ihre Wirksamkeit

„durch die Einrichtung eines zweimal abzuhaltenden sechswöchentlichen Kursus zur Instruction solcher Schullehrer und Schulamts-Bewerber, welche anderweits keine Gelegenheit gefunden haben, sich die Befähigung zum Taubstummen-Unterricht zu erwerben, erweitern"[18].

Plädoyer für Taubstummenanstalten   Der Versuch, die finanziellen Lasten von der Provinz auf den Staat abzuwälzen, führte schließlich dazu, dass sich die sächsische Provinz in ihrem Engagement für eine breit angelegte Verankerung des Taubstummenunterrichts an den Elementarschulen zurückzog und stattdessen für die Etablierung staatlicher Taubstummenanstalten plädierte. Ebenfalls als Folge der finanziellen Restriktionen wurde die Zahl der Taubstummenanstalten in Sachsen im Dezember 1845 auf drei reduziert, so dass die Magdeburger Anstalt 1846 aufgegeben wurde.

Provinz Brandenburg   Auch in der Provinz Brandenburg konnte zu Beginn des 19. Jahrhunderts nur ein geringer Prozentsatz der registrierten Taubstummen mit Unterricht versorgt werden. Das Königliche Taubstummeninstitut zu Berlin führte eine lange Warteliste, vor allem für die Anwärter auf die wenigen Freistellen, und es blieb im Einzelfall völlig ungewiss, ob angesichts der geringen Platzzahl überhaupt ein Anwärter zum Zuge kam. Damit war es naheliegend, dass auch die Provinz Brandenburg zunächst den Weg der „Verallgemeinerung des Taubstummenunterrichts" einschlug.

In der Circular-Verfügung von 1832 zum Elementarschulwesen finden wir unter der Überschrift „Besondere Lehranstalten" die höchst aufschlussreiche folgende Passage zu den „Taubstummen-Anstalten", die alle wichtigen Elemente der Verallgemeinerung beinhaltet:

Circular-Verfügung 1832

„Die große Menge von Taubstummen, welche zwar noch im bildungsfähigen Alter, aber in den wenigen vorhandenen Taubstummen-Instituten nicht mehr unterzubringen sind, so wie der übergroße, im Zunehmen begriffene Andrang zu diesen Instituten, hat das Ministerium veranlaßt, auf umfassende und durchgreifende Maßregeln zum Besten dieser Unglücklichen Bedacht zu nehmen. Nach den angestellten Untersuchungen und eingegangenen Berichten sind in den Königl. Landen gegenwärtig über 8000 Taubstumme vorhanden, und unter diesen über 1700 noch im bildungsfähigen Alter. Von den letztern sind aber in den sämmtlichen öffentlichen und Privat-Instituten nur höchstens 170 als noch nicht der zehnte Theil untergebracht. Eine Vermehrung der Institute nach Bedürfniß ist schon darum nicht ausführbar, weil die kostspielige Unterhaltung der Zöglinge in selbigen die Kräfte der meisten Eltern, und selbst des Staats übersteigen würde.

Das Ministerium findet es daher angemessen, einen neuen Weg einzuschlagen, wozu auch die Fortschritte des Zeitalters in der Taubstummen-Bildung auffordern, indem man den Taubstummen-Unterricht nicht mehr als eine geheime, sehr complicrte und schwierige Kunst, sondern als eine zwar eigenthümliche, auf die besondere mangelhafte Beschaffenheit des Schülers berechnete, aber mit jeder andern psychologisch begründeten, naturgemäßen Unterrichtsmethode sehr verwandte Lehr- und Behandlungsweise betrachtet und das Zusammenleben von taubstummen mit hörenden und sprechenden Kindern nicht nur für zulässig, sondern sogar für wünschenswerth und mehr sachförderlich erklärt […]

Für die Lösung dieser Aufgabe ist es besonders wünschenswert, daß baldmöglichts in jedem Schul-Inspektionskreise ein Lehrer vorhanden sei, welcher die Taubstummen seines Wohnortes und der nächsten Umgegend zu unterrichten im Stande sei […] Auf diese Weise wird es sich vielleicht in einem Jahrzehnt bewirken lassen, daß in allen Provinzen der Monarchie, ohne unverhältnismäßige und unerschwingliche Kosten für die Bildung der unglücklichen Taubstummen in der Nähe, oder selbst an Ort und Stelle gesorgt, und der jetzige meist vergebliche Andrang zu den Instituten beseitigt wird." (Neigebauer 1834, 246f)

Das war das Programm, die Theorie – aber wie sah die Praxis aus? Vieles spricht dafür, dass die Erwartungen nicht erfüllt wurden, und überlieferte Berichte belegen, dass auch in den Folgejahren nur einem kleinen Teil der taubstummen Kinder Bildungsmaßnahmen angeboten werden konnten.

Das „Königliche Consitorium und Schul-Collegium der Provinz Brandenburg" hatte im Dezember 1834 verfügt, dass jeder Geistliche verpflichtet sei, taubstumme Kinder vom 7. bis zum 16. Lebensjahr an den betreffenden Superintendenten einmal im Jahr zu melden. Somit waren die kirchlichen und staatlichen Stellen sehr genau über die Zahl der taubstummen Kinder informiert. In einem Bericht über die Anzahl der konfirmierten Taubstummen aus dem Jahre 1835 für die Superintendantur in Brandenburg finden sich folgende Angaben:

taubstumme Konfirmanden

„In Golzow ist ein taubstummes Mädchen, von 33 Jahren, ohne Unterricht geblieben, macht sich durch Zeichen deutlich. In Lehnin ist ein Taubstummer von 43 Jahr, ist Zimmergesell und tüchtiger Arbeiter. In Jeserick ein taubstummes Mädchen von 8 Jahren ist nicht taubstumm geboren, sondern verlor im 4ten Jahre Gehör und bald darauf die Sprache, ist unterrichtslos, weil der Lehrer es nicht versteht, sich mit dergleichen Kindern zu beschäftigen.

Von den 6 Taubstummen sind 3 bildungsfähig, einer von ihnen ist in das Taubstummen-Institut in Berlin aufgenommen, die beiden anderen haben an ihrem Geburtsorte, Ketzin, keine Gelegenheit zum Unterricht und sind die Eltern derselben zu arm, um sie im Taubstummen-Institute unterrichten zu lassen. Alle 3 sind ohne Confirmations-Unterricht.

Von den 3 bildungsunfähigen Taubstummen sind 2 blödsinnig und körperlich gebrechlich, sie können weder gehen, noch stehen, der 3te hat nie Unterricht gehabt und kann deshalb nicht zum Confirmations-Unterricht gelassen werden."[19]

Pfarrer und Elementarlehrer

Die Erteilung des Konfirmandenunterrichts für taubstumme Jugendliche durch die Pastoren gestaltete sich in der Regel als äußerst schwierig, da nur wenige Geistliche für diese Aufgabe vorbereitet waren und sich daher oft mit Gebärden behalfen bzw. sich damit begnügten, die zu Konfirmierenden der Gemeinde vorzustellen und sie ohne Prüfung einzusegnen. Nicht viel anders erging es den Elementarlehrern, die zum größten Teil keinerlei zusätzliche Ausbildung erhielten, von denen aber dennoch erwartet wurde, dass sie sich der taubstummen Schüler annahmen.

Nachdem der Plan der Gründung einer Lehrerbildungsanstalt in Verbindung mit einer Taubstummenschule weder in Neuzelle noch an einem anderen Ort in Brandenburg in die Tat umgesetzt wurde, blieb als einzige Möglichkeit der Qualifizierung ein Fortbildungsangebot für Volksschullehrer an der Taubstummenanstalt zu Berlin, wo ab 1836 jeweils sechswöchige Lehrerkurse über die Methodik des Taubstummenunterrichts abgehalten wurden. Im Schulblatt für die Provinz Brandenburg von 1836 schreibt der Berichterstatter Otto Schulz vom Provinzialschulkollegium:

„Ich habe die Überzeugung, daß die 13 Lehrer, welche an dem Lehrercursus theilgenommen haben, sehr wohl im Stande sein werden, den ersten Unterricht der in ihrem Wohnorte oder in ihrer Nähe lebenden taubstummen Kinder mit Erfolg zu übernehmen und daß einige derselben sich vielleicht zu vorzüglichen Lehrern für Taubstumme ausbilden werden. Es kommt beim Taubstummen-Unterricht vornehmlich darauf an, daß derjenige, der ihn mit Erfolg treiben will, schon im Allgemeinen ein tüchtiger Lehrer sei und sich diesem anfangs schwierigen, aber in der That auch sehr belohnenden Zweige des Unterrichts mit wahrer Liebe zu den Unglücklichen widme."[20]

Lage der Volksschullehrer

Betrachtet man die Situation in der gesamten Provinz Brandenburg, so waren die ergriffenen Maßnahmen sicherlich nur ein Tropfen auf den heißen Stein, nicht zuletzt deshalb, weil die Elementarlehrer selbst in dürftigen materiellen Verhältnissen lebten und selbst bei gutem Willen kaum in der Lage waren, taubstumme Schüler aufzunehmen, was am Anfang der Entwicklung gängige Praxis war. Das folgende Zeugnis belegt eindrucksvoll die materielle Lage der Volksschullehrer zum damaligen Zeitpunkt. Ein Lehrer aus

Staupitz wandte sich 1845 mit folgender Bitte um finanzielle Unterstützung an der Oberpräsidenten der Provinz Brandenburg:

„Ich bin seit 21 Jahren Küster und Lehrer in Staupitz, bei Finsterwalde, bei einem Gehalt von 110 Thaler, wenn das Schulholz abgerechnet wird, das mir zur Heitzung des Schulzimmers reicht. Vor 5 Jahren forderte mich die Hochverordnete Landes-Deputation Lübben nach Berlin, in die Königliche Taubstummen-Anstalt, um den Unterricht taubstummer Kinder zu erlernen. Seit beinahe drei Jahren wurden mir von der Landes-Deputation, 3 notorisch arme Kinder zum Unterricht und zur Verpflegung übergeben, die ich bis erfolgter Confirmation bei mir behalten soll, und ich arbeite nun an diesen Taubstummen mit dem besten Erfolg – wenn ich die Leistungen der Taubstummen, in der Taubstummen-Anstalt zu Berlin, zum Maßstabe nehmen darf. Da ich nun diese Kinder so weit gebracht habe, daß der höhere Sprachunterricht, biblische Geschichte und Religion ihnen gelehrt werden kann, und ich sie bis nach erfolgter Confirmation bei mir behalten soll, ich mich aber nicht für fähig genug erachte, um auf bestmöglichste Weise diesen hochwichtigen Unterricht, mit segensreichen Erfolg ertheilen zu können, so habe ich in diesen Tagen die Königliche Taubstummen-Anstalt zu Berlin nochmals auf mehrere Wochen besucht […]
    Aber eins erfüllt dabei mein Herz mit Bangigkeit und Sorgen:
    Wie es mir möglich sein wird, diesen Kindern, den drei erstern bei einem Verpflegungsgeld von jährlich 36 Thaler, und den Letztern bei nur 20. 24 bis höchstens 30 Thalern […] werde eine gesunde und nährende Kost in hinlänglichem Maße gewähren können, da Knaben bekanntlich ohnedieß stärkere Esser sind als Mädchen, und bei ihrem Heranwachsen täglich mehr bedürfen werden, und mir es nicht gegeben ist, die Kinder darben zu lassen."[21]

„Verallgemeinerung" in der Blindenbildung: Wie bereits angedeutet, bezog sich die Verallgemeinerungsbewegung auch auf die Gruppe der Blinden, wobei die methodischen Schwierigkeiten des Unterrichts im Vergleich zu dem der Taubstummen als prinzipiell geringer angesehen wurden. Dies mag auch ein Grund dafür sein, dass es zu keinen kombinierten Einrichtungen von Blindenschulen und Lehrerseminaren kam. Im Jahre 1838 erließen die königlichen Regierungen der Provinz Brandenburg eine Circular-Verfügung an die geistliche Schulaufsicht, in der die Superintendenten sowie die Schulinspektoren aufgefordert wurden, sich der blinden Schüler in ihren Schulen anzunehmen:

Circular-Verfügung 1838

„Wir finden uns […] veranlaßt, die Aufmerksamkeit der Herren Geistlichen und der Schullehrer auf das traurige Schicksal blinder Kinder hinzulenken, dem sie nur zu häufig hülflos in der falschen Meinung überlassen werden, daß in sofern sie nicht in einem förmlichen Blinden-Unterrichts-Institute untergebracht werden können, es kein Mittel gebe, für ihre geistige Ausbildung und für Erlernung eines sie künftig nährenden Berufes etwas zu thun, während für beide Zwecke, wo wohlwollend und thätig besorgte Menschenfreunde sich ihrer annehmen, immer noch Vieles geschehen kann."

Zugleich wurden Geistliche und Lehrer aufgefordert, bis

„1sten November d. J. uns nähere Anzeige zu erstatten und diesen Berichten zugleich eine Nachweisung der in ihren Auffsichtsbezirken vorhandenen blinden Kinder vom zurückgelegten 5ten bis zurückgelegten 16ten Jahre beizufügen".

Johann G. Knie

Zurückhaltend verhielt sich die Verfügung in der Frage, wie diese neue pädagogische Auflage an den Schulen konkret in die Tat umgesetzt werden solle. Lediglich der Hinweis auf die Publikation des Vorstehers der Breslauer Blindenanstalt, Johann Georg Knie (gemeint ist seine Schrift „Anleitung zur Behandlung blinder Kinder […]" in 2. Auflage von 1837) und deren Abgabe von jeweils zwei Exemplaren „An die Bibliothek der pädagogischen Lesegesellschaft und an die Schullehrer-Lesezirkel"[22] sind eindeutige Hinweise darauf, dass sich die Lehrer durch Selbststudium die nötigen Kenntnisse und Fertigkeiten aneignen sollten.

Blinde ohne Unterricht

Wie groß der Anteil der unterrichtlich unversorgten blinden Kinder in der Provinz Brandenburg war, zeigt die Verfügung der Regierung von Frankfurt (Oder) vom 20. Juli 1839, in der unter Bezug auf die eingegangenen Berichte zur Situation blinder Kinder statistische Angaben sowie die Ermahnung zur Erfüllung der neuen pädagogischen Aufgaben enthalten sind:

„Die Berichte auf Grund der Circularverfügung No. 628 vom Januar 1838 haben ergeben:

- im Verwaltungsbereich gibt es 25 blinde Kinder vom 5. bis 6. Lebensjahr
- davon erhalten 13 den nötigen Unterricht an öffentlichen und Privatschulen
- 12 bekommen gar keinen Unterricht
- 2 Kinder nehmen am Konfirmandenunterricht teil
- 3 sind bereits konfirmiert

‚Wenn wir einer Seits das hierzu von mehreren Predigern und Schullehrern zum Theil auf eine sehr beifallswerthe Weise Geschehene rühmlichst anerkennen, so müssen wir doch wünschen, daß diese menschenfreundlichen Bemühungen nicht nur auf das eifrigste fortgesetzt, sondern auch auf die Kinder, welche bisher den nöthigen Elementar- und Confirmanden-Unterricht noch nicht erhalten haben, ausgedehnt werden.'"[23]

Ausbildung von Elementarlehrern

Neben einer pädagogischen Fort- und Weiterbildung in Form von Selbstinstruktion und Beratung fassten die politisch Verantwortlichen aber noch ein weiteres Mittel ins Auge, das allerdings ganz offensichtlich sehr viel seltener zum Zuge kam als bei der Anleitung zum Taubstummenunterricht: die qualifizierte Ausbildung in einer Blindenanstalt. Die Vorbereitung von tüchtigen Volksschullehrern auf den Unterricht mit blinden Schülern findet sich schon im § 21 des Reglements der Berliner Blindenschule von 1813, kam aber wegen der Kriegswirren nicht zur Anwendung. Als schließlich der erste Hilfslehrer für den Blindenunterricht an Volksschulen 1823 seine Ausbildung am Berliner Institut begann, bekräftigte der preußische Kultusminister von Altenstein[24] die eingeschlagene Politik, durch „Verallgemeinerung" an den Ortsschulen auch gehörlosen und blinden Kindern Bildungsmöglichkeiten zu eröffnen:

„Wenn nun, wie bei dem Unterrichte der Taubstummen zum Theil schon zur Ausführung gekommen ist, auch für den Unterricht der Blinden in hiesiger Blindenanstalt junge Männer gebildet werden, die nachher imstande sind, auch die ihnen zuzusendenden blinden Kinder neben den sehenden – wie dies leicht geschehen kann – zu unterrichten, so lässt sich auf diese Weise der wesentlichste Zweck der Blindenanstalt erreichen, die dann auch je länger je weniger der Hülfe des Staates bedürfen wird."[25]

Unter rein quantitativem Aspekt dürften die eröffneten Qualifikationsangebote am Berliner Blindeninstitut insgesamt aber eher bescheiden geblieben sein, nicht zuletzt deshalb, weil 1839 diese Form der Weiterbildung staatlicherseits bereits aufgegeben wurde. Hintergrund dieser Entscheidung war offenbar der Wille, Kosten zu sparen, was sich umso leichter legitimieren ließ, als schlichtweg behauptet wurde, dass

Fortbildung am Blindeninstitut

„die Methode beim Unterrichten blinder Personen wesentlich dieselbe ist, welche beim Unterricht überhaupt angewandt werden muß, und daß es daher besonderer Veranstaltungen zur Bildung von Lehrern für den Unterricht der Blinden nicht bedarf."[26]

Angesichts der großen Notlage und des Bedarfs unterstützten die wenigen pädagogischen Fachleute, also die Blindenpädagogen, die Verallgemeinerungsbestrebungen des Blindenunterrichts uneingeschränkt. So befürwortete der bereits erwähnte Johann G. Knie eine frühzeitige Unterrichtung blinder Kinder an den Ortsschulen als Vorbereitung für die spätere Ausbildung an einer Blindenanstalt, wobei er nicht zuletzt auf die positiven Effekte eines gemeinsamen Unterrichts auch für die nicht behinderten Schüler hinwies,

„denn ein blindes Kind kann von dem fünften, spätestens von dem achten Jahre an die öffentliche Schule der Sehenden mit sehr großem Nutzen besuchen, wenn nur der Lehrer auf den Zustand des Kindes in der vorhin angedeuteten Art gehörig Rücksicht nehmen will. Ja die sehenden Kinder können sogar viel bei dieser Gelegenheit mitlernen, wenn der Lehrer sie auf die Bedürfnisse des blinden Kindes und auf die Art aufmerksam macht, wie man mit demselben umgehen müsse, nicht zu vergessen, den moralischen Nutzen, den es für die sehenden Kinder hat, wenn sie sich gewöhnen, dem hülfsbedürftigen Blinden durch wechselweises Abholen zur Schule und auf andere Art hülfreiche Hand zu leisten." (Knie 1838, 323)

Allerdings machte Knie zugleich deutlich, dass besondere Blindeninstitute für eine adäquate Ausbildung der Blinden unerlässlich seien. In ähnlicher Weise argumentierte der Leiter der Gmünder Taubstummen- und Blindenanstalt, Viktor August Jäger. Jäger erhoffte sich von einer Unterrichtung blinder Schüler an den heimischen Ortsschulen nicht nur eine Überwindung bestehender kapazitärer Grenzen, sondern zugleich einen besseren Erfolg der Blindeninstitute, die häufig sehr spät ihre Schüler erhielten. Damit brachte Jäger den uns heute so geläufigen Gedanken der Prävention in die Debatte:

Prävention

„Allein es entsteht die Frage: Ist durch die bisher errichteten Institute für die Blinden hinlänglich gesorgt? Wir beklagen es, diese Frage verneinen zu müssen. Die Institute reichen für die Zahl der Blinden bei weitem nicht hin und die Mehrzahl derselben fällt noch immer bei aller Bildungsfähigkeit dem Müßiggang und dem Bettel, sittlicher Verdorbenheit und trauriger Unwissenheit anheim […] Die Schuld daran müssen wir bei vielen in der verkehrten Behandlung suchen, welcher sie vor Aufnahme in ein Institut unterworfen waren. Manche werden nämlich, sey es aus übertriebener Zärtlichkeit, oder aus anderen Gründen, von allen und jeden körperlichen Verrichtungen so ferne gehalten, daß ihre Hände erschlaffen und nie wieder eine solche Muskelkraft und Gelenkigkeit erhalten, als ihnen zu einem fertigen Betrieb mechanischer Arbeiten nöthig wäre […] aus dem Gesagten folgt denn: ‚Die öffentliche Sorge für die Blinden muß mit dem Entstehen ihres Gebrechens beginnen und nicht erst, wie bis jetzt allgemein geschah mit ihrer Aufnahme in ein Institut.'" (Jäger 1830, 132)

Auch August Zeune äußerte sich wiederholt positiv zu den Verallgemeinerungsbestrebungen, da die wenigen bestehenden Blindenanstalten auf keinen Fall den Bedarf decken konnten:

„Da von Seiten des Staates bis jetzt in der Blindenanstalt nur 12 Freistellen für Blinde waren und bei der vorherrschenden Blindheit in den ärmeren Ständen die Erlangung eines selbstmäßigen Kostgeldes den Verwandten der Kinder oft schwer fällt, überdies jene 12 Freistellen auf den ganzen Staat von der Memel bis zur Maaß sich ausdehnen, so scheint es um so nothwendiger, einige Winke über den Unterricht blinder Kinder in den sogenannten Elementarschulen hier auszusprechen."[27]

Die Bemerkung in einer Verfügung der Regierung Frankfurt (Oder) von 1853, dass wir „aus einem Specialfall die Befürchtung entnehmen müssen, daß unsere Circular-Verfügungen vom […] Januar 1838 […] und 20. Juli 1839 […] in Vergessenheit gekommen sind"[28], beleuchtet schlaglichtartig die offenbare Tatsache, dass die Erfolge der Verallgemeinerung für die Blinden äußerst gering waren. In eben diesem Sinne wünschte sich August Zeune 1847, dass „alle Blinde unterrichtet werden möchten, nicht bloß wie jetzt der kleinste Theil, und daß nicht die Schullehrer für Sehende blinde, am allerwenigsten kurzsichtige Kinder zurückweisen dürften".[29]

Vernachlässigung behinderter Kinder

Wiederholter Tenor der Berichte über den Unterricht Blinder war, dass die betreffenden Kinder in der Ortsschule häufig unbeachtet blieben und dass Lehrer, aber auch Eltern mit der Aufgabe überfordert seien.

So heißt es anlässlich der Aufnahme des 13-jährigen Knaben August Witzsche in die Blindenanstalt von Berlin im August 1853: „Mit dem 6ten Jahre ist der Knabe in die Schule gegangen, ohne daß der Schullehrer sich besonders mit ihm abgegeben hat."[30]

Über Henriette Ruhle, geboren 1836 als Tochter eines Zimmergesellen, lesen wir anlässlich ihrer Entlassung aus der Königlichen Blinden-Anstalt: „[…] war vom 1. April 1848 bis Ende März 1851 in der Königl. Blinden-Anstalt, in welche sie sehr vernachlässigt u. ungebildet eingetreten."[31]

Bildungschancen und soziale Herkunft

Wie sehr die Bildungschancen behinderter Kinder – damals wie heute – durch das soziale Herkunftsmilieu geprägt wurden, zeigt das Beispiel von Carl Ebell, Jhrg. 1840, Sohn eines Tuchfabrikanten. Der Vater des Jungen nahm bereits 1845 Kontakt zu

Zeune auf und besprach mit ihm eine spätere Aufnahme als Privatzögling in die Berliner Blindenanstalt. Der Junge besuchte zunächst die Bürgerschule an seinem Heimatort Neu-Ruppin, wo er „Privatunterricht in Musik, Latein und Französisch" erhielt. 1853 erfolgte die Aufnahme in die Berliner Blindenanstalt, die er mit großem Erfolg absolvierte.[32]

Wir berichteten bereits, die soziale Lage der Volksschullehrer auf dem Lande war zu Beginn des 19. Jahrhunderts äußerst bedrückend. In großer Abhängigkeit von der geistlichen Schulaufsicht, schlecht bezahlt, konfrontiert mit Klassenstärken von 100 Schülern und mehr, ungenügend ausgebildet und mit geringen Mitteln ausgestattet, sollten sie nun auch noch für den Unterricht behinderter Schüler sorgen, der wohl von den politisch Verantwortlichen als zusätzliche Bürde kleingeredet wurde, aber von all denen, die als Fachleute über Erfahrungen verfügten oder aber als Anfänger vor die Aufgabe gestellt waren, als große pädagogische Herausforderung betrachtet wurde.

Überforderung von Lehrern

Der folgende Bericht eines Lehrers aus Königsberg in der Neumark/Brandenburg vermittelt eine Ahnung von den Schwierigkeiten, mit denen auch engagierte Lehrer zu kämpfen hatten, da sie offenbar über keinerlei Hilfsmittel für den Blindenunterricht verfügten:

> „Die Verfügung [...] vom 14. October 1853 veranlaßt die Lehrer, welche blinde Kinder in ihren Schulen haben, zur sorgfältigeren Beschäftigung derselben; und welcher Lehrer möchte einem solchen armen Kinde nicht gern helfen? Die Schriftchen von Hientzsch und Knie, welche in jeder Lehrerbibliothek zu finden sind, geben dazu reichlich Anweisung. Mancher aber mag in seinem guten Willen zurückgeschreckt werden, wenn er bei seinen eigenen geringen Mitteln an Anschaffung der Apparate denkt, die der Blindenunterricht erheischt und welche die gewöhnlich unbemittelten Eltern der blinden Kinder auch nicht herbringen können. Er widmet daher dem Blinden nur in solchen Gegenständen des Unterrichtes größere Sorgfalt, bei denen es auch für ihn außergewöhnlicher Unterrichtsmittel nicht bedarf."[33]

Dass weniger motivierte Lehrer sich erst gar nicht der Mühe unterzogen, besondere Unterrichtsmaterialien herzustellen, liegt auf der Hand. Voller Verständnis für die Situation der überlasteten Volksschullehrer schreibt der Nachfolger Zeunes, Johann Gottfried Hientzsch:

Johann G. Hientzsch

> „Die meisten Volksschulen sind von den vollsinnigen Schülern schon überfüllt, daß die Lehrer kaum durchkommen und alle genügend beschäftigen können, wobei die Thätigkeit des Lehrers immer nur ein Massen-Unterricht sein kann. Das leuchtet aber gewiss Jedem ein, daß der Unterricht bei Blinden mehr speciell die Berücksichtigung des einzelnen Schülers verlangt. Mithin ist der Mitbesuch der zahlreichen Volksschulen von Seiten der blinden Kinder nur besser als gar keine Schule, nur ein Nothbehelf für so lange als nichts Anderes und Besseres gewährt werden kann."[34]

„Verallgemeinerungsdebatte" in Wien: Ein Blick nach Wien zeigt, dass auch dort eine Debatte um die Verallgemeinerung des Unterrichts für Gehörlose und Blinde geführt wurde. Da es auf der Seite der Schulenoberaufsicht vor allem aus Kostengründen immer wieder Vorbehalte gegenüber dem Wiener Blindeninstitut gegeben hatte, erfuhr die Idee, gehörlose und blinde Kinder an ihren Heimatschulen zu unterrichten, breite Resonanz. Schon 1814 findet sich in einem Bericht über das Taubstummen- und Blindeninstitut der niederösterreichischen Landesregierung an die Hofkanzlei der Hinweis, dass die bestehenden Anstalten nach Auffassung der maßgeblichen politischen Repräsentanten als Musteranstalten zu betrachten seien und demnach kein Grund zu einer Erweiterung derselben vorläge, stattdessen aber einer Verlegung des Unterrichts an die jeweiligen Ortsschulen das Wort geredet wurde.[35]

Die Vorstellungen hinsichtlich des Verhältnisses von Sonderinstitutionen zur allgemeinen Schule differierten aber auch in Österreich. Während es einerseits Überlegungen und Hoffnungen gab, durch die Verallgemeinerung über kurz oder lang ganz auf besondere Anstalten verzichten zu können, wurden andererseits Ideen entwickelt, die eine stärkere Kooperation zwischen Sonderinstitut und Ortsschule vorsahen, indem die Letztere auf den Besuch der Anstalt vorbereiten sollte bzw. als „Ersatzmaßnahme" für noch fehlende Gehörlosen- bzw. Blindeninstitute betrachtet wurde.

J. W. Kleins Position

Interessant ist in diesem Zusammenhang die Position des langjährigen Leiters der Wiener Blindenanstalt, Johann Wilhelm Klein, die sich im Laufe der Jahre wandelte. Klein wandte sich zunächst sehr eindeutig gegen alle Vorschläge, blinde Schüler ausschließlich in den örtlichen Elementarschulen zu unterrichten, da in ihnen eine „frühe Übung in mechanischen Arbeiten, insofern sie den Lebensunterhalt sichern, mithin dasjenige betreffen, was Kinder aus den niedern Ständen zu ihrer künftigen Existenz am nothwendigsten brauchen". So trat er in einer gutachterlichen Stellungnahme für selbständige Blindeninstitute ein, da nach seiner Überzeugung nur dort eine angemessene Bildung und Ausbildung für Blinde erfolgen könne:

„Den Blinden und Taubstummen fehlen gerade die 2 Sinne welche zur Geistesbildung am nothwendigsten sind, und zugleich steht ihnen das Vorurtheil entgegen, daß für diese abgängigen Sinne kein Ersatzmittel möglich sey, und daß sie daher keiner ordentlichen Bildung fähig seyn. Sie werden in ihren Familien sich selbst und ihrer Unbehülflichkeit überlassen und erscheinen daher meistens in einem halbthierischen Zustande. Doch ist bey den blinden Kindern noch eher eine Spur von Geistesentwicklung zu finden, weil sie durch die Sprache unvermerkt neue Begriffe erlangen, und auf eben diesem Wege ihre Gedanken mittheilen können, dagegen das taubstumme Kind auf die natürliche Geberdensprache beschränkt ist, welche selten weiter reicht, als die Befriedigung der natürlichen Bedürfnisse es erfordern.

Diesen Mängeln der häuslichen Erziehung der Taubstummen und Blinden kann nur nach und nach abgeholfen werden, durch den Einfluß und das Beyspiel der Taubstummen- und Blinden-Institute; durch Nachbildung tauglicher Lehrer für diesen Unterricht, und durch faßlich geschriebene Anleitungen zur Behandlung und ersten Bildung der taubstummen und blinden Kinder."[36]

Kleins Einstellung und Bewertung der Verallgemeinerungsidee wandelte sich in den 30er Jahren zugunsten einer stärkeren Favorisierung eines Unterrichts blinder Schüler an den Ortsschulen bei gleichzeitigem Aufbau von sogenann-

ten „Musteranstalten". Ausschlaggebend hierfür waren sicherlich der unbe-
friedigende Stand der Blindenbildung, der auch in Österreich nur einen kleinen Prozentsatz von Schülern erreichte, sowie Kostenerwägungen. In einem
angeforderten Gutachten anlässlich der geplanten Errichtung einer Blindenanstalt in Brünn urteilte Klein im Hinblick auf die Verallgemeinerung:

„Auf solche Art kann Blinden-Unterricht nach und nach in die betreffenden Familien
verpflanzt und dem gewöhnlichen Unterricht näher gerückt werden, was in ökonomischer und mancher anderen Beziehung zu wünschen ist, und auf jede Art befördert zu
werden verdient."[37]

Dass dieser Sinneswandel auch etwas mit der eigenen Interessenlage zu tun
hatte, ist ebenfalls den Quellen zu entnehmen. Klein war nicht besonders
motiviert, blinde Kinder vom Lande in der Wiener Anstalt aufzunehmen, da
sie ganz offensichtlich die angestrebten Ziele der Erziehung zur bürgerlichen Brauchbarkeit erschwerten und damit dem Prestige seines Instituts
abträglich waren. Im Unterschied zu Zeune, der, gemäß dem neuhumanistischen Bildungsideal, auch in der Bildung der Blinden eine die Standesgrenzen überwindende Bildung zumindest offenhielt, propagierte Klein eine an
der Herkunft orientierte „realistische" Ausbildung seiner Kientel. In den
Gesprächsaufzeichnungen, die ein Jahr vor seinem Tod von dem hannover-
schen Blindenlehrer Ludwig Ostermann gemacht wurden, finden wir die
Überzeugung Kleins bestätigt, dass es für die Blinden am besten sei,

„und ihre eigene Zufriedenheit und Fortkommen am meisten gesichert, wenn man sie
in den Verhältnißen, in welchen sie geboren sind, und ihre früheste Jugend zuge-
bracht haben, erhält, die Sorge für sie denen überlässt und zutheilt, welche von Natur
und durch die bürgerliche Verfaßung dazu verpflichtet sind, nämlich den Eltern und
Gemeinden" (Ostermann 1848; zit. nach Degenhardt/Rath 2001, 22).

„Verallgemeinerungsdebatte" in Frankreich: Eingedenk der starken internationalen Verflechtungen verwundert es nicht, dass auch in Frankreich unter
Bezug auf die Debatte in den deutschsprachigen Ländern die Idee einer
„Verallgemeinerung" diskutiert wurde. Wie bereits dargelegt, stagnierte in
Frankreich nach den großartigen Anfängen die weitere institutionelle Entwicklung der Einrichtungen für Sinnesbehinderte und auch deren ursprünglicher Charakter als Bildungsinstitutionen verlor immer mehr an Bedeutung. Angesichts der Tatsache, dass nur ein Bruchteil der französischen Gehörlosen in den Genuss von Bildung und Ausbildung gelangte und zugleich
der Einsatz weiterer finanzieller Mittel für einen Ausbau der Bildungsmaßnahmen für Taubstumme seitens des Staates immer wieder auf sich warten
ließ, wurde die Idee der Verallgemeinerung auch in Frankreich als eine
Möglichkeit diskutiert, einen größeren Personenkreis Gehörloser mit Unterricht und Ausbildung zu versorgen. Dabei erhofften sich die Befürworter
einer Unterrichtung Taubstummer an den Elementarschulen nicht zuletzt
auch eine Verbesserung des Elementarschulunterrichts selbst.

**„Verallgemeine-
rung" Frankreich**

Ablehnung durch Taubstummenpädagogen

Den Konferenzprotokollen des Taubstummeninstituts von Paris ist zu entnehmen, dass die Idee der Verallgemeinerung bei den betroffenen Lehrern allerdings auf wenig Gegenliebe stieß. So wurde nicht nur bezweifelt, dass die Elementarlehrer über die erforderlichen Kompetenzen verfügten. Es wurde auch befürchtet, dass durch Einführung eines vereinfachten Unterrichts für Gehörlose an den Primarschulen zugleich eine Kürzung des sich anschließenden Spezialunterrichts in einem besonderen Taubstummeninstitut erfolgen würde. Stattdessen plädierten die Professionellen dafür, in Frankreich etwa 20 Spezialinstitute zu gründen, an denen gut ausgebildete Fachkräfte einzusetzen seien, die ihre Ausbildung an den Schulen von Paris und Bordeaux erhalten sollten. Diese vorwiegend ablehnende Haltung gegenüber einer Öffnung in Richtung allgemeine Schule erklärt sich zweifellos auch durch die strukturelle Besonderheit, dass den Einrichtungen für Sinnesbehinderte in Frankreich – ungeachtet verschiedener Vorstöße seitens der Pädagogen – der Wechsel zum Erziehungsministerium nicht gelang. Damit fehlte ihnen die Basis für Sicherheit und Offenheit gegenüber dem allgemeinen Schulwesen. Dass man im Unterschied zum Taubstummeninstitut in den Akten der Pariser Blindenschule keine Hinweise auf eine Diskussion um die „Verallgemeinerung" findet, ist ein weiteres Indiz für den geringen Stellenwert, den pädagogische Fragen in dieser Institution während der 20er und 30er Jahre des 19. Jahrhunderts hatten.

Geringe Erfolge der „Verallgemeinerung": Als Wilhelm Harnisch 1839 seine dritte Auflage vom „Handbuch für das deutsche Volksschulwesen" vorlegte, in dem nach wie vor für die Idee der Verallgemeinerung geworben wurde, war der Zenit dieser Bewegung auf deutschem Boden bereits überschritten.

Kein geringerer als Friedrich Moritz Hill (1805–1874), ein über die Grenzen Deutschlands hinaus bekannter Vertreter der Taubstummenpädagogik, der seit 1830 an dem von Harnisch geleiteten Lehrerseminar in Weißenfels der Taubstummenschule vorstand, schrieb resigniert in Diesterwegs „Wegweiser für deutsche Lehrer" von 1838:

Friedrich Moritz Hill

„Fragt man endlich, nachdem jene Veranstaltungen zur Verallgemeinerung des Taubstummen-Unterrichts 15 Jahre bestanden haben, nach dem Erfolge derselben, so muß eingestanden werden, daß er im Ganzen sehr gering ist und also die Hoffnungen, welche man bei ihrer Einrichtung hegte, sich nicht erfüllt haben. Die Zahl der Volksschullehrer, welche sich mit dem Taubstummen-Unterricht beschäftigen, ist sehr gering, und die Erfolge dieser Thätigkeit sind nur selten erheblich. Die Mehrzahl der Taubstummen entbehrt unter solchen Umständen immer noch eines geistbildenden Unterrichts." (Hill 1844, 472f)

Plädoyer für besondere Schulen

Und nicht anders als der Berliner Blindendirektor Hientzsch sah Hill die Zukunft der Taubstummenpädagogik allein in der verstärkten Etablierung besonderer Schulen für Taubstumme, jedoch nicht in isolierten, abgeschlossenen Anstalten, wobei er Dänemark als leuchtendes Vorbild erwähnte:

„In Betreff der äußern Entwickelung der Taubstummen-Unterrichtsangelegenheit läßt sich […] doch wohl hoffen, daß die jetzige Periode, in welcher in Deutschland eine Vorbereitung der Taubstummen für den Eintritt in eine Anstalt durch Prediger und Lehrer erstrebt wird, eine bloße Uebergangsperiode ist, in der sich allmählig so viele Institute entwickeln, daß, so wie es jetzt schon in Dänemark der Fall ist, auch in Deutschland alle Taubstumme in wohl eingerichteten besonderen Anstalten ihre Bildung erlangen können. Die Erscheinungen unserer Zeit sprechen wenigstens für diese Annahme, denn die meisten Lehrer, welche bis jetzt, für den Unterricht der Taubstummen befähigt, ihn begonnen haben, streben darnach, neue Institute zu establiren […] Erst dann also, wenn alle Taubstummen in besondern Anstalten unterrichtet werden und alle geschlossenen Institute in Schulen umgewandelt worden sind, läßt sich sagen, daß die Taubstummen-Bildungsangelegenheit äußerlich ihre höchste Entwicklungsstufe erlangt hat." (Hill 1844, 474)

Gründe für Scheitern

Gedanke und Plan der „Verallgemeinerung" waren ein großartiges und faszinierendes bildungspolitisches Projekt: ein Elementarschulwesen zu schaffen, das auch den sinnesbehinderten Kindern zugänglich sein sollte, das durch Kombination von Spezial- und Volksschulen frühzeitige und behindertengerechte Bildung vermitteln, durch ein Höchstmaß an Gemeinsamkeit von behinderten und nicht behinderten Kindern soziales Lernen befördern und Exklusion verhindern sollte und das eine Lehrerbildung anstrebte, in der eine spezielle Pädagogik ein integraler Bestandteil derselben werden sollte. Aber diese Idee scheiterte, musste scheitern – so urteilen wir aus heutiger Sicht, und die Gründe hierfür sind vielfältiger Natur.

Systemschwäche des Bildungswesens

Sie lagen zum einen in einer halbherzigen Bildungspolitik, die zwar das Bildungsrecht Sinnesbehinderter im Prinzip anerkannte und zu befördern suchte, aber weder bereit noch in der Lage war, die erforderlichen ideellen und materiellen Voraussetzungen für die Realisierung der formulierten Bildungsziele zu schaffen. Und sie waren folglich begründet in einer Systemschwäche des Bildungswesens, gekennzeichnet durch übergroße Klassen und damit der fehlenden Möglichkeit zur Individualisierung, ferner in gering oder gar nicht qualifizierten und schlecht bezahlten Pädagogen sowie im Mangel an spezifischen Hilfsmitteln.

didaktische Besonderheiten

Schließlich lagen die Gründe des Scheiterns dieser Idee aber auch in der Natur einer sich etablierenden speziellen Pädagogik selbst, die nicht nur die Beachtung der Individualität des einzelnen Zöglings einforderte, sondern auch in didaktischer Hinsicht besondere Akzente setzte – so etwa, wenn der Berliner Direktor der Blindenanstalt daran erinnerte, dass der Unterricht für die Blinden besonders den Musik- und Handarbeitsunterricht zu pflegen habe und dass er seine Zweifel hege, ob dieses in ausreichender Weise in den Elementarschulen geschehen könne.

Damit wird Mitte des 19. Jahrhunderts erkennbar, dass sich eine eigenständige Pädagogik für Schüler mit besonderen pädagogischen Bedürfnissen zu etablieren beginnt, die im Bewusstsein der Zeitgenossen zwar noch Teil der Elementarpädagogik ist, die aber in Theorie und Praxis ihren unverwechselbaren Eigencharakter entfaltet. Noch sind Elementarpädagogik und spezielle Pädagogik zwei Seiten einer Medaille, fest verbunden und dennoch bereits mit einem eigenen Gepräge ausgestattet.

3.6   Zwischenbilanz

Wenn wir uns der eingangs formulierten Fragestellungen erinnern (s. Tab. 1.1) und diese auf die Zeit von den Anfängen bis in die Mitte des 19. Jahrhunderts, also auf fast ein Jahrhundert, lenken, dann können wir erkennen, dass um 1860 ein erster Höhepunkt der Entwicklung erreicht ist.

Idee und Personenkreis

Die Frage, *warum* und *wer* gebildet werden sollte, also die Frage nach der Idee und dem Personenkreis, war im Grundsatz beantwortet – aber nur im Grundsatz. Denn die Entdeckung der Bildsamkeit Behinderter implizierte zwar eine Erweiterung des Bildungsbegriffes in der Theorie, aber er schloss noch keineswegs alle Personen mit ein und war somit weit davon entfernt, Einzug in die pädagogische Praxis zu halten. Die Ideen von Aufklärung und Neuhumanismus, die auch Behinderten ein Bildungs- und Lebensrecht zuerkannten, galten in concreto für gehörlose, blinde, verkrüppelte, verwaiste und verwahrloste Kinder, aber erst in Ansätzen für den Personenkreis der geistig Behinderten.

Die 1861 und 1863 in zwei Bänden von Georgens und Deinhardt vorgelegte „Heilpädagogik" ist der erste großartige Versuch, das Gesamtgebiet der Heilpädagogik in systematisch-historischer Perspektive darzustellen, wobei dieses neue pädagogische Spezialgebiet bewusst in Verbindung „zu der Medicin, der allgemeinen Pädagogik, den Wohlthätigkeitsbestrebungen, überhaupt aber zu den Socialheilaufgaben" betrachtet wurde (1863, VI). Georgens und Deinhardt verstanden Heilpädagogik als Teil der Allgemeinen Pädagogik, und ihre Hoffnung und Erwartung richtete sich auf eine fruchtbare Wirkung auf die Mutterdisziplin Pädagogik:

Jan Daniel Georgens

> „Die Heilpädagogik im Ganzen ist ein Zweig der allgemeinen Pädagogik; wir können also ihre Aufgaben nicht formulieren, ohne dass eine gemeinsame Verständigung über das Objekt und den Zweck der Erziehung schlechthin […] stattgefunden hätte." (1861, 2)

Und an späterer Stelle ist zu lesen:

> „Da die allgemeine Erziehung an sich und überall ein punkt- und zeitweise hervortretendes heilpädagogisches Moment, weil mit physischer und geistiger Schwäche, mit moralischer Erschlaffung oder Verwilderung, mit krankhaften Neigungen vielfach zu kämpfen hat, so können und dürfen der allgemeinen Pädagogik heilpädagogische Gesichtspunkte und Grundsätze nicht fehlen." (S. 5)

Heinrich Deinhardt

Bis weit in das 19. Jahrhundert hinein gab es im Bewusstsein der Zeitgenossen keine scharfe Trennung zwischen Heilpädagogik und Elementarpädagogik, denn es waren zwei Seiten einer Medaille, und hiervon zeugt nicht nur das Werk von Georgens und Deinhardt sowie ihr praktischer Erziehungsversuch in der „Levana" bei Wien, wo behinderte und nicht behinderte Kinder gemeinsam lernten. Durch diese integrative Pädagogik erfolgte eine Erweiterung des Begriffes von Normalität, indem die Dichotomien zwischen normal und anormal, zwischen gesund und krank aufgehoben wurden (Weinmann 2001, 444).

Erinnert sei in diesem Zusammenhang auch an Karl Ferdinand Kern (1814–1868), der wie Georgens und Deinhardt enge Kontakte zu Friedrich Fröbel pflegte. Kern interessierte sich vor allem für das in Fröbels Kleinkindpädagogik praktizierte Prinzip der Selbsttätigkeit. Er gedachte dieses auch auf die Erziehung „abnormer" Kinder anzuwenden, und so nahm er bereits 1839 Kontakt zu Fröbel auf (Kirmsse 1930). Adolph Diesterweg, der unumstrittene Wortführer der aufstrebenden deutschen Volksschullehrerschaft, nahm wie selbstverständlich in seinem grundlegenden Werk „Wegweiser für die Bildung deutscher Lehrer" (II, 1844) zwei Artikel über die Unterrichtung Blinder und Taubstummer auf, wobei die beiden Autoren keine geringeren als F. Moritz Hill und Johann G. Knie waren. Diesterweg selbst brach in den von ihm herausgegebenen „Rheinische Blätter für Erziehung und Unterricht" eine Lanze für die Taubstummen, indem er einen Aufsatz „Ueber den Charakter der Taubstummen" mit deutlichen Bemerkungen in puncto Gleichheit kommentierte:

Berührungen: Allgemeine und Heilpädagogik

> „Genug; so wenig, ja noch weniger als in andern Adamskindern, entsteht in Taubstummen etwas von selbst. Alles will entwickelt und gebildet sein. Die Menschen sind im Großen und Ganzen immer so, wie sie sein können: Produkte innerer und äußerer Kräfte." (1839, 82)

Auch die weitverbreitete „Encyklopädie des gesammten Erziehungs- und Unterrichtswesens" von K. A. Schmid, deren Bände in den Jahren 1859 bis 1875 erschienen, enthielt Stichworte wie Blindenanstalten, Cretinismus, Rettungsanstalten und Taubstummenbildung.

Als der weiter oben (S. 77) erwähnte Konsistorialrat Natorp auf seinen Inspektionsreisen in Brandenburg das Elementarschulwesen in Augenschein nahm, verstand es sich von selbst, dass er auch einen Besuch der Taubstummenanstalt in Berlin abstattete. Und als sich schließlich der blinde Leiter der Breslauer Anstalt auf eine „Pädagogische Reise durch Deutschland" im Jahre 1835 begab, besuchte er nicht nur die Blinden- und Taubstummenanstalten, sondern auch „Waisen-, Armen-, Besserungs- und StrafHäuser" (Knie 1837b, 330). Kurzum, das Bewusstsein, dass alle neu sich auftuenden pädagogischen Felder zueinander in Beziehung standen und Teil der allgemeinen Elementarbildung waren, war ideelles Gemeingut *aller* Pädagogen.

Und dennoch zeichnete sich bereits ab, dass die sich neu etablierende Heilpädagogik Besonderheiten aufwies, die sie von der Allgemeinen Pädagogik graduell unterschied. Die Erfahrung, dass Behinderung und Armut eng miteinander verknüpft sind, blieb nicht ohne didaktische Konsequenzen – so etwa, wenn der Direktor der Berliner Blindenschule J. G. Hientzsch (1787–1856) daran erinnert, dass der Unterricht für die Blinden besonders den Musik- und Handarbeitsunterricht zu pflegen habe. Damit wird ein Spezifikum einer sich allmählich konstituierenden Heilpädagogik erkennbar,

Unterschiede: Allgemeine und Heilpädagogik

die sich in ihrer Akzentsetzung von der Allgemeinen Pädagogik unterscheidet: die Sorge für eine geglückte gesellschaftliche Eingliederung ihrer Zöglinge – eine Eingliederung, die aufgrund vorhandener individueller Behinderungen eben nicht selbstverständlich war und daher sehr früh den Gedanken der Nachsorge als konstitutiv für diese neue Spezialdisziplin werden ließ. Die pädagogische Verpflichtung, stets auch die soziale Integration der Zöglinge im Auge zu behalten, erzeugte ein Spannungsfeld zwischen allgemeiner Menschenbildung und bürgerlicher Brauchbarkeit, das für eine Pädagogik Behinderter unausweichlich und unauflösbar blieb. Die Allgemeine Pädagogik konnte sich auf allgemeine Menschenbildung zurückziehen, eine Sonderpädagogik nie!

Damit waren und sind aber Gefährdungen des Bildungsanspruchs geradezu konstitutiv für alle pädagogischen Bemühungen um behinderte und benachteiligte Schüler, und die Frage an die Geschichte ist, wie sich dieses Spannungsverhältnis von Bildung und Utilität, während der Zeitläufe und eingebettet in sehr verschiedene politische Konstellationen, entwickelt hat.

Methoden

Die Frage, *wie* Bildung und Erziehung für Behinderte geschehen soll, also die Frage nach den Methoden, führte zu der Erkenntnis, dass ein ungeheurer Erfindungsreichtum die ersten Jahrzehnte prägte und dass der Wert und die Gültigkeit einer theoretischen Position ihre Feuertaufe durch die Entdeckung und Erprobung geeigneter Methoden erfuhr. Einfallsreichtum, wissenschaftliches Studium, fortwährendes Probieren erzeugten eine Methodenvielfalt, die die Unterrichtserfolge mit gehörlosen, blinden, geistig behinderten, verwahrlosten und selbst taubblinden Personen begleiteten. Dabei zeigte sich schon früh, erinnert sei an Louis Braille, dass die Adressaten all dieser pädagogischen Anstrengungen nicht als Objekte zu betrachten waren, sondern als Individuen und Teilnehmer eines kommunikativen Geschehens, in dem nicht selten sie selbst die entscheidenden Impulse für die Erfindung adäquater Methoden gaben.

Institutionen

Die Frage ferner, *wo* Bildung für behinderte Schüler geschehen solle, also die Frage nach den Institutionen, war mit dem Scheitern der Idee der Verallgemeinerung zunächst in sehr eindeutiger Weise beantwortet worden. Die Pioniere wussten sehr wohl von der Gefahr der Isolierung, des gesellschaftlichen Ausschlusses, aber man stand vor dem Problem, dass die Elementarschule bei weitem nicht in der Lage war, die besonderen Bildungsbedürfnisse behinderter Schüler zu befriedigen, so dass ihr Besuch lediglich als ein „Notbehelf" angesehen wurde.

fortschrittliches Modell: besondere Schulen

Vor dem Hintergrund der fehlenden Aufnahmefähigkeit der allgemeinen Schule und der Tendenz einer Unterbringung Behinderter in besonderen, weitgehend von der Umwelt getrennten Anstalten, bot sich die Etablierung besonderer Schulen als ein zukunftsträchtiges Modell an – und es war ein skandinavisches Land (Dänemark), das für eine derartige Entwicklung als Vorbild gepriesen wurde. Dass ein derartiges Modell zu seiner Zeit wirklich fortschrittlich war, wird aus heutiger Sicht nur verständlich, wenn man sich erinnert, dass es sich in erster Linie um behinderte Kinder der „unteren Stände" handelte, die mehrheitlich von jeder Art Bildung ausgeschlossen waren. Das Bewusstsein einer engen Verbindung von Behinderung und Armut stand Pate bei der Etablierung von Sonderschulen als Institutionen der Bildung und gesellschaftlichen Integration – ein Gedanke, der auch in der Gegenwart Gewicht hat.

Zur Frage der Institutionalisierung gehört auch die nach dem Verhältnis von privatem zu staatlich-öffentlichem Rechtsstatus. Die große Mehrheit der Neugründungen (Ausnahmen sind Wien, Leipzig, Hubertusburg in Sachsen) beruhte auf privaten Initiativen, deren Initiatoren bestrebt waren, möglichst rasch eine Überführung in eine öffentliche Rechtsform zu erreichen. Dieses gilt etwa für die Institute in Frankreich, die „Levana" von Georgens und Deinhardt sowie zahlreiche Anstalten in deutschen Ländern. Gründe für den Wunsch nach Überführung in eine meist staatliche Verantwortlichkeit waren zum einen die Höhe der zu leistenden Aufwendungen. So schrieb Georgens über die „Levana": „Die Aufgabe, welche die Levana sich gestellt […] sind an sich eine sociale, also staatliche, und können durch Privatinstitute und durch Privatmittel unmöglich gelöst werden." (1860, 49) In ähnlicher Weise argumentierten alle anderen Pioniere, die sich der Unterstützung durch staatliche Organe zu vergewissern suchten.

Des Weiteren war es aber auch der Wunsch nach ideeller und materieller Unabhängigkeit, der die Gründer für eine staatliche Intervention plädieren ließ. Ohne Namensnennung, aber mit unverkennbarem Seitenhieb auf die vor allem in Frankreich gepflegte Praxis der öffentlichen Vorführungen, mokierte sich Moritz Hill:

Favorisierung staatlicher Intervention

„Ein wichtiges Hinderniß der Entwicklung der Taubstummen-Bildung ist endlich noch die Abhängigkeit derselben von der Stimmung des Publikums. So lange die Anstalten der Wohlthätigkeit überlassen sind und die Unterbringung der Taubstummen in diesen Anstalten von der Willkühr abhängt, mithin also eine kräftige Einwirkung des Staates fehlt, ist man zu allerlei Rücksichten auf die Wünsche und Ansprüche des Publikums genöthigt, und diese Ansprüche sind in der That oft im Widerspruche mit der Zweckmäßigkeit. Die Welt will betrogen sein. Seit man da und dort angefangen hat, den Charlatanismus in den Taubstummen-Anstalten aufzugeben, keine Schauspiele aufzuführen, sondern in aller Einfachheit das wahre Ziel zu verfolgen, hört das Interesse dafür auf, die Besucher langweilen sich in den Anstalten und bleiben endlich weg. Man will in den Taubstummen-Anstalten etwas Außerordentliches sehen; man ist von früher her verwöhnt, wo die Lehrer es, vielleicht mit Recht, für die wichtigste Aufgabe dieser Anstalten hielten, das Interesse des Publikums dafür zu gewinnen. Klingeln gehört zum Handwerk, und darum klimpert man noch so viel, hier, um nicht aufhören zu müssen, – dort aus Eitelkeit und Gewinnsucht. – Das Klimpern füllt den Beutel, bringt Ehre und Ruhm; in allen Zeitungen spricht man von den diesen ‚hochverdienten Männern'. Das thut wohl. Ob dabei die Zöglinge Puppen oder Menschen werden, ist gleichgültig." (Hill 1844, 477)

Mit der Reformära Preußens kamen auch die Institute für Sinnesbehinderte zur Sektion für den öffentlichen Unterricht, wodurch die entscheidende Grundlage für die Anerkennung der Bildung Behinderter als öffentliche Aufgabe gelegt war. Damit war ein bedeutsamer Schritt auf einem langen Weg getan, ein Weg, der erst im 20. Jahrhundert in Deutschland an sein Ziel gelangte, nämlich die Anerkennung eines Bildungsanspruchs für alle behinderten Kinder und Jugendlichen. In der ersten Hälfte des 19. Jahrhunderts jedoch war die Frage nach staatlich-öffentlicher Verantwortlichkeit nur für die Gruppe der Gehörlosen und Blinden positiv beschieden worden – geistig Behinderte, Verwahrloste und Krüppelkinder blieben auch in Preußen weiterhin auf private bzw. kirchliche Wohltätigkeit verwiesen.

Professionalisierung   Die Frage schließlich, *wer* die Aufgabe von Bildung und Erziehung Behinderter leisten solle, also die Frage nach der Profession, stellte sich in der Anfangszeit naturgemäß nur in Ansätzen, da sich die Bildungsinstitutionen für Behinderte erst im Aufbau befanden. Dennoch gab es bereits während dieser frühen Phase so etwas wie ein gemeinsames professionelles Selbstverständnis derjenigen, die ihre Versuche mit der Unterrichtung und Erziehung gehörloser, blinder und geistig Behinderter sowie verwahrloster und körperbehinderter Kinder unternahmen. Hiervon zeugt ein intensiver fachlicher Austausch, der in Form von Korrespondenzen, Versenden von Berichten und Veröffentlichungen, aber auch ersten Begegnungen gepflegt wurde.

Ein frühes prominentes Beispiel für einen intensiven Briefkontakt ist die Korrespondenz zwischen Michel de l'Epée und Samuel Heinicke. Jene Professionellen, mehrheitlich Pädagogen und Theologen, die sich der neuen heilpädagogischen Aufgabe stellten, verfolgten mit Interesse und Aufmerksamkeit alles, was an betreffender Literatur auf den Markt kam, und das nicht nur national, sondern auch international. Die von der Pariser Königlichen Taubstummenanstalt verschickten Rundschreiben (Circulaire) belegen eindrucksvoll die Dichte des internationalen Kommunikationsnetzes sowie den hohen Grad an Informiertheit auf dem betreffenden Fachgebiet. So finden wir beispielsweise in dem vierten Rundschreiben der Pariser Einrichtung von 1836 in dem Rezensionsteil nicht weniger als 18, zum Teil ausführlich besprochene Titel aus Deutschland.

Publikationsorgane   Es war naheliegend, dass die Gehörlosen- und Blindenlehrer schon bald nach eigenen Publikationsorganen Ausschau hielten, und tatsächlich erschienen ab 1838 die „Blätter für das Taubstummen- und Blinden-Wesen", zunächst als Beiblatt der „Allgemeinen Schulzeitung". 1855 wurde dann das „Organ der Taubstummen- und Blinden-Anstalten in Deutschland und den deutschredenden Nachbarländern" aus der Taufe gehoben, das bis 1880 existierte, um schließlich vom „Blindenfreund" im folgenden Jahr 1881 abgelöst zu werden.

Bildungsreisen und Treffen   Ein weiteres Mittel zur Pflege der fachlichen Kommunikation fand sich in der Veranstaltung von Bildungsreisen. Berühmt wurde die Reise des Leiters der Breslauer Blindenanstalt, Johann G. Knie, der, selbst blind, im Sommer 1835 mit der Postkutsche und alleine quer durch Deutschland bis nach Wien und Prag fuhr (Knie 1837b). Ein anderes Beispiel ist der Kölner Taubstummenlehrer Gronewald, der, voll Sympathie für die Verallgemeinerungsidee eines Johann Baptist Graser, sich selbst ein Urteil zu bilden suchte, indem er 1834 nicht nur Bayreuth, sondern weitere Taubstummeninstitute in Westfalen, Bayern, Württemberg, Baden und Rheinhessen aufsuchte (Gronewald 1835). Schließlich kam es bereits in den ersten Jahrzehnten des 19. Jahrhunderts vereinzelt zu Zusammenkünften von Professionellen auf dem Gebiet der Heilpädagogik, wobei diese Treffen mit gutem Grund als Vorformen der Vereinsbildung gelten können.

Auch wenn die Anhänger der Verallgemeinerungsidee die Hoffnung hegten, dass sich Sinnesbehinderte im Rahmen der Elementarbildung unterrichten ließen, so war doch nie ernsthaft in Frage gestellt worden, dass es dazu besonders qualifizierter Pädagogen bedürfe. Hiervon zeugen die Versuche, zukünftige Volksschullehrer während ihrer Ausbildung am Lehrerseminar mit heilpädagogischem Wissen und Können auszustatten oder sie aber für einige wenige Wochen an den Instituten für Gehörlose und Blinde, wie in Berlin, fortzubilden. Es lag somit in der Logik der weiteren Entwicklung, dass mit einem stärkeren Ausbau der „Sonderschulen" auch die Notwendigkeit einer institutionalisierten heilpädagogischen Ausbildung an Bedeutung gewinnen würde. Der Bedarf an Fachkräften war jedenfalls unübersehbar, denn die „Schwierigkeit […] geeignete Hülfskräfte zu finden" (Georgens 1860, 66) betraf nicht nur die „Levana" von Georgens und Deinhardt.

Qualifizierung von Sonderpädagogen

Die letzte Frage nach der Selbstrolle der behinderten Menschen, ihrem Selbstverständnis und ihrer Interessenvertretung hält für diese frühe Entwicklungsphase ein aus heutiger Perspektive eher überraschendes Ergebnis bereit: Es gibt noch keine, wie zu späterer Zeit typische, Hierarchie zwischen den nicht behinderten Professionellen und den Menschen mit einer Behinderung als den empfangenden Adressaten. In dieser frühen Zeit des Experimentierens spielen Behinderte oft eine ebenbürtige, gelegentlich sogar überlegene Rolle bei der Frage nach einer angemessenen Didaktik oder bei der Entwicklung adäquater Methoden. Gehörlose und blinde Schüler waren länderübergreifend nicht nur der Beweis und Garant für eine erfolgreiche pädagogische Arbeit der Pioniere, sondern sie wurden auch selbst zu Lehrern und konnten wie der Blinde J. G. Knie oder der Gehörlose O. F. Kruse sogar den Aufstieg in leitende Funktionen erreichen. Erinnert sei an Haüys blinde Lehrer und den unentbehrlichen Jean Massieu in der Pariser Taubstummenanstalt zur Zeit Sicards.

Interessenvertretung Behinderter

Aber auch Zeune und Eschke in Berlin hatten Behinderte als Lehrer engagiert. Der Arbeitsvertrag zwischen Eschke, Graßhoff und dem gehörlosen Lehrer Habermaß von 1807 ist ein eindrucksvolles Zeugnis für die gleichberechtigte Position, die Lehrer Habermaß in dieser Anfangszeit innehatte. Im Sinne moderner Zielvereinbarungen verständigten sich die drei Pädagogen über ihre gemeinsame Arbeit, wobei auch Probleme der Kooperation klar benannt wurden:

Behinderte als Lehrer

„Mißverständnisse können in jeder Verbindung, also auch zwischen den Lehrern, entstehen. Man säume nicht, sich darüber zu verständigen. Glaubt man Kälte zu bemerken, so frage man erst nach dem Grunde, statt sich bloß in der Stille zu kümmern oder wieder kalt zu rächen. Fühlt sich einer gedrückt, so rede er mit dem darüber, der abhelfen oder sich erklären kann. Sonst verbittern sich beide Theile das Leben. Es ist nicht ungewöhnlich, daß man solche Mißverständnisse durch schriftliche Expectorationen beizulegen sucht: wir drei machen nur anheischig, daß dies zwischen uns nicht geschehe […] Angesicht gegen Angesicht versteht man sich besser. Man geht oftmals nach dem ersten Gespräche zufrieden auseinander, statt daß man sich gegenseitig meidet […]

> So geschehen zu Berlin den 22. Oktober 1807. Eschke, Habermaß, Graßhoff"[38]

Vereinsbildung

Diese positiven Beispiele einer egalitären Stellung behinderter Menschen können allerdings nicht darüber hinwegtäuschen, dass die große Mehrheit dieser Personen sich in einer Lebenslage befand, die durch große Abhängigkeit gekennzeichnet war. Dies erklärt, dass es bereits frühzeitig zu Vereinsbildungen unter den Behinderten kam, wie etwa der Gründung des ersten Gehörlosenverbandes 1838 auf französischem Boden, der neben dem Zweck der Geselligkeit vor allem behindertenspezifische Interessen verfolgte (Karacostas 1993; Mottez 1993). Die Gehörlosen nahmen bei der Vereinsbildung zweifellos eine Vorreiterrolle ein, denn erst in der zweiten Hälfte des 19. Jahrhunderts kam es auch zu Zusammenschlüssen blinder Menschen. Es sollten schließlich noch weitere Jahrzehnte verstreichen, bis dann im 20. Jahrhundert auch andere Gruppen wie Körperbehinderte und schließlich geistig Behinderte Formen der Interessenvertretung fanden.

Inklusion und Exklusion

Die Erweiterung von Idee und Praxis der Bildsamkeit durch die Entdeckung der Bildbarkeit Behinderter (Ellger-Rüttgardt/Tenorth 1998) leitete Prozesse ein, die unausweichlich waren: Institutionalisierung und Professionalisierung. Indem diese Prozesse auf Besonderung hinausliefen, repräsentierten sie die Kehrseite einer Medaille, die als Ganzes durch Inklusion und Exklusion gekennzeichnet ist. Somit entstand das Paradoxon, dass die Einbeziehung Behinderter in das allgemeine Bildungswesen nur um den Preis von Exklusionsvorgängen zu realisieren war. Denn die Einlösung des theoretischen Bildungsanspruchs auf der Ebene der Praxis war nur möglich durch die Gründung von „Sonderinstitutionen" und die Qualifizierung pädagogischer Spezialisten, also die Konstituierung einer besonderen Profession. In der Mitte des 19. Jahrhunderts liegen alle Elemente einer theoretischen und praktischen Heilpädagogik im Kern bereits vor, und zugleich existiert noch eine Situation des Gleichgewichts zwischen Exklusions- und Inklusionsprozessen, denn sowohl der gemeinsame Diskurs als auch die Erfahrung in der Praxis vereinen noch allgemeine und spezielle Pädagogik.

4 Industrialisierung und soziale Ungleichheit: Das Wilhelminische Kaiserreich (1871–1918)

> „Ohne Zucht keine Frucht
> ohne Fleiß kein Preis"
> (Inschrift über der alten Volksschule von Mihla/Thüringen)

4.1 Heilpädagogik zwischen Biologie, Ökonomie und Pädagogik

Als Charles Darwin 1859 sein Werk „Über die Entstehung der Arten durch natürliche Zuchtwahl oder die Erhaltung der begünstigten Rassen im Kampfe ums Dasein" vorlegte, war dies ein Paukenschlag, denn nicht weniger als eine „Revolution des Weltbildes" (Nipperdey 1994, 614) war erfolgt. Nicht mehr Theologie und Metaphysik waren die maßgeblichen Instanzen zur Erklärung der Schöpfung, sondern die Naturwissenschaften und insbesondere die Biologie.

Charles Darwin

Evolutionstheorie

Nach Darwin entstand jedes Leben durch die Evolution von Zellen, und nur die Lebewesen waren in dem Evolutionsprozess, dem Kampf ums Dasein („struggle for life") erfolgreich, die sich an ihre Umwelt am besten anpassten und damit überlebten („survival of the fittest"). Darwins neue Sicht auf die Schöpfung, auf die Entwicklung der Natur, war von bahnbrechender Bedeutung in der ganzen westlichen Welt. Darwin repräsentierte eine uneingeschränkt optimistische Wissenschaftsgläubigkeit, die bis in unsere Tage nachwirkt. So schreibt er gegen Ende seines Werkes, in den Schlussbemerkungen:

„Es ist anziehend, eine dicht bewachsene Uferstrecke zu betrachten, bedeckt mit blühenden Pflanzen vielerlei Art, mit singenden Vögeln in den Büschen, mit schwärmenden Insecten in der Luft, mit kriechenden Würmern im feuchten Boden, und sich dabei zu überlegen, dass alle diese künstlich gebauten Lebensformen, so abweichend unter sich und in einer so complicierten Weise von einander abhängig, durch Gesetze hervorgebracht sind, welche noch fort und fort um uns wirken. Diese Gesetze, im weitesten Sinne genommen, heissen: Wachsthum mit Fortpflanzung; Vererbung, fast in der Fortpflanzung mit inbegriffen, Variabilität in Folge der indirecten und directen Wirkungen äusserer Lebensbedingungen und des Gebrauchs oder Nichtgebrauchs; rasche Vermehrung in einem zum Kampfe um's Dasein und als Folge dessen zu natürlicher Zuchtwahl führenden Grade, welche letztere wiederum die Divergenz des Characters und das Erlöschen minder vervollkommneter Formen bedingt. So geht aus dem Kampfe der Natur, aus Hunger und Tod unmittelbar die Lösung des höchsten Problems hervor, das wir zu fassen vermögen, die Erzeugung immer höherer und vollkommenerer Thiere." (Darwin 1988, 565)

Selektionsprinzip

Die durch das Selektionsprinzip bestimmte Evolutions- und Abstammungslehre Darwins begründete nicht nur den Siegeszug der Naturwissenschaften, inklusive der Medizin, im 19. Jahrhundert, sondern gewann nicht minder großen Einfluss auf politische Ideologien, wobei der Sozialdarwinismus ihr prominentester Vertreter ist. Darwin selbst hat in einer späteren Publikation, „The Descent of Man" (Die Abstammung des Menschen und die geschlechtliche Auslese) von 1871 das Selektionsprinzip auch auf die menschliche Entwicklung übertragen und damit den Auftakt für die Debatte der Sozialdarwinisten geliefert. So schrieb er:

„Unter den Wilden werden die an Körper und Geist Schwachen bald eliminiert; die Überlebenden sind gewöhnlich von kräftigster Gesundheit. Wir zivilisierten Menschen dagegen tun alles mögliche, um diese Ausscheidung zu verhindern. Wir erbauen Heime für Idioten, Krüppel und Kranke. Wir erlassen Armengesetze, und unsere Ärzte bieten alle Geschicklichkeit auf, um das Leben der Kranken so lange als möglich zu erhalten. Wir können wohl annehmen, daß durch die Impfung Tausende geschützt werden, die sonst wegen ihrer schwachen Widerstandskraft den Blattern zum Opfer fallen würden. Infolgedessen können auch die schwachen Individuen der zivilisierten Völker ihre Art fortpflanzen. Niemand, der etwas von der Zucht von Haustieren kennt, wird daran zweifeln, daß dies äußerst nachteilig für die Rasse ist. Es ist überraschend, wie bald Mangel an Sorgfalt, oder auch übel angebrachte Sorgfalt, zur Degeneration einer domestizierten Rasse führt; ausgenommen im Falle des Menschen selbst wird auch niemand so töricht sein, seinen schlechtesten Tieren die Fortpflanzung zu gestatten." (Bleidick 1999, 177)

Sozialdarwinismus

Der Sozialdarwinismus war eine internationale Bewegung (Kühl 1997), wobei, trotz vielfältiger Überlappungen, zwei Richtungen zu unterscheiden sind: die Eugenik oder Rassenhygiene (engl. eugenics) und die Rassenanthropologie.

Rassenhygiene
Francis Galton

Die Rassenhygieniker konzentrierten sich auf die erbliche „Entartung" eines Volkes und forderten dessen „Aufartung" durch Anwendung positiver und negativer eugenischer Maßnahmen, was auf Auslese und Ausmerze der „Minderwertigen" sowie Förderung des gesunden „Erbgutes" hinauslief.

Als Begründer der Rassenhygiene gilt Francis Galton, ein Vetter von Charles Darwin. Sein Hauptwerk trägt den Titel „Hereditary Genius", erschien 1869 und wurde 1909 das erste Mal ins Deutsche übersetzt mit dem Titel „Genie und Vererbung". Der Titel hätte allerdings – wie Galton im Vorwort zu seiner zweiten Auflage von 1892 selbst darlegte – wohl passender „Anlagen und ihre Vererbung" geheißen (1910, XI). Beeinflusst von dem bahnbrechenden Buch seines Vetters Charles und ähnlich wie er durch ausgedehnte Auslandsreisen in ferne Kontinente zu vergleichenden Naturstudien angeregt, war es das Ziel Galtons, die alleinige Bedeutung der Vererbung auch für die Entwicklung der menschlichen Fähigkeiten herauszustellen. Er schreibt dazu in der Einleitung:

„Ich will in diesem Buche zeigen, daß die natürlichen Fähigkeiten eines Menschen durch Vererbung erworben sind, unter den völlig gleichen Beschränkungen, die für die Form und die physischen Merkmale der gesamten organischen Welt gelten. Wenn es also ungeachtet dieser Beschränkungen leicht ist, durch sorgsame Auslese eine beständige Hunde- oder Pferderasse zu erhalten, die mit einer besonderen Schnelligkeit oder einer ähnlichen Fähigkeit ausgestattet ist, müßte es ebenso möglich sein, durch wohlausgewählte Ehen während einiger aufeinanderfolgender Generationen eine hochbegabte Menschenrasse hervorzubringen. Ich werde zeigen, daß gegenwärtig soziale Faktoren alltäglicher Art, denen man solchen Einfluß nicht zuschreiben würde, wirken, und zwar die einen auf den Verfall, die anderen auf den Fortschritt der menschlichen Natur. Ich behaupte, daß jede Generation eine ungeheure Macht über die natürlichen Gaben der ihr folgenden hat und behaupte weiter, daß es unsere Pflicht gegen die Menschheit ist, den Umfang dieser Macht zu untersuchen und sie in einer Weise auszuüben, daß sie für die Bewohner dieser Erde am vorteilhaftesten werde, ohne daß wir gegen uns selbst töricht handeln." (Galton 1909, 1)

In deutlichem Protest gegen die Behauptung einer „natürlichen Gleichheit" aller Menschen postulierte Galton die Ungleichheit der Menschen. So wie er eine gesetzmäßige, statistische Befähigungsverteilung innerhalb der englischen Gesellschaft mit Hilfe von Prozenträngen aufstellte, so nahm er auch einen Vergleich zwischen den verschiedenen Rassen vor, wobei selbstredendes Credo die verschiedene Wertigkeit der einzelnen Rassen war. Galtons sozialbiologische Utopie zielte auf die Züchtung einer zivilisatorisch hochstehenden menschlichen Rasse. Diese Idee von der Planbarkeit und Machbarkeit menschlichen Lebens hatte, wie Schwartz dargelegt hat, in der Nachfolgezeit die Funktion einer Ersatzreligion, der nicht zuletzt auch viele sozialistische Eugeniker huldigten:

Züchtungsutopie

„Gerade die technokratische Utopie der völligen Machbarkeit einer Art ‚Planbewirtschaftung des menschlichen Lebens' schuf nicht zuletzt eine Eugenik und Sozialismus gemeinsame ‚autoritative Wissenschaftsreligion' […] Den Eugenik-Technokraten fiel […] in ihren szientistischen Allmachtsfantasien die Rolle des göttergleichen Prometheus zu […] Auch unter Sozialisten fiel das prometische Zauberwort: ‚Hier sitz ich und forme Menschen!'" (Schwartz 1995, 29)

Doch lassen wir hierzu Galton selbst noch einmal zu Wort kommen. Im bereits erwähnten Vorwort von 1892 schreibt er:

„Zum Schluß möchte ich noch einmal die Tatsache betonen, daß der Fortschritt der natürlichen Gaben künftiger Generationen der menschlichen Rasse in starkem Maße, wenn auch indirekt, in unserer Macht ist. Wir sind vielleicht nicht fähig zu schaffen, aber wir können leiten. Die Prozesse der Evolution sind in ständiger und spontaner Bewegung, die einen drängen zum Guten, die anderen zum Schlechten. Unser Teil ist, für günstige Gelegenheiten zu sorgen, indem wir den ersteren freie Bahn schaffen und die letzteren hemmen […] Man kann ernstlich hoffen, daß Untersuchungen in immer wachsendem Maße künftige Forscher auf historische Tatsachen lenken werden, um die möglichen Folgen eines vernünftigen politischen Vorgehens für die Zukunft zu ermessen und daß die Menschheit sich von dem elenden Niveau, auf dem sie heute steht, zu einem andern erheben wird, in dem die Utopien eines philanthropischen Traumlandes verwirklicht werden können." (1910, XXVIf)

Aldous Huxley

Dieses „philanthropische Traumland" geriet in Aldous Huxleys (1894–1963) Buch „Schöne neue Welt" (Brave New World) von 1929 zum Albtraum. In dieser futuristischen Utopie entfaltete Huxley das Szenario einer durch Züchtung geschaffenen menschlichen Gesellschaft. Die Menschen dieser Gesellschaft, deren oberstes Ziel allgemeine Glückseligkeit, „happiness", ist, sind nur noch Endprodukte eines Fertigungsprozesses. Die Existenz menschlichen Daseins bestimmt sich nach den Gesetzen von Effektivität und Rentabilität. Der Held dieses Romans, der den Versuch des Ausbruchs aus dieser Gesellschaft unternimmt, entscheidet sich für das Recht, unglücklich zu sein, „the right to be unhappy" (1997, 192).

E. Haeckel und A. Ploetz

Führende Vertreter des Sozialdarwinismus in Deutschland waren der Jenenser Zoologe Ernst Haeckel und der Mediziner Alfred Ploetz, der 1904 das „Archiv für Rassen- und Gesellschaftsbiologie" gründete. Die Salonfähigkeit sozialdarwinistischer Ideen im Wilhelminischen Kaiserreich zeigt sich an der Tatsache, dass der Chef der Firma Krupp 1900 eine hochdotierte Preisfrage auslobte, die da lautete: „Was lernen wir aus den Prinzipien der Deszendenztheorie in Beziehung auf die innenpolitische Entwicklung und Gesetzgebung der Staaten?"

Wilhelm Schallmayer

Bekanntlich erhielt den Preis Wilhelm Schallmayer für sein Buch „Vererbung und Auslese". Das politische Sendungsbewusstsein der Rassenhygieniker offenbart der Untertitel dieser Abhandlung, die in dritter Auflage von 1918 wie folgt lautet: „Grundriß der Gesellschaftsbiologie und der Lehre vom Rassedienst. Für Rassehygieniker, Bevölkerungspolitiker, Ärzte, Anthropologen, Soziologen, Erzieher, Kriminalisten, höhere Verwaltungsbeamte und politisch interessierte Gebildete aller Stände." Alfred Ploetz schließlich rief 1905 die Gesellschaft für Rassenhygiene ins Leben, die bereits ab 1909 international agierte.

Eugenik

Eugenik als die Lehre von der Erbgesundheit, die im Kaiserreich bald den Status einer weitverbreiteten und anerkannten „Präventivmedizin" (Schwartz) erhielt, ist allerdings nicht gleichzusetzen mit Rassismus oder gar „Euthanasie". Michael Schwartz hat zu Recht darauf hingewiesen, dass die Beschäftigung mit der Eugenik in Deutschland zu sehr auf die NS-Rassenhygiene als einem Sonderfall der Eugenik fixiert ist. Rassismus zählt auf die Reinerhaltung der in aller Regel nordischen Rasse, während unter „Euthanasie" die Ermordung behinderter und kranker Menschen zu verstehen ist, die letztlich die „Erlösung der Gesellschaft von den Leidenden" bezweckt. Eugenik hingegen geht es um die Erhaltung oder Verbesserung der Erbanlagen einer bestimmten Fortpflanzungsgemeinschaft. Dies erklärt, dass es so etwas wie eine sozialistische Eugenik gegeben hat, und auch Sozialisten jüdischer Herkunft, die eugenische Maßnahmen propagierten.

Die eugenische Bewegung war demnach national und international äußerst heterogen, so dass es sich verbietet, generalisierend von „der" Eugenik zu sprechen. Im Unterschied etwa zu den bürgerlichen Vertretern der Eugenik hielten die sozialistischen Anhänger stets an der Priorität der Milieutheorie fest, und sie propagierten weder Rassismus und Antisemitismus noch bestritten sie das Fortpflanzungs- sowie Lebensrecht sogenannter „Minderwertiger". Reinhard Mocek zieht folgendes Fazit:

„Unbestreitbar ist, dass die marxistischen Umsetzungsversuche eugenischer Vorstellungen den menschenfeindlichen Implikationen, die der eugenischen Idee von Anfang an eigen waren, nicht willig nachgegeben haben. Und das liegt wohl auch daran, dass die stärkste Überzeugungskraft in der aus der proletarischen Tradition stammenden Lehre lag, wonach es die Umstände sind, die den Menschen formen [...] Und deshalb hat sich marxistisches Denken stets letztlich darauf konzentriert, die Umstände zu ändern, damit der ‚neue Mensch', der ja der eigentliche, ursprüngliche Mensch ist, zum Vorschein kommt. Die Idee einer ‚Biologie der Befreiung' hat also nie die Idee der ‚Soziologie der Befreiung' ersetzen können." (2002, 393)

Grundsätzlich zu unterscheiden sind sogenannte „positive" und „negative" eugenische Maßnahmen. Die „positive" Eugenik zielt auf die Geburtenförderung „Höherwertiger", während die „negative" Eugenik die Geburtenbeschränkung oder -verhinderung bei „Minderwertigen" zum Ziel hat.

positive und negative Eugenik

„Während Eugeniker unterschiedlicher Provenienz (Lenz, Schallmayer, Grotjahn) in der theoretischen Priorität ‚positiver Eugenik' völlig übereinstimmten, waren konkrete Ziele und Mittel der positiv-eugenischen ‚Aufartung' außerordentlich strittig." (Schwartz 1995, 156)

So plädierte der Münchener Professor für Rassenhygiene Fritz Lenz für eine züchterische Rassenhygiene, die die Veränderung der Gesamtgesellschaft im Auge hatte. Die fehlenden wissenschaftlichen Erkenntnisse bewirkten allerdings, dass sich noch in der Weimarer Republik der eugenikpolitische Diskurs vorrangig an negativ-eugenischen Konzepten ausrichten sollte.

Die zweite Richtung des Sozialdarwinismus, die Rassenanthropologie, betonte die Rassenunterschiede der Völker. Ihre Vertreter sprachen der nordisch-germanischen Rasse den höchsten Wert und damit den Führungsanspruch zu und propagierten die „Aufnordung" des deutschen Volkes.

Rassen-anthropologie

Sie beriefen sich vor allem auf den Franzosen Graf Arthur Gobineau (1816–1882), dessen vierbändiges Werk „Die Ungleichheit der Menschenrassen" (Essai sur l'inégalité des races humaines, 1853–1855, dt. 1898–1901) 1935 in Deutschland neu herausgegeben wurde und sich großer Resonanz bei den NS-Ideologen erfreuen sollte.

Graf Arthur Gobineau

Die Sozialdarwinisten, so lässt sich resümieren, übertrugen Darwins Selektionstheorie auf die menschliche Gesellschaft und deren Sozialstrukturen. Sie gingen davon aus, dass eine Gesellschaft einem biologischen Organismus ähnelt und dementsprechend den gleichen Gesetzmäßigkeiten unterworfen sei. Die Selektionstheorie wurde für die Sozialdarwinisten zu dem zentralen Modell allen sozialen und politischen Denkens. Dabei ging es bei ihrem Verständnis von Selektion nicht nur um die Konkurrenz von Individuen, sondern zugleich um den Kampf um Selbstbehauptung und Macht zwischen sozialen Gruppen, Völkern und Rassen.

> „Man postulierte das Recht des Stärkeren und sanktionierte damit faktisch den Machtegoismus der Gruppe, des Volkes oder der Rasse, der man sich selbst zurechnete. Von da war es nur noch ein Schritt zur Kritik an der christlichen Ethik und dem naturrechtlich-humanitären Erbe der Aufklärung. Sie wurden von einzelnen Autoren nun offen als ‚Mitleidsmoral‘ oder gar ‚Humanitätsduselei‘ diffamiert, die der neuen, härteren Zeit nicht mehr genügen könnten." (Zmarzlik 1963, 251)

Hungersterben in der Psychiatrie

Der Sozialdarwinismus nahm eine an biologischen Kriterien ausgerichtete, qualitative Wertung hinsichtlich der Stärke bzw. Schwäche bestimmter Gruppen vor und forderte die Durchsetzung und politische Macht der Starken gegen die Schwachen. Diese Positionen verstärkten sich in Deutschland unter dem Eindruck von ökonomischen Krisen und Kriegserfahrung, und sie entluden sich schließlich mit der „Machtergreifung" durch die Nationalsozialisten. Es war die brutalisierende Wirkung des Ersten Weltkrieges, die dazu führte, dass es nicht erst zur Zeit des Nationalsozialismus, sondern bereits während des schrecklichen „Steckrübenwinters" 1916/17 zu einem Hungersterben in deutschen Anstalten kam:

> „Leiter und Träger der psychiatrischen Anstalten taten aber nur in Ausnahmefällen etwas, um die Not ihrer Patienten zu lindern – überwiegend scheint das Geschehen aus ‚patriotischen‘ Gründen in Kauf genommen worden zu sein." (Faulstich 1998, 67f)

„jüngere Sozialdarwinisten"

Um die Jahrhundertwende beschäftigten sich die „jüngeren Sozialdarwinisten" vor allem mit den Wechselbeziehungen zwischen der biologischen Beschaffenheit der Menschen und den jeweiligen sozialen Prozessen. Ihr Ausgangspunkt war die Behauptung, dass die rassische und erbbiologische Ausstattung der Menschen für deren soziale Leistungen entscheidend sei. Sie argumentierten, dass bis zum Zeitalter der industriellen Revolution die natürliche Auslese bewirkt hätte, dass die biologisch wertvolleren Menschen dominierend gewesen und in höhere berufliche und gesellschaftliche Positionen gelangt bzw. in diesen verblieben wären. Durch die gewaltigen Entwicklungen der Industrialisierung und der Wissenschaften – insbesondere durch die Fortschritte der Medizin – sahen die Sozialdarwinisten nun die biologische und gesellschaftliche Regulationsfunktion der natürlichen Auslese als gestört bzw. unwirksam an. Ihrer Ansicht nach musste daher neben die natürliche eine gesellschaftlich gesteuerte Auslese treten, da andernfalls die Gefahr einer qualitativen Verschlechterung des „Menschenmaterials" bestünde, was einer Bedrohung für die Gesellschaft und deren Fortbestand gleichkäme. Aus dieser Auffassung resultierte schließlich die Forderung nach bestimmten sozialbiologischen Maßnahmen, die im „Dritten Reich" zur gesellschaftspolitischen Praxis werden sollten.

Ellen Key

Wie stark der Darwinismus in seinen Facetten das Bürgertum und damit auch pädagogisches Denken erfasst hatte, darf hier nicht unerwähnt bleiben. Prominentes Beispiel ist die Schwedin Ellen Key (1849–1926), Schriftstellerin, Frauenrechtlerin und Pädagogin, die 1900 das vielgelesene Buch „Das Jahrhundert des Kindes" herausgab. Auch wenn der Gelehrte Friedrich Paulsen, Professor für Philosophie und Pädagogik an der Berliner Universität, ein vernichtendes Urteil über die Publikation fällte (Herrmann 1992, 253), so besteht doch kein Zweifel, dass das Buch Keys große Popularität und damit gesellschaftliche Wirkung erzielte – ein Buch, in dem eine vererbungsorientierte, biologische Sicht der Pädagogik bis hin zur Propagierung rassenhygienischer Gedanken vertreten wurde.

Ellen Key nimmt den im 19. Jahrhundert in der Nachfolge Darwins propagierten Evolutionsgedanken auf und überträgt ihn auf die Pädagogik, die sie in ihrer institutionalisierten Form aufs Schärfste geißelt, da Kindergarten und Schule nach ihrer Ansicht die „natürliche Entfaltung" des Kindes behindern. Für Ellen Key gehören „Kulturentwicklung" und „Kampf ums Dasein" zusammen, und sie propagiert als Ziel von Gesellschaftspolitik und Pädagogik in Anlehnung an Nietzsche die Erziehung eines neuen Menschen, den „vollendeten Menschen", den „Übermenschen" – eine anthropologische Bestimmung, die für die Schwächeren der Spezies Mensch, die biologisch nicht Angepassten, keinen Raum mehr lässt.

Unter Berufung auf Darwin und Galton forderte Key unumwunden eine „Ausmerze" schwacher und verkrüppelter Kinder, wobei die bei den Nazis wieder auftauchenden pervertierten Begriffe von „Erlösung" und „Barmherzigkeit" hier eines ihrer Vorbilder finden:

Forderung nach „Ausmerze"

> „Während die heidnische Gesellschaft in ihrer Härte die schwachen oder verkrüppelten Kinder aussetzte, ist die christliche Gesellschaft in der ‚Milde' so weit gegangen, daß sie das Leben des psychisch und physisch unheilbar kranken und mißgestalteten Kindes zur stündlichen Qual für das Kind selbst und seine Umgebung verlängert. Noch ist doch in der Gesellschaft – die unter anderem die Todesstrafe und den Krieg aufrecht erhält – die Ehrfurcht vor dem Leben nicht groß genug, als daß man ohne Gefahr das Verlöschen eines solchen Lebens gestatten könnte. Erst wenn ausschließlich die Barmherzigkeit den Tod gibt, wird die Humanität der Zukunft sich darin zeigen können, daß der Arzt unter Kontrolle und Verantwortung schmerzlos ein solches Leiden auslöscht." (Key 1992, 29f)

Selbst eine Maria Montessori (1870–1952), Ärztin und Pädagogin, die, ganz im Gegensatz zu Ellen Key, niemals rassenhygienische Ideen propagierte und ihre pädagogische Arbeit gerade mit geistig zurückgebliebenen und sozial vernachlässigten Kindern im Arbeiterviertel San Lorenzo in Rom begann, war nicht frei von biologisch gefärbten Denkmustern, etwa indem sie Überzeugungen von der deterministischen Wirkung der Vererbung und der Immanenz einer vorgezeichneten Entwicklung (Erlinghagen 1991, 142) bzw. eine „organologische Auffassung von Gesellschaft und Erziehung" (Böhm 2003, 83; Fuchs 2003, 119ff) vertrat.

Eugenisches Denken, so können wir mit Harten resümieren, war zu Beginn des 20. Jahrhunderts verankert und akzeptiert in breiten Schichten der Gesellschaft und gehörte „zu den Träumen technischer Machbarkeit gesellschaftlicher Ideale der Moderne. Die Gefahren, die sie birgt und die ethischen Probleme, die sie aufwirft, wurden erst von wenigen erkannt" (1997, 784).

Somit verwundert es nicht, dass auch Heilpädagogen in den ungeheuer wirksamen, modernen Sog des neuen biologischen Denkens gerieten. Dabei

Einfluss auf Hilfsschullehrer

taten sich Angehörige einer neu etablierten heilpädagogischen Lehrergruppe, nämlich der Hilfsschullehrer, besonders hervor (Ellger-Rüttgardt 1988). Verlautbarungen aus diesen Kreisen belegen die politisch-ökonomische Brisanz des Sozialdarwinismus, der bei der ungelösten „sozialen" Frage einer expandierenden Industriegesellschaft durch biologistische Lösungen zum „politischen Deutungsmuster" avancierte (Weingart et al. 1988, 18). Ganz im Sinne erbbiologischer Überzeugungen interpretierten viele Hilfsschullehrer die Zugehörigkeit ihrer Schüler zu den armen Volksschichten nicht etwa als Auswirkungen sozialer Ursachen, sondern argumentierten genau umgekehrt, indem sie eine mangelhafte geistige Veranlagung für soziales Elend verantwortlich machten.

Vortrag Breitbarths   So bemerkt der Hallenser Hilfsschulrektor Martin Breitbarth in einem Vortrag von 1915:

> „Das in den Familien dieser Menschen nachgewiesene soziale Elend spottet zum Teil jeder Beschreibung und ist nach meiner Überzeugung in erster Linie auf die geistige und moralische Minderwertigkeit der Ehegatten zurückzuführen." (Breitbarth 1915, 236f)

Der spätere Nationalsozialist Breitbarth stellte bereits 1915 in aller Öffentlichkeit das Lebensrecht schwachbegabter, sozial benachteiligter Kinder in Frage, indem er weiter ausführte:

> „Ob man freilich unter allen Umständen wünschen soll, daß dieser Typus des deutschen Kindes mit allen Mitteln der ärztlichen Kunst und der sozialen Fürsorge möglichst vollzählig dem Leben erhalten bleibt, ist eine Frage, über die gerade solche Menschen geteilter Meinung sein können, die ein tiefes Verständnis für unser Volkstum besitzen, und denen man Herz und Gemüt nach ihrem Leben und Wirken gewiß nicht absprechen kann. Mir persönlich will es nach meinen Erfahrungen fast scheinen, als ob wir der Natur, die das wenig lebenskräftige und minderleistungsfähige Individuum auf dem Wege der natürlichen Auslese schon frühzeitig ausscheidet, in gewissem Sinne dankbar sein müßten." (Breitbarth 1915, 239)

August Henze   Aber auch ein anderer Wortführer der Hilfsschullehrerschaft, August Henze (der uns bereits in der Einleitung begegnet war), beeilte sich, die Hilfsschularbeit in ihrem volksbiologischen und volkswirtschaftlichen Wert zu analysieren. Am Vorabend des Ersten Weltkrieges, dessen Erleben eine ungeheure Radikalisierung sozialdarwinistischen Denkens bewirken sollte, äußerte sich Henze anlässlich eines Verbandstages im Rahmen seines Vortrages über die Fürsorge für entlassene Hilfsschüler wie folgt:

> „Keineswegs allein humanitären und charitativen Regungen hat das Hilfsschulwesen […] seine überraschende Entfaltung zu verdanken; es dürfte vielmehr erheblich auch die nüchterne Erwägung mitgewirkt haben, daß es gilt, in den geistig Schwachen ein Kapital an Volkskraft nutzbar [zu] machen, das ohne besondere Maßnahmen brach liegen würde oder u. U. in einer das Ganze direkt schädigenden Weise zur Betätigung gelangen könnte. (1913, 53)

Und ein bayerischer Vertreter schließlich, Rupert Egenberger, propagierte **Rupert Egenberger**
1912 die Einrichtung von Lehr- und Arbeitskolonien für Schwachbegabte
„als Mittel gegen die Durchdringung unseres Volkes mit unheilbar Minderwertigen". In diesem Aufsatz, den er in „Friedreich's Blätter für gerichtliche
Medicin und Sanitätspolizei" veröffentlichte, bediente er sich der einschlägigen rassenhygienischen Terminologie, indem er u. a. schrieb:

„Es muß die Frage aufgeworfen werden, ob es überhaupt so sehr wünschenswert sei,
geistige Minderwertige mitten in den Lebenskampf zu stellen, ob es auch wirklich so
empfehlenswert sei, ihnen den Eintritt in bürgerliche Berufe zu sehr zu erleichtern. Es
gibt nicht nur eine Fürsorge für Minderwertige, wir sind auch verpflichtet, alles zu er-
wägen, was dem Schutze der Gesundheit und Tüchtigkeit der Rasse dient […] Die Gefahr der ehelichen oder unehelichen Fortpflanzung ist vorhanden, und ich bitte, sich
darüber nicht hinwegzutäuschen. Das bedeutet Minderwertigkeit und Fürsorge ohne
Ende! Der Begriff Fürsorge enthält aber doch nicht bloß die Liebe und die Hingabe an
Schwachbefähigte, sondern auch die Verhütung der Rassenverschlechterung. Es
müßte uns ein heiliges Gesetz sein, alles aufzubieten zur Verhinderung der Ausbreitung der Minderwertigkeit." (Egenberger 1912, 243f)

Es ist unmittelbar einleuchtend, dass mit dem Vordringen sozialdarwinisti-   **Gefährdung**
schen Gedankenguts gegen Ende des 19. Jahrhunderts behinderte Menschen   **Behinderter**
in die Gefahr gerieten, als minderwertige und überflüssige Gesellschafts-
glieder diskreditiert zu werden. Damit standen zugleich alle verheißungsvollen heilpädagogischen Anfänge und Entwicklungen der vergangenen
Jahrzehnte erneut auf dem Prüfstand – allerdings nicht mehr, wie einst, wegen fehlender pädagogischer Visionen und Kompetenzen, sondern nun
aufgrund eines vermeintlich volksbiologischen Gemeinwohls, hinter dem
letztlich nichts anderes als politische und ökonomische Herrschaftsinteressen standen.

Aber auch die Medizin, und hier vor allem die Psychiatrie, veränderte   **Rolle der Medizin**
ihre Rolle in der zweiten Hälfte des 19. Jahrhunderts. Diese neue medizinische Disziplin, die Mitte des 19. Jahrhunderts bereits Universitätsstatus
errang, gewann Bedeutung zur Zeit der preußischen Reformen, als sie, entgegen den herkömmlichen Vorstellungen einer Dämonisierung des „Irre-
seins", den Gedanken des Heilens in den Vordergrund rückte. Damit
wurde das Irresein zu einem medizinischen Krankheitsbegriff, der folglich
nicht den Gedanken der Heilung allein, sondern auch – und das zeigt seinen ambivalenten Charakter – den der unheilbaren, aussichtslosen Fälle
umfasste.

„Der Heiloptimismus der frühen Psychiatrie hat vieles in Bewegung gebracht, aber er
hat auch scharf die Grenzlinien zwischen denen gezogen, die psychiatrisch erfaßbar
waren, und denen, die aus den ‚Kurversuchen' herausfielen. In die Beurteilung von
Krankheiten schlichen sich Bewertungshierarchien von kranken Menschen ein. Hier
hat der reformerische Aufbruch am Beginn des 19. Jahrhunderts der nachfolgenden
Zeit ein problematisches Erbe hinterlassen." (Blasius 1994, 35)

Verwahrung und Disziplinierung

Mit dem Anwachsen ungelöster sozialer Probleme aufgrund gravierender gesellschaftlicher Wandlungsprozesse nahm die Psychiatrie zunehmend auch die „armen Irren" in den Blick, die aber nicht primär unter dem Aspekt des Heilens, sondern dem traditionellen der Aufbewahrung betrachtet wurden. In den 40er Jahren setzte eine Gründungswelle des von dem Psychiater Damerow (1798–1866) propagierten Typus einer „Heil- und Pflege-Anstalt" ein, der vor allem für die Armen der unteren Volksschichten zunehmend zu einem Ort der Verwahrung und Disziplinierung wurde. In der zweiten Hälfte des 19. Jahrhunderts verstärkte sich das Selbstverständnis einer am Ideal einer positivistischen Naturwissenschaft ausgerichteten Psychiatrie, die, erweitert um aktuelle Debatten einer Erbbiologie, sich im Rahmen der Wilhelminischen Innenpolitik als „Armuts- und Ordnungspsychiatrie" (Blasius 1994) an der Lösung der sozialen Frage beteiligte. Belegt wird diese Einschätzung durch den überproportional hohen zahlenmäßigen Anstieg der Anstalten insgesamt, und zwar staatlicher und privater (meist kirchlicher) Natur. So gab es in Preußen 1885 71 öffentliche und 103 private Anstalten, hingegen 1900 bereits 105 öffentliche und 144 private (1994, 69ff).

Wilhelm Griesinger

Psychiatrische Reformansätze wie die eines Wilhelm Griesinger, der gegen eine völlige Abschottung der Kranken in geschlossenen Anstalten und stattdessen für die Einführung einer Familienpflege eintrat, blieben in einem politischen System ohne Chance, das einerseits auf loyalitätssichernde Wohltaten und zum anderen auf rigorose Ausgrenzung und Sicherung unliebsamer, in irgendeiner Weise auffällig gewordener Zeitgenossen setzte. Klaus Dörner bemerkt mit Blick auf die spätere Geschichte über die expandierenden Heil- und Pflegeanstalten:

> „Vielmehr füllten sich die Institutionen zunehmend mit Lebenslänglichen, die jetzt nicht mehr nur als schwererziehbar, sondern als unheilbar galten, eine dramatische Statusverschlechterung, weil hiermit die Ausgegrenzten mit wissenschaftlichem Segen als hoffnungslose Fälle, ja als ‚geistig tot' erklärt wurden. So konnten sie allmählich als ‚Untermenschen' gelten." (1994, 378)

Erbbiologie

Der zunehmende Einfluss der Erbbiologie schließlich legte den Schluss nahe, dass Geisteskrankheiten nicht nur Gehirn-, sondern auch Erbkrankheiten seien, gegen die therapeutisch-präventiv vorzugehen sei.

Auguste Forel

Noch vor der Jahrhundertwende, nämlich 1892, führte der schweizerische Psychiater Auguste Forel (1848–1931), die erste eugenische Sterilisation durch, die er in tiefer Überzeugung von der Utopie einer „leidensfreien Gesellschaft" wie folgt kommentierte:

> „Wir bezwecken keineswegs, eine neue menschliche Rasse, einen Übermenschen zu schaffen, sondern nur die defekten Untermenschen allmählich […] durch willkürliche Sterilität der Träger schlechter Keime zu beseitigen, und dafür bessere, sozialere, gesundere und glücklichere Menschen zu einer immer größeren Vermehrung zu veranlassen." (Dörner 1994, 381)

Die wachsende gesellschaftliche Bedeutung der Medizin gewann Einfluss auch auf die Heilpädagogik. Diese hatte sich, wir erinnern uns, in ihrer Anfangszeit ganz bewusst als pädagogische Disziplin definiert, auch wenn die Notwendigkeit einer interdisziplinären Zusammenarbeit mit der Medizin stets unbestritten war. Dieses noch bei Georgens und Deinhardt anzutreffende, gewissermaßen partnerschaftliche Verhältnis von Heilpädagogik und Medizin verlor sein Gleichgewicht spätestens Mitte des 19. Jahrhunderts, als in Preußen 1859 durch staatliche Entscheidung den Medizinern die ausschließliche Leitungsfunktion der Heil- und Pflegeanstalten zugesprochen wurde. Die Heilpädagogen selbst, die mehrheitlich dem unterprivilegierten Volksschullehrerstand entstammten, partizipierten am wachsenden Sozialprestige der Mediziner, indem sie häufig ein medizinisches Zusatzstudium absolvierten und damit auch in der Wissenschaftslogik der Medizin argumentierten.

Medizin und Heilpädagogik

Bekanntes Beispiel ist der Taubstummenlehrer Friedrich Kern (1814–1868) aus Eisenach, der, nachdem er sich der Erziehung Geistesschwacher zuwandte, 1847 ein Medizinstudium begann. Kern polemisierte bezeichnenderweise in der von Damerow herausgegebenen Zeitschrift der Irrenärzte gegen die Konzepte Séguins, Guggenbühls und Saegerts und wandte sich, ganz im Sinne medizinischer Krankheitsauffassung, gegen eine „Heilung des Blödsinns" (vgl. Kap. 3.3).

Auch auf der theoretischen Ebene war die zunehmende Definitionsmacht der Medizin auf dem Felde von Pädagogik und Heilpädagogik in der zweiten Hälfte des 19. Jahrhunderts unübersehbar. 1899 veröffentlichte ein Herbart-Schüler, Ludwig Strümpell, Professor der Pädagogik in Leipzig, seine Schrift „Die Pädagogische Pathologie oder die Lehre von den Fehlern der Kinder". Auch wenn Strümpell die pädagogische Pathologie als einen Teil der Pädagogik verstanden wissen wollte, so ist doch die Übernahme des medizinischen Denkschemas mit seinen zentralen Begriffen von Gesundheit und Krankheit unübersehbar. Die peinlich genaue alphabetische Aufzählung kindlicher Fehler, unter die beispielsweise auch „ausplaudernd, Befangenheit, bummelig, Empfindsamkeit, Geheimnisthuerei, Naseweisheit oder Offenherzigkeit" fiel, orientierte sich unausgesprochen an einem imaginären Normalitätsbegriff, dessen Willkürlichkeit auf der Hand liegt:

Ludwig Strümpell

„Die pädagogische Pathologie ist die Lehre von allen denjenigen Zuständen und Vorgängen, welche erfahrungsmäßig während der Entwickelung des geistigen Lebens im Kindheitsalter von solcher Beschaffenheit sind, daß sie der Abschätzung und Werthbestimmung, nach denen der Pädagoge sie im Hinblick auf die von ihm gedachte und erstrebte Jugendbildung auffaßt und beurtheilt, sich entweder nicht als genügend oder als bedenklich oder schädlich, überhaupt als in irgendwelcher Hinsicht der Besserung bedürftige Fehler darstellen. Solche Fehler nennen wir pädagogische Fehler." (Strümpell 1899, 21)

Wissenschaftliches Idealbild dieser Pädagogen war die Medizin als exakte Wissenschaft (Spitzner 1899), und so war es nur naheliegend, dass sich vor allem Pädagogen und Mediziner gemeinsam auf den Weg begaben, um „pädagogische Fehler" und „psychopathische Minderwertigkeiten" (Koch

„Die Kinderfehler"

1891) zu erforschen: 1896 wurde die Zeitschrift „Die Kinderfehler" aus der Taufe gehoben, die ab 1900 den Titel „Zeitschrift für Kinderforschung" trug und bis 1944 erscheinen sollte.

Zusammenfassung: Heilpädagogik, so können wir zusammenfassend festhalten, war in der zweiten Hälfte des 19. Jahrhunderts nicht nur durch die Popularität von Evolutionstheorie, Erbbiologie und Sozialdarwinismus herausgefordert, sondern sie war auch selbst in den Bann einer sich naturwissenschaftlich verstehenden Medizin geraten, und sie war zumindest in Teilen auf dem Wege, ihre zentrale pädagogische Kategorie der Bildsamkeit zugunsten einer der Medizin entliehenen Terminologie von Krankheit und Gesundheit aufzugeben. Dies galt vorrangig für die noch nicht im Bildungsbereich verankerte Geistigbehinderten- und Verwahrlostenpädagogik, weniger jedoch für die Taubstummen- und Blindenpädagogik, deren Zugehörigkeit zum Bildungswesen nicht mehr in Frage gestellt und schließlich durch die 1911 erlassene Schulpflicht für Gehörlose und Blinde offiziell sanktioniert wurde.

4.2   Ausdifferenzierung und Weiterentwicklung sonderpädagogischer Bildungsinstitutionen

Wilhelminisches Kaiserreich

Der Aufstieg Deutschlands zur Industrienation im letzten Drittel des 19. Jahrhunderts führte zu gewaltigen gesellschaftlichen Umwälzungen wie Einführung einer produktionskapitalistischen Marktwirtschaft, endlose Wanderströme einer von Arbeitslosigkeit und Obdachlosigkeit bedrohten industriellen Reservearmee, Landflucht und Verstädterung. Die Gesellschaft des Wilhelminischen Kaiserreichs war und blieb bis zum Ausbruch des Ersten Weltkrieges 1914 ein System der sozialen Ungleichheit. Bei einer Reichsbevölkerung von 65 Millionen Menschen gehörten gut 5 % der Oberklasse des Adels, der Spitzenbourgeoisie sowie dem Wirtschafts- und Bildungsbürgertum an, während die bürgerlichen Mittel- und bäuerlichen Besitzklassen sich auf etwa 25 % beliefen. Der weitaus größte Teil der im Wachstum begriffenen deutschen Bevölkerung, nämlich ca. 70 %, zählte zur Klasse des städtischen und ländlichen Proletariats.

„Angesichts des krassen Gefälles, das im Hinblick auf Macht, Prestige und Einkommen die Sozialhierarchie des kaiserlichen Deutschlands bis zuletzt charakterisierte, kann das hohe Spannungspotential schwerlich verwundern, das sich vor 1914 in dieser Marktklassengesellschaft aufgespeichert hatte." (Wehler 1995, 846)

Aber, und das betont Hans-Ulrich Wehler zugleich, befand sich Deutschland keineswegs in einer vorrevolutionären Phase. „Das sozialpolitische System hatte sich seit Jahrzehnten als veränderbar, als – wenn auch in engen Grenzen – reformierbar erwiesen, so daß die Spannungsmeisterung immer wieder geglückt war." (S. 846f)

Es war die Bismark'sche Sozialpolitik, die das Kunststück fertigbrachte, durch eine Reihe gesetzgeberischer Maßnahmen die Reformierbarkeit der Wilhelminischen Klassengesellschaft unter Beweis zu stellen und damit der mächtig werdenden sozialistischen Arbeiterbewegung etwas von ihrer Stoßkraft zu nehmen. Dabei

Bismark'sche Sozialpolitik

„steht außer Frage, daß das politische Hauptziel der Bismarkschen Sozialpolitik darin bestand, eine neue und verstärkte Form der direkten Staatsbindung zu erzeugen, daß es ihr darum ging, die Parteien auch hier ihrer Basis zu entfremden, sie […] dadurch als Konkurrenten um die Macht ins zweite Glied zu drücken" (Gall 1980, 604f).

Ähnlich urteilt Hans-Ulrich Wehler:

„Die Bismarksche Sozialversicherung hat den Grundstein für eine ausbaufähige, immens differenzierbare und weltweit nachgeahmte Daseinsvorsorge gelegt. Daß sie anfänglich dem politischen Stil von ‚Zuckerbrot und Peitsche' verpflichtet war, ändert nichts an ihren zukunftsweisenden Wirkungen." (1995, 915)

Die Bismark'sche Sozialpolitik der 80er Jahre erstreckte sich nicht nur auf Maßnahmen zum Schutz der arbeitenden Bevölkerung, wie das Krankenversicherungsgesetz von 1883, das Unfallversicherungsgesetz von 1884 sowie die Alters- und Invalidenversicherung von 1889, sondern sie betraf auch das Armenwesen und die Behindertenfürsorge. Wir erinnern uns, Armut und Behinderung stehen seit Anbeginn in einem engen Verhältnis zueinander, müssen gewissermaßen stets zusammen gedacht werden – und so ist es einleuchtend, dass mit der drängenden sozialen Frage zur Zeit der Industrialisierung auch das Problem jener „unverschuldeten Armen", zu denen behinderte Menschen zählten, verstärkt in die Diskussion geriet.

Armut und Behinderung

Eine einschneidende Reform der traditionellen Armenpflege erfolgte 1870 durch das Reichsgesetz über den Unterstützungswohnsitz, das sicherstellte, dass die staatliche Hilfeleistung den Bedürftigen an dem Ort gewährt wurde, an dem sie lebten, und nicht etwa in ihrer Herkunftsgemeinde. Dieses Gesetz war die Voraussetzung für die nun einsetzende große Wanderungsbewegung der Arbeiter vom Land in die Stadt, von Ost nach West.

Reform der Armenpflege

Ihre katastrophalen sozialen Folgen riefen den großen Patriarchen der Inneren Mission, Friedrich von Bodelschwingh (1831–1919), auf den Plan. Bodelschwingh nahm sich der Entwurzelten, der Landstreicher, arbeitslosen Bettler an und bot ihnen – nicht anders als Wichern aufgrund freiwilliger Entscheidung – eine Bleibe in der mit strengem Regiment geführten Arbeiterkolonie Wilhelmsdorf südlich des Teutoburger Waldes. Schließlich engagierte sich Bodelschwingh auch im Arbeiterwohnungsbau, und sein Eintritt in die große Politik 1903 diente vor allem dem Ziel, Einfluss zu nehmen auf die drängende soziale Frage. Bodelschwingh war politisch konservativ, antisozialdemokratisch und antiliberal eingestellt. Aber im Unterschied zu vielen seiner Zeitgenossen vertrat er ein theologisches, an dem Heilsgeschehen des Individuums orientiertes Krankheitskonzept, das ihn die medizinisch

Friedrich v. Bodelschwingh

orientierte Psychiatrie als „materialistisch und diesseitig" (Schmuhl 2005, 99) ablehnen ließ. Nicht selten im Konflikt mit den in den Betheler Anstalten tätigen Ärzten galt für Bodelschwingh die Maxime: „Das Wort ,unheilbar' […] steht im Wörterbuch eines Christen nicht." (S. 102)

Verwahrlosten-
fürsorge

Das zunehmende staatliche und kommunale Engagement im sozialen Bereich zeigte sich auch auf dem Gebiet der Verwahrlostenfürsorge. 1878 wurde das „Gesetz betr. die Unterbringung verwahrloster Kinder" erlassen, was die Kommunalverbände zum Handeln verpflichtete. Auch hier traten die konfessionellen Träger, vor allem die Innere Mission, als Anbieter auf den Plan. Eine Folge war, dass die Rettungsanstalten expandierten – eine Tendenz, die durch das 1900 verabschiedete Fürsorgeerziehungsgesetz noch verstärkt wurde. Denken wir an den einst von Wichern geprägten Grundsatz, dass die Innere Mission keine Unterstützung aus der Staatskasse entgegennehme, dann verschob sich dieser Grundsatz nun „zumindest in den Bereichen der Jugendfürsorge und Krankenpflege allmählich in Richtung einer öffentlichen Refinanzierung der Arbeit der Inneren Mission" (Zitt 1998, 111). „Die Transformation von der alten Armenpflege zur Sozialen Fürsorge und Wohlfahrtspflege" (Reyer 1991, 61), gekennzeichnet durch die zunehmende Ausdifferenzierung und Herausbildung neuer Zweige der Fürsorge (Sachße/Tennstedt 1988, 27ff), ist in ihrer Ambivalenz unübersehbar: einerseits existenzielle Absicherung des Einzelnen, andererseits eine Einbindung in ein bürokratisches Fürsorgesystem mit hoher Eigendynamik.

Gesetz über
erweiterte
Armenpflege

1893 trat das preußische Gesetz über die erweiterte Armenpflege in Kraft, nach dem nun die Provinzen gehalten waren, für mittellose „Geisteskranke", „Idioten" und „Epileptische" zu sorgen. Gemäß der eingeleiteten Politik, diese Aufgabe der privaten Fürsorge zu überlassen, schlossen die Provinzialverbände mit den konfessionellen Trägern vertragliche Vereinbarungen, was zum einen einen zahlenmäßigen Anstieg der konfessionellen Anstalten auslöste, zum anderen aber auch der staatlichen Seite einen zunehmenden Einfluss auf das konfessionelle Anstaltswesen sicherte.

B

Bethel ist hierfür ein anschauliches Beispiel. Im Jahre 1887 hatten die Betheler Anstalten etwa 1.100 Patienten, 1897 waren es 1.700 und 1907 bereits 2.674. In der Anfangszeit war nur ein Arzt tätig, Mitte der 90er Jahre waren es bereits vier.

Vormachtstellung
der Medizin

Die Vormachtstellung der Medizin auch im Bereich des kirchlichen Anstaltswesens und damit ihre Wirkung auf die Geistigbehinderten- und Verwahrlostenpädagogik ist im letzten Drittel des 19. Jahrhunderts augenfällig. Der preußische Ministerialerlass von 1895 „Anweisung über die Aufnahme und Entlassung von Geisteskranken, Idioten und Epileptischen in und aus Privat-Irrenanstalten" ist hierfür sichtbarer Beleg. Nach diesem Erlass wurden die Idiotenanstalten, die ja seit ihrem Bestehen stets auch Bildungsaufgaben erfüllt hatten, nun den Irrenanstalten gleichgestellt, der Zuständigkeit der Medizinalbürokratie unterstellt und damit die Leitungsfunktion der Mediziner bestätigt. Die in den Idiotenanstalten tätigen Theologen und Pädagogen artikulierten heftigen Protest, so in einer Denkschrift aus dem

Jahre 1904 (Lindmeier/Lindmeier 2002, 229ff). Darin bezogen sie Stellung gegen die alleinige Leitung durch Mediziner und die Unterstellung der Idiotenanstalten unter das Irrenwesen und stritten für die Bedeutung einer pädagogischen Aufgabe der Anstalten sowie den gleichberechtigten Status der pädagogischen Profession. Und dennoch: Ungeachtet gewisser Modifikationen blieb die „Okkupation" der Heilpädagogik durch die Medizin, zumindest auf dem Gebiet der Geistigbehindertenpädagogik, bis weit in das 20. Jahrhundert bestehen und wirksam.

Die Bildungspolitik des Wilhelminisches Kaiserreichs, vor allem im Bereich der niederen Schulen, lässt sich kaum mit den glatten Begriffen von „fortschrittlich" oder „rückwärtsgewandt" charakterisieren, sondern offenbart bei genauerem Hinsehen ein durchaus zwiespältiges Erscheinungsbild (Kuhlemann 1991). Dem Interesse der politisch Herrschenden nach Disziplinierung und Bildungsbeschränkung der Untertanen entsprach zweifellos ein Bildungssystem, das durch Dreigliedrigkeit (Volksschule, mittlere Schulen, höhere Schulen) und ein ausgeprägtes Berechtigungswesen gekennzeichnet war; der nationale Aufstiegswille zu einer modernen Industriemacht schuf aber zugleich vielfältige Innovationspotenziale innerhalb dieses Bildungssystems. „Modernisierungszwang *und* Herrschaftssicherung – das sind die Gesichtspunkte, unter denen sich auch die Anfangstendenzen im elementaren und mittleren Bildungsbereich beschreiben lassen." (Herrlitz et al. 1993, 107; s. a. Wehler 1995, 1191ff)

Es ist unzweifelhaft, dass die in der ersten Hälfte des 19. Jahrhunderts eingeläutete Modernisierung des Elementarschulwesens, vor allem in Preußen, ihre Fortsetzung im Kaiserreich fand, repräsentiert durch die nahezu vollständige Durchführung der Alphabetisierung, Erhöhung der Schulbesuchsquote sowie Steigerung der öffentlichen Ausgaben für das Bildungswesen. Obwohl es nach wie vor Kinderarbeit gab, vor allem in der Heimindustrie und im ländlichen Bereich, war der Schulbesuch von etwa 60 % im Jahre 1816 auf nahezu 90 % im Jahre 1870 angestiegen und erreichte schließlich seit den 80er Jahren in vielen Gegenden Deutschlands die 100 %-Marke.

Es waren die in der Ära des Ministers Falk erlassenen „Allgemeinen Bestimmungen betreffend das Volksschul-, Präparanden- und Seminarwesen" von 1872, die die auf Bildungsbeschränkung ausgerichteten Stiehl'schen Regulative von 1854 ablösten und sich durch folgende innovative Strukturelemente auszeichneten: Vorrang einer mehrklassigen, differenzierten Volksschule vor der einklassigen ländlichen Elementarschule und Erweiterung des Fächerkanons um die „Realien" (Vaterländische Geschichte, Erdkunde, Naturlehre) und Turnen bei gleichzeitigem Zurückdrängen des Religionsunterrichts (Berg 1973).

Der Ausbau der Elementarschule zu einer mehrklassigen Volksschule vollzog sich allerdings erst allmählich und regional sehr unterschiedlich. Während auf dem Lande die einklassige Dorfschule noch für lange Zeit der vorherrschende Schultypus blieb, entstanden vor allem in den großen Städten gut ausgebaute und differenzierte Volksschulsysteme, die durch große Vielfalt gekennzeichnet waren. So stieg etwa das Niveau der Berliner Ge-

Wilhelminische Bildungspolitik

Elementarschulwesen

meindeschulen und damit deren Akzeptanz bei den bürgerlichen Schichten seit den 60er Jahren derart an, dass 1894 nahezu 40 % aller Kinder des alten und neuen Mittelstandes sowie der Angestellten- und Beamtenschicht die Berliner Gemeindeschulen besuchten. Eine andere Lage hingegen kennzeichnete die reinen Industriestädte, in denen die Volksschule nach wie vor eine soziale Klassenschule bzw. eine Bildungsinstitution der Unterschicht war (Kuhlemann 1991, 199). Heterogenität der Struktur, Ausdifferenzierung und Niveau-Anhebung sowie sozialer Klassencharakter waren Elemente, die zusammenwirkten und die erklären können, warum im letzten Drittel des 19. Jahrhunderts ein neuer Schultypus die Bühne betrat, der uns im folgenden Kapitel beschäftigen wird: die Hilfsschule.

Bildungs-einrichtungen für Behinderte

Werfen wir nun noch einen Blick auf die institutionelle Entwicklung der Bildungseinrichtungen für Behinderte. Ich hatte es bereits erwähnt: Das Taubstummen- und Blindenwesen gehörte seit seinen Anfängen zum Elementarschulwesen, und somit konnte es sich auch während des Kaiserreichs unangefochten weiterentwickeln. Als sich auf der Weltausstellung von St. Louis/USA 1904 „Das Unterrichtswesen im Deutschen Reich" stolz präsentierte, nahm dabei auch der Taubstummen- und Blindenunterricht einen breiten Raum ein. Der Gesamtherausgeber der Darstellung W. Lexis schrieb hierzu im Vorwort:

> „Die Darstellung des Blinden- und Taubstummenwesens könnte im Verhältnis zu dem übrigen Inhalt des Bandes vielleicht als zu ausgedehnt erscheinen. Jedoch sind diese Zweige des Unterrichtswesens in weiteren Kreisen am wenigsten bekannt, und etwas ausführlichere Mitteilungen über sie dürften daher erwünscht sein." (1904)

Die feste Verankerung vor allem des Taubstummenwesens im Bildungswesen des preußischen Staates ist nicht zuletzt daran ablesbar, dass bereits 1817 ein Erlass erging, der Lehrherrenprämien für die Ausbildung taubstummer Personen gewährte und der 1885 auch auf weibliche Taubstumme ausgedehnt wurde (Schneider/v. Bremen 1887, 203f).

Bildungsstatistik: Taubstumme

Schließlich noch einige Zahlen: Angesichts des Fehlens genauer statistischer Angaben über Taubstumme im schulpflichtigen Alter veranlasste Minister Falk Anfang der 70er Jahre eine Erhebung aller 7- bis 16-jährigen Taubstummen in Preußen. Die von dem Berliner Gehörlosen- und Geistesschwachenlehrer Saegert mitgeteilten Daten offenbaren, dass weniger als die Hälfte zu diesem Zeitpunkt eine adäquate Bildung erhielten (s. Tab. 4.1).

Angesichts dieser nach wie vor unbefriedigenden Situation und vor dem Hintergrund der von Minister Falk beförderten Volksschulreform präsentierte der Altmeister der Taubstummenpädagogik, Friedrich Moritz Hill, 1874 den „Entwurf eines Reglements für das Preussische Taubstummen-Bildungswesen", den der Taubstummenlehrer E. Reuschert drei Jahrzehnte später wie folgt kommentierte:

Tab. 4.1: Statistik zur Bildung der 7- bis 16-jährigen Taubstummen in Preußen (nach Saegert 1874/75, 13)

„Hiernach erhalten		
1) wirklich eine sachgemäße Bildung	ca. 2250	taubstumme Kinder
2) eine vorbereitende, in einzel-nen Provinzen sogar noth-dürftig zureichende, um als Arbeiter fortzukommen	1406	" "
3) gar keinen Unterricht	2790 ca. also 3000."	" "

Er [Hill, E.-R.] wollte damit den 36 Anstalten, in denen von 200 Lehrern für das geistige Wohl von 20 000 Taubstummen Sorge getragen wurde, eine Basis zu gedeihlicher Weiterentwicklung geben. Gewiß ein schöner Gedanke, der Hill Ehre macht! Nur war die Zeit dazu noch nicht gekommen. Die ganze Taubstummenbildung stak noch viel zu sehr in den Kinderschuhen." (Reuschert 1905, 169)

In Deutschland werden für das Jahr 1900 – ohne Elsass Lothringen – 87 Taubstummenanstalten mit insgesamt 6.276 Schülern gemeldet (Karth 1902, 32ff), was nahezu exakt den Anfang der 70er Jahre ermittelten Zahlen für Preußen (6.446) entspricht. Nach Wilhelm Reins Enzyklopädischem Handbuch der Pädagogik (1903, I, 706) existierten – wiederum ohne Elsass-Lothringen – 37 Unterrichtsanstalten für Blinde auf deutschem Boden mit insgesamt 1.792 weiblichen und männlichen Schülern. Aber, wie gesagt, noch um die Jahrhundertwende erhielten keineswegs alle gehörlosen und blinden Kinder Schulunterricht. Erst als 1911 die Schulpflicht für Gehörlose und Blinde erlassen wurde, war der Weg freigemacht für eine Schulbildung aller sinnesbehinderten Kinder und Jugendlichen in Deutschland – im internationalen Maßstab sicherlich ein früher Zeitpunkt. **Schulpflicht für Gehörlose und Blinde**

Ein Blick auf den Nachbarn Frankreich, in dem erst 1882 die allgemeine Schulpflicht eingeführt worden war, offenbart die Differenz. In Deutschland befand sich das Bildungswesen für Sinnesbehinderte zunehmend in staatlich-öffentlicher Trägerschaft und erfuhr während des gesamten 19. Jahrhunderts eine stete Aufwärtsentwicklung. In Frankreich hingegen stagnierte die Entwicklung seit 1860. Die Zahl der Taubstummenanstalten verringerte sich von 18 im Jahre 1860 auf sechs im Jahre 1880. Ferner unterstand die Mehrzahl der Einrichtungen der kirchlichen Aufsicht, die, bis auf eine Ausnahme, alles Internate waren. Genauere Angaben – so Karth (1902) – waren über Frankreich nicht erhältlich, da in dem nach wie vor zuständigen Innenministerium keine Statistiken geführt wurden. **Bildungswesen in Frankreich**

Die Frage, welches die geeignete, passende Form der Institutionalisierung für die Bildung Sinnesbehinderter sei, wurde in Deutschland weniger

Internate versus Tagesschulen

leidenschaftlich und zugleich differenzierter als noch vor einigen Jahrzehnten erörtert. Nach den Enttäuschungen um eine „Verallgemeinerung" des Unterrichts im Rahmen der Elementarschule, die nach Ansicht der Fachleute nur ein Notbehelf mangels besserer Möglichkeiten sei (s. Kap. 3.5), herrschte breiter Konsens hinsichtlich der Überzeugung, dass Sonderinstitutionen unerlässlich seien. Allerdings variierten die Auffassungen darüber, ob abgeschlossene Internate oder eher Externate, also Tagesschulen, vorzuziehen seien. Prototypisch sollen hier zwei Positionen vorgestellt werden. Eduard Walther, „Direktor der Königlichen Taubstummen- und Taubstummenlehrer-Bildungs-Anstalt zu Berlin", berührte in seinem Handbuch der Taubstummenbildung von 1895 auch die Frage nach den Vor- und Nachteilen von Internat und Externat, ohne eine eindeutige Position zu beziehen. Vielmehr beschränkte sich Walther darauf, in sehr differenzierter Weise die Vorzüge und Nachteile des jeweiligen Systems zu benennen, wobei er deutlich auf die zeitgeschichtliche Perspektive verwies:

> „Die Berührung des Taubstummenunterrichtes mit den Bestrebungen der allgemeinen Pädagogik und der dadurch angeregte Plan, wenn irgend möglich, allen bildungsfähigen Taubstummen einen geeigneten Unterricht – unter Umständen in der Volksschule – zu gewähren, war die Veranlassung, kleine Taubstummenschulen (Externate) einzurichten, und von nun an bestanden Internate und Externate nebeneinander." (1895, 27)

Ein nicht weniger prominenter Vertreter der Blindenpädagogik, Immanuel Matthies, Direktor der Königlichen preußischen Blindenanstalt in Berlin-Steglitz, sprach sich hingegen sehr eindeutig für die Form des Externats aus, und zwar unter Verwendung des Begriffes „Krankheit":

> „Die Fachleute sind der Teilnahme blinder Kinder am Volksschulunterricht zwar nie entgegen gewesen, haben sie aber immer nur als einen schwachen Notbehelf gelten lassen und ebenso besondere Blindenklassen der Volksschule für ungenügend erklärt. Denn der Blinde ist zwar kein eigenartiges Wesen, d. h. er hat dieselben seelischen Grundlagen und Kräfte wie ein Vollsinniger – aber er ist doch einem Kranken zu vergleichen." (Matthies 1904; Degenhardt/Rath 2001, 75)

Bildung geistig Behinderter

Während das Bildungswesen für Sinnesbehinderte gegen Ende des Kaiserreichs einen hohen Entwicklungsstand aufwies (Matthies 1913; Wende 1915), sah es für den Personenkreis der geistig Behinderten sehr viel düsterer aus, denn der Staat drückte sich in diesem Falle vor der Verantwortung und schob die Aufgabe lieber den Trägern der „freien Liebestätigkeit" zu – und damit zugleich auf die lange Bank. Nun war es aber keineswegs so, dass geistig Behinderte in konfessionellen Anstalten nur gepflegt und verwahrt worden wären; es gilt viel mehr daran zu erinnern, dass immerhin zwei Drittel der Insassen der sogenannten Idiotenanstalten Bildung und Erziehung erhielten bzw. mit Arbeiten beschäftigt wurden, wobei Arbeit auch als persönlichkeitsbildendes Mittel galt. Die Zusammenstellung in Tabelle 4.2 gibt einen guten Einblick in die inneren Strukturen der konfessionellen Anstalten in Deutschland für den Zeitraum von 1863 bis 1898.

Tab. 4.2: Konfessionelle Anstalten in Deutschland 1863 bis 1898 (nach Schümann 2001, 299)

Erstel-lungs-jahr der Statistik	Anzahl der An-stalten	Anzahl der Pfleglinge					Verhältnis Pfleglinge zu Ange-stellten	Konfession			Art der Betreuung		
		ge-samt	männ-lich absolut	%-Anteil	weib-lich absolut	%-Anteil		ev.	kath.	jüdisch	Unter-richt	Pflege	Arbeit
1863	14	364	o. A.	o. A.	o. A.	o. A.	o. A.	o. A.	o. A.	o. A.	o. A.	o. A.	o. A.
1874	20	1.749	o. A.	o. A.	o. A. •	o. A.	o. A.	o. A.	o. A.	o. A.	o. A.	o. A.	o. A.
1885	30	4.210	2.388	56,7 %	1.822	43,3 %	5,3	o. A.	o. A.	o. A.	42,6 %	31,5 %	47,4 %
1889	41	6.179	3.599	58,2 %	2.580	41,8 %	5,0	77,2 %	20,6 %	0,2 %	42,7 %	27,1 %	30,2 %
1895	52	9,204	5.383	58,5 %	3.821	41,5 %	5,2	76,6 %	22,3 %	0,1 %	38,6 %	34,0 %	27,4 %
1898	59	11.714	6.490	55,4 %	5.224	44.6 %	6,5	65,9 %	32,7 %	0.01 %	37,9 %	32,6 %	29,5 %

Und es trifft auch nicht zu, dass sich die staatlichen Instanzen der Frage nach Erziehung und Bildung geistig Behinderter völlig entzogen hätten. Schließlich waren Idee und erfolgreiche erste Erziehungsversuche mit geistig Behinderten nicht mehr aus der Welt zu bringen und schon gar nicht in Deutschland, wo seit dem Einfluss der Pädagogik Pestalozzis auf das Elementarschulwesen es zunehmend schwieriger geworden war, Menschen generell die Bildungsfähigkeit abzusprechen. Sicher, es wurde in der pädagogischen Diagnostik nach wie vor zwischen „bildungsfähig" und „bildungsunfähig" differenziert, aber die Grenzen waren fließend geworden, und die pädagogische Zuwendung zu geistig behinderten Kindern und Jugendlichen war und blieb ein ungelöstes Problem, das in der Luft lag. In dem preußischen Erlass von 1859 war immerhin von „Bildungs- und Erziehungs-Instituten für Blödsinnige" die Rede gewesen (Schneider/v. Bremen 1887, 14; Möckel et al. 1997, 232f), und Vertreter der „Konferenz für das Idiotenwesen" sprachen 1898 offen aus, was seit langem gefordert wurde: die Gleichstellung geistig behinderter mit gehörlosen und blinden Menschen:

Rolle des Staates

„Aber das müssen wir bestimmt verlangen, daß unsere Anstalten nicht mit den Irrenhäusern gleich behandelt werden, sondern daß man diese genau so wie Taubstummen- und Blindenanstalten und wie in größeren Städten vorhandenen Nachhilfeschulen für Schwachbefähigte als eine für sich selbständige und abgegrenzte Gruppe von Anstalten betrachtet, daß sie also nicht unter die Medizinalbehörde, sondern unter die Provinzialschulbehörden gestellt werden." (Bradl 1991, 535)

Es war in Berlin, wo sich die Stadtverordneten nach einer 30-jährigen Diskussion endlich entschlossen, 1880 eine kommunale Idiotenanstalt zu gründen. Auch wenn diese Einrichtung mit einer Irrenanstalt verbunden war und unter der Direktion eines ärztlichen Leiters stand, so bedeutete doch die

Idiotenanstalt Dalldorf

Schaffung der Stelle eines Erziehungsdirektors eine Stärkung der pädagogischen Arbeit.

Hermann Piper

Erziehungsdirektor wurde Hermann Piper (1846–1943), ein gelernter Volksschullehrer, dem durch Selbststudium und großen Fleiß der Aufstieg zu einem national und international bekannten Heilpädagogen gelang und der die Idiotenanstalt von Dalldorf (später Wittenau) zu einer anerkannten „Musteranstalt" machte. Nach dem Urteil eines Zeitgenossen wurde Dalldorf zum „Mekka der Schwachsinnigenerzieher" (Schwenk 1916; zit. nach Sichler 2002, 43). Piper war seit 1898 auch Vorsitzender der „Konferenz für das Idiotenwesen" und bot ab 1903 regionale Ausbildungskurse für Lehrer der Anstalten an. Er erwarb sich große Verdienste bei der Entwicklung einer Didaktik für geistig Behinderte, die praktisch nicht existierte, denn die Arbeiten Séguins waren weitgehend in Vergessenheit geraten. Piper

„entwickelte eine Vielzahl von Unterrichtsmaterialien, wie den ‚Schnürapparat' (1889), den ‚Formentisch' (1890) und den ‚Nähapparat' (1891, die er z. T. in den anstaltseigenen Werkstätten herstellen ließ und selbst vertrieb, die jedoch durch die den Publikationen beigefügten Zeichnungen auch nachgebaut werden konnten. Pipers Farbtafeln und Rechenbilder, seine Fotografien zur Mundstellung bei Vokalen u. a. fanden Eingang in den Unterricht vieler Anstalten. Außerdem konzipierte er Lehr- und Bilderbücher, wie den […] ‚Kleinen Sprachmeister' (1897), den ‚Kleinen Rechenmeister' (1906), der sogar preisgekrönt war, und den ‚Kleinen Modelleur' (1909)." (Sichler 2002, 46f)

Dass Staat und Kommunen ihre Verantwortung für die Bildung und Erziehung geistig Behinderter trotz der verheißungsvollen Anfänge im Kaiserreich und auch danach letztlich nur vereinzelt wahrnahmen, hing auch damit zusammen, dass sich die staatlichen Instanzen entschlossen hatten, einen neuen Schultypus zu fördern, der kostengünstiger und effektiver zu sein versprach, und der tatsächlich oder auch nur vermeintlich einen Teil der betreffenden Klientel mit versorgte: die Hilfsschule.

Ausdifferenzierungsprozesse

So wie im Bereich der Armenfürsorge gegen Ende des 19. Jahrhunderts ein Ausdifferenzierungsprozess mit den Phänomenen von Verwissenschaftlichung, Verberuflichung und Rationalisierung erfolgte (Sachße/Tennstedt 1988, 418ff), so lässt sich eine parallele Entwicklung auch für das heilpädagogische Bildungswesen nachweisen. Die während dieses Zeitraums sich abzeichnende verstärkte Medikalisierung der Heilpädagogik führte zum einem dazu, dass Fragen der Diagnostik zunehmend in den Mittelpunkt des Interesses rückten. Die tendenzielle Ausweitung und Auflistung von „Kinderfehlern" als pathologische Erscheinungen beschränkte sich nicht auf die Beschreibung von äußeren Symptombildern, sondern war durch ein immer weiter verfeinertes diagnostisches Instrumentarium gekennzeichnet, das, ohne die Kriterien der Auswahl zu benennen, danach trachtete, den Erscheinungen auf den Grund zu kommen.

Differentialdiagnostik

Die Entscheidung, behinderte Kinder zunehmend unter dem Aspekt einer Differentialdiagnostik zu betrachten, hatte direkte Auswirkungen auf die Struktur der Schulorganisation, und es lag in der Logik der Argumentation, für eine differenziert wahrgenommene Klientel stärker differenzierte Bildungseinrichtungen zu fordern – eine Schlussfolgerung, die wir aus heutiger Sicht für verfehlt halten.

Medizinische Spezialgebiete wie die Ohren- und Augenheilkunde waren die Voraussetzung dafür, dass man „nicht bloß zwischen Blindheit und Sehschwäche oder zwischen Gehörlosigkeit und Schwerhörigkeit unterschied, sondern Seh- bzw. Hörreste genauer zu bestimmen vermochte" (Strachota 2002, 276). Die schulorganisatorische Konsequenz war, dass in Berlin 1902 die erste Schwerhörigenklasse und 1907 die erste Schwerhörigenschule ihre Pforten öffnete (Heese 1983). Die ersten Klasen und Schulen für Sehschwache entstanden ebenfalls in Berlin, und zwar im Jahre 1919 (Solarová 1983). Schließlich gehört zu dem neuen Typus der Sonderschulen die Sprachheilschule, deren Wurzeln gleichfalls in der Taubstummenbildung liegen und die in besonderer Weise eine enge Verbindung von Medizin und Heilpädagogik um die Jahrhundertwende repräsentiert. Auch ihre institutionellen Anfänge liegen im Wilhelminischen Kaiserreich, und die ersten Sprachheilklassen wurden eröffnet: 1910 in Halle, 1912 in Hamburg und 1913 in Wien (Dupuis 1983; Teumer 1997).

Ganz im Unterschied zu den von Pädagogen geprägten frühen Bildungseinrichtungen für Gehörlose, Blinde und geistig Behinderte am Anfang des 19. Jahrhunderts waren diese neuen, „jüngeren Sonderschulen" (Fuchs 1928) vom Stempel der Medizin geprägt. Möckels Feststellung ist zutreffend: „Es gibt keine jüngere Sonderschule oder Erziehungseinrichtung, an deren Entstehung nicht Ärzte einen maßgeblichen Anteil hatten." (1988, 177)

Aber auch die traditionellen Fachrichtungen wie Gehörlosen- und Blindenpädagogik gerieten unter den Einfluss der Diagnostik. Neben die medizinisch orientierte Frage nach dem Hör- und Sehvermögen trat spätestens seit Entwicklung einer Intelligenzdiagnostik durch die Franzosen Binet und Simon (1907) und deren Adaption in Deutschland durch Bobertag (1911) eine zweite Linie der Differenzierung und Auslese, nämlich die nach dem Grad der Intelligenz (Ingenkamp/Laux 1990, 105ff). Symptomatisch für die früh einsetzende Debatte um Begabung bzw. schwache Begabung ist der 10. Blindenlehrer-Kongress 1901 in Breslau, wo ein Vortrag zum Thema „Über die Erziehung und den Unterricht Schwachbeanlagter bzw. schwachsinniger Blinder" gehalten wurde, und bereits der 14. Blindenlehrer-Kongress in Düsseldorf 1913 debattierte über eine Modifikation des Intelligenztests nach Binet/Simon für den Personenkreis der Blinden.

Die allseits hofierte, unangefochtene Dominanz der Medizin und die junge psychologische Intelligenzdiagnostik beherrschten auch die Diskussion um jenen neuen Schultypus, dem wir uns jetzt zuwenden wollen: die Hilfsschule.

Marginalien:
„jüngere Sonderschulen"

Intelligenzdiagnostik

4.3   Entstehung und Ausbau der Hilfsschule

Ursprünge

Spannend bis auf den heutigen Tag ist die Entstehung und weitere Entwicklung der Hilfsschule, denn sie sagt viel aus über die bis in die Gegenwart offenen Fragen des Verhältnisses von allgemeiner und spezieller Pädagogik sowie von allgemeiner Schule und Sonderschule. Die Hilfsschule hat einen zweifachen Ursprung: Sie ist zum einen aus der bereits etablierten Heilpädagogik hervorgegangen, da sie einen Teil jener Schüler aufnahm, die in den sogenannten Idiotenanstalten unterrichtet wurden. Sie ist aber vor allem ein Produkt der sich durchsetzenden allgemeinen Schulpflicht mit dem entstehenden Problem von Heterogenität und erhöhter Komplexität der Schulorganisation. Doch schauen wir uns die Motive und Interessenlagen, die das Aufkommen der Hilfsschule begleiteten, etwas genauer an – einer Schulform, die in dieser Ausprägung einmalig in Europa ist.

Noch vor etwa drei Jahrzehnten trug die Lernbehinderten- bzw. Förderschule den Namen, den sie bei ihrer Gründung vor etwa 100 Jahren erhielt: Hilfsschule. Dieser Name ist noch heute geläufig und drückt im Grunde recht gut aus, worum es den Vätern der Hilfsschule u. a. auch zu tun war: jenen Kindern zu helfen, die in den überfüllten Volksschulklassen des ausgehenden 19. Jahrhunderts vergessen, verspottet und beiseitegeschoben wurden. Dieser individuelle Helferwille einzelner Pädagogen kann allerdings nicht isoliert betrachtet werden. Er muss bezogen werden auf jene gesellschaftlichen Interessenkonstellationen, die bewirkten, dass sich aus den vereinzelten ersten Nachhilfeklassen für schwachbefähigte Kinder eine eigenständige, im gesamten Deutschen Reich vertretene Schulform entwickeln konnte – auf die besondere Situation der Reichshauptstadt Berlin werde ich im folgenden Kapitel näher eingehen.

Mit Blick auf die elementare Volksbildung war es sicherlich ein ganzes Bündel von Faktoren, das entscheidend zur Entstehung der Hilfsschule beitrug:

- Anstieg des Qualifikationsniveaus der allgemeinen Schule durch die „Allgemeinen Bestimmungen" von 1872 und damit die Entstehung des Phänomens „Schulversagen";
- Verbot der Kinderarbeit in Preußen (1891);
- Abschaffung der Arbeits- und Fabrikschulen (1894);
- Einführung der Schulgeldfreiheit in Preußen (1888) bei gleichzeitiger Auflösung der Armen-, Frei- und Ersatzschulen.

Vorläufer

Hilfsschulen im eigentlichen Sinne, also ausgebaute Schulsysteme mit aufsteigenden Klassen, entstanden erst im letzten Drittel des 19. Jahrhunderts. Es gab aber seit Beginn des 19. Jahrhunderts Vorläufer in Form von Hilfs-, Armen- und Nachhilfeklassen.

Traugott Weise

So bestand bereits 1795 die Armenfreischule in Zeitz, an der der Lehrer Traugott Weise lange Zeit tätig war. Traugott Weise, ein ausgebildeter Volksschullehrer, wirkte über einen längeren Zeitraum in Zeitz an der Armen-

und Waisenhausschule, die 1817 zusammengelegt wurden. 1803 nun wurde an der Armenfreischule eine Nachhilfeklasse eingerichtet, die Lehrer Weise übernahm. Er veröffentlichte 1820 eine Schrift mit dem umständlichen Titel „Betrachtung über geistesschwache Kinder in Hinsicht der Verschiedenheit, Grundursachen, Kennzeichen und der Mittel ihnen auf leichte Art durch Unterricht beizukommen. Mit besonderer Rücksicht auf die Pestalozzi'sche Rechenmethode". Diese Schrift ging bald verloren und wurde erst auf Umwegen über eine holländische Veröffentlichung von dem schon mehrfach erwähnten Anstaltslehrer Max Kirmsse wiederentdeckt und als Beiheft der Zeitschrift für Kinderforschung 1911 dem interessierten Publikum vorgestellt.

Traugott Weises „Betrachtungen über geistesschwache Kinder" bezog sich auf die besondere pädagogische Förderung Schwachbegabter im Rahmen der allgemeinen Volksschule. Diese Abhandlung atmet den Geist von Aufklärung und Neuhumanismus und orientiert sich an dem großen Vorbild Pestalozzi. Weise betont ausdrücklich die Verschiedenartigkeit der Kinder – wozu auch die Einsicht gehört, dass es so etwas wie „geistesschwache" Kinder gibt –, ungeachtet aller äußeren Ursachen und schlechten Unterrichtsverhältnisse. Nicht nur dieser Gedanke besitzt Aktualität, sondern auch die Überzeugung, dass jeder Mensch zu seiner Menschwerdung der Bildung bedarf und dass – und hierin liegt das unverzichtbare optimistische pädagogische Ethos – niemand im Vorwege die Entwicklung eines Kindes voraussagen kann. Die von Weise angeführten Kronzeugen für die praktischen Unterrichtsbeispiele sind ausnahmslos Vertreter der Elementarschulpädagogik, wodurch auch in didaktischer Hinsicht die enge Verbindung zwischen Volksschulpädagogik und einer Pädagogik der „Geistesschwachen" bei Weise dokumentiert wird.

Zu Beginn des 19. Jahrhunderts wurden zunehmend wie in Zeitz Nachhilfeklassen eingerichtet, deren Ziel es war, durch besondere pädagogische Zuwendung den zurückbleibenden Kindern der Volksschule zu einem Anschluss an den regulären Klassenunterricht zu verhelfen. Nachhilfeklassen wurden in folgenden Städten gegründet: **Nachhilfeklassen**

- Zeitz 1803
- Chemnitz 1835 („Notschule")
- Halle a. S. 1859
- Dresden 1867
- Gera 1876
- Apolda 1877
- Elberfeld 1879

Der Gedanke der Nachhilfe blieb jedoch mehr oder minder Episode. Die weitere Entwicklung ging vielmehr den Weg einer verstärkten äußeren Differenzierung, d. h. den Aufbau einer separaten, selbständigen Schulform. **selbständige Schulen**

Den Schritt von der mehr oder minder eigenständigen Klasse hin zu einer eigenständigen Schule ging der Leipziger Taubstummen- und Schwachsinni-

Heinrich Stötzner

Heterogenität der Schülerschaft

Modell Braunschweig

Heinrich Kielhorn

genlehrer Heinrich Stötzner 1864 mit seiner Schrift „Schulen für schwach-befähigte Kinder" (1963). Hatte Traugott Weise noch die Förderung schwachbefähigter Kinder im Rahmen der Volksschule im Auge gehabt, plä-dierte Stötzner nun für eine klare organisatorische Sonderstellung hinsicht-lich dieser Schülergruppe. Es war die Forderung nach selbständigen Schu-len, die Stötzner von der späteren Hilfsschullehrerschaft den Titel „Vater der Hilfsschule" eintrug, auch wenn er selbst keinerlei berufspolitische Ak-tivitäten in der sich organisierenden Hilfsschullehrerschaft entfaltete. Stötz-ner selbst hatte seine erste Anstellung als Lehrer in der staatlichen Erzie-hungsanstalt zu Hubertusburg, wo er vier Jahre lang in Zusammenarbeit mit Carl Gottfried Gläsche die Arbeit mit Schwachbegabten und Schwachsinni-gen kennengelernt hatte. Stötzner forderte besondere Schulen für jene Schüler, die „in der Mitte zwischen normalgebildeten und blödsinnigen Kin-dern" stehen, ohne jedoch präzise zu benennen, wer genau gemeint sei (1963, 5).

Damit erwies sich schon in der Anfangszeit die Heterogenität als ent-scheidendes Charakteristikum der Hilfsschulpopulation. Da sich Stötzner einerseits von den ganz „Blödsinnigen" abgrenzte, andererseits aber vor allem Schwachsinnige der armen Volksschichten im Auge hatte, die in den meist privaten Anstalten keine Aufnahme fanden, scheint die Annahme berechtigt, dass er leicht intelligenzgeschädigte Kinder, weniger jedoch so-genannte Nachzügler im Auge hatte – aber, wie gesagt, die Grenzen waren fließend.

Nicht das Modell der Leipziger Schwachsinnigenklasse wurde der Proto-typ der sich seit den 80er Jahren etablierenden Hilfsschule, sondern die von Heinrich Kielhorn ebenfalls 1881 eröffnete Braunschweiger Hilfsklasse. Kielhorn vermied von Anfang an eine definitorische Festlegung der Schü-lerschaft, sprach von schwachbefähigten und schwachsinnigen Kindern, hatte aber vorrangig die schwächeren Schüler der Volksschule im Auge.

Das schon in der Leipziger Debatte zutage getretene Interesse der Mehr-heit der Volksschullehrer an der Einrichtung einer Hilfsinstitution, an die sie ihre schwierigen Schüler „abgeben" konnten, wurde öffentlich auf der 27. Allgemeinen Deutschen Lehrerversammlung in Gotha von 1887, wo Heinrich Kielhorn Thesen zur Gründung von „Schulen für schwachbe-fähigte Kinder" vortrug. In seinen mit viel Beifall aufgenommenen Aus-führungen zeichnete Kielhorn das Bild eines schwachbefähigten bzw. schwachsinnigen Kindes, das sich deutlich von dem des normalbegabten unterscheidet und das aufgrund seines krankhaften, nicht aufhebbaren Zustandes eines besonderen Schulunterrichts bedarf. Indem Kielhorn der betreffenden Schülergruppe einen besonderen anthropologischen Status zuschrieb, enthob er die Volksschullehrerschaft der Notwendigkeit, die Re-gelschule und damit ihre eigene Rolle kritisch zu hinterfragen. Den Vor-wurf, die Hilfsschule würde die Kinder mit einem Makel belasten, konterte Kielhorn wie folgt:

„Was nun den Makel betrifft, den das schwachsinnige Kind nicht wieder abwischen soll, da muss ich sagen: Das schwachsinnige Kind wischt seinen Schwachsinn nie ab. Den Schwachsinn dem Kinde abnehmen, das vermochte nicht einmal ein Guggenbühl und andere seinesgleichen, die mit dem Himmel in naher Verbindung zu stehen wähnten!"

Hilfsschulen als „Einrichtungen der Humanität", so Kielhorn, sollten die Volksschulklassen entlasten und auch ihre schwächeren Schüler für den „Lebenskampf" ausrüsten, damit sie als nützliche, brauchbare Glieder der Gesellschaft niemandem zur Last fielen. Die selbstbewusste und polemisch-kämpferische Rede Kielhorns war psychologisch geschickt aufgebaut, da sie der Volksschullehrerschaft schmeichelte und sie von möglichen Gewissens-bissen angesichts eigener „Abschiebungstendenzen" unbequemer Schüler entlastete. 1887 war Kielhorn noch darauf aus, sich der Unterstützung der Volksschullehrer zu vergewissern; nur ein Jahrzehnt später waren Selbst-bewusstsein und erzielte Erfolge der Hilfsschullehrer so groß, dass man durch Gründung eines eigenen Lehrerverbandes 1898 (Möckel 1998) auch den Bruch mit den Volksschullehrern riskierte.

Während Kielhorn in seinem Vortrag von 1887 noch die Frage der Orga- **Hilfsschulverband** nisation in der Schwebe hielt – er sprach neben Schulen von Abteilungen und Klassen –, wurde nur ein Jahrzehnt später die Forderung nach selbstän-digen, von der Volksschule völlig losgelösten Hilfsschulen laut. Durch die Gründung des Hilfsschulverbandes hatte sich eine äußerst rührige Lehrer-gruppe organisiert, deren Ziel die Ausbreitung des Hilfsschulwesens sowie die Verfolgung handfester berufspolitischer Ziele war (Ellger-Rüttgardt 1980; Möckel 1998). Auf dem zweiten Verbandstag von 1899 legte Heinrich Kielhorn, der eigentliche Motor der neuen Lehrerprofession, einen Orga-nisationsplan vor, in dem die uneingeschränkte Eigenständigkeit des neuen Schultypus Hilfsschule – legitimiert durch die Besonderheit ihrer Klientel – gefordert wurde. Der entscheidende Passus lautete: „Die Hilfsschule ist als öffentliche selbständige Schule anzuerkennen. (Abzuweisen sind Neben-klassen, welche anderen Schulen angegliedert sind.)" (Kielhorn 1899, 25)

Nach dem von Kielhorn vorgelegten Modell hatte sich eine Hilfsschul- **Schulversager** konzeption durchgesetzt, nach der vorrangig sogenannte Schwachbefähigte, also Schulversager, berücksichtigt wurden, weniger jedoch geistig behinderte Kinder, die – wenn überhaupt – bislang in den „Idiotenanstalten" unterrich-tet wurden. Das einst von Stötzner für Leipzig favorisierte Modell einer Schule für Schwachsinnige der ärmeren Volksschichten unterschied sich nicht prinzipiell, wohl aber tendenziell von der Kielhorn'schen Konzeption, indem es die „mittleren und leichten Grade des Idiotismus" (Böttger 1897, 60) im Auge hatte, während Kielhorn stets einer terminologischen Fest-legung aus dem Wege ging und de facto ein großes Spektrum von Schulver-sagern unterschiedlicher Provenienz aufnahm.

Ebenfalls im Jahre 1899 erschien Arno Fuchs' Buch „Schwachsinnige **Arno Fuchs** Kinder, ihre sittlich-religiöse, intellektuelle und wirtschaftliche Rettung", das insgesamt drei Auflagen erfuhr und für Jahrzehnte das Standardwerk der Hilfsschulpädagogik war. Arno Fuchs war seit 1898 Leiter einer Nebenklasse in Berlin und kämpfte über viele Jahre für die Einrichtung selbständiger Hilfsschulen in der Reichshauptstadt. Auch wenn er in seiner Schrift von 1899 die Hilfsschule als eine „selbständige Sondereinrichtung der allgemeinen Volksschule" bezeichnete, so belegt doch sein professionelles Wirken und Handeln, dass Fuchs die Hilfsschule – trotz nach wie vor bestehender schulrechtlicher Zugehörigkeit zum Volksschulwesen – als Teil des Sonderschulwesens betrachtete.

Fuchs verfocht nicht nur die Eigenständigkeit der Hilfsschule wie alle anderen führenden Hilfsschulvertreter auch, er unterstrich zugleich die anthropologische Sonderexistenz des Hilfsschulkindes, die eine Sondererziehung notwendig mache. Wie für Kielhorn ist auch für Arno Fuchs das Hilfsschulkind ein „krankes" Kind, dessen Zustand nur zu mildern, nicht aber aufzuheben sei und dem damit enge Grenzen der geistigen Entwicklung gesteckt sind.

Milieu versus Anlage

Die von Seiten der Hilfsschullehrer geprägte Definition des Hilfsschulkindes offenbart, dass die Kenntnis der sozialen Verhältnisse ohne Auswirkungen auf die Formulierung des schwachsinnigen bzw. minderbegabten Hilfsschülers blieb. Ganz im Sinne einer Übernahme medizinischer Kategorien wurde immer wieder betont, dass es sich bei dem Hilfsschulkind um ein krankes Kind handele, dessen Zustand zwar zu bessern sei, aber letztlich nicht zu heilen. Damit wurde die Frage von Milieu und Anlage eindeutig zugunsten des Anlagefaktors entschieden.

Berichte von Hilfsschulärzten

Diese Position überrascht nicht zuletzt deshalb, weil Vertreter anderer Berufsgruppen eine sehr viel differenziertere Auffassung über das Verhältnis von Anlage und Milieu vertraten. Die veröffentlichten Berichte von Hilfsschulärzten etwa belegen, dass es keineswegs eine einheitliche Lehre vom Schwachsinn im Sinne einer reinen Anlagetheorie gab, sondern vielmehr – und damit aus heutiger Sicht sehr modern – die schwache Begabung als ein Zusammenspiel von Anlage- und Milieufaktoren interpretiert wurde.

1897 untersuchten die Ärzte Kalischer, Moll, Neumann und Teichmann in zehn Berliner Gemeindeschulen 255 „zurückgebliebene Schüler", wobei sie zu folgendem Ergebnis gelangten: „Es fanden sich 116 geistig minderwertige Kinder […] davon waren schwachbegabt 68 […] schwachsinnig geringeren Grades 25 […] höheren Grades 15 […] blödsinnig 8." (1898, 14) In ihrer Interpretation der Ergebnisse machen die Mediziner darauf aufmerksam, dass bei einer unbestimmten Zahl von Kindern äußere Umstände für das Schulversagen verantwortlich zu machen sind, dass gerade bei den „wenig geistig zurückgebliebenen Kindern" soziale Ursachen sehr bedeutungsvoll sind:

„Es bleibt außerdem noch eine gewisse Anzahl von Kindern, bei denen äußere Umstände, Faulheit, ungünstige häusliche Verhältnisse, häufige Schulversäumnisse, Umschulungen, die einzige oder hauptsächliche Veranlassung für den mangelnden Fortschritt abgeben. Die Ungunst der häuslichen Verhältnisse äußerte sich u. a. häufig in der Verwendung der Kinder zu häuslicher oder gewerblicher Nebenbeschäftigung in einer die kindlichen Kräfte übersteigenden Weise. Allerdings wirkte dieser Umstand wesentlich bei den normal begabten und den nur wenig geistig zurückgebliebenen Kindern mit." (Kalischer et al. 1898, 15)

B

Der Straßburger Privatdozent und Schularzt Dr. Eugen Schlesinger legte 1907 eine Untersuchung vor, die er an 138 „schwachbegabten, schwachbefähigten, debilen Kindern" (S. 2) durchgeführt hatte. Schlesinger bekannte in seinem Bericht, dass er den Anteil der erworbenen Faktoren höher einschätzte als den der ererbten (S. 58) und verwies in aller Deutlichkeit auf das „soziale Milieu" als einer entscheidenden Ursache bei der Entstehung der schwachen Befähigung:

> „Wenn wir sehen, daß ein überwiegender Prozentsatz der Schwachbegabten der Klasse der wirtschaftlich schwachen und ganz schwachen Leute angehört, wo die Eltern oft genug auf einen geradezu kümmerlichen Verdienst angewiesen sind, wo in kausalem Zusammenhang damit höchst mangelhafte Ernährungsverhältnisse, nicht selten eine geradezu elende Wohnungsnot mit höchst bedenklicher Eigenart der Schlafgelegenheiten herrschen, wo die Armut sich paart mit Schmutz, Verwahrlosung und manchmal ganz zerrütteten Familienverhältnissen, so werden wir auch diesem sozialen Milieu eine weitgehende Bedeutung für die Entstehung der schwachen Begabung beimessen." (Schlesinger 1907, 28f)

Ganz ähnlich argumentierte der Hilfsschularzt Schaefer aus Berlin-Pankow, der im Bericht von 1911 die ursächliche Bedeutung des sozialen Milieus für die Ausbildung einer sogenannten schwachen Befähigung hervor und plädierte zugleich für eine Verbesserung der schulischen Leistungen der betreffenden Schüler durch sozialpolitische Maßnahmen:

> „Es liegt somit auch bei uns die überall hervortretende Tatsache vor, daß die Insassen der Hilfsschulen zum überwiegend größten Teile den untersten Volksschichten entstammten, daß somit die schlechte soziale Lage des Elternhauses eine der wesentlichsten Ursachen für die Beeinträchtigung der normalen Entwicklung der Kinder darzustellen scheint. Natürlich nicht die alleinige! Sie tritt jedoch in einem so hohen Prozentsatze zutage, wie keine der anderen, bald zu erörternden Ursachen, und muß als diejenige betrachtet werden, welche am ehesten noch einer Besserung zugeführt und darum nicht kräftig und eindringlich genug hervorgehoben werden kann, um die maßgebenden Faktoren in Staat und Gemeinde zur Abhilfe aufzurufen." (Schaefer 1911, 221)

Ebenfalls im deutlichen Unterschied zur Gruppe der Hilfsschullehrer erfolgte auch in Kreisen der Anstalts- und Volksschullehrer eine differenziertere Betrachtung des Verhältnisses von Milieu und Begabung. So war den Vertretern der Idiotenanstalten der Schwachsinn als eine soziale Kategorie keineswegs unbekannt. Dies überrascht nicht, wenn man berücksichtigt, dass in den Anstalten keineswegs nur die schwer schwachsinnigen Kinder aufgenommen wurden – eine Meinung, die gerne von den Hilfsschullehrern vertreten wurde – sondern dass sich die Klientel von Hilfsschule und Anstalt zumindest bis zur ersten Konsolidierung der Hilfsschulbewegung nicht prinzipiell unterschied. Friedrich Barthold, Leiter der Anstalt Kückenmühle bei Stettin, benannte in seiner Schrift „Der Idiotismus und seine Bekämpfung" das soziale Milieu als eine der möglichen Ursachen bei der Entstehung des Idiotismus:

„Endlich sind als soziale Ursachen des Idiotismus noch alle jene Übel besonders hervorzuheben, die gewöhnlich im Gefolge der großen Armut sind, und die sich im stärksten Grade bei dem Proletariat der großen Städte und bei der ärmsten, geistesverkommenen Landbevölkerung finden. Mangelhafte Ernährung der kleinen Kinder, Unreinlichkeit, Überheizen der Zimmer, Mangel an frischer Luft, auch geistige Verwahrlosung der Kinder kann zum Idiotismus führen [...] Diejenigen Wohnungen, die nach engen Höfen, engen Straßen, oder im Keller gelegen sind, wie es deren in großen Städten so unzählige gibt, diese Höhlen, die fast nie von einem Strahl des freundlichen Sonnenlichts besucht werden, wo die naßkalten Wände mit Schimmel bedeckt sind, wo die Betten mit dem halbfaulen Stroh in einem engen Alkoven, der nie gelüftet werden kann, stehen, wo der eine übervölkerte Raum als Wohn- und Schlafraum, als Koch- und Arbeitsgelaß dienen muß, diese Wohnungen sind nicht allein die fruchtbaren Brutstätten der Sünden und Laster aller Art, aus ihnen kommen auch die meisten blödsinnigen Kinder. Man hat daher von einer eigenen Art des Idiotismus in großen Städten gesprochen." (Barthold 1868, 27f)

Hilfsschullehrer und soziale Frage

Natürlich war den Hilfsschullehrern die soziale Lage ihrer Schüler bekannt, und die Hilfsschulliteratur ist angefüllt mit entsprechenden Hinweisen. Allerdings hatte die Kenntnis der sozialen Verhältnisse in der Regel keinerlei Auswirkungen auf die Definition des Hilfsschulkindes. Die Antwort, die die Hilfsschullehrerschaft auf die „soziale Frage" ihrer Schüler gab, war weitgehend gekennzeichnet von sozialer Distanz und Unverständnis. Dieser Grundhaltung entsprach als positive Reaktion Mitgefühl und persönliche Anteilnahme, als negative Reaktion moralisierende Belehrung bis hin zur offenen Ablehnung.

In seinem Vortrag im Braunschweiger Armenpflegeverein 1888 präsentierte sich Heinrich Kielhorn als untertäniger Staatsdiener und verlängerter Arm der Obrigkeit, der auch nicht davor zurückschreckte, entlassene Hilfsschüler der Polizei anzuzeigen: „In ein paar Fällen habe ich sogar die Polizei auf solche Burschen aufmerksam gemacht, die anfingen, auf den Straßen zu lungern und Strolche zu werden." (Kielhorn 1888, 4)

Sozialkritisches Engagement im Sinne einer Veränderung der sozialpolitischen Verhältnisse findet man unter den Hilfsschullehrern nur vereinzelt. Die propagierten Abhilfemaßnahmen erschöpften sich nahezu ausschließlich in der Forderung nach gründlicher schulischer Unterweisung und Erziehung sowie Gewährung von Fürsorgemaßnahmen. Die große Mehrheit der Hilfsschullehrerschaft des Kaiserreichs, gemäß ihrer konservativ-nationalistischen Gesinnung, bejahte eine ständische Gesellschaftsordnung, in der soziale Unterschiede als vorbestimmtes Schicksal gedeutet wurden. Die Hilfsschüler als Angehörige der unteren Gesellschaftsklassen waren demzufolge Untertanen, die auf private und staatliche Mildtätigkeit hoffen durften, jedoch keinerlei Rechte besaßen. Das Verständnis der Hilfsschule als einer „Rettungsanstalt für Volk und Volksschule" (Schmitz 1903) und die damit verknüpfte stark negative Charakterisierung des Hilfsschulkindes als eines „belastenden", nicht selten „asozialen" gesellschaftlichen Elementes traf sich mit einem erbbiologischen und sozialdarwinistischen Gedankengut, das zunehmend im Diskurs der Hilfsschullehrerschaft an Einfluss gewann.

Fragen wir nach den Besonderheiten von Unterricht und Erziehung in der Hilfsschule, so kann Folgendes festgehalten werden: Unterschiede zwischen Volks- und Hilfsschule bestanden darin, dass die Hilfsschulklassen eine geringere Klassenfrequenz aufwiesen und nach einem reduzierten Volksschullehrplan arbeiteten. **Unterschiede Volks-/Hilfsschule**

Im Mittelpunkt der Hilfsschularbeit stand die Erziehung des Hilfsschulkindes zum angepassten, gehorsamen und fleißigen Untertan, der nach seiner Schulentlassung einen bescheidenen, aber nützlichen Platz in der Gesellschaft einnehmen sollte. Arno Fuchs schreibt in seinem „Versuch einer Hilfsschulpädagogik":

„Zur Rettung der schwachsinnigen Menschen genügt es aber nicht, sie nur zu sittlich-religiös empfindsamen Menschen zu erziehen, sondern sie auch zu befähigen, dass sie sich in der Gesellschaft als brauchbare, der Gesamtheit und sich nützende Menschen betätigen können. Mit jener religiös-sittlichen ist also eine praktische Bildung zu verbinden. Auch in dieser Richtung ist der Ausblick auf eine Entwicklung der Schwachsinnigen, wenngleich beschränkt, nicht ungünstig. Trotz der Verschiedenartigkeit der Einzelerscheinungen lässt sich annehmen, jedes leicht- und mittelschwache Kind soweit praktisch ausbilden zu können, dass es einen einfachen Beruf ergreifen oder durch Helferdienste sich im Leben erwerbsfähig betätigen kann." (Fuchs 1922, 303)

Der Charakter der Hilfsschule als einer Hilfsinstitution der Volksschule wird deutlich bei einer Gegenüberstellung der Lehrpläne beider Schulformen. Vergleicht man den Lehrplan der preußischen Volksschule von 1872 (Michael/Schepp 1973, 398) mit jenem einzelner Hilfsschulen aus der Zeit des Kaiserreichs, so ergeben sich bezüglich des Fächerkanons als auch der Stundenzahl nur graduelle Unterschiede. Der von Heinrich Kielhorn auf dem 2. Verbandstag des Hilfsschulverbandes von 1899 vorgestellte Organisationsplan, der zum Maßstab für die Unterrichtsgestaltung aller zukünftigen Hilfsschulen wurde, enthielt folgende Unterrichtsfächer: **Fächerkanon**

1. Religion,
2. Deutsch, einschließlich Sprachheilübungen und Schreiben,
3. Rechnen,
4. Anschauungsmaterial und Heimatkunde, einschließlich geschichtlicher, geografischer und naturkundlicher Unterweisung,
5. Singen,
6. Zeichnen,
7. Handarbeit, für Knaben wie für Mädchen,
8. Turnen und Spiel.

Besonderheiten des Hilfsschullehrplanes lagen vor allem im Anschauungs- und Handarbeitsunterricht. Während die „Realien" der Volksschule (Heimat- und Erdkunde, Geschichte, Naturbeschreibung und Naturlehre) erst in der Mittelstufe unterrichtet wurden, pflegte die Hilfsschule den Anschauungsunterricht bereits in den Unterklassen als unerlässliche Voraussetzung und Unterstützung erd- und naturkundlicher sowie geschichtlicher Inhalte. Die mit Hilfe des Anschauungsunterrichts gleichfalls intendierte formale **Lehrplan**

Kräftebildung wurde von verschiedenen Hilfsschulen durch die Erteilung von Formen- und Zeichenunterricht ergänzt, der entweder gesondert oder in Verbindung mit dem Handarbeitsunterricht gelehrt wurde. In der Beschäftigung mit der Geometrie sollte vor allem die „allgemeine Geistesbildung" gefördert sowie der Formensinn geschult werden.

Im Unterschied zur Volksschule, in der der Handarbeitsunterricht nur punktuell und zudem an den unterrichtsfreien Nachmittagen gegeben wurde (Berg 1973, 147ff), wurde diesem Fach in allen Klassenstufen der Hilfsschule große Bedeutung beigemessen. Ihre Rechtfertigung fand diese didaktische Entscheidung in dem für die Hilfsschulpädagogik maßgeblichen Bildungsziel der Erwerbs- und Lebenstüchtigkeit.

Auch die Erziehung in der Hilfsschule war ein getreues Abbild der vor allem in der preußischen Volksschule durch „Regierung und Zucht" praktizierten Erziehung zu sittlich-religiöser Lebensführung und vaterländischer Gesinnung. Ziel aller erzieherischen Bemühungen waren Charakterbildung, Anbahnung eines disziplinierten Verhaltens sowie Willensbildung. Da nach vorherrschender Überzeugung Hilfsschüler kaum zu kritischer Einsicht fähig waren, erblickte die Hilfsschullehrerschaft in Gewöhnung, strenger Zucht und freundlicher Zuwendung einer hervorragenden Lehrerpersönlichkeit die geeigneten Erziehungsmittel für die Hilfsschule.

Schulordnung

Beispielhaft sei die Schulordnung der Nachhilfeschule zu Dresden-Altstadt aus dem Jahre 1901 aufgeführt, an der ablesbar ist, wie sehr der durch Ordnung, Reinlichkeit, Fleiß sowie Pflichtgefühl, Anspruchslosigkeit, Treue und Pünktlichkeit bestimmte Tugendkatalog der Volksschule auch für die Hilfsschule maßgeblich war.

„1. Du hast jederzeit reinlich und anständig gekleidet zur Schule zu kommen.
2. Du sollst zur rechten Zeit von zu Hause weggehen, so daß du kurz vor Schulanfang auf deinem Platze bist.
3. Auf dem Wege nach deinem Klassenzimmer sollst du nicht jagen und nicht laut sein, sondern still und anständig gehen.
4. Mantel und Kopfbedeckung hast du an den dazu bestimmten Kleiderrechen aufzuhängen.
5. Nach dem Eintreten in das Klassenzimmer hast du dich sofort auf deinen Platz zu begeben. Ohne besondere Erlaubnis darfst du diesen Platz nicht wieder verlassen.
6. Die für den Unterricht nötigen Bücher und sonstigen Schulbedürfnisse mußt du vollständig besitzen. Du sollst dieselben rein und in Ordnung halten.
7. Jedes Buch soll mit einem Umschlage versehen sein, auch soll dein Name auf jedem Buche stehen.
8. Das mitgebrachte Frühstück darfst du nur in der Freiviertelstunde verzehren. Einschlagpapiere hast du in den Papierkasten zu werfen oder wieder mit nach Hause zu nehmen.
9. Näschereien oder Spielsachen darfst du in die Schule nicht mitbringen.
10. Während der Pause darfst du die Schule zu irgendwelchen Besorgungen nicht verlassen.
11. Das Ausspucken auf die Dielen ist verboten; es sind die in den Gängen aufgestellten Spucknäpfe zu benutzen.
12. Auf dem Abort hast du dich ruhig und anständig zu betragen und da selbst nicht länger, als nötig, zu verweilen. Die Abortdeckel sollst du still wieder schließen.

13. Jeden Erwachsenen, der dir im Schulhause begegnet, hast du höflich zu grüßen. Das Grüßen soll geschehen durch Verbeugen; die Knaben haben dazu auch ihre Kopfbedeckung abzunehmen. Im Zimmer sollst du durch stilles Aufstehen von deinem Platze grüßen. Bist du durch Krankheit verhindert, die Schule zu besuchen, so sollen deine Eltern spätestens am folgenden Tage dich entschuldigen.
14. Sollst du auf Wunsch deiner Eltern fehlen, ohne daß du krank bist, so hast du um Urlaub zu bitten.
15. Jeden Wohnungswechsel sollst du sofort deinem Lehrer melden.
16. Nach dem Schlusse des Unterrichts hast du dich still und ohne Aufenthalt nach Hause zu begeben. Alles Lärmen, Jagen und Umhertreiben auf den Straßen ist verboten; ebenso das Mitgehen mit Kindern, die einen ganz anderen Schulweg haben; insbesondere streng verboten ist das Mitlaufen mit dem Straßenbahnwagen.
17. Auch außerhalb der Schule sollst du dich stets anständig und gesittet verhalten."
(Tätzner/Puggmayer 1901, 87f)

In der Zeit bis zum Ersten Weltkrieg erfolgte ein rasanter Anstieg der Zahl der Hilfsschulen. 1911 präsentierte sich der Verband der Hilfsschullehrer auf der Hygieneausstellung in Dresden und 1910 auf der Weltausstellung in Brüssel. Am Vorabend des Ersten Weltkrieges gab der Verbandsvorsitzende, der hannoversche Stadtschulrat Albert Wehrhahn (1848–1942), den Band „Deutsche Hilfsschulen in Wort und Bild" heraus. In der Wahl seines Titels lehnte er sich an die von den Gehörlosen- und Blindenlehrern herausgegebenen Bände (Matthies 1913; Wende 1915) an und dokumentierte damit den Anspruch der Hilfsschullehrer auf Gleichstellung mit den traditionellen Heilpädagogen. Innerhalb weniger Jahre verbreitete sich die Hilfsschule in ganz Deutschland. In Tabelle 4.3 sind die eingerichteten Hilfsschulen aufgeführt. **steigende Anzahl**

Damit hatte sich im Vergleich zu 1893 die Zahl der Städte mit Hilfsschulen im Jahre 1912 fast versechsfacht, und die Schülerzahl war fast um das 15-Fache gestiegen. Eine Sonderstellung nahm Berlin ein, wo aufgrund vorhandener Gegnerschaft aus dem Volksschul- und Anstaltsbereich zunächst keine Hilfsschulen geschaffen wurden, sondern nur sogenannte Nebenklassen, die mit der Volksschule eng verbunden blieben. Erst im Jahre 1911, **Sonderstellung Berlin**

Tab. 4.3: Anzahl der Hilfsschulen in Deutschland vor dem Ersten Weltkrieg (nach Basedow 1913, XV)

1893	37 Städte	110 Klassen	2 300 Schüler
1898	70 Städte	200 Klassen	4 300 Schüler
1903	135 Städte	520 Klassen	10 600 Schüler
1909	229 Städte	1 000 Klassen	24 000 Schüler
1912	305 Städte	1 670 Klassen	34 300 Schüler

nach offensichtlichem Fehlschlag der Nebenklassen, wurden auch in Berlin Hilfsschulen eingerichtet.

internationale Anerkennung

Besucher aus dem Ausland kamen nach Braunschweig und priesen diese neue Schule als eine pädagogische Errungenschaft. Motor bei der Verbreitung der Hilfsschulen waren vor allem die Hilfsschullehrer selbst, die sich zunehmend als selbständige Lehrergruppe verstanden und durch große Aktivität und Engagement die Idee der Hilfsschule propagierten. Dieses Bemühen wäre allerdings erfolglos geblieben, wenn nicht der Staat selbst ein Interesse an dieser neuen Schulform gehabt hätte. Vor allem der preußische Staat förderte die Hilfsschule, da sie unter bildungs- und sozialpolitischem sowie ökonomischem Aspekt Funktionen übernahm, die stabilisierende Wirkung für das Herrschaftssystem des Kaiserreichs hatten. Die Parallelität einer fördernden staatlichen Bildungspolitik und einer äußert agilen Interessenvertretung der jungen Aufsteiger Hilfsschullehrer – die Verbindung also von „Bildungspolitik" und „Eigendynamik" (Lundgreen 2003) – erklärt die überaus erfolgreiche Entwicklung des Hilfsschulwesens im nationalen Maßstab.

Sammelbecken für Schulversager

Die Hilfsschule, so können wir resümieren, wurde überwiegend von Kindern besucht, die wegen ungenügender Leistungen und meist auffälligem Verhalten in der Volksschule gescheitert waren; ein kleiner Teil der Schüler stammte aus den wenigen Anstalten für geistig behinderte Kinder, den sogenannten Idiotenanstalten, die in der Regel über eigenständige Unterrichtsabteilungen verfügten. Obwohl die Hilfsschule den Anspruch erhob, ausschließlich „Schwachsinnige", also eindeutig intelligenzgeschädigte Kinder aufzunehmen, war sie in Wirklichkeit ein Sammelbecken für die unterschiedlichsten Arten von Schulversagern. Dabei war anteilmäßig jene Gruppe am stärksten vertreten, die primär aufgrund soziokultureller und ökonomischer Benachteiligung in der Regelschule zurückgeblieben war.

Interessenallianz

Wie wir gleich erfahren werden, wurde die Sammelbeckenfunktion der Hilfsschule zwar von einzelnen Zeitgenossen kritisiert, aber nie ernsthaft in Frage gestellt, da sie auf einer Interessenallianz von Staat, Volksschullehrerschaft und Hilfsschullehrern basierte. Im Unterschied zu Internaten und Tagesschulen waren die Hilfsschulen für die staatlichen Instanzen eine relativ kostengünstige Investition zum Zwecke der Qualifizierung und Disziplinierung eher schwieriger Kinder des Vierten Standes, die ohne jede Ausbildung langfristig nur eine ökonomische und ideologische Belastung für die Gesellschaft bedeutet hätten. Indem der Obrigkeitsstaat die Initiative bei der Gründung von Hilfsschulen ergriff, konnte er sich – gemäß der herrschenden konservativen Sozialpolitik – als Wohltäter erweisen, der im Gegenzug Loyalität von seinen Untertanen aus der Arbeiterklasse erwarten durfte.

Für das Wilhelminische Herrschaftssystem war die Hilfsschule aber nicht nur ein Instrument zur Disziplinierung und Loyalitätssicherung im Rahmen der Auseinandersetzung mit der sozialen Frage, sondern zugleich eine Bildungseinrichtung, die die in ihrem Anforderungsniveau gestiegene Volksschule von allem „Ballast" befreien und zugleich wichtige Qualifizierungsaufgaben übernehmen sollte. Das Ziel, auch schulschwache Schüler auszubilden und sie über den Weg einer beruflichen Qualifizierung in die Gesellschaft einzugliedern, bewirkte, dass bereits 1906 in Berlin eine erste „Fortbildungsschule für Schwachbeanlagte" eingerichtet wurde, die sich bis in die Gegenwart behaupten konnte (Schauerte 1999).

4.4   Kritik an der Hilfsschule

Die traditionelle sonderpädagogische Historiografie der Nachkriegszeit (Beschel 1960) beschrieb Entstehung und Ausbreitung der Hilfsschule als eine Erfolgsgeschichte. Unberücksichtigt blieb dabei, dass es auch in der Vergangenheit einzelne kritische Stimmen gab, die diesen neuen Schultypus nicht als pädagogischen Fortschritt, sondern eher als eine Fehlentwicklung bewerteten. Angesichts der bis in die Gegenwart andauernden Debatte um die Institution „Hilfsschule" bzw. „Lernbehindertenschule" oder „Förderschule", ist es von hohem Interesse, die Argumentation und Interessenlage jener Kritiker kennenzulernen, die als Zeitgenossen der Hilfsschule ablehnend gegenüberstanden. Es waren die folgenden drei Gruppen, die Kritik an den neu gegründeten Hilfsschulen des ausgehenden 19. Jahrhunderts übten: Eltern von Hilfsschülern, Vertreter des Anstaltswesens sowie Repräsentanten der Volksschullehrer.

Kritik von Eltern: Als in Braunschweig 1881 die erste Hilfsklasse eingerichtet   **soziale Distanz**
wurde, war der Besuch dieser Klasse freiwillig. In den ersten Jahren blieb die Freiwilligkeit erhalten, denn sowohl die Hilfsschullehrer als auch die Schulverwaltungen waren um Akzeptanz seitens der Eltern bemüht. Die Hilfsschullehrer betonten zwar stets die Notwendigkeit einer guten Zusammenarbeit mit dem Elternhaus, aber die soziale Distanz zwischen Eltern des Vierten Standes und den aufstiegsorientierten, meist konservativen Hilfsschullehrern bildete eine Hürde, die ein vertrauensvolles und von gegenseitiger Zustimmung und Anerkennung getragenes Verhältnis erschwerte. Als Beispiel für die soziale Distanz zwischen Hilfsschullehrern und Eltern kann der Briefwechsel zwischen einer Mutter und Heinrich Kielhorn aus dem Jahre 1896 gelten. Der in einem unbeholfenen, „aufgeregten" Stil abgefasste elterliche Brief hatte folgenden Wortlaut:

„Sehr geehrter Herr Kielhorn!
Gestern mittag kam mein Kind aus der Schule, klagte mir unter Tränen, Mama, nach dieser Schule gehe ich nicht wieder hin, heute morgen mußten wir alle in ein anderes Zimmer kommen, und denke dir, da wurde uns gezeigt, wie wir Stühle pflechten müssen, ich war ganz außer mir, sagen Sie mal Herr Kielhorn, ich denke die Kinder sollen in Rechnen und Schreiben ausgebildet werden, oder hat sich das Studium auf dieser Schule in solchen Arbeiten übertragen, das sind ja Arbeiten, die in Anstalten gemacht werden, dazu gebe ich mein Kind nicht her. Übrigens habe ich mich gestern Morgen selbst überzeugt, habe mein Kind hergebracht, es ist ja schrecklich genug, für die armen unglücklichen Kinder, mein Kind hat seinen Verstand, nur diese beiden Punkte,

rechnen und lesen fällt ihm schwer, es ist ja traurig wenn ein Kind zum Lehrer sagt, ich habe meine Schularbeiten auch gemacht, ich bleib nun sitzen […] Daß da die Kinder flink weiter kommen, daß sehe ich nun ein Stühle pflechten, das brauch mein Kind noch nicht zu tun, Gott sei Dank, daß ich so gestellt bin, ich werde meinem Kinde einen Hauslehrer halten, zwischen solchen Kindern kann ich mein Kind nicht lassen, da müßt ich mich ja schämen, es tut mir nur sehr leid, daß ich mich dazu bewegen ließ, hät ich dieses ahnen können kam mein Kind nicht hin, das Kind soll solche Arbeiten machen, wo es von allen fern gehalten wird, daß ist zu gering, dazu kann mich niemand zwingen, ich halte meinem Kinde einen Hauslehrer."[39]

Kielhorns unwirsche Antwort bewegte sich allein auf der formalen Ebene. Sie enthielt keinerlei Stellungnahme zu dem sachlichen Gehalt der Beschwerde. So antwortete er:

„Aus Ihrem Schreiben erseh ich nur, daß Ihnen mancherlei Krauses durch den Kopf geht, was mit der Wirklichkeit nicht übereinstimmt; darum habe ich Mitleid mit Ihnen. Einstweilen ist der Junge hier schulpflichtig, bis er durch eine zuständige Behörde von der Schulpflicht entbunden wird. Und jeder Tag, der unentschuldigt versäumt wird, wird zur Anzeige gebracht. Solange der Knabe d[ie] h[ilfs-] Sch[ule] besucht, erwarte ich von Ihnen ein Verhalten, wie es sich ziemt."

Dieser Briefwechsel war kein Einzelfall. Im Schularchiv der Braunschweiger Förderschule findet sich eine große Anzahl von ihnen und einige seien hier exemplarisch abgedruckt:

Beschwerde des Schmiedes und Händlers W. J. vom 16. März 1910:

„Auf Ihre Entscheidung vom 14. d. M. tut es mir leid, mich nicht damit einverstanden erklären zu können. Ich muß Sie deshalb freundlichst bitten mit meinem Sohn K. nochmals Rücksicht zu nehmen und ihn in der jetzigen Schule zu gelassen. Auf alle Fälle gebe ich die Hoffnung noch nicht auf, daß er mit seinen Schulkenntnissen doch noch gute Fortschritte machen wird. Schließlich kommt es mir nicht darauf an, ihm weiter Nachhilfestunden durch einen Lehrer geben zu lassen, selbst auf die Gefahr hin, daß er eventuell ein Jahr länger die Schule besuchen müßte, wie sonst üblich. In der Erwartung, daß Sie meiner Bitte Gehör schenken und auf ein altes Sprichwort zurückkommend, ,Rom ist auch nicht in einem Tage erbaut' sehe ich der Erfüllung meiner Bitte zu stetem Dank im voraus entgegen und empfehle mich Ihnen ehrerbietigst".

Beschwerde der Witwe M. M. von 1913:

„Das mir zugesandte Schreiben vom 1.2.1913 wegen Aufnahme meiner Tochter in die Hilfsschule, das hat mir sehr gekränkt, schon darum weil ich nur das 1 Mädchen habe, und 1 Sohn der die 1. Klasse bei Herrn Lehrer […] besucht, und Ostern konfirmiert wird. Sehr geehrter Herr Schulvorstand wenn ich bitten darf, ist es denn wohl möglich, das A. in die Hilfsschule kommt, ich würde dadurch nur mehr Ärger haben, wenn Kinder unter sich mal was vor haben so ist immer das erste Wort Du gehst ja in die Hilfsschule, selbst von erwachsene Leute hört man es sagen, und später wenn Anna sich selbst ernähren muß, dann würde das auch mit beeinträchtigen, denn es ist heute immer die erste Frage, in welcher Schule sind Sie gegangen, ich befürchte dadurch, daß Anna überall zurückgesetzt wird. Ich habe es auch nicht so leicht mein Mann ist bald

2 Jahre tot und ich muß für alles allein aufkommen, ich bin sehr oft krank an Nerven-
entzündung, darum möchte ich bitten, daß mir solcher Kummer erspart bliebe und A.
nicht in die Hilfsschule kommt."

Beschwerde des Arbeiters H. B. vom 9. Februar 1917:

„Unterzeichneter ersucht den Hochverehrten Schulvorstand der Städtischen Bürger-
schulen von der Versetzung seiner Tochter E. nach der Hilfsschule Abstand zu nehmen,
da dieselbe oft krank war und jetzt besser ist, bin ich der festen Überzeugung, das sie
dasselbe wieder nachzuholen versucht, übrigens ist es für sie auch ein ziemlich weiter
und beschwerlicher Weg von der Feldstraße nach der Hilfsschule, so daß es besser
wäre sie bliebe auf der Bürgerstraße, überhaupt kann ich mir gar nicht denken, daß
dieselbe so schwachbefähigt ist, denn sie behält doch jedes bischen so das sie jedes
Lied was sie einmal hört sofort nachsingt, so daß wir sie öfter verbieten müssen, ich
glaube bestimmt wenn ich Zeit hätte sie zu unterrichten dieselbe bedeutend weiter
wäre, aber leider bin ich schon seit Kriegsausbruch zu Heerdienst eingezogen und
meine Frau muß der Arbeit nachgehen, in der Hoffnung, daß meine Bitte in Erfüllung
gelangen wird verbleibe ich Hochachtungsvoll."[40]

Die Kluft zwischen dem Vierten Stand und den staatstreuen Unterrichtsbe-
amten des Kaiserreiches war zu groß, als dass diese Verständnis für die Nöte
und Sorgen der protestierenden Eltern hätten aufbringen können. Im Gegenteil: Das Verhalten der Eltern wurde als Eitelkeit, Uneinsichtigkeit und
Verstocktheit interpretiert, das den vermeintlichen wahren Interessen der
jeweiligen Kinder nur schade und auf das daher auch keine Rücksicht zu
nehmen wäre. Eine Antwort auf die ins Feld geführten Bedenken gegen die
Hilfsschule blieben Schulverwaltung und Lehrerschaft den Eltern allerdings schuldig. Weder die soziale Not der unteren Bevölkerungsschichten
noch die Unzulänglichkeiten der allgemeinen Schule als auch die nachtei-
ligen Folgen des Hilfsschülerstatus fanden Berücksichtigung bei der Entscheidung über das schulische Schicksal des einzelnen Kindes. Die einzige
Reaktion auf den Widerstand der Eltern bestand in der unnachgiebigen Anwendung von gesetzlichem Zwang.

erfolgloser Elternprotest

Kritik aus den Idiotenanstalten: Unter den Kritikern der Idiotenanstalten
lassen sich deutlich zwei Kategorien unterscheiden. Die zahlenmäßig größere Gruppe bemängelte zwar die unklare Definition des Typus Hilfsschulkind und drängte auf eine klare Grenzregulierung zwischen Hilfsschule und
Anstalt, war aber grundsätzlich bereit, die Hilfsklassen als einen erforderlichen Notbehelf anzuerkennen. Demgegenüber sprach eine kleine Gruppe
von Anstaltsvertretern, repräsentiert durch den Anstaltsdirektor Piper aus
Berlin, der Hilfsschule jede Daseinsberechtigung ab, und plädierte stattdessen für einen quantitativen bzw. qualitativen Ausbau des Anstalts- und
Volksschulwesens.

Der Umstand, dass die Anstalten aufgrund beschränkter Kapazitäten gar
nicht alle Schwachsinnigen aufnehmen konnten, bewegte die Mehrheit der
Anstaltsvertreter – trotz starker Vorbehalte – zu einer Befürwortung der
Hilfsschulen. Ein weiterer Grund war wohl die realistische Einschätzung,

Pipers Ablehnung

dass angesichts der Unterstützung der billigeren Hilfsschulen durch die Kommunen und Behörden eine Gegnerschaft taktisch wenig klug gewesen wäre.

Erziehungsdirektor Hermann Piper aus Berlin war der exponierte Wortführer jener Anstaltsvertreter, die sich nicht durch Kompromissbereitschaft mit den Hilfsschullehrern arrangieren wollten, sondern sich in einen offenen Gegensatz zu ihnen stellte. Bestärkt wurde Pipers offene Ablehnung zweifellos durch den Umstand, dass in Berlin lange Zeit keine selbständigen Hilfsschulen existierten und er der Unterstützung einflussreicher Volksschulvertreter – wie etwa der von Rektor Hintz – sicher sein konnte. Für Piper bedeuteten die Hilfsschulen nicht etwa pädagogischen Fortschritt, sondern „Rückgang", da sie nach seiner Meinung weder den intelligenzgeschädigten noch den langsam lernenden Kindern gerecht würden. Piper erblickte in der Vermischung der Begriffe schwachsinnig und schwachbefähigt den Hauptfehler in der Argumentation der Hilfsschullehrer und bemühte sich, durch Zuordnung der beiden Schülergruppen zu dem Anstalts- bzw. Volksschulwesen die Überflüssigkeit der Hilfsschulen nachzuweisen.

Piper erkannte zwar an, dass die Hilfsklassen in einem gewissen Sinne „Humanitätsanstalten" sind, die einem offenkundigen Notstand begegnen wollten, hielt sie aber dennoch für „ganz verfehlt", da sie sehr unterschiedliche Kategorien von Kindern aufnähmen. Die Tatsache, dass in den Hilfsschulklassen Verwahrloste, Epileptische und Idioten saßen, veranlasste Piper (1890 passim) zu der Bemerkung, „daß die Hilfsschule nichts ist, als eine Schule, welche ‚helfen' soll und zwar helfen soll aus der Not, da Besseres noch nicht vorhanden ist". Nach Ansicht Pipers waren die Hilfsschulen dort nicht notwendig, wo „gut organisierte Idiotenanstalten existieren" und wo geeignete pädagogische Maßnahmen für die Schwachbegabten ergriffen wurden. Piper verwies auf das Beispiel des dänischen Direktors Lippestadt, der in Christiania (seit 1924 Oslo) Vorschulen für langsam Lernende eingerichtet hatte und deren Ziel die Rückversetzung in die Volksschule war (Piper 1890).

Pipers Gegenposition

Hermann Piper kämpfte auch in den folgenden Jahren mit unverminderter Schärfe gegen die weitere Ausdehnung der Hilfsschulen. 1892 referierte er in der „Vereinigung für Schulgesundheitspflege des Berliner Lehrervereins", um nachzuweisen, dass Berlin auf die Errichtung von Hilfsschulen verzichten könnte. Dabei wiederholte er seine These, dass wirklich schwachsinnige Kinder am besten in der Anstalt aufgehoben seien, dass hingegen schwachbefähigte Kinder in der Volksschule verbleiben müssten. Piper sah in der Ausschulung von Schulversagern die Entwicklung der Regelschule zu einer „unsozialen Leistungsschule" vorgezeichnet, wenn er sagte:

„Nehmen wir die schwachbefähigten Kinder aus den Schulen, um sie gesondert zu unterrichten, so bleiben uns in den Volksschulen nur noch die geistig begabten Schüler und die Pensen werden nicht, wie vielseitig gewünscht wird, herabgesetzt, sondern erhöht werden. Die Schulen gleichen dann Gewächshäusern, die Lehrer arbeiten mit geringerer Mühe und Anstrengung, die Schüler fliegen mit einer Sicherheit von einer Klasse zur anderen, oder aber – wir machen durch immer weitergehende Forderungen die Sache schlimmer, da selbst manchem der normalen Schüler die Kraft versagen wird […]" (Piper 1892, 137)

Im Gegensatz zu den Hilfsschullehrern war für Piper „schwache Begabung" kein krankhafter, unveränderlicher Zustand infolge eines Gehirndefekts, sondern nur „ein zeitweiliges Zurückbleiben hinter den besser Begabten". Was unter schulorganisatorischem Aspekt für diese Schülergruppe zu tun wäre, fasste Piper auf dem Höhepunkt der Auseinandersetzung um die Berliner Nebenklassen 1897 wie folgt zusammen:

„1. Die schwachbegabten Kinder dürfen der Volksschule nicht entzogen werden.
 2. Die Hilfsschulen mit verkürzten Lehrzielen für Schwachbegabte sind durchaus verwerflich, denn sie sprechen eine unberechtigte Degradierung der langsamen Denker aus.
 3. Um die schwachbegabten Kinder ihrer individuellen Veranlagung entsprechend besser fördern zu können, ist es notwendig, das sechsstufige Schulsystem in ein sieben- resp. achtstufiges umzuwandeln, namentlich aber in der Grundklasse das Pensum, die Stundenzahl und die Klassenfrequenz herabzusetzen." (Piper 1897a, 554)

Mit eindringlichen Worten mahnte Piper die Volksschullehrerschaft, nicht vorschnell ihre schwächeren Schüler aufzugeben. Im ersten Jahrgang der „Deutschen Schule", der Monatszeitschrift des Deutschen Lehrervereins, schreibt Piper:

„Was soll nun mit den schwachbegabten, schwachbefähigten Kindern geschehen? Sie bleiben bei den gut begabten, gut befähigten Kindern. Das Zusammenleben, das Arbeiten, das Spielen mit diesen erhält sie obenauf, es wird ihnen der Mut nicht genommen. Nachhilfestunden oder Arbeitsstunden […] gegeben von einer freundlichen, nachsichtigen Lehrkraft, die die betreffenden Kinder nicht betrachtet als Faulenzer und träge Menschen, sondern als solche, die einem gewissen schädlichen Einfluß unterstehen, werden daneben in den meisten Fällen den gewünschten Erfolg erzielen […]
    Je langsamer und ruhiger wir auf der Unterstufe den Grund legen, desto sicherer werden wir aufbauen und auch Bausteine mit kleinen Fehlern ohne Nachteil verwenden können; je gewissenhafter der Unterrichtende individualisiert, je weniger er seine Schüler summarisch behandelt, desto mehr kettet er sie an sich, desto lieber werden sie ihm; sicher wird er sich dann den zwei oder drei schwachbefähigten Kindern in seiner Klasse gegenüber nicht abweisend verhalten, sie sind gerade durch die aufgewendete Sorge und Mühe ihm lieb geworden, er wird Mittel und Wege finden, sie weiterzuführen. Haben diese Kinder die Mittelstufe erreicht, so ist das Ziel gewonnen, welches die Hilfsschule den schwachbefähigten Kindern stellt. Es sind diese Kinder von den übrigen Schülern nicht abgesondert worden, sie durften mit diesen Arbeit und Freuden teilen, sie blieben Schüler der Volksschule und erreichten unter den günstigsten Verhältnissen dasselbe, ja wohl mehr." (Piper 1897b, 136f)

Wie die Entwicklung des Berliner Hilfsschulwesens zeigt, vermochten sich Piper und die übrigen Anstaltsvertreter mit ihrer Kritik nicht durchzusetzen. Auch wenn die Hilfsschulvertreter die Daseinsberechtigung von Hilfsschulen mit eher dürftigen Argumenten gegenüber den Pädagogen und Medizinern der Anstalten verteidigten, so blieb doch die von ihnen vertretene Schulpolitik letztlich die erfolgreichere. Was die von Piper ins Feld geführten Argumente und Vorschläge betrifft, so haben sie kaum an Aktualität eingebüßt. Bis auf den heutigen Tag haben wir ein gegliedertes Schulsystem in Deutschland, das sich durch hohe Selektivität auszeichnet und nach wie vor jene vernachlässigt, die, aus welchen Gründen auch immer, nicht den gesetzten Schulnormen entsprechen.

Kritik aus der Volksschullehrerschaft: Die Bemerkung des Hilfsschullehrers Griesinger, „die Volksschule schätzt die Hilfsschule, weil sie ihr den Ballast abnimmt und ihr dadurch die Bahn zu höheren Zielen freimacht" (1912, 70), bezeichnet sehr prägnant die für den gesamten Zeitraum charakteristische Haltung der Mehrheit der Volksschullehrerschaft gegenüber der Hilfsschule.

Armacks Kritik   Seit Beginn der 80er Jahre des 19. Jahrhunderts mehrten sich auch in Hamburg Stimmen, die für die Errichtung von besonderen Klassen für schwachbegabte Kinder warben. Vor dem Hintergrund dieser allgemeinen positiven Würdigung der Hilfsschulbewegung durch die Hamburger Volksschullehrerschaft erschien in der linksliberalen „Pädagogischen Reform" von 1890 ein Aufsatz des Lehrers Armack, in dem dieser sich gegen die allgemeine Begeisterung für die neue Schulform stellte und damit kategorisch die Einrichtung von Hilfsschulen unter pädagogischem und politischem Aspekt ablehnte.

Armack, der sich „gegen jedes Sortieren der Kinder" aussprach, lehnte die Beschulung der schwächeren Schüler in besonderen Klassen – seien es sogenannte C-Klassen oder Hilfsklassen – ab, weil sie nach seiner Auffassung dem Ideal der Allgemeinen Volksschule widersprachen. Nach Ansicht dieses hamburgischen Kritikers könnte die Volksschule auf die Auslese der langsamer Lernenden verzichten, wenn sie ihr Gewicht nicht so sehr auf den Erwerb von Wissen als vielmehr auf eine formale Bildung legte, die „Lust zum Lernen" wecke und nicht ersticke. Armack verurteilte nicht nur die Entlastungsfunktion der Hilfsschule, sondern er meldete auch Zweifel an, ob die Hilfsschule tatsächlich „zum Wohle der Kinder und im Interesse der Eltern" errichtet werde. Indem Armack zu bedenken gab, dass „schwache Befähigung recht oft mit ungünstigen häuslichen Verhältnissen zusammenfällt", verwies er auf den von der Hilfsschullehrerschaft geleugneten bzw. vernachlässigten Zusammenhang von sozialem Milieu und Hilfsschülerstatus (1890a).

Armack erinnerte daran, dass selbst Lehrer und Ärzte der Hilfsschule eingestehen, „daß Schwachsinn sich äußerlich selten bemerkbar macht, daß Jahre dazu nötig sind, denselben festzustellen", dass es „ferner ebenfalls schwer ist, die Grenze festzustellen, wo der Schwachsinn aufhört und die Begabung anhebt". Eingedenk dieser ungelösten Fragen folgerte Armack, dass „Fehlgriffe und Ungerechtigkeiten gar nicht zu vermeiden" wären. Ebenfalls im Unterschied zu den Hilfsschullehrern vertrat dieser Hamburger Volksschullehrer keine statische Begabungstheorie, sondern hielt die geistige Entwicklung eines Menschen für grundsätzlich offen und durch zahlreiche Faktoren beeinflussbar. Die nicht zu bestreitende Erfahrung, dass die schwachbegabten Kinder „in der Hilfsschule etwas mehr lernen", vermochte nach der Ansicht Armacks nicht den Nachteil aufzuwiegen, dass diese Kinder von ihren Altersgenossen getrennt werden und damit das Ziel der sozialen „Brauchbarkeit" in Frage gestellt wurde. Für Armack bedeutete Hilfe für schwachbefähigte Kinder ihre Förderung im Rahmen der Volksschule – einer Volksschule allerdings, die durch Veränderung ihrer Organisationsstruktur im Sinne einer „sozialpädagogischen" Schule dieser Aufgabe auch tatsächlich gewachsen wäre (1890b).

Der Aufsatz von Armack blieb ohne Resonanz in der Hamburger Volksschullehrerschaft. Nach erfolgter Inspektion der Hamburger Volksschulen durch den Stadtschulrat Marauhn erfolgte im Jahre 1892 die Gründung einer ersten Hilfsschulklasse in Hamburg – es verwundert kaum, dass sich diese im Stadtteil St. Pauli befand. **Hamburger Hilfsschule**

Zweifellos größere Beachtung als Armack fand der Berliner Volksschulrektor Otto Hintz mit seiner Gegnerschaft gegenüber den Hilfsschulen. Ähnlich wie Armack argumentierte Hintz pädagogisch und politisch. Zugleich zeigt sich in seiner Kritik eine große Übereinstimmung mit der Position des Berliner Erziehungsdirektors Piper. Nicht anders als Piper sprach Hintz den Hilfsschulen die Daseinsberechtigung ab, da nach seiner Auffassung wirklich schwachsinnige Kinder in Anstalten bzw. Tagesanstalten besser aufgehoben, schwachbegabte oder nur vernachlässigte Schüler hingegen in der Volksschule zu fördern wären. Der entscheidende Kritikpunkt von Hintz lag in dem Vorwurf, dass die Hilfsschulvertreter nicht wirklich Schwachsinnige von Schwachbegabten und zurückgebliebenen, normal intelligenten Kindern unterschieden und daher grundsätzlich alle Arten von Schulversagern in ihren Schulen aufnähmen: **Rektor Hintz' Kritik**

„Die Anhänger der Schwachsinnigenschulen machen sich die Sache sehr leicht, da sie einen Unterschied zwischen Schwachbegabten und Schwachsinnigen meistens nicht anerkennen wollen und daher in der Regel für beide Gruppen von Kindern die Einrichtung von Hilfsschulen empfehlen." (Hintz 1897, 821)

In Übereinstimmung mit anderen Kritikern des Hilfsschulwesens und genau im Gegensatz zur Hilfsschullehrerschaft verwies Hintz auf den qualitativen Unterschied zwischen Schwachsinn und schwacher Befähigung, wobei er Letztere zum Bereich der geistigen Normalität rechnete. Dass bereits um die Jahrhundertwende „schwache Begabung" durchaus als eine schulorganisatorische Größe verstanden wurde, belegt die folgende Bemerkung des Berliner Rektors:

„Die Frage, ob ein Kind schwach oder normal begabt sei, läßt sich nicht immer absolut richtig beantworten, weil die sich berührenden Grenzen der geistigen Zustände ineinander übergehen. Ihre Beantwortung wird sich gewöhnlich nach dem Durchschnittsmaß der an die Schule gestellten Anforderungen richten müssen. Je höher die Anforderungen sind, desto größer ist die Zahl der Schwachbegabten; je weniger auf die Leistungsfähigkeit der Kinder Rücksicht genommen wird, desto mehr muß sich die Differenz zwischen den Leistungen schwachbegabter und geistig normaler Kinder steigern." (Hintz 1897, 821)

Schwache Begabung war demnach für Hintz kein unveränderlicher, krankhafter Naturzustand, sondern eine geistige Disposition, die grundsätzlich beeinflussbar ist. Eine schulpolitische Alternative zur Hilfsschule lag nach Hintz allein in einer grundlegenden Reform der Volksschulorganisation. Hintz sah das Ideal der allgemeinen Volksschulen nur dann verwirklicht, wenn es gelänge, nicht nur den Begabten, sondern auch den schwachen Gliedern der Volksschule zu ihrem Recht zu verhelfen. Dass Hintz Bildungspolitik in einen größeren gesellschaftspolitischen Zusammenhang stellte, wird erkennbar, wenn er auf jene Gruppe von normalbegabten Schülern zu sprechen kam, die

„infolge äußerer […] Verhältnisse, [durch] längere Schulversäumnisse, häufige Umschulungen, schlechte Ernährungszustände, Krankheiten, Überbürdungen der Kinder durch häusliche und gewerbliche Beschäftigungen und dgl. mehr […] hinter ihren Altersgenossen zeitweilig oder dauernd zurückbleiben" (Hintz 1897, 822).

Hintz sprach sich dafür aus, diesen Kindern durch schulische Maßnahmen wie ärztliche Untersuchungen und speziellen Nachhilfeunterricht besondere Unterstützung zuteil werden zu lassen. Er benannte aber zugleich unmissverständlich die Grenzen, die allen pädagogischen Einflussmöglichkeiten durch gesellschaftliche Bedingungen gesetzt sind. Die Beseitigung der

„den Fortschritt der Schüler hemmenden Ursachen kann nicht ausschließlich Aufgabe der Schule sein; denn es wirken hierbei so viele Faktoren mit, auf welche die Schule teils nur einen geringen, teils gar keinen Ausfluß ausübt […] Die Ernährungsverhältnisse der Kinder, Krankheiten und Überbürdungen im Elternhause können weniger durch pädagogische als durch sozialpolitische Maßnahmen beeinflußt werden; indessen kann die Schule auch nach dieser Richtung hin segensreich wirken" (Hintz 1897, 822).

Berliner Hilfsschulen

Das starke Engagement von Hintz und Piper bewirkte, dass Berlin später als andere Städte des Deutschen Reiches Hilfsschulen einrichtete. Aber wie in Hamburg war eine Gegnerschaft auf breiterer Basis gegenüber der Hilfsschule auch in Berlin nur von relativ kurzer Dauer. So wurden die Berliner Nebenklassen 1911 in Hilfsschulen umgewandelt, und auch in Hamburg stellten im Jahre 1912 jene Volksschullehrer die Mehrheit, die sich für die Existenz von Hilfsschulen aussprachen.

Esches Kritik

Auch in Braunschweig, der Wiege der Hilfsschulbewegung, gab es Kritik. Dabei war jener Umstand besonders delikat, dass der Kritiker Louis Esche von 1884 bis 1890 selbst an der Braunschweiger Hilfsschule unterrichtet hatte und zudem ein Schwager Kielhorns war. Esche veröffentlichte 1902 einen Artikel mit dem Titel „Ein verhängnisvoller Irrtum auf heilpädagogischem Gebiete" in der „Allgemeinen Deutschen Lehrerzeitung", was dazu führte, dass Kielhorn ein Disziplinarverfahren gegen ihn anstrengte.[41] Auch wenn die Motive Esches für seinen Schritt an die Öffentlichkeit im Dunkeln bleiben, so erscheint es doch bemerkenswert, dass dieser ehemalige Hilfsschullehrer Kritikpunkte aufführte, die auch von anderen Gegnern ins Feld geführt wurden. So wies Esche darauf hin, dass man sich „über das Wesen des Schwachsinns […] überhaupt noch nicht klar" ist, dass es keinen prinzipiellen, sondern nur einen graduellen Unterschied zwischen der seelischen Entwicklung eines schwachsinnigen und eines normalen Kindes gäbe, und dass vor allem soziale Faktoren für das Versagen zahlreicher Schüler verantwortlich zu machen seien:

> „Wie manches Kind findet sich, den das harte Geschick, das soziale Elend […] vom ersten Lebenstage an den zarten Organismus zerrütten. Man folge mir in die Wohnungen unserer Armen […] Der Unterricht, eine bessere Durchschnittsvorbildung voraussetzend, packt die Schwächsten nicht […] Sie bleiben zurück, sie gelten für dumm und schwachsinnig und sind nur verwahrlost. Man ratet auf Geistesdefekte, und es liegen nur Erziehungsfehler vor. In der untersten Klasse sitzen sie zwei bis drei Jahre und kostbare Zeit geht verloren; endlich finden sie den Weg zur Hilfsschule, sogar zur Idiotenanstalt und – kommen nie wieder heraus." (Esche 1902, 198f)

Wittes Kritik

Da die Schrift von Johann-Heinrich Witte „Volksschule und Hülfsschule" von 1901 in der seit den 70er Jahren des 20. Jahrhunderts geführten Debatte um die Daseinberechtigung der Lernbehindertenschule immer wieder als historischer Kronzeuge ins Feld geführt wurde und wird, soll sie nicht unerwähnt bleiben, auch wenn ihre inhaltliche Substanz eher dürftig und fragwürdig ist. Witte benannte zwar die auch von anderen Kritikern erhobenen Einwände wie die pädagogische und soziale „Stigmatisierung der Betroffenen", aber die von ihm empfohlenen Maßnahmen waren so rückwärts gewandt, ja nahezu reaktionär, dass sie ein gefundenes Fressen für die angegriffenen Hilfsschullehrer waren. Sie gipfelten sogar in dem Vorschlag, zu den einfachen Verhältnissen einer einklassigen Volksschule zurückzukehren (Witte 1901).

Frenzels Replik

Der Stolper Hilfsschullehrer Franz Frenzel war einer derjenigen, der sich mit der Schrift Wittes kritisch auseinandersetzte (1902). Beflügelt von der Förderung durch den preußischen Staat, die Anerkennung seitens der Volksschullehrerschaft und angesichts der stetigen Ausbreitung der Hilfsschulen formulierte Frenzel eine sehr selbstbewusste Replik, in der er die widersprüchliche Argumentation Wittes aufs Korn nahm. Zugleich zeichnete er vor dem Leser das Bild einer fortschrittlichen Hilfsschulbewegung, die Ernst machte mit dem Gebot der Individualisierung durch äußere Differenzierung, die zur Hebung des Volksschulniveaus durch „Abnahme" der Schwächsten beitrug, die sozial-humanitär, aber auch ökonomisch dachte, da sie – ungeachtet höherer Kosten – immer noch die preiswerteste Lösung anbot und die durch die enge Kooperation mit der Medizin sich dem wissenschaftlichen Fortschritt verschrieben hatte. Eingebettet in diesen Kontext erschien Wittes Argumentation nicht nur unlogisch, sondern überholt und unzeitgemäß.

Wirkungslosigkeit der Kritik

Es bleibt festzuhalten, dass die in der Vergangenheit von einigen wenigen Volksschullehrern artikulierte Kritik an der Hilfsschule deren Entwicklung zu einer selbständigen Sonderschule nicht aufzuhalten vermochte. Die von den Volksschullehrern propagierte Trennung von Politik und Pädagogik sowie die Aufstiegshoffnungen des eigenen Berufsstandes begünstigten die bevorzugte Förderung der leistungsstarken Volksschüler und versperrten zugleich den Blick für die sozialen Bedingungen von Schulversagen. Wie wenig Beachtung die Volksschullehrer dem Verhältnis von Schulleistung und sozialer Lage tatsächlich schenkten, belegt eine Bemerkung des Volksschullehrers Weiskopf, der die Wohn- und Schlafverhältnisse seiner Schüler untersuchte:

> „Aber wenn wir nun auch seit Pestalozzi wissen, daß es für den Erzieher der Armen und des Volkes in erster Linie nötig ist, die wirtschaftliche, die wirkliche häusliche Lage seines Zöglings zu kennen […] so hat sich die deutsche Pädagogik bisher doch nur wenig darum bekümmert und bekümmern können […] und gar auf das ‚Warum' und ‚Wohin' der oft sehr merkwürdigen Befunde sind politisch so recht nur die Sozialdemokraten […] eingegangen. Ganz geschwiegen dazu hat u. a. bisher die Pädagogik […]" (Weiskopf 1908, 345)

Ich fasse zusammen: Ausgehend von einer radikal politisch-pädagogischen Position führen die Kritiker aus den Reihen der Volksschullehrer Argumente ins Feld, die in ihren wesentlichen Aussagen die aktuelle Kritik an der Lernbehinderten- bzw. Förderschule vorwegnehmen. Sie weisen darauf hin, dass das Entstehen von Schulversagen maßgeblich von sozialen Faktoren bestimmt wird und dass „Schwachsinn" bzw. schwache Befähigung ein von den jeweiligen schulorganisatorischen Bedingungen abhängiger, relativer Begriff ist. Folgerichtig vertreten diese Kritiker die Auffassung, dass die geistige Leistungsfähigkeit eines Menschen nicht anlagemäßig festgelegt, sondern durch eine Fülle von Faktoren beeinflussbar ist. Die Hilfsschule als eigenständige Schulform wird aus pädagogischen und sozialpolitischen Gründen abgelehnt, da sie den schulleistungsschwachen Kindern keine optimale Förderung zuteil werden lässt und zudem die gesellschaftliche Integration der Betroffenen erschwert bzw. vereitelt. Nach Ansicht dieser Gegner aus dem Kreise der Volksschullehrer widerspricht die Hilfsschule dem Ideal der allgemeinen Volksschule, die nicht allein eine Schule für die Fähigen, sondern zugleich die Bildungsstätte für die Minderbegabten und Benachteiligten sein muss. Angeprangert wird sowohl die Volksschullehrerschaft, die allzu gern die schwierigen Fälle in die Hilfsschule „abschiebt", als auch die Hilfsschullehrerschaft, die aus einer Mischung von berufsständischem Egoismus und politischer Reaktion kein Interesse an einer Veränderung der bestehenden gesellschafts- und bildungspolitischen Verhältnisse zeigt.

Als Alternative zur Hilfsschule wird eine grundlegende Reform der Volksschulorganisation gefordert, die sowohl den leistungsstarken als auch den schwachbegabten Schülern zu ihrem Recht verhelfen soll. Die Forderungen sind: Senkung der Klassenfrequenzen, Reduzierung und inhaltliche Veränderung des Lehrplans, methodische Verbesserungen, Verlängerung der Schulzeit, Umgestaltung der traditionellen Lernschule in eine sozialpädagogisch orientierte Schule, Förder- und Nachhilfeunterricht sowie „Kernunterricht" für alle Kinder und schließlich der Einsatz von Hilfsschullehrern in den Grundschulen sind Forderungen, die alle dem Ziel dienen, Kinder vor der Einweisung in die Hilfsschule zu bewahren bzw. die Hilfsschule überflüssig zu machen.

Dies waren Argumente von vor 100 Jahren – wirklich bewegt hat sich die Schulpolitik bis auf den heutigen Tag nur wenig. Aus historischer Distanz und vom heutigen Standpunkt aus betrachtet, ist nachzutragen, dass bis auf den heutigen Tag die Frage virulent geblieben ist, ob die betreffenden Schüler durch separate Beschulung oder durch einen gemeinsamen Unterricht mit schulleistungsstarken Schülern am besten pädagogisch gefördert werden, und bis auf den heutigen Tag werden in dieser Frage nach wie vor eher Postulate und Positionen formuliert als eine nüchterne Überprüfung und Umgestaltung der schulpädagogischen Wirklichkeit vorgenommen.

Schulpolitik heute

4.5   Ein Blick zum Nachbarn: Die Debatte um schulschwache Schüler in Frankreich

Betrachten wir die gegenwärtige Struktur des sonderpädagogischen Bildungswesens auf internationaler Ebene, dann wird sehr schnell deutlich, dass die besondere Schulform Hilfsschule, die sich so erfolgreich in Deutschland etablieren konnte, im Ausland keine oder nur eine sehr unbedeutende Rolle spielt. Dieses überraschende Phänomen ist nur durch einen Blick auf die Geschichte aufzuhellen.

Heinrich Kielhorn, Motor und wichtigster Repräsentant der deutschen Hilfsschulbewegung empfing in seiner Braunschweiger Schule zahlreiche Besucher. Das Gästebuch der Braunschweiger Hilfsschule verzeichnet neben inländischen auch ausländische Besucher unterschiedlicher Nationalitäten, darunter auch Persönlichkeiten aus Frankreich; Ähnliches gilt übrigens auch für die Kölner Hilfsschule (Schröder 2005, 43).

Vorbild Braunschweig

Die Tatsache, dass deutsche Städte mit Hilfsschulen zu Beginn dieses Jahrhunderts Anziehungspunkte für ausländische Besucher waren, dass Deutschland zu diesem Zeitpunkt in verschiedenen Ländern als Vorbild und Modell für die Beschulung von Nachzüglern und Zurückgebliebenen des allgemeinen Schulwesens galt, wirft die Frage auf, warum vor nahezu 100 Jahren auch im Ausland die Hilfsschule eine attraktive pädagogische Neuerung war. Und – nicht minder spannend ist die Frage: Wie und warum entwickelte sich in Ländern wie Frankreich, Großbritannien, Dänemark und Schweden im Laufe des 20. Jahrhunderts ein pädagogisches Förderkonzept für „Zurückgebliebene" und „Schwachbegabte", das große Unterschiede zum eigenständigen und voll ausgebauten Hilfsschulwesen in Deutschland aufweist?

Ich möchte im Folgenden versuchen aufzuklären, welche Resonanz die

internationale Resonanz

Resonanz in
Frankreich

Gründungen der ersten deutschen Hilfsschulen in Frankreich fanden, wie die Forderung nach schulischen Sonderformen begründet wurde und welche Form der Schulorganisation für die „leicht Debilen" sich entwickelte.

1899 erschien in der Zeitschrift „Revue philantrophique" ein Aufsatz über „anomale Kinder", in dem sein Verfasser bittere Klage darüber führte, dass Frankreich zwar die Ehre besitze, für die Erziehung Blinder und Gehörloser (Valentin Haüy, Abbé de l'Epée) und geistig Behinderter (Itard, Séguin) bahnbrechende Methoden entwickelt zu haben, dass es aber hinsichtlich der Schaffung entsprechender Bildungsorganisationen weit hinter Ländern wie Dänemark, Großbritannien und Deutschland zurückstehe. Beklagt wurde der Missstand, dass das Gesetz über die allgemeine Schulpflicht in Frankreich von 1882 Bildungsmaßnahmen lediglich für Blinde und Taube vorsah, „Zurückgebliebene" und „Idioten" hingegen überhaupt nicht erwähnte und dass selbst für Blinde und Taube bislang keine praktischen Maßnahmen staatlicherseits ergriffen worden seien. Unter Berufung auf die Erklärung der Menschenrechte der 100 Jahre zurückliegenden großen Revolution forderte der Autor Camailhac Erziehungs- und Bildungsmaßnahmen für „anomale" Kinder, die bislang der staatlichen Unterstützung entbehren müssten und allein auf private Fürsorge angewiesen seien.

Gustave Baguer

Die vor allem in der Zeitschrift „Revue philanthropique" geführte Diskussion um Unterricht und Erziehung behinderter Kinder sowie die Aktivitäten einzelner Persönlichkeiten, allen voran der Psychiater Bourneville, aber auch die Psychologen Binet und Simon sowie der Taubstummenpädagoge Gustave Baguer (Vial et al. 2000), blieben nicht ganz erfolglos. Im Jahre 1909 erließ die französische Nationalversammlung ein Gesetz über die Einrichtung von Hilfsklassen bzw. -schulen (classes et écoles de perfectionnement). Damit war ein Anfang gemacht, der allerdings nur sehr zögernd zu durchgreifenden Veränderungen führte. Noch 1913 führte der Direktor einer Irrenanstalt in der Zeitschrift „La France médicale" Klage darüber, wie sehr das Ausland dem „Mutterland" der Erziehung anomaler und schwachsinniger Kinder davongeeilt sei (Wahl 1913).

Commission
Bourgeois

Vorausgegangen war der Gesetzgebung die Arbeit der „Commission Bourgeois" (Vial/Hugon 1998) in den Jahren 1904 und 1905, der die Aufgabe gestellt war, Auswirkungen des Schulpflichtgesetzes von 1882 auf den Personenkreis der „Anormaux", der Anomalen, zu analysieren und Vorschläge für ihre Bildung und Erziehung zu unterbreiten. Der Oberbegriff „Anormaux" bezog sich nach offizieller Lesart auf folgende fünf Gruppen:

- Aveugles (Blinde);
- Sourds-Muets (Taubstumme);
- Anormaux-médicaux (medizinisch Anormale, worunter nach französischem Verständnis Schwachsinnige, schwer Körperbehinderte, seelisch Behinderte fielen, die allein unter ärztlicher Aufsicht erzogen und gepflegt werden konnten);
- Arriérés (Zurückgebliebene) und
- Instables (Verhaltensauffällige).

Obgleich die Kommission aufgefordert war, für die gesamte Gruppe der Behinderten Vorschläge zu unterbreiten, konzentrierte sie sich letztlich nur auf die vierte Kategorie, die Zurückgebliebenen und Schulversager. Zusammengesetzt war die Kommission aus Vertretern des Innen- und Erziehungsministeriums, des Parlaments sowie einzelner Fachleute wie Binet und Bourneville, aber auch dem Leiter der Taubstummenanstalt von Asnières, Gustave Baguer. Nicht beteiligt waren Vertreter pädagogischer Organisationen oder Gewerkschaften. Wenn auch nicht immer direkt an den Beratungen beteiligt, so hatte doch Bourneville – neben Binet, seinem Rivalen – starken Einfluss auf die Kommissionsarbeit; Vorsitzender der Kommission war der Abgeordnete der Radikalsozialisten Léon Bourgeois.

Désiré Magloire Bourneville (1840–1909), Psychiater und seit 1875 Pariser Abgeordneter und Angehöriger der politischen Opposition, war seit 1879 Leiter der Anstalt Bicêtre. Beeinflusst durch die Ideen und Methoden Séguins, widmete er sich frühzeitig der Erziehung geistig behinderter Kinder. Er formulierte und praktizierte die sogenannten „méthodes médico-pédagogiques" und gab ab 1891 die Reihe, „Bibliothèque d'éducation spéciale", heraus, in der er auch das Hauptwerk von Séguin erneut der interessierten Öffentlichkeit zugänglich machte. Einer seiner zahlreichen Gäste, der sein medizinisch-pädagogisches Konzept und das von Séguin vor Ort studierte, war Maria Montessori, die ihre pädagogische Arbeit auf dem Werk von Séguin aufbauen sollte. Marx Kirmsse schreibt über Bourneville 1913:

Désiré M. Bourneville

> „Als Séguin Frankreich verlassen hatte, sank die Geistesschwachenbildung dieses Landes immer tiefer bis zur gänzlichen Bedeutungslosigkeit, bis erst in neuerer Zeit der 1909 verstorbene Psychiater Dr. Bourneville […] sie wieder zur Blüte brachte […] Seit einigen Jahren besitzt nun das Land ein großzügiges Gesetz bezüglich der Ausbildung von Minderbegabten, und es steht zu erwarten, daß es wohltätige Wirkungen hervorrufen wird." (S. 172)

Während Bourneville Internate als beste institutionelle Lösung favorisierte, plädierte Binet für Klassen an der Elementarschule, nicht zuletzt aus Gründen einer stärkeren Einbeziehung der schwachen Schüler in die allgemeine Schule. Der Kompromiss war, dass die Kommission drei unterschiedliche Organisationsformen vorschlug: Hilfsklassen an Elementarschulen, selbständige Schulen als Tagesschulen und selbständige Schule als Internat, wobei sie dem zweiten Typus den Vorrang einräumte. Der französische Passus lautet:

Binet

> „Il sera établi pour l'éducation des enfants arrières et instables: des classes spéciales annexées aux écoles ordinaires, des Ecoles autonomes avec demi-pensionnat, des Ecoles autonomes avec internat. Ces établissements porteront le titre générique d'Ecoles de perfectionnement." (Vial/Hugon 1998, 265)

Als Resultat der Kommissionstätigkeit wurde das Gesetz von 1909 verabschiedet, das sich nur auf die Gruppe der Nachzügler beschränkte und zudem – und das war eine ganz entscheidende Einschränkung – einen rein freiwilligen Charakter besaß, so dass kein Departement in Frankreich wirklich zur Einrichtung von Hilfsklassen verpflichtet war.

Wie wir heute wissen, hatte sich Kirmsse in seinen Erwartungen getäuscht; die Einrichtung von Hilfsklassen oder -schulen ging in Frankreich nur langsam vonstatten und erreichte zu keinem Zeitpunkt einen mit Deutschland vergleichbaren Stand. Dennoch ist es von Interesse, nach den Motiven und Interessen zu fragen, die auch in Frankreich eine breite Diskussion um die Etablierung von Hilfsschulen auslöste.

Gründe für Hilfsklassen

Nicht anders als in Deutschland sind auch in der französischen Diskussion zwei Hauptmotive für die Forderung nach besonderen Klassen für Geistesschwache erkennbar: ein humanitär-pädagogisches und ein sozial-utilitarisches. Bedingt durch die Einführung und verstärkte Durchsetzung der Schulpflicht – man denke an die Auswirkungen der preußischen Allgemeinen Bestimmungen von 1872 auf die deutsche Hilfsschulentwicklung – werden sich Pädagogen, Mediziner, politisch Verantwortliche zunehmend der Benachteiligung bewusst, die behinderten Kindern im staatlichen Schulwesen widerfährt. So weist Paul Strauss in einem Bericht für den „Dritten Kongress privater Fürsorge" von 1903 nach, dass zum damaligen Zeitpunkt nur etwa 1.000 Blinde eine ausreichende Bildung erfahren, während über 4.000 überhaupt nicht unterrichtet werden. Von den etwa 4.000 Tauben befinden sich ca. 3.000 außerhalb der Schule. Noch desolater sei die Situation der Geistesschwachen, da ihre Unterweisung nicht einmal im Schulpflichtgesetz vorgesehen ist. Gefordert wird für die schwerer Behinderten unter ihnen eine pädagogische Betreuung in den bestehenden Anstalten und – entsprechend dem Vorbild anderer europäischer Länder, vor allem Deutschlands – für die Schwachbegabten und Zurückgebliebenen die Einrichtung von besonderen Klassen, die als selbständige Einheiten oder als Teil der Grundschule zu konzipieren sind.

Lage der Schulversager

Das Schulschicksal jener Unglücklichen, die ständig hinter den Klassenkameraden zurückbleiben, wird von verschiedenen Autoren in eindringlicher Weise geschildert. Danach erscheint es pädagogisch folgerichtig und vernünftig, jene gesondert zu unterrichten, die stets die Letzten in der Regelklasse sind, und es war zugleich humanitär, sich ihrer helfend anzunehmen, da sie ein unverschuldetes Schicksal tragen. Unter Hinweis auf die Einführung der allgemeinen Schulpflicht von 1882 und der damit verbundenen Überfüllung zahlreicher Schulklassen wird hervorgehoben, dass ein besonderes Eingehen auf die Zurückgebliebenen zugleich eine Vernachlässigung der übrigen Schüler bedeuten würde (s. Manheimer-Gommés 1901, 558). Binet und Simon hatten in ihrem 1907 erschienenen Buch „Les enfants anormaux" sehr nüchtern die Lage der Schulversager beschrieben:

„Sie ziehen keinen großen Nutzen aus dem Schulunterricht, und das ist genau das, was die Lehrer beklagen, und zwar mit sehr viel Energie. Diese Kinder, sagen die Letzteren, ähneln überhaupt nicht der großen Masse der Schüler. Ein großer Teil von ihnen ist mit geistiger Schwachheit behaftet; ohne vollkommen unintelligent zu sein, sind sie doch nicht begabt genug, um Gewinn aus der gemeinsamen Arbeit mit den Normalen zu ziehen; sie verstehen nicht, sie können nicht folgen; sie profitieren so wenig von dem Schulbesuch, dass einige von ihnen sich nicht einmal den Stoff der Elementarklasse aneignen können. Oft haben sie keinerlei Interesse am Unterrichtsgeschehen, und das ist noch der glücklichere Fall, denn nun vergisst man sie in der Ecke, und der Unterricht läuft so ab, als ob sie nicht anwesend wären." (Binet/Simon 1907, 8; Übers. E.-R.)

Das humanitär-pädagogische Motiv für die Forderung nach besonderen Hilfsklassen bzw. -schulen ist in der Regel aufs Engste verknüpft mit jenem des gesellschaftlichen Interesses, wobei die Bedeutung des jeweiligen Aspekts durchaus variiert. Charakteristisch für die auch die deutsche Hilfsschulpädagogik prägende zweifache Legitimation ist die Aussage eines Schülers des Mediziners Bourneville, die da lautet: „Wenn die Gesellschaft das Recht hat, sich gegenüber den Gefährlichen zu verteidigen, so hat sie die Pflicht, die Schwachen zu beschützen." (Royer 1907, 5; Übers. E.-R.) Und Paul Dubois, der im Auftrage der sozialen Organisation, „musée social", eine Informationsreise nach Belgien und Norddeutschland unternahm und einen ausführlichen Bericht über das belgische und deutsche Hilfsschulwesen vorlegte, schreibt am Ende seiner Schlussfolgerungen:

> **humanitär-pädagogische Motive**

„Nun, bis in die Gegenwart haben jene unglücklichen Kinder, deren Situation wir gerade untersucht haben, von der Gesellschaft weniger empfangen als ihre begabteren Kameraden. Die elementare Gerechtigkeit gebietet es, dass dieses anders sei und dass man, so gut wie möglich, die durch die Natur bedingte Ungleichheit aufhebt. Wir glauben durch das Beispiel unserer benachbarten Länder gezeigt zu haben, dass sich das soziale Interesse mit dem der sozialen Pflicht verbindet." (Dubois 1906, 84; Übers. E.-R.)

Die von Binet und Simon in ihrer Schrift einleitend formulierten Bemerkungen, dass die Grundhaltung der uneigennützigen Philanthropie etwas überholt sei und unbedingt um die Diskussion der sozialen Frage im Sinne des Gesamtinteresses einer Gesellschaft zu erweitern sei (1907, 1ff), kehren in ähnlichen Formulierungen bei zahlreichen französischen Autoren wieder. Besondere Bildungsmaßnahmen für Behinderte und Schulversager wurden demnach propagiert – und hier sind die Argumente bereits aus der Diskussion in Deutschland bekannt –, weil es letztlich für die Gesellschaft ökonomischer ist, wenn auch dieser Personenkreis gesellschaftlich nützlich wird. So kommentiert Dubois die statistische Aufstellung deutscher Kommunen für die sehr viel höheren Kosten der Hilfsschulen nicht ohne Bewunderung: „[…] und man kann sagen, dass die Deutschen jetzt überall die ganze soziale Bedeutung dieser Reform des Primarschulwesens begriffen haben." (1906, 53) Ebenfalls auf Deutschland gemünzt und nahezu gleichlautend ist die Bemerkung der Medizinerin Pascal:

> **gesellschaftliche Interessen**

„Seit dreißig Jahren hat sich Deutschland der Idee der sozialen Prävention gewidmet. Man hat dort verstanden, dass eine möglichst hohe Zahl von unterrichteten Kindern in Sonderschulen dazu beiträgt, die Zahl der Erziehungsanstalten zu verringern." (1913, 265f; Übers. E.-R.)

Gefahr für die Allgemeinheit?

Die Forderung nach Etablierung von Sonderklassen für Zurückgebliebene und Schwachbegabte wird auch in Frankreich damit begründet, dass es sich bei diesem Personenkreis um eine relativ große Population handelt, die ohne entsprechende Ausbildung und Erziehung eine soziale Gefahr für die Allgemeinheit darstelle. Der Hinweis auf drohenden „moralischen Verfall" und „soziale Untüchtigkeit" (déchéance morale, incapacité sociale; Strauss 1903, 190), auf soziale Wertlosigkeit, Vagabundentum und Kriminalität (Jacquin 1905, 318) bei Vernachlässigung besonderer pädagogischer Maßnahmen für Zurückgebliebene, war zwar ein weitverbreitetes und oft wiederkehrendes Argument und Klischee – es tritt in der Regel aber niemals isoliert auf, sondern stets in Verbindung mit dem der gesellschaftlichen und humanitären Verpflichtung gegenüber den schwächeren Gliedern der Gesellschaft.

demokratisch-egalitäre Tradition

Mir scheint, dass in der Debatte um die Beschulung behinderter und vernachlässigter Kinder in Frankreich das demokratische und egalitäre Erbe der Französischen Revolution, aufgrund dessen jedem Bürger, auch dem Behinderten und weniger Leistungsfähigen, dieselben Menschenrechte zukommen, eine ungleich größere Rolle spielte als etwa im kaiserlichen Deutschland, wo von konservativen und zum Teil reaktionären Hilfsschulvertretern sowie anderen Zeitgenossen eine teilweise einseitig utilitaristische Begründung der Hilfsschulbewegung formuliert wurde. So lässt sich etwa nachweisen, dass französische Professionelle eindeutiger Stellung bezogen gegenüber jenen Ideologien, die in den sozial Schwachen ein zu eliminierendes gesellschaftliches Element erblickten. Der ehemalige Leiter der psychiatrischen Universitätsklinik von Lyon schrieb am Ende eines Aufsatzes:

„Lassen wir jene Utilitaristen beiseite, die nach den Methoden Spartas rufen und die eine legale Unterdrückung all jener fordern, die unschuldig geboren werden und die auf die Unterstützung durch die allgemeine Wohlfahrt angewiesen sind. Aber wir, die wir normal und menschlich sind, sollten uns […] daran erinnern, dass es eine Pflicht ist – und nicht nur aus Mitleid, sondern aus Solidarität und sozialer Gerechtigkeit – diesen Unglücklichen die Hand entgegenzustrecken, die unschuldige Opfer einer krankhaften Vererbung sind und die durch rechtzeitiges Einschreiten fast alle gerettet werden können." (Jacquin 1905, 325; Übers. E.-R.)

Ein Schüler Bournevilles, der Mediziner Royer, wendet sich mit Entschiedenheit gegen die Bevölkerungstheorie eines George Malthus, die von einem französischen Vertreter auf dem Kongress für Familienwohlfahrt von 1901 vertreten wurde, und fragt unmissverständlich: „Wo würde man aufhalten, wenn man all jene verschwinden ließe, die nutzlos und kostspielig sind und die eine belastete Nachkommenschaft hervorbringen könnten?" Mahnend erinnert er an die Worte seines Lehrers Bourneville:

„Alles, was wir auf dem Feld der Wohlfahrt getan und versucht haben, ist beeinflusst gewesen von den Ideen der Französischen Revolution im Hinblick auf die Organisation der Wohlfahrt: allen Unglücklichen beistehen und helfen, sie unterstützen – die Alten, die Kranken, die Schwachen an Körper und Geist, die Waisen, die Bürger ohne Arbeit. Diese Aufgabe mit einem Höchstmaß an Humanität zu erfüllen, das ist die Pflicht der Republik. Bleiben wir der Natur treu, seien wir menschlich." (Royer 1907, 96)

Die vorliegenden französischen Quellen lassen vermuten, dass bei der Beschreibung des Personenkreises der zu gründenden Hilfsklassen und -schulen auch kein einseitig statischer medizinischer Schwachsinnsbegriff verwandt wurde. Zwar war auch in Frankreich von kranken, pathologischen Schülern die Rede (Dubois 1906, 3; Jacquin 1905, 309), aber mit zwei entscheidenden Unterschieden: Anders als die offizielle deutsche Hilfsschulpädagogik konzedieren die französischen Mediziner – und hier sei erinnert an sehr ähnliche Positionen deutscher Hilfsschulärzte – durchaus die Bedeutung sozialer Faktoren bei der Entstehung von Schulversagen und intellektuellem Rückstand. Dem entspricht ein zugleich optimistisches und pragmatisches, auf Veränderung angelegtes pädagogisch-medizinisches Konzept. Dagegen stellten die deutschen Hilfsschulvertreter einen maßgeblichen Einfluss sozialer Faktoren auf die Entstehung von Hilfsschulbedürftigkeit in Abrede. Paul Dubois schreibt auf den ersten Seiten seines Auslandsberichts:

Anerkennung sozialer Ursachen

„Aber die Tatsache, dass es so viele degenerierte und beeinträchtigte Wesen gibt, ist keineswegs allein auf biologische Ursachen zurückzuführen […] Der Schularzt von Antwerpen […] gibt das Milieu als einen Hauptfaktor bei der Entstehung der beobachteten Degenerationen an: Die Mehrheit der Schüler gehört sehr armen Familien an, in denen Ernährung, allgemeine Hygiene und Moral fast immer beklagenswert sind. Aber ist die Entwicklung dieser Übel nicht zu einem großen Teil auf soziale Ursachen zurückzuführen: Zusammenpferchung von Arbeitermassen in ungesunden Städten, Wohnungen ohne Licht und Luft, der Drang, in einer Art von Betäubung Vergessen zu finden von einer beklagenswerten Existenz und einem trostlosen Heim?" (Dubois 1906, 6f)

Konsens besteht somit in der pragmatischen Festlegung, dass es sich bei den „anomalen" Kindern um solche handelt, die aus den unterschiedlichsten Gründen keinen Nutzen aus dem Unterricht der allgemeinen Schule ziehen können, die der besonderen pädagogischen Fürsorge in speziellen Klassen bedürfen, wobei je nach Einzelfall sowohl eine Rückschulung in die Volksschule als auch eine Überweisung in ein Internat angestrebt wird (s. Jacquin 1905; Audemard 1911).

Die vorherrschende schulorganisatorisch-pragmatische Definition, die ausdrücklich die Heterogenität der Schülerschaft hervorhebt, enthält auch das einflussreiche Buch von Binet und Simon. In diesem heißt es:

„Die anomalen und zurückgebliebenen Kinder sind jene, die weder die allgemeine Schule noch die Anstalt haben will; die Schule findet sie zu wenig normal, die Anstalt betrachtet sie als nicht krank genug. Man muss für sie den Versuch von Sonderschulen und -klassen machen." (1907, 10)

Schulschwäche aufhebbar

Der geringeren ätiologischen Festlegung und Eindeutigkeit entsprach konsequenterweise die Überzeugung von der positiven Beeinflussbarkeit und Erziehung jener so heterogenen Gruppe von Schulversagern und Zurückgebliebenen. Unter Berufung auf die erzieherischen Erfolge Bournevilles mit geistig Behinderten in der Anstalt Bicêtre, bemerkt der Mediziner Jacquin:

> „Um wie viel größer müssen die Erfolge der medizinisch-pädagogischen Behandlung bei den nur Zurückgebliebenen, den leicht Debilen sein, wenn Bourneville damit […] schon bei den tief geistig stehenden Kindern wahre Wunder vollbringen konnte?" (1905, 316)

medizinisch-pädagogisches Förderkonzept

Die sich in der Auseinandersetzung um die französischen Hilfsklassen zu Wort meldenden Mediziner – und anders als in Deutschland sind es in erster Linie Mediziner und Psychologen und weniger Pädagogen, die die Diskussion beherrschen – favorisierten in der Nachfolge Séguins und Bournevilles ein medizinisch-pädagogisches Förderkonzept, das grundsätzlich von der Veränderbarkeit auch des geistigen Zustandes eines Menschen ausgeht. Dem pessimistischen Bild der Unveränderbarkeit intellektueller Fähigkeiten wird entgegengehalten, dass durch methodische Übung der physischen Fähigkeiten eine positive Beeinflussung des Gehirns möglich sei (Audemard 1911). Charakteristisch für die französische Diskussion ist ferner, dass die Frage der spezifischen Methode eines Spezialunterrichts für Zurückgebliebene eine ungleich wichtigere Rolle als in Deutschland spielte, wo sich – abgesehen von den neuen Elementen des Anschauungs- und Handfertigkeitsunterrichts – die Hilfsschulpädagogik durch ihre enge Anlehnung an die Volksschule in eher traditionellen Bahnen bewegte.

pragmatische Organisationsform

Wie bereits dargelegt, spielte die Frage der Organisationsform eines besonderen Unterrichts in Frankreich nur eine untergeordnete Rolle und wurde ähnlich pragmatisch diskutiert, wie die der Definition der Schülerklientel. Während in Deutschland die Hilfsschulrepräsentanten schon sehr frühzeitig für eine selbständige, voll ausgebaute und von der Volksschule losgelöste Sonderschulform eintraten, plädierten die französischen Verfechter eines Sonderunterrichts sowohl für einzelne Klassen als auch für autonome Schulen, wobei der Gedanke einer engen Verbindung zur allgemeinen Schule allerdings sehr viel stärker lebendig blieb als in Deutschland. So fordern etwa die Besucher des 3. nationalen Kongresses für öffentliche Wohlfahrt und Fürsorge in Bordeaux, dass in allen großen Städten Hilfsklassen zu gründen seien, die entweder als selbständige oder angegliederte Klassen der Primarschule einzurichten seien (Strauss 1903, 197).

Vor dem Erfahrungshintergrund seiner Informationsreise durch Belgien und Deutschland bewertet Dubois die vor allem deutsche Entwicklung der Hilfsklasse zur ausgebauten Hilfsschule als eine geradezu natürliche und logische, die durchaus zu begrüßen sei, da sie den betreffenden Schülern einen fortschreitenden Bildungsgang gewähre. Er legt aber Wert darauf zu betonen, dass diese Sonderklassen oder Sonderschulabteilungen nach außen hin nicht als etwas Besonderes in Erscheinung treten sollten:

„Welches auch das gewählte System sein sollte – und dies ist eine Bemerkung, die von Bedeutung ist –, es ist wichtig, die Klasse oder Schule nicht mit einem Namen zu belegen, der ihren besonderen Charakter hervorhebt, und es ist ferner notwendig, dass der Sonderunterricht in den Verwaltungsrahmen der allgemeinen Schulverwaltung gut eingebunden sei." (Dubois 1906, 43)

Mit zunehmendem Fortgang der Diskussion und vor allem nach einigen Jahren der praktischen Erfahrung mit den ersten „classes de perfectionnement" mehrten sich die Stimmen, die – nach dem Vorbild Deutschlands – die Schaffung selbständiger Hilfsschulen mit aufsteigenden Klassen forderten. So legte Dr. Dupuy im Jahre 1912 dem Präfekten des Departement Seine einen Bericht vor, in dem er – gemäß dem Gesetzestext von 1909 – auch autonome Hilfsschulen mit angeschlossenem Internat forderte: **Forderung selbständiger Hilfsschulen**

„So, wie diese Klassen funktionieren, sind sie unzureichend, und ich wüsste meine Gedanken nicht besser auszudrücken, als die Worte des Herrn B. zu wiederholen, der auf diesem Gebiet bedeutend und unparteiisch ist: Die Hilfsklassen mit dem System des Externats sind nur ein ‚täuschendes und teures Linderungsmittel'." (Dupuy 1912/13, 270; Übers. E.-R.)

Nur ein Jahr früher hatte der Inspektor der Hilfsklasse von Lyon einen im Tenor gleichlautenden Bericht dem 12. Medizinischen Kongress in Lyon vorgelegt:

„Am Ende des Schuljahres 1908/1909 versuchten wir die wohlwollende Aufmerksamkeit des Bürgermeisters von Lyon auf die Notwendigkeit zu lenken, eine selbständige Schule für Anomale zu schaffen [école autonome pour anormaux]. Man findet dieselbe Meinung formuliert in den Berichten der Hilfsklassenlehrer von Bordeaux und Lyon [...] Alle Autoren sind sich einig: Nur ein Internat kann eine geeignete Erziehung der anomalen Kinder sicherstellen und eine Besserung ihrer Anomalien erreichen. In Deutschland konnten 83 von 100 Anomalen, die die Hilfsschulen[42] verlassen haben, ein selbständiges Leben führen." (Audemard 1911, 489; Übers. E.-R.)

Weder die Forderung nach Hilfsklassen noch die nach Hilfsschulen wurde in Frankreich in nennenswerter Weise erfüllt. Es sollten noch Jahrzehnte vergehen, bis in den 50er und 60er Jahren so etwas wie die „Blüte eines französischen Hilfsschulwesens" entstand – nicht zuletzt infolge der deutschen Besatzung, in deren Periode eine nennenswerte Zunahme von Hilfsschulgründungen fällt (Chauvière 1980). Im Jahre 1909 gab es in ganz Frankreich lediglich 14 Hilfsklassen, davon fünf in Paris, und 1936 zählte die französische Hauptstadt nicht mehr als 23 Sonderklassen (Hugon et al. 1984).[43] Die möglichen Gründe für dieses Phänomen seien abschließend diskutiert. **kaum Hilfsschulgründungen**

Versucht man zu verstehen, warum sich in Frankreich schulische Einrichtungen für Schwachbegabte und Schulversager sehr viel später, in nur geringer Zahl und zudem vorrangig nur in Form von Klassen bzw. Abteilungen entwickelten, so dürften hierfür mehrere Faktoren bedeutsam sein:

▦ Zunächst ist als unterscheidendes Strukturelement zu beachten, dass die allgemeine Schulpflicht in Frankreich über 100 Jahre später als in Deutschland eingeführt wurde. Daraus folgt, dass das Problem des Schulversagens im französischen Schulsystem später manifest wurde als in den vergleichbaren deutschen Bildungsinstitutionen.

▦ Unterschiedlich sind auch die allgemeinen politischen Rahmenbedingungen für die Herausbildung eines Bildungswesens für schulschwache Schüler. Das deutsche Hilfsschulwesen entwickelte sich im Wilhelminischen Kaiserreich und erfuhr eine Förderung seitens des Staates, da es unter bildungs- und sozialpolitischen sowie ökonomischen Aspekten Funktionen übernahm, die sich mit den damaligen Herrschaftsinteressen deckten. Qualifizierung von weniger leistungsfähigen Schülern, aber auch Loyalitätssicherung und Disziplinierung im Rahmen der Auseinandersetzung mit der sozialen Frage waren entscheidende Interessen des Obrigkeitsstaates bei der Förderung der Hilfsschule. Die Diskussion in Frankreich um besondere schulische Einrichtungen für Schwachbegabte und Zurückgebliebene fällt in die Zeit der Dritten Französischen Republik (seit 1875). Das französische Schulsystem der damaligen Zeit spiegelte zwar die nach wie vor existierende Klassengesellschaft wider (Prost 1968), aber vor allem das öffentliche Schulwesen – im Unterschied zum privaten Sektor – war geprägt von einem republikanischen, laizistischen und – nach der Niederlage von 1870/71 – allerdings auch nationalistischen Geist.

▦ In diesem System waren vor allem die Lehrer die Repräsentanten der republikanischen Idee. Wenn man bedenkt, dass nicht Pädagogen, sondern Mediziner und Psychologen die treibende Kraft bei der Propagierung von Hilfsklassen waren, wenn berichtet wird, dass Lehrer anlässlich der Erhebung von Statistiken stolz berichteten, sie hätten keine anomalen Kinder (Audemard 1911, 485) bzw. nur einen geringen Prozentsatz von etwa 1 %, während „Experten" wie Binet und Simon deren Anteil auf 5 % schätzten (1907, 21f), kann vermutet werden, dass die uninteressierte bis ablehnende Haltung vieler Lehrer gegenüber einem Hilfsschulsystem auch auf politischen Überzeugungen beruhte. Angesichts der mehrheitlich republikanischen Gesinnung der französischen Lehrer darf angenommen werden, dass bei ihnen eine geringere Neigung bestand, schulschwache Kinder aus der allgemeinen Schule auszugliedern. Die allseits unstrittige Tatsache, dass diese Kinder zum größten Teil aus den ärmeren Volksschichten stammten, wurde von vielen Pädagogen sicherlich als soziales Unrecht betrachtet, an dessen Perpetuierung sie nicht beteiligt sein wollten.

Für die Verankerung in demokratisch-republikanischen Traditionen spricht auch, dass sich etwa Paul Dubois in seinem Bericht über das deutsche Hilfsschulsystem kritisch über die zwangsweise Überweisung der Kinder in die Hilfsschule äußerte. Er kommentierte diese mit folgender Bemerkung: „Es dürfte in unserem Land außer Frage stehen, den Willen der Eltern so gering zu achten." (Dubois 1906, 48)

Hinzu kamen auf der Seite der Pädagogen auch handfeste Statusinteressen. Der Umstand, dass die Mediziner Anspruch auf die Leitung der Inter-

nate für Schwachbegabte erhoben und auch bei der Arbeit in den Hilfsklassen ein Wort mitreden wollten (Dubois 1906, 275; Pellicier/Thuillier
1979, 117), führte zu einem offenen Konflikt mit den Professionellen aus
dem Bereich der Pädagogik und war langfristig sicherlich bedeutsam für
die nur zögerliche Weiterentwicklung des Hilfsschulwesens in Frankreich.
Und anders als in Deutschland gab es in Frankreich auch keine organisierte
Lehrergruppe, die – vergleichbar dem Verband der Hilfsschulen Deutschlands – als wichtige Interessenvertretung die Ausweitung des Hilfsschulwesens hätte vorantreiben können. Nach Pellicier und Thuillier (1979, 129)
organisierten sich die französischen Hilfsschullehrer erst im Jahre 1927,
und seit diesem Zeitpunkt veröffentlichten sie eine Zeitschrift mit dem
Titel „Notre bulletin". Die Pädagogik als akademische Disziplin schließlich, die sich dieser Frage hätte annehmen können, befand sich erst in
einem frühen Stadium der Entwicklung (Schriewer 1983; Gautherin 2002).

- Weitere Ursachen für die geringe Ausbreitung der Hilfsklassen auf französischem Boden sind finanzieller und verwaltungsorganisatorischer Natur. Nach dem Gesetz von 1909 war es den Kommunen freigestellt, Hilfsklassen oder -schulen einzurichten, was zur Folge hatte, dass nur wenige
Städte überhaupt bereit waren, besondere finanzielle Anstrengungen zu
unternehmen. Hinzu kam die durch die zentralistische Verfassung Frankreichs bedingte schwerfällige Verwaltungsstruktur, die alle Bestrebungen
auf lokaler Ebene erschwerte. Schließlich erwies sich auch eine fehlende
Spezialausbildung für Hilfsklassenlehrer als hinderlich für die Etablierung eines neuen Schultypus.

- Als letzter, aber keineswegs unbedeutender Faktor kommt ins Spiel, dass
aus französischer Sicht die Einrichtung von Hilfsklassen oder -schulen
nicht als pädagogisch zwingend angesehen wurde. In ihrer Schrift über
anomale Kinder hatten Binet und Simon rundweg die Behauptung bestritten, dass zurückgebliebene Kinder nur in besonderen Klassen angemessen gefördert werden könnten. Obgleich sie von den Vorzügen dieser
Klassen überzeugt waren, betrachteten sie diese doch nur als Modellein-
richtungen mit Versuchscharakter, deren Wert, Existenzberechtigung
und Rentabilität sich in der Zukunft erst noch erweisen müsse. Alle Versuche, die Hilfsklasse als eine unentbehrliche Einrichtung für Schwachbegabte zu propagieren, ohne die die Zöglinge der Kriminalität und der
Bettelei anheimfallen würden, charakterisierten Binet und Simon als interessengeleitete Behauptungen, die angesichts einer empirischen Überprüfung der Lernleistungen und des Berufserfolgs von Schwachbefähigten in allgemeinen Schulen und Hilfsklassen nicht aufrechtzuerhalten
seien (1907, 205ff).

Obgleich das deutsche Hilfsschulwesen immer wieder als Vorbild geschildert wurde, gab es aber auch Kritik an dem deutschen Modell. Abgesehen
von dem bereits erwähnten Zwangscharakter dieser neuen schulischen Institution waren es zwei Punkte, die Dubois in seinem gründlichen Bericht
über das deutsche Hilfsschulsystem hervorhob: Zum einen wurde bemän-

Kritik am deutschen Modell

gelt, dass durch die enge Anlehnung an die Volksschule die deutsche Hilfs-schule wenig originelle Methoden entwickelt habe, wie sie etwa durch die „methode médico-pédagogique" an belgischen Einrichtungen repräsentiert wurde. Der zweite Einwand bezog sich auf die Ablehnung der deutschen Hilfsschullehrer, den Schülern bereits in der Hilfsschule eine berufliche Ausbildung zu vermitteln. So waren es – bei aller Bewunderung für die Hilfsschule in Deutschland – doch auch unterschiedliche pädagogische Konzeptionen, die Zweifel aufkommen ließen, ob diese neue Institution wirklich auch eine neue Pädagogik schaffen würde. Diese nie ganz verstummende Skepsis, gepaart mit den vorher benannten Ursachen, mag erklären, warum sich in Frankreich die Hilfsschule als selbständige Sonderschulform letztlich nicht durchzusetzen vermochte.

Ausnahme: Elsass   Eine Ausnahme gab es allerdings: das Elsass. In dieser Region, die über 40 Jahre, nämlich von 1871 bis 1918, zum Deutschen Reich gehörte, entwickelte sich unter dem starken Einfluss von Protestantismus, kommunaler Eigenständigkeit und Einführung der allgemeinen Schulpflicht 1871 ein differenziertes Hilfsschulwesen: Mülhausen 1895, Straßburg 1897 und Colmar 1903 (Schmidt/Lerch 2005).

4.6   Professionalisierung der Sonderpädagogen und Interessenvertretung behinderter Menschen

nationale und internationale Kommunikation   Ein Ergebnis der Institutionalisierungsprozesse in der Heilpädagogik zu Beginn des 19. Jahrhunderts war die allmähliche Entstehung einer eigenständigen Profession. Die ersten Pioniere, wir erinnern uns, wussten nicht nur voneinander, sondern sie pflegten einen engen, international geprägten Kontakt untereinander und inspirierten sich nicht selten gegenseitig. Der Franzose Séguin kannte den Schweizer Guggenbühl und den Deutschen Saegert, und so war es auch umgekehrt. Die US-Amerikaner Gallaudet und Howe reisten nach Europa, übernahmen das, was ihnen opportun erschien, und brachten sich sogar eigene Hilfslehrer vom alten Kontinent mit. Der blinde Lehrer Knie aus Breslau bereiste ganz Deutschland, und der Taubstummenpädagoge Gronewald aus Köln wollte sich ein eigenes Bild von den verschiedenen Unterrichtsversuchen mit Gehörlosen in Deutschland verschaffen und begab sich ebenfalls auf ausgedehnte Reisen.

Es war naheliegend, dass mit einer wachsenden Institutionalisierung auf nationaler Ebene das Bedürfnis nach fachlichen Kontakten stieg; ihren Niederschlag fanden diese Bestrebungen in der Gründung von beruflichen Vereinigungen sowie in der Herausgabe von fachlichen Publikationsorganen.

Fachpresse   Vorbild für die einzelnen Länder auf dem Felde der Periodika waren zweifellos das 1826 von Bébian in Paris herausgegebene „Journal de l'instruction des sourds-muets et des aveugles" sowie dessen Nachfolger, die „Circulaires de l'Institut Royal des Sourds-Muets de Paris" (1827–1836). Sie wurden von Marie-Joseph Degérando (1772–1842), dem Verfasser des zweibändigen Werkes „De l'éducation des sourds-muets de naissance" (1827), und dem Pariser Gehörloseninstitut redigiert.

In Deutschland wurden 1838 die „Blätter für das Taubstummen- und Blindenwesen" ins Leben gerufen, die als Beilage der „Darmstädter Allgemeinen Schulzeitung" an die Öffentlichkeit traten. Schon bald allerdings empfanden die Gehörlosen- und Blindenlehrer ein regional begrenztes Beiblatt als unbefriedigend, und so kam es 1856 auf Initiative des Leiters der hessischen Taubstummen-Anstalt von Friedberg, dem Pfarrer Christian Matthias, zur Herausgabe des „Organ der Taubstummen- und Blinden-Anstalten in Deutschland und den deutschredenden Nachbarländern", das bis 1880 erscheinen sollte. Hierzu schreibt der Redakteur Matthias im Vorwort zur ersten Ausgabe:

„Das Bedürfniß, ein journalistisches Organ zu haben, in welchem die Taubstummen- und Blinden-Angelegenheit umfassende Besprechung finden könne, ist so allgemein gefühlt, daß es überflüssig wäre, sein Vorhandensein umständlich nachzuweisen." (1855, 3)

Analog zur weiteren, zunehmend separaten Entwicklung von Taubstummen- und Blindenanstalten lag der Wunsch nach jeweils eigenen Zeitschriften gewissermaßen in der Luft. Seit 1881 erschien unter Leitung des Direktors der Dürener Blindenanstalt, Wilhelm Mecker, „Der Blindenfreund", und im selben Jahr rief der Gehörlosenlehrer Johannes Vatter aus Frankfurt a. M. das „Organ der Taubstummenanstalten in Deutschland und den deutschredenden Nachbarländern" (bis 1916) ins Leben. Nur sechs Jahre später, 1887, kam eine zweite Zeitschrift der Gehörlosenpädagogik auf den Markt, die „Blätter für Taubstummenbildung", verantwortlich redigiert von dem äußerst rührigen Berliner Taubstummenpädagogen Eduard Walther. Dieses Publikationsorgan war – wie Schumann (1940, 635) meint – das Ergebnis interner Differenzen, denn es beruhte auf der „Kluft zwischen Nord- und Süddeutschland". Die „Blätter für Taubstummenbildung" waren auf jeden Fall die erfolgreichere Zeitschrift, da sie bis zur „Gleichschaltung" der pädagogischen Presse im Jahre 1934 existierten.

Zeitschriftenwesen

Ähnliche Entwicklungen lassen sich für das Ausland nachweisen, wo ebenfalls, allerdings in unterschiedlichen Ausprägungen, ein differenziertes heilpädagogisches Zeitschriftenwesen entstand. Einige wenige seien hier genannt: In Frankreich erfolgte eine Trennung der Zeitschrift für das Gehörlosen- und Blindenwesen 1855 durch Erscheinen des Journals „Instituteur des aveugles", einem Vorläufer des seit 1883 erscheinenden „Le Valentin Haüy". In Italien wurden Spezialzeitschriften 1895 (L'Ortofrenia) und 1907 (Bolletino dell associazone Romana per la cura medico-pedagogica dei fanciulli anormali e deficienti poveri) ins Leben gerufen. International mit großer Aufmerksamkeit begleitet wurde das von dem Blinden Dante Barbi-Adriani herausgegebene „Il mentore dei Ciechi", fortgesetzt unter dem Titel „L'amico dei Ciechi", da es in Braille-Schrift erschien.

In den skandinavischen Ländern platzierte sich die Fachdiskussion ab 1899 in der „Nyt Tidsskrift for Abnormvaesenet omfattende Aadsvage –, Blinde og vanföre – Sagen im Norden" (Kopenhagen) und der ebenfalls seit 1899 erscheinenden „Nordisk Tidskrift for Döfstumskolan" (Lund). Selbst in Finnland kam eine eigene Zeitschrift 1890 heraus, und zwar unter finnischem (Suomen aistrivialliskouligen Lehte) und schwedischem Titel (Tidskrift for Abnormskolorna i Finnland). In Ungarn schließlich, das ähnlich wie Deutschland auf eine lange Geschichte der Heilpädagogik zurückblicken kann und bereits 1900 die erste Ausbildungsstätte für Heilpädagogen errichtete (Erdélyi 2002), erschien 1899 die „Gyogypaedagógiai Szemle" (Heilpädagogische Revue) und 1912 das die gesamte Heilpädagogik umfassende Publikationsorgan „Magyar Gyógypedagógia" auf dem Buchmarkt.[44]

regionale Vereinigungen

Aufschlussreich ist, dass sowohl bei den Taubstummen- als auch Blindenlehrern zunächst lose Vereinsbildungen auf regionaler Ebene sowie die Schaffung von Fachorganen im Vordergrund standen, während Verbandsgründungen im engeren Sinne und auf nationaler Ebene deutlich später die Szene beherrschten. So hielten Gehörlosenlehrer aus dem süddeutschen Raum und der deutschsprachigen Schweiz schon seit 1846 regelmäßige Treffen ab (Löwe 1992, 301), aber erst 1884 kam es aber zu einer nationalen Versammlung, und schließlich wurde 1894 in Augsburg der „Bund Deutscher Taubstummenlehrer" aus der Taufe gehoben.

Taubstummenlehrer-Kongresse

Die Tatsache, dass sich erst 1884 ein nationaler Gehörlosenverband konstituierte, aber schon seit 1878 internationale Kongresse zur Frage der Bildung und Erziehung hörgeschädigter Kinder stattfanden, belegt auch für diesen Zeitraum das Festhalten an einer internationalen Kommunikationsstruktur der Gehörlosen- und auch Blindenpädagogen. Bis zum Abend des Ersten Weltkrieges fanden die folgenden Taubstummenlehrer-Kongresse statt:

- Paris: 1878 (anlässlich der Weltausstellung und gemeinsam mit den Vertretern des Blindenwesens)
- Brüssel: 1883
- Chicago: 1893
- Paris: 1900
- Lüttich: 1905
- Edinburgh: 1907

Mailänder Beschlüsse

Auch wenn der Anspruch auf Internationalität eher in bescheidenen Bahnen verlief, denn in der Regel stellten die jeweiligen Gastgeberländer das Hauptkontingent der Teilnehmer, so blieben doch die gegen Ende des 19. Jahrhunderts in den europäischen Einzelstaaten zunehmenden nationalistischen Obertöne im Kreise dieser Heilpädagogen eher gedämpft. Die national-politischen Differenzen fanden aber, wie konnte es anders sein, auch auf diesen Kongressen ihren Widerhall. Angesichts der insgesamt geringen Teilnahme deutscher Gehörlosenlehrer an den international ausgerichteten Konferenzen spricht Löwe von einer „andauernden Isolation der deutschen Gehörlosen- und Schwerhörigenlehrer von den nicht deutschsprechenden Vertretern ihres Faches" (1992, 97). Als Grund benennt er neben mangelnden Sprachkenntnissen eine selbstgefällige Arroganz der deutschen Gehörlosenlehrer, die seit den Mailänder Beschlüssen von 1880 (Anerkennung der Lautsprache) sich als „Sieger" fühlten und daher keine Veranlassung sahen, ins Ausland zu reisen – eine Haltung, die genau der Wilhelminischen Großmannssucht mit ihrem Anspruch „am deutschen Wesen soll die Welt genesen" entsprach.

Auch die Blindenlehrer folgten in der Vereinsbildung einem ähnlichen Muster wie die Taubstummenlehrer. Am Anfang stand der Besuch regionaler Treffen, dann internationaler Kongresse, und erst 1920, anlässlich des 15. Blindenlehrerkongresses in Hannover, wurde der „Deutsche Blindenverein" gegründet, zu dessen Verbandsorgan der seit 1881 existierende „Blindenfreund" erklärt wurde.

Vereinsbildungen der Blindenlehrer

Der erste Kongress der Blindenlehrer fand 1873 in Wien statt und war noch explizit als internationaler Kongress deklariert worden; bereits 1879 in Berlin wurde die Internationalität aufgekündigt, und von nun an handelte es sich nur noch um „deutsche" Blindenlehrerkongresse. Die relative Dichte der Konferenzen veranschaulicht die Statistik:

Blindenlehrerkongresse

1873: 1. Europäischer Blindenlehrer-Congress, Wien
1876: 2. Europäischer Blindenlehrer-Congress, Dresden
1878: Internationaler Blindenlehrer-Congress, Paris (deutsche Beteiligung)
1879: 3. Blindenlehrer-Congress, Berlin
1882: 4. Blindenlehrer-Congress, Frankfurt a. M.
1885: 5. Blindenlehrer-Congress, Amsterdam
1988: 6. Blindenlehrer-Congress, Köln
1891: 7. Blindenlehrer-Congress, Kiel
1895: 8. Blindenlehrer-Congress, München
1898: 9. Blindenlehrer-Congress, Berlin
1901: 10. Blindenlehrer-Congress, Breslau
1904: 11. Blindenlehrer-Congress, Halle a. S.
1907: 12. Blindenlehrer-Congress, Hamburg
1910: 13. Blindenlehrer-Congress, Wien
1913: 14. Blindenlehrer-Congress, Nowawes/Potsdam

Vergleichen wir den Professionalisierungsprozess der neuen, aufstrebenden Gruppe der Hilfsschullehrer mit dem der Pädagogen für Sinnesbehinderte, so fallen gravierende Unterschiede ins Auge: Die Hilfsschullehrer waren gerade nicht Repräsentanten einer allseits anerkannten Bildungsinstitution, sondern kämpften für Anerkennung und Ausbreitung einer durchaus umstrittenen neuen Schulform, deren Legitimität durch den Nachweis einer spezifischen Klientel nur schwer zu beschaffen war. Für die Durchsetzung bildungs- und standespolitischer Ziele brauchten die Hilfsschullehrer einen schlagkräftigen Verband, und so war es nur folgerichtig, dass nach einer relativen kurzen Periode der Kontaktaufnahme zur „Conferenz für Idioten-Heil-Pflege" und dem Deutschen Lehrerverein sich 1898 ein nationaler Interessenverband gründete, der „Verband der Hilfsschulen Deutschlands" (Möckel 1998). Dieser rief erst zehn Jahre später, 1908, auch eine eigene Zeitschrift mit dem programmatischen Titel „Die Hilfsschule" ins Leben.

Professionalisierung der Hilfsschullehrer

Standespolitik der Gehörlosen- und Blindenlehrer

Professionalisierungsprozesse beinhalten auch standespolitische Aspekte wie Ausbildung, Besoldung und Amtsbezeichnung. Wie wir sahen, erhielten die Gehörlosen- und Blindenlehrer bereits in der frühen Anfangszeit eine zusätzliche Qualifikation durch Fortbildungskurse an den beiden Berliner Anstalten, was in der Folgezeit ausgebaut und fortgesetzt wurde. Bereits 1831 wurde in Preußen erstmals eine Prüfungsordnung für Taubstummenlehrer erlassen, die in den Folgejahren immer wieder revidiert wurde, und schon bald erfolgte eine besoldungsmäßige Gleichstellung der Taubstummenpädagogen mit den Oberlehrern. Bis in die 70er Jahre existierte die enge Verbindung zwischen Taubstummenanstalten und Lehrerseminaren in der Weise, dass die Taubstummenanstalten dem Direktor des jeweiligen Lehrerseminars untergeordnet waren. Es war nur eine Frage der Zeit, bis sich aus dieser Verbindung Zündstoff entlud, der zur Loslösung der Taubstummenanstalten von den Seminaren führte.

Friedrich M. Hill, Seminardirektor und Vorsteher der Taubstummenanstalt in Weissenfels, versuchte vergeblich, sich dieser Entwicklung entgegenzustellen. Mit Argumenten, denen wir heutigen Zeitgenossen sehr viel abgewinnen können, verfocht er sein Ideal einer engen Verbindung von Volksschullehrer- und Taubstummenlehrerbildung:

„Aber so sehr ich auch alle die bereits aufgezählten Vortheile zu schätzen weiss, welche die Verbindung der Tbst.-Anstalten mit Seminarien der Sache der Tbst. gewährt: so liegt doch der Quell meiner, ich kann sagen, pädagogischen Begeisterung für die Verbindung auf einem höheren Gebiete, nämlich in der Beziehung, in welche dadurch die Gesammtheit der Tbst.-Lehrer zur pädagogischen Welt überhaupt, das Tbst.-Bildungswesen zum Elementarschulwesen gesetzt wird […] Indem der reiche Strom der allgemeinen Pädagogik vermittelst durch die Seminar-Tbst.-Anstalten anregend, befruchtend und reinigend auf das Störgebiet der Tbst.-Bildung einwirkt, bewahrt er die Lehrer vor der Einseitigkeit, Einschrumpfung und Versteifung, vor der Abgeschlossenheit und Engherzigkeit, vor den Verkehrtheiten und Verschrobenheiten, vor dem Stehenbleiben und der selbstgefälligen Ueberschätzung, denen sie bei der grossen Beschränktheit ihres Gebietes und ihrer Verhältnisse, namentlich bei zunehmendem Alter und der damit eintretenden Bequemlichkeit, Gleichgültigkeit etc., so leicht ausgesetzt sind und denen man in früheren Jahren bei so vielen Vorstehern und Lehrern von Tbst.-Anstalten begegnete." (Hill 1866, 305f)

besondere Ausbildungsstätten

Die Schüler Hills folgten nicht ihrem alt gewordenen Meister, sondern gingen weiter auf dem Pfad der Selbständigkeit und Abgrenzung. Auf der 5. Versammlung der Taubstummen-Lehrer Nordwest-Deutschlands im August 1871 in Braunschweig nahm die Versammlung einen Antrag an, der die Schaffung einer besonderen Ausbildungsstätte für Taubstummenlehrer forderte. Darin heißt es u. a.:

„Es besteht zur Zeit in Deutschland ein grosser Mangel an hinreichend befähigten und wohlvorbereiteten jungen Tbst.-Lehrern, der für die Tbst.-Anstalten, welche nicht allein vacant werdende, sondern bei der zunehmenden Ausdehnung und Vermehrung derselben auch nothwendig neu zu errichtenden Lehrerstellen zu besetzen haben, je länger, desto mehr zu einer wahren Noth wird. Die Heranbildung einer jederzeit ausreichenden Anzahl zur definitiven Anstellung befähigter Schulamts-Kandidaten zu Tbst.-Lehrern ist daher ein dringendes Bedürfniss. Demselben kann sicher nur durch Errichtung einer oder mehrerer Anstalten, welche die Aufgabe haben, die erforderlich werdende Zahl von Lehrern für die Tbst.-Anstalten heranzubilden, abgeholfen werden [...]

Es ist daher eine dringende Nothwendigkeit, dass in Deutschland, der Grösse des Bedürfnisses entsprechend, eine oder mehrere Bildungsanstalten für Tbst.-Lehrer errichtet werden." (Hill 1872, 1f)

Damit war die Marschrichtung für eine besondere Ausbildung der Heilpädagogen eingeschlagen, die in der Folgezeit immer stärker auf Spezialistentum setzte und im Rahmen dieses Emanzipationsprozesses nahezu zwangsläufig die Fäden zur Mutterdisziplin Pädagogik brüchiger werden ließ. Erst in unseren Tagen suchen wir erneut nach Wegen, wie das Spannungsverhältnis von Generalisten- und Spezialistentum in der pädagogischen Ausbildung neu justiert werden kann. **Ausbildung der Heilpädagogen**

Die für die Taubstummenpädagogik charakteristische starke Abgrenzung von der Allgemeinen Pädagogik lag zu einem großen Teil in der Eigenart und Kompliziertheit dieses Fachgebietes begründet. Daher erklärt sich auch, warum es vergleichbare Phänomene in dieser Schärfe nicht in der Blindenpädagogik gab, für die eine stärkere Anlehnung an die Allgemeine Pädagogik sehr viel unproblematischer war. Während in der Gehörlosenpädagogik alles um den Mangel an Lautsprache und deren Kompensationsmöglichkeiten und damit um gravierende Kommunikationsprobleme im Bildungsgeschehen kreiste, brauchte sich die Blindenpädagogik lediglich auf die Bereitstellung adäquater Technologien zu konzentrieren, um Bildung und Erziehung ihrer Klientel zu realisieren. Mithin ist es nicht weiter verwunderlich, dass sich etwa der Lehrplan der Provinzial-Blindenanstalt zu Düren von 1887 explizit den Allgemeinen Bestimmungen der preußischen Volksschule von 1872 anschloss und alle darin vorgesehenen Unterrichtsfächer mit einschloss (Degenhardt/Rath 2001, 50ff).

Als 1911 in Preußen eine verbindliche Fachprüfung für Blinden- und Gehörlosenlehrer eingeführt wurde, war der entscheidende Schritt in Richtung einer akademischen Ausbildung für alle Heilpädagogen getan. Dass eine preußische Prüfungsordnung auch für Hilfsschullehrer nur zwei Jahre später erlassen wurde, belegt sehr eindrucksvoll die wirksame Lobbyarbeit der Hilfsschullehrer, aber auch das Wohlwollen der staatlichen Organe gegenüber dieser loyalen und systemkonformen Lehrergruppe sowie dem neuen Schultypus Hilfsschule. **Fachprüfungen**

Abschließend sei noch ein Blick auf die Geistigbehindertenpädagogik gerichtet. Gehen wir von unserem heutigen Verständnis aus, das stark durch institutionelles Denken geprägt ist, dann gab es diese Fachrichtung insofern nicht, als Schulen für geistig behinderte Schüler noch gar nicht existierten. Allerdings, ich berichtete darüber, gab es bereits Vorläufer in Form besonderer Abteilungen an den Idioten- und Heilanstalten und zu Beginn des 20. Jahrhunderts sporadisch eingerichtete Vor- bzw. Sammelklassen an den Hilfsschulen (Braunschweig 1916, Berlin 1917). Das Besondere der pädagogischen Arbeit in den Idiotenanstalten war, dass sie eingebunden war in einen **Interdisziplinarität der Idiotenanstalten** multiprofessionellen Kontext, der durch Theologen, Pädagogen und Mediziner geprägt war. Auf die zunehmende Dominierung der pädagogischen Arbeit durch den wachsenden Einfluss der Mediziner hatte ich an anderer Stelle hingewiesen, hier hingegen soll an die besondere interdisziplinäre Struktur des Anstaltswesens erinnert werden, die, wenn wir wiederum von unserem heutigen Verständnis ausgehen, durchaus innovative, zukunftsweisende Elemente aufwies.

Es ist auf die vor allem von den Theologen vertretene Überzeugung, dass auch Idioten eine „unsterbliche Seele" haben (Sengelmann), zurückzuführen, dass auch geistig Behinderten ein Bildungs- und Lebensrecht zugesprochen werden konnte. Die „Conferenz für Idioten-Heil-Pflege" wurde von dem Theologen Heinrich Sengelmann (1821–1899), Pastor der Alsterdorfer Anstalten in Hamburg, in Zusammenarbeit mit anderen Fachleuten gegründet. Zumindest in den ersten Jahren bis zum Ausscheiden Sengelmanns 1889 wurde in den Zusammenkünften der Konferenzen ein „interdisziplinäre[r] Dialog zwischen den verschiedenen Berufsgruppen, vor allem zwischen Ärzten und Pädagogen, in Respekt vor einander und mit Erfolg geführt" (Schümann 2001, 302).

interdisziplinäre Zeitschriften

Auch die Zeitschriften, in denen Fragen des Idiotenwesens erörtert wurden, waren interdisziplinär besetzt. Die wichtigsten sind:

- „Zeitschrift für das Idiotenwesen" (1880–1884) und deren Nachfolger,
- „Zeitschrift für die Behandlung Schwachsinniger und Epileptischer" seit 1885 sowie
- „Zeitschrift für Kinderforschung" (Vorläufer: Die Kinderfehler) seit 1896.

Interessenvertretung Behinderter

Ich wechsle nun die Perspektive und wende mich im Folgenden der Interessenvertretung behinderter Menschen zu. Wenn in der Gegenwart von Selbstbestimmung behinderter Menschen die Rede ist, dann sollte nicht vergessen werden, dass dies das Ergebnis eines langen historischen Prozesses ist, an dessen Anfang es nur zwei Gruppen von Behinderten gab, die ihre Belange eigenständig vertraten, nämlich die Gehörlosen und Blinden, für körperbehinderte, lernbehinderte und geistig behinderte Personen hingegen traten erst im 20. Jahrhundert Interessenvertretungen auf den Plan.

Der bislang unübertroffene Kenner der Geschichte der Taubstummenpädagogik, der langjährige Leiter der Leipziger Gehörlosenschule, Paul Schumann, schreibt in seiner Geschichte des Taubstummenwesens mit deutlicher Kritik am eigenen Berufsstand rückblickend:

„Man hatte lange Zeit vergessen, das taubstumme Kind nach seinem Wesen, nach seiner Eigenart, nach seiner Sprache, nach seinen Bedürfnissen zu befragen, man hatte eine Methode konstruiert, die ihre Maßstäbe der Umwelt entnahm […] und ebenso hatte man den taubstummen Menschen kaum in Rechnung gezogen, seine Meinungsäußerungen mit Stillschweigen übergangen oder als unbeachtlich abgewiesen, seine Sprache abgewertet, die entstehenden Taubstummenvereine und -versammlungen mit Mißtrauen oder Überlegenheit beurteilt oder besser verurteilt." (1940, 415)

Hinter diesen selbstkritischen Äußerungen verbargen sich massive Konflikte zwischen Gehörlosenlehrern auf der einen und den Gehörlosen auf der anderen Seite, die gegen Ende des 19. Jahrhunderts aufbrachen und in nichts mehr erinnerten an die recht harmonischen Anfangszeiten, als Gehörlose und Blinde durchaus gleichberechtigte Teilnahme und Freizügigkeit genießen konnten und ihnen als kompetente Lehrer und Erfinder von Methoden Anerkennung gezollt wurde. In diesem Kontext konnte der gehörlose Taubstummenlehrer Friedrich Kruse den bemerkenswerten Satz niederschreiben: „Taubstumme sind nicht nur *Menschen*, sondern auch *Taubstumme*." (1877, 69) Die sich zwischen Professionellen und Betroffenen über Jahre hinziehenden Zwistigkeiten entzündeten sich an drei Streitfragen: dem Stellenwert der Gebärdensprache, der Beschäftigung Gehörloser als Lehrer und der Verankerung und Zuständigkeit spezieller Fürsorgevereine, wobei die erste Streitfrage zweifellos die bedeutendste war.

Vereine für Gehörlose

Die erste Vereinsbildung für Gehörlose erfolgte in Paris 1834 auf Initiative des gehörlosen Taubstummenlehrers Ferdinand Berthier, die „Société universelle des sourds-muets" mit einer eigenen Zeitschrift, „L'ami des sourds-muets". Der erste Taubstummenverein auf deutschem Boden entstand 1848 in Berlin, und in der Folgezeit schossen Vereine und Zeitschriften wie Pilze aus dem Boden. So erschienen ab 1853 die „Blätter für Taubstumme", ab 1872 der „Taubstummenfreund", der „Taubstummen-Curier" in Wien (seit 1885), die „Allgemeine Deutsche Taubstummen-Zeitschrift" in Berlin (1913) usw. Motor dieser Emanzipationsbewegung der Gehörlosen war in der Anfangszeit Eduard Fürstenberg, Geheimer Sekretär im Preußischen Ministerium des Innern, Begründer des „Zentralvereins für das Wohl der Taubstummen" zu Berlin und Herausgeber der Zeitschrift der „Taubstummenfreund".

Kongress Gehörloser

1873 lud Fürstenberg die Vorsitzenden der deutschen Taubstummenvereine zu einer Versammlung nach Berlin ein, und dies war zugleich die Geburtsstunde eines nationalen Kongresses der Taubstummen. Es folgten zahlreiche weitere Kongresse gehörloser Menschen, zum Teil auch mit internationaler Beteiligung:

1874: Wien
1875: Dresden
1878: Leipzig
1881: Prag
1884: Stockholm
1892: Hannover
1894: Wiesbaden
1896: Nürnberg
1899: Stuttgart
1902: Berlin
1905: Leipzig
1908: München
1911: Hamburg
1914: Breslau

Gebärdensprache

Immer wiederkehrendes Thema auf den Kongressen war das Zurückdrängen der Gebärdensprache im Schulunterricht seit den Mailänder Beschlüssen von 1880. Nichts wurde unversucht gelassen, um in Bittschriften und Eingaben an die zuständigen Ministerien eine Änderung herbeizuführen. Höhepunkt dieser Aktivitäten war die Petition von 1891 an den deutschen Kaiser Wilhelm II., die eher verschämt in den Mitteilungen unter der Rubrik „Vermischtes" der „Blätter für Taubstummenbildung" abgedruckt und mit distanzierten Anmerkungen der Redaktion versehen wurde:

Petition an den deutschen Kaiser

„Allerdurchlauchtigster, Grossmächtigster Kaiser und König, Allergnädigster Kaiser, König und Herr!

Auch den allerunterthänigst Unterzeichneten, denen die Vorsehung mit dem Sinne des Gehörs zugleich das kostbare Gut der Lautsprache versagte, sind die landesväterlichen Bemühungen Euer Kaiserl. und Kgl. Majestät, dem Unterrichtswesen in deutschen Landen eine zeitgemässere und zweckdienlichere Gestalt zu geben, nicht unbekannt geblieben. Durchdrungen von der Gewissheit, dass Euer Majestät auch das Wohl der niedrigsten im Volke am Herzen liegt und Allerhöchstdieselben ein offenes Ohr haben selbst für die Bitten und Wünsche einer unglücklichen, von der Natur vernachlässigten Menschenklasse, wagen es die allerunterthänigst Unterzeichneten Euer Majestät nachfolgendes mit der Bitte um gnädigste Erhörung allerunterthänigst vorzutragen.

Schon seit einer Reihe von Jahren sind die meisten Taubstummen fast aller Kulturstaaten in der glücklichen Lage, sich der Segnung eines schulgemässen Unterrichtes und einer planvollen Erziehung erfreuen zu dürfen. Wie auf allen Gebieten der Humanität, so hat Deutschland auch auf dem des Taubstummenunterrichtes von jeher eine hervorragende Stellung eingenommen; allein diese Stellung scheint gefährdet infolge der abwehrenden Haltung, welche die deutschen Taubstummenlehrer beobachten in einem Methodenstreite, welcher nun schon über hundert Jahre andauert und welcher in neuester Zeit für die deutschen Taubstummen immer verhängnisvoller zu werden droht. Um den Taubstummen Bildung und Gesittung beizubringen, und um aus ihnen brauchbare Glieder der menschlichen Gesellschaft zu machen, werden dieselben in allen Kenntnissen und Fertigkeiten unterwiesen, welche die Volksschule ihren Zöglingen übermittelt.

Während die ausländischen Taubstummenlehrer zur Erreichung jenes Zweckes neben der Lautsprache hauptsächlich die Gebärdensprache und Schrift als Verständigungs- und Unterrichtsmittel verwenden,* geht das ganze Bestreben der deutschen Taubstummenlehrer dahin, die Stummen redend zu machen, sie in den Besitz der Lautsprache zu bringen und unter Anwendung schärfster Disziplinarmittel die dem Taubstummen eigentümliche Zeichensprache aus dem Unterrichte und aus den Anstalten zu verdrängen. Die deutschen Taubstummenlehrer behaupten, es sei den Gehörlosen möglich, die Sprache der Hörenden nachzubilden, das gesprochene Wort vom Munde des Redenden abzulesen und so auf lautsprachlichem Wege mit der hörenden und redenden Menschheit zu verkehren. Irregeleitet durch vereinzelte Resultate, welche erzielt werden bei solchen Zöglingen, welche nur schwerhörig sind oder welche in ihrer Kindheit gehört und gesprochen und sich ihr Leiden erst später zugezogen haben, halten die deutschen Taubstummenlehrer an ihrem Vorhaben fest, sie wenden, ohne einen Unterschied zu machen zwischen wirklichen und uneigentlichen Taubstummen (?), bei sämtlichen Zöglingen die Artikulationsmethode an, unbekümmert darum, dass infolge dieses naturwidrigen Unterrichtsverfahrens der Geist vieler ihrer Schüler verödet und verblödet.

Anstatt die dem Taubstummen von der Natur verliehene Gebärdensprache auszubilden und mit Hilfe derselben den Geist der Gehörlosen mit allerlei nützlichen Kenntnisse zu bereichern, wird das Hauptgewicht auf mechanische Sprechübungen zwecks Erlernung der Lautsprache gelegt, ohne dass die grosse Mehrzahl der Taubstummen selbst bei martervollster Anstrengung das erwünschte Ziel auch nur annähernd erreichte. Als Opfer eines falschen Prinzips verlassen alljährlich Hunderte von Zöglingen die deutschen Taubstummenanstalten, denen neben den notdürftigsten Kenntnissen fast alle Mittel zur Verständigung fehlen. Die künstlich erlernte Lautsprache der Taubstummen wird von den Hörenden nur selten verstanden, und da die Gehörlosen im schriftlichen Ausdruck nicht die genügende Gewandtheit sich erwerben und während der Schulzeit die Gebärdensprache bei ihnen mit den schärfsten Mitteln unterdrückt wurde, so ist selbst eine Verständigung der jüngeren Taubstummen mit ihren älteren Leidensgefährten nur schwer möglich.

Die allerunterthänigst Unterzeichneten empfinden es als einen Eingriff in ihre natürlichen Rechte und als einen schweren Nachteil für ihr Fortkommen im Leben, wenn den Taubstummen diejenige Sprache gewaltsam genommen wird, welche ihrer Natur allein angemessen ist. Täglich und stündlich haben die erwachsenen Taubstummen Gelegenheit, sich von der Unzulänglichkeit der auf künstlichem Wege erworbenen Lautsprache und von der Unentbehrlichkeit und Zweckmässigkeit der Zeichensprache zu überzeugen; auch die bedeutenden Resultate der amerikanischen Taubstummenanstalten,** in denen das gemischte System mit bestem Erfolge Verwendung findet, sprechen gegen die Richtigkeit der Behauptung der deutschen Taubstummenlehrer, nach welcher die Zeichensprache unvereinbar sein soll mit der Artikulationsmethode.

Obwohl die urteilsfähigen Taubstummen jederzeit für Beibehaltung und Einführung einer einheitlichen Gebärdensprache nachdrücklich eingetreten sind und trotzdem der Taubstummenlehrer Heidsiek in Breslau neuerdings auf psychologischer Grundlage die Naturwidrigkeit und Unzweckmässigkeit der zur Zeit in deutschen Taubstummenanstalten üblichen Unterrichtsmethode schlagend nachgewiesen hat (sic!), will es nicht scheinen, als ob das traurige Loos der Taub stummen sich günstiger gestalten solle. Ein Gesuch der Gehörlosen an Se. Exzellenz den ehemaligen Kultusminister Dr. v. Gossler, um Einführung des gemischten Systems, wurde abschlägig beschieden. Da die allerunterthänigst Unterzeichneten in ihrem vollen Rechte zu sein vermeinen, so wagen sie es, durch die Not getrieben, ihre Wünsche an den Stufen des Thrones vertrauensvoll niederzulegen und Euer Kaiserl. und Kgl. Majestät unterthänigst zu bitten, Allerhöchstdieselben wollen allergnädigst anzuordnen geruhen, dass die Frage der Taubstummenbildung aufs neue erwogen und neben der Lautsprache die lange ersehnte Einführung der Gebärdensprache in den Unterricht der Taubstummen zur Thatsache werde.

Es getrösten sich gnädigster Erhörung ihrer Bitte Euer Majestät allerunterthänigste Taubstumme" (Blätter für Taubstummenbildung 1891, 382ff)

*   Auch im Auslande hat die reine Lautsprachmethode weite Verbreitung gefunden. Die Redaktion
** Wer kennt die Resultate? Die Red.

Trotz einflussreicher Fürsprecher im Kultusministerium wurde die Petition durch Kulturminister Bosse am 17. September 1892 abschlägig beschieden. Die Repräsentanten der Taubstummenbewegung gaben allerdings nicht auf, und dieser Konflikt dauerte an und setzte sich fort bis weit in das 20. Jahrhundert.

Als sich der Internationale Taubstummenkongress 1900 in Paris versammelte, tagte zugleich der Internationale Kongress der Taubstummenlehrer. Schumann beschreibt sehr eindrucksvoll die angespannte, zum Teil feindliche Atmosphäre zwischen den beiden „Abteilungen", die „Wand an Wand" debattierten:

Ablehnung des Kaisers

„Nach einer gemeinsamen Eröffnungssitzung trennten sich die Abteilungen, und die vielfachen und ernstlichen Bemühungen der Taubstummenabteilung für Behandlung der Methodenfrage eine gemeinschaftliche Sitzung beider Abteilungen zu erreichen, scheiterten an der ablehnenden Haltung der Taubstummenlehrer. So kam es zu der Groteske, daß die Abteilungen in der Methodenfrage zu völlig entgegengesetzten Beschlüssen gelangten und die Beschlüsse der einen in der anderen Abteilung abgelehnt wurden.

Die Taubstummenabteilung faßte unter anderem den Beschluss: ‚In Erwägung der Unzulänglichkeit der rein oralen Methode spricht der Kongreß, bei aller Anerkennung der Nützlichkeit der Lautsprache, den Wunsch aus, daß Laut- und Gebärdensprache vereinigt, daß demzufolge das gemischte System wieder eingeführt werde‘. Die Taubstummenlehrerabteilung nahm mit allen gegen acht Stimmen die […] vorgelegte Resolution an: ‚Mit Rücksicht auf die unbestrittene Überlegenheit des Wortes über die Zeichen nach der Richtung, daß es den Taubstummen der Gesellschaft wiedergibt und ihm auch eine vollkommenere Kenntnis der Sprache vermittelt, erklärt der Kongreß, die Beschlüsse des Mailänder Kongresses aufrecht zu erhalten‘. Es geschah dies, obwohl in den Berichten von Gallaudet, Heidsiek und Forchhammer sich eine gut verteidigte Gegnerschaft auftat […] obwohl Bech (Kopenhagen) vor der Annahme einer Resolution warnte." (Schumann 1940, 421f)

Heidsiek und Gallaudet

Wie Schumann erwähnte, waren es nicht nur die Gehörlosen alleine, die in der Methodenfrage für ein „kombiniertes System" aus Laut- und Gebärdensprache plädierten. Auch Professionelle setzten sich dafür ein, wie der Taubstummenlehrer Johann Heidsiek, „der Vertrauensmann der Taubstummen, der spiritus rector der Taubstummenbewegung" (Schumann 1940, 422), oder der Amerikaner G. M. Gallaudet, der 1897 europäische Taubstummenanstalten besucht hatte.

John E. Pacher

Wie selbstbewusst und erfolgreich ein Gehörloser auch schon im Kaiserreich eine bürgerliche Existenz führen konnte, zeigt das Leben des Hamburger John E. Pacher (1842–1898), der nicht nur ein wichtiger Wortführer der Gehörlosenbewegung war, sondern als Lithograf zu einem überaus erfolgreichen Geschäftsmann wurde. Pacher heiratete eine gehörlose Adlige und hatte sogar einen Stand an der Hamburger Börse. Er wurde 1879 Hoflieferant und 1884 mit dem Titel „Commissionsrath" durch den Herzog von Coburg-Gotha ausgezeichnet. John Pacher war maßgeblich an der Vorbereitung der Petition an den deutschen Kaiser beteiligt, und er war es, der die Initiative zur Errichtung eines Samuel-Heinicke-Denkmals in Hamburg-Eppendorf ergriff:

Aufruf für Heinicke-Denkmal

„Aufruf
an alle Taubstummen in Deutschland, Oesterreich-Ungarn, Schweiz, Holland, Schweden und Amerika!

Liebe Freunde, Schicksalsgenossen und Schwestern!
Auf dem Congresse zu Hannover ist beschlossen worden, einen Fonds zu sammeln für ein Denkmal unseres grossen Lehrers und Menschenfreundes *Samuel Heinicke!* Hochherzig haben dem idealen Ziele ihre Unterstützung zugesagt die Delegierten verschiedener Länder und Vereine. Wir sind überzeugt, diese werden ihre so selbstlos übernommene Aufgabe erfüllen. An alle aber, die dem Congress nicht beiwohnen

konnten und die die Segnungen Heinicke'scher Lehre und Liebe geniessen in oben genannten Ländern, richten wir die freundliche Bitte, mithelfen zu wollen, dass ein wür-
diges Denkmal erstehe an der Stätte, die ein grosser Mann geweiht, wo er gewirkt uns
allen und der Zukunft zum Segen – in Eppendorf bei Hamburg und das auf dem im
Jahre 1894 angesetzten Taubstummen-Tag zu Hamburg seine Weihe empfangen soll.
Jetzt sind über 2700 M. zusammen, 4000 M. aber sind eben nöthig. Also möchte unser Aufruf nicht an Euren Herzen vorübergehen, sondern reiche Ernte bringen!
Hamburg-Altona, 24. Juli 1892.

John Pacher, Commissionsrath, Uhlenhorst-Hamburg, 2. Humboldtstrasse 26 – *G. A.
Claudius,* Altona-Ottensen, Christianstrasse 5 – *Adalbert Tomei,* Uhlenhorst-Hamburg, Arndtstrasse 1 – *Rudolf Reach,* Hamburg, Neueburg Nr. 4, 4. Etage – *G. Ernsber-
ger,* Altona, Blumenstrasse 141." (zit. n. Fischer et al. 1995, 263)

Für die Mehrheit der konservativen deutschen Taubstummenpädagogen **Eduard Walther**
waren selbstbewusste und erfolgreiche Gehörlose allerdings eher suspekt. **zum Vereinswesen**
Mithin war ihre Haltung gegenüber der Selbstvertretung der Gehörlosen
geprägt von Distanz, Reserviertheit bis hin zur Ablehnung. Ihr patriarcha-
lischer Habitus entsprach dem Geist des Kaiserreichs, in dem es keine freien
Bürger, sondern nur Untertanen gab. In dem 1895 von dem Direktor der
Königlichen Taubstummen-Anstalt, Eduard Walther, herausgegebenen
„Handbuch der Taubstummenbildung" findet sich auch ein Kapitel mit dem
Titel „Vereinswesen". Die darin niedergelegte Bewertung der Gehörlosen-
vereine illustriert sehr anschaulich das vorherrschende Selbstbild der Ge-
hörlosenlehrer im Wilhelminischen Kaiserreich und gibt der Kritik Paul
Schumanns Recht. Dort heißt es:

„Taubstummenvereine, in der rechten Weise geleitet, werden unzweifelhaft segensreich wirken. Sie üben unbedingt eine gewisse Zucht auf die Vereinsglieder aus, schützen vor manchen Ausschreitungen, erwecken das Gefühl der Zusammengehörig-
keit, bieten diese und jene geistige Anregung und gewähren wohl auch materielle
Unterstützung.
   Es kann freilich nicht ausbleiben, daß sich auch unlautere Elemente in die Taubstummenvereine eindringen, hier Unfrieden stiften, kurzsichtige oder gutmütige Ver-
einsgenossen übervorteilen und Bestrebungen in die Vereine tragen, die diesen fern-
bleiben sollten. Nicht wenige der Gehörlosen suchen in den Vereinen Befriedigung
ihrer Eitelkeit, eine Eigenschaft, der man so häufig bei den von der Natur Vernachlässigten, nicht am wenigsten bei Taubstummen begegnet: ihr ganzes Streben geht
dahin, in den Vorstand zu kommen und ihren Namen in den Festberichten glänzen zu
sehen.
   Da in den Vereinen neben lautsprachlich gut ausgebildeten Taubstummen auch
solche sind, die die Lautsprache entweder gar nicht oder doch nur höchst mangelhaft
beherrschen, so ist die Gebärde das ausschließliche Mitteilungsmittel, ja selbst das Fingeralphabet findet reichliche Anwendung, und so werden die Taubstummenvereine
Brut- und Konservierungsstätten einer äußerst künstlichen Gebärdensprache und
treten damit in einen oft bis zu Feindseligkeit gesteigerten Gegensatz zu den jetzigen
Bestrebungen der Taubstummenanstalten. Der ausschließliche Gebrauch der Zeichensprache als Verkehrsmittel und die Durchsetzung der Taubstummenvereine mit be-
denklichen Elementen ist die Veranlassung geworden, daß sich in der Regel Taubstumme aus besseren Familien dem Vereinsleben fernhalten […]

Da von der Leitung der Taubstummenvereine deren fördernde oder nachteilige Wirksamkeit abhängt, und da an der Spitze dieser Vereine oft Männer stehen, die selbst der Leitung noch gar sehr bedürfen, so muß das Streben der Taubstummenlehrer dahingehen, Einfluss auf die Vereinsthätigkeit zu gewinnen […]

Ist es den Taubstummenlehrern gelungen, maßgebend auf die Vereinsthätigkeit einzuwirken, so muß ihr Streben dahin gehen, in den Vereinen

a die Vergnügungssucht der Taubstummen auf ein bescheidenes Maß zu beschränken […]
b geistig und sittlich anregend und belebend auf die Taubstummen einzuwirken […]
c für das materielle Fortkommen der Taubstummen nach Möglichkeit Sorge zu tragen […]
d jede Agitation, wie sie sich in neuerer Zeit gegen die Taubstummenanstalten und ihre Lehrer in so häßlicher Weise gerichtet hat, zu vermeiden. Die Gehörlosen bedürfen der Rücksicht und Teilnahme der Vollsinnigen gar sehr, und unter diesen sind es in erster Linie die Lehrer, die ihnen nützen können. Bei feindseliger Stellung der Taubstummen gegen die letzteren kann man es den Taubstummenlehrern nicht verdenken, wenn sie sich von den undankbaren Zöglingen, die sie unter schweren Mühen gebildet haben, abwenden." (Walther 1895, 728ff)

Differenzen zwischen Blinden und -lehrern

Angesichts fortschreitender Institutionalisierung und Professionalisierung kam es auch in der sich etablierenden Blindenpädagogik zu Konfliktlagen zwischen Fachleuten und blinden Menschen. Der Konflikt zwischen Anspruch auf professioneller Dominanz auf der einen und Selbstvertretung der Betroffenen auf der anderen Seite besaß aber vielleicht nicht die existenzielle Schärfe wie bei den Gehörlosen, wo es immerhin um das Recht auf eine eigene Identität ging.

Karl Wulff

Auf den Zusammenkünften der Blindenlehrer wurde die gesamte Bandbreite der jungen Disziplin diskutiert, wobei die „sociale Stellung des Blinden", also die Frage nach Ausbildung, Fürsorge, Erwerbsfähigkeit und wirtschaftlicher Selbständigkeit, einen großen Raum einnahm. Dabei zeigten sich nicht selten gemeinsame Anschauungen von Blindenlehrern und Blinden, so etwa, wenn Karl Wulff, Direktor der Berliner Blindenanstalt seit 1883, unter großem Beifall seiner Kollegen auf dem 8. Blindenlehrer-Kongress in München für die wirtschaftliche Selbständigkeit der Blinden eintrat:

„Unterstützungen machen abhängig. Sie wirken auf den, der sie dauernd empfangen muss, niederdrückend und geben anderen ein Uebergewicht über ihn, dass sie auch fühlbar machen. Die Welt spricht von einem Adelsstolz, unsere Blinden merken davon nichts. Aber es giebt einen Stolz auf Kraft und Können; unter diesem hat der Blinde unendlich gelitten. Der Beweis seiner Kraft und seines Könnens soll ihn von diesem Druck befreien […] Wer dauernd unterstützt wird, kommt nie zum Bewusstsein wirklicher Selbständigkeit." (Degenhardt/Rath 2001, 39f)

Blindenschrift

Differenzen zwischen blinden Menschen und den Blindenlehrern in der so wichtigen Frage der Blindenschrift wurden relativ früh beigelegt. Schon auf dem 2. Europäischen Blindenlehrer-Kongress von 1873 in Dresden hatte sich die Mehrheit der anwesenden Pädagogen, nicht zuletzt wegen des Vorteils internationaler Kommunikationsmöglichkeiten, für die Einführung der

Punktschrift nach Louis Braille – wenn auch mit einigen Modifikationen – auch in Deutschland entschieden. Dies ist schon ein bemerkenswerter Vorgang vor dem Hintergrund des gerade geführten Deutsch-Französischen Krieges und dem Hochgefühl nationaler Stimmung in Deutschland.

Auch die Frage, ob blinde Lehrer im Bildungswesen beschäftigt werden sollten, wurde in der Anfangszeit durchaus differenziert diskutiert. Dabei wuchs mit dem Drängen nach Einführung einer Schulpflicht für Blinde zugleich die Neigung, blinde Lehrer in Deutschland aus dem Blindenunterricht herauszudrängen. Auf dem Blindenlehrerkongress 1885 in Frankfurt a. M. wurde u. a. das Thema „Ausbildung für das Lehramt" beraten, und die Versammlung kam zu folgendem Schluss: **Blinde als Lehrer?**

> „Die Versammlung in Frankfurt am Main stimmt […den] Ausführungen des Dir. Schild bei, dass die geistige Befähigung des Bl. zur Ausbildung für das Lehramt als erbracht angesehen werden muss, und sie beschließt, die Einrichtung von Bl.-Lehrerprüfungen für Sehende und Bl. anzustreben, wünscht, dass geprüfte bl. Lehrkräfte von dem Lehramte an Bl.-Anstalten nicht ausgeschlossen werden, hält aber in Rücksicht auf die Schwierigkeit, eine Anstellung zu erlangen, bei Ausbildung bl. Lehrer die äußerste Vorsicht für geboten." (Mell 1900, 98)

In demselben Handbuch finden wir unter dem Stichwort „Lehrer" eine Entwicklung bestätigt, die auf Ausschluss blinder Lehrer hinweist:

> „Öffentliche Stellungen als L. sind für Bl. schwer zu erreichen. Manche Unterrichtsverwaltungen, wie die österreichische, lassen überhaupt nur ausnahmsweise und nur für Bl.-Anst. bl. Schullehrer zu […] An anderen Orten wird auf andere Weise der Bestellung bl. L. an den Bl.-Anst. entgegengewirkt, so z. B. in Deutschland, wo man verhältnismäßig sehr wenig bl. L. in öffentlicher Stellung findet. England, Amerika und namentlich Frankreich sind bl. L. wohlgesinnt und sie finden viele Verwendung." (Mell 1900, 453)

Ein konkretes Beispiel ist der blinde Lehrer Friedrich Scherer aus Bayern, der, unter unsäglichen Mühen und aus kleinen Verhältnissen stammend, den Aufstieg zum Lehrerberuf schaffte, der aber aufgrund „unüberbrückbarer Meinungsverschiedenheiten" mit seinen sehenden Kollegen die von ihm ins Leben gerufene Blindenanstalt in Nürnberg wieder verließ (Demmel 1995, 14ff).

Die zunehmende Abschottung der Blindenpädagogen von den Vertretern der Blindenselbsthilfe ist an den Verläufen der Blindenlehrerkongresse ablesbar. Auf dem Hamburger Kongress von 1907 kam es zu einem Eklat, als Sprecher der Selbstvertretung unter Hinweis auf den Umstand, dass die gefassten Beschlüsse der Lehrer keineswegs nur Schulfragen berührten, ein Mitspracherecht einforderten. Die Antwort der versammelten Blindenlehrer war, dass der nicht sehende Blindenlehrer Falius aus Hamburg von den Kongressverhandlungen ausgeschlossen wurde (Demmel 1995, 100ff). **zunehmende Distanz**

Damit war der Weg einer partnerschaftlichen Zusammenarbeit von Fachleuten und Blinden endgültig verbaut. Konsequenterweise veranstalteten die Blinden 1909 in Dresden den „Ersten Deutschen Blindentag", der 300 Besucher zählte, von denen 236 blind waren. **Erster Deutscher Blindentag**

Dachverband (RBV)

Der Zweite Deutsche Blindentag 1912 in Braunschweig war beherrscht von den Beratungen über die Gründung eines Dachverbandes, des „Reichsdeutschen Blindenverbandes" (RBV), dessen Satzung 1913 in Berlin verabschiedet wurde. § 2 der Satzung lautete:

„Die Zwecke des Verbandes sind
1. Förderung und Vertretung der den Blinden des Deutschen Reiches gemeinsamen wirtschaftlichen, gesellschaftlichen und geistigen Interessen." (Demmel 1995, 106)

Das neu ins Leben gerufene Publikationsorgan der Blinden war „Die Blindenwelt". Weitere Ausdifferenzierungen der Vereinsbildung erfolgten durch den „Verein blinder Frauen und Mädchen Deutschlands" (1912), den „Verein blinder Akademiker Deutschlands" (1916) und schließlich dem „Bund erblindeter Krieger e. V." (1916).

5 Demokratischer Aufbruch und „Blüte der Heilpädagogik": Die Weimarer Republik (1918–1933)

> „Es ist schwierig, ihr würdigen Herren vom Katheder. Ihr – das heißt Vorlesungen. Wir – das sind jene, die müde, schläfrig, gereizt oder resignierend im Tretrad gehen.
>
> Ich frage mich, was tun, um die aristokratische Theorie mit der demokratischen erzieherischen Praxis zu verschwistern, wie den ersten Schritt zu ihrer Annäherung tun. Ihr bewegt euch heute schon ausschließlich inmitten des geschriebenen Wortes, in der Bibliothek und im Studierzimmer – wir sind mitten unter den Kindern. Das ist unsere Überlegenheit."
> (Korczak 1981, 11f)

5.1 Heilpädagogik und Allgemeine Pädagogik

Die Geburtsstunde der Weimarer Republik, der ersten Republik auf deutschem Boden, ist aufs Engste verknüpft mit der Katastrophe des Ersten Weltkrieges, den die Franzosen noch heute den „Großen Krieg" nennen. Deutschland, die „verspätete Nation", und zwar als Nationalstaat und als Demokratie (Winkler 2000, Bd. 2, 640ff), war in einem Rausch aus nationalistischer Überheblichkeit und imperialistischem Größenwahn mit seinem „Griff nach der Weltmacht" (Fischer 1961) gescheitert. Es war die Novemberrevolution von 1918, die das alte Regime hinwegfegte. Der Kaiser floh ins Exil nach Holland und machte den Weg frei für die Proklamation der Republik durch den Sozialdemokraten Philipp Scheidemann vom Balkon des Reichstages am 9. November 1918.

Doch mit welch schwerer Hypothek war die junge Republik belastet, und in den Sternen stand, ob die Hoffnung der Mehrheit der Deutschen „auf einen gerechten Frieden und einen innenpolitischen Neuanfang" (Winkler 1994, 33) zu erfüllen war. Der Krieg hatte weite Teile der Bevölkerung in Hunger und Elend gestürzt, besonders in dem berüchtigten „Steckrübenwinter" 1916/17. Deutschland verlor einen Teil seines Territoriums und ächzte unter der Last des Versailler Vertrages, der kein wirklicher Friedensvertrag war, da er durch seine überzogenen und letztlich unerfüllbaren Forderungen eine wirtschaftliche Erholung der jungen Republik vereitelte. Aber auch von innen her stand die Weimarer Republik auf schwachen Füßen. Die traditionellen Herrschaftseliten aus Wirtschaft, Militär, Justiz und ostelbischem Junkertum verloren ihren Einfluss nicht, denn die „Größen-

Folgen des Ersten Weltkriegs

ordnung der sozialen Klassen und ihrer Sozialmilieus blieb im Wesentlichen erhalten" (Wehler 2003, 343), und sie begegneten der jungen Republik mit Ablehnung und Aggression.

junge Republik

Die SPD war von Anfang an auf Koalitionsregierungen angewiesen, und jene Schichten aus Bürgertum und Arbeiterklasse, die die demokratischen Regierungen stützten, erwiesen sich angesichts von Weltwirtschaftskrise, dem Anwachsen der extremen Parteien NSDAP und KPD und der Macht der reaktionären Eliten als zu schwach, um die Republik zu stützen und vor dem Untergang zu bewahren. „Die parlamentarische Demokratie zerbrach […] daran, daß sie das Gros der Machteliten gegen sich und die demokratischen Parteien nicht mehr entschieden hinter sich hatte." (Winkler 1994, 609)

Otto Rühle

In ökonomischen Krisenzeiten sind es stets die Armen, die am meisten zu leiden haben, und hierzu zählt auch die große Mehrheit der Behinderten. Otto Rühle (1874–1943), mit bürgerlichem Namen Carl Steuermann, Pädagoge, Schriftsteller und Journalist, brachte kurz nach dem Ersten Weltkrieg in zweiter, veränderter Auflage sein berühmtes Buch „Das proletarische Kind" heraus, das die wirtschaftlichen Nöte der Kriegs- und unmittelbaren Nachkriegszeit widerspiegelt. Otto Rühle war gelernter Volksschullehrer, Mitglied der SPD und nach Entlassung aus dem Schuldienst Mitbegründer der Spartakusgruppe und der KPD; er war Angehöriger des Reichstages von 1912 bis 1918, emigrierte 1933 und starb 1943 in Mexiko. Rühle, der die Sonderschulen, inklusive der Hilfsschule, grundsätzlich als sozialen Fortschritt betrachtete, schreibt über den Zusammenhang von Armut und Behinderung:

„Das proletarische Kind"

„Die tückischen und finsteren Unheilbringer, die als Trabanten der Armut und des Elends den Leib der proletarischen Jugend verwüsten, gehen auch an dem Geiste der Armen nicht spurlos vorüber. Ohne ausreichende Ernährung des Körpers keine Spannkraft und Leistungsfähigkeit des Geistes; ohne Pflege und Sonne keine Reife, keine Schönheit des Intellekts und der Empfindungswelt. Kümmerlich wie der Leib, der sein Beherberger ist, bleibt der Geist im Schatten proletarischer Lebensverhältnisse eine Frucht stiefmütterlicher Entwicklung. Daß ein mangelhaft genährter, dürftig entwickelter, durch Krankheiten mitgenommener Körper nicht die Voraussetzungen für ein vollkräftiges, gesundes und gut funktionierendes Geistes- und Seelenleben darbieten kann, ist leicht einzusehen […] Bei oft ausgezeichneter Begabung verfallen sie unter der Ungunst der Verhältnisse frühzeitig einer geistigen Erschlaffung und Verkümmerung, die sie bald hinter der Entwicklungskurve der günstiger Gestellten zurückbleiben läßt. Die Armut schlägt sie mit dem Fluche der geistigen Minderwertigkeit."(Rühle 1922, 239)

Obwohl diese Tatsachen feststanden, lagen doch exakte wissenschaftliche Nachweise für den Zusammenhang zwischen Armut und Intelligenz nicht vor. Erst die Intelligenzprüfungen nach dem Binet-Simon'schen Verfahren haben zu gesicherten Ergebnissen geführt, aus denen die Abhängigkeit der Intelligenz vom Milieu einwandfrei hervorgeht (ebenda, 239f). Über den Zusammenhang von Blindheit und Armut bemerkt Rühle:

„Von der Blindheit sagt ein altes Sprichwort, daß sie die Tochter der Armut sei. In der Tat entstammen von sieben blinden Kindern immer sechs armen Eltern. Von den Ursachen stehen […] in erster Linie Typhus, Masern und Scharlach, sodann Verletzungen und Unachtsamkeiten in der Handhabung gefährlicher Instrumente obenan. Das meist nur schlecht behütete Kind proletarischer Eltern ist infolgedessen der Gefahr der Erblindung in viel höherem Maße ausgesetzt als das Kind begüterter Stände." (1922, 182)

Ein eindrucksvolles Zeugnis für die Notsituation vieler Behinderteneinrichtungen nach dem Ersten Weltkrieg finden wir in der skandinavischen Zeitschrift „Nyt Tidsskrift for Abnormvæsenet" von 1921, in der der Herausgeber, der Däne Johan Keller, den Hilferuf des Anstaltslehrers Wunderlich aus der Landerziehungsanstalt Chemnitz-Alsendorf abdruckte:

Johan Keller

„Henvendelse [Aufruf …]
Chemnitz, den 11.4.21.
Sehr geehrter Herr Professor!
Sie werden sich wundern, dass wir uns nach so vielen Jahren nun wieder Ihrer erinnern und Ihnen sogar schreiben.

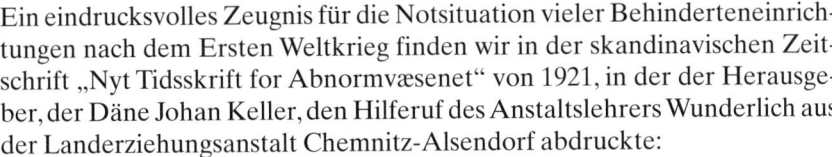

Hilferuf nach Skandinavien

   Sie besinnen sich gewiss noch auf unsere schöne Anstalt. Wir waren stolz, sie fremden Gästen zeigen zu können.
   Nun ist auch in unserer Anstalt die bitterste Not eingekehrt. Die Kinder müssen frieren, weil keine Kohlen da sind. Es fehlt an Kleidern und Wäsche. Die Anstalt musste Kühe an die Entente abgeben, sodass Milch und Butter den Kindern fast unbekannt sind. Wenn die Kinder vom Urlaub zurückkommen, sind sie nicht kräftiger, denn daheim ist die Not noch grösser.
   Norwegen, Schweden, Finnland, Holland, Dänemark, die Schweiz und Spanien nehmen deutsche Kinder in Familien- oder Koloniepflege. Gesund und kräftig kehren sie zurück. Für unsere lieben, schwachsinnigen Zöglinge, die meist arme oder garkeine Eltern haben, hat sich eine solche Ferienkolonie bisher noch nicht möglich gemacht.
   Da denke ich an Sie und bitte Sie: nehmen Sie während der Sommerferien, wenn Ihre Zöglinge beurlaubt sind, eine Anzahl von unseren Zöglingen in Ihre Anstalt auf. Nur das Nachtlager, Speise und Trank erbitten wir von Ihnen. Unsere Kinder sind folgsam und sehr bescheiden. Sie werden sehr froh sein, wenn sie die Kost Ihrer Zöglinge bekommen.
   Bitte, erfüllen Sie meinen Wunsch, den ich aus warmem Herzen für unsere Kinder hege.
Mit ergebenem Grusse
O. Wunderlich
Anstaltslehrer an der Landeserziehungsanstalt Chemnitz-Alsendorf
Weststr. 117.

Jeg har ment at kunne bringe ovenstaaende til mine Kollegers Kundskab, i haab om, at der kan rejses en fælles Bevægelse for at yde den ønskede Hjælp.[45]
Chr. Keller." (1921, 55f)

Dass dieser Aufruf auf fruchtbaren Boden fiel und auch andere Gruppen von Behinderten großzügige Hilfe aus Dänemark erhielten, entnehmen wir der Festschrift, die 1928 anlässlich des 150-jährigen Bestehens der Leipziger Taubstummenanstalt erschien. Der Chronist erwähnt voller Dankbarkeit

Leipziger Taubstummenanstalt

nicht nur die ausländische Hilfe, sondern vermittelt zugleich ein eindrucksvolles Bild von der Lage der Anstalt während der Kriegszeit und der Folgejahre:

„Die wirtschaftlichen Kriegsmaßnahmen trafen die Anstalt schwer. Der körperliche Zustand der Kinder verschlechterte sich von Jahr zu Jahr. Eine Diphtherie- und Scharlachepidemie um die Wende der Jahre 1915/16 ergriff eine große Anzahl der Heimlinge und forderte ein Todesopfer. Vom 17. Dezember 1915 bis zum 1. April 1916 wurde die Anstalt für die Tagesschüler gesperrt. Die Verpflegungsschwierigkeiten konnten auch nicht durch die getroffenen Gegenmaßnahmen – Einrichtung eigner Schweine-, Hühner- und Kaninchenzucht – behoben werden.

Um die mißlichen Gesundheitsverhältnisse etwas zu korrigieren, wurden im Sommer 1918 die 25 schwächsten Kinder zur Erholung teils im Vogtland teils im Zittauer Gebirge untergebracht.

Einer schweren Grippeepidemie im Winter 1918/19 fielen von 120 kranken Pfleglingen drei zum Opfer […]

Unter den Nachkriegs- und Inflationswirren hatte die Anstalt fast noch schwerer zu leiden als unter den Kriegsverhältnissen. Die Kohlenknappheit zwang zu wiederholten Verlängerungen der Ferien. Die Streiks und der Kapp-Putsch machten für längere Zeit einen geordneten Unterrichtsbetrieb unmöglich. Die Verpflegungsschwierigkeiten hielten an, wenn auch ausländische Menschenfreunde ihre Tätigkeit auf die Instituts-Zöglinge ausdehnten. Die Quäkerspeisung wurde am 7. Juni 1920 in der Anstalt eingeführt. Der gehörlose Taubstummenprediger Sutermeister – Bern verteilte am 17. Juni 1920 300 Tafeln Schokolade unter die Anstaltskinder, die solche Leckerbissen nach langen Jahren des Darbens kaum noch kannten. Durch Vermittlung des Roten Kreuzes und durch das menschenfreundliche Eintreten der Direktoren Dr. Forchhammer und Högström der dänischen Taubstummenanstalten zu Fredericia und Kopenhagen waren in den Jahren 1920–1923 eine größere Anzahl Lehrer und taubstumme Kinder Gäste in den dänischen Anstalten.“ (Schlenkrich 1928, 95; s. a. Lindner 1921)

„Blüte der Heilpädagogik"

Ungeachtet der bedrückenden Zeitumstände gab es während der knapp 14 Jahre der Weimarer Republik so etwas wie eine „Blüte der Heilpädagogik", denn auf dem Felde von Kultur und Bildung ereigneten sich demokratische Aufbruchstimmung, Reform- und Experimentierfreudigkeit. Die seit 1848 von Volksschullehrern, Liberalen und Sozialdemokraten erhobene Forderung nach einer Demokratisierung des deutschen Schulwesens war erstmalig mit der Novemberrevolution in greifbare Nähe gerückt.

Weimarer Schulkompromiss

Doch die politischen Machtverhältnisse waren nicht so. Das Ergebnis zäher Verhandlungen war der 1920 erzielte sogenannte Weimarer Schulkompromiss, der schließlich die Einführung der gemeinsamen vierjährigen Grundschule vorsah; die weiterführende Schule hingegen blieb in ihrer durch äußere Differenzierung gekennzeichneten Struktur weitgehend unangetastet. Und dennoch: Dies war schon ein großer Fortschritt in Richtung auf ein mehr egalitäres Schulsystem – ein Fortschritt im Übrigen, über den wir bis heute nicht wirklich hinausgekommen sind. Nach dem Urteil Hans-Ulrich Wehlers war die Einführung der gemeinsamen Grundschule

„ein beispielloser Akt staatlicher Egalisierung, die vor allem die bunte Vielfalt privater Vorschulen für die künftigen Gymnasiasten aus besser gestellten Familien beseitigte. Tatsächlich wechselten 1932 95 % aller künftigen Sextaner von der Grundschule auf ihre Höhere Schule über" (2003, 452).

Zu einem ähnlichen Urteil gelangt Bernd Zymek:

„Man könnte sagen: Was auf politischem Gebiet das allgemeine und gleiche Wahlrecht, das ist auf dem Gebiet der Schule zu diesem Zeitpunkt die allgemeine obligatorische Grundschule […] Wenigstens für vier Jahre gilt die Forderung der Einheitsschulprogrammatiker: ‚Ein Volk, eine Schule'. Die Grundschulreform begründet damit zu einem wesentlichen Teil die demokratische Legitimität des neuen Systems." (1989, 165)

Ich möchte im Weiteren auf das Verhältnis von allgemeinbildenden Schulen und Sonderschulen etwas näher eingehen. Dabei soll uns insbesondere die Frage interessieren, ob und inwieweit der neue Typus Hilfsschule, der bereits während des Kaiserreichs kritische Stimmen auf den Plan gerufen hatte, in der Debatte um ein demokratisches Schulwesen eine nennenswerte Rolle spielte. **Debatte um Hilfsschule**

Der Deutsche Lehrerverein, das bedeutendste Sprachrohr der deutschen Volksschullehrerschaft, legte 1919 sein Schulprogramm zur Einführung der Einheitsschule vor, das auch einen besonderen Passus hinsichtlich der pädagogischen Förderung der verschiedenen Gruppen behinderter Schüler enthielt. In diesem wurde eine besondere schulische Förderung behinderter Schüler, auch der Schwachbefähigten, grundsätzlich anerkannt. Die relevanten Passagen lauten: **Deutscher Lehrerverein**

„I Wesen und Aufgabe der Schule
1. Der Volksstaat beruht auf der Erziehung aller Staatsbürger zur höchsten Leistungsfähigkeit und vollen sittlichen Verantwortlichkeit. Die öffentliche Schule muß daher der gesamten Volksjugend die Möglichkeit bieten, alle Anlagen und Kräfte des Körpers und des Geistes auszubilden.
2. Damit dem Bildungserwerb keinerlei Hindernisse und Beeinträchtigungen entgegenstehen, muß die öffentliche Schule eine einheitlich aufgebaute und nach den Grundsätzen der Selbstverwaltung einheitlich verwaltete Volksbildungsanstalt sein, deren Zweige und Stufen unter sich eng verbunden sind.
3. Das Berechtigungswesen in seiner heutigen Gestalt ist aufzuheben. Der Zugang zu bestimmten Berufen und Berufsschulen darf nicht vom Besuch bestimmter Schularten und Schulstufen abhängig gemacht werden, sondern muß allen Anwärtern offen stehen, die ihre Eignung durch tatsächliche Leistungen bekunden. Zu den Berufsschulen in diesem Sinne sind auch die Hochschulen zu rechnen […]

II Aufbau
1. Da sich die Anteilnahme am Leben und Schaffen des Volkes grundsätzlich nach Befähigung und Neigung entscheiden muß, so kann auch die Zulassung zu den öffentlichen Bildungsanstalten nur nach diesen Grundsätzen erfolgen. Das gesamte öffentliche Bildungswesen muß darum nach dem Plan der Einheitsschule aufgebaut werden, der Unentgeltlichkeit des Unterrichts und der Unterrichtsmittel

für alle Zöglinge und erhöhte Fürsorge durch Unterhaltsbeihilfen für Unbemittelte zur Voraussetzung hat.

2. Auf der für alle Kinder gemeinsamen Grundschule bauen sich alle anderen Schularten auf. Das Fortbildungs- und Fachschulwesen ist in sich und mit den betreffenden allgemeinen Bildungsanstalten so in Verbindung zu setzen, daß auch auf diesem Wege ein geordneter Aufstieg bis zur Hochschule möglich ist.

3. Für blinde, schwachsichtige, taubstumme, schwerhörige, sprachleidende, schwach befähigte, krankhaft veranlagte, sittlich gefährdete, sowie für Krüppelkinder ist erzieherisch und unterrichtlich besonders zu sorgen.

4. Schulen der verschiedenen Arten und Grade sind entsprechend den tatsächlichen Bedürfnissen in ausreichender Zahl einzurichten und auf das Staatsgebiet zu verteilen." (Michael/Schepp 1993, 283ff)

Reaktion der Hilfs-schullehrerschaft

Das Programm ließ die Frage der institutionellen Verankerung sonderpädagogischer Förderung offen. Diese Tatsache wurde zum Hauptkritikpunkt der organisierten Hilfsschullehrerschaft, deren schulpolitisches Ziel nach wie vor die eigenständige Hilfsschule war. Die Stellungnahme von Wilhelm Raatz, dem ersten Vorsitzenden des Hilfsschulverbandes Berlin-Brandenburg, ist charakteristisch für die vorherrschende Auffassung der Hilfsschullehrer, die, nicht zuletzt aufgrund ihrer berufsständischen Interessenlage, einer zu großen Annäherung von allgemeiner und besonderer Pädagogik ablehnend gegenüberstanden und sich argumentativ, wie in der Vergangenheit üblich, auf die prinzipielle „Andersartigkeit" des Hilfsschulkindes zurückzogen:

„Eine grundlegende Forderung ist die Einheitsschule. Sie soll der gesamten Volksschuljugend Gelegenheit zur Ausbildung aller Anlagen und Kräfte des Körpers und des Geistes geben unter Beseitigung aller Beschränkungen und Beeinträchtigungen für den Erwerb und die spätere Anwendung von Wissen und Können […] Da muß sogleich ein dicker Strich gezogen werden zwischen Volksschulkindern und Hilfsschulkindern, zwischen Normalen und Anormalen; denn die ‚Beseitigung aller Beschränkungen und Beeinträchtigungen' trifft eben für Schwachsinnige nicht zu. Ihre ganze Wesenseigenart zieht ihnen eine Grenze in der geistigen Entwicklung, also auch eine Grenze ‚für den Erwerb und die spätere Anwendung von Wissen und Können', die sie nicht zu überschreiten vermögen […]

Die Hilfsschule bedeutet […] für Normale eine gebotene Beseitigung von Hemmnissen im Erwerb ihres Wissens und Könnens, für Schwachsinnige eine unerläßliche Beschränkung im Erwerb ihrer Kenntnisse, nämlich auf die Hilfsschule. Daraus folgt aber auch, daß sie keine völlige Eingliederung in die Grundschule verträgt, daß sie nie den Charakter von einzelnen, im engsten Zusammenhang mit der Grundschule stehenden Förderklassen annehmen kann […] Ich resümiere zu dem Abänderungsantrag zu Abs. II 3: ‚Für schwachbefähigte blinde, schwerhörige, taubstumme, krankhaft veranlagte, sittlich gefährdete, sowie für Krüppelkinder ist erzieherisch und unterrichtlich in Hilfsschulen, Schulen für Schwerhörige, Anstalten für Blinde und Taubstumme, sowie in besonderen Heilerziehungsanstalten zu sorgen. Diese Schulen und Anstalten sind Zweige der deutschen Einheitsschule, da sie die Grundschule entlasten und den ungehemmten Aufstieg der normal begabten Schüler erst ermöglichen.'" (Raatz 1919, 122ff)

Vor dem Hintergrund einer „drohenden" Vereinheitlichung des deutschen **Denkschrift**
Schulwesens sah sich die Hilfsschullehrerschaft erneut herausgefordert, das
Besondere der Hilfsschularbeit herauszustellen. Die Denkschrift des Hilfsschulverbandes von 1920 ist hierfür ein anschauliches Beispiel, denn sie
repräsentiert sowohl die Kontinuität der Bestrebungen der Hilfsschullehrer
als auch das Bemühen, ihre interessengeleitete und damit ideologische Argumentation, die zu Lasten ihrer Schülerschaft ging, den neuen politischen
Verhältnissen anzupassen. Dabei ist zugleich erkennbar, dass die Verbindungen zur Volksschullehrerschaft schwächer werden und in dem Kampf
um berufsständische Anerkennung als Heilpädagoge die Taubstummen-
und Blindenlehrer zur relevanten professionellen Bezugsgruppe werden. In
der Denkschrift heißt es u. a.:

„A. Zweck der Denkschrift.
Die Einheitsschule nach dem Grundsatze ‚Freie Bahn dem Tüchtigen!' ist auf dem
Marsche. Die Hilfsschule für schwachsinnige Kinder wird eine notwendige Vorbedin-
gung für sie sein: denn ihre Pflegebefohlenen sind vom frohen Wettlauf selbst durch
die unterste Stufe der Einheitsschule ausgeschlossen. Ihr Verbleiben in der Grundschule würde den ungehemmten Aufstieg der Begabten beeinträchtigen. Ohne sorg-
fältigste Differenzierung des Schülermaterials ist die zukünftige Einheitsschule nicht
denkbar." (Verband der Hilfsschulen Deutschlands 1920, 51ff)

Die berufsständische Politik der Hilfsschullehrer war auch in der Folgezeit **Ausbreitung von**
erfolgreich. Auch in der ersten deutschen Republik blieb die Hilfsschule **Hilfsschulen**
als eigenständige Schulform unangetastet und konnte sich, wie ein Blick
in die Statistiken lehrt, weiter ausbreiten. Waren am Vorabend des Ersten
Weltkrieges 43.000 Hilfsschüler registriert, so belief sich ihre Zahl 1928
bereits auf 71.902 (Myschker 1969, 60ff). Mit unverkennbarer Genug-
tuung schreibt der Verbandsfunktionär und Frankfurter Stadtschulrat
August Henze im Enzyklopädischen Handbuch der Heilpädagogik von
1934: „Hilfsschulen bestehen gegenwärtig in sämtlichen größeren Orten
Deutschlands. Die letzte Statistik von 1927 ergab, daß nur noch ganz wenige Städte mit über 20 000 Einwohnern ohne Hilfsschulen waren." (II, Sp.
2657) Dieser ungebremste Aufstieg der Hilfsschule auch zur Zeit der ersten deutschen Republik ist unzweifelhaft darauf zurückzuführen, dass
es zum einen während dieses Zeitraumes nie zu einer Reichsschulge-
setzgebung kam, die über die vierjährige Grundschule hinausgegangen
wäre, und zum anderen, dass die Protagonisten der Einheitsschule unterschiedliche Modelle verfochten. Während etwa ein Paul Natorp in Anlehnung an das 100 Jahre zurückliegende Unterrichtskonzept Johann Wilhelm Süverns ein stärker egalitäres Schulsystem propagierte (Natorp 1908
u. 1914), empfahl und praktizierte der Mannheimer Stadtschulrat Anton
Sickinger ein nach „natürlicher Begabung" gegliedertes Schulsytem (Sickinger 1913), in dem die Hilfsschulklassen als dritte Säule neben den
Haupt- und Förderklassen einen festen Platz einnahmen. Auch wenn die
Hilfsschullehrerschaft sich im Interesse der Eigenständigkeit von dem
Förderklassensystem deutlich abzugrenzen trachtete (Ellger-Rüttgardt

1980), so stimmte sie zumindest in theoretischer Hinsicht Sickingers Prinzip der äußeren Differenzierung uneingeschränkt zu. Anlässlich der 25-jährigen Verbandsgeschichte beschrieb Henze die Hilfsschulbewegung als Vorreiter moderner schulpädagogischer Theorien im Sinne Sickingers: „Die Hilfsschule war die erste Etappe in der Durchführung der Idee von der Differenzierung unserer Schuljugend nach ihrer Leistungsfähigkeit. 1899 bereits trat Sickinger, diese Idee weiterausspinnend, zum ersten Male mit der Forderung der Förderklassen auf den Plan, zunächst von vielen Seiten und nicht selten leidenschaftlich bekämpft. Und doch forderte er nichts prinzipiell Neues, sondern trat nur auf dem durch die Schaffung der Hilfsschulen beschrittenen Weg einen Schritt weiter" (1923, 63f).

Rückgang von Gehörlosen- und Blindenanstalten

Sehr viel ungünstiger verlief allerdings die Entwicklung anderer Zweige der Heilpädagogik. Bedingt durch Gebietsabtrennungen und finanzielle Nöte des Staates sank die Zahl der Blindenanstalten von 32 auf 25, wobei die Anstalten in Leipzig, Braunschweig und Frankfurt a. M. „aus Ersparnisgründen" aufgegeben wurden (Enzyklopäd. Hdb. der Heilpädagogik 1934, I, Sp. 439). Mit ähnlichen Schwierigkeiten hatte auch das Taubstummenwesen zu kämpfen. Eine Aufstellung von Paul Schumann im „Handbuch des Taubstummenwesens" von 1929 belegt den quantitativen Abstieg auch dieses Zweiges der Heilpädagogik, bedingt durch territorialen Verlust und wirtschaftliche Notsituation:

„Vergleichung des Standes von 1915 und 1926:

	1915	1926		
Zahl der Taubstummenanstalten	88	73	−15	= 17 %
Zahl der Lehrkräfte	985	787	−198	= 20 %
Zahl der Schüler	8463	6149	−2314	= 27,4 %

Die Anstalten Isenheim, Metz, Straßburg wurden französisch, die Anstalten Posen und Bromberg polnisch, die Anstalten Marienburg, Schlochau, Schneidemühl mußten geschlossen werden, da ihr Aufnahmegebiet zum größten Teil polnisch wurde. Danzig schied aus dem Staatenverband aus. Aufgelöst wurden die Anstalten Osterburg, Stralsund, Emden, Winnenden, Coburg; die geplante Auflassung der Anstalt in Stade scheint nicht einzutreten." (Schumann 1929, 83)

Der Leipziger Festschrift von 1928 entnehmen wir, dass 1924 die Stelle des Direktors und der Hausmutter sowie drei Lehrerstellen gestrichen, zwei Klassen aufgelöst und die Anzahl der Lehrstunden um 80 gekürzt wurden. Im selben Jahr wurden die Leipziger und Dresdner Internate zusammengelegt (in Leipzig), und 1925 wurde erneut eine Klasse abgebaut (Schlenkrich 1928, 97f).

Wenn in Bezug auf die Weimarer Republik von einer „Blüte der Heilpädagogik" gesprochen wird, so muss sicherlich diese Zuschreibung differenziert und relativiert werden. Eine Blüte der Entwicklung erlebte zweifellos die Hilfsschule, die stetig weiterwuchs, kaum jedoch die Einrichtungen für Sinnesbehinderte. Auch die Erziehung und Bildung geistig Behinderter erfuhr keinen wesentlichen Aufschwung, da es nur vereinzelt sogenannte Sammelklassen an Hilfsschulen gab, das Gros dieser Klientel aber weiterhin in Anstalten untergebracht war. Es ist aber berechtigt, von einer „Blüte der Heilpädagogik" zu sprechen, wenn man an die Vielfalt der neu entstandenen Erziehungs- und Bildungseinrichtungen der 20er und 30er Jahre denkt, die nicht selten mit ihrem reformpädagogischen Impetus zahlreiche Berührungspunkte zwischen allgemeiner und spezieller Pädagogik aufwiesen.

5.2   Heilpädagogik und Reformpädagogik

Ohne hier ins Detail gehen zu können und ohne die Frage weiter zu verfolgen, ob man unter Reformpädagogik eher einen „strikten Epochenbegriff" (Oelkers 1996, 16) oder aber im weiteren Sinne „pädagogische Bewegungen und Schulversuche" seit der Aufklärung (Benner/Kemper 2001) verstehen will, möchte ich in diesem Zusammenhang an die verschiedenen neuartigen Versuche einer „Pädagogisierung der Schule" und anderer pädagogischer Arbeitsfelder (Tenorth 1988, 207) erinnern, die im ersten Drittel des 20. Jahrhunderts den bunten Flickenteppich der internationalen pädagogischen Reformbewegung entstehen ließen. Erwähnt seien die Landerziehungsheime, die Arbeitsschule, die Erziehungsfürsorge und Erziehungsberatungsstellen, psychoanalytische und individualpsychologische Schulversuche im „roten Wien", anthroposophische und jüdische Erziehung, Jena-Plan-Pädagogik, sozialistische Erziehung und Lebensgemeinschaftsschulen sowie die Projektmethode. Dabei können die grundlegenden theoretischen Unterschiede von Reformpädagogik und Psychoanalytischer Pädagogik hier nur erwähnt werden (Fatke 2002).

Hinter diesen so unterschiedlichen Konzepten und Methoden stehen die Namen von Hermann Lietz und Gustav Wyneken, Georg Kerschensteiner und Hugo Gaudig, Herman Nohl und Gertrud Bäumer, Siegfried Bernfeld und Oskar Spiel, Rudolf Steiner und Karl König, Martin Buber und Janusz Korczak, Peter Petersen, Fritz Karsen, Paul Oestreich und Siegfried Kawerau sowie William H. Kilpatrick und John Dewey. Repräsentanten der Heilpädagogik, die reformpädagogisch arbeiteten, waren Johannes Langermann, Louis Plaß, Karl Wilker, Frieda Buchholz, August Krohn, Clara Grunwald, Vitta Lewin, Ovide Décroly (Belgien), Alice Descœudres (Schweiz), Sofie Rifbjerg (Dänemark), Maria Grzegorzewska (Polen) und natürlich auch Siegfried Bernfeld und Maria Montessori.[46]

Schon diese Namenaufzählung belegt, wie eng teilweise die Beziehung zwischen Reform- und Heilpädagogik in der Praxis war. Aber, und das ist bedeutsam, es war vor allem eine große Übereinstimmung und Nähe in der praktischen Arbeit, nicht jedoch in der Theorie. Die Heilpädagogik als wissenschaftliche Disziplin hatte sich noch nicht wirklich etabliert, bekanntlich wurde die erste o. a. Professur für Heilpädagogik im deutschsprachigen Raum erst 1931 durch Heinrich Hanselmann in Zürich besetzt.

Wie sehr die Heilpädagogik als eine pädagogische Spezialdisziplin noch

Heilpädagogik als Wissenschaft

Handbuch der Pädagogik von Nohl und Pallat

auf der Suche nach einer eigenen Gestalt war, belegt das Handbuch der Pädagogik von Nohl und Pallat, in dem das Gebiet der Heilpädagogik in den verschiedenen Bänden abgehandelt wurde, aber kein gemeinsamer Gegenstandsbereich erkennbar wird. Während im ersten Teilband, der der Theorie und Entwicklung des Bildungswesens gewidmet ist, bezeichnenderweise Heilpädagogik nicht vertreten ist, finden wir in Band 2 unter der Rubrik „Psychologische Grundlagen der Pädagogik" das Kapitel „Die anormalen Konstitutionen und Entwicklungen" mit folgenden Unterpunkten: „Sprachgestörte" (E. Fröschel), „Schwachsinnige" (Th. Heller), „Psychopaten" (R. Thiel) und „Fehlentwicklungen des Kindes unter dem Gesichtspunkt der psychoanalytischen Schulen" (O. Kroh).

Im dritten Band „Allgemeine Didaktik und Erziehungslehre" bildet den letzten Punkt die Abhandlung „Die Heilpädagogik", verfasst von Hanns Eyferth, dem Nachfolger Trüpers auf der Sophienhöhe. Bemerkenswert an diesem Aufsatz ist, dass Eyferth ein wenig von der Heller'schen Auffassung, Heilpädagogik sei ein Grenzgebiet zwischen Pädagogik und Medizin, abrückt und stattdessen für das Gesamtgebiet die Begriffe „Sonderpädagogik" oder „Abnormenpädagogik" (Eyferth 1912, 498) favorisiert. Indem Eyferth von „Grenzen der Bildsamkeit" spricht, markiert er als Referenzwissenschaft sehr deutlich die Pädagogik und nicht die Medizin. Über die Beziehung der Sonder-, Abnormen- bzw. Heilpädagogik zur Pädagogik schreibt er:

> „Das Verhältnis der Heilpädagogik zur Erziehung überhaupt ist kein anderes als bei den übrigen konkreten Grundrichtungen pädagogischer Arbeit. Jede Sonderarbeit hat Teil an den allgemeinen Voraussetzungen, Wegen und Zielen, aber in einer für sie charakteristischen Betonung und Vertiefung; so auch die Heilpädagogik. Sie kennt keine anderen Erziehungsziele als die Pädagogik schlechthin [...] Aber sie ist mehr als irgendeine andere Erziehungsarbeit gebunden durch die eigenartigen Fehler und Begrenztheiten, Konflikte und Hemmungen des Zöglings und darum im höchsten Maße Individualpädagogik." (Eyferth 1930, 499)

Für den vierten Band des Handbuchs zu dem Thema „Die Theorie der Schule und der Schulaufbau" verfasste der Frankfurter Schulrat und Hilfsschulvertreter August Henze die Artikel „Hilfsschule für geistesschwache Kinder" und „Das Förderklassensystem", und im sechsten Band „Sozialpädagogik" beinhaltet der Abschnitt „Erziehungshilfen bei Fehlentwicklungen" schließlich auch ein Kapitel mit der Überschrift „Heilpädagogische Anstalten" (R. v. der Leyen). Dieses symptomatische Bild der Zersplitterung und Inkohärenz kennzeichnet die Debatte um das Wesen der Heilpädagogik während der Weimarer Republik. Dabei sind allerdings jene Positionen unübersehbar, die Heilpädagogik, wie von Eyferth formuliert, als Disziplin der Pädagogik verstanden wissen wollen. In diesem Sinne schreibt auch Fritz Rössel in dem Enzyklopädischen Handbuch der Heilpädagogik: „Es ist der Boden der Erziehungswissenschaft, aus dem heraus die Heilpädagogik erwächst und in dem sie ihre Grundbestände, Grundformen und Grundbegriffe findet." (1934, I, Sp. 1097)

Die Theorie der Heilpädagogik ist zu diesem Zeitpunkt mit Sicherheit keine reine Hilfsschulpädagogik, wie Moser zu Recht unterstreicht (1998, 78), aber sie hat ihr spezifisches erziehungswissenschaftliches Profil noch nicht gewonnen. Insofern ist Hanselmann zuzustimmen, wenn er in seiner, das gesamte Gebiet der Sonderpädagogik umfassenden „Einführung in die Heilpädagogik" von 1930 im Vorwort darauf verweist, dass es „eine Theorie der Heilpädagogik noch nicht gibt" (1946, 6). Aber auch die Pädagogische Bewegung insgesamt wies nach Benner und Kemper (2003b, 336ff) deutliche „bildungstheoretische Defizite" auf, ablesbar an der Preisgabe des zentralen Begriffs der Bildsamkeit und seinem Ersatz durch den der „Entwicklung" – eine Begriffswahl, die wiederum ihre Parallele in der Einführung von Hanselmann findet, deren zentraler Begriff der der Entwicklungshemmung ist:

Heinrich Hanselmann

„Heilpädagogik ist die Lehre vom Unterricht, von der Erziehung und Fürsorge aller jener Kinder, deren körperlich-seelische Entwicklung dauernd durch individuale und soziale Faktoren gehemmt ist. Solche Faktoren sind:

1. Mindersinnigkeit und Sinnensschwäche (blinde, sehschwache, taube, schwerhörige, taubblinde Kinder),
2. Entwicklungshemmung des Zentralnervensystems (leichter-, mittel- und schwergeistesschwache Kinder),
3. Neuropatische und psychopatische Konstitution, körperliche Krankheit, Verkrüppelung, Umweltsfehler (schwererziehbare Kinder)." (Hanselmann 1946, 11f)

Theoretische Defizite von Reformpädagogik *und* Heilpädagogik bewirkten ganz offenbar, dass es mehr zu einem Neben- als zu einem Miteinander von Heil- und Reformpädagogik während der 20er und 30er Jahre kam. Dabei spielte die nicht überwundene Defizitorientierung der Heilpädagogik nach dem Urteil Hillenbrands hierbei zweifelsohne eine wichtige Rolle: „Aufgrund der gegensätzlichen Grundlagen und Zielsetzungen kommt ein Dialog zwischen Heilpädagogik und Reformpädagogik auf dem Höhepunkt ihrer öffentlichen Wirksamkeit nicht zustande." (1994, 312)

Theoriedefizite

Wie fließend allerdings die Grenzen zwischen Allgemeiner Pädagogik und Heilpädagogik oftmals in der Praxis geworden waren, belegt das Wirken von Johannes Trüper, dem Leiter der Erziehungsheime „Sophienhöhe" bei Jena (Göppel 1989; Flitner 1992; Hillenbrand 1994; Bröse 2001; Buchka et al. 2002; Bettermann/Schotte 2002). Trüper unterhielt Verbindungen zur Bewegung der Landeserziehungsheime und zur Jenaer Universitäts-Übungsschule von Wilhelm Rein und ebenso zur Volkshochschule in Jena. Er stand in Kontakt mit Adolf Reichwein, Georg Kerschensteiner und Berthold Otto. Pädagogen wie Hermann Lietz und Paul Geheeb waren Mitarbeiter im Trüper'schen Heim. Trüper war befreundet mit Karl Wilker, der Assistent bei Wilhelm Rein in Jena war und eine Zeitlang ebenfalls bei Trüper auf der Sophienhöhe arbeitete.

Johannes Trüper

Wilker leitete von 1917 bis 1920 die umstrittene Fürsorgeerziehungsanstalt „Lindenhof" in Berlin; er war Vorsitzender der Sektion des „Inter-

Karl Wilker

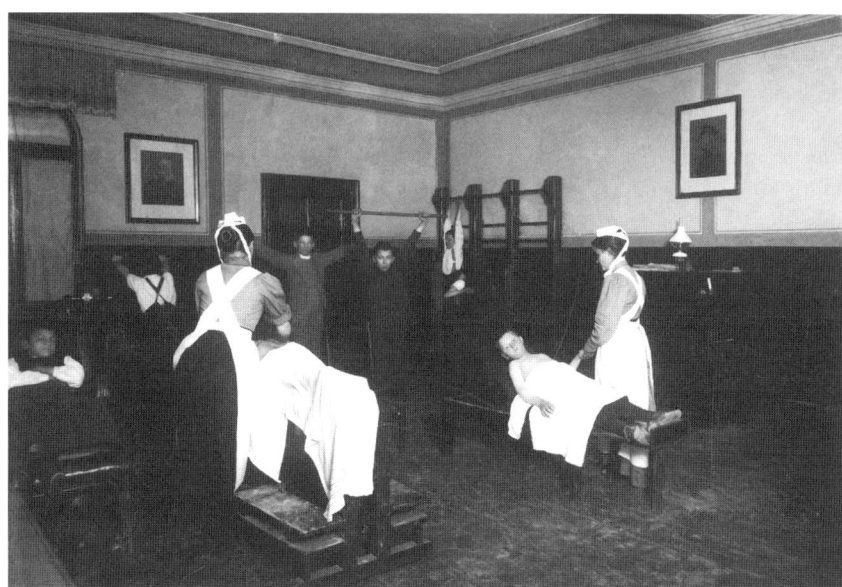

Abb. 5.1: Heilgymnastik im Erziehungsheim „Sophienhöhe" in Jena

nationalen Arbeitskreises für die Erneuerung der Erziehung" und gab gemeinsam mit Elisabeth Rotten die Zeitschrift „Das Werdende Zeitalter" heraus. Wilker emigrierte 1933 in die Schweiz, 1937 nach Südafrika und kehrte schließlich 1964 in die Bundesrepublik zurück.

Peter Petersen

Es überrascht nicht, dass es Vertreter einer reformorientierten Pädagogik waren, die der Hilfsschule nach wie vor skeptisch bis ablehnend gegenüberstanden. Hierzu zählte Peter Petersen, für den allerdings gilt, dass er die Hilfsschule nicht grundsätzlich ablehnte. Unter Berücksichtigung der Tragfähigkeit der Gruppe wollte er vor allem jene Kinder in der Volksschule behalten, die er als „Spätentwickler" und „schulmäßig wenig begabte" bezeichnete; sogenannte „pathologische Kinder" hingegen sollten der Heilerziehung zugewiesen werden. Auch wenn Petersens Position gegenüber der Hilfsschule in vielen Punkten unklar blieb, und er es damit seinen Kritikern aus den Reihen der Hilfsschullehrerschaft einfach machte (s. Wiegmann 1949/50), so lässt sich doch als Grundlinie erkennen, dass Petersen für die Schule des Jena-Plans eine größere Toleranz gegenüber schulleistungsschwachen Schülern entwickelte und nachweislich auch mehrere von ihnen in seiner Jenaer Universitätsschule unterrichtete (Petersen 1927, 17ff; Hillenbrand 2001, 118ff; Ellger-Rüttgardt 2003, 224ff).

Hamburger Gemeinschaftsschulen

Hamburg war zu Beginn der Weimarer Republik neben Sachsen (Pehnke 2001) eine der Hochburgen der Reformpädagogik, in der heftig um die Einheitsschule gefochten wurde. Eine Minderheit der hamburgischen Pädagogen favorisierte eine Einheitsschule im Sinne einer Kernschule für alle 6- bis 18-jährigen Schüler mit angeschlossenem Kursunterricht – eine Schule, die auf Schülerauslese und Gliederung in unterschiedliche Schulzweige verzichtete (Fabry 1988, 76). Diese Pädagogen wurden die engagierten Träger der 1919 gegründeten Hamburger Gemeinschaftsschulen (Rödler 1987; Fabry 1988; Hagener 1990). Die mit dem Status von Versuchsschulen ausgestatteten Alternativschulen hatten nachweislich viele schulleistungsschwache Kinder in ihren Klassen, somit also potenzielle Hilfsschüler. Zwar wurde nicht jedes Kind aufgenommen, aber es gehörte zu den Grundsätzen dieser Versuchsschulen, dass einmal aufgenommene Schüler nicht wieder ausgeschult wurden.

Nun ist es höchst aufschlussreich, dass dieser Grundsatz 1923 in der **Schule Berlinertor** Schule Berlinertor durchbrochen wurde, als insgesamt 15 Kinder der Hilfsschule überwiesen wurden. Dies geschah ausgerechnet an jener Versuchsschule, die sich besonders radikal gegen Jahrgangsklassen und gegen die Schaffung homogener Schülergruppen durch Aussonderung der Schwachen ausgesprochen hatte. Als Reaktion auf die scharfe Kritik von Elternseite begründete das Lehrerkollegium diese Maßnahme mit dem pädagogischen Argument, dass die betreffende Schülergruppe von der Zahl der potenziellen Hilfsschüler überfordert gewesen wäre. Ungeachtet des theoretischen Anspruchs auf Nichtaussonderung entschied man sich also angesichts einer schwierigen Gruppensituation für die Reduktion von Komplexität durch Ausschulung einer Minderheit. Die Verteidigungsworte des Lehrers Peters verdienen auch heute noch Beachtung:

„Wir wollen keine Auslese! Das Wort enthält die Abkehr von einer Gewohnheit, die überall, ja heute in verstärktem Grade herrscht. Hüten wir uns vor dem Schlagwort. Darf es uns ein Dogma, ein Gesetz sein, daß wir buchstäblich zu erfüllen haben? Vor solchem Schematismus gerade wollen wir uns bewahren." Und weiter heißt es: „Darauf kommt es eben an, daß die Aufgaben in der Schule in ihrer vollen Lebendigkeit erblickt werden. Wir wollen an den Nöten, die das Zusammenleben der Gruppe mit sich bringt, nicht blind vorbeigehen, wir wollen sie sehen und an ihrer Beseitigung arbeiten. Not ist überall, wo Leben ist. Wir wollen keine Not um eines Schlagwortes willen übersehen, wir wollen auch keine Not schematisch abwenden [...] War die Auslese der besonders Schwachen [...] nicht die beste Lösung, nun denn, so haben wir die Aufgabe aufs neue zu lösen. Doch laßt uns die Not nicht leugnen, laßt uns gemeinsam die Wege suchen, sie zu überwinden." (Rödler 1987, 288f)

Die Schule am Berlinertor war keineswegs die einzige Versuchsschule, die Kinder der Hilfsschule überwies. In dem ausführlichen Bericht „10 Jahre Versuchsschule Telemannstr. 10" forderte das Kollegium zur Lösung des Sitzenbleiberproblems kleinere Klassen, Herabsetzung der Pflichtstundenzahl der Lehrer, Gruppenarbeit – und dass „Hilfs- und Sonderschüler [...] der Volksschule rechtzeitig abgenommen und Sonderschulen zugeführt werden" (Zehn Jahre Versuchsschule 1928, 374).

Ein sehr ähnliches Phänomen ereignete sich in der individualpsycholo- **Wiener** gischen Versuchsschule unter der Leitung Oskar Spiels in Wien. Auch hier **Versuchsschule** setzten sich die Lehrer eine Integration lern- und verhaltensauffälliger Schüler zum Ziel, aber auch hier kam es angesichts nicht lösbarer pädagogischer Konfliktlagen zu einem Ausschluss von einzelnen Schülern. In einem Diskussionsprotokoll über den Verbleib eines Schülers findet sich folgender Beitrag eines Lehrers: „Ich stelle den Antrag auf Ausschluß, weil die Belastung für die Klasse zu groß ist, daß es kaum möglich erscheint, daß die Klasse an einem Umerziehungsprozeß mitwirken kann." (Wittenberg 2002, 402f) Oskar Spiel selbst, ungeachtet seines Engagements für lern- und verhaltensschwierige Schüler, vertrat eine recht undogmatische Position gegenüber der Hilfsschule. So äußerte er sich in einer Lehrerkonferenz im Hinblick auf die Hilfsschule durchaus positiv: „Die Lehrkräfte sind besonders ausgebildet und können langsam lernende Kinder besser fördern." (Wittenberg 2002, 276)

Hilfsschule als Notlösung

Frieda Buchholz, von der ich gleich noch ausführlicher berichten werde (s. Kap. 5.3), ging in ihrer Argumentation einen deutlichen Schritt weiter: Sie betrachtete die Hilfsschule lediglich als eine „Notlösung", die bei entsprechender Veränderung der Regelschule durchaus überflüssig werden könnte. Auch dem Hilfsschulkind schrieb sie – im Unterschied etwa zu ihrem Hamburger Kollegen Fritz Rössel – keine besonderen Seinsqualitäten zu. Knapp und nüchtern schrieb Buchholz: „Bis jetzt haben wir nichts gefunden, wodurch sich das Hilfsschulkind wesentlich vom sogenannten normalen Kinde unterscheidet. Dagegen sind, aber noch ganz im Bereich des Normalen, graduelle Unterschiede vorhanden." (1939, 120)

Verhältnis allgemeine und spezielle Pädagogik

Hinsichtlich des Verhältnisses von allgemeiner und spezieller Pädagogik für die Zeit der Weimarer Republik möchte ich folgendes Resümee ziehen: Mit dem Eindringen reformpädagogischer Ideen in die Grundschule (Lehberger 1988) sowie der Einrichtung von Alternativschulen im Sinne der Hamburger Gemeinschaftsschulen oder der Schulen nach dem Jena-Plan war es zum ersten Mal gelungen, den bislang nur theoretisch formulierten Anspruch einer Einheitsschule praktisch zu erproben. Die schon im Kaiserreich geforderte größere Rücksichtnahme auf die Nachzügler und Sitzenbleiber wurde tatsächlich zunehmend eingelöst – ausgeschlossen aus der Diskussion blieben allerdings nach wie vor jene Kinder, denen, als Behinderte definiert, eine anthropologische Sonderstellung zugeschrieben wurde. Die Tatsache, dass selbst jene Schulen, die eine innere und äußere Schulreform anstrebten, ausnahmslos zu ihrer Entlastung auf Sondereinrichtungen wie die Hilfsschule zurückgriffen, festigte vor allem die Position einer um Anerkennung und Eigenständigkeit bestrebten Hilfsschulpädagogik, die sich zugleich gerne dem schmückenden Oberbegriff Heilpädagogik zuordnete.

Heilpädagogische Woche Berlin

Zwei Ereignisse belegen die Wertschätzung, die die Heilpädagogik während dieser Epoche allgemein genoss: die „Heilpädagogische Woche" Berlin von 1927 und der Kongress des Berliner Lehrerverbandes zum Thema „Die neuzeitliche deutsche Volksschule", ebenfalls in Berlin im Jahre 1928. Die „Heilpädagogische Woche", organisiert von dem Magistratsschulrat Arno Fuchs, war nicht nur ein eindrucksvolles Zeugnis für den Entwicklungsstand des Berliner Sonderschulwesens der 20er Jahre, sondern demonstrierte auch die positive öffentliche Resonanz, die diese Veranstaltung erfuhr.

Den Eröffnungsvortrag hielt kein Geringerer als der Ordinarius für Pädagogik an der Friedrich-Wilhelms-Universität, Eduard Spranger. Spranger kennzeichnete die Heilpädagogik auf der einen Seite als „vertiefte Pädagogik" und betonte damit das Verbindende von Allgemeiner Pädagogik und Heilpädagogik, zum anderen aber verwies er auf ihren besonderen Charakter, begründet durch erschwerte Bedingungen bei der Entwicklung und Bildung „anomaler" Kinder. Bei dem Verweis auf besondere Verfahren und Methoden, wie etwa den Anschauungs- und Arbeitsunterricht, erwähnte Spranger „die methodischen Sinnesübungen der Frau Montessori", ohne allerdings andere Heilpädagogen namentlich zu benennen (Fuchs 1927, 21).

Der Kongress von 1928 fand anlässlich der ersten Tagung der 1927 in London gegründeten „Internationalen Vereinigung der Lehrerverbände" in Berlin statt und präsentierte so namhafte Redner wie den Kultusminister Becker, die bekannten Hochschullehrer Kerschensteiner, Scheibner, Fischer und Jöde, Schulreformer wie Glöckel (Wien), Köhne (Hamburg), Karsen (Berlin), ferner exponierte Vertreter der Schuladministration und der Lehrerverbände. **Kongress Berliner Lehrerverband**

Auf diesem Kongress hielt Arno Fuchs einen Vortrag zum Thema „Das Sonderschulwesen". Er ging in seinem Vortrag zunächst auf die historische Entwicklung „der" Sonderschule ein, wobei er zwischen den älteren Sonderschulen für Taubstumme, Blinde und Geistesschwache und denen neueren Typs, entstanden im 19. und frühen 20. Jahrhundert, unterschied. Fuchs betonte vor dem Hintergrund der großen Erfolge des Sonderschulwesens und seiner Anerkennung durch die pädagogische Zunft nicht zuletzt auch die Gemeinsamkeiten zwischen Normalschul- und Sonderschulpädagogik und die unverzichtbare Rolle, die das Sonderschulwesen auch unter dem Aspekt der ökonomischen Erfordernisse der Gegenwart zu spielen habe. Dabei äußerte er zwar vorsichtige, aber durchaus unüberhörbare Kritik an einer zunehmenden ökonomischen und rassenbiologischen Argumentation in der Debatte um die pädagogische Förderung Behinderter:

„Die Volkswirtschaft wird immer wieder die Frage der Rentabilität oder mindestens einer ungefähren Kostendeckung des heilpädagogischen Aufwandes stellen. Volkswirtschaftliche und rassebiologische Gründe haben bekanntlich in unseren gegenwärtigen Notjahren sogar zur Erörterung des Problems einer gewaltsamen Abkürzung lebensunwerten Lebens geführt. Und wenn auch, besonders im Hinblick auf den Ausgang dieser Erörterung, das Bestehen der Sonderschuleinrichtungen durch das sittliche Empfinden des Volkes gesichert erscheint, so ist doch ihr Ausbau und ihre Förderung in vielen Beziehungen auch abhängig von der Stellungnahme der Volkswirtschaft." (Fuchs 1928, 414)

Diese Anspielung von Fuchs hatte einen sehr realen Hinterrund. Die eugenische Diskussion, die bereits im Kaiserreich Resonanz gefunden hatte, gewann angesichts des verlorenen Krieges und der sich verschlechternden wirtschaftlichen Lage zunehmend Einfluss auf die öffentliche Meinung, und sie blieb auch nicht ohne Einfluss und Wirkung auf die Heilpädagogen selbst (Ellger-Rüttgardt 1988; Brill 1994; Musenberg 2002). **eugenische Debatte gewinnt an Boden**

Bereits 1920, noch unter dem Eindruck der Kriegsniederlage, veröffentlichten Binding und Hoche ihr berühmt-berüchtigtes Buch „Die Freigabe der Vernichtung lebensunwerten Lebens", in dem sie unverhohlen für die **Binding und Hoche**

Euthanasie behinderter Menschen eintraten. Diese Schrift lieferte wichtige Schützenhilfe für all jene, die den Wert behinderter Menschen nur noch unter der Frage von Ökonomie und, immer mehr, unter dem des rassenhygienischen „Wertes" betrachteten. Damit führte die Agonie der Weimarer Republik auch zu einer Radikalisierung der Behindertenpolitik.

„Sophienhöhe" Jena   In seinem Arbeitsbericht über die „Sophienhöhe" für die Jahre 1928 bis 1930 vermittelt der Leiter Hanns Eyfert etwas von der Aufbruchstimmung in der Reform- und Heilpädagogik der 20er Jahre und zieht doch angesichts der wirtschaftlichen Notsituation eine resignierende Bilanz:

> „Die Erziehung der ‚Sorgenkinder' ist heute wieder geworden, was sie bisher stets gewesen ist: eine stille, Geduld erfordernde Nothilfe für einzelne Kinder, die den Kampf mit ihren Aufgaben und Pflichten nicht bestanden haben und deshalb an einer anderen ruhigeren Stelle versuchen müssen, mit besonderer Hilfe den gleichen Weg noch einmal aufzunehmen oder einen neuen zu finden – alles in allem eine bescheidene Arbeit, der die große Öffentlichkeit, die auf anderen Gebieten gewöhnt worden ist, jährlich große neue Fortschritte und überbotene Rekorde zu erwarten, auf die Dauer wenig Geschmack abgewinnen kann. Vor einigen Jahren schien dies anders werden zu sollen. Pädagogische Reformen, psychologische Modeströmungen und sozialpolitische Entwicklungen hatten die Heilpädagogik plötzlich in den Schnittpunkt zahlreicher weiterer Interessen gerückt und zum Schlagwort vieler Tagungen, zum Schauplatz pädagogischen und organisatorischen Ehrgeizes, ja selbst zum Gegenstand von Bilderserien in den ‚Illustrierten' gemacht. Es hat nur eines Jahres voller wirtschaftlicher Sorgen bedurft, um das laute Gerede rasch zum Schweigen zu bringen, für das die späteren Jahre wohl kaum wieder eine so günstige Konjunktur bringen werden." (Eyfert 1931, 1f)

5.3   Erneutes Streben nach Internationalität

Alle hoffnungsvollen Ansätze für eine stärkere Annäherung von allgemeiner und spezieller Pädagogik hatten keine wirklich Chance auf eine fruchtbare und gedeihliche Weiterentwicklung, und alle Bemühungen um internationale Verständigung und Kooperation kamen spätestens Anfang der 30er Jahre zum Erliegen. Der Versuch einer internationalen, übergreifenden heilpädagogischen Zeitschrift war 1905 mit dem Erscheinen von „EOS" in Wien und Leipzig begonnen worden und konnte sich immerhin bis 1920 am Leben erhalten. 1929 nahm der Wiener Salomon Krenberger, ein weltoffener, jüdischer Bildungsbürger, einen neuen Anlauf und rief die internationale Zeitschrift „Levana" ins Leben, deren hochgesteckte Ziele im Vorwort

Salomon Krenberger   zum ersten Jahrgang niedergelegt sind:

„Levana"

> „Die Vierteljahresschrift ‚Levana' soll [...] die wissenschaftliche und praktische Arbeit an Blinden, Taubstummen, Idioten, Schwachsinnigen, Sehschwachen, Schwerhörigen, Sprachgestörten, Psychopaten und Krüppeln fördern. Ärzte und Lehrer aus der ganzen Kulturwelt werden hier zu Worte kommen und bedeutende Gelehrte und Fachmänner sind Mitarbeiter. Die Beiträge sollen ein Bindeglied sein zwischen den Gleichstrebenden aller Nationen. Die Geschichte jedes Zweiges der Heilpädagogik, Artikel aus der Praxis, wissenschaftliche Erörterungen der Probleme, Besprechungen sind Teile der neuen Zeitschrift."

Und weiter lesen wir:

„Als Mitarbeiter gewannen wir bisher folgende hervorragende Fachmänner:

1. Karl Baldrian, Regierungsrat, Direktor i. R., Wien;
2. Dr. Eduard Burger, Hofrat, Landesschulinspektor, Wien;
3. Giulio Ferreri, Professor, Direktor, Mailand;
4. Dr. Herbert Henry Goddard, Universitätsprofessor, Columbus, Ohio, U.S.A.;
5. A. Gukelberger, Direktor, Wabern, Schweiz;
6. Dr. Karl Herfort, Universitätsdozent, Direktor, Prag;
7. A. Herlin, Inspektor, Brüssel;
8. Dr. Willibald Kammel, Universitätsdozent, Wien;
9. Dr. Friedrich Kanngießer, Braunfels ob der Lahn;
10. Dr. Johan Keller, Professor, Brejning, Dänemark;
11. Max Kirmße, Schriftsteller, Idstein im Taunus;
12. Paul Lange, Taubstummenlehrer, Delavan, Wisconsin, U. S. A.;
13. Dr. Hans Laubner, Universitätsprofessor Wien;
14. Josip Medved, Direktor i. R., Zagreb;
15. Alexander Mell, Hofrat, Wien;
16. Dr. Petzelt, Blindenoberlehrer, Breslau;
17. A. J. Schreuder, Direktor, Oosterbeek, Holland;
18. Adolf Schulmann, Direktor, Budapest,
19. Dr. Paul Schumann, Taubstummenoberlehrer, Leipzig;
20. Dr. A. Schuyten, Professor, Antwerpen;
21. B. Thollon, Inspektor am Nationalinstitut für Taubstumme, Paris;
22. Dr. Theodor Ziehen, Geheimrat, Professor, Halle a. Saale." (Krenberger 1929, 2f)

Mitarbeiter der „Levana"

Diese Zeitschrift kam über den ersten Jahrgang nicht hinaus. Auch sie wurde ein Opfer der sich zuspitzenden politischen und wirtschaftlichen Krisensituation (Kirmsse 1931).

Ähnlich erging es den Kongressen für Heilpädagogik, die sich auch an ein internationales Publikum wandten und in den folgenden Jahren stattfanden:

Kongresse für Heilpädagogik

1. Kongress für Heilpädagogik: München 1922
2. Kongress für Heilpädagogik: München 1924
3. Kongress für Heilpädagogik: München 1926
4. Kongress für Heilpädagogik: Leipzig 1928
5. Kongress für Heilpädagogik: Köln 1930

Mit dem Jahre 1930 enden die Kongresse endgültig. Der Versuch, die internationalen Kontakte nicht abbrechen zu lassen, führte zur Einberufung des 1. Internationalen Kongresses für Heilpädagogik, der kurz vor Ausbruch des Zweiten Weltkrieges und nun auf neutralem Boden stattfand, nämlich in Genf. Auf diesem Kongress gab es immerhin noch fünf Referenten aus Deutschland, wobei unter den Teilnehmern sich auch der Nazifunktionär Karl Tornow aus Magdeburg befand. In seiner Eröffnungsrede gedachte Heinrich Hanselmann des Todes Theodor Hellers, der als Österreicher jüdischen Glaubens nach Einmarsch der Deutschen 1938 einen Selbstmordver-

1. Internationaler Kongress

such unternommen hatte, an dessen Folgen er im Dezember 1938 starb. Für Vertrauen und Freiheit des Geistes werbend, wandte sich Hanselmann geradezu beschwörend an die Teilnehmer:

„Aus 32 Ländern haben sich hier über 300 Fachvertreter, Freunde und Gönner der Heilpädagogik versammelt, um geistige Zusammenarbeit anzubahnen und auszubauen. In unseren gegenwärtigen Zeiten werden die politischen Grenzen der einzelnen Länder auf der ganzen Welt mit besonderer Wachsamkeit hoch ummauert. Um so dringlicher ist darum jeder Versuch, das Misstrauen zu überwinden und den Beweis zu erneuern, dass Grenzen des Landes nicht Grenzen des Geistes sein müssen und nicht sein dürfen. Denn für den menschlichen Geist bedeutet alle Autarkie Lebensbedrohung, sie führt zur Dystrophie und schliesslich zur Atrophie. In dieser Überzeugung ist am 12. Dezember 1938 in Wien unser hochverehrter Ehrenpräsident, der Hauptinitiant für die Gründung unserer Gesellschaft, der Vater der neuzeitlichen Heilpädagogik in Europa, Dr. Theodor Heller, gestorben. Sein guter Geist wird in uns weiterleben, so lange wir aufrichtig sind und guten Willen haben." (Bericht über den I. Internationalen Kongress 1940, 9; s. a. Hoyningen-Süess 2005)

Theodor Heller

Wie schrieb der Historiker August Winkler doch so treffend: „Geschichtsschreibung über Weimar ist […] notwendigerweise immer auch Trauerarbeit." (1994, 11)

5.4   Jüdische Heilpädagogik und Wohlfahrtspflege

Zentralwohlfahrtsstelle ZWST

Noch mitten im Ersten Weltkrieg, 1917, und vor dem Hintergrund großer Flüchtlingsströme aus Osteuropa, gründete das deutsche Judentum eine Organisation, die, wie ihre großen Schwestern Innere Mission und Caritas sich der Fürsorge hilfsbedürftiger Juden annehmen sollte: die „Zentralwohlfahrtsstelle der Deutschen Juden". Eine der Initiatoren war Bertha Pappenheim (1895–1936), Frauenrechtlerin, Sozialarbeiterin und seit 1904 Vorsitzende des Jüdischen Frauenbundes (Kaplan 1981), der der mitgliedsstärkste Trägerverband der Zentralwohlfahrtsstelle (ZWST) wurde.

Professionalisierung jüdischer Wohlfahrt

Die Professionalisierung der jüdischen Wohlfahrtspflege war eine Antwort auf Prozesse des sozialen Wandels, die auch das deutsche Judentum gegen Ende des 19. Jahrhunderts erfasst hatte. Ausgelöst durch Geburtenrückgang und wirtschaftliche Krisenerscheinungen erfolgte eine Schwächung der traditionellen Familienhilfe für Kranke, Behinderte und Alte, und ein neuer Zweig außerfamiliärer Hilfesysteme in Form von ehrenamtlicher Tätigkeit, Zusammenschlüssen in Selbsthilfevereinigungen und schließlich der Gründung einer professionellen Dachorganisation wie der Zentralwohlfahrtsstelle entstand. Auf diesen Sachverhalt verweist die Festschrift anlässlich des 25-jährigen Bestehens des „Hilfsverein für die Jüdischen Taubstummen e. V." aus dem Jahre 1928, in der einleitend Eugen Wolbe schreibt:

„Zu allen Zeiten hat die jüdische Nächstenliebe sich nicht bloß der Mittel- und Erwerbslosen, der Siechen und Kranken, sondern auch der Blinden, der Taubstummen und der Schwachbegabten angenommen. Den Leidenden dieser Art hat die jüdische Familie in ihrem Schoße eine besonders liebevolle Pflege gewidmet. Bei dem Kinderreichtum, der im Judentum als ein Segen galt, waren die Familien weit verzweigt. Da die Achtung vor der religiösen Überlieferung in Werken der Nächstenliebe die Erfüllung der Thora erblickte, wurde die Fürsorge für die mit einem Gebrechen behafteten Familienmitglieder durch das Hinscheiden allernächster Angehöriger kaum beeinträchtigt: es fanden sich immer Verwandte, die sich jener Hilfsbedürftigen annahmen. Mit der Erschwerung der Erwerbsverhältnisse und dem im letzten Drittel des neunzehnten Jahrhunderts einsetzenden Geburtenrückgang, der die Familien und ihren Verwandtenkreis verringerte, trat ein Wandel ein. Wenn jetzt ein Todesfall den Siechen, Blinden, Taubstummen die Pforten ihres Elternhauses verschloß, erhob sich für sie die bange Frage: Was wird aus uns?" (Hilfsverein 1928, 1)

Durch die 1917 erfolgte Gründung eines Dachverbandes der „Zentralwohl- **jüdische** fahrtsstelle der Deutschen Juden", erhielt die jüdische Wohlfahrtspflege ihren **Einrichtungen** professionellen Charakter, der durch die Herausgabe eigener Publikationsorgane, wie den „Nachrichtendienst" und die „Zedaka" (1922–1928), die „Zeitschrift für jüdische Wohlfahrtspflege" (1929–1931) und schließlich die „Jüdische Wohlfahrtspflege und Sozialpolitik" (1931–1938), eine weitere Schärfung erfuhr. Jüdische Wohlfahrtsämter mit geschulten Kräften, besonders in den Großgemeinden, unterhielten sowohl offene Formen der Wohlfahrtspflege wie Armenvereine, Krankenpflegestationen, Ambulanzen, Beratungsstellen, Arbeiterfürsorge, Durchwandererfürsorge als auch Einrichtungen der geschlossenen Fürsorge in Form von Anstalten und Heimen. Gegen Ende der Weimarer Republik, im Jahre 1932, vereinigte die jüdische Wohlfahrtspflege unter ihrem Dach die in Tabelle 5.1 aufgeführten Einrichtungen.

Mit unverkennbarem Stolz bemerkten Jakob Segall und Frieda Weinreich in dem Vorwort ihrer grundlegenden Schrift aus dem Jahre 1925:

„Verglichen mit der gewaltigen Zahl von Wohlfahrtseinrichtungen der anderen großen Spitzenverbände muß das Verzeichnis der jüdischen Anstalten naturgemäß verhältnismäßig klein erscheinen. Der aufmerksame Leser und Kenner der Verhältnisse wird aber den Eindruck bekommen, daß die deutsche Judenheit, die etwas mehr als 1/2 Million Seelen zählt, über ein wohlausgebautes geschlossenes und halboffenes Wohlfahrtswesen verfügt, daß es keinen Zweig der Fürsorge gibt, der nicht seine besonderen Einrichtungen besitzt, wenngleich zuzugeben ist, daß auf manch wichtigen Gebieten – der Tuberkulose, der Geistes- und Nervenkrankheit, der Gefährdetenfürsorge – noch viel zu tun ist. Verglichen mit anderen europäischen Ländern ist Deutschland das einzige Land, in welchem die Judenheit eine systematische gutorganisierte Wohlfahrtspflege ausübt." (Segall/Weinreich 1925, IV)

Offenbar stärker als in katholischen oder evangelischen Einrichtungen dif- **Selbstverständnis** ferierte das jeweilige Selbstverständnis der einzelnen jüdischen Heime und **jüdischer** Anstalten, und zwar in Abhängigkeit von der Einstellung gegenüber der jü- **Einrichtungen** dischen Herkunft und dem nationalen politisch-religiösen Umfeld.

Diese prinzipielle Problematik thematisierte Hanni Coblenz, die 1927 eine Dissertation über die geschlossene jüdische Wohlfahrtspflege vorlegte:

Tab. 5.1: Einrichtungen der jüdischen Wohlfahrtspflege im Jahre 1932 (nach ZWST 1987; Walk 1996)

Art der Einrichtung	Zahl	Bettenzahl
Altersheime	58	2489
Obdachlosenheime	3	95
Erwerbslosenunterkünfte	3	105
Allgemeine Krankenhäuser	8	1333
Krankenhäuser im Verbund mit Altenheimen	6	439
Krankenhäuser für chronische Kranke	7	283
Anstalten für Blinde, Taubstumme und Geistesschwache	9	350
Sanatorien und Rekonvaleszenzheime für Kinder	26	1600
für Erwachsene	26	1420
Tbc-Sanatorien	2	96
Kinder- und Jugendheime	36	1655
Erholungsheime	28	730

„Zutiefst begründet liegt die Entwicklung der jüdischen Heime in dem tragischen Schicksal, das überhaupt über dem Judentum liegt und dessen sich jeder Jude bewußt werden müßte: einerseits starke Assimilation an das deutsche Milieu, der Wille, nicht nur Bürger des Staates aus Pflicht oder durch Geburt zu sein, sondern tiefe innere Gebundenheit an die deutsche Heimat, andererseits die Zugehörigkeit zu dem jüdischen Stamme, der trotz jahrhundertelangen Lebens in der Zerstreuung eine Eigenart bewahrt hat, die heute in Palästina einer neuen Einheit zustrebt." (Coblenz 1927, 5)

Die Zentralwohlfahrtsstelle existierte nur gut zwei Jahrzehnte. Mit dem Untergang des Judentums in Deutschland war auch ihr Ende gekommen: Sie wurde 1939 von den Nazis aufgelöst.

Theodor Heller, bedeutender Repräsentant der deutschsprachigen Heilpädagogik und Ehrenvorsitzender der Deutschen Gesellschaft für Heilpädagogik, Österreicher jüdischen Glaubens, sprach 1935 in Wien vom „Zusammenbruch der Heilpädagogik" in Deutschland (1959). Sein Appell, die in Deutschland bedrohten humanistischen Traditionen deutscher Heilpädagogik in Österreich bewahren zu helfen, war durch den „Anschluss" Österreichs zum Scheitern verurteilt; wie berichtet, nahm sich Theodor Heller unmittelbar nach Machtantritt der Nationalsozialisten das Leben.

Weitgehend vergessen bis in die Gegenwart ist nicht nur das Schicksal Theodor Hellers, sondern auch jener Zweig deutschsprachiger Heilpädagogik, der eng mit Heller verbunden ist, die jüdische Heilpädagogik (Ellger-Rüttgardt 1996; Drovs 2000).

Juden und Behinderte

Diese Feststellung rückt den Blick darauf, dass Behinderte und Menschen jüdischen Glaubens bzw. jüdischer Abstammung ein ähnliches Schicksal zur Zeit des Nationalsozialismus teilten. Beide Gruppen zählten zu jenen, die, da sie „anders" waren, gesellschaftlich ausgegrenzt wurden. Die enge Verbindung zwischen dem Los beider Minderheiten wird auf geradezu makabre Weise augenfällig, wenn man sich erinnert, dass die Tötungsmaschinerie der „Euthanasie" gegen Behinderte, ihre materielle und personelle Ausstattung, schon bald der Vernichtung der europäischen Juden diente. Henry Friedlander hat auf diesen bislang wenig beachteten Aspekt aufmerksam gemacht. Er verweist darauf, dass die „Endlösung" als Teil der nationalsozialistischen Sozialplanung gesehen werden muss, „zu deren Mitteln auch Maßnahmen wie Zwangssterilisation, Anstalts- und KZ-Haft und die sogenannte Euthanasie gehörten" (1989, 38; 1997). An diesen gemeinsamen Kontext erinnert Joseph Walk, wenn er schreibt:

„Und schließlich bedrängt uns der Zweifel, ob nicht alle jüdischen Kinder, unterschiedslos, im Jahre 1942 geistig und seelisch gefährdet waren, so daß sie unterschiedslos durch die von den Nazis an ihnen verübte ‚Sonderbehandlung' in die Kategorie der ‚Sondererziehung' einzustufen sind?" (Walk 1996, 67)

Auch Yaacov Rand variiert in seinem Essay denselben Gedankengang, indem er bemerkt:

„Es ist kein reiner Zufall, daß der Nazismus versuchte, nicht nur die Juden oder die Zigeuner zu vernichten, sondern auch diejenigen, die geisteskrank oder behindert waren oder irgendeine andere Art von Schwachheit zeigten […] Jüdische Waisenkinder wurden zusammen mit ihrem Betreuer und Vater Janusz Korczak nach Auschwitz geschickt. Ihre Asche wurde eins mit der aller deutschen Behinderten." (Rand 1996, 342)

Zedaka

Der Bereich der Heilpädagogik ist ein Teil all jener sozial-karitativen Aktivitäten, die in der jüdischen Tradition seit alters her mit dem Begriff „Zedaka" bezeichnet und durch das Gebot der Nächstenliebe begründet werden. Die Betonung des sozialen Charakters jüdischer Nächstenliebe wird durch die folgende Erläuterung aus dem Jüdischen Lexikon von 1927 belegt, wo es zum Begriff „Wohltätigkeit" heißt:

„Zedaka bezeichnet die pflichtmäßige Wohltätigkeit im Sinne ausgleichender sozialer Gerechtigkeit, die in der Hauptsache durch Hingabe von Vermögen und Vermögenswerten zum Wohle der wirtschaftlich Schwachen – früher durch Opfer an Vieh und Früchten, heute im wesentlichen durch Geldspenden – ausgeübt wird. Frühzeitig schärft die Bibel die Vorschrift ein: ‚Wenn ein Armer in deiner Mitte ist, so verhärte nicht dein Herz und verschließe nicht deine Hand vor deinem armen Bruder. Geben sollst du ihm wiederholt, und dein Herz sei nicht böse, wenn du ihm gibst.' (Deut. 15, 7ff) Diese Bereitwilligkeit, von seinem Überfluß zu spenden, ist dem jüdischen Volke schon vom ersten Stadium seiner geschichtlichen Entwicklung an, anerzogen worden durch eine Gesetzgebung, welche die soziale Fürsorge für die Schwachen und Besitzlosen zu einer religiösen Pflicht erhob, indem sie ihnen ein Recht auf ausreichende Hilfe gewährte und sie zugleich vor dem bedrückenden, demütigenden Gefühl des Almosennehmens schützte. Das ist der tiefste Sinn der Gesetze (Lev. 19, Deut. 14 u. 15) über die Nachlese auf den Feldern (Pea), über die Brotabgabe (Challa), die Zehntabgabe von Vieh und Getreide (Ma'asser und Teruma), über den Schuldenerlaß im siebenten Jahre (Schemitta), die alle in großzügiger und weitherziger Weise der moralischen und wirtschaftlichen Verarmung und Proletarisierung des Volkes vorbeugen wollten." (Jüdisches Lexikon 1927, IV, 2, Sp. 1475ff)

Behinderte im Judentum

Im Unterschied zu vielen Kulturen des Altertums wurden Menschen mit einer Behinderung im Judentum weder gesellschaftlich ausgeschlossen noch gar getötet. Vielmehr galt der Spruch aus der Bibel „Du sollst keinen Tauben verfluchen und vor einem Blinden kein Hindernis stellen." Moses selbst verkörperte physische Schwäche und war doch auserwählt, das Volk Israel zu führen. In einer Abhandlung aus dem Jahre 1911 über die Hygiene der Juden verweist der Autor sehr eindrücklich auf die das Judentum auszeichnende geistige und sittliche Kraft:

„‚Wer hat einen Mund dem Menschen gemacht? Oder wer macht stumm oder taub oder sehend oder blind? Nicht ich, der Ewige?' (Exod. IV, 11) Das ist die Antwort, die schon im Anfange seiner großen Mission dem zaudernden Moses entgegengehalten wird, da er, ein Stotterer von Natur, in seiner bescheidenen Größe die Eigenschaften eines Führers und Fürsprechers seines bedrückten unglücklichen Volkes nicht zu besitzen vermeint. Hier ist bereits der schroffe Gegensatz zu der Anschauung, der wir in noch viel späterer Zeit bei anderen Völkern begegnen, deutlich merkbar. Nicht ein grausames Schicksal, nicht die Rache der Götter, nicht ein blindes Naturgesetz hat Blindheit und Taubstummheit zu Wege gebracht. Gott selbst hat sie werden lassen, wie andere Unvollkommenheiten, Gebrechen und Unglücksfälle im menschlichen Leben, um durch sie hindurch die Menschen in positiver, gesunder, sittlicher Entwicklung und der fortschreitenden hygienischen Erkenntnis nach Linderung und Besserung jener Mängel sich durchdringen zu lassen […] Auch Salomo, der Weise, hat in einem Ausspruch die Sympathie für die Taubstummen zur Pflicht gemacht. ‚Tue auf deinen Mund für die Stummen und für die Sache aller, die verlassen sind.' (Sprüche 31, 8)" (Grunwald 1911, 164f)

Gebot der Nächstenliebe

Die Achtung vor der Thora, die ihren unmittelbaren Ausdruck in der Befolgung des Gebotes der Nächstenliebe findet, war und ist lebendiger Bestandteil des Judentums zu allen Zeiten seiner mehr als 5.000-jährigen Geschichte und verlor seine Geltung auch nicht in den Zeiten ärgster Bedrängnis. Dokumente aus drei unterschiedlichen Epochen mögen diese Kontinuität verdeutlichen. Noch aus dem Kaiserreich stammt der Aufsatz von Metz über das Altersheim des „Hilfsvereins für die jüdischen Taubstummen in Deutschland e. V.", und dort lesen wir:

„Das Bedürfnis, Werke der Wohltätigkeit zu üben, das Gefühl der Verpflichtung, Armen die Nöte des Lebens zu erleichtern, Schwachen eine Stütze und Bedrückten eine Zuflucht zu bieten, ist ein Zug, der, infolge jahrtausendelanger Betätigung, so tief im jüdischen Wesen Wurzel gefaßt hat, daß er von diesem nicht hinweggedacht werden kann, ohne es grundstürzend zu verändern und den Persönlichkeitswert um einen seiner schönsten und bedeutsamsten Teile zu vermindern. Die sozialen Gesetze, die – aus jüdischem Geiste geboren – in dem heiligen Buche niedergelegt sind, sind vielfach noch heute mustergültig und unübertroffen, und das höchste ethische Gebot: Liebe deinen Nächsten wie dich selbst (3. Buch Mos. 19, 18) […] ist noch immer Gemeingut aller sittlich empfindenden Menschen […]

Die Anschauung, daß die Wohltätigkeit eine der Grundsäulen des Weltbestehens sei, ist niemals, selbst in den Zeiten des schwersten Druckes und der tiefsten Erniedrigung, im Judentume verlorengegangen, und es ist bezeichnend für die hehre sittliche Auffassung, die es von dem Wesen der Wohltätigkeit hat, daß die hebräische Sprache für diesen Begriff keine eigene Benennung geprägt hat, sondern dafür das Wort ‚Gerechtigkeit‘ gebraucht, also die Wohltätigkeit als etwas bezeichnet, auf das dem Bedürftigen, d. h. demjenigen, der sich in materieller oder ideeller Notlage befindet, ein Rechtsanspruch zuerkannt ist." (Metz 1915, 46)

In unverkennbarer Anspielung auf den Ungeist der Nationalsozialisten bekannte der Hamburger Bankier Max Warburg auf der Jahresversammlung des Hilfsvereins der Juden in Deutschland 1935 in Berlin:

„Die Aufgabe des Hilfsvereins der deutschen Juden ist ausgedrückt in der der jüdischen Religion entnommenen Lehre: ‚Liebe deinen Nächsten wie dich selbst‘. Hierbei kennt der Begriff des ‚Nächsten‘ – wenn auch der Hilfsverein eine Spezialaufgabe hat – keine Grenzen, und es gilt, die Lehre zu erfüllen, ganz gleichgültig, wie die Umwelt dieses ‚Liebe deinen Nächsten‘ auffaßt, denn Gott schuf alle Menschen nach seinem Ebenbilde. Der Hilfsverein hat früher hauptsächlich den Juden im Auslande in schweren Pogromzeiten geholfen, jetzt ist es in erster Reihe unsere Aufgabe, denjenigen zu helfen, die aus seelischer oder materieller Not gezwungen sind, Deutschland zu verlassen." (Hilfsverein 1935, 6)

Und Shimon Sachs schließlich schrieb 1988 über die Stellung des behinderten Menschen in der jüdischen Überlieferung:

„Wenn man auch keine heilpädagogischen Betreuungen und medizinischen Untersuchungen über die behinderten Menschen in der biblischen Zeit finden kann, so sieht man doch, dass in der sozialen Gesetzgebung […] immer wieder darauf hingewiesen wird, dass die behinderten Menschen von ihren Familien, von ihren Gemeinden versorgt werden sollen. Sie müssen getragen werden, sie müssen mitgenommen werden, sie sind ein Teil des Ganzen. Dieser göttliche, biblische Kern bleibt bis in die Neuzeit bestehen. Die jüdischen Gemeinden haben auch in ihren schwersten Tagen immer ihre behinderten Menschen mit sich genommen, sie betreut, ihnen geholfen und sie niemals den Feinden ausgeliefert." (Sachs 1988, XIV)

Die Tabelle 5.2 gibt einen Überblick über jene jüdischen Einrichtungen in Deutschland, die zum Bereich der Sonderpädagogik gehören. Hinzuzufügen ist, dass die Blindenanstalt in Berlin primär Erwachsene aufnahm und dass ihr keine Schule angeschlossen war. Die jüdische Blindenschule für den deutschsprachigen Raum war die „Hohe Warte" in Wien.

jüdische Einrichtungen in Deutschland

Tab. 5.2: Jüdische Einrichtungen in Deutschland aus dem Bereich der Sonderpädagogik (nach Walk 1996, 47)

Name	Träger	Ort	Grün-dungsjahr	Bettenzahl	Bemerkungen
Israelitische Taubstummen-Anstalt für Deutschland	Verein	Berlin-Weißensee	1873	58	Erziehung und Unterricht taub-stummer Kinder aus dem ganzen Reich
Heim des Jüdischen Frauenbundes	Verein	Neu-Isenburg	1907	60	Erziehung und Schutz weiblicher Jugendlicher
Israelitisches Erziehungsheim Wilhelm-Auguste-Viktoria Stiftung	Deutsch-Israelitischer Gemeinde-Bund	Beelitz Mark-Branden-burg	1908	60	Aufnahme bildungs-fähiger geistig zurückgebliebener Kinder von 7–14 Jahren
Jüdische Blindenanstalt für Deutschland	Verein	Berlin-Steglitz	1909	42	Für blinde Erwachsene und Kinder aus dem ganzen Reich
Israelitisches Erziehungsheim	Verein	Marburg an der Lahn	1928	24	Heilpädagogische Betreuung schwer-erziehbarer schul-pflichtiger Kinder
Jüdisches Jugend- und Lehrheim	Deutsch-Israelitischer Gemeinde-Bund	Wolzig	1929	68	Aufnahme er-ziehungsschwieriger schulentlassener Jugendlicher, z. Zt. der Ausbildung (Anlernung für einen Beruf)
Heilerziehungs-anstalt „Calmenhof" (früher Idioten-anstalt)	Verein	Idstein (Taunus)	1924	nach Bedarf	Rituelle Abteilung in interkonfessioneller Anstalt für vorschul-pflichtige, schul-pflichtige und schul-entlassene geistig zurückgebliebne Kinder und Erwachsene

Es ist nicht möglich, von einer spezifischen jüdischen Sondererziehung zu sprechen, denn zu vielfältig und zu eng waren die Verbindungen zur nicht jüdischen Welt – es sei nur daran erinnert, dass Karl König (1902–1966), einer der Wegbereiter der anthroposophischen Heilpädagogik und der Camphill-Bewegung (Schmalenbach 2002; Grimm 2004) jüdischer Abstammung war. Auch innerhalb des Judentums existierten unterschiedliche Strömungen, und daher wäre es ein Trugschluss etwa anzunehmen, dass die jüdische Erziehung und insbesondere die Einrichtungen für behinderte und vernachlässigte Kinder und Jugendliche ausschließlich durch eine „fortschrittliche", reformorientierte Praxis gekennzeichnet gewesen wären. **Karl König**

So enthält der Bericht von Felix Reich auf der Jüdischen Erziehungskonferenz von 1923 über die Taubstummenanstalt in Berlin-Weißensee deutlich ablehnende Anspielungen gegenüber den praktizierten modernen Erziehungsgrundsätzen der Berliner Einrichtungen „Ahawa" und „Volksheim": **Felix Reich**

„Das Muster einer jeden Anstaltserziehung ist eine Familie mit innerlichem Zusammenhalt und gegenseitigem Vertrauen. Der Erzieher und Leiter soll als Mitmensch im Kreise der Kinder leben, aber wie der Vater, muß auch der Erzieher bei aller Zärtlichkeit über seinen Kindern stehen und nötigenfalls unbedingten Gehorsam verlangen. Unangebracht ist es, wenn Kinder im Alter von 10 Jahren sich in Schülerratssitzungen zu Richtern ihrer Lehrer machen. Autorität ist in Familie und Anstalt unbedingt notwendig." (Jüdische Erziehungskonferenz 1924, 34)

Über das Schicksal jüdischer Behinderter sowie der unterschiedlichen jüdischen Organisationen, Einrichtungen und Persönlichkeiten liegen bereits erste Erkenntnisse vor (Biesold 1988; Bendt/Galliner 1993; Ellger-Rüttgardt 1996; Drovs 2000; Köpcke-Duttler 2002). Es bleibt aber weitgehend Desiderat, welche theoretischen Unterschiede und Gemeinsamkeiten zwischen jüdischer und nicht jüdischer Heilpädagogik existierten, welcher Natur überhaupt die Verbindungen zwischen den Vertretern jüdischer und nicht jüdischer Heilpädagogik waren. **jüdische und nicht jüdische Heilpädagogik**

Pinchas Rothschild beispielsweise, Erzieher in dem Berliner Kinderheim „Ahawa" (Ellger-Rüttgardt 1996, 279ff), besuchte die heilpädagogischen Vorlesungen eines Ernst von Düring an der Universität von Frankfurt a. M. Von Düring hatte von 1916 bis 1922 die Arbeitslehrkolonie und Beobachtungsanstalt Steinmühle bei Frankfurt a. M. geleitet; sein Nachfolger in diesem Amt wurde Heinrich Hanselmann (v. Düring 1925, 7f). Siddy Wronsky, führende Vertreterin der jüdischen Wohlfahrtspflege und Sozialpädagogik, hatte ein heilpädagogisches Zusatzstudium absolviert (Liegle/Konrad 1989, 232) und Julius Moses schließlich, Mannheimer Arzt, ab 1926 Leiter der Städtischen Beratungsstelle für jüdische Bürger und Gründer des Jüdischen Wohlfahrtsamtes der Stadt Mannheim, war neben Ernst Kretschmer als Berater und Gutachter für das jüdische Heilerziehungsheim Marburg tätig. Er übte seine berufliche Tätigkeit an der Handels-Hochschule in Mannheim aus, an der der Psychologe und Pädagoge Otto Selz lehrte (Eberle 1996). Ferner ist davon auszugehen, dass der Schulversuch Siegfried Bernfelds mit dem „Kinderheim Baumgarten" in Wien nicht unbeeinflusst von seinen Erlebnissen in der

Berliner „Ahawa" gewesen ist, wo er eine Zeitlang als pädagogischer Berater tätig gewesen war (Ellger-Rüttgardt 1996, 287ff; Hillenbrand 1998).

Grundsätze jüdischer Erziehung

Ungeachtet der Vielfalt jüdischer Strömungen gibt es Grundüberzeugun-
gen, die die jüdische Erziehung auszeichnen und die von hoher Bedeutung
gerade für die Erziehung behinderter Menschen sind. Dazu gehören das
mosaische Liebes- und Gerechtigkeitsgebot und das uneingeschränkte
Recht auf Leben jedes Einzelnen. Die Gewissheit von der Gottesebenbild-
lichkeit des Menschen begründet die unbedingte Achtung vor der Würde
und der Individualität eines jeden menschlichen Wesens. Erinnert sei in
diesem Zusammenhang an den heimgekehrten Emigranten Max Horkheimer, der anlässlich eines Vortrags 1960 in Frankfurt sagte:

„Wer sich ernsthaft mit jüdischen Dingen beschäftigt hat, wird leicht den Unsinn
durchschauen, mit dem die Propagandisten des Hasses hausieren gehen. Wesentlich
bleibt – das ist die eigentliche Aufgabe der Erziehung, ohne die weder der jüdischen
noch der christlichen, noch der deutschen Sache geholfen wird –, daß die Menschen
empfindsam werden nicht gegen das Unrecht an Juden, sondern gegen Unrecht überhaupt, nicht gegen Judenverfolgung, sondern gegen Verfolgung schlechthin, daß sich
in ihnen etwas empört, wenn der einzelne, wer er auch sei, nicht als vernünftiges Wesen geachtet wird." (Horkheimer 1961, 19)

Bericht: Kinderheim „Ahawa"

Der Respekt vor der Individualität des einzelnen Menschen, die Überzeugung von der Veränderbarkeit menschlichen Schicksals, gepaart mit einem
optimistischen Bildungsideal und schließlich die Anerkennung der Zugehörigkeit eines jeden zur menschlichen Gemeinschaft – das sind die tragen-
den Grundpfeiler jüdischen Glaubens und jüdischer Erziehung, die bis zum
heutigen Tag Richtschnur pädagogischen Handelns sein können. Zum Abschluss möchte ich aus einer Quelle zitieren, die diese Haltung exemplarisch
zum Ausdruck bringt. In dem Bericht über das zehnjährige Bestehen des
Berliner Kinderheimes „Ahawa" von 1932 schreibt der Berichterstatter
Hansel Kern:

„Unser erstes Ziel ist nun, diese Schäden, die ihnen ohne eigene Schuld zugefügt wurden, zu heilen, ihnen andere Begriffe von Mensch und Menschlichem zu übermitteln
und darüber hinaus das Streben zu wecken, anders zu sein und zu werden als das Milieu, aus dem sie kamen."

Das gleichzeitige Trachten nach unbedingter Respektierung der Individualität der Zöglinge lässt die Berichterstatter nur wenig später schreiben:

„Wie ist es möglich, bei einer so festen Gruppengeschlossenheit […] eine Entfaltung
der Persönlichkeit zu ermöglichen? Wir Erzieher müssen uns dauernd bewußt sein,
daß wir Individuen vor uns haben, von denen jedes einzelne auf unsere Maßnahmen
anders reagiert. Und je größer die Kinder werden, um so stärker macht sich auch das
Streben nach besonderer Behandlung bemerkbar […] Hier gilt es nun, dem einzelnen
genügend Spielraum zu geben und ihn andererseits für die Gruppengemeinschaft zu
erhalten. Hier wie bei jeder pädagogischen Entscheidung muß der Grundsatz heißen:
Welches ist die für dieses Kind richtige Entscheidung und durch welche Maßnahmen
helfe ich ihm am besten zur Entfaltung seines eigenen Ich?" („Ahawa" 1932, 14ff)

5.5   Frauen in der Sonderpädagogik

Die Sonderpädagogik in Deutschland war seit ihren Anfängen und bis weit in das 20. Jahrhundert hinein männlich geprägt, und dennoch hat es auf diesem Feld bedeutende Frauen gegeben, die zum großen Teil erst noch zu entdecken sind. Für viele dieser Frauen war typisch, dass sie entweder gar nicht – aus welchen Gründen auch immer – ihre Überlegungen und Erfahrungen schriftlich niederlegten oder aber der praktischen Arbeit stets Priorität einräumten und damit, sofern sie überhaupt schrieben, meist nur ein schmales „Oeuvre" vorwiesen – Ausnahmen sind zweifellos Therese Platz und Maria Montessori.

Beispiel für die erste Kategorie von Heilpädagoginnen ist die US-Amerikanerin Anne Sullivan (1866–1936), der es gelang, durch die erfolgreiche Unterrichtung Helen Kellers an die von Howe begründeten Anfänge der Taubblindenpädagogik anzuknüpfen und sie erfolgreich fortzuführen. Anne Sullivan, stark sehbehindert, stammte aus ärmlichsten Verhältnissen, wuchs als Waisenkind in einem Armenhaus auf und entkam der Misere, als ihr der Zugang zur Bildung gelang. Anne wurde schließlich Lehrerin, und ihr gelang der sensationelle Bildungserfolg mit Helen Keller. Bis „zu ihrem Tode im Alter von 70 Jahren begleitet die Lehrerin ihre berühmte Schülerin" (Klein 2002, 348). **Anne Sullivan: Helen Keller**

Den zweiten Typus von Heilpädagoginnen, die nicht nur praktisch tätig waren, sondern auch schriftliche Zeugnisse hinterließen, verkörpern Jeanne-Marie von Gayette, Betty Hirsch und Frieda Stoppenbrink-Buchholz aus Deutschland sowie Alice Descoeudres aus der Schweiz, Therese Platz aus Riga und Thorborg Rappe aus Schweden.

Das erste berühmte, übergreifende Werk der Heilpädagogik stammt, wie bereits erwähnt, von Georgens und Deinhardt aus den Jahren 1861 und 1863. Wir wissen nicht, ob Jeanne-Marie von Gayette mit zu den Autoren des Werkes gehört, denn ihr Name wird nicht erwähnt. Belegt ist aber ihre Autorenschaft für das 1858 erschienene „Medicinisch-pädagogische Jahrbuch der Levana", wo sie neben Georgens und Deinhardt als Herausgeberin aufgeführt wird. Wir dürfen daher davon ausgehen, dass sie nicht nur an dem Erziehungsversuch der „Levana" beteiligt war, sondern auch theoretisch arbeitete. Doch wer war diese Frau? Die einschlägigen Handbücher und historischen Werke geben über sie wenig Auskunft. Sie soll Schriftstellerin gewesen sein, sich mit sozialen Fragen sowie Fragen der Frauenbewegung und des Familienlebens befasst haben (Lindmeier/Lindmeier 2002, 51), aber keine historische Arbeit der Vergangenheit oder Gegenwart gibt Auskunft über ihr Leben und Wirken, ihren Anteil an dem Erziehungsversuch der „Levana" oder gar ihre Mitarbeit an dem theoretischen Werk von Georgens und Deinhardt. **Jeanne-Marie v. Gayette**

Erinnert sei an Anna Catharina Elisabeth Heinicke, die nach dem Tode ihres Mannes mit großem Erfolg fast 50 Jahre lang die Leipziger Taubstummenanstalt leitete. Sie war nicht nur eine glänzende Organisatorin, sondern zugleich eine innovative und kompetente Fachfrau. Auch Therese **Therese Platz**

Platz übernahm nach dem Tod ihren Mannes Friedrich Platz 1864 die einzige russische Idiotenanstalt in Riga. Sie leistete nicht nur eine verschiedentlich bekundete hervorragende pädagogische Arbeit[47], sondern besaß ferner die Kühnheit, sich mit theoretischen Fragen des Idiotismus zu beschäftigen.

Therese Platz veröffentlichte 1880 das Werk „Die Heilpflege und Erziehung zurückgebliebener, schwachsinniger und idiotischer Kinder". Darin kritisierte sie, unter expliziter Berufung auf Georgens und mit Verweis auf Séguin, die ungeklärte Definitionsfrage des Phänomens „Idiotismus" und zog damit die Gegnerschaft der seit 1874 bestehenden „Konferenz für Idioten-Heil-Pflege", namentlich ihres Präsidenten Pastor Heinrich M. Sengelmann, auf sich. In dem Publikationsorgan der „Konferenz" findet sich eine vernichtende Rezension des Buches von Therese Platz, vermutlich verfasst von Sengelmann, das als „Abklatsch aus bereits vorhandenen Schriften" (Zeitschrift für das Idiotenwesen, 1. Jhrg. 1880, 14) geschmäht wird. Die letztlich hilflose Antwort auf die von Platz eingeforderte sachliche Debatte zeigte sich in dem Versuch, sie lächerlich zu machen bzw. zu ignorieren. Therese Platz, die als einzige Fachfrau an der 3. Konferenz im September 1880 in Stuttgart teilgenommen hatte, wurde im Konferenzprotokoll weder mit einem Redebeitrag erwähnt noch wurde sie – im Unterschied zu allen anderen männlichen Teilnehmern des Auslandes – besonders begrüßt (Schümann 2001, 245). Mehr oder weniger war Therese Platz für die Konferenz eine „Unperson". Max Kirmsse allerdings würdigte sie in dem Handbuch der Heilpädagogik von 1911. Dort heißt es:

„Frau P., eine sowohl theoretisch als auch praktisch äußerst tüchtige Erzieherin wandelte bezüglich ihrer Methode namentlich in den Bahnen Séguins, Fröbels und Georgens [...] deren Ideen sie weiter auszubauen suchte. Sie war auch schriftstellerisch tätig: ‚Was ist Idiotie?' Riga 1876; ‚Die Pflege und Erziehung zurückgebliebener Kinder' Leipzig 1880 [...]" (Kirmsse 1911a, Sp. 1226)

Therese Platz hatte übrigens, ähnlich wie Georgens und Deinhardt, für eine stärkere gemeinsame Erziehung behinderter und nicht behinderter Kinder plädiert, allerdings unter der Prämisse einer Veränderung der traditionellen Lernschule. Wir lesen in ihrem Buch von 1880 zu dieser Frage:

„Selbstredend liegt es nicht in meiner Absicht, für nichtidiotische, aber unbegabte, stumpf- und schwachsinnige, beschränkte oder aus irgendwelchem Grunde in der Entwicklung und Erziehung zurückgebliebene Kinder überall die Errichtung besonderer Anstalten zu befürworten. Kinder dieser Art müssen durchweg in den bestehenden öffentlichen Schulen oder Privaterziehungsanstalten Aufnahme finden. Ein solches Vorgehen wäre schon deshalb vorteilhaft, weil solche Kinder stets einer besonderen Anregung bedürfen, die ihnen unwiderleglich am zweckmäßigsten durch den Umgang und das Zusammenleben mit gesunden und kräftigen Kindern allein ausreichend gewährt werden kann [...]
So lange jedoch unsere öffentlichen Schulen und die ihnen gleichstehenden Privatanstalten für die gesunden Kinder vorwiegend oder ausschließlich dem gedächtniss-

mäßigen Lernen Rechnung tragen, und infolgedessen nicht im Stande sind, die gesammten gemüthlichen, geistigen und körperlichen Kräfte des Kindes in Anspruch
zu nehmen, zu entwickeln und auszubilden, ist es gewiss anempfehlenswerth, dass
man nicht blos die ‚kranken‘, sondern auch die zurückgebliebenen, beschränkten,
schwachsinnigen, stumpfsinnigen und verstandesschwachen Kinder in heilpädagogischen Anstalten so lange unterbringe, bis sie ‚schulfähig‘ geworden, was dadurch
möglich, daß man in diesen Anstalten für sie eine besondere Abtheilung einrichtet, in
der ihrer Individualität […] specielle Aufmerksamkeit gewidmet wird, die ihnen gegenwärtig die öffentliche Schule nicht zu gewähren vermag." (Platz 1880, 163ff)

Ich möchte im Folgenden Sonderpädagoginnen des 20. Jahrhunderts vorstellen, nämlich Betty Hirsch, Frieda Stoppenbrink-Buchholz und Stefa
Wilczynska, deren Biografien und Wirken genauer erforscht sind (Pluhar et
al. 1996; Ellger-Rüttgardt 1997; Sachs 1989) und die in exemplarischer Weise
den bislang weitgehend vergessenen weiblichen Anteil der Heilpädagogik
repräsentieren. Dabei ist allen drei, trotz aller Unterschiedlichkeit, gemeinsam, dass sie reformorientiert dachten und arbeiteten, in internationalen
Referenzräumen zu Hause waren und ein hohes soziales Engagement praktizierten. Für Frieda Stoppenbrink-Buchholz und Betty Hirsch gilt darüber
hinaus, dass sie für eine enge Verbindung von Allgemeiner Pädagogik und
Heilpädagogik eintraten und zugleich, wegen fehlender Akzeptanz in der
männlichen Fachwelt, weitgehend isolierte Einzelgängerinnen blieben und
damit keinen Einfluss auf den Diskurs ihrer Fachdisziplin Heilpädagogik
gewinnen konnten. Es ist vielleicht kein Zufall, dass das Leben aller drei
Frauen in besonderer Weise durch das Dritte Reich geprägt wurde, das uns
im folgenden Kapitel beschäftigen wird.

**Sonder-
pädagoginnen des
20. Jh.**

Betty Hirsch wurde am 15. Januar 1873 in Hamburg geboren. Sie kam aus
einem großbürgerlichen, jüdisch-orthodoxen Elternhaus, dessen Vorfahren
aus Dänemark stammten. Im Alter von zwölf Jahren verunglückte Betty
beim Schaukeln im Garten und erlitt eine Verletzung, die schließlich zu ihrer
vollständigen Erblindung führte. Ausgestattet mit einem starken Willen und
dem Streben nach Selbständigkeit erreichte Betty die Aufnahme in die Blindenschule in Berlin-Steglitz im Jahre 1893. Hier erlebte sie zum ersten Mal
gesellschaftliche Klassenunterschiede, die in ihr ein starkes soziales Engagement auslösten; sie beschloss, Lehrerin zu werden. Als blinde, jüdische Frau
war Betty in gewisser Weise dreifach chancenlos: Frauen waren erst seit wenigen Jahren zum Lehrerberuf zugelassen, jüdischen Frauen wurde darüber
hinaus der Zugang zum Beruf durch den wachsenden Antisemitismus erschwert, und für blinde Frauen gab es schließlich keine anderen Berufe als
die für blinde Männer, nämlich die üblichen Handwerke wie Stühleflechten,
Korbflechten und Stricken.

Betty Hirsch

Betty Hirsch interessierte sich auch für Musik, und sie überlegte daher,
Sängerin zu werden. Die Jahre 1895 und 1896 vergingen mit intensiven Mu-
sikstudien in der Anstalt, vor allem in den Fächern Klavier und Sologesang.
Bereits 1895 fragte Direktor Wulff im Israelitischen Blindeninstitut Hohe
Warte in Wien an, ob Betty dort nicht als Musikhilfslehrerin angestellt wer-
den könnte, was allerdings abgelehnt wurde.

Musikstudien

Ihre ersten pädagogischen Erfahrungen sammelte Betty Hirsch ab 1897 in der „Abnormenanstalt" Fürstenwalde, wo sie taubblinde und schwachsinnige Zöglinge unterrichten sollte. Die erste Enttäuschung ließ nicht lange auf sich warten, denn das Heim war in keiner Weise professionell geführt, und zudem lag die Anstalt weit außerhalb von Berlin, völlig abgeschlossen von der Außenwelt. Betty Hirsch hingegen hatte sich vorgestellt, einmal in der Woche nach Berlin fahren zu können, um dort am kulturellen Leben teilzunehmen. Sie gab die Tätigkeit in Fürstenwalde auf und nahm ein Musikstudium am Stern'schen Konservatorium in Berlin auf. Im Kreis ihrer Kommilitoninnen erlebte sie sich als völlig dazugehörig und verantwortlich für das, was sie tat, und niemand bevormundete sie.

An ihrem 30. Geburtstag 1903 hatte Betty Hirsch ihr Konzertdebüt in Hamburg. Der Saal war ausverkauft, die Kritiken sehr freundlich. Es folgten Konzerte in Hannover, Celle, Lübeck und anderen Städten. Nebenbei lernte Betty Hirsch Schreibmaschine schreiben und hatte mehrere Privatschüler. Einen Heiratsantrag ihres Freundes und Pianisten lehnte sie ab. Die Organisation der Konzerte lag zunehmend auf ihren Schultern. Zusammen mit den vielen Sprachstunden, die für den Lebensunterhalt nötig waren, und der unzureichenden Ernährung war sie bald mit allem überfordert. Es kam zu einem Nervenzusammenbruch, und während eines mehrmonatigen Krankenhausaufenthaltes rang sie sich durch, die Musik und auch die Beziehung zu ihrem Freund aufzugeben.

Sprachstudien Im Frühjahr 1908 ging Betty Hirsch nach England, um Sprachstudien zu betreiben. Finanziert wurde ihr Aufenthalt durch ein Stipendium der Hamburger Schulbehörde. Anfang August 1909 kehrte sie zurück, ohne jedoch ein bestimmtes Ziel vor Augen zu haben. In den folgenden vier Jahren gab Betty Hirsch Privatunterricht, zunehmend auch Sprachunterricht bei erwachsenen Sehenden, und sie entschied sich, das Sprachlehrerinnenexamen abzulegen. Sie bereitete sich extern vor und bestand am 17. September 1913 die Prüfung als erste Blinde. Nun war sie geprüfte Sprachlehrerin und durfte theoretisch das Fach Englisch an mittleren und höheren Mädchenschulen unterrichten. Im Sommer 1914 nahm sie am Ferienkurs der Londoner Universität teil. Sie hielt sich in London auf, als am 1. August 1914 der Erste Weltkrieg ausbrach. Am 16. September 1914, auf der Rückreise, hörte sie zum ersten Mal das Wort „Kriegsblinder". Sofort kam ihr die Idee, den Kriegsblinden zu helfen. Schon im Zug eröffnete sie eine kleine Sammlung unter den Mitreisenden. Von dem Geld kaufte sie später die erste Blindenuhr für einen Kriegsblinden.

Kriegsblindenschule Betty Hirsch hörte von dem Geheimrat Prof. Dr. Paul Silex, dem damals berühmtesten deutschen Augenarzt, der sich in Berlin in seiner Privatklinik der Kriegsblinden angenommen hatte. Sie suchte Geheimrat Silex auf und überzeugte ihn von ihrer Absicht, die Kriegsblinden zu unterrichten. Am 22. November 1914 wurde die Kriegsblindenschule gegründet, und Betty Hirsch nahm den Unterricht mit fünf Kriegsblinden auf. Sie erteilte den Unterricht ehrenamtlich und ernährte sich derweil durch Privatstunden; noch während des Ersten Weltkrieges erhielt sie allerdings die Posi-

Abb. 5.2:
Kriegsblindenschule
Dr. Silex, Berlin

tion einer fest angestellten Lehrerin. Die Kriegsblindenschule war eine Privateinrichtung, die sich jahrelang aus Spenden finanzierte. Der Name des Geheimrats Silex war in Berlin so bekannt, dass die Spenden reichlich flossen.

Von nun an galt Betty Hirschs ganzes Leben nur der Schule, die mit der Einlieferung von immer mehr Kriegsblinden ständig wuchs. Sie erkannte, dass sie mit der Arbeit in dieser Schule ihre Lebensaufgabe gefunden hatte. Doch die meisten Kollegen an den Blindenschulen blickten eher argwöhnisch auf die Arbeit der Kriegsblindenschule. Ein Direktor Bauer schrieb im „Blindenfreund" von 1916:

„Der Weg nach Spandau ist da! Freuen wir uns dessen und seien wir Herrn Professor Silex und Fräulein Hirsch dafür dankbar, verachten wir aber auch das Alte nicht. Freuen wir uns der regen Anteilnahme und Mithilfe der Behörden und Blindenfreunde; aber man überlasse doch uns Fachleuten, die wir unsere ganze Lebenskraft dem Blinden widmen, die Hauptfürsorge für die Blinden und Kriegsblinden. Wir sind doch auch Männer mit Herz und Kopf; wir werden alles prüfen, das Gute behalten und es auch schon zu benutzen wissen." (Pluhar et al. 1996, 219)

Betty Hirsch war über die andauernde Nichtanerkennung durch die Blindenoberlehrer zeitlebens gekränkt. In einer Festschrift zum dreijährigen Bestehen der Kriegsblindenschule 1917 berichtete sie über die Erfolge ihrer Arbeit und schrieb abschließend:

„Unsere Arbeit ist von vielen Seiten stark angegriffen worden, teils sollen wir nicht fachmännisch genug vorgegangen sein, teils macht man uns den Vorwurf, daß wir unsere Schützlinge verwöhnen. Wir gehen jedoch von dem Standpunkt aus, daß wir in unseren erblindeten Soldaten keine Kinder vor uns haben, sondern Männer, und daß wir diesen das Umlernen so leicht und angenehm wie möglich machen müssen, wenn wir auch vom gewohnten Weg der strengen Pädagogik abweichen. Nichts ist für unsere Kriegsblinden qualvoller, als wenn sie sich zum Kinde herabgedrückt und entmündigt sehen, das Verhältnis zwischen Schüler und Lehrer wird bei uns zur Freundschaft und dadurch eine Freude für beide Teile. Der Späterblindete ist unseren Kriegsblinden gegenüber wohl der beste Fachmann, dessen Erfahrungen und Erfolge im Leben dem Kriegsblinden neuen Mut und Arbeitsfreudigkeit geben. Was aber die Verwöhnung betrifft, so halten wir es für die höchste Pflicht eines jeden Menschen, für dessen Sicherheit und Wohlsein unsere Soldaten gekämpft und gelitten und noch ihr ganzes Leben hindurch zu leiden haben, jede Arbeit und jedes Unternehmen, das ihnen eine Befreiung ihrer zukünftigen Lage schaffen kann, soweit es irgend möglich ist, zu erleichtern." (Pluhar et al. 1996, 219f)

Alle eingelieferten Kriegsblinden wurden in Punktschrift unterrichtet, je nach ihrer Herkunft, ihren Interessen und Zukunftsabsichten jedoch unterschiedlich in Schnelligkeit und Umfang. Einigen, die vorher kaum lesen oder schreiben konnten, genügte die Vollschrift, andere, Akademiker oder Kaufleute, erhielten intensivere Übungen in Kurzschrift.

Berufe für Kriegsblinde

Schon bald stellte sich die Frage nach den Arbeitsmöglichkeiten für die Kriegsblinden. Auf der Suche nach einem „richtigen Beruf" wandte sich Betty Hirsch an den Vater einer ihrer Schülerinnen, der Rektor einer Munitionsfabrik in Spandau war. Dieser ließ sich auf das Experiment ein, und die Zahl der Kriegsblinden, die in Spandau arbeiteten, stieg schnell an. Andere Industriebetriebe, wie Siemens und AEG, kamen hinzu. Der Vorgang war überall der gleiche. Zunächst Skepsis, dann das große Erstaunen, dass Blinde überhaupt arbeiten können, danach die Anstellung, die durch den Nimbus der Kriegsblinden den Direktoren der Firmen einen sozialen, menschenfreundlichen und vaterländischen Anstrich gab und zudem den Firmen diente, die nicht wussten, wie sie während des Krieges ihren Arbeitskräftebedarf decken sollten.

Der größte Teil der Kriegsblinden im Ersten Weltkrieg war vor der Erblindung in der Landwirtschaft tätig gewesen. Auch für diesen Personenkreis suchten Betty Hirsch und Geheimrat Silex Umschulungsmöglichkeiten. Das Gut Halbau in Schlesien wurde ihnen für diesen Zweck zur Verfügung gestellt. Hier lernten nun ehemalige Bauern und Landarbeiter, Tätigkeiten in der Landwirtschaft unter Blindheitsbedingungen auszuführen.

Ein weiterer Personenkreis wurde im Hinblick auf eine zukünftige Arbeit ausgebildet: Maschinenschreiber und Telefonisten, im weitesten Sinne Büroberufe. An einigen Blindenschulen wurde Maschineschreiben schon unterrichtet, aber nirgends so intensiv, dass Blinde anschließend in Büros arbeiten konnten. Betty Hirsch erkannte die große Chance, die in dieser Art von Arbeit für Blinde steckte und bildete zunächst versuchsweise Blinde zu Phonotypistinnen und Maschineschreibern aus, nicht ohne zuvor für jeden Einzelnen einen späteren Arbeitsplatz zu suchen.

Aber ihre Tätigkeit erstreckte sich nicht nur auf den zu erteilenden Unterricht, sondern sie pflegte Formen der nachgehenden Fürsorge in Form von Berufsberatung, Stellensuche und Fahrten zu den Heimatorten der Schüler.

Nachgehende Fürsorge

Durch die Kriegsblindenschule in Berlin war den Blinden zum ersten Mal die Möglichkeit zu Industriearbeiten eröffnet worden. Die Schule hatte eine Entwicklung in Gang gesetzt, die Generationen von Blinden, nicht nur Kriegsblinden, einträgliche Beschäftigungen erschloss, denn vor 1917 war Blinden eine Beschäftigung in der Industrie nicht erlaubt. 1915 war es ein Zivilblinder im Siemens-Schuckert-Werk, der das Verbot als Erster – sicher nicht ohne Billigung der Betriebsleitung – ignorierte. Der Kriegsblindenlazarettschule bleibt das Verdienst, die Situation blinder Menschen erkannt und ausgeschöpft zu haben. Ähnliches trifft zu für die Büroberufe, den Masseur sowie Eingliederungsmaßnahmen wie Bäcker, Fleischer und Sattler. Die ganze Arbeit aber stand und fiel mit der nachgehenden Fürsorge – eine Feststellung, die auch heute noch gilt.

Bis November 1918 wurden insgesamt 250 Kriegsblinde in der Lazarettschule von Berlin ausgebildet. Nach dem Krieg führte Betty Hirsch die Schule unter dem Namen „Kriegsblindenschule Geheimrat Silex" weiter. 1921 zog sich Silex zurück und übereignete ihr das Mobiliar. Betty Hirsch war jetzt die Besitzerin der Privatschule, die sich zunehmend auf die Umschulung Blinder in Büroberufe spezialisierte. 1925 übernahm die Hauptfürsorgestelle von Berlin den größten Teil der Finanzierung, aber weiterhin trieb Betty Hirsch Spenden auf. Sie unternahm verschiedene Auslandsreisen nach Dänemark, Norwegen, England und 1927 in die USA, wo sie auch zweimal mit Helen Keller zusammentraf. Auf diesen Reisen hielt sie jeweils Vorträge über ihre Arbeit. Am 15. Januar 1933 feierte Betty Hirsch ihren 60. Geburtstag. Nur zwei Wochen später wusste sie, dass sie Deutschland verlassen musste. Zwanzig Jahre hatte sie ihre Schule geleitet, über 1.000 Blinde hatten sie und ihre Kollegen ausgebildet. Das oberste Ziel war, die Schule zu erhalten, was aber nur möglich war, indem Betty Hirsch die Leitung abgab. Sie veranlasste Dr. Thiermann, ihren Stellvertreter, in die SA einzutreten, um die Schule bis zu ihrer Rückkehr zu leiten. Die Stadt Berlin kaufte ihr das Mobiliar für 1.300 RM ab.

Leitung der Blindenschule

Am 26. Oktober 1934 traf Betty Hirsch in England als Emigrantin ein. Alle noch übrigen Familienmitglieder kamen später in Konzentrationslagern ums Leben. In England erarbeitete sie sich einen spärlichen Lebensunterhalt durch Sprachunterricht; sie wurde zweimal ausgebombt. Der gebürtige Hamburger Manfred Vanson erinnerte sich sehr genau an Betty Hirsch. Als Mitarbeiter der British Jewish Blind Society lernte er sie während der Zeit in London kennen:

Emigration

„Ich bin ihr zu großem Dank verpflichtet. Sie machte mir klar, daß ich erst dann meine Aufgabe erfüllt haben würde, wenn es mir gelänge, für die Flüchtlinge eine Arbeit zu finden. Ich bezweifle, ob ich in dieser Angelegenheit viel zustande gebracht hätte, wenn es sie nicht gegeben hätte. Während des Krieges war es in Großbritannien eine schwierige Angelegenheit, überhaupt Beschäftigung für Blinde im Wirtschaftsleben zu finden – die Flüchtlinge, denke ich, haben dazu wesentlich beigetragen.

Ich sehe Betty Hirsch noch, wie sie in mein Büro stürmt und mich nach den Fort-schritten meiner Bemühungen befragt. Wenn ich mich recht erinnere, trug sie ein Mo-nokel mit einem dunklen Glas, das herunterbaumelte. Ich war mir nicht ganz sicher, wie gut sie sich orientieren konnte, aber sie hätte mit Sicherheit keine Hilfe von mir angenommen." (Ellger-Rüttgardt 1996, 223f)

Scheitern nach Rückkehr

Am 20. Januar 1947, fünf Tage nach ihrem 74. Geburtstag, kehrte Betty Hirsch zurück in das chaotische Nachkriegs-Berlin und suchte nach ihrer Schule, die inzwischen Silex-Handelsschule hieß. Die Schule war 1943 in die Lausitz verlagert worden, im Februar 1945 geteilt und in die Oberpfalz bzw. nach Bayern verlegt worden. Betty Hirsch half dabei, dass Dr. Thiermann einen „Persil-Schein" (eine Art Unbedenklichkeitserklärung im Zuge der „Ent-nazifizierung" nach Kriegsende) ausgestellt bekam. Am 7. Mai 1947 erhielt sie vom Magistrat der Stadt Berlin den schriftlichen Auftrag, die Rückverle-gung der Silex-Handelsschule vorzubereiten. Sie kämpfte mit unvorstellba-ren Schwierigkeiten, da nichts im Nachkriegs-Berlin funktionierte; die ge-samte Infrastruktur war zerstört. Und dennoch gab sie nicht auf. Ihr Ziel war, ihre Schule an eine allgemeine Handelsschule anzugliedern. Dieses Ziel wurde nicht erreicht. Ohne ihr Wissen und ohne ihre Zustimmung wurde die Handelsschule der Steglitzer Blindenanstalt angegliedert.

Betty Hirsch gab sich verbittert geschlagen. Sie erteilte wieder Privatun-terricht. Am 15. Januar 1953 wurde ihr 80. Geburtstag groß in der Presse ge-feiert. Zu dieser Zeit begann sie, ihre Erinnerungen aufzuschreiben. Weit-gehend vergessen starb Betty Hirsch am 8. März 1957 im Krankenhaus an Altersschwäche. Ihr Grab kann nicht besucht werden – es wurde 20 Jahre nach ihrem Tod eingeebnet, da keiner mehr für die Kosten aufkam.

Betty Hirsch kämpfte als blinde und jüdische Frau in einer von Männern beherrschten Gesellschaft für ihre eigene Identität und Selbstbestimmung, aber zugleich für die ihrer Schicksalsgenossen. Geleitet von den Bedürfnis-sen und Möglichkeiten jedes Einzelnen, hielt sie im Bereich der beruflichen Qualifizierung Ausschau nach erweiterten Ausbildungs- und Berufschan-cen, die den erblindeten Soldaten des Ersten Weltkrieges zu einer Rückkehr in die Gesellschaft verhelfen sollten.

Diese vielseitige, hochqualifizierte und durch zahlreiche Auslandsreisen gebildete „deutsche Helen Keller", wie sie nicht selten tituliert wurde, war durch ihre unkonventionelle und zugleich erfolgreiche pädagogische Arbeit vielen männlichen Repräsentanten ihrer Zunft ein Dorn im Auge. Ungeach-tet ihrer großen pädagogischen Erfolge und Kompetenz blieb sie ein Leben lang fachlich isoliert – hier zeigt sich eine Parallele zu der Hilfsschulpädago-gin Frieda Stoppenbrink-Buchholz, von der gleich die Rede sein wird.

Betty Hirsch, wie so viele andere deutsche Emigranten, wurde nach 1945 keineswegs mit Freuden empfangen – ganz zu schweigen etwa von Aner-kennung und Respekt. Ihr großer Traum, neue Ideen der gemeinsamen Er-ziehung blinder und sehender Schüler, wie sie sie in Amerika kennengelernt hatte, auch im Berlin der Nachkriegszeit zu verwirklichen, scheiterte – musste scheitern. Es sollten Jahrzehnte vergehen, bis sich die deutschsprachige Heilpädagogik an Betty Hirsch und ihre zukunftsweisende Pädagogik für behinderte Menschen erinnerte.

Frieda Buchholz, geboren am 28. April 1897 in Breslau, besuchte in ihrer Heimatstadt die städtische Mittelschule, das Lyzeum und schließlich das Oberlyzeum der Cecilienschule, das sie 1916 mit dem Reifezeugnis verließ. Frieda Buchholz wuchs im Osten der Stadt in bescheidenen, aber geordneten Verhältnissen auf. Schon als Jugendliche entwickelte sie ein starkes soziales Engagement, das durch die direkte Konfrontation mit Not und Elend ausgelöst wurde. Während ihrer letzten vier Schuljahre organisierte sie gemeinsam mit anderen Schülerinnen regelmäßig Sammelaktionen, um Not leidende Kinder in Breslau mit Nahrung und Kleidung zu versorgen. Auch die ersten Kontakte zu Hilfsschülern hatte Frieda Buchholz bereits als Jugendliche. Eine Tante war als Hilfsschullehrerin in Hamburg tätig, und während der Ferien nutzte das junge Mädchen den Besuch bei der Tante, um diese Schulform kennenzulernen. Ihr ausgeprägter sozialer Gerechtigkeitssinn sowie ihre frühen und zahlreichen Unterrichtsbesuche in der Hilfsschulklasse ihrer Tante waren bedeutsame Motive für ihren Entschluss, den Lehrerinnenberuf zu ergreifen.

Frieda Buchholz

Am 1. April 1917 trat Frieda Buchholz in den Hamburger Schuldienst ein und war ab 1919 als Hilfsschullehrerin in Bergedorf bei Hamburg tätig. Frieda Buchholz war mit Leib und Seele Lehrerin. All ihr Bemühen war darauf gerichtet, den besonders benachteiligten Kindern der Hilfsschule ein Höchstmaß an pädagogischer Förderung zuteil werden zu lassen. So wie sie bereits während ihres Landschuldienstes nachmittags mit „zurückgebliebenen" Kindern besonders gearbeitet hatte, so bemühte sie sich nun in der Hilfsschule um eine veränderte Unterrichtspraxis und eine sozialpädagogische Betreuung ihrer Schüler.

Hilfsschullehrerin

Angeregt durch eine intensive Beschäftigung mit den verschiedenen Strömungen der pädagogischen Reformbewegung machte sich Frieda Buchholz daran, mit viel Eifer, pädagogischem Geschick und großer Kompetenz, die Lernschule alten Stils hinter sich zu lassen. Dabei war das Bemühen um eine innovative Unterrichtspraxis aufs Engste verknüpft mit prinzipieller Infragestellung der Institution Hilfsschule. Frieda Buchholz teilte die Auffassung Peter Petersens, dass durch ein verändertes Selbstverständnis sowie eine Neuorganisation der allgemeinen Volksschule eine eigenständige Hilfsschule überflüssig werden könnte (s. S. ##). In pragmatischer Einschätzung der Tatsache, dass die von Petersen propagierte schulpädagogische Umgestaltung der Regelschule ein nur langfristig zu verwirklichendes Ziel war, konzentrierte sich Frieda Buchholz in ihrer praktischen Arbeit darauf, die innere Struktur der Hilfsschule zu verändern. In Anlehnung an den Jena-Plan waren wesentliche Elemente ihrer Arbeit die Einführung des Gruppenunterrichts und des Gesprächskreises sowie die bewusste Gestaltung des gesamten Schullebens.

Die über den Unterricht hinausweisende Gestaltung des Schullebens wurde verwirklicht durch Feste und Feiern, Tagesausflüge und Klassenreisen sowie Kontakt zu den Eltern und Einladungen in das Haus der Lehrerin.

Gestaltung des Schullebens

Der Umstand, dass viele der Hilfsschulkinder im häuslichen Milieu nicht die erforderliche hygienische Pflege erhielten, ließ Frieda Buchholz sehr praktisch reagieren: So sorgte sie dafür, dass die Kinder an jedem Samstag ein Duschbad in der Schule nehmen konnten – zusammen mit der Frau des Hausmeisters nahm sie diese Arbeit selbst in die Hand. Und im Keller der Schule, wo in einem Schrank für jedes Kind ein Glas mit Zahnbürste und -pasta stand, mussten sich die Schüler jeden Morgen, zehn Minuten vor Unterrichtsbeginn, die Zähne putzen. Es war selbstverständlich, dass dem Geburtstag eines jeden Schulkindes besondere Aufmerksamkeit geschenkt wurde. Die Kinder erhielten ein kleines Geschenk, es wurde gesungen, vorgelesen und gespielt, wobei jedoch die jeweilige Gestaltung der Feier im Wesentlichen den Schülern überlassen wurde. Höhepunkte des jährlichen Schullebens waren zwei Feste. Frieda Buchholz schreibt dazu:

B

„Die Krone des Schullebens ist seine Feier- und Festgestaltung. Wir feiern in unserer Hilfsschule alljährlich zwei große Feste: Das Weihnachtsfest und Ostern die Entlassungsfeier der Konfirmanden. Das öffentliche weihnachtliche Schulfest ist alljährlich ein großes Erlebnis für Kinder und Eltern. In der festlich geschmückten Aula mit der großen Tanne findet das Fest vor einem bis auf den letzten Platz besetzten Zuschauerraum statt. Dieses Schulfest wird durch eine ernste, christlich-religiöse Feier eingeleitet, die im zweiten Teil in ein fröhliches Fest übergeht. Zum Gelingen des Ganzen tragen die Kinder das meiste bei und geben in Freude und Begeisterung ihr Bestes an Musik, Tanz und Theaterspiel.

Im engeren Kreise gestaltet sich die Schulentlassungsfeier. Nur die Konfirmanden mit ihren Eltern werden vom Lehrerkollegium zu diesem Abend gebeten. Dieser kleine

Abb. 5.3: Frieda Buchholz mit Schülern im Gruppenunterricht

Kreis von ca. 50 Personen kann in unserm größten Klassenraum gut untergebracht werden. Tische und Stühle werden in Hufeisenform gestellt, festlich gedeckt, mit Blumen und den selbstgemalten Tischkarten der Kinder geschmückt. Auch hier ist eine ernstere Einleitung in Form einer kurzen Lehreransprache der Auftakt zu dem fröhlichen Fest, das die Kinder bei einer Tasse Tee und Gebäck nun zum letztenmal ihren Eltern in den Räumen der Schule geben." (Buchholz 1939, 52)

Für Frieda Buchholz waren Tagesausflüge und vor allem mehrtägige Klassenfahrten unerlässliche Formen einer erfolgreichen Sozialerziehung – in der damaligen Terminologie ist die Rede von der Erziehung zur Gemeinschaftsfähigkeit. So fuhr sie seit 1925 nahezu jährlich mit den Schülern ihrer Klasse für drei bis vier Wochen in ein Heim an die See oder auf dem Lande. Mit wie viel Optimismus, Phantasie und persönlichem Einsatz, aber auch Konsequenz und Beharrlichkeit Frieda Buchholz diese Fahrten organisierte, wird aus ihren Aufzeichnungen über die Schullandaufenthalte deutlich:

Sozialerziehung

„Nun ist recht allgemein – auch in Fachkreisen – die Meinung verbreitet, daß es beinahe eine Unmöglichkeit sei, mit einer ganzen Hilfsschulklasse einen mehrwöchigen Landaufenthalt durchzuführen. Man führt dagegen an: das schlechte Benehmen der Kinder, Zügellosigkeit, verbrecherische Neigungen. ,Meine Kinder würden ja wie Vandalen in der ganzen Umgegend hausen', sagte z. B. in einem Gespräch über Landheimaufenthalte ein Hilfsschulkollege zu mir. Man macht also in all diesen Anklagen den Kindern den Vorwurf mangelnder Gemeinschaftsfähigkeit.

Ich hatte nur auf meiner ersten Schülerreise einen unangenehmen Zwischenfall durch einen Diebstahl. Ein Junge hatte die Armbanduhr eines Wandervogelmädchens, die im gemeinsamen Waschraum aus Versehen liegengeblieben war, weggenommen. Er wollte die Uhr einer kleinen Mitschülerin, die er liebte, schenken. Nun war dieser Junge damals erst kurze Zeit bei uns und wirklich am Anfang ein asoziales, verstocktes Kind. Immer zweifelte er an der guten Gesinnung der andern, immer versuchte er die Gemeinschaft zu stören. Im Laufe seiner Schulzeit haben wir aber gerade an diesem Jungen und seinem Kameradschaftsgeist die größte Freude gehabt. Er gehört zu dem treuen Stamm jener alten Schüler, die mich nach der Schulentlassung noch einige Jahre regelmäßig besuchten.

Auf meinen folgenden Schülerreisen habe ich mit Schwierigkeiten solcher Art nie mehr zu kämpfen gehabt. Dagegen tauchte im gemeinschaftlichen Zusammenleben eine Reihe anderer kindlicher Fehler und Unzulänglichkeiten auf, die, wenn sie auch nicht so schwerwiegend waren, doch überwunden werden mußten." (Buchholz 1939, 152ff)

Derartige pädagogische Unternehmungen waren zumindest in der Hilfsschule der 20er Jahre eher die Ausnahme. Die Schüler wurden angehalten, schon lange im Voraus durch die Einzahlung kleiner Geldbeträge auf die Reise zu sparen; fehlende Geldmittel der Kinder bestritt die Lehrerin aus erbettelten Zuschüssen von der Kommune und nicht selten aus ihrem Privatbudget. Auch die nötige Reiseausrüstung wurde im Rahmen des Unterrichts von Schülern, Lehrerin und einzelnen Müttern selbst hergestellt.

Angeregt durch Probleme der Praxis besuchte sie ab 1919 Vorlesungen und Seminare an der Hamburger Universität in den Fächern Pädagogik und Philosophie. Bedeutungsvoll für ihren weiteren Weg wurde der Kontakt zu Peter Petersen, der in Hamburg ab 1920 die Versuchsschule Lichtwark leitete,

Kontakt zu Petersen

Seminare und Vorlesungen an der neu gegründeten Hamburger Universität hielt und schließlich 1923 einem Ruf an die Universität Jena folgte. Trotz seines Weggangs aus Hamburg blieb Frieda Buchholz in engem Kontakt zu Peter Petersen, der sie schließlich aufforderte, über einen Schulversuch an der Hilfsschule zu promovieren.

Promotion in Jena

Diesen Versuch, dokumentiert durch Beobachtungsprotokolle und Tagebuchnotizen, führte Frieda Buchholz von Oktober 1936 bis Oktober 1937 an der Hilfsschule in Hamburg-Bergedorf mit Schülern der Mittelstufe durch – allerdings nur in ihrer eigenen Klasse, weil ihre Kollegen zu keiner Mitarbeit bereit waren. Sie nahm die Herausforderung einer Dissertation an, um der pädagogischen Öffentlichkeit ein anderes Bild vom Hilfsschulkind zu präsentieren, als es zur Zeit des Nationalsozialismus üblich war. Petersens Angebot, als wissenschaftliche Mitarbeiterin an die Jenaer Universität zu kommen, schlug sie allerdings aus. Sie wollte ungern die Arbeit in der Hilfsschule aufgeben, aber vor allem wollte sie ihre Eltern nicht allein lassen. Statt Petersen zu folgen, fuhr sie regelmäßig während der Schulferien nach Jena, um ihre Promotion vorzubereiten, die sie im Juli 1939 mit der mündlichen Prüfung abschloss.

Ablehnung der NS-Behinderten-politik

Trotz der von Peter Petersen vorgeschlagenen und teilweise wohl auch realisierten stilistischen Anpassungsversuche ihrer Dissertation an den „neuen Geist" – ablesbar etwa am Titel: „Das brauchbare Hilfsschulkind" – forderte der Leiter des Hamburger Erbgesundheitsgerichts bei der Schulbehörde ihre Entlassung, da sie sich offen gegen die geplante Sterilisation einer ehemaligen Schülerin ausgesprochen hatte (Ellger-Rüttgardt 1997, 100ff) und auch in ihrer Dissertation eine deutliche Ablehnung der NS-Behindertenpolitik erkennen ließ. So notierte sie in ihrer Dissertation über einen ehemaligen Schüler:

„Zu Heini möchte ich noch folgendes bemerken: Heini ist sterilisiert worden. Vorher machte er einen Selbstmordversuch durch Gasvergiftung; so tief einschneidend wirkte dieser Sterilisierungsprozeß auf Heinis Seelenleben." (Buchholz 1939, 174)

Sie musste den Dienst nicht quittieren, denn es gab Vorgesetzte in der Hamburger Schulbehörde, die ihr wohlgesonnen waren und die ihre Entlassung zu verhindern wussten.

Schulleitung

Es war naheliegend, dass Frieda Buchholz – inzwischen verheiratete Stoppenbrink – nach Kriegsende als politisch unbelastete Person mit leitenden Funktionen betraut wurde: Am 1. April 1947 übernahm sie zunächst kommissarisch die Leitung der Bergedorfer Hilfsschule. Nur eineinhalb Jahre später wurde sie für die Ausbildung der Hilfsschullehrer an das Pädagogische Institut der Hamburger Universität gerufen. Während der nur eineinhalbjährigen Schulleitung hatte Frieda Stoppenbrink-Buchholz nicht nur mit den äußerst schlechten materiellen Bedingungen der Nachkriegszeit zu kämpfen, sondern ebenfalls mit Desinteresse und mangelndem Engagement auf Seiten der Kollegen. Ihre Kritik an dem fehlenden Engagement von Hilfsschulpädagogen durchzieht wie ein roter Faden ihre Praxisberichte. Die Aufforderung, in den Hochschuldienst zu treten, erreichte Frieda Stoppenbrink-Buchholz im Jahre 1948. Im Rahmen der neu aufgebauten Lehrerbildung am Pädagogischen Institut der Hamburger Universität war eine Dozentur für Hilfsschulpädagogik zu besetzen. Frieda Stoppenbrink-Buchholz, als praktisch erfahrene und zudem promovierte Hilfsschulpäd-agogin, kam ins Gespräch. Nur zögernd gab sie dem Drängen von Hochschule, Landesschulrat und Ehemann nach.

Hochschuldienst

Die geweckte Erwartung, durch Einblick in alle Hamburger Hilfsschulen gewissermaßen an der Basis eine veränderte Unterrichtspraxis initiieren zu können, erfüllte sich für Frieda Stoppenbrink-Buchholz nicht. Bei den Praktikern stieß sie auf weitgehendes Desinteresse, und zu ihrer großen Enttäuschung musste sie feststellen, dass ihre Erfahrung mit dem Kollegium der Bergedorfer Hilfsschule typisch für Einstellung und Verhalten auch anderer Hilfsschullehrer gewesen war.

Gefragt nach ihrem Selbstverständnis als Dozentin, blieb Frieda Stoppenbrink-Buchholz ziemlich ratlos. Ausschließlich Wissenschaftlerin wollte sie nicht sein, aber ebenso wenig eine ohne theoretisches Konzept „werkelnde" Pädagogin. Sie hatte den Anspruch, pädagogische Theorie und Praxis miteinander zu verbinden, und sie erntete vermutlich deswegen so geringe Resonanz, weil diese alte Forderung bis in die jüngste Vergangenheit hinein weitgehend nur deklamatorischen Wert besaß. Frieda Stoppenbrink-Buchholz schrieb wissenschaftliche Beiträge und hielt Vorträge, Vorlesungen und Seminare, aber dies alles geschah nicht auf der Basis von reiner Stubengelehrsamkeit oder akademischem Verwertungsinteresse, sondern war eingebettet in praktische Erfahrung und sollte der Praxis selbst wieder zugute kommen.

Die ganzheitliche Sicht ihrer beruflichen Tätigkeit brachte es mit sich, dass sie sich auch als Hochschuldozentin gar nicht ausschließlich auf die Rolle der Wissenschaftlerin zurückziehen konnte und wollte. Die Anerkennung einer gesellschaftspolitischen Dimension ihrer Tätigkeit war Frieda Stoppenbrink-Buchholz selbstverständlich – sei es, dass sie sich der Lage der Flüchtlingskinder oder aber der persönlichen Probleme einzelner Studenten annahm. Sie richtete ein Spielzimmer im Pädagogischen Institut ein, in das auch Kollegen immer mal hineinschauten – ein theoretisches Werk über das Spiel hat allerdings nicht Frieda Stoppenbrink-Buchholz, sondern ihr Kollege Hans Scheuerl (1954) geschrieben.

Anlässlich ihres 90. Geburtstages verlieh der damalige Schulsenator Joist Grolle einer Hamburger Förderschule den Namen der hochverdienten Hilfsschulpädagogin. Ihre letzten Jahre verlebte sie zunehmend zurückgezogen in ihrem Haus. Sie starb am 25. März 1993 im Alter von 95 Jahren.

Frieda Stoppenbrink-Buchholz besaß seit ihrer Jugendzeit klare politische Überzeugungen, denen sie ein Leben lang treu blieb – trotz widrigster Umstände. Sie vertrat seit Eintritt in die Berufstätigkeit eine am Kind orientierte Pädagogik, die sie in ihrer praktischen und theoretischen Arbeit über viele Jahrzehnte zu verwirklichen versuchte und die sie zwangsläufig in Gegensatz zu eingefahrener pädagogischer Routine und defektorien-

reform-pädagogische Ziele

tierter Hilfsschulpädagogik geraten ließ. Neben Vitta Lewin (1928) und Erich Thomaschewski (1934) war Frieda Buchholz die einzige Hilfsschul-pädagogin, die den Beweis antrat, dass sich reformpädagogische Zielset-zungen und Methoden auch in der Hilfsschule verwirklichen lassen (Hillenbrand 2001) – und das zu einer Zeit, als reformpädagogisches Gedankengut nicht mehr in den Rahmen der offiziellen NS-Schulpolitik passte. Richtschnur ihrer pädagogischen Arbeit war die Überzeugung, dass der Prototyp des Hilfsschulkindes keineswegs durch eine geistig-psychische Andersartigkeit charakterisiert sei. Für Frieda Buchholz war das Hilfs-schulkind ein „Normalkind", dessen Schulversagen nicht zuletzt durch so-ziale Faktoren sowie den herkömmlichen Unterrichtsbetrieb des gebunde-nen Klassenunterrichts verursacht war.

Vorläuferin der „Integrations-bewegung"

Ihre Verknüpfung von pädagogischem und politischem Denken und Handeln sowie ihre kritische Haltung gegenüber einer eigenständigen Hilfsschule – gepaart mit reformpädagogischen Zielvorstellungen – reprä-sentieren jene verschütteten Traditionen der Pädagogik, die mit Fug und Recht als Vorläufer der gegenwärtigen „Integrationsbewegung" gelten kön-nen. Ihre vor 50 Jahren erfolgte Klassifizierung der Hilfsschule als einer „Notlösung", ihr Betonen von schulorganisatorischen und sozialen Fakto-ren als primäre Ursachen für das Scheitern von Kindern in der Regelschule, die Praktizierung veränderter Unterrichtsformen, die heute mit dem Schlagwort des „offenen Unterrichts" belegt werden – all das sind Belege für die „Modernität" der von ihr vertretenen schulpädagogischen Konzep-tion für schulleistungsschwache Schüler, die seit den 70er Jahren auch in der Sonderpädagogik neu „entdeckt" wurden.

Auch die Art und Weise, wie Frieda Buchholz das Spannungsverhältnis von Pädagogik und Politik definierte und praktizierte, dürfte für die gegen-wärtige Diskussion von Bedeutung sein. An ihrem Beispiel ist zu lernen, dass schulpolitische Ziele aufgrund ihres Zukunftscharakters nicht zu ver-wechseln sind mit den alltäglichen pädagogischen Aufgaben vor Ort und dass das eine dem anderen nicht geopfert werden darf. Sie hat – und das ist selten – ungeachtet des Konflikts zwischen utopischem Fernziel und Erfor-dernissen der täglichen Arbeit niemals resigniert noch sich korrumpieren lassen. Dass sie bis ins hohe Alter ihren politisch-pädagogischen Überzeu-gungen treu geblieben ist, hatte sicherlich viel damit zu tun, dass sie niemals primär in Systemen und Strukturen dachte, sondern stets bezogen auf Er-fahrungen mit Menschen. So vergaß sie nie, was die aufgrund des Hilfsschü-lerstatus erlittenen Diskriminierungen für viele ihrer ehemaligen Schüler bedeuteten, und allein diese Erfahrungen waren für sie Grund genug, die Hilfsschule alten Stils abzulehnen.

Janusz Korczak

Wohl kaum einer Studentin oder einem Studenten der Pädagogik bleibt der Name Janusz Korczak (1878–1942) unbekannt. Der polnische Arzt, Schrift-steller und Pädagoge jüdischer Herkunft erlangte Berühmtheit durch sein ungewöhnliches, in gewisser Weise radikales pädagogisches Schrifttum. Un-sterblichen Ruhm aber gewann er durch sein heldenhaftes Verhalten im jüdischen Waisenhaus des Warschauer Ghettos, als er „seine" Kinder nicht verließ, sondern mit ihnen ging auf den bitteren Weg in die Gasöfen von Treblinka (Klein 2002). Aber vollbrachte er all das ganz alleine? War niemand an seiner Seite?

Dem israelischen, deutschstämmigen Sonderpädagogen Shimon Sachs (1922–1989) verdanken wir das Wissen, dass Korczak an seiner Seite eine Frau hatte, die untrennbar mit seinem Leben und Wirken verbunden war: Stefania Wilczynska (1886–1942). Sachs gibt Auskunft über seine Motive, die ihn zu diesem Buch bewegten:

Stefania Wilczynska

> „Im Zusammenhang mit dieser Beschäftigung [mit Janusz Korczak, E.-R.] habe ich auch von Stefa, Stefania Wilczynska, gehört, d. h., ich habe verstanden, daß diese ganz besondere Erzieherin, dieser ganz besondere Mensch, diese ganz besondere Frau, im Grunde genommen das Kinderhaus in der Kochmalna und auch später im Ghetto geführt hat. Ich empfand es als ein gewisses Unrecht, daß man im Laufe der vielen Jahre, in denen sich Menschen aus aller Welt in gesteigertem Maße mit Korczak beschäftigt haben, Stefa, die den Alltag des Kinderhauses durchlebte und leitete, im Hintergrund und im Schatten ließ." (1989, 11f)

Stefa war nicht irgendeine Haushälterin, sondern Leiterin des jüdischen Waisenhauses, für das sie, vermutlich per Zeitungsannonce, einen Arzt als Mitarbeiter gesucht hatte. So kam Janusz Korczak, der mit bürgerlichem Namen Henryk Goldsmit hieß, 1910 in das Kinderheim „Dom Sierot" (Haus der Waisen), und die gemeinsame pädagogische Arbeit begann. Ein ehemaliger Mitarbeiter Korczaks charakterisiert die beiden Erzieherpersönlichkeiten etwas scherzhaft: „Der Doktor war der Romantiker, der Theoretiker, der gute Onkel. Stefa war die Persönlichkeit, die für Ordnung sorgte, und der treue Soldat, aber auch der gute Freund." (Sachs 1989, 18)

Stefania Wilczynska stammte wie Korczak aus einer assimilierten jüdisch-bürgerlichen Warschauer Familie. Sie machte Abitur und studierte Naturwissenschaften in Belgien und der Schweiz. Sie ließ sich als Kindergärtnerin ausbilden, besuchte einen Kursus der Montessori-Pädagogik und entdeckte früh ihr Interesse für die Arbeit mit schwierigen, obdachlosen Kindern. Ausgelöst durch Kontakte zu jüdischen zionistischen Kreisen in Polen reiste Stefa insgesamt dreimal, 1931, 1936 und 1938, nach Palästina, wo sie die Kibbuz-Erziehung im Kibbuz En-Charod kennenlernte und wo sie gute und nahe Freunde fand. Auch Korczak reiste zweimal nach Palästina, und zwar 1934 und 1936.

Reisen nach Palästina

Für seine Spurensuche stützte sich Sachs auf noch lebende Zeitzeugen und auf einige wenige schriftliche Aufzeichnungen und Briefe von Stefa. Bewegend ist seine Schilderung der letzten Tage im Ghetto, die getragen ist von einer tiefen Verehrung für die Pädagogin Stefania Wilczynska:

im Warschauer Ghetto

> „Stefa versucht mit allen Kräften, das Leben im Kinderhaus zu normalisieren und die Kinder bei allen Aktivitäten zu beteiligen: so arbeitet zum Beispiel das Kindergericht weiter, die Spielecke wird eingerichtet, die Kinder hören Konzerte, machen Aufführungen. Stefa bemüht sich, die Tische im Speisesaal schön und ästhetisch herzurich-

ten. Sie bemüht sich, sie überzeugt, sie versucht Gelder zu sammeln und sie spricht mit verschiedenen Persönlichkeiten im Ghetto. Alles, damit sich das Leben normal gestaltet und seinen gewöhnlichen Weg geht. Es ist sogar eine kleine Gartenecke im Ghetto vorhanden, und das Gerücht sagt, daß Stefa im Kinderhaus den einzigen, kleinen Gemüsegarten im Ghetto angelegt habe, aus dem die Kinder und auch die Nachbarn Küchenkräuter und Gemüse pflücken konnten. Sie versucht auch, die ehemaligen Jugendlichen, die das Heim schon verlassen haben, und die Jungerzieher zu Zusammenkünften in das Haus einzuladen. Sie kommen und helfen.

Stefa bemühte sich besonders um die medizinische Versorgung der Kinder. Daß ich das von vielen Zeugen erfahren habe, beweist, daß Korczak in diesen Tagen schon nicht mehr die nötige Kraft aufwenden konnte, um auf diesem Gebiet, das eigentlich sein Fachgebiet war, aktiv zu sein. Stefa, die niemals Medizin studiert hatte, verpflegt die Kranken und macht alles, was nötig ist, um ihnen die richtige ärztliche Hilfe angedeihen zu lassen.

Sie richtet ein Krankenzimmer ein, von dem im ganzen Ghetto gesprochen wird. Stefa richtet im Keller sogar ein kleines Krankenzimmer ein, in dem auch andere Menschen, die nicht im Heim leben, untergebracht werden können. Sie hat für die Einrichtung des Krankenzimmers in diesem Keller zwei Gründe: Der erste, daß es einer der sichersten Plätze ist, sicher vor Luftangriffen, und Stefa wußte, daß Kinder, die schwer krank sind, nicht laufen können, um sich zu retten. Und zweitens wußte sie genau, daß es gefährlich war, die Kinder, wenn sie ernsthaft krank sind, an öffentliche Krankenhäuser zu übergeben. Besonders deshalb, weil man in jenen Tagen des Ghettos schon von den Gefahren sprach, die kranken Menschen drohten: Die kranken Menschen verschwanden, sie wurden umgebracht. Sie fielen in die Hände der Deutschen. All das wollte Stefa verhindern. Sie lernte von Korczak die notwendigen ersten Hilfen, um Kindern, die Angina bekamen, auch ohne Medikamente zu helfen, um hohes Fieber zu senken, um Schmerzen zu lindern. Oft sagte sie lächelnd: ‚Schließlich habe ich doch noch meine Hand.' Und alle kannten ihre große und warme Hand, die eines der wichtigsten Mittel war, die Schmerzen zu mildern. Ihre Hand konnte überhaupt vieles erreichen und vieles lindern.

Korczak schreibt im Jahr 1942 in seinem Ghetto-Tagebuch: ‚Nun haben wir schon das Jahr 1942. Es ist Mai, es ist ein kühler Mai. Kühler als sonst um diese Jahreszeit. Aber die Nächte sind ruhig und angenehm. Um 5 Uhr morgens schlafen die Kinder, es sind über 200 Kinder. Viel mehr, als wir aufnehmen könnten, und auf der rechten Seite des Hauses ist Frau Stefa. Ich auf der linken Seite, und eben die Tatsache, daß Frau Stefa hier ist, gibt auch mir Sicherheit.' Seit Beginn ihres gemeinsamen erzieherischen Weges war es für beide ein Axiom, daß ein Erzieher nur derjenige ist, der in der Nähe der Kinder ist. Wenn das allgemein gültig ist, so bestimmt in Tagen von Sorgen und Katastrophen. Stefa und Korczak sind mit den Kindern vom Morgen bis in die Nacht zusammen und Stefa sagt: ‚Der Erzieher muß nicht nur verlangen, sondern auch selbst tun, was er verlangt. Denn das Wichtigste an seinem erzieherischen Einfluß, ist das erzieherische Tun.'

Der gewaltsame Auszug aus dem Kinderhaus begann am Morgen des 5. Augustes 1942. Schon lange im Voraus hatte Stefa alles vorbereitet. Wir haben schon darüber gesprochen. Die Kinder wußten, worum es sich handelte, aber sie wußten auch, daß die beiden Erzieher mit ihnen gehen würden. Schon seit langer Zeit hatte sie für jenen Morgen für jedes Kind die notwendigsten und die besten Kleider vorbereitet. Stefa wollte, daß die Kinder sich gut fühlen und gut aussehen sollten. Es war das Einzige, was sie ihnen noch geben konnte, außer ihrer Präsenz. Außerdem wußte sie genau, daß jedes Kleidungsstück, alles, was im Kinderhaus bleiben würde, geraubt, zerrissen und zerstört werden würde. Daher beschloß sie, alles, was die Kinder tragen konnten, mitzunehmen. Stefa wünschte, daß die Kinder wußten, daß sie begleitet werden und daß es für sie ein Festtag, ein Ausflug, werden würde. Ein Festtag, also etwas, vor dem man sich nicht zu fürchten braucht. Als stolze Menschen sollten sie gehen, und bis zum letzten Moment gegenüber der deutschen Unterdrückung, den Soldaten und den Polizisten ein stolzes Benehmen zeigen.

Es war, als wäre es der persönliche Krieg, der persönliche Widerstand Stefas gegen den Nazimörder, gegen den Menschen, der zum Krieg, zum Kampf gegen die Kinder angetreten war. Zusammen mit Stefa und Korczak gingen alle Mitarbeiter. Niemand blieb zurück. Niemand floh. Die außerordentlich gute Organisation, das eindrucksvolle Auftreten der Kinder verhinderte, daß die Deutschen sich überhaupt einmischten. Sie waren sogar außerstande, die Kinder zu zählen. Stefa ging und sagte: ‚Wir sind einhundertzweiundneunzig Kinder und acht Erwachsene.'

Nachum Remba, der viele Jahre der Sekretär des Erziehungsdepartements in der jüdischen Gemeinde in Warschau war, richtete am Umschlagplatz eine Station zur Ersten Hilfe ein. Er sah das alles, er war erschüttert, er berichtet und wir lesen, vielleicht als das authentischste Zeugnis, seinen Bericht: ‚Plötzlich forderte Szmerling, der wegen seiner Grausamkeit bekannte Polizeichef des Umschlagplatzes, die Kinder der Internate auf, sich in einen besonderen Zug zu formieren. Von allen Einrichtungen ging das Kinderhaus von Korczak als erstes und an der Spitze ging Korczak. Nein, so etwas werde ich mein ganzes Leben nie vergessen! Das war kein Weg in die Güterwaggons, sondern das war ein stiller Protestzug gegen den Mord. Das war ein Zug, wie ihn ein menschliches Auge noch nie gesehen hatte. Die Kinder gingen in Vierergruppen geordnet. An der Spitze ging Korczak, die Augen zum Himmel gerichtet, und er hielt an seinen Händen zwei Kinder. Die zweite Gruppe führte Stefa Wilczynska und die dritte Gruppe eine andere Erzieherin. Alle hielten in ihren Händen blaue Taschen. Dann kamen die anderen Gruppen der Kinderhäuser. Auch aus den anderen Straßen des Ghettos.'

Hanna Mortkowicz, die die erste Biographie Korczaks nach dem Kriege verfaßte, Tochter eines guten Freundes von Korczak, erzählt: ‚Stefa geht mit den größeren Kindern. Groß, sicher, eine gehende Stütze auch in diesen Tagen für alle, nicht nur für diese Kinder. Für viele Kinder, für viele Menschen, und vom Umschlagplatz werden die Waggons in eine Richtung gefahren. Nach Treblinka, zum Mord. Zum sicheren Tod.' Auf dem Friedhof von Warschau fand sie eine verwaiste Grabesstätte. Sie wurde nach dem Krieg als Pseudograb angelegt und auf ihr steht: ‚Stefa Wilczynska, 1886 bis 1942'" (Sachs 1989, 150ff)

6 Rassenpolitik und gesellschaftliche Ausgrenzung: Das „Dritte Reich" (1933–1945)

> „Das Heil des Volkes bestimmt [...] den Inhalt und die Richtung der künftigen Heilpädagogik. Das Kind selber ist für den Staat der Zukunft ein Nichts ohne seine wehrhafte Beziehung zum Volksganzen. Was wir als Heilerzieher treiben, sollen wir nicht in erster Linie dem bedürftigen Zöglinge zuliebe tun, sondern zu oberst im alles beherrschenden Interesse der Volksgesamtheit."
> (Müller am Stein, Hilfsschullehrer aus Berlin, HSch 1933, 140)

6.1 Ideologische Grundlagen

Nahezu unübersehbar ist die Flut der Veröffentlichungen über das „Dritte Reich", jene Epoche, die nach einhelliger Meinung der Zeitgenossen die bislang größte Katastrophe der deutschen Geschichte (Winkler 2000) darstellt. Der bis heute tief empfundene Kulturbruch, die Scham über die Verbrechen einer menschenverachtenden Rassenpolitik in deutschem Namen ist immer wieder Stachel und Herausforderung angesichts der unfassbaren Frage, warum diese Katastrophe geschehen konnte, und bis in die jüngste Gegenwart beschäftigt sie die historische Publizistik (Bajohr/Pohl 2006).

NS-Ideologie   Die NS-Behindertenpolitik war ein bedeutsamer Teil der NS-Gesellschaftspolitik, denn sie war aufs Engste verknüpft mit der alles beherrschenden Rassenideologie. Nun war die NS-Ideologie keineswegs eine eigenständige Theorie, sondern zusammengesetzt aus einem Konglomerat von Erbbiologie, Sozialdarwinismus und Rassenanthropologie, die als ideologische Versatzstücke international wirksam waren (s. Kap. 4.1) und auch in anderen Ländern Bedeutung für den Umgang mit behinderten Menschen erlangten (Ellger-Rüttgardt 1990; Barow 2002). Aber Deutschland bleibt der zweifelhafte „Ruhm", diese Ideologien „konsequent" und „effektiv" in praktische Politik umgesetzt zu haben, die zwölf Jahre lang das Geschick von Millionen von Menschen bestimmen sollte.

NS-Sozialpolitik   Die NS-Behindertenpolitik war Teil der NS-Gesellschaftspolitik, die – in deutlicher Abgrenzung vom Weimarer Wohlfahrtsstaat – durch die ausschließliche Orientierung am propagierten Volkswohl und damit der unbedingten Unterordnung des Individuums unter den absoluten Vorrang der Volksgemeinschaft gekennzeichnet war. Hierzu bemerken Sachße und Tennstedt:

„Im nationalsozialistischen Konzept der Formung und Gestaltung des ‚Volkskörpers‘ nach rassistischen Grundsätzen von Erbbiologie und Bevölkerungspolitik wurde das ganze Volk zum Pflegefall. Wohlfahrtspflege wurde zur ‚Volkspflege‘. Bezugspunkt fürsorglicher Leistungen und Maßnahmen war jetzt nicht mehr das hilfsbedürftige Individuum, sondern die ‚Volksgemeinschaft‘. Die Produktion des ‚gesunden Volkes der Zukunft‘, nicht die Integration benachteiligter Einzelner wurde zum Ziel von Fürsorge." (1992, 11f)

Die NS-Sozialpolitik hatte eine doppelte Stoßrichtung. Sie zielte zum einen – und hier sei erinnert an den positiven und negativen Aspekt der Eugenik – auf Förderung und Unterstützung der „völkisch Wertvollen" und zugleich auf „Ausgrenzung und Ausmerze" der „Minderwertigen". Es war das Charakteristikum des nationalsozialistischen Verständnisses von Fürsorge, dass sie

„nicht auf die Integration der Schwachen und Benachteiligten, sondern auf die Förderung der ‚Wertvollen‘ und ‚Erbgesunden‘ im Dienste der Volksgemeinschaft abzielte. In der Logik nationalsozialistischer Fürsorge waren Leistungsverbesserungen für die ‚Wertvollen‘ untrennbar mit der Ausgrenzung und ‚Ausmerze‘ der ‚Minderwertigen‘ verbunden, wenn auch ihre Durchführung jeweils getrennten Apparaten oblag" (Sachße/Tennstedt 1992, 12).

Zu den positiven Maßnahmen der Förderung und Unterstützung zählten Ausweitung der Gesundheitsfürsorge in Form von Mütter- und Säuglingsfürsorge, Schulgesundheitspflege, Schulzahnpflege, Tuberkulosen- und Geschlechtskrankenfürsorge sowie Maßnahmen der Bevölkerungs- und Familienpolitik, wie Gewährung von Ehestandsdarlehen und Kinderbeihilfen. Ziel all dieser Maßnahmen war die rassenreine, erbgesunde und kinderreiche deutsche Familie.

Mit Einsetzen der Kriegsvorbereitungen vollzog sich der Prozess der innenpolitischen Ausgrenzung aller „minderwertigen" und „fremdrassigen" Staatsbürger. Der „völkische Krieg nach innen" (Dörner et al. 1980; Sachße/Tennstedt 1992) richtete sich nun gegen Behinderte, Sinti und Roma, Juden – aber auch jene, die als sozial Auffällige nicht mehr als „Gefährdete" bezeichnet wurden, sondern nun mit den Termini „Asoziale", „Arbeitsscheue" belegt wurden. Hitler äußerte sich über diese Menschen in einem Gespräch von 1941 wie folgt:

völkischer Wohlfahrtsstaat

„Verbrecher, asoziale Elemente, die auch nicht durch Erziehung, Belehrung und Gefängnis auf bessere Wege gebracht werden könnten [...] seien Schmarotzer an der gesunden Gesellschaft und lebten nur davon, die ordentlichen Menschen auszubeuten. Man könne von ihnen nicht erwarten, daß sie einen Staat, der Ordnung und Disziplin verlangt, bejahten. Hier könne man nur eines: Sie vernichten. Hierzu habe der Staat ein Recht, denn, wenn auf der einen Seite die wertvollen Menschen an der Front ihr Leben einsetzten, sei es verbrecherisch, die Schurken zu schonen. Man müsse sie beseitigen oder – wenn sie nicht gemeingefährlich seien – in Konzentrationslager sperren, aus denen man sie nicht mehr herauslassen dürfe." (Sachße/Tennstedt 1992, 269)

Damit praktizierte der völkische Wohlfahrtsstaat eine biologische Politik, wie sie von zahlreichen Erbbiologen und Rassenhygienikern bereits vor Jahrzehnten gefordert worden war. Ihnen allen gemeinsam war die Überzeugung von der Ungleichheit der Menschen. Diese Überzeugung bildete den Widerpart zu der aus der Aufklärung stammenden Idee von der Gleichheit aller Menschen, wie sie Rousseau in seinem Contrat Social exemplarisch entfaltet hatte. „Die aus der Evolutions- und Selektionstheorie gewonnenen ‚Ethiken' eugenischen Verhaltens richten sich explizit gegen die christliche Individualethik und den Gleichheitsgrundsatz der Aufklärung." (Weingart et al. 1988, 18)

Wert behinderter Menschen

Wie bereits anklang, bemaß sich der Wert behinderter Menschen im „Dritten Reich" nach zwei Kriterien:

- nach dem rassischen Wert und
- nach der gesellschaftlichen Brauchbarkeit, d. h. der Arbeitsfähigkeit.

Die Wertigkeit dieser beiden Kriterien variierte durchaus; entsprechend den jeweiligen Zeitumständen kam ihnen im Laufe des „Dritten Reichs" eine unterschiedliche Bedeutung zu. So gewann in den einsetzenden Kriegsvorbereitungen der Aspekt der Brauchbarkeit zunehmend an Bedeutung, was nicht selten zu einem Zurückdrängen rein rassistischer Überlegungen und Maßnahmen führte. Die durchaus variierenden Wertschätzungen hatten zur Folge, dass Sonderschulen und ihre Schülerschaft keineswegs per se diffamiert und ausgegrenzt wurden, sondern – sofern zumindest eines der beiden Kriterien erfüllt war – als noch nützliche Glieder der Volksgemeinschaft eingestuft werden konnten. Besonders augenfällig ist dies für die Gruppe der Blinden, Gehörlosen und Körperbehinderten, für die in der Hitlerjugend sogar ein eigener Bann – so der damalige Begriff für eine Untergliederung der NS-Jugendorganisation – gebildet wurde. Ich erinnere an die Einleitung, in der der Bericht über die Arbeit eines blinden Hitlerjungen Anlass war, um die Bedeutung einer Beschäftigung mit Geschichte zu reflektieren. Diese Selbstdarstellung, in der ein unsicheres Schwanken zwischen den Gefühlen „völkische Brauchbarkeit" und „Minderwertigkeit" zum Ausdruck kommt, soll hier nun wiedergegeben werden:

„Die meisten von euch wissen, daß wir im Reich einen Bann blinder Hitlerjungen haben. Der Bann B umfaßt erbgesunde blinde Hitlerjungen, Kameraden also, die durch einen Unfall oder eine Krankheit ihr Augenlicht verloren haben, und sterilisierte erbkranke Blinde, die menschlich vollwertig sind. Es wird euch interessieren, einmal etwas aus der Arbeit der blinden Hitlerjungen zu hören."

Ein HJ-Führer aus dem Bann B, der selbst nicht ganz erblindet ist, schreibt uns dazu:

„Blinde Jungen, was tun die denn in der HJ, werdet ihr sicher fragen, denn ich weiß genau, daß viele von euch von der Existenz des Bannes B nichts wissen. Zunächst sei einmal vorausgeschickt, daß der blinde Hitlerjunge genau den gleichen Dienst erfüllt wie ihr, die ihr sehen könnt: Sport, Schulung, Heimabend, Musikpflege usw. […]

Bericht: blinder Hitlerjunge

Was für euch ,Die HJ' ist, ist für uns der ,Weckruf', die amtliche Monatsschrift der RJF für blinde Hitlerjugend […]

Wir wollen nicht abgekapselt sein!

Unsere Jungen werden in der Berufsschule in erster Linie auf Handfertigkeiten ausgebildet, in der Schule werden Bastelarbeiten und bei den Mädeln Handarbeiten gelehrt wie bei euch. So kommt es, daß eine ganze Reihe blinder Kameraden Rundfunkapparate und Morseapparate bauen. Viele von euch werden nicht so ohne weiteres ein Kurzwellengerät oder einen dazugehörigen Sender bauen, wie ich es in Marburg sah. Und wenn man die Handarbeiten der blinden Mädels sieht, kann man nur staunen.

Überhaupt die ganze Art der Erziehung soll eine andere werden. In der Systemzeit wurde in erster Linie unter Sozialpflege bei den Blinden die materielle Unterstützung verstanden. Heute sollen die Kameraden im Bann B dazu gebracht werden, auf Grund ihrer eigenen Arbeit einmal ihr tägliches Brot selbst zu verdienen. Der Blinde will kein belastendes Glied der Volksgemeinschaft mehr sein, sondern ein nützliches werden! Die Auslese bewerkstelligt hier der Reichsberufswettkampf. Im letzten Jahr nahmen 91 Kameraden und Kameradinnen daran teil, von denen mehrere in den Gauentscheid kamen, im kommenden Jahr sollen es viel mehr werden. Die Kämpfe finden natürlich in Gemeinschaft mit euch, den Sehenden, statt. Da beißt man eben die Zähne zusammen, man will Sieger werden, und wenn es nicht gelingt, dann hofft man für das nächste Mal und strengt sich dann noch mehr an! […]

Wir kommen zu euch, um uns zu unterrichten und um vor allem nicht allein und abgekapselt eine HJ-Gruppe in der großen Bewegung zu sein.

Es besteht die Gefahr, dass wir einmal nicht mehr Hitlerjungen sein würden der Tat nach, sondern nur dem Anschein nach. Deshalb müssen wir immer wieder Fäden suchen, die uns mit eurer Arbeit verbinden, Wege, auf denen euer Erlebnis zu uns strömt, auf denen eure Kraft und euer Gefühl der Vollwertigkeit uns trägt und nicht minderwertig erscheinen läßt. Wir sind es nicht, darauf könnt ihr euch verlassen, wir sind nur behindert infolge eines Unfalls oder einer tückischen Krankheit, und auf unsere Art gleichen wir diese Behinderung wieder aus." (Werner 1982, 8)

Dass die rassische Zuschreibung das entscheidende Kriterium für die Bewertung behinderter Menschen zur Zeit des Nationalsozialismus war, zeigt der Umgang mit den sogenannten „Fremdrassigen", wie Juden und „Zigeunern". Während für die „arischen" Behinderten das ausschlaggebende Bewertungskriterium „völkische Brauchbarkeit" war, spielte es für den Umgang mit diesen Personengruppen keine Rolle. Wer als Jude oder Zigeuner abgestempelt wurde, war per definitionem der Vernichtung preisgegeben.

Brauchbarkeit

Als nach dem „Anschluss" Österreichs 1938 auch die Judenverfolgung einsetzte, traf sie mit voller Härte ebenso Behinderte jüdischen Glaubens, denen, wie allen Nicht-Ariern, als Mieter kommunaler Wohnungen seitens der Stadt Wien gekündigt worden war. Im „Dokumentationsarchiv des österreichischen Widerstandes" finden sich zahlreiche Briefe von blinden Menschen, die die Stadtverwaltung – vergeblich – um Verbleib in ihren Wohnungen baten. So schreibt Sarah S. am 6. Juli 1938 an das Wiener Wohnungsamt:

Blinde Juden

Abb. 6.1: Hitler-jungen aus der Blindenanstalt Berlin-Steglitz üben den „Deutschen Gruß"

„Ich wohne seit Jahren im Gemeindebau Wien 3., Grasberstr. 4/6, 21. Stiege und habe während der ganzen Zeit meinen Zins pünktlich bezahlt, auch in gar keiner Weise die Hausordnung verletzt. Leider bin ich am 1.7. per 1.8. d. J. gekündigt worden, so dass ich ausziehen muss. Da ich gänzlich alleinstehend und auf beiden Augen vollständig erblindet bin, fällt mir das Wohnungsuchen schwer, umso schwerer, da eine jüdische Partei als Hauptmieter nicht genommen wird und in Untermiete mich als Blinde nie-mand nimmt, um so weniger, da ich auch ein Kind zu betreuen habe. Ich erlaube mir daher, das löbliche Wohnungsamt inständigst zu bitten, mir eine Ersatzwohnung in einem Privathaus zu geben […]"

Sarah S. wurde am 14. Juni 1942 nach Sobibor deportiert.

Unter demselben Datum richtet der Musiklehrer Abraham F. folgendes Schreiben an das Bezirksgericht Döbling:

„Der Gefertigte gestattet sich hiemit, gegen die Aufkündigung seiner Wohnung: 19. Heiligenstädterstr. 11/15, Stiege 7/1, zu rekurieren, und begründet seinen Rekurs mit folgendem:

Ich wohne seit Jahren in dem obgenannten Gemeindebau und habe meinen Zins immer pünktlich bezahlt, habe auch die Hausordnung in keiner Weise verletzt und mit allen Wohnparteien im guten Einvernehmen gelebt. Die Aufkündigung trifft mich umso schwerer, da ich blind bin und ausserstande, irgendwie eine Wohnung zu finden. Insbesondere fällt das Wohnungfinden jetzt schwer, da man einen Juden als Hauptmieter nicht annimmt und mich als Blinden nimmt aber schwerlich jemand in Untermiete […]"

Über sein weiteres Schicksal gibt die Akte keine Auskunft.

Der Kaufmann Theodor H. A. schließlich schickt am 11. Januar 1939 folgenden bitteren Brief an den Magistratsrat Dr. Josef Jaksch:

„Die Kündigung […] meiner letzten Zuflucht, des Kammerls in der Ernst Ludwigg. 2 wächst sich für mich zu einer wahren Katastrophe aus, und ich bitte sehr, mir die, bei Gericht bewilligte Frist von 2 Monaten weiter zu erstrecken.

Ich habe diesen Termin angenommen ohne zu wissen, dass es derzeit für Nichtarier nahezu unmögl. ist, eine bescheidene Behausung zu finden.

78 Jahre alt, invalid, halbblind, katholisch seit m. Jugend vormals Grosskaufmann der Wiener City, total ausgeplündert vom teuren Vaterlande, das selbst eine Familienstiftung v. 1/2 Million Kronen eingesteckt & keinen Groschen valorisirt hat, hätte ich doch Anspruch auf eine elende Wohnküche, wenn auch m. Frau Jüdin ist.

Vielleicht geben Sie mir Gelegenheit zu einer persönl. Aussprache und bieten mir schlimmsten Falls eine kleine Ersatzwohnung […]"

Theodor H. A. wurde am 11. Januar 1942 nach Riga[48] deportiert.

Nicht anders erging es einer anderen Personengruppe, den „Zigeunern". Dabei belegt der folgende Fall, dass es auch Pädagogen waren, die im Sinne der NS-Politik agierten und die die Ausschulung unliebsamer Schüler betrieben. Lange bevor „Zigeuner" im November 1938 vom Hamburger Polizeipräsidenten als staatenlos erklärt wurden, hatte diese Volksgruppe unter massiven Repressalien zu leiden – auch in der Schule. So richtete der Rektor der Hamburger Hilfsschule „Hafenstraße" am 12. Januar 1938 folgendes Schreiben an das Schulamt Altona:

„Zigeuner"-Kinder

„Die Zigeunerkinder G. und S. F. wurden hier zu Anfang des Schuljahres 1937/38 wieder eingeschult. Im Sommerhalbjahr ging es mit dem Schulbesuch, wenngleich die Kinder auch in dieser Zeit viele Tage ohne Entschuldigung gefehlt haben. Seit dem 11.10.1937 haben beide Kinder ununterbrochen in der Schule gefehlt. Die Familie ist angeblich auf dem Lande zur Erntehilfe gewesen.

Von Leistungen kann bei beiden Kindern nicht der Fall sein. Ferner kommt bei beiden Kindern erschwerend hinzu, daß sie infolge ihrer Rasse bereits vollreif sind, somit zumindest eine große Gefahr für die übrigen Kinder der Schule bedeuten […]"

Schützenhilfe erhielt Rektor Möller durch seinen Kollegen von der zweiten Hilfsschule in Altona, dem die Geschwisterkinder G. und S. F. zur Begutachtung vorgestellt worden waren und der dem Schulamt am 14. Januar 1938 folgende Stellungnahme zuleitete:

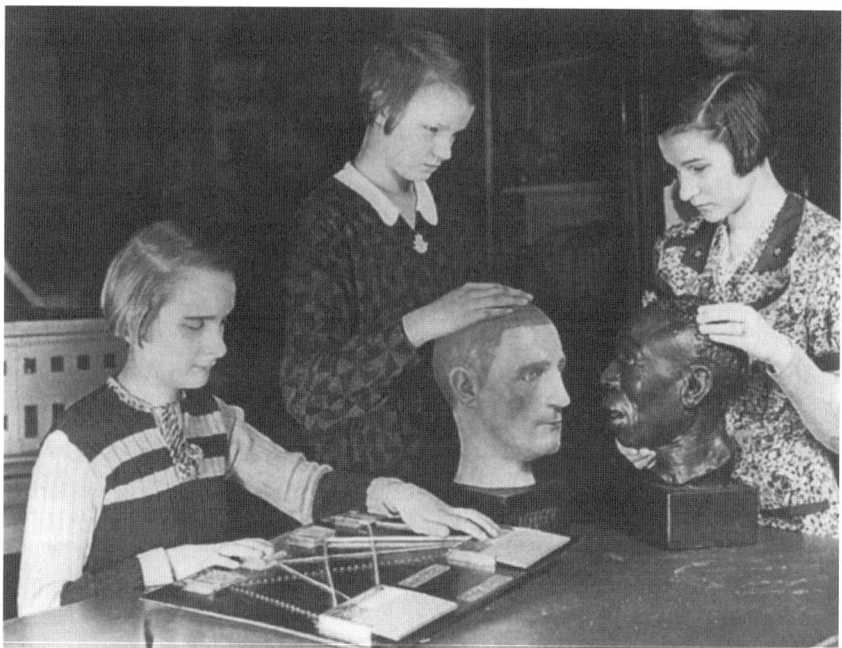

Abb. 6.2: Rassekundeunterricht in der Blindenanstalt Berlin-Steglitz

„Ich habe die beiden Kinder heute geprüft und kam zu dem klaren Ergebnis, daß die Leistungen in sämtlichen Fächern auf dem Stand stehen, wie Kinder aus den Volksschulen mir nach 2-jährigem Besuch der Grundschule zur Aufnahme in die Hilfsschule vorgeschlagen werden […] Sehr deutlich […] trat der zigeunerhafte Charakter hervor, der ganz und gar kein inneres Verständnis für Lernen und Ordnung zeigte. Eine uns artfremde Arroganz wirkte auf die Kinder der ersten Klasse abstoßend und deutlich unangenehm. Würde ich die beiden Mädchen, die ihrer Rasse gemäß vollkommen und bewusst das Reifealter besitzen, wenn sie gesetzlich durchaus die Schule besuchen müssen, aus Erziehungsgründen in die erste Klasse nehmen, so würde es mir Leid um unsere deutschen Jungen und Mädel tun, die sich trotz der sich bemerkbar machenden Entwicklungszeit bisher ausgezeichnet in die Klassengemeinschaft eingefügt haben und in keiner Weise zur Sorge oder Schwierigkeit Anlass geben, wenn ich wegen der fremden Kinder mit der Klasse in Störungen hineingetrieben würde, die bisher vermieden werden konnten."

Rektor Möller schrieb weiter in seinem Antrag an das Schulamt:

„Ich bitte deshalb dringend, wenn es gesetzlich irgend zulässig ist, die beiden Mädchen vom Unterricht zu beurlauben. Bis zum Entscheid bitte ich so verfahren zu dürfen wie in dieser Woche, daß die beiden sich morgens melden und dann nach Hause entlassen werden."[49]

Berichtenswert ist, dass der zuständige Schulrat der Hamburger Schulbehörde den Antrag Rektor Möllers ablehnte. Erst als „Zigeuner" im November 1938 in Hamburg als staatenlos erklärt wurden, erhielt Rektor Möller die rechtliche Handhabe, die beiden Schülerinnen postwendend der Schule zu verweisen.

6.2   Zur Praxis der NS-Behindertenpolitik

Die Praxis der NS-Behindertenpolitik ist durch zwei Maßnahmen gekennzeichnet: die Sterilisation und die „Euthanasie".

Sterilisation: Die gesetzliche Grundlage für die im Nationalsozialismus massenhaft vollzogene Sterilisation bildete das „Gesetz zur Verhütung erbkranken Nachwuchses" vom 14. Juli 1933, das zum 1. Januar 1934 in Kraft trat und in den folgenden Jahren mehrfach durch verschiedene Ausführungsverordnungen verändert wurde. In seiner theoretischen Begründung deckte sich dieses Gesetz voll mit den Positionen jener Rassenhygieniker, die sich bereits zur Zeit der Weimarer Republik geäußert hatten. Es war aber jetzt der Staat, der dieses rassenhygienische Programm auf seine Fahnen schrieb und in praktische Politik umsetzte. Es darf bei aller Kritik an der Weimarer Politik nicht übersehen werden, dass auch die Gesetzesvorlage im Preußischen Landtag lediglich eine freiwillige Sterilisation vorgesehen hatte. Voller Begeisterung, geradezu Jubel, schrieben die Gesetzeskommentatoren in ihrem Vorwort zum GzVeN:

„Mit Annahme des Gesetzes zur Verhütung erbkranken Nachwuchses hat die Nationalsozialistische Deutsche Reichsregierung einen bedeutungsvollen Schritt für die Zukunft unseres Volkes getan. Unsere früheren Regierungen konnten ihrer ganzen Einstellung und Zusammensetzung nach zu einem Entschluß in dieser Frage nicht kommen, wie überhaupt der deutsche Parlamentarismus sich als unfähig erwiesen hatte, grundsätzlich neue Wege zur Rettung unseres Volkes zu beschreiten. Sie kurierten an Einzelerscheinungen der sozialen oder wirtschaftlichen und staatspolitischen Mißstände herum, ohne dem Übel auf den Grund zu gehen. Dies blieb dem Nationalsozialismus vorbehalten, der sich die Denkweise des Führers zu eigen gemacht hat, in die Tiefe und das Wurzelhafte des Wesens der Dinge und des völkischen Geschehens einzudringen." (Gütt et al. 1934, 5)

Nach der ersten Fassung des Gesetzes aus dem Jahre 1933 galt der folgende Personenkreis als „erbkrank" und fiel damit unter das Sterilisationsgesetz. In § 1 heißt es: **GzVeN**

„Erbkrank im Sinne dieses Gesetzes ist, wer an einer der folgenden Krankheiten leidet:
1. angeborenem Schwachsinn,
2. Schizophrenie,
3. zirkulärem (manisch-depressivem) Irresein,
4. erblicher Fallsucht,
5. erblichem Veitstanz (Huntingtonsche Chorea),
6. erblicher Blindheit,
7. erblicher Taubheit,
8. schwerer erblicher körperlicher Mißbildung.
Ferner kann unfruchtbar gemacht werden, wer an schwerem Alkoholismus leidet."

Die Tendenz, den Personenkreis immer weiter auszudehnen, ist bereits in der ersten Fassung erkennbar. Vor allem der Terminus „angeborener Schwachsinn" stellte sicher, dass der Personenkreis der zu Sterilisierenden äußerst breit gefasst werden konnte. Höck schreibt zutreffend, dass es die Absicht war, „unter dem Begriff ‚angeborener Schwachsinn' möglichst alle Störungen von intellektuellen, emotionalen und sozialen Funktionen zusammenzufassen" (1979, 97).

Erbgesundheits-gerichte

Die Entscheidung über die Unfruchtbarmachung einer Person war den eigens dafür geschaffenen Erbgesundheitsgerichten vorbehalten, die bei den Amtsgerichten eingerichtet wurden. Die Möglichkeit der Revision war gegeben; Revisionsverfahren wurden an den ebenfalls neu installierten Erbgesundheitsobergerichten verhandelt. Die Erbgesundheitsgerichte bestanden aus je einem Amtsrichter, einem Amtsarzt und einem Arzt, „der mit der Erbgesundheitslehre besonders vertraut ist". Die als Zeugen oder Sachverständige bestellten Ärzte oder Behördenvertreter waren von der Schweigepflicht entbunden und zur Aussage verpflichtet (Gütt et al. 1934, 57). Vorgeschaltet war dem Verfahren an den Erbgesundheitsgerichten eine amtsärztliche Untersuchung, die auch einen Intelligenztest beinhaltete. Den Antrag auf die Sterilisation durften nach einer solchen Untersuchung allein Amtsärzte und Anstaltsleiter stellen. Eine Verpflichtung, den Amtsärzten jeden „Verdächtigen" zu melden bzw. auf Verlangen Auskünfte zu erteilen, bestand für alle Ärzte und „sonstige Personen", die sich mit der Heilbehandlung, Untersuchung oder Beratung von Kranken befassen (1934, 64).

Wurde dem Antrag auf Sterilisation vom Erbgesundheitsgericht stattgegeben, war die Sterilisation auch mit Polizeigewalt unter „Anwendung unmittelbaren Zwanges zulässig". In dem entsprechenden Kommentar heißt es im § 12:

> „Hat das Gericht die Unfruchtbarmachung endgültig beschlossen, so ist sie auch gegen den Willen des Unfruchtbarzumachenden auszuführen [...] Der beamtete Arzt hat bei der Polizeibehörde die erforderlichen Maßnahmen zu beantragen. Soweit andere Maßnahmen nicht ausreichen, ist die Anwendung unmittelbaren Zwanges zulässig." (Gütt et al. 1934, 58)

Sofern es sich um eine freiwillige Sterilisation handelte – was aber mit Sicherheit nur in Ausnahmefällen vorkam –, so war diese bereits nach dem zehnten Lebensjahr möglich. Im Falle der zwangsweisen Sterilisation erfolgte diese nach Vollendung des 14. Lebensjahres (Gütt et al. 1934, 95).

Praxis der Sterilisation

Bei der praktischen Umsetzung des Gesetzes zur Verhütung erbkranken Nachwuchses traten zunächst erhebliche organisatorische Schwierigkeiten auf, da innerhalb kürzester Zeit ein umfangreicher Behördenapparat aufgebaut werden musste und sich zudem die Anstalten füllten, weil keine Insassen entlassen werden durften, über deren Sterilisation noch nicht entschieden worden war. Die mit der Untersuchung beauftragten Amtsärzte waren zeitweise hoffnungslos überlastet, nicht zuletzt deswegen, weil sie neben der eigentlichen ärztlichen Untersuchung auch noch einen „Überblick über die gesundheitlichen Verhältnisse der Sippe" des Betroffenen erstellen und diesen an das Rassenpolitische Amt der NSDAP weiterleiten sollten.

Trotz dieser Anlaufschwierigkeiten konnten die NS-Gesundheitsbehörden schon für das erste Jahr nach Inkrafttreten des Gesetzes eine erstaunliche „Erfolgsbilanz" vorweisen: Bis Ende 1934 waren es 84.330, Ende 1935 91.299 und mit Ablauf des Jahres 1936 86.254 Sterilisationsanträge, die bei den Erbgesundheitsgerichten zur Verhandlung kamen. Es ist nicht möglich, die genaue Gesamtzahl der Sterilisationen zu beziffern, da die Akten des Reichsgesundheitsamtes allem Anschein nach nicht erhalten sind und Hitler zudem im Mai 1936 aus innen- und außenpolitischen Erwägungen untersagt hatte, statistische Daten über die durchgeführten Sterilisationen zu veröffentlichen. Es wird geschätzt, dass bis zu Kriegsbeginn 290.000 bis 300.000 und bis Kriegsende insgesamt etwa 360.000 – das sind etwa 1 % der Bevölkerung – unfruchtbar gemacht wurden (Bock 1986, 230ff).

Es gibt Hinweise darauf, dass insbesondere in den Kriegsjahren regional sehr unterschiedlich verfahren wurde, da die Erbgesundheitsgerichte in einigen Orten wieder aufgelöst wurden, während diese Gerichte anderenorts bis 1945 weiterbestanden (Jantzen 1975, 159; Höck 1979, 111). Genaue Zahlen über die Betroffenheit von Sonderschülern, insbesondere von Hilfsschülern, sind nicht auffindbar. Der hohe Prozentsatz von Sterilisierten, die aufgrund von „Schwachsinn" der Chirurgie ausgeliefert wurden, deuten jedoch auf eine große Zahl sterilisierter Hilfsschüler hin. So schreibt Schmuhl hinsichtlich der Häufigkeiten der Diagnosen:

„96 % aller unter dem nationalsozialistischen Regime sterilisierten Personen wurden aufgrund der Diagnosen ‚Schwachsinn, Schizophrenie, Epilepsie und manisch-depressives Irresein – in der Reihenfolge der Häufigkeit – unfruchtbar gemacht. Die größte Gruppe stellten die ‚Schwachsinnigen' mit etwa zwei Dritteln aller Sterilisierten – von denen wegen ‚Schwachsinns' unfruchtbar gemachten Menschen waren wiederum zwei Drittel Frauen." (1992, 156)

So weit die eher nüchternen Fakten zum „Gesetz zur Verhütung erbkranken Nachwuchses". Was es für den einzelnen Menschen, mehrheitlich Frauen (Bock 1986), allerdings bedeutete, sterilisiert zu werden, das ist diesen objektiven Angaben nicht zu entnehmen. Um die Betroffenen selbst als Subjekte wahrzunehmen, bedarf es des historischen Perspektivenwechsels, müssen die Personen selbst zu Wort kommen. Angesichts der Gefühle von Ohnmacht und Scham, die durch die erlittene Repression empfunden wurden, ist es verständlich, dass es nur wenige alltagsgeschichtliche Zeugnisse gibt, die einen Einblick in die subjektive Welt der Betroffenen geben (s. Kap. 6.4).

Euthanasie: Die ideologischen Grundlagen für die Forderung nach Lebensvernichtung behinderter Menschen waren längst vor der Zeit des „Dritten Reiches" formuliert worden. Besonderes Aufsehen und großen Einfluss fand das 1920 von dem Strafrechtler Karl Binding (1841–1920) und dem Psychiater Alfred Hoche (1865–1943) veröffentlichte Buch „Die Freigabe   **Binding/Hoche**

der Vernichtung lebensunwerten Lebens" (Brill 1994, 104ff). Darin bezeichneten die Verfasser vor allem geistig Behinderte als „geistig Tote", „Ballast-
existenzen" und „leere Menschenhülsen", deren Vernichtung „kein Verbrechen, keine unmoralische Handlung, keine gefühlsmäßige Rohheit, sondern
einen erlaubten nützlichen Akt darstellt" (Binding/Hoche 1920, 57). Der
Begriff „Euthanasie" selbst war irreführend, denn „Euthanasie" im ur-
sprünglichen griechischen Sinne bedeutet „leichter Tod, Erleichterung des
Sterbens durch besondere Schmerzlinderung".

Weisung Hitlers   Hitler selbst hatte im Oktober 1939 den Auftrag für ein Vernichtungsprogramm gegeben, indem er den Verantwortlichen folgende Weisung erteilte:

> „Reichsleiter Bouhler und Dr. Med. Brandt sind unter Verantwortung beauftragt, die
> Befugnisse namentlich zu bestimmender Ärzte so zu erweitern, daß nach mensch-
> lichem Ermessen unheilbar Kranken bei kritischster Beurteilung ihres Gesundheitszu-
> standes der Gnadentod gewährt werden kann. Gez. Adolf Hitler" (Sachße/Tennstedt
> 1992, 269)

Die Tatsache, dass Hitler diese Weisung auf den 1. September 1939, also den
Tag des Kriegsbeginns, zurückdatierte, symbolisiert augenfällig den inneren
Zusammenhang des Krieges „nach innen und außen" – um einen Terminus
von Klaus Dörner (1980) aufzugreifen. Es sei daran erinnert, dass es für das
„Euthanasie"-Programm niemals eine gesetzliche Grundlage gab. Es lief viel-
mehr als „geheime Reichssache", da die NS-Führung Beunruhigung und Op-
position in der Bevölkerung sowie negative außenpolitische Reaktionen bei
Bekanntwerden der Vorgänge erwartete und befürchtete.

**Vernichtungs-
programme**   Behinderte Menschen fielen ab 1939 hauptsächlich drei verschiedenen
Vernichtungsprogrammen zum Opfer:

- der „Kinderaktion", zynischerweise auch als Aktion „Gnadentod" bezeichnet;
- der „Aktion T 4", die ihren Tarnnamen nach der Adresse der Dienststelle
  in der Tiergartenstr. 4 in Berlin erhielt;
- der „Sonderbehandlung f 13", deren Bezeichnung auf das Aktenzeichen
  des Inspekteurs der Konzentrationslager beim Reichsführer/SS zurückzuführen ist.

„Kinderaktion"   Die „Kinderaktion" begann im August 1939 mit der Einführung einer Mel-
depflicht für alle körper- und geistig behinderten Neugeborenen, die in den
Gesundheitsämtern über Meldebogen erfasst wurden. Diese Meldebogen
bearbeitete der „Reichsausschuß zur wissenschaftlichen Erfassung von erb-
und anlagebedingten Schäden", der als Tarnorganisation in der Kanzlei des
Führers saß. Nachdem der „Reichsausschuß" eine Vorauswahl unter den gemeldeten Kindern getroffen hatte, gingen die Meldebogen der potenziellen
Opfer an drei Gutachter, die durch ein „Plus-" oder ein „Minuszeichen"
über Tod oder Leben der Behinderten entschieden, ohne die betroffenen
Kinder jemals gesehen zu haben. Waren die Gutachter übereinstimmend zu

einer „Plus"-Entscheidung gekommen, wurden die Kinder zur „Behandlung" in eine der eingerichteten „Kinderfachabteilungen" eingewiesen, die jeweils verschiedenen Krankenanstalten angegliedert waren. Die „Kinderaktion" dauerte bis Kriegsende an; die Zahl der ermordeten Kinder wird auf etwa 5.000 geschätzt.

Unter der gleichen Leitung wie die „Kinderaktion" liefen im August **„Aktion T 4"** 1939, ebenfalls unter Geheimhaltung, die Vorbereitungen für die „Aktion T 4" an, die sich vor allem gegen geisteskranke Erwachsene in den Anstalten richtete. Bei der „Aktion T 4" handelte es sich um ein Mordprogramm, das – im Vergleich zur „Kinderaktion" – auf eine noch sehr viel größere Personenzahl zielte und einen dementsprechend umfangreichen Organisations- und Verwaltungsapparat benötigte (Mitscherlich/Mielke 1978, 185ff). Erfasst und gemeldet werden sollten alle Behinderten, die fünf Jahre oder länger in Anstalten lebten und die „in den Anstaltsbetrieben nicht oder nur mit mechanischen Arbeiten zu beschäftigen sind" (S. 190).

Das Kriterium der wirtschaftlichen Brauchbarkeit, das für die Anerkennung der Bildungsfähigkeit und damit der Beschulung ausschlaggebend gewesen war, wurde nun entscheidendes Kriterium für das Überleben behinderter Menschen. In den Meldebogen für „T 4" wurden die Gutachter angewiesen, die ökonomische Verwertbarkeit der Anstaltsinsassen ausführlich und differenziert zu beschreiben. Wie bei der „Kinderaktion" wurden die Meldebogen von jeweils drei Gutachtern bearbeitet, deren Entscheidung bei der „Aktion T 4" noch von einem Obergutachter revidiert werden konnte.

Die „produktive Arbeitsweise" der zu Gutachtern bestellten Ärzte, die häufig ausgesuchte SS-Mitglieder waren, wird besonders durch das Beispiel eines Arztes verdeutlicht, der innerhalb von 14 Tagen 2.109 Meldebogen begutachtete (Mitscherlich/Mielke 1978, 193).

Die durch die NS-Ärzte zum Tode verurteilten Menschen wurden auf- **Tötungsanstalten** grund sogenannter planwirtschaftlicher Maßnahmen in Durchgangslager gebracht und von dort auf insgesamt sechs verschiedene Tötungsanstalten verteilt:

- Grafeneck in Baden-Württemberg
- Hadamar in Hessen
- Brandenburg an der Havel
- Sonnenstein/Pirna bei Dresden
- Bernburg an der Saale
- Hartheim bei Linz/„Ostmark" (Österreich)

Unter den für die „Aktion T 4" Gemeldeten befanden sich neben „krimi- **Ausweitung des** nellen Geisteskranken" vor allem wirtschaftlich „Unbrauchbare", bei denen **Personenkreises** körperliche oder geistige Behinderungen, darunter „Schwachsinn jeder Art", diagnostiziert worden waren (Mitscherlich/Mielke 1978, 190). Wie schon bei der „Kinderaktion" weitete sich im Verlauf von „T 4" der Kreis der Betroffenen immer weiter aus: Altersheiminsassen, „Fremdrassige" und Homosexuelle wurden ebenfalls getötet.

> „Bald aber lassen sich diagnostische Unterscheidungen nicht mehr feststellen. Es wurde immer wahlloser vernichtet, und es gerieten schließlich auch hier Menschengruppen in den Vernichtungssog, die nach den Vorschriften gar nicht hätten erfaßt werden dürfen." (Dörner et al. 1980, 96)

Das Verschieben der Vernichtungsgrenzen nach unten ist ein Indiz, dass ausgesonderte Sonderschüler, vor allem Hilfsschüler, ebenfalls von „T 4" betroffen waren, zumal ihnen durch die negative Selektion aus der Hilfsschule schon „Bildungsunfähigkeit", also wirtschaftliche Unbrauchbarkeit, bescheinigt worden war. Hinzu kommt, dass der Massenmord durch „T 4" nicht auf Erwachsene beschränkt blieb, sondern auch Kinder betroffen waren (Mitscherlich/Mielke 1978, 188ff). Obwohl die „Aktion T 4" unter Leitung der Reichskanzlei nur etwa eineinhalb Jahre dauerte, wird die Zahl der in dieser Zeit ermordeten Menschen auf etwa 80.000 bis 100.000 geschätzt.

Beunruhigung in Bevölkerung

Die speziell für diese Massenvernichtung eingerichteten „Sonderstandesämter" und „Trostbriefabteilungen" erfanden „natürliche Todesursachen" und schickten den Angehörigen der Opfer standardisierte Briefe zu, in denen diesen mitgeteilt wurde, dass aus „seuchenpolizeilichen Gründen" die Leichen der Behinderten sofort verbrannt worden wären (Mitscherlich/Mielke 1978, 195). Ungeachtet der Täuschungs- und Verschleierungsmanöver kam es angesichts der großen Zahl von Benachrichtigungen zu einigen „Pannen", wie z. B. doppelten Benachrichtigungen mit unterschiedlichen Todesursachen, falschen Namen und unmöglichen Diagnosen. Diese peinlichen Vorfälle sowie häufig gleichlautende Todesanzeigen in den Zeitungen und die Flüsterinformationen durch die Anwohner der Todesanstalten sorgten für eine zunehmende Beunruhigung in der Bevölkerung, nicht zuletzt auch deshalb, weil der Kreis der Betroffenen immer weiter gezogen wurde.

Kirchenproteste

Proteste kamen vor allem aus kirchlichen Kreisen. In der evangelischen Kirche waren es die Pastoren Braune, Wurm, Wilm und von Bodelschwingh, in der katholischen Kirche die Kardinäle von Galen/Münster und Faulhaber aus München. Vor allem die Predigt von Galens in der Lamberti Kirche zu Münster hatte große Wirkung, da sie in Windeseile vervielfältigt und im ganzen Reich verteilt wurde. In dieser Predigt sagte Galen u. a. – und diese Worte sind nach wie vor bedenkenswert und aktuell:

> „Wenn einmal zugegeben wird, daß Menschen das Recht haben, ‚unproduktive' Mitmenschen zu töten – und wenn es jetzt zunächst auch nur arme wehrlose Geisteskranke trifft –, dann ist grundsätzlich der Mord an allen unproduktiven Menschen, also an den unheilbar Kranken, den Invaliden der Arbeit und des Krieges, dann ist der Mord an uns Allen, wenn wir alt und altersschwach und damit unproduktiv werden, freigegeben. Dann ist keiner von uns seines Lebens mehr sicher." (Dörner et al. 1989, 118)

Lothar Kreyssig

Aus dem Kreise der Justiz ist eine einzige Person bekannt, die gegen die „Euthanasiemaßnahmen" protestierte. Es war der Amtsgerichtsrat Lothar Kreyssig, ein Angehöriger der Bekennenden Kirche, der in seiner Funktion als Vormundschaftsrichter Einspruch erhob gegen die Verlegung der ihm anvertrauten Mündel (Willems 1995).

Die nun nicht mehr gewährleistete Geheimhaltung der Massenvernichtung war sicherlich ein entscheidender Grund dafür, dass „T 4" von der Kanzlei des Führers im August 1941 abgebrochen wurde. Stillschweigend fortgeführt wurde jedoch nach dem offiziellen Stopp von „T 4" die sogenannte „wilde Euthanasie", die nun in einzelnen Anstalten unabhängig voneinander und unkontrolliert praktiziert wurde. Daran ist zu ersehen, dass viele aus innerer Überzeugung mitmachten und es keineswegs erst der Befehle bedurfte. Die Behinderten wurden vergiftet oder man ließ sie verhungern. Entscheidend für die Beendigung von „T 4" war nicht zuletzt die Tatsache, dass das Personal und die Vernichtungsanlagen der Tötungsanstalten ab 1941/42 in den Konzentrationslagern des besetzten Ost-Europas für die sich anbahnende „Endlösung der Judenfrage" dringend benötigt wurden.

Stopp von „T 4"

Ehemalige „T 4"-Ärzte kamen ebenfalls im Rahmen der „Sonderbehandlung 14 f 13" zum Einsatz. Durch dieses Vernichtungsprogramm wurden zwischen 1941 und 1943 kranke und behinderte Insassen von Konzentrationslagern getötet. Diese nicht mehr für die Arbeit „brauchbaren Menschen" wurden in den Lagern selektiert und in die bestehenden Vernichtungslager des „Altreichs" und der „Ostmark" gebracht. So erklärt sich beispielsweise, dass man in der Gedenkstätte Hartheim bei Linz auch Erinnerungsplaketten für ehemalige KZ-Insassen findet, die hierher transportiert worden waren, um umgebracht zu werden.

6.3   Hilfsschule im „Dritten Reich"

Die zentrale Kategorie des Nationalsozialismus, der Rassismus (Bock 1991), gilt auch für das NS-Erziehungssystem (Keim 1995; 1997), das sich, neben der Fortführung pädagogischer Traditionen, nun über neue Kategorien ordnete:

„Grenzen der Erziehbarkeit"

„Diese Ordnung reguliert sich zunächst über Prinzipien der Inklusion und Exklusion, und im Kontext von Rassismus und Eugenik tritt für das Erziehungssystem an die Stelle des genuin pädagogischen Begriffs der ‚Bildsamkeit' […] die Kategorie der Rasse und des Völkischen und die damit verbundene These von den ‚Grenzen der Erziehbarkeit'." (Tenorth 2006b, 35)

Diese „Grenzen der Erziehbarkeit" trafen in besonderem Maße die existierenden Sonderschulen, denn in ihnen befanden sich Schüler, deren rassischer Wert generell auf dem Prüfstand war.

Entsprechend der weitgehend unveränderten Grundstruktur des Schulaufbaus (Zymek 1989, 155ff; Michael/Schepp 1993, 314) erkannte das Reichsschulpflichtgesetz von 1938 zwar auch eine „Schulpflicht geistig und körperlich behinderter Kinder" an, denn es hieß in § 6, Abs. 1:

Reichsschulpflichtgesetz

„Für Kinder, die wegen geistiger Schwäche oder wegen körperlicher Mängel dem allgemeinen Bildungsweg der Volksschule nicht oder nicht mit genügendem Erfolge zu folgen vermögen, besteht die Pflicht zum Besuch der für sie geeigneten Sonderschulen oder des für sie geeigneten Sonderunterrichts (Hilfsschulen, Schulen für Krüppel, Blinde, Taubstumme u. ä.)."

Ausschulung „Bildungs- unfähiger"

Aber an der im selben Jahr erlassenen „Allgemeine Anordnung über die Hilfsschulen in Preußen" wird deutlich, wie sehr gerade die Hilfsschule dem Diktat der „rassischen Grenze" folgte, denn von nun an wurden alle geistig behinderten Kinder aus der Hilfsschule verwiesen. Der entsprechende Passus lautet:

„5. Ausschulung bildungsunfähiger Hilfsschüler
Kinder, die in zweijährigem Besuch der Hilfsschule auf keinem der für ihre Beurteilung besonders in Betracht kommenden Gebiete […] wesentlich fortgeschritten sind, sollen als bildungsunfähig aus der Hilfsschule entfernt und der öffentlichen Fürsorge oder privater Betreuung überlassen werden." (Allgemeine Anordnung 1938)

Wie bereits anklang, waren all jene Behinderten, die weder rassischen Minderstandards entsprachen noch ein Mindestmaß an gesellschaftlich nützlicher Arbeit leisteten, von der totalen Ausgrenzung – und hier ist der Begriff angebracht – bedroht. Eine Personengruppe, die sich gewissermaßen an dieser prekären Nahtstelle zwischen „Nochbrauchbarkeit" und „Minderwertigkeit" befand, waren die Hilfsschüler; deshalb soll exemplarisch im Folgenden von der Rolle der Hilfsschule im „Dritten Reich" die Rede sein.

Bereits gegen Ende der Weimarer Republik kam die Ausbreitung der Hilfsschule zum Erliegen. Vor dem Hintergrund der allgemeinen katastrophalen Wirtschaftskrise wurden die staatlichen Ausgaben für den Bildungsbereich zunehmend gekürzt. Besonders hart betroffen war auch der Hilfsschulbereich, was sich in Schulschließungen und Erhöhung der Klassenfrequenzen niederschlug. Begünstigt wurden derartige Maßnahmen nicht zuletzt durch ein Erstarken von Ideologien, die in den „Minderwertigen" nur einen unnützen Ballast für die Volksgemeinschaft sahen.

Angriffe auf Hilfsschule

Nach der „Machtergreifung" durch den deutschen Faschismus verstärkten sich zunächst die Angriffe auf die Hilfsschule, wobei im Wesentlichen auf das schon in der Weimarer Republik verwendete Argument von der Unrentabilität einer Schule für „Minderwertige" zurückgegriffen wurde. Vor dem Hintergrund einer nach wie vor extrem hohen Arbeitslosigkeit und leerer Haushaltskassen in Ländern und Gemeinden konnten sich jene Gehör verschaffen, die den Behinderten aus Gründen einer für notwendig erachteten stärkeren rassischen Selektion und der favorisierten Elitebildung jegliches Anrecht auf Bildung und Erziehung absprachen. In dem 1933 von dem Rassenhygieniker Martin Staemmler vorgelegten Werk „Rassenpflege im völkischen Staat" liest sich das so:

„Auslese heißt Förderung der Hochwertigen und Zurücknahme der Minderwertigen. Will man das treiben, so muß man vor allem eins bedenken: Es gibt kein Recht für alle. Der Hochwertige hat das Recht, gefördert zu werden, der Minderwertige hat es nicht." (S. 45)

Offensichtlich fühlten sich in den ersten beiden Jahren des Nationalsozialismus diverse Schulverwaltungsbehörden durch derartige Feststellungen dazu aufgerufen, die in der Weimarer Zeit begonnenen Hilfsschulstellenkürzungen bzw. die Auflösung von Hilfsschulen weiter voranzutreiben. Die Kürzungen bzw. Schließungen erfolgten regional sehr unterschiedlich. Während in Berlin beispielsweise von 60 Sonderschulen acht Schulen – davon sechs Hilfsschulen– aufgelöst wurden, lässt sich für Hamburg kein derartiger Abbau feststellen (Höck 1979; Synwoldt 1979). Das unterschiedliche Vorgehen in den Ländern beruhte vor allem auf einer erheblichen Unsicherheit über die zukünftige Hilfsschulpolitik der Zentralregierung und der NSDAP, die zunächst keinerlei Richtlinien oder programmatische Äußerungen als Orientierungshilfen für die Schulverwaltungen herausgaben. Dass zahlreichen Kommunen wirtschaftliche und/oder ideologische Gründe ein willkommener Anlass für die Schließung von Hilfsschulklassen war, belegt das Antwortschreiben des Magistrats von Schleswig an das Berliner Erziehungsministerium vom 9. Oktober 1933:

Auflösung von Hilfsschulen

> „Unsere Meinung geht dahin, daß die Umwandlung der zweiklassigen Hilfsschule eine zwingende Notwendigkeit war. Die ersparten Mittel konnten den gesunden Kindern der Volksschule zugeführt werden. Es kann u. a. nicht angehen, daß heute noch für die minderwertigen Kinder erhebliche Mittel aufgewendet werden, die auf der anderen Seite viel nutzbringender für die gesunden Kinder angelegt werden können."[50]

Die Anfangsphase der Unsicherheit und der Auflösungstendenzen wurde allerdings bald überwunden. Ab 1935 lässt sich eine veränderte offizielle Schulpolitik und damit ein erneuter Ausbau des Hilfsschulwesens nachweisen. Es hatte sich offenbar die Erkenntnis durchgesetzt, dass als Alternative zur Hilfsschulerziehung nur die vergleichsweise kostenaufwendige Anstaltsbetreuung oder aber eine „Belastung der Volksschule" durch „Minderwertige" in Frage kamen. Damit lag die Lösung des Hilfsschulproblems nicht mehr in der Auflösung dieser Institution, sondern in ihrer Beibehaltung – allerdings verbunden mit deutlich verschlechterten Bedingungen für Schüler und Lehrer. Der Forderung von Staemmler nach einer Umverteilung der Bildungsausgaben zu Lasten der Hilfsschulen wurde damit voll entsprochen. Staemmler nahm 1933 theoretisch die Zielsetzung vorweg, die sich zwei Jahre später durchsetzte, als er meinte:

neuer Ausbau des Hilfsschulwesens

> „Man soll schon die Hilfsschule behalten […] aber man darf nicht erwarten, daß mehr als das Notdürftigste bei dieser Bildung herauskommt. Die Klassen kleiner zu machen als die für Vollwertige und dadurch die Kosten der Schulbildung zu erhöhen ist Verschwendung, die man nicht verantworten kann." (Staemmler 1933, 120)

Dieser Art von „Verschwendung" begegneten die Schulverwaltungen, indem die Klassenfrequenzen drastisch erhöht wurden, und zwar offiziell auf 20 Schüler in der Unterstufe und 25 Schüler in der Oberstufe, wobei die Frequenzen in der Praxis sehr häufig noch überschritten wurden (Synwoldt

Hilfsschulerlass

1979, 223). Im Vergleich zu 1928 wurde die Zahl der Hilfsschulklassen bis 1938 um 776 auf 3.190 Klassen gesenkt, wobei allerdings die Einsparungen aus der Weimarer Zeit zu berücksichtigen sind (Myschker 1969, 72f). Gleichzeitig stieg der Anteil der Hilfsschüler an der Gesamtschülerzahl schon in den ersten Jahren des Nationalsozialismus kontinuierlich an. Ausdruck offizieller Bildungspolitik war ein Erlass des Ministeriums für Wissenschaft, Erziehung und Volksbildung vom 6. Juli 1935, der sich erstmals ausführlicher mit der Überweisung von Kindern an die Hilfsschule beschäftigte. Dieser Erlass macht deutlich, dass die Hilfsschule im Nationalsozialismus vor allem als ein Sammelbecken für „erbkranke" Schüler betrachtet wurde. Dieses sollten all jene besuchen, die aufgrund ihrer „erblichen" Minderwertigkeit die Erziehung der „normalen Volksschüler" hemmen könnten. Im Erlass heißt es u. a.:

> „Aus gegebenem Anlaß ersuche ich die Kreisschulräte dafür Sorge zu tragen, daß alle nach den ministeriellen Bestimmungen als hilfsschulpflichtig anzusprechenden Kinder nach Möglichkeit auch restlos der Hilfsschule zugewiesen werden […] Abgesehen von der Pflichtvernachlässigung, die in der Nichtüberweisung eines hilfsschulbedürftigen Kindes von der Volksschule in die Hilfsschule liegt, bedeutet sie eine absolute Verkennung der Ziele des nationalsozialistischen Staates auf rassischem Gebiete. Die Bestrebungen unseres Staates in bezug auf die Erbgesundheit machen die Einrichtung der Hilfsschule und ihre tätige Mitarbeit zur Erreichung dieser Ziele unbedingt notwendig. Im Hinblick auf die Bestimmungen des Erbgesundheitsgesetzes […] ist das Verbleiben eines hilfsschulbedürftigen Kindes in der Volksschule unbedingt zu vermeiden." (Höck 1979, 315)

Funktionen der Hilfsschule

Nach offizieller Lesart sollte die Hilfsschule nunmehr drei Funktionen erfüllen, wobei nur die erste wirklich neu war: Die Hilfsschule sollte

- als Sammelbecken für erbkranke Schüler rassenhygienische Aufgaben erfüllen,
- die ökonomische und völkische Brauchbarmachung ihrer Schüler anbahnen,
- die Volksschule von „unnötigem" Ballast entlasten.

Rassenhygienische Aufgabe: Der anfänglich erhebliche Legitimationsdruck auf die Hilfsschule wurde vor allem dadurch gemildert, dass der nationalsozialistische Staat relativ schnell damit begann, die von Rassenhygienikern und Sozialdarwinisten schon lange zuvor geforderte „biologische" Politik zu praktizieren und rassenhygienische Maßnahmen zu legalisieren. Kernstück dieser Rassenpolitik bildete das bereits erwähnte „Gesetz zur Verhütung erbkranken Nachwuchses" (GzVeN) vom Juli 1933, in dessen Folge zahlreiche Sonderschüler sterilisiert wurden und das erst am 28. Mai 1998 vom Deutschen Bundestag als „nationalistisches Unrechtsurteil" aufgehoben werden sollte. Aus heutiger Sicht ruft dieses Gesetz vor allem aufgrund der Möglichkeit des Zwanges zu Recht Ablehnung hervor – übersehen wird dabei allerdings oft, dass die Propagandisten des NS-Staates durchaus bemüht waren, bei den Betroffenen Einsicht und damit eine freiwillige Zustimmung zu erzielen.

Aufschlussreich ist das von den NS-Funktionären Karl Tornow und Herbert Weinert – der eine Hilfsschulpädagoge, der andere Gehörlosenlehrer – herausgegebene Buch „Erbe und Schicksal" von 1942, das für den erbbiologischen Unterricht „in einfachen Schul- und Schulungsverhältnissen" eingesetzt werden sollte. Dieses Buch wandte sich in einfacher, direkt-demagogischer Sprache und Bildauswahl an die Schüler mit der Absicht einer Indoktrination im Sinne der NS-Rassenpolitik. Da dieses Buch sehr gut die NS-Behindertenpolitik veranschaulicht und zugleich den Biologieunterricht in den Sonderschulen zur NS-Zeit illustriert, soll es im Folgenden ausführlicher vorgestellt werden, wobei allerdings offen bleiben muss, welche tatsächliche Wirkung dieses Buch auf den Unterricht der Sonderschule zur NS-Zeit hatte (vgl. hierzu die Kontroverse zwischen Eberle 2006 und Kremer 2005 u. 2006). Das Buch enthält drei große Kapitel, die wie folgt lauten:

Tornow/Weinert: „Erbe und Schicksal"

  I.   Von der Vererbung und den Erbgesetzen
 II.   Von körperlichen und geistigen Erbleiden
III.   Von der Verhütung erbkranken Nachwuchses

Im ersten Kapitel wurde unter den erblichen Körperschäden auch der Klumpfuß aufgeführt, von dem es u. a. heißt:

„Zum Glück können die Ärzte heute viele solche körperlichen Mißbildungen operieren, oder sie können Schienen- und Stützapparate anfertigen lassen, so daß der Schaden dann nicht mehr ganz so groß ist. Das eigentliche Übel aber, die Anlage selbst, bleibt bestehen. Sie kann durch eine Operation oder durch künstliche Apparate nicht beseitigt werden, wenn die schwere körperliche Mißbildung erblich ist, wie das leider beim Klumpfuß oft vorkommt. Der Betreffende ist und bleibt dann erblich belastet und gibt die Erbanlage zu Klumpfuß an seine Nachkommen weiter." (Tornow/Weinert 1942, 40f)

Wie sehr „völkische Brauchbarmachung" und rassenhygienische Aufgabe zusammengedacht wurden, ist an dem resümierenden Urteil über blinde Menschen ablesbar:

„völkische Brauchbarmachung"

„Da haben wir nun eine Menge Gutes von den Blinden gehört. Wir haben vor allem gesehen, daß ihnen heute geholfen wird, etwas zu lernen und einen Beruf zu ergreifen. Das war in früheren Zeiten nicht so. Damals gab es noch keine Blindenheime und Blindenschulen. Da konnten die Blinden allerdings nichts lernen und mußten verkümmern und sich elend von Unterstützungen und vom Betteln ernähren. Heute kann aber jeder Blinde etwas lernen und dann selbst seinen Lebensunterhalt verdienen. Und dennoch ist das Blindsein schlecht. Denn auf den Blinden muß viel Rücksicht genommen werden. Selbst die Berufe, die für Blinde geeignet sind, muß man besonders für ihn freihalten. Keiner, der sehen kann, möchte deshalb blind sein. Und dieser Wunsch ist berechtigt. Daher sollte aber auch keiner, der an einer Erbkrankheit leidet, die zur Blindheit führt, diese auf seine Nachkommen übertragen. Ja, er hat die Pflicht, dafür zu sorgen, daß seine Erbkrankheit nicht weiter verbreitet wird. Er darf deshalb keine Kinder haben. Wir müssen immerhin bedenken, daß unter den 33.000 Blinden in Deutschland etwa 13.000, also 40 % erbkrank sind, und daß die Ausbildung jedes Blinden dem deutschen Volke etwa 15.000,– bis 20.000,– DM kostet." (Tornow/Weinert 1942, 108)

Der Versuch, starken moralischen Druck auf die Sonderschüler auszuüben, wird am Beispiel „erblicher Taubheit" deutlich:

> „Wer deshalb erblich taub oder erblich schwerhörig ist, darf dieses Leiden nicht auf seine Kinder übertragen. Wer das doch tut, ist eigensüchtig und denkt nur an sich. Er versündigt sich an seinen Kindern und am deutschen Volk. Das Wort jedes wahren Volksgenossen und Nationalsozialisten ‚Gemeinnutz geht vor Eigennutz' hat er noch nicht erfaßt."

Zugleich aber waren die Verfasser im Sinne einer Legitimation der eigenen Arbeit darauf bedacht, den Begriff der Erblichkeit zu relativieren:

> „Wie bei den anderen Leiden, so müssen wir aber auch hier darauf hinweisen, daß der größere Teil der vorhandenen Taubheit und Schwerhörigkeit nicht ererbt ist, sondern erworben wurde. Man darf also nicht in den Fehler verfallen, jeden Tauben oder Schwerhörigen für erbkrank zu halten." (Tornow/Weinert 1942, 132f)

Willkürdiagnose

Dieser letzte Passus zeigt sehr deutlich, wie willkürlich die Bestimmung „erbkrank" war, dass eine Grenzregulierung zwischen „erworben" und „vererbt" in hohem Maße dem Zufall überlassen blieb. Mit dieser Ungenauigkeit der Diagnose war ein Spielraum für unterschiedliche Diagnosen gegeben und damit letztlich der Willkür Tür und Tor geöffnet.

Geistesschwache

Es folgen nun Äußerungen zu den „geistigen Leiden", den Geistesschwachen, also jenem Personenkreis, der sich vornehmlich in den Hilfsschulen befand, und wir werden sehen, dass diese Behinderung als besonders gravierend eingestuft wurde. Die Verfasser unterschieden zwischen leichter, mittlerer und schwerer Geistesschwäche, deren Ursache häufig in einer Erbkrankheit gesucht wurde. Auffallend ist die überwiegend negative Beschreibung dieser Personengruppe durch Tornow und Weinert, wobei die immer wieder anklingende Verbindung von schwacher Begabung und auffälligem Verhalten hervorsticht. Über die Geistesschwachen heißt es:

> „Aus alledem ersehen wir, was für ein schweres und schlechtes Leiden die erbliche Geistesschwäche ist. Sie ist ein Unglück für die Geistesschwachen selbst und für das ganze deutsche Volk. Die Geistesschwachen können im Leben nie so richtig froh und glücklich werden. Überall fallen sie unangenehm auf. Fast nichts können sie richtig zur vollen Zufriedenheit leisten. Immer müssen sie sehen, daß andere es besser können als sie, daß sie nur im Wege sind und daß man immer auf sie Rücksicht nehmen muß. Bei ihnen kann daher keine wahre Lebensfreude aufkommen. Ja, es fehlen ihnen die geistigen und seelischen Gaben, um echte Lebensfreude zu empfinden. Sie leben mehr dahin wie Tiere, ohne zu wissen, wie und warum sie eigentlich leben. Am schlimmsten ist es, wenn der Betreffende geistig so tief steht, daß er allein hilflos ist und immer von anderen gepflegt und betreut werden muß oder wenn er gar gemeingefährlich ist, so daß die Volksgemeinschaft vor seinen bösen Taten geschützt werden muß. Dann fügt der Geistesschwache dem deutschen Volke und sich selbst den größten Schaden zu, wobei wir nicht nur an das Geld und die entstehenden Kosten denken, sondern an all das Elend, das er über sich und andere bringt. Ein solches Leben ist bestimmt nicht

lebenswert, und es wäre für diese Menschen besser, sie wären nie geboren worden. Ein erblich belasteter Geistesschwacher darf deshalb keine Kinder haben. (Tornow/Weinert 1942, 158f)

Speziell zu den Hilfsschülern ist zu lesen: **Hilfsschüler**

„Obwohl viele Hilfsschüler später im Leben fleißig arbeiten, heiter, froh und lustig leben, sind sie nicht zu beneiden. Das wissen die Hilfsschüler auch meist selbst und möchten gern keine Hilfsschüler sein. Sie wissen, wie schwer sie es im Leben haben und daß sie vieles nicht erreichen können, was sie doch gern möchten, und daß sie vom Leben oft hin und her gestoßen werden. Sie sind dem Kampf des Lebens doch nicht so gewachsen wie die anderen. Für sie gibt es meist keinen Aufstieg wie für andere. Sie müssen fast immer in den untersten Schichten des Volkes bleiben. Trotz guter Einzelleistungen, wie sie hier und da vorhanden sind, muß immer wieder Rücksicht auf sie genommen werden, so daß auch ihr Leben oft mehr ein Elend als eine Freude ist.

Trotz aller Leistungen der ehemaligen Hilfsschüler, die sie ja nur durch die besondere Hilfe der Volksgemeinschaft vollbringen können, wäre es für das deutsche Volk am besten, wenn es überhaupt keine Hilfsschüler gäbe. Dann würde das deutsche Volk viel glücklicher und lebensfroher sein. Dieses schöne und hohe Ziel wird jedoch nie ganz erreicht werden können; denn durch Krankheit, Unglücksfälle und äußere Einwirkungen wird es immer wieder Hilfsschüler geben. Das läßt sich nicht ändern. Eins aber kann verhindert werden. Überall da, wo der Schwachsinn erblich ist, kann man ihn für die Zukunft vermeiden, wenn alle erblich belasteten Schwachsinnigen auf Nachkommen verzichten. Sie dürfen deshalb keine Kinder haben. Wenn nun ein Hilfsschüler schwachsinnig und erblich belastet ist und er will von sich aus auf Kinder verzichten, so wollen wir ihm das besonders hoch anrechnen. Er zeigt dann, daß er ein richtiger Volksgenosse ist, der weiß, daß das deutsche Volk nur gesunde Kinder braucht." (Tornow/Weinert 1942, 169f)

Wie bereits anklang, fiel die Charakterisierung der Verhaltensauffälligen   **Verhaltensauffällige**
besonders negativ aus. Das ihnen gewidmete Kapitel trägt den Titel „Vom
unwürdigen Charakter", und dort lesen wir:

„Bisher haben wir meist nur von Menschen gesprochen, die körperlich oder geistig geschwächt waren. Diese Menschen brauchen deswegen nicht schlecht zu sein. Und wir haben gesehen, daß auch ihnen Gelegenheit gegeben ist, trotz ihres schweren Leidens brauchbare Glieder des deutschen Volkes zu werden, vor allem, wenn sie bereit sind, ihre Leiden zu bekämpfen und bei vorliegenden Erbkrankheiten auf Kinder zu verzichten. Es gibt aber noch andere Menschen, die wir ganz anders ansehen müssen. Das sind nämlich diejenigen, die einen schlechten Charakter besitzen. Zu ihnen gehören alle, die arbeitsscheu und arbeitsunwillig sind, die auf keiner Stelle aushalten, die nie selbst nach Arbeit suchen und sich immer nur von der Fürsorge unterstützen und erhalten lassen. Sie erwerben sich ihr Brot meist durch Landstreichen, Betrug, Diebstahl, Bettelei, Hochstapelei, Landesverrat oder andere Verbrechen, auf keinen Fall aber auf ehrliche Weise. Dabei gehen sie meist sehr schlau und raffiniert zu Werke. Zu ihnen gehören alle diejenigen, die sich durch ihre Taten und Gesinnungen außerhalb der deutschen Volksgemeinschaft stellen und dem deutschen Volke Schaden zufügen." (Tornow/Weinert 1942, 193f)

Und weiter heißt es über die „Asozialen" an anderer Stelle: **„Asoziale"**

„Und noch eins ist von den Asozialen und Antisozialen zu sagen. Weil sie nichts wert sind, werden sie auch als Minderwertige bezeichnet. Alle Asozialen und Antisozialen sind also minderwertig. Der Ausdruck ‚minderwertig' sollte deshalb nur für diese gebraucht werden. Leider ist das nicht immer der Fall. Viele Leute sagen auch von einem Körperbehinderten, von einem Tauben, von einem Blinden oder gar von einem Sprachgebrechlichen, er sei minderwertig. Das ist aber falsch und nicht zutreffend. Körperbehinderte, Blinde und Taube, ja sogar viele Geistesschwache sind als Volksgenossen nicht minderwertig; denn sie sind nicht asozial oder antisozial […] Diese Geschädigten können […] sehr wohl erbkrank sein, sie brauchen aber deswegen noch lange nicht asozial oder antisozial und minderwertig zu sein, ja, solche Menschen verdienen unsere Achtung. Sie sind ‚Menschen des Dennoch' und oft stille Helden, von deren Heldentum niemand etwas weiß. Das wollen wir uns genau merken, damit wir niemand unter ihnen Unrecht tun." (Tornow/Weinert 1942, 201f)

Ziel der NS-Rassenpolitik

Im dritten Kapitel, in dem von der Verhütung erbkranken Nachwuchses, den Erbgesundheitsgerichten sowie der Unfruchtbarmachung die Rede ist, wird sehr unverblümt das Ziel nationalsozialistischer Rassenpolitik dargelegt, das auf der einen Seite auf die „Ausschaltung" allen „minderwertigen Erbgutes" zielt und auf der anderen Seite eine besondere Geburtenförderung propagiert. Tornow und Weinert schreiben:

„Nun ist es aber auch möglich, daß jemand erbkrank und dabei selbstsüchtig und uneinsichtig ist, daß er sich freiwillig nicht zu dem Eingriff entschließen kann. Es ist auch möglich, daß er so schwachsinnig ist, daß ihm der Verstand dazu fehlt einzusehen, wie notwendig die Unfruchtbarmachung ist. Für solche Fälle hat das Gericht auch den Zwang vorgesehen. Der Betreffende kann also gegen seinen Willen dazu gezwungen werden, sich unfruchtbar machen zu lassen. Der Zwang ist nötig, um das deutsche Volk vor den Erbkrankheiten zu schützen. Die Regel soll aber nicht der Zwang, sondern die Freiwilligkeit sein […] So wichtig es ist, daß der Erbkranke auf Kinder verzichtet, genau so wichtig ist es […] daß der Erbgesunde Kinder hat […] Der Erbgesunde soll zu den Kinderreichen gehören; denn vier Kinder in jeder Familie sind nötig, wenn das deutsche Volk so groß bleiben soll, wie es jetzt ist. Mehr als vier Kinder sind nötig, wenn das deutsche Volk größer werden und wachsen soll. Und das ist doch unser Ziel. Nur, wenn die Erbgesunden viele Kinder haben, wird das Ziel unseres Führers erreicht: Ein erbgesundes, starkes und ewiges Deutschland!" (Tornow/Weinert 1942, 212)

„Brauchbarkeit" der Hilfsschüler: Etwa ab Mitte der 30er Jahre wurde die Zielsetzung der wirtschaftlichen und militärischen „Brauchbarkeit" des Hilfsschülers zunehmend betont, die Tornow schon Anfang 1934 neben die rassenhygienische Aufgabe der Hilfsstelle gestellt hatte:

„Neben der aktiven Mitarbeit bei der Durchführung des Gesetzes zur Verhütung erbkranken Nachwuchses kommt der Hilfsschule die bedeutungsvolle Aufgabe zu, für alle einmal vorhandenen noch bildungsfähigen Schwachsinnigen, auf dem sparsamsten, aber intensivsten Wege eine Nochbrauchbarkeit innerhalb des völkischen Organismus und seines Staates sowohl wirtschaftlich als auch kulturell zu erzielen." (S. 100)

Alfred Krampf

In dem NS-Standardbuch zur Hilfsschule im „Dritten Reich" von Alfred Krampf, „Hilfsschule im neuen Staat" von 1936, heißt es dazu treffend:

„‚Brauchbarkeit' ist demnach das Urteil über den Wert einer Persönlichkeit in ihrem ganzen physischen und psychischen Sein für die Gemeinschaft. Das Brauchbarsein charakterisiert einen für die Volkheit wertigen Zustand, während die Brauchbarmachung eine erziehliche Aufgabe bedeutet." (S. 19)

Und am Ende seiner Schrift schreibt Krampf:

„Es läßt sich […] wohl kein passenderer Ausdruck für die Zielsetzung erziehlicher Arbeit in der Hilfsschule finden, als in der Formulierung ‚Brauchbarkeit für die Volksgemeinschaft' schon niedergelegt ist." (1936, 197)

Die Qualifizierung der Hilfsschüler zur „Nochbrauchbarkeit" wurde spätestens zwei Jahre später vordringlich. Die Arbeitsbeschaffungsprogramme, das Anlaufen einer gewaltigen Rüstungsproduktion infolge der Kriegspläne sowie die damit verbundenen Autarkiebestrebungen führten ab 1936 zu einem allgemeinen Arbeitskräftemangel, insbesondere zu einem Bedarf an qualifizierten Arbeitskräften. Nach Einführung der allgemeinen Wehrpflicht verschärfte sich der Mangel an Arbeitskräften, und damit mussten leistungsschwächere Personen in das Wirtschaftsleben zunehmend integriert werden.

Entlastung der Volksschulen: Aufgrund der ökonomischen Erfordernisse verlagerte das NS-Schulwesen das Schwergewicht seiner Arbeit von der ideologischen Integration der Schüler in das nationalsozialistische System auf deren erhöhte Qualifizierung. Die in den Vordergrund tretende Qualifizierungsfunktion der Regelschulen äußerte sich in anspruchsvolleren Lehrplänen, höheren Abiturienten- und Studentenzahlen, der Einführung der Hauptschule als Oberbau der Volksschule und schließlich in erhöhten Leistungsanforderungen an die Volksschüler. Die Absolventen der Volksschule wurden nun nicht mehr, wie zu Zeiten der Massenarbeitslosigkeit, in ungelernte bzw. angelernte Berufe oder in die Arbeitslosigkeit abgedrängt, sondern als qualifizierte Arbeitskräfte für die Rüstungs- und Konsumgüterindustrie dringend benötigt. Aufgrund dieser Entwicklung erfolgte zugleich eine Funktionsverschiebung der Hilfsschule in der Weise, dass der Bedarf an weniger qualifizierten Arbeitskräften nun durch ihre Schülerschaft abgedeckt wurde. Somit wurde die wirtschaftliche „Brauchbarmachung" der Hilfsschüler zu einer vorrangigen Aufgabe dieser Schulform in der zweiten Hälfte der 30er Jahre.

Qualifizierungsfunktion

Die zunehmende Bedeutung der Qualifizierungsfunktion fand ihren Niederschlag 1938 in der „Allgemeinen Anordnung über die Hilfsschulen in Preußen" (AAoPr), die in den anderen Reichsgebieten im Wesentlichen übernommen wurde. Neben der Entlastung der Volksschule und der Unterstützung rassenhygienischer Maßnahmen wurde als vorrangige Aufgabe der Hilfsschule die „Brauchbarmachung" ihrer Schüler für die Volksgemeinschaft betont. So heißt es in dem Passus über die Aufgaben der Hilfsschule:

AAoPr 1938

„Die Hilfsschule entlastet die Volksschule, damit ihre Kräfte ungehemmt der Erziehung der gesunden deutschen Jugend dienen können; sie bietet die Möglichkeit zu
langjähriger, planmäßiger Beobachtung der ihr anvertrauten Kinder und damit zu
wirksamer Unterstützung der erb- und rassenpflegerischen Maßnahmen des Staates;
sie erzieht die ihr überwiesenen Kinder in besonderen, den Kräften und Anlagen der
Kinder angepaßten Verfahren, damit sie sich später als brauchbare Glieder der Volksgemeinschaft selbständig oder unter leichter Führung betätigen können."

Hilfsschulrichtlinien Ein Ergebnis der nach 1938 weiter kontinuierlich ansteigenden Qualifizie-
rungsfunktionen der Hilfsschule stellten die reichseinheitlichen „Richtlinien
für Erziehung und Unterricht" in der Hilfsschule von 1942 dar, die in großen
Teilen auf dem von Karl Tornow 1932 vorgelegten Lehr- und Bildungsplan
der Hilfsschule basierten. Die Richtlinien empfahlen eine Differenzierung
der Hilfsschüler nach Leistungsgruppen und führten die in einzelnen Unterrichtsfächern zu vermittelnden Qualifikationen detailliert an, wobei ein
deutliches Schwergewicht auf körperliche und handwerkliche Fähigkeiten
gelegt wurde. Dass nicht etwa das Wohl des einzelnen Kindes, sondern seine
Wertigkeit für das Volk im Mittelpunkt stand, wurde unmissverständlich
von dem zuständigen Ministerialrat Kohlbach formuliert, der in seinen Ausführungen zu den neuen Richtlinien von 1942 schrieb: „Nicht mehr das einzelne Kind, die Sorge um sein Wohl und Wehe sollen im Vordergrund des Interesses des Lehrers stehen, sondern der Dienst, den dieses Kind trotz der
Störungen und Hemmungen […] später dem Volksganzen leisten soll."
(Kohlbach 1943, 99f)

Errichtung neuer
Hilfsschulen Die traditionelle Entlastungsfunktion der Hilfsschule für die Volksschule, die in der „Allgemeinen Anordnung über die Hilfsschulen in Preußen" an erster Stelle genannt wurde, führte dazu, dass in den folgenden Jahren die Zahl der Hilfsschüler kontinuierlich anstieg. Da der starke Zustrom
an Schülern nicht allein mit einer nochmaligen Erhöhung der ohnehin hohen Klassenfrequenz aufgefangen werden konnte, legte die „Allgemeine
Anordnung" ein ehrgeiziges Programm zur Errichtung neuer Hilfsschulen
fest: „In jeder Gemeinde, die im Durchschnitt der letzten fünf Jahre nach
den Feststellungen der Schulaufsichtsbehörde mindestens 25 für die Hilfsschule in Betracht kommende Kinder gehabt hat, ist in der Regel eine Hilfsschule zu errichten."

Der Ausbau des Hilfsschulwesens sollte in bisher unterversorgten ländlichen Gebieten erfolgen, aber auch in den Großstädten vorangetrieben
werden. So meldete Hamburg beispielsweise 1939 die Einrichtung von drei
neuen Hilfsschulen sowie die Erweiterung von neun weiteren. Die Expansion des Hilfsschulwesens war jedoch starken regionalen Schwankungen
unterworfen und wurde vor allem nach Beginn des Krieges durch einen erheblichen Lehrermangel erschwert. Im Deutschen Reich gab es 1936 698
Hilfsschulen mit 3.585 Klassen, und dies entsprach einem Anteil von 1,03 %
der Hilfsschüler an den Volksschülern. Dagegen fanden sich 1942 im Reich
1.163 Hilfsschulen mit 4.334 Klassen, was zugleich einem Anteil der Hilfsschüler von 1,47 % an der Gesamtpopulation der Volksschüler entsprach
(Höck 1979, 193).

In der „Allgemeinen Anordnung" von 1938 fand auch eine neue Akzentuierung in der Auswahl und Bezeichnung der Schülerschaft der Hilfsschule statt. Nicht mehr von Schwachsinnigen oder Erbkranken war die Rede, sondern von „Entwicklungsgehemmten". Dieser Terminus offenbarte zum einen eine größere Nähe zur Volksschule und zum anderen das Bemühen um nicht diskriminierende Bezeichnungen der nun so dringend als Arbeitskräfte benötigten Klientel. Es heißt in der Anordnung: **„Entwicklungs-gehemmte"**

„Die Hilfsschulen sind Volksschulen besonderer Art. In ihnen genügen Kinder ihrer Volksschulpflicht, die bildungsfähig sind, dem allgemeinen Bildungsgang der Volksschule aber wegen ihrer Hemmungen in der körperlich-seelischen Gesamtentwicklung und ihrer Störung im Erkenntnis- Gefühls- und Willensleben unterrichtlich und erziehlich nicht zu folgen vermögen."

Es sei nicht unerwähnt, dass diese definitorische Festlegung auch dem Interesse all jener Sonderpädagogen entgegenkam, die die Hilfsschule von dem Odium einer „Idiotenschule" befreit wissen wollten. Sowohl die „Allgemeine Anordnung" von 1938 als auch die Richtlinien von 1942 vermieden Begriffe wie „Schwachsinnige" oder „Erbkranke". Zeichen einer veränderten Politik gegenüber der Hilfsschule war ferner der Umstand, dass bestimmte Diskriminierungen gegenüber Hilfsschülern wieder zurückgenommen oder abgemildert wurden, so z. B. der Ausschluss der Hilfsschüler von der Schulspeisung 1937. Das Verbot einer Mitgliedschaft von Hilfsschülern in der HJ wurde nach der Erweiterung der HJ zum Zwangsverband für alle Jugendlichen im Dezember 1936 gelockert, wobei allerdings regional unterschiedlich vorgegangen wurde, und Hilfsschüler vielfach Zeugnisse oder Empfehlungen der Hilfsschule vorweisen mussten, die ihre „Eignung" beweisen sollten. Schließlich wurde nach Kriegsbeginn auch die Teilnahme von Hilfsschülern an der Kinderlandverschickung wieder gestattet, sofern sie ihre Lehrer begleiteten. **Rücknahme von Diskriminierungen**

Auch wenn die Hilfsschule sich als eigenständige Schulform im „Dritten Reich" behaupten konnte, so besteht doch kein Zweifel, dass sich ihre Existenzberechtigung einzig und allein durch ihre funktionale Bedeutung für das NS-System legitimierte, nicht jedoch – wie zur Zeit der Weimarer Republik – aufgrund eines Bildungsanspruchs des einzelnen Kindes und Jugendlichen. Die grundsätzlich geringe Wertschätzung der Institution Hilfsschule ist ablesbar an ihren schlechten materiellen Bedingungen, wie räumliche Ausstattung, hohe Klassenfrequenzen und fehlende Qualifizierungsmöglichkeiten ihrer Lehrer. Während in der Weimarer Republik die akademische Lehrerbildung auch für Heilpädagogen in greifbare Nähe gerückt war, wurde die Ausbildung für Sonderpädagogen, insbesondere für Hilfsschullehrer, im „Dritten Reich" weit zurückgefahren. Die Ausbildungskurse wurden eingestellt, und nur aufgrund des zunehmenden Lehrermangels ab 1935 wurden noch einige wenige Ausbildungskurse für Hilfsschullehrer organisiert: 1935/36 in München und Berlin und erneut 1941/42 in München. **Geringschätzung der Hilfsschüler**

Kriegszeit

Die Phase der Konsolidierung bzw. Ausweitung des Hilfsschulwesens ging mit der sich zuspitzenden Kriegssituation etwa ab 1942 zu Ende. Wie im gesamten Schulwesen wurde die Arbeit der Hilfsschule durch einen allgemeinen Lehrermangel und die Kriegseinberufung von Lehrern stark eingeschränkt. Hinzu kam für die Hilfsschule die Teilnahme von Lehrern an der Kinderlandverschickung. Der Stundenplan der Hilfsschule musste radikal gekürzt werden, wichtige Lehr- und Lernmittel fehlten, und teilweise wurden Hilfsschulen ganz geschlossen. Viele Hilfsschulgebäude schließlich wurden beschlagnahmt und für militärische Zwecke oder als Lazarette genutzt.

Es gab aber auch zur Zeit des „Dritten Reichs" eine pädagogische Arbeit, die belegt, dass die Hilfsschule als eine Schulform verstanden wurde, die sich nicht primär an dem völkischen Interesse ausrichtete, sondern der Bildung und Erziehung des einzelnen Kindes dienen wollte. Wir wissen von dem reformpädagogischen Unterricht einer Frieda Buchholz an einer Hamburger Hilfsschule (Ellger-Rüttgardt 1997), aber sicherlich gab es auch andere, bislang unbekannte Beispiele.

jüdische Hilfsschule

Ein besonders eindrucksvoller Beleg ist die jüdische Hilfsschule in Berlin, die, nachdem alle jüdischen Schüler 1938 die deutschen Schulen verlassen mussten, am 9. Januar 1939 von der Jüdischen Gemeinde Berlin eröffnet wurde. Wie groß und menschlich diese Tat war, ist nur zu ermessen, wenn man sich erinnert, dass zu diesem Zeitpunkt das deutsche Judentum ständig wachsender Repressalien ausgesetzt war und auch die finanziellen Hilfsmittel ständig schrumpften. Die Leiterin der Hilfsschule, Margarete Sara Lasch, verfasste im Jüdischen Nachrichtenblatt vom 26. Juli 1940 einen Bericht über das erste Jahr der Hilfsschule, in dem sie eingangs schrieb:

> „Am 9. Januar 1940 beging unsere Hilfsschule ihren ersten Geburtstag. Sie war ins Leben gerufen worden, um die aus den städtischen Hilfsschulen ausgeschiedenen Kinder zu betreuen. Mit 27 Kindern wurde die Schule eröffnet. Die Zahl stieg im Laufe des Jahres auf 71, um dann infolge Auswanderung und Abgang nach Erfüllung der Schulpflicht auf die jetzige Zahl von 51 abzusinken."

Der Bericht endet mit den Worten:

> „Mit der Erziehung und dem Unterricht geistesarmer Kinder ist eine große und schwere Verantwortung in unsere Hände gelegt, aber wie beglückend ist es, solche arme, von der Natur stiefmütterlich behandelte Geschöpfe geistig so weit wie möglich zu fördern, ihnen Sonne und Liebe zu geben, daß sie davon zehren, wenn sie in den Kampf des Lebens hinausgeschickt werden!" (Lasch 1940, 6)

6.4   Zur Rolle der Sonderpädagogen

Wenn wir die Rolle von Sonderpädagogen unter den totalitären Bedingungen des NS-Regimes untersuchen wollen, dann müssen wir zwei Ebenen unterscheiden: eine offizielle, durch die Politik vorgegebene und bestimmte Ebene beruflichen Handelns und eine Ebene des alltäglichen Handelns einzelner Personen. Während Analysen zur Funktion des Sonderschulwesens, dem Verhalten von Sonderpädagogen auf Funktionsebene und auch zur Berufsideologie von Sonderschullehrern vorrangig diese erste Ebene widerspiegeln, zielt eine alltagsgeschichtliche Zugehensweise auf den Versuch, ein differenziertes Bild von den Motiven und Handlungsweisen einzelner Pädagogen in konkreten Lebensvollzügen nachzuzeichnen (Ellger-Rüttgardt 2004a).

Die Arbeiten von Broszart u. a. (1997), Peukert (1982; 1985), Peukert und Reulecke (1981) und Breyvogel und Lohmann (1985) belegen eindrucksvoll, dass alltägliches Handeln im Nationalsozialismus auf einer Palette von Verhaltensweisen angesiedelt war, die sich zwischen den Polen „Überzeugung" und „offener Widerstand" verorten lassen. Nicht ein Schwarz-Weiß-Denken – hier heroischer Widerstand, dort manipulierte Masse und Mitläufertum – vermag der Vielschichtigkeit des Phänomens Alltag im Nationalsozialismus näherzukommen, sondern allein eine zugleich differenzierte und nuancierte Betrachtungsweise. Im Hinblick auf abweichendes Verhalten im „Dritten Reich" unterscheidet Peukert zwischen Nonkonformität, Verweigerung, Protest und Widerstand. Er unterstreicht, dass „Widerstand" keine einmalige Gewissensentscheidung, sondern situations- und interessengebunden war, dass alltägliches Handeln vielmehr durch eine Verbindung von Teilopposition mit zeitweiliger oder partieller Regime-Bejahung gekennzeichnet war:

Alltagshandeln

> „Der Charakter der nationalsozialistischen Zumutungen und Herausforderungen an den Einzelnen und an gesellschaftliche Gruppen war gerade dergestalt, daß sich Zustimmung, Ablehnung und Duldung auch im einzelnen auf ganz unterschiedliche Weise verschränkten. Selbst ein politisch kompromißloser Widerstandskämpfer mußte im Alltag Kompromisse machen und sei es nur zur Tarnung seiner illegalen Arbeit [...] Ein Blick in den Alltag unterm Hakenkreuz kann Grundeinsichten darin liefern, wie ambivalent politisches Handeln ist, wie sehr in die Kalkulation von Opposition und Kompromiß immer auch Elemente der ungewollten Anpassung oder auch der bewußten Systembejahung hineinspielen." (Peukert 1985, 58f)

Bevor wir uns dem alltagsgeschichtlichen Aspekt beruflichen Handelns zuwenden, seien jedoch zunächst einige Anmerkungen zur offiziellen Berufspolitik von Sonderpädagogen vorangestellt.

Berufspolitik der Sonderpädagogen: Nicht anders als alle anderen Lehrerverbände (Ritzi/Wiegmann 2004) wurden auch die Vereinigungen der Sonderpädagogen „gleichgeschaltet", aufgelöst und in den Nationalsozialistischen Lehrerbund (NSLB) überführt. Dies betraf den „Bund Deutscher Taubstummenlehrer", den „Deutschen Blindenlehrerverein" und auch den „Verband der Hilfsschulen Deutschlands" (VdHD), um nur die wichtigsten zu nennen. Nach bisherigem Forschungsstand ist davon auszugehen, dass es in keinem dieser erwähnten Verbände nennenswerte Widerstände gegen die Gleichschaltung gab, und zumindest für die Gehörlosen- und Hilfsschullehrer ist nachweisbar, dass es in ihren Reihen Mitglieder gab, die bereits vor 1933 Parteigänger der Nazis waren.

Gotthold Lehmann

Für die Gehörlosenpädagogik benennt Horst Biesold als prominentes Beispiel den Direktor der „Staatlichen Taubstummenanstalt zu Berlin-Neukölln", Gotthold Lehmann, der seit 1924 diese Einrichtung leitete und in seiner Doppelfunktion als Leiter der Ausbildungsgänge für Taubstummenpädagogen zweifellos Einfluss auf deren Einstellung hatte. Nach Biesold war Lehmann schon vor Machtantritt der NSDAP Parteimitglied, und spätestens seit 1932 enthielt sein Ausbildungsprogramm auch eugenische Themen. Es überrascht somit nicht, dass Lehmann während des „Dritten Reichs" aktiv die Sterilisationspolitik der Nazis unterstützte (Biesold 1988, 104ff).

Martin Breitbarth

Für die Hilfsschullehrer kann als prominentes Beispiel Martin Breitbarth angeführt werden, den wir schon an früherer Stelle kennengelernt haben und der im Prozess der „Gleichschaltung" eine Schlüsselrolle innehatte. Hiervon soll im Weiteren genauer berichtet werden.

Gustav Lesemann

Die stets größer werdenden Wahlerfolge der NSDAP und damit die weitverbreitete Einschätzung innerhalb des bürgerlichen Lagers, dass die Partei Adolf Hitlers über kurz oder lang mit an der Regierungsmacht beteiligt werde (Winkler 1994), blieb offenbar auch nicht ohne Wirkung auf das Handeln des Verbandsvorstandes des VdHD. So empfahl der erste Vorsitzende, Gustav Lesemann, in seinen Ausführungen zur schulpolitischen Lage auf der Vorstandssitzung vom 20./21. Februar 1932, Kontakte auch zu den Nationalsozialisten aufzunehmen.

oppositionelle Stimmen

Es gab aber auch unter den Hilfsschullehrern Stimmen, die vor der Ideologie des Nationalsozialismus und der Bedrohung der Republik warnten. Der Schriftführer des Verbandes der Sonderschulen Berlin/Brandenburg, Funke, schrieb in seinem Geschäftsbericht von 1931:

> „Die Mauern des Parlaments werden von seinen Gegnern berannt. Sie sind ganz in der hegelianischen Vergötterung des Staates befangen. Für sie ist mit Hegel der Staat ‚der göttliche Wille', ja ‚der präsente Gott' selbst. Sie predigen die Omnipotenz des Staates auf allen Gebieten. Die Schule mit ihrem gewaltigen Einfluß auf das heranwachsende Geschlecht wird zuerst getroffen. Und sie predigen weiter eine Rassenkultur, die alles Minderwertige von sich stößt." (HSch 1932, 120)

Diese demokratische Position repräsentierte zweifellos nur eine Minderheit innerhalb des Hilfsschulverbandes, und damit drängt sich als Parallele der Vergleich zum Deutschen Lehrerverein auf, auf dessen Vertreterversammlung vom Mai 1932 ebenfalls nur eine Minderheit für die offensive Verteidigung der Republik eintrat (Ellger-Rüttgardt 1980, 137ff). Vor dem Hintergrund des in der Reichstagswahl vom 31. Juli 1932 errungenen großen Wahlsiegs der NSDAP bekräftigte die Verbandsleitung die Ansicht, dass die Hilfsschullehrerschaft – ebenso wie mit allen anderen Parteien – so auch mit den Nationalsozialisten zusammenarbeiten solle.

Ein Blick in die Verbandszeitschrift „Die Hilfsschule" von 1932 zeigt, wie **eugenisches**
sehr das „eugenische Denken" nicht nur die Diskussion des Vorstandes, son- **Denken im VdHD**
dern auch die der unteren Verbandsgliederungen erfasst hatte. Der „Heilpädagogische Arbeitskreis Altona und Umgebung" (Hamburg) lud am 26. April
Dr. Kreyenberg von den Alsterdorfer Anstalten als Referenten ein, der zum
Thema „Erbkreis des Schwachsinns, eine wichtige Forderung der Eugenik"
sprach. Er fand offenbar so große Zustimmung, dass die Versammlung beschloss, ihre Entschließung zur Sterilisierung von Hilfsschülern dem Reichsverband zuzuleiten (HSch 1932, 309ff).

Einige Jahre später sollte der Oberarzt der Alsterdorfer Anstalten, Dr.
Kreyenberg, als Gutachter im Sterilisationsverfahren gegen die ehemalige
Hamburger Hilfsschülerin Gertrud Meier erreichen, dass diese junge Frau –
entgegen den vorliegenden positiven pädagogischen Gutachten und trotz
des Protestes ihrer früheren Lehrerin Frieda Buchholz – in einem Revisionsverfahren noch Anfang 1944 sterilisiert wurde (Ellger-Rüttgardt 1997).

Der Verbandsvorstand repräsentierte zweifellos die vorherrschende Auf- **Strategie des VdHD**
fassung und Stimmungslage seiner Mitglieder, als er in Vorbereitung des
14. Verbandstages in Halle auf der Vorstandssitzung vom November 1932
beschloss, den Verbandstag von 1933 unter das Motiv „Die volkserzieheri-
sche Aufgabe der Hilfsschule" zu stellen. Es war ganz offensichtlich Ziel des
Verbandes, sich mit an die Spitze dieser neuen eugenischen Bewegung zu
stellen, die von der Allgemeinen Pädagogik bereits mit großer Aufmerksamkeit bedacht wurde. So veranstaltete das Zentralinstitut für Erziehung
und Unterricht Ende 1932 eine Tagung zum Thema „Erblehre und Erb-
pflege", auf dem so anerkannte Autoritäten wie Prof. Baur, Prof. Fischer,
Dr. von Verschuer, Prof. Muckermann als Vortragende geladen waren. Die
Strategie des Verbandes, gewissermaßen auf der Höhe der Zeit zu sein, nicht
den Anschluss an den neuen Zeitgeist zu verpassen, spiegelt sich wider in
den Ausführungen des Verbandsvorsitzenden Lesemann auf der Vorstandssitzung vom November 1932, die wie folgt protokolliert wurde:

„Für den Verbandstag in Halle muß ein großes Thema ausgewählt werden, das an die
jetzige Zeitlage anknüpft […] Der Vorsitzende hebt hervor, daß unter den gegenwärtigen Verhältnissen sehr stark auch an das Thema ‚Eugenik, Volksaufartung' zu denken
sei." (HSch 1932, 681)

Die auf derselben Vorstandssitzung von dem bayerischen Vorsitzenden
Egenberger angeregte stärkere Beteiligung der Heilpädagogen und damit
auch des Verbandes an der wissenschaftlichen Forschung verfolgte ebenfalls
den Zweck, die Arbeit der Hilfsschule auch unter den neuen Aspekten von
„Eugenik und Volksaufartung" zu legitimieren. Ihren direkten Niederschlag fand dieses Bemühen in einer vom Verband geplanten, auf das ganze
Reich ausgedehnten Erhebung über die „Vererbung des Schwachsinns", die
zweifellos der inhaltlichen Ausgestaltung des Verbandstages in Halle dienen
sollte. Allein in Berlin waren 30 bis 40 Hilfsschulklassen für die Untersuchung vorgesehen, wobei die Erhebung offenbar auch bereits entlassene

Hilfsschüler mit erfassen sollte.[51] Die für den Verband entscheidenden Ereignisse des Jahres 1933 belegen in ihrer Chronologie die Dynamik der Entwicklung:

Nach vorliegender Quellenlage darf angenommen werden, dass sich im Laufe der Monate März und April jene Entwicklung anbahnte, die in die Gleichschaltung und spätere Auflösung des Verbandes einmündete. Noch auf der Vorstandssitzung vom 4./5. März war während einer mehrstündigen Diskussion ein Hilfsschulprogramm beschlossen worden, in dem durchaus selbstbewusst auf die Bedeutung der Hilfsschule im neuen Staat hingewiesen und zugleich eine Reihe von schul- und berufsständischen Forderungen erhoben wurde. Die Entlastungsfunktion für die Volksschule und die Bestimmung der Hilfsschule als einer Leistungsschule, die sich aller „Unproduktiven" und „Asozialen" zu entledigen habe, waren die entscheidenden Charakteristika der vom Vorstand festgelegten Leitlinie für die Hilfsschule.

Der Monat April brachte eine weitere Klärung der Verhältnisse in zweifacher Hinsicht: Zum einen wurde deutlich, dass der Verband seine bisherige organisatorische Eigenständigkeit verlieren und wie alle anderen Lehrerverbände in den NSLB, den Nationalsozialistischen Lehrerbund, überführt werden würde. Diese Grundsatzentscheidung wurde von der Verbandsführung offensichtlich akzeptiert und führte „zu persönlich[er] Fühlung" mit der Reichsleitung des NSLB (HSch 1933, 194) sowie zu einer Ergebenheitsadresse gegenüber den neuen Machthabern:

„Der Verbandsvorstand hat an die Reichsregierung z. H. des Herrn Reichskanzlers folgende Kundgebung gesandt: ‚Der Verband der Hilfsschulen Deutschlands, die Berufsorganisation der Leiter, Lehrer und Lehrerinnen an den Hilfs- und Sonderschulen Deutschlands bekundet der Reichsregierung seine volle Sympathie und sein ganzes Vertrauen. Er stellt sich in treuer Pflichterfüllung und mit innerer Hingabe hinter die Regierung der Nationalen Front.
Für den Verband der Hilfsschulen Deutschlands:
Lesemann, 1. Vorsitzender" (HSch 1933, 251)

Auch der frühzeitige Termin der Verbandsauflösung spricht dafür, dass es innerhalb des VdHD kein hinhaltendes Taktieren oder gar Widerstand gegenüber der geplanten Auflösung gegeben hat. Für die Verbandsleitung gab es in den nun einsetzenden Verhandlungen um den Modus der Überführung des VdHD in den NSLB nur ein übergeordnetes Ziel: Die Schaffung einer eigenständigen Fachschaft Sonderschulen, in der man offenbar die bisherige Verbandspolitik weiterzuführen hoffte. Damit einher ging die Abwehr all jener Bestrebungen innerhalb des NSLB, die für eine gemeinsame Fachschaft von Volks- und Hilfsschullehrern eintraten.

Fachschaft Sonderschulen

Um auch im „Dritten Reich" Hilfsschule und Hilfsschullehrerschaft zu erhalten, zielten die Bemühungen aller aktiven Hilfsschulpädagogen in der Zeit des Umbruchs auf die Schaffung einer Fachschaft Sonderschulen. Ihre Untergliederungen sollten – entsprechend den traditionellen Sonderschulformen – nicht nur die Selbständigkeit von Hilfsschule und Hilfsschullehrerberuf garantieren, sondern sogar einen Fortschritt in der traditionellen Berufspolitik befördern: die Anerkennung als Sonderpädagogen.

Unter „Vereinsnachrichten" berichtete das Mai-Heft von der außerordentlichen Vorstandssitzung vom 29. April 1933. Auf dieser gab der vom NSLB als Kommissar für den Hilfsschulverband eingesetzte Hilfsschulrektor Friderici bekannt, dass die Zentrale des NSLB Martin Breitbarth zum Vorsitzenden bestimmt hatte. Die Vertreterversammlung, auf der die „Gleichschaltung" formal korrekt vollzogen wurde, erfolgte dann am 27. Mai 1933. Dass es für die führenden Hilfsschulvertreter nicht nur um die Erfüllung notwendiger Formalia, sondern zugleich um den Erhalt bzw. einer wie auch immer gearteten Weiterführung bisheriger Organisationsstrukturen zum Erhalt der eigenständigen Hilfsschule und ihrer Lehrerschaft ging, ist dem ausführlichen Bericht des Mai-Heftes zu entnehmen. So bemerkte Friderici in seinen Einführungsworten:

„Gleichschaltung"

> „Wir stehen heute vor der Aufgabe, die Gleichschaltung unseres Verbandes zu vollziehen, und für das Fortbestehen unseres Verbandes hängt alles davon ab, daß es gelingt. Wir stehen vor einer sehr ernsten, vor einer sehr schweren Aufgabe. Wird diese Aufgabe nicht endgültig gelöst, dann ist unsere Hilfsschule gefährdet." (HSch 1933, 361)

Aus den Worten Fridericis wird weiterhin deutlich, dass er seine Aufgabe nicht nur in der Abwicklung der vom NSLB vorgeschriebenen „Gleichschaltung" sah, sondern Bedeutung und Eigengewicht der bisherigen Verbandsarbeit durch die Gründung einer Fachschaft für Sonderschulen zu erhalten suchte:

> „Vielmehr sehe ich meine Aufgabe darin, den Auftrag ordentlich zu erfüllen, der mir gegeben wurde: die sofortige Gleichschaltung unseres Verbandes, und einer zweiten Verpflichtung gerecht zu werden, die mir vor allen Dingen wichtig erscheint, der Fachschaft unseres Verbandes die Bedeutung zukommen zu lassen, die ihr zusteht." (HSch 1933, 362)

Nachdem der alte Vorstand, wie vorgeschrieben, seine Ämter mit Zustimmung des bisherigen Vorsitzenden zur Verfügung gestellt hatte, erfolgte die einstimmige Wahl Martin Breitbarths zum Verbandsvorsitzenden. Für die Position des Geschäftsführers wurde Gustav Lesemann vorgeschlagen, der in der anschließenden Wahl ebenfalls einstimmig gewählt wurde und „um der Sache willen" das Amt annahm (HSch 1933, 364). Als weitere personelle Neuerungen erfolgte die Bestellung Dr. Fleischers – wie Breitbarth und Tornow aus Halle stammend – zum Pressereferenten des Verbandes und schließlich die von Karl Tornow zum Schriftleiter der Zeitschrift.

Ebenfalls ohne Einwände und einstimmig beschloss der neue Vorstand die Aufnahme des sogenannten „Reinigungs- oder Arierparagraphen" in die Verbandssatzung:

„Arierparagraph"

„Lesemann verliest den in Betracht kommenden Wortlaut: Dem Verband der Hilfsschulen Deutschlands dürfen als Mitglieder nicht angehören: Nichtarier, sowie Personen, die aufgrund des Gesetzes zur Wiederherstellung des Berufsbeamtentums und
der Ausführungsbestimmungen dazu ihr Amt verloren haben. Er schlage vor, den Vorstand zu ermächtigen, daß er die Formel so in die Satzungen aufnimmt, wie sie von
der Regierung vorgeschrieben wird. Die Aufnahme des Paragraphen in die Satzungen
wird einstimmig angenommen." (HSch 1933, 365)

Damit hatte sich der gleichgeschaltete Verband ein zweites Mal von jenen
Personen getrennt, die am meisten der Fürsprache bedurft hätten. Während
der Verband mit seinem Hilfsschulprogramm vom März die „Schwer-
schwachsinnigen" und „Psychopathen" aus der Hilfsschule ausgeschlossen
hatte, waren es nun die jüdischen Kollegen und Kolleginnen, die der Schutz-
losigkeit anheimfielen und deren Schicksal im „Dritten Reich", wir wiederholen es, viel Gemeinsames mit dem der behinderten Menschen haben sollte.

Rücktritt Lesemanns

Den „Abschiedsworten" des scheidenden Vorsitzenden Lesemann, in
denen er von „Opfer" und „selbstverleugnender Zurücksetzung des eigenen Ich" sprach, ist zu entnehmen, wie schwer ihm der Amtsverzicht fiel.
Aber auch in dieser Situation beschwor Lesemann die Illusion, dass die
Zielsetzungen des Nationalsozialismus mit denen der Heilpädagogik in Ein-
klang zu bringen seien. In seinem Schlusswort sagte er:

„Mögen die Führungen wechseln, mögen die Staatsformen sich ändern, mögen die
Generationen einander ablösen: Eins wird bleiben: Die Idee, der wir dienen, ist ewig.
Heilpädagogik und Hilfsschulerziehung werden ewig bestehen!"

Und nur wenig später beendete Lesemann seine Rede mit einem geradezu
hymnischen Lobgesang auf die neue Zeit:

„Ich bitte, die heutige Versammlung ausklingen zu lassen, in den Wunsch und das Ge-
bet: Es möge Heil und Segen beschieden sein dem Werke, dem wir in Zukunft dienen.
Wir stehen heute nicht mehr unter dem Zeichen des Untergangs und Verfalls, sondern
unter dem Stern des Wiederaufstiegs und der Wiedererhebung. Wir sind stolz darauf,
diese Zeit zu erleben und an dem großen Werke der Ertüchtigung und Neuwerdung
des ganzen deutschen Volkes mitarbeiten zu dürfen. Wir beten für die Männer, die
uns das Schicksal als Führer schenkte. Ich darf Sie bitten, mit mir einzustimmen in den
Ruf: Unserem all verehrten Herrn Reichspräsidenten, Generalfeldmarschall von Hin-
denburg, und unserem all geliebten Volkskanzler Adolf Hitler, dem gesamten deutschen Volk und der Idee, der wir dienen, ein dreimaliges Sieg Heil!
    Die Versammlung wird geschlossen mit dem Horst-Wessel-Lied!" (HSch 1933,
370)

Es sollte noch mehrere Monate dauern, bis schließlich zugunsten der Heilpädagogen die Entscheidung für eine selbständige Fachschaft Sonderschulen fiel. Noch auf der Vorstandssitzung vom August musste Breitbarth
berichten, dass voraussichtlich eine Reichsfachschaft für Heilpädagogik „im
Interesse der Einheitlichkeit der deutschen Erzieherschaft und ihrer Organisation" sich nicht verwirklichen lässt und lediglich eine Reichsarbeitsge-

meinschaft in Betracht käme (HSch 1933, 493). Die Tatsache, dass sich weder die Gegner aus den Reihen der Volksschullehrer noch nationalsozialistische „Heißsporne" wie Müller am Stein, durchzusetzen vermochten, veranschaulicht, wie erfolgreich die Hilfsschullehrerschaft auch noch im Zuge von Gleichschaltung und drohender Verbandsauflösung ihre berufsständischen Interessen zu vertreten wusste.

Am 17. September fand die letzte Vorstandssitzung des VdHD statt, über die ein von Tornow verfasster Bericht vorliegt. Das Bedauern aller Vorstandsmitglieder, auch der überzeugten Nationalsozialisten, über die Auflösung des Verbandes sprach aus den Worten Breitbarths, der der Hoffnung Ausdruck gab, „daß die Arbeit, die bisher tatsächlich für das Volk und die Volksgemeinschaft geleistet wurde, nicht verloren ist, und daß sie unter Beachtung des Grundgedankens der Rasse und der Aufartung auch im ,Dritten Reich' fortbestehen wird" (HSch 1933, 560). Nachdem Lesemann dem Vorsitzenden „in aufrichtigen Worten [...] seinen herzlichsten Dank" ausgesprochen hatte und die Fortführung der Zeitschrift beschlossen worden war, stimmte der Vorstand einstimmig der Verbandsauflösung zu. Er bestimmte als Liquidatoren Rektor Friderici (Berlin), Rektor Breitbarth (Halle) und Hilfsschullehrer Böttcher (Halle). Die versammelten Hilfsschulpädagogen beschlossen ferner,

Verbandsauflösung

„den noch lebenden Gründern unseres Verbandes, den Herren Kielhorn, Wehrhahn, Basedow und Wintermann ein Schreiben des Inhalts zu schicken, daß wir ihrer in dieser Stunde gedenken und die berechtigte Hoffnung auf das Fortbestehen des eigentlichen Werkes und der Arbeit haben" (HSch 1933, 561f).

Einen besonderen Dank richtete Breitbarth an den Stadtschulrat August Henze, der sich seit 36 Jahren für den Verband engagiert hatte und der von Breitbarth als der Gründer des Verbandes bezeichnet wurde.

Das Dezember-Heft des Jahres 1933 enthält die Nachricht, dass am 8. Dezember Pg. Ruckau, ein Gehörlosenlehrer, vom Reichsleiter des NSLB zum Reichsfachschaftsleiter der neuen Fachschaft Sonderschulen ernannt worden war. Damit bot sich der Hilfsschullehrerschaft ein Ersatz in Form dieser neuen Organisationsstruktur, mit deren Hilfe sie auch zukünftig berufs- und schulpolitische Ziele verfolgen konnte, und wie die Geschichte der Hilfsschule im „Dritten Reich" belegt, war diese Politik außerordentlich erfolgreich.

Pg. Ruckau

Im Mai 1934 wurde die neue Fachschaft V im NSLB bestätigt. Sie umfasste die folgenden „Untergliederungen":

Fachschaft V im NSLB

1. Taubstummenwesen, Schwerhörigen- und Sprachheilwesen,
2. Blindenwesen und Sehschwachenschulen,
3. Hilfsschulwesen,
4. Anstaltswesen, Krüppelanstalten, Waisenhäuser, Heilerziehungsanstalten, Fürsorgeerziehungsanstalten, Strafanstalten (Die deutsche Sonderschule 1934, 321).

Folgende vier Personen wurden zu Reichsfachgruppenleitern ernannt:

- für Taubstummenlehrer Pg. Dr. Maeße (Berlin),
- für Blindenlehrer Direktor Pg. Bechthold (Halle),
- für Hilfsschullehrer Schulrat Pg. Alfred Krampf (Hannover),
- für Anstaltslehrer Dipl.-Handelslehrer Pg. Bartsch (Berlin) (Die Deutsche Sonderschule 1934, 81).

Karl Tornow

Der Hauptschriftleiter der neuen Zeitschrift „Die deutsche Sonderschule" wurde Pg. Dr. Karl Tornow (Halle). Mit dieser Konstellation hatten die Hilfsschullehrer nicht nur die Anerkennung als Sonderpädagogen erreicht, sondern durch Besetzung des Schriftleiterpostens sogar die Einnahme einer Spitzenposition innerhalb der Hierarchie der Fachschaft Sonderschulen besetzt. Allerdings verfügten sie in ihrem unmittelbaren Tätigkeitsfeld nicht über die Einwirkungsmöglichkeiten wie die Leiter der Blinden- und Taubstummenanstalten, die, sofern sie überzeugte Nazis waren, ihre Freiräume nutzten, um Zöglinge für ein Sterilisationsverfahren anzuzeigen. Aus diesem Mangel an Einfluss und Macht in der Mitwirkung bei rassenhygienischen Aufgaben erklärt sich der wiederholt unternommene Versuch der NS-Hilfsschulfunktionäre, in den Sterilisationsverfahren gegen Hilfsschüler als Gutachter, Sachverständige und Beisitzer hinzugezogen zu werden (Tornow 1936) – ein Streben, das bei den politisch Verantwortlichen auf keine Gegenliebe stieß und damit erfolglos blieb.

Alltagshandeln: Verlassen wir die Ebene der offiziellen Berufspolitik der Sonderpädagogen, wie sie durch die Verlautbarungen und Handlungsweisen ihrer Funktionäre repräsentiert wird, und wenden uns dem Handeln des einzelnen Pädagogen und der einzelnen Pädagogin zu, so entfaltet sich ein sehr viel bunteres und zugleich weniger überschaubares Bild. Denn die Frage, welche tatsächlichen Auswirkungen staatliche Behindertenpolitik und Positionen der Funktionäre der Fachschaft V des NSLB auf das Handeln einzelner Lehrer hatten, kann nur durch eine alltagsgeschichtliche Annäherung beantwortet werden. Wie wir bereits darlegten, war alltägliches Verhalten im Nationalsozialismus angesiedelt auf einer Palette verschiedener Handlungsmöglichkeiten, die zwischen den Polen „Überzeugung" und „offener Widerstand" lagen. Ich möchte im Folgenden einige Beispiele für unterschiedliche Verhaltensweisen von Sonderpädagogen im „Dritten Reich" vorstellen.

systemkonformes Verhalten

Ein systemkonformes Verhalten liegt vor, wenn der Direktor der Staatlichen Taubstummenanstalt zu Berlin, Lehmann, in einem Sterilisationsverfahren selbst aktiv wird und die Eltern eines Mädchens um Zustimmung ersucht. Am 14. April 1936 schreibt er an die Eltern:

„Das Gesundheitsamt von Berlin-Neukölln hat durch ein Schreiben vom 6. April 36 mitgeteilt, daß das Urteil über die Unfruchtbarmachung ihrer Tochter [...] rechtskräftig geworden ist und daß [...] binnen 2 Wochen dem Städtischen Krankenhaus zu

Neukölln zur Durchführung des Eingriffs zugeführt werden soll. Ich bitte Sie, die beiliegende Erklärung zu unterschreiben u. mir zuzusenden [...] wird dann von uns in das Krankenhaus gebracht werden.

Bemerken möchte ich noch, daß bis jetzt 14 Sterilisationen bei unseren Kindern durchgeführt sind und daß sich bis jetzt in keinem Fall nachteilige Folgen gezeigt haben.

Heil Hitler! Lehmann" (Biesold 1988, 107)

Ein gleichfalls systemunterstützendes Verhalten können wir attestieren, wenn Hilfsschulrektor Möller aus Hamburg-Altona in einem Bericht an das Jugendamt die Sterilisation des betreffenden Schülers vorschlägt:

„G. P. wurde am 20.03.36 nach Erfüllung der gesetzlichen Schulpflicht aus der 2. Klasse der 1. Hilfsschule entlassen. Er ist ein völlig willensschwacher Junge. Unter Tränen verspricht er Fleiß und alles Gute, vermag sich aber keine halbe Stunde in eine Arbeit, für ihn angemessen, zu vertiefen. Er ist sehr leicht erregbar. Wenn er für seine grenzenlose Faulheit oder für eine Dummheit seine Strafe bekommen sollte, gebärdete er sich in den ersten Monaten wie ein wilder Mann, schrie und brüllte aus vollem Halse. Durch strenge Zucht wurde es aber erreicht, daß er im letzten Jahr sich nach dieser Seite hin etwas gebessert hat. Die Gefährlichkeit des Jungen liegt aber auf sexuellem Gebiet. Infolge seiner körperlichen Entwicklung ist er vollreif und kennt nach dieser Seite hin keine Hemmungen. Vom Baden und Schwimmen musste er ausgeschlossen werden, weil er durch sein schamloses Verhalten den Mitschülern gegenüber eine Gefahr für diese war. Durch seinen Mitschüler, den Zigeunerjungen F. St. wurde er im Oktober 35 zur Onanie verleitet.

Mehrfach wurde er auch bei der Bettelei ertappt, besonders erbettelte er sich Brot. Der Ungebührlichkeit seines Handelns ist er sich wohl bewusst, ist aber doch zu willensschwach, um sauber zu bleiben. Er ist unbedingt hochgradig schwachsinnig, bei dem unbedingt eine Sterilisation notwendig ist."[52]

Mit dem „Gesetz zur Wiederherstellung des Berufsbeamtentums" vom 7. April 1933 wurden Angehörige kommunistischer Organisationen und Beamte „nicht-arischer Abstammung" aus dem Staatsdienst entlassen. Der Passus, dass Beamte, die nicht „rückhaltlos" für den Staat eintraten, ebenfalls entlassen werden konnten, öffnete der Willkür Tür und Tor und führte dazu, dass sozialdemokratische, liberale, grundsätzlich demokratisch gesonnene Beamte und nicht zuletzt reformpädagogisch orientierte Pädagogen vom Verlust ihrer beruflichen Existenz bedroht waren. Die Konfrontation mit dieser existenziellen Notlage führte zu individuell sehr unterschiedlichen Reaktionen – eilfertige (Über-)Anpassung und Anbiederungsversuche gehörten auch dazu, wovon das folgende Beispiel zeugt.

Anpassung und Anbiederung

Der Hilfsschullehrer Erich Thomaschewski arbeitete wie Frieda Buchholz nach dem Jena-Plan an der Hilfsschule (Ellger-Rüttgardt 1997; Hillenbrand 1998), hatte aber nicht bei Peter Petersen promoviert. Er versuchte sowohl in der Korrespondenz mit Petersen im Jahre 1932 als auch durch Formulierungspassagen im Stile der neuen Zeit, der Bedrohung seiner beruflich-wirtschaftlichen Existenz zu entkommen (Retter 1996, 338f).

Erich Thomaschewski

Dass Petersen dem in Bedrängnis geratenen Thomaschewski nicht zur Seite sprang, sondern sich vielmehr von ihm distanzierte, war zweifellos durch dessen eigene Interessenlage und die Sorge begründet, „der Jena-Plan könne durch die Person Tomaschewskis in ein falsches politisches Licht gerückt werden" (Retter 1996, 88). Die Distanzierung von Thomaschewski hinderte Peter Petersen allerdings nicht daran, in seinem 1934 erschienenen Band „Die Praxis der Schule nach dem Jena-Plan" Schulberichte Thomaschewskis aufzunehmen, die vor 1933 abgefasst worden waren und die nun mit „zeitgemäßen" Formulierungen versehen wurden. In dem Bericht Thomaschewskis über die Arbeit nach dem Jena-Plan in einer einklassigen Hilfsschule in der Zeit vom Oktober 1931 bis zum April 1932 stehen neben sachlich reformpädagogischer Berichterstattung anbiederische Formulierungen, die Hein Retter zutreffend wie folgt kommentiert:

„Deutlich wird bei Thomaschewski die Identifikation des Opfers mit dem Täter (dem Nationalsozialismus), um beruflich überleben zu können. Die Existenzbedrohung durch die Diktatur führt zu Veränderungen der Identität, die unter ‚normalen' Bedingungen nicht vorstellbar gewesen wären." (1996, 88)

Ein weiteres Beispiel eines in Bedrängnis geratenen Hilfsschullehrers aus Celle wirkt aufgrund von Unterwürfigkeit, persönlicher Verleugnung und Kriechertum eher abstoßend – und dennoch, wer wollte und dürfte angesichts der offenkundigen individuellen Notlage über diesen Lehrer den Stab brechen? Der Hilfsschullehrer W. W. aus Celle schreibt 1933 an den Reichsleiter des nationalsozialistischen Lehrerbundes, Hans Schemm in Bayreuth, folgenden Brief:

„Hochverehrter Herr Staatsminister!
Ich bitte darum, mich wieder in die Volksgemeinschaft einzuordnen, auf daß ich wieder an ihrem Werden tätigen Anteil nehmen kann. Ich bin Hilfsschullehrer und zum l. Oktober des Jahres aufgrund des § 4 des Gesetzes zur Wiederherstellung des Berufsbeamtentums wegen meiner Zugehörigkeit zur SPD entlassen worden. Ich bin 42 Jahre alt, verheiratet und habe 3 Kinder zu versorgen. Meine Kollegen halten mich nicht für so belastet, daß diese harte Strafe mich treffen mußte. Und der Oberbürgermeister und auch die Kreisleitung der NSDAP haben sich dafür eingesetzt, daß man es mit einer Versetzung bewenden lassen sollte. Ich bin nie Marxist gewesen, sondern habe immer für die Befreiung der Seele gekämpft [...] Ich bin von Natur aus stets Gegner liberalistischer Denkweise gewesen. So habe ich mich mit Begeisterung schon am 2. August 1914 kriegsfreiwillig gemeldet. Erst durch längeres Bitten erhielt ich von der Regierung – ich war schon Lehrer – die Genehmigung dazu. Diese Meldung war für mich eine Selbstverständlichkeit. Den Umsturz machte ich nicht mit. Ich verließ die Truppe auch nicht, sondern blieb bei ihr, bis ich meine regelrechte Entlassung zum 31. Dezember 1918 erhielt [...]
   Aus der gleichen Liebe zu meinem Volke trat ich im April 1919 der SPD bei, um die Abwehrkräfte gegen die Spartakisten zu stärken, obwohl durch Erziehung und Vaterlandsliebe ein starker innerer Widerwille gegen die ‚Roten' bestand. Und wieder aus Liebe zum Volk bin ich nicht früher aus der SPD ausgetreten, obwohl seit dem Frühjahr 1931 die innere Notwendigkeit dazu für mich vorlag. Wenn ich den Brief mit der Austrittserklärung in der Tasche trug, kam ich mir immer als Verräter am gläubigen Volke vor. Ich schickte sie darum nicht ab. Am 4. März aber trat ich aus, da es mir innerlich unmöglich geworden war, in dieser entscheidungsvollen Stunde eine SPD-Liste zu

wählen, was ich dem Vorstand schriftlich mitteilte […] Ich habe mir, wie mein Orts-
gruppenleiter bezeugen kann, redlich Mühe gegeben, in den Arbeitsdienst hinein-
zukommen, um die Echtheit meiner Gesinnung unter Beweis stellen zu können. Es ist
mir bisher nicht gelungen. Bei der SA hat man meine Einstellung abgelehnt, obwohl
sich 2 alte Nationalsozialisten, beides SA-Männer, für mich verbürgten. Daß man mich
trotzdem nicht annahm, das war ein harter Schlag für mich!

Und so bitte ich Sie, verehrter Herr Staatsminister, herzlich: geben Sie mir wieder
den Anschluß an die Volksgemeinschaft! Stellen Sie mich hinein in das tätige Leben
meines Volkes.

[Unterschrift] Heil Hitler!" (Breyvogel/Lohmann 1985, 258)

Wir wollen mit Lutz van Dick oppositionelles Lehrerverhalten jener Min- **oppositionelles**
derheit von Sonderpädagogen attestieren, **Lehrerverhalten**

„die sich vor dem Hintergrund ihres ausgeübten Berufs – in zum Teil auch nur kleins-
ten Alltagsformen – verweigerten, ihre eigene Meinung zu wahren suchten und Kritik
übten oder hilfreich für andere waren – oder auch erst allmählich oder an bestimmten
Situationen entzündet, ein Widerdenken, Widersprechen und (unter in der Regel iso-
liertesten Bedingungen) auch ein Widerhandeln entwickelten. Kriterium und Auswahl
ist ein nachweisbarer Konflikt mit NS-Behörden" (1988, 35).

Diese sehr vorsichtige Formulierung entspricht genau der von Peukert betonten Vielschichtigkeit des Alltags im „Dritten Reich". Entsprechend der
eher dürftigen sonderpädagogischen Forschungslage zum „Dritten Reich"
gibt es bislang nur wenige Hinweise auf oppositionelles Verhalten von Sonderpädagogen. Hierzu zählt das von Höck berichtete Schreiben des Staatlichen Gesundheitsamtes von Hamburg an alle Hilfsschulen, in dem Beschwerde darüber geführt wird, dass im Zuge der Anträge auf Sterilisation
der Inhalt des Intelligenzbogens „bereits dermaßen bekannt (sei), daß die
Hilfsschulkinder sich gegenseitig seine Fragen abhören" (1979, 115). Ferner
sei erwähnt das widerständige Handeln der Hilfsschulpädagogen Mathilde
Eller und Theodor Dierlamm (Ellger-Rüttgardt 2004, 355ff) sowie schließlich unsere Forschungen zu der Hamburger Hilfsschullehrerin Frieda Stoppenbrink-Buchholz. Sie hatte nicht nur eine Verteidigungsschrift für die
Hilfsschüler im „Dritten Reich" verfasst (Buchholz 1939), sondern sich angesichts der drohenden Sterilisation einer ehemaligen Schülerin auch mit
dem Leiter des Hamburger Erbgesundheitsgerichts angelegt, was für die
couragierte Lehrerin nicht ohne Folgen blieb (Ellger-Rüttgardt 1997; 2005,
304ff).

6.5   Behinderte Menschen im Nationalsozialismus

Die Organisationen für die Interessenvertretung behinderter Menschen **Selbsthilfe**
hatten während der Weimarer Republik einen großen Aufschwung erfah- **Behinderter**
ren. Neben dem bereits bestehenden „Reichsverband der Gehörlosen
Deutschlands" und dem „Reichsdeutschen Blindenverband" konstituierte
sich 1919 der „Selbsthilfebund der Körperbehinderten", der nach seinem

Otto Perl

wichtigsten Organisator, Otto Perl (1882–1951), den Namen „Otto-Perl-Bund" erhielt (Heiden et al. 1993; Fuchs 2001; Wilken 2004).

Wie alle anderen Organisationen wurden auch die Selbsthilfevereinigungen der Behinderten unter das Diktat des NS-Staates gestellt, und der Zerschlagung ihrer organisatorischen Selbständigkeit folgte die Eingliederung in die NS-Volkswohlfahrt. Dabei darf in diesem Zusammenhang allerdings nicht unerwähnt bleiben, dass auch in den Vereinigungen der Behinderten während des „Dritten Reichs" Entsolidarisierungs- und Ausgrenzungsprozesse abliefen, die nicht nur die jüdischen Schicksalsgenossen, sondern auch jene betrafen, die in der jeweiligen Hierarchie unten angesiedelt waren, so wenn Otto Perl zwischen Leistungsschwachen, „geistig Minderwertigen" (Krüppel), und Leistungsstarken, „geistig Vollwertigen" (Körperbehinderte), differenzierte und damit in gefährliche Nähe zum Zeitgeist der NS-Behindertenpolitik geriet. Im Falle des Otto-Perl-Bundes wurden schon vor 1933 die Weichen gestellt, andere Behindertenverbände folgten nach der „Machtergreifung"; spätestens 1934 war für alle Organisationen die „Gleichschaltung" vollzogen.

Erinnerungen Otto Perls

Der politisch wache und akademisch gebildete Otto Perl, der schon zur Weimarer Zeit unter den konservativen bis reaktionären Kräften des Behindertenfürsorgewesens litt, schrieb in seinen Erinnerungen über diese Zeit:

„Im Jahre 1926 siedelte ich […] nach Altdorf b. Nürnberg über. Hier widmete ich mich in erster Linie dem Aufbau des bayerischen Landesverbandes im Selbsthilfebund der Körperbehinderten. Meine Vorträge über fürsorgerische Probleme, die ich in kulturellen Veranstaltungen der SPD, aber auch in den Versammlungen der Körperbehinderten hielt, veranlaßten die Nazis einen regelrechten Spitzel- und Beobachtungsdienst gegen mich aufzuziehen, der von den nazistischen Angestellten der Anstalt, in der ich meinen Wohnsitz hatte, ausging. Es darf nie vergessen werden, daß viele Fürsorgeheime, noch ehe Hitler an die politische Macht gelangte, Hochburgen und Schrittmacher des Nationalsozialismus gewesen sind, die manchem ihrer Pflegebefohlenen durch Terror das Leben zur Hölle gemacht haben.

Obwohl ich mich politisch nicht betätigte und auch der SPD, in der meine sozialen Bestrebungen und auch ich persönlich viele gute Freunde hatte, angehörte, so erklärten die Nazis mich doch öffentlich für einen ‚gerissenen Marxisten', den sie so oder so unschädlich zu machen, entschlossen waren. Sie schickten ihre Anhänger – denn leider gab es auch unter den Körperbehinderten solche, die auf die Schalmeien Hitlers hörten – in unsere Bewegung und sabotierten ihren Ausbau […] So legte ich mein Amt nieder und trat am 7. März 1932 aus der von mir ins Leben gerufenen Organisation aus […]

Neben meiner sozialen Arbeit hielt ich englische und Esperantosprachkurse für Arbeiterkinder. Auch diese waren den Braunhemden ein Dorn im Auge. Der Sturmbannführer Zahnarzt Molitor-Altdorf stürmte eines Tages mit seiner schwerbewaffneten SA den Garten, in dem ich mit meinen Kursteilnehmern in einer Laube arbeitete. Ließ man mich auch körperlich unverletzt, so nahmen mir doch die Hitlerbanditen fast meine ganze Bücherei weg, soweit ich sie noch von Lichterfelde her besaß und wieder ergänzt hatte. Die Werke von Marx, Engels, Bebel u. a. hatte ich noch kurz zuvor von einem Freunde vergraben lassen. Immerhin meine Bücherei war meine geistige Heimat, die ich mir in zwei Jahrzehnten auf dem Krankenbett erarbeitet und erhungert hatte, diese aber hatte man mir geraubt. Dabei hatte die reaktionäre Geistesverfassung der Heimfürsorge wie früher in Wittenberg, Babelsberg, Lichterfelde sich auch diesmal wieder als Feindin des Fortschritts und als Schleppenträger der kapitalistischen Ideologie gezeigt.

Der Nazilandeshauptmann meiner Heimatprovinz Sachsen ordnete 1934 meine Verlegung nach der Pfeifferstiftung in Magdeburg-Cracau an, wo man mich mit Blöden und einem gefährlichen Epileptiker zusammensteckte. Nur schwer ließ sich die Heimverwaltung von dem Unfug einer solchen Unterbringung überzeugen. War es schon unter den früheren zopfigen Verhältnissen für den Befürsorgten nicht leicht, als Mitglied der menschlichen Gesellschaft seine soziale Sonderart zu vertreten, in der Nazifürsorge war es geradezu lebensgefährlich für den Schwerbehinderten, sich auf einen Rechtstandpunkt in fürsorgerischen Dingen zu stellen. Denn die Henker Hitlers waren mit ihren ‚Todeslisten' sehr eifrig am Werke. Mancher aus meiner Umgebung musste den Weg zur Giftspritze gehen. Mein Aufenthalt in Magdeburg gab mir wieder Gelegenheit die Verwüstungen der Nazischule an unsern Arbeiterkindern kennenzulernen. Deshalb war es mir eine Freude, ihnen, wie ich es in Bayern getan hatte, zu helfen und ihrem geistigen und sittlichen Menschen Kräfte für eine neue Zukunft mit in das Leben zu geben." (Wilken 2004, 260f)

Die Interessenvertretung der Gehörlosen wurde überführt in den „Reichsverband der Gehörlosen Deutschlands" (REGEDE), der nun unter dem Dach der NS-Volkswohlfahrt agierte und an dessen Spitze der Reichsbundesleiter, der Gehörlose und Nazi Fritz Albreghs, stand. Albreghs pflegte eine enge Zusammenarbeit mit der Fachgruppe der Gehörlosenlehrer, und Biesold attestiert ihm ein konsequentes Eintreten für die NS-Rassenideologie. Somit war es nur folgerichtig, dass sich die Politik der REGEDE zunächst gegen die jüdischen Mitglieder wendete. In der „Jüdischen Rundschau" vom August 1933 findet sich folgende Mitteilung:

Interessenvertretung Gehörloser

„Man schreibt uns: auf Anordnung der Reichfachschaftsleiter […] für die deutschen Gehörlosen sind alle gehörlosen jüdischen Mitglieder aus den Vereinen auszuschließen. Es handelt sich zum Teil um Mitglieder, die viele Jahrzehnte ihrem Verein angehört, leitende Vorstandsposten inne gehabt und sich Verdienste um den Verein erworben hatten. In Berlin beispielsweise wurden aus dem Allgemeinen Unterstützungsverein 33 jüdische Gehörlose ausgeschlossen, darunter eine Anzahl verdienter Vorstandsmitglieder. Eine ganze Anzahl der Ausgeschlossenen, die über 20 Jahre Mitglieder waren, darunter eine alte gehörlose Frau, die schon 57 Jahre, seit 1876, Mitglied ist, werden durch diese Maßnahmen besonders hart getroffen, da sie in vorgerücktem Alter ihre durch Beitragszahlung erworbenen Rechte auf laufende Monatsunterstützung verlustig gegangen sind." (Biesold 1988, 201)

Innerhalb der Organisationen existierten alle Formen des Verhaltens, die für die Bedingungen eines diktatorischen Regimes charakteristisch sind, und so gab es auch unter den Gehörlosen nicht nur systemkonformes Verhalten, sondern auch Formen des Widerstandes.

widerständiges Verhalten

Der gehörlose Bankangestellte Karl Wacker aus Stuttgart, SPD-Mitglied bis zu deren Verbot 1933, setzte sich in seiner Eigenschaft als Vorsitzender des „Vereins für Gehörlosenwohlfahrt" in Württemberg-Hohenzollern nicht nur für die von der Sterilisation bedrohten Schicksalsgenossen ein, sondern

Karl Wacker

wagte auch einen Konflikt mit dem Erbgesundheitsgericht Stuttgart. Dieses hatte Wacker eine Aufklärungsschrift über das „Gesetz zur Verhütung erbkranken Nachwuchses" zugeschickt, woraufhin Wacker am 2. August 1938 folgendes Schreiben an das Erbgesundheitsgericht Stuttgart abschickte:

„Weitere Druckschriften benötige ich nicht, denn ich will damit unter meinen Leidensgenossen keine Propaganda machen. Vielmehr gibt mir diese Aufklärung die Gelegenheit zu einer Stellungnahme. In den letzten Monaten sind von den zahlreichen durch das Gesetz erfassten Gehörlosen Beschwerden und Klagen eingegangen. Die Betr. sind lauter normale Gehörlose und gehen einem Erwerb nach. Sie sind imstande ihr Brot selbst zu verdienen und fallen dem Staat in keiner Weise zur Last. Warum haben sie trotzdem durch die Unfruchtbarmachung ein sehr schweres Leide zugestoßen erhalten? – Ein anständiger Mensch kann dies niemals verstehen. In Wirklichkeit sind diese seelisch schwer getroffenen Menschen unverdient zu Menschen zweiter Klasse heruntergesetzt worden. Diese Menschen sind keine minderwertigen wie das Aufklärungsblatt uns sagt […] Aus den Beschwerden von verschiedenen Gehörlosen habe ich zu meinem großen Ärger entnehmen müssen, dass sie unter Androhung der Polizeigewalt sich fügen müssten. Manche wurden sogar mit der Polizei abgeholt.
    Als Betreuer der Gehörlosen bitte ich Sie dringend, auf ihre Arbeitsfähigkeit Rücksicht und sie nicht unter das Gesetz zu nehmen. Ich selbst werde mich so lange dafür einsetzen, dass die Durchführung dieses unmenschlichen Gesetzes so weit wie möglich zurückgeht. Ich habe mich hiermit für das Wohl meiner Leidensgenossen eingesetzt und sehe es als meine Pflicht an, bei meinem festen Standpunkt zu bleiben."
(Biesold 1988, 75)

Welcher Gefahr sich Wacker durch diesen unverblümten Brief aussetzte, ist dem Antwortschreiben des Gerichts vom 8. Juli 1938 zu entnehmen:

„Auf Ihr Schreiben vom 2. August 1938 wird mitgeteilt, daß es bei der Anwendung des Unfruchtbarmachungsgesetzes verbleibt. Die Gründe sind im Aufklärungsblatt über das Gesetz zur Verhütung erbkranken Nachwuchses, das Ihnen bereits zugestellt ist, ausführlich angegeben. Ein gnadenweiser Erlaß der Unfruchtbarmachung kommt nicht infrage, da es sich ja nicht um eine Strafe handelt, sondern um eine Maßnahme, die das Volkswohl erfordert und die auch im Interesse der erbkranken Gehörlosen gelegen ist. Der gänzlich harmlose Eingriff beeinträchtigt die Leistungsfähigkeit eines Menschen in keiner Weise. Damit wird nur weiterer Nachwuchs mit Sicherheit verhütet, was ja den Wünschen der Erbkranken entspricht. Schließlich werden Sie ersucht, dem Gesetz gegenüber keine staatsfeindliche Haltung einzunehmen. Auf jeden Fall wird die Geheime Staatspolizei auf Ihre Person aufmerksam gemacht. Weitere Zuschriften werden unbeantwortet zu den Akten gelegt." (Biesold 1988, 75f)

Blindenverbände   Der Reichdeutsche Blindenverband (RBV), der etwa 16.000 Mitglieder vertrat, blieb zwar bestehen, aber alle Vereine auf Orts- und Kreisebene verloren ihre Selbständigkeit und waren von nun an nach dem „Führerprinzip" organisiert. Die Politik der Nazis, die Bevölkerung in rassisch und völkisch brauchbare auf der einen und in minderwertige Volksgenossen auf der anderen Seite zu spalten und damit Entsolidarisierungsprozesse zu beschleunigen, blieb auch nicht ohne Wirkung auf die Selbsthilfevereinigungen der

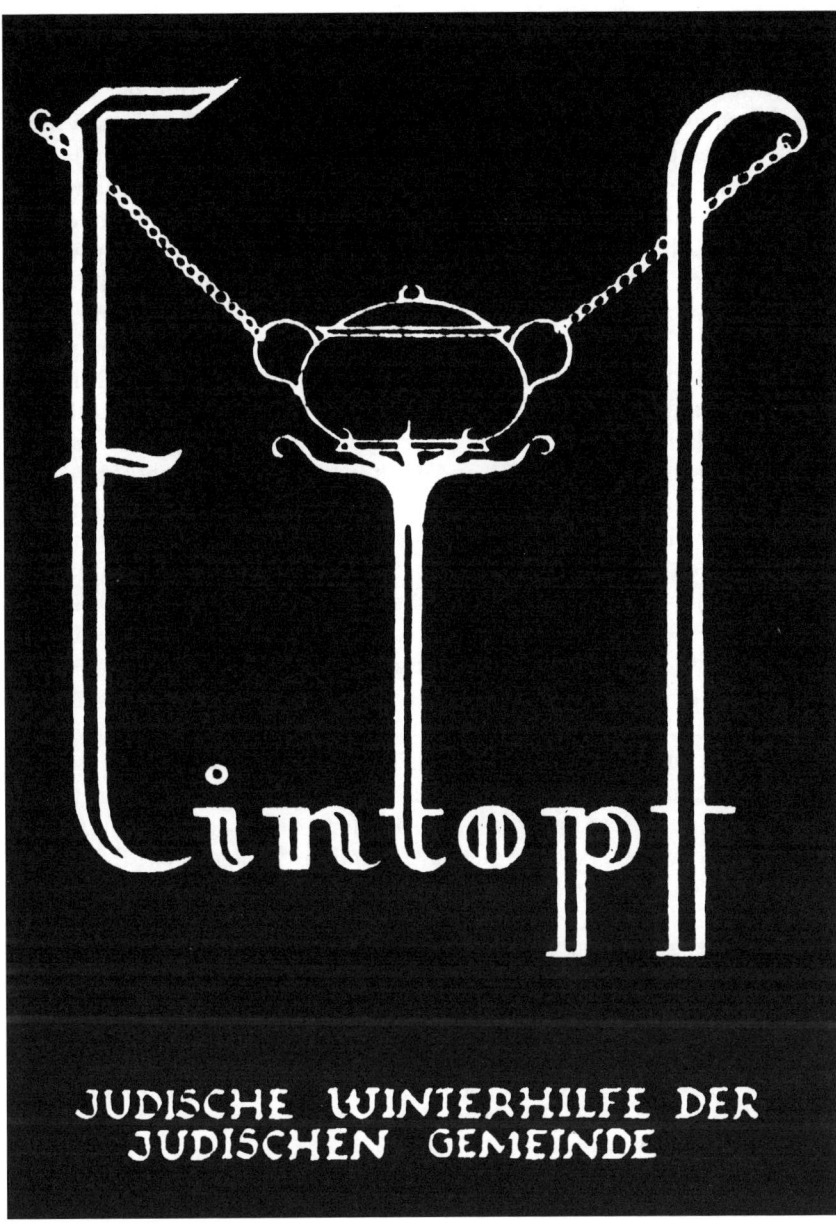

Eintopf

JÜDISCHE WINTERHILFE DER
JÜDISCHEN GEMEINDE

Abb. 6.3: Jüdische
Winterhilfe 1935

Blinden, die angesichts des drohenden Sterilisationsgesetzes mit dem Problem einer unterschiedlichen „rassischen Wertigkeit" konfrontiert waren.

Die unmittelbare Folge der Gleichschaltung der Blindenverbände im Jahre 1933 war, dass jüdische sowie politisch unliebsame Mitglieder ausgeschlossen wurden. So wurde der Geschäftsführer des Bayerischen Blindenbundes, Max Schöffler, Angehöriger der Kommunistischen Partei, Ende

Ausschluss von Mitgliedern

Juni 1933 fristlos entlassen, mehrfach verhaftet und von 1941 bis 1942 im Gefängnis Bautzen inhaftiert (Demmel 1995, 217). Zu jenen, die politisch verfolgt wurden und deren Namen bekannt sind, gehören ferner der Berliner Max Telschow, der Breslauer Karl Bartsch und der Leipziger Fritz Völker (Pielasch/Jaedicke 1972; Jaedicke/Schmidt-Block 1991). Die Anwendung des „Arierparagraphen", nach dem alle jüdischen Mitglieder aus Organisationen auszuschließen waren, erfolgte ausnahmslos in allen Blindenverbänden.

Als erste Interessenvertretung reagierte der Verein der blinden Akademiker Deutschlands (VbAD), der den betreffenden Paragraphen im Juli in seine neue Satzung aufnahm, begleitet mit folgendem willfährigen Kommentar seines Vorsitzenden Carl Strehl: „Es war für den VbAD eine Selbstverständlichkeit, sich den Grundsätzen der nationalsozialistischen Erhebung anzupassen und sie auch mit Bezug auf unser Vereinsleben durchzuführen." (Jaedicke/Schmidt-Block 1991, 21) Der „Reichsdeutsche Blindenverband" vollzog seine Satzungsänderung im Oktober 1933, wonach unter Paragraph 9 festgelegt wurde, dass ordentliches Mitglied nur sein darf, wer „deutschstämmig ist" (1991, 21). Im Organ des Bundes erblindeter Krieger, dem „Kriegsblinden", erschien im selben Jahr folgende markige Verlautbarung: „Im völkischen Staat können Angehörige fremder Rassen leitende oder führende Stellen nicht innehaben, wie auch Fremdrassige von jeder Unterrichtätigkeit ferngehalten werden müssen." (S. 21)

Reaktion auf GzVeN   Die Reaktionen der Blindenverbände auf das zu erlassende Sterilisationsgesetz sind während des Jahres 1933 gekennzeichnet von dem Bemühen um Abwehr, aber auch von Tendenzen der Entsolidarisierung.

Rudolf Kraemer   Der blinde Jurist Rudolf Kraemer veröffentliche 1933 seine Schrift „Kritik der Eugenik. Vom Standpunkt des Betroffenen", in der er gegen die Annahmen der Eugeniker zu Felde zog und insbesondere die angebliche Erblichkeit der Blindheit in Frage stellte. Gisela Bock schreibt über die Schrift Kraemers:

„Im Jahre 1933 erschienen, dokumentiert sie, daß auch zu dieser Zeit eine konsequente und menschliche Kritik an der Rassenhygiene geübt wurde, die den Rahmen der längst eingebürgerten Erblogik und Minderwertigkeitslehre sprengte: sie war eine einsame Blüte in der Landschaft des vorherrschenden zeitgenössischen Schrifttums, das den rasch anwachsenden Schlammstrom der ‚Minderwertigen' beschwor. Er sprach nicht nur für die Blinden, sondern für alle ‚Minderwertigen', und im Zentrum seiner Kritik standen der ‚Minderwertigkeitsbegriff', die ‚falschen Wertbegriffe' und die eugenische Wertlehre überhaupt." (Bock 1986, 279)

Kraemer geißelte insbesondere den drohenden Zwangscharakter des Gesetzes, indem er schrieb:

„Was sollte beispielsweise geschehen, wenn ein erwachsener Blinder von der Nützlichkeit oder Notwendigkeit des Eingriffs nicht überzeugt werden könnte und demgemäß aus wohlbegründeten Überlegungen heraus der obrigkeitlichen Anordnung nicht gehorchen würde? Es ist doch eine geradezu ungeheuerliche Vorstellung, in einem solchen Falle einen unbeschränkt geschäftsfähigen Staatsbürger etwa durch die Polizei mit körperlicher Gewalt in den Operationssaal schleppen zu lassen!" (Richter 1986, 111; s. a. Degenhardt/Rath 2001, 116ff)

JÜDISCHES
BLINDENJAHRBUCH
5699 - 1938/39

HERAUSGEGEBEN VON DER SELBSTHILFEVEREINIGUNG
DER JÜDISCHEN BLINDEN IN DEUTSCHLAND, E. V.
Geschäftsstelle: Berlin-Karow, Tarnowitzer Straße 1

Abb. 6.4: Jüdisches Blindenjahrbuch 1938/39

Die unbeugsame Haltung Kraemers fand zunächst den Beifall aller Blindenverbände, ablesbar an der Äußerung des neuen Vorsitzenden Lothar Gäbler-Knibbe, der der Schrift Kraemers „unangreifbare, schlechterdings zwingende Folgerichtigkeit" attestierte (Richter 1986, 111). Gleichzeitig unterdrückte Gäbler-Knibbe bereits im Januar 1933 den Protest des Allgemeinen Blindenvereins Berlin (ABV) gegen die Euthanasie-Vorschläge der NSDAP (Allgemeiner Blinden- und Sehbehindertenverein 1999, 76).

Entsolidarisierung

Aber die Versuche um Abwehr und Widerstand scheiterten schon in den eigenen Reihen. Die Kriegsblinden distanzierten sich deutlich von den Zivilblinden, indem sie in ihrer Zeitschrift zu dem bevorstehenden Sterilisationsgesetz ebenfalls im Jahre 1933 wie folgt Stellung nahmen:

> „Uns Kriegsblinde geht diese Streitfrage nur sehr wenig an. Kriegserblindung ist kein Erbübel. Ihre Voraussetzungen sind Pflichttreue und Opferbereitschaft, Nachkömmlinge aus Familien mit derartigen Voraussetzungen werden mit der größten Wahrscheinlichkeit nicht zu den schlechtesten Staatsbürgern zählen, und schon von diesem Gesichtspunkte aus wäre jedem Kriegsblinden um seines Volkes Willen eine möglichst große Nachkommenschaft zu wünschen." (Richter 1986, 111f)

Verein blinder Akademiker

Auch der Verein der blinden Akademiker bemühte sich um eine eigene Profilierung, indem er zum einen das geplante Sterilisationsgesetz grundsätzlich begrüßte, aber zum anderen auf die unterschiedliche „Wertigkeit" behinderter Menschen verwies und damit eine deutliche Grenze zwischen den Blinden und den geistig Schwachen zog. In einer Eingabe an das Reichsministerium für Volksaufklärung und Propaganda vom 23. Dezember 1933 heißt es:

> „Vorstand und Arbeitsausschuß des Vereins der blinden Akademiker Deutschlands E. V. stellen sich hinter die Maßnahmen der Reichsregierung zur Durchführung des Gesetzes zur Verhütung erbkranken Nachwuchses vom 14. Juli 1933. Sie empfehlen den erbkranken blinden Geistesarbeitern, dieses Opfer in innerlicher Freiheit zu bringen, nach Anhören einer Autorität den Antrag auf Unfruchtbarmachung selbst zu stellen und nicht zu warten, bis er von einem beamteten Arzt oder einem Anstaltsleiter gestellt wird. Sie betonen dabei die Schwere des Opfers, das die Sterilisierung für einen seelisch-geistig vollwertigen Menschen bedeutet, erkennen aber seine Notwendigkeit um der Zukunft des deutschen Volkes willen rückhaltlos an.
> Durch die Art, wie in der Volksaufklärung die Erbblinden oft mit den Schwachsinnigen und Geisteskranken in einem Atemzuge genannt und ganz allgemein und grundsätzlich als wertloser Ballast für die Volksgemeinschaft hingestellt werden, ohne daß irgendwie auf die besondere Lage der Blinden hingewiesen wird, wird ihre soziale Bewertung ganz allgemein, also auch der erbgesunden unter ihnen, ungeheuer beeinträchtigt. Durch solche Ausführungen entsteht im Volk die Auffassung, die Blinden seien schlechthin minderwertig und geistig nicht wesentlich von den Schwachsinnigen und Geisteskranken verschieden." (Richter 1986, 136f)

RBV

Da der Reichsdeutsche Blindenverband in der Frage des Sterilisationsgesetzes eine ausgewogene Position anstrebte, bemühte er sich, neben die Schrift Kraemers eine Stellungnahme eines Eugenikers zu stellen und gewann dafür Otmar Freiherr von Verschuer, Leiter der Abteilung für menschliche Erblehre am Kaiser-Wilhelm-Institut für „Anthropologie, menschliche Erblehre und Eugenik", der 1933 die Schrift „Blindheit und Eugenik" vorlegte. Während Kraemer bei nur etwa 3,85 % der Blinden Erblichkeit als Ursache der Erblindung annahm, sprach Verschuer pauschal von etwa einem Drittel erblicher Blindheitsfälle. Verschuer listete die wichtigsten Erkrankungen auf, die sich später haargenau im Gesetzeskommentar wiederfinden sollten, und sah grundsätzlich die Voraussetzungen für die Anwendung der Eugenik als gegeben an. Nach Vorliegen beider gutachtlicher Stellungnahmen veröffentlichte der Reichsblindenverband am 22. April 1933 eine Erklärung, in der er einer deutlichen Ablehnung des Zwangscharakters des Sterilisationsgesetzes aus dem Wege ging:

> „Der Reichsdeutsche Blindenverband e. V. begrüßt alle Mittel und Wege, die geeignet sind, die Zahl der Blindheitsfälle zu vermindern. Er hat daher auch nichts einzuwenden gegen die Einführung der freiwilligen Sterilisierung bei solchen Personen, bei denen die Gefahr der Vererbung ihres Gebrechens vorhanden ist. Hinsichtlich der Frage, ob die vorliegenden Forschungsergebnisse eine zwangsweise Durchführung der Sterilisierung bei erblich belasteten blinden und augenkranken Personen rechtfertigen, glaubt der Reichsdeutsche Blindenverband sich mit Rücksicht auf die z. T. sich widersprechenden Meinungen vorerst einer Stellungnahme enthalten zu müssen." (Richter 1986, 113f)

Blindenverbände und GzVeN

Die Ereignisse nahmen im Unrechtsstaat ihren Lauf. Die Blindenverbände hatten sich entweder einer klaren Position enthalten oder aber schon im Vorwege die Solidargemeinschaft der Blinden verlassen. Christhard Schrenk bemerkt zu Recht: „Damit gibt es auf Seiten der Blinden eigentlich nur noch eine einzige veröffentlichte Meinung: die Zustimmung zur Zwangssterilisation." (2002, 185) Am 14. Juli 1933 wurde das Gesetz zur Verhütung erbkranken Nachwuchses ohne wesentliche Änderungen verabschiedet. Dem blinden Juristen Rudolf Kraemer (1885–1945), der viele Jahre Vorsitzender des Rentenausschusses im RBV gewesen war, wurde 1934 seitens der Nationalsozialistischen Volkswohlfahrt (NSV) die Rechtsberatung sowie die Veröffentlichung von Artikeln in Zeitschriften untersagt.

All jene Behinderte, die aufgrund einer Vereinzugehörigkeit über Kontakte verfügten, hatten zumindest eine theoretische Chance, von der Rassenpolitik der Nazis verschont zu bleiben. Hilfsschüler hingegen, die in der Regel einem sozialen Milieu entstammten, das über keine gesellschaftlich relevanten „Beziehungen" verfügte und die zudem aufgrund ihres negativen Status eher zum Rückzug tendierten, hatten letztlich niemanden, der ihnen beistehen konnte – Ausnahmen waren einzelne Hilfsschulpädagogen. Somit waren sie in besonderer Weise der NS-Rassenpolitik ausgeliefert, was nicht zuletzt durch den hohen Anteil sterilisierter Hilfsschüler und vor allem Hilfsschülerinnen belegt wird.

Hilfsschülerinnen

Mit dem folgenden Beispiel möchte ich die Ausweglosigkeit des Schicksals von Hilfsschülerinnen veranschaulichen. Ich möchte berichten von einer ehemaligen Hamburger Hilfsschülerin, die – ungeachtet der Interventionen ihrer Lehrerin Frieda Buchholz – noch 1944 sterilisiert wurde und an derem weiteren Lebenslauf sehr eindrücklich ablesbar ist, wie einschneidend das Erlebnis der Sterilisation für das gesamte weitere Leben war.

Einzelschicksal eines Sterilisationsopfers

Gertrud Meier (der Name wurde geändert) kam 1925 als zehntes von 14 Kindern in Hamburg-Bergedorf auf die Welt. Nach dem Tod ihrer Mutter kam Gertrud für die gesamte Dauer ihrer Schulzeit in Heimerziehung. Im

April 1932 wurde sie in eine Mädchenschule eingeschult, die sie vier Jahre später wegen ungenügender Schulleistungen wieder verlassen musste. Nach ihrer Umschulung in die Hilfsschule blühte Gertrud auf. Sie hatte das Glück, zu Frieda Buchholz in die Klasse zu kommen, die in einer ausführlichen Charakteristik über sie unmissverständlich soziale Faktoren als Ursache für ihren Hilfsschulbesuch benannte:

„Gertrud ist 12 Jahre alt. Der Vater ist Arbeiter. Die Mutter ist vor einigen Jahren an der Geburt des 14. Kindes gestorben. Sie hat 12 lebende Geschwister. Mit vier jüngeren Geschwistern zusammen ist sie nach dem Tod der Mutter im Bezirkskinderheim untergebracht worden. Außer Gertrud haben in den vergangenen Jahren drei ihrer Schwestern die Hilfsschule besucht. Schlechte häusliche Verhältnisse und körperliche Schwäche infolge mangelnder Pflege waren bei all diesen Kindern die Ursache des Zurückbleibens in der Volksschule. Intelligenzmangel und Erbkrankheit konnten nicht festgestellt werden. Gertrud, fein gebaut, graziös und körperlich gewandt, ist das intelligenteste Mädchen meiner Klasse. In der Volksschule gehörte sie zur Durchschnittsintelligenz. Sie kam also nicht eines Intelligenzdefektes wegen in die Hilfsschule, sondern aus Schuluntüchtigkeit: Trägheit und Gleichgültigkeit." (Buchholz 1939, 80)

Sterilisationsantrag Noch vor ihrer Schulentlassung im April 1940, also in einem Alter von nur 14 Jahren, stellte der leitende Oberarzt des Landesjugendamtes Hamburg am 28. Oktober 1939 beim Erbgesundheitsgericht Hamburg den Antrag auf Unfruchtbarmachung des Heimkindes Gertrud Meier wegen „angeborenen Schwachsinns". Die handschriftlich eingetragene Begründung des Antrages lautete: „Sippe mit Schwachsinn hochgradig belastet, selbst intellektuell und Arbeit unterwertig." Aufgrund der erfolgten Antragszustimmung seitens des Gesundheitsamtes Altona vom 23. Januar 1940 wurden routinemäßig die von Gertrud besuchten Hilfsschulen in Hamburg-Lohbrügge und Altona zur Übersendung von Schülerbogen, -berichten u. Ä. aufgefordert. Obgleich der Schulleiter der Bergedorfer Hilfsschule Parteimitglied war, enthielt er sich jeglicher negativer Bewertung in seinem Antwortschreiben an das Erbgesundheitsgericht vom 7. Februar 1940. Er verwies sogar ausdrücklich auf die von der Klassenlehrerin Buchholz verfasste Dissertation sowie auf einen von ihr geschriebenen und beigefügten positiven Bericht.

pädagogische Gutachten Der ebenfalls in der Akte des Erbgesundheitsgerichts enthaltene Bericht von Frieda Buchholz hatte folgenden Inhalt:

„Bergedorf, 6.II.40
Mehrere Jahre war ich Gertrud Meiers Klassenlehrerin in der Bergedorf-Lohbrügger Hilfsschule. Gertrud Meier ist ein normal intelligentes Mädchen und hätte also eines Intelligenzdefektes wegen nicht in die Hilfsschule zu kommen brauchen. Sie wurde ein Opfer grober häuslicher Übelstände und ist so ein typischer Fall für jene Gruppe von Hilfsschulkindern, die primär durch das Milieu und nicht eigentlich durch Veranlagung hilfsschulreif werden. Eine genauere Charakteristik von Gertrud Meier, die ich vor zwei Jahren zu wissenschaftlichen Zwecken ausarbeitete, lege ich zur Einsichtnahme bei.
    Dr. Frieda Buchholz
    Lehrerin, Hilfsschule
    Bergedorf-Lohbrügge"

Auch das von dem Schulleiter der Altonaer Hilfsschule formulierte Gutachten vom 21. Februar 1940 enthielt nur positive Angaben über die seit gut
einem halben Jahr neu aufgenommene Schülerin Gertrud Meier. Die Tatsache der positiven Bewertung durch den Rektor – der im Falle „geistig
tiefstehender" oder „charakterlich minderwertiger" Kinder und Jugendlicher, wie im Falle der Zigeunerkinder, durchaus negative Berichte schrieb –
erlaubt die Schlussfolgerung, dass das von beiden Schulen bescheinigte
gute Leistungs- und Sozialverhalten uneingeschränkt den Tatsachen entsprach.

Im krassen Gegensatz zu den pädagogischen Gutachten bestätigte Psy- **psychiatrisches**
chiater Dr. G. die im Sterilisationsantrag vermerkte Diagnose „angeborener **Gutachten**
Schwachsinn". Nach kurzer Darstellung der Anamnese, des körperlichen
Befundes sowie der psychischen Verfassung (erhoben anhand eines auf All-
gemeinwissen abhebenden Fragebogens) kommt Dr. G. abschließend zu folgender Beurteilung:

> „Das Mädchen gibt bei der Untersuchung meist prompt Antwort, es ist aufmerksam
> und ganz gut bei der Sache, bei näherer Bekanntschaft gibt sie sich allmählich recht
> dreist und distanzlos und undiszipliniert.
> Beurteilung: Es handelt sich um ein familiär stark mit Schwachsinn belastetes,
> selbst leicht schwachsinniges, charakterlich außer durch Dreistigkeit und Undiszipli-
> niertheit sonst nicht grob auffälliges Mädchen. Es muß angenommen werden, daß es
> sich um einen angeborenen Schwachsinn im Sinne des Erbgesundheitsgesetzes han-
> delt.
> Maßnahmen: Obiges Gutachten wird wunschgemäß dem Staatlichen Gesund-
> heitsamt erstattet. Im übrigen empfehle ich noch längere Heimerziehung."

Am 11. Juni 1940 verhandelte das Erbgesundheitsgericht Hamburg in Anwesenheit von Gertrud Meier über den Antrag des Landesjugendamtes.
Laut Niederschrift gab Gertrud Folgendes zu Protokoll: „Ich bin jetzt im
Pestalozziheim in Volksdorf. Meine Mutter ist gestorben. Mein Vater kümmert sich, trotzdem ich zweimal an ihn geschrieben habe, nicht um mich."

Das Erbgesundheitsgericht fällte in dieser Juni-Sitzung unter Vorsitz seines Leiters Dr. Deutsch kein Urteil, sondern setzte das Verfahren für zwei
Jahre aus. An der Begründung ist ablesbar, dass die von den Pädagogen verfassten Stellungnahmen immerhin so viel Gewicht hatten, dass sich das Gericht nicht in der Lage sah, zu diesem Zeitpunkt die von den Medizinern des
Jugendamtes empfohlene Entscheidung zu fällen:

> „Verm.: Die in der Akte und in den Beiakten liegenden Berichte widersprechen sich.
> Die Patientin macht noch einen völlig kindlichen Eindruck. Ein abschließendes Urteil
> kann z. Zt. noch nicht abgegeben werden […] Unter Vorbehalt der Zustimmung des
> Amtsarztes Altona wird das Verfahren bis zum 11. Juni 1942 ausgesetzt."

Mit bürokratischer Genauigkeit wurde nach Ablauf der Frist von zwei Jahren das Verfahren gegen Gertrud Meier wieder eröffnet. Als medizinischer
Gutachter wurde nun der in vielen Sterilisationsverfahren „bewährte"

Oberarzt der Alsterdorfer Anstalten, Dr. Kreyenberg, bestellt. Aufgrund der Aktenlage ist davon auszugehen, dass auf eine erneute Anforderung pädagogischer Stellungnahmen verzichtet wurde; die neu zu begründende Entscheidung basierte damit ausschließlich auf medizinischen Gutachten.

Dr. Kreyenberg arbeitete mit größter Akribie und Gründlichkeit. Für die Erhebung aller ihm bedeutsam erscheinenden Daten sowie die Abfassung des umfangreichen Gutachtens benötigte er insgesamt etwa ein Jahr, was er sich im Übrigen gut bezahlen ließ. Neben den bereits vorliegenden Unterlagen fügte Dr. Kreyenberg aufgrund eigener Recherchen noch das Doppelte an Aktenmaterial hinzu, indem er Berichte von Schulen, Krankenhäusern, Arbeitgebern, Jugendämtern, Erbgesundheitsgerichten etc. einholte und so eine ausführliche „Sippentafel" der betreffenden Familie erstellte. Basierend auf dem Lebenslauf der „Probandin" sowie einer aufwendigen körperlichen, pädagogischen (Schulwissen) und psychologischen (Intelligenztest) Untersuchung erweckte der Alsterdorfer Oberarzt in seinem Gutachten vom 12. November 1943 den Anschein einer objektiven Beurteilung und bestätigte doch nur das Vorurteil, das seit Formulierung des Antrages auf Sterilisation vorlag: angeborener Schwachsinn.

Gerichtsurteil   Sowohl die Tatsache, dass sich Gertrud M. nach ihrer Schulentlassung beruflich bewährt hatte als auch die Existenz der positiven pädagogischen Stellungnahmen, die in dem Gutachten durchaus erwähnt wurden, blieben ohne jeglichen Einfluss auf die Urteilsfindung von Dr. Kreyenberg. Es lag in der Logik des Verfahrens, dass die zweite Verhandlung vor dem Erbgesundheitsgericht Hamburg nur noch eine Formsache war. In Abwesenheit von Gertrud Meier beschloss das Gericht am 24. Januar 1944 die Sterilisation des jungen Mädchens wegen angeborenen Schwachsinns. In der Urteilsbegründung heißt es u. a.:

„Dr. Kreyenberg kommt in seinem ausführlichen Gutachten zu dem Ergebnis, daß bei Fräulein Meyer unzweifelhaft Schwachsinn zu bejahen ist. Dafür, daß dieser Schwachsinn auf äußerliche Gründe zurückzuführen sei, liegen keine Anhaltspunkte vor. Im Gegenteil stammt Fräulein Meier aus einer stark belasteten Familie. Ihr Vater ist wegen angeborenen Schwachsinns sterilisiert. Ihre Geschwister haben größtenteils Hilfsschulen besucht und mußten zum Teil ebenfalls unfruchtbar gemacht werden. Nach dem vom Amtsarzt vorgelegten Gutachten, den umfangreichen Ermittlungen des Erbgesundheitsgerichtes und der Überzeugung der Fachärzte steht deshalb fest, daß Gertrud Meier an angeborenen Schwachsinn leidet. Angeborener Schwachsinn ist sehr erbgefährlich. Er vererbt sich erfahrungsgemäß häufig auf die Nachkommen; bei diesen tritt er oft sehr schwer auf. Ein solches Unglück soll durch die Unfruchtbarmachung verhütet werden. Die Unfruchtbarmachung muß deshalb nach § 1 Absatz 2 Ziffer 1 des ‚Gesetzes zur Verhütung erbkranken Nachwuchses' erfolgen, um die schweren Gefahren zu verhüten, die ihr selbst, ihren Angehörigen und der Volksgesamtheit durch erbkranken Nachwuchs drohen […] Gegen diesen Beschluß können der Amtsarzt und der Vormund von Gertrud Meier Beschwerde einlegen."[53]

Für ein Heimkind gab es keine Chance der Beschwerde. Am 4. April 1944 wurde Gertrud Meier von einem Facharzt für Chirurgie in Wilster/Holstein sterilisiert.

Was ist aus Gertrud Meier geworden? Wie verlief ihr weiteres Leben? Gertrud Meier war im Jahre 1986, als ich sie kennenlernte, eine kranke Frau. Sie war seit neun Jahren Witwe und lebte zurückgezogen in ihrer kleinen Wohnung. Sie hatte weder eigene noch angenommene Kinder; Kontakt unterhielt sie nur zu wenigen Verwandten und Bekannten. Die einst fröhliche und draufgängerische Gertrud klagte über Einsamkeit und Depressionen. Nach anfänglichen Widerständen gab sie bereitwillig Auskunft über ihr Leben, das durch viel Leid und Schmerz geprägt ist und in dem es nur zwei Menschen gegeben hat, von denen sie sich geliebt fühlte: ihren Mann und ihre Lehrerin Frieda Buchholz.

Das nahezu dreistündige Gespräch durchlief alle bedeutsamen Stadien ihres Lebens. Wie ein roter Faden offenbarte sich in ihm ein Lebensgefühl, das bestimmt war und ist von Abhängigkeit und dem Gefühl des Ausgeliefertseins, von Einsamkeit, Resignation und Verdrängung. Ob als Heimkind oder Hilfsschülerin, ob als junges Mädchen ohne freie Berufswahl, als Zwangssterilisierte oder als Witwe ohne Familie – Gertrud Meier verharrte Zeit ihres Lebens in sprachlosem Leid. Die Tatsache, dass sie mit niemandem, nicht einmal mit ihren noch lebenden Geschwistern, über den Besuch der Hilfsschule und die Sterilisation sprach, weist über das Einzelschicksal dieser Frau hinaus. Am Leben von Gertrud Meier werden Gemeinsamkeiten in der psychisch-sozialen Situation von Hilfsschülerinnen erkennbar, die als Frauen und Angehörige unterer Sozialschichten besonders krassen Formen der Unterdrückung ausgesetzt waren und die niemals Mechanismen erfolgreicher Gegenwehr, geschweige denn Wege zum Aufbau von Identität haben entwickeln können.

„I.: War Ihnen klar, was Ihnen bevorstand?
M.: Jaja
I.: Das wußten Sie und haben Sie versucht, sich zu wehren?
M.: Ja, klar.
I.: Und wie haben Sie das gemacht?
M.: Tja, ich wollte weglaufen, nicht. Aber es ging nicht.
I.: Ja, und wo wollten Sie hin?
M.: Tja, das wußte ich ja noch nicht.
I.: Sie sind aber ausgerissen?
M.: Nee, nee, die haben ja auf mich aufgepaßt. Ich mußte zur Leiterin runterkommen und da sagt sie zu mir: ‚Gertrud, ich hab' Bescheid gekriegt, so und so liegt es: Du sollst sterilisiert werden.' Ja, da hab' ich sie gefragt, was das ist, was das zu bedeuten hat. Da hat sie drauf gesagt zu mir: ‚Ja, dann kriegst du später keine Kinder mehr.' Und da hab' ich gesagt: ‚Aus welchem Grunde?' Ja, sagt sie: ‚Den Grund kann ich dir nicht nennen, ich weiß ihn nicht.' Das war alles. Ja, und da wurde aufgepaßt, bis ich ins Krankenhaus kam.
I.: Und was haben Sie da gefühlt?
M.: Tja, was soll ich da fühlen? Gar nix, da wurde einfach über mich entschieden und dann war die Sache für mich erledigt. Und was wollen Sie schon machen, wenn Sie im Heim sind! Da können Sie nichts gegen machen, nicht? …
I.: Ich möchte noch einmal auf dieses Sterilisationsverfahren zurückkommen. Es gab ja die Möglichkeit der Beschwerde, haben Sie das eigentlich versucht? Als das endgültige Urteil vorlag?

M.: Nö.

I.:   Das haben Sie so hingenommen oder?

M.: Tja, mußt' ich doch, was nützt das Beschweren? Also, wenn das einmal festgesetzt ist, ist das festgesetzt, da kann sowieso keiner mehr was dagegen machen,
nicht. Ich bin nun eben verdonnert worden dafür und da, was soll's.

I.:   Haben Sie mal andere Frauen gesprochen, denen es genauso ergangen ist?

M.: Nee, ich hab' noch keine getroffen …

I.:   Wissen Sie, man liest immer so die Akten und dann ist da die Frage: Was ist aus
den Menschen geworden?

M.: Das sehen Sie ja, was aus mir geworden ist, gar nischt …

I.:   Das sehen Sie so?

M.: 'n Trauerkloß, ja. – Ja, das kann man richtig deutsch sagen: 'n Trauerkloß, mehr
nicht."[54]

Dieses Kapitel endet bewusst mit der Stimme einer Betroffenen, denn zu
keinem Zeitpunkt ihrer Geschichte gab es in der Sonderpädagogik eine
vergleichbare, systematisch betriebene Verletzung der Würde behinderter
Menschen wie zur Zeit des Nationalsozialismus.

7 Traumatisierung und Neuanfang: Die Zeit nach dem Zweiten Weltkrieg (1945–1989)

> „Da die Heilpädagogik eine Erziehungswissenschaft ist, gehört sie in die philosophische Fakultät."
> (Hanselmann 1953, 548)

7.1 Keine „Stunde Null"

Je geringer der zeitliche Abstand zu einer historischen Periode ist, desto schwieriger wird der Versuch einer historischen Betrachtung. Dieses Phänomen erklärt sich sicherlich zum einen durch bestehende große Forschungslücken, wie sie für die Sonderpädagogik zweifelsfrei zu konstatieren sind, da erst wenige historische Arbeiten für diese Zeitspanne von Kriegsende bis zur deutschen Vereinigung vorliegen (Freiburg 1981; 1988; Hoffmann 1986; Bleidick/Ellger-Rüttgardt 1994; Bröse 1998; Werner 1999; Ellger-Rüttgardt/Wachtel 2000; Zimmermann 2004). Sehr viel gravierender für die Schwierigkeiten der historischen Betrachtung dürfte aber der Umstand sein, dass der Forschende selbst aufgrund eigener lebensgeschichtlicher Bezüge nur schwer in der Lage ist, in Distanz zum zeitlichen Kontext zu treten und damit in erhöhter Weise durch die für jede historische Arbeit konstitutive Perspektivität bestimmt wird. In der Einleitung zu seinem Werk „Der lange Weg nach Westen" schreibt der Historiker H. A. Winkler:

zeitgeschichtliche Perspektive

> „Historische Darstellungen bedürfen eines Fluchtpunkts. Fluchtpunkte ändern sich im Verlauf der Zeit. Für Darstellungen der jüngeren deutschen Geschichte bildeten nach dem Zweiten Weltkrieg die Jahre 1933 und 1945 die Fluchtpunkte, auf die hin deutsche Geschichte geschrieben wurde. Inzwischen gibt es einen neuen Fluchtpunkt: das Jahr 1990." (2000, I, 2)

Für Winkler ist mit dem Jahre 1990 das Ende des „deutschen Sonderweges" erreicht, der seine Fortsetzung auch noch in der BRD und der DDR fand, denn die BRD beschritt nach Winkler einen „postnationalen", die DDR hingegen einen „internationalistischen" Sonderweg (2000, II, 652). Verfasst unter dem unmittelbaren Erleben der deutschen Vereinigung interpretiert Winkler das Jahr 1990 als den Abschied vom Mythos eines „Deutschen Reiches" und einem deutschen Sonderweg sowie als ein Ankommen in der Welt der westlichen Demokratien: „Das wiedervereinigte Deutschland ist keine ‚postnationale Demokratie unter Nationalstaaten', sondern ein demokratischer, postklassischer Nationalstaat unter andren." (II, 655) Vielleicht wird eine zeitgeschichtliche Betrachtung nach ein oder zwei Jahrzehnten die Verortung Deutschlands als zentralem Staat in Mitteleuropa in anderer Weise vornehmen als Winkler – dies alles ist, ich wiederhole mich, zuallererst eine Frage der historischen Perspektive.

Kapitulation Deutschlands

Adolf Hitler hatte am 30. April 1945 Selbstmord begangen, am 7. und 8. Mai kapitulierte das Deutsche Reich bedingungslos. Etwa 55 Millionen Tote hatte der Krieg gefordert, darunter 20 bis 30 Millionen Zivilisten.

Deutschland wurde von den vier alliierten Siegermächten USA, Großbritannien, Frankreich und der Sowjetunion besetzt und in vier Zonen aufgeteilt. Die Besatzungsmächte übernahmen die Regierungsgewalt, und Deutschland hatte damit seine staatliche Souveränität verloren. Aber anders als nach dem Ersten Weltkrieg erhielten die Deutschen, allerdings nur in den Westzonen, schon bald massive Hilfe durch die westlichen Siegermächte, insbesondere die USA. Care-Pakete und Marshall-Plan waren Kennzeichen einer alliierten Politik, die darauf abzielte, Deutschland auf dem beschwerlichen Weg des wirtschaftlichen Aufbaus und der Einführung demokratischer Strukturen unter die Arme zu greifen.

Traumatisierung

Deutschland lag in Trümmern, seine Gebäude und seine Menschen. Ein Volk, das zu großen Teilen einem Führer gefolgt war, der ihnen Herrschaft über die ganze Welt versprochen hatte, war plötzlich selbst zum Paria geworden. Dieser tiefe Fall, der von vielen als Erniedrigung empfunden wurde, hatte traumatische Folgen, indem das, was geschehen war, verdrängt wurde. Das Unvermögen, sich mit der eigenen Schuld, dem eigenen Versagen auseinanderzusetzen, bezeichneten die Mitscherlichs als „die Unfähigkeit zu trauern" (1994). Der starke Panzer des Leugnens und Verdrängens sollte erst Ende der 60er Jahre ein Stück aufgebrochen werden, als die damals aufmüpfige Studentengeneration ihre Eltern nach ihrer Nazivergangenheit zu befragen begann.

Hannah Arendt

Die Philosophin Hannah Arendt, Schülerin von Karl Jaspers, als Jüdin Emigrantin seit 1933, bereiste vom August 1949 bis zum März 1950 Deutschland und legte in Form eines Reiseberichts ihre Eindrücke nieder. Sie konstatierte genau die von den Mitscherlichs später beschriebenen Verdrängungsmechanismen, diese Mauer des Schweigens gegenüber dem „Dritten Reich", wobei sie bemerkenswerterweise Berlin und seine Bewohner von ihren generalisierenden Aussagen ausnahm. Hinsichtlich des Verhaltens der Menschen in Deutschland schrieb sie:

„Beobachtet man die Deutschen, wie sie geschäftig durch die Ruinen ihrer tausendjährigen Geschichte stolpern und für die zerstörten Wahrzeichen ein Achselzucken übrig haben oder wie sie einem verübeln, wenn man sie an die Schreckenstaten erinnert, welche die ganze übrige Welt nicht loslassen, dann begreift man, daß die Geschäftigkeit ihre Hauptwaffe bei der Abwehr der Wirklichkeit geworden ist. Und man möchte aufschreien: Aber das ist doch alles nicht wirklich – wirklich sind die Ruinen; wirklich ist das vergangene Grauen, wirklich sind die Toten, die Ihr vergessen habt. Doch die Angesprochenen sind lebende Gespenster, die man mit den Worten, mit Argumenten, mit dem Blick menschlicher Augen und der Trauer menschlicher Herzen nicht mehr rühren kann […]

Es gibt tatsächlich eine ganze Reihe von Deutschen, die ‚anders' sind. Aber sie verbrauchen ihre ganze Energie, indem sie die bedrückende Atmosphäre um sie herum zu durchbrechen suchen, und dabei bleiben sie isoliert. In gewisser Weise sind diese Menschen heute psychologisch schlechter dran als in den schlimmsten Jahren unter Hitlers Terror. In den letzten Kriegsjahren gab es eine vage oppositionelle Kameradschaft unter all denen, die aus dem einen oder anderen Grund gegen das Regime waren […] der Übergang aus dieser überstrapazierten Gefahrengemeinschaft in die rohe Geltungssüchtigkeit und die sich ausbreitende Hohlheit des Nachkriegslebens ist für viele Menschen eine wahrhaft leidvolle Erfahrung gewesen." (Arendt 1993, 35ff)

7.2 Restauration, Wiederaufbau und Reform der Sonderpädagogik in der Bundesrepublik Deutschland

Die Herausgabe des ersten Heftes der heilpädagogischen Zeitschrift der Nachkriegszeit, der „Heilpädagogischen Blätter", markiert unter ideellem und personellem Aspekt Situation und Selbstverständnis der westdeutschen Sonderpädagogik am Ende des Zweiten Weltkrieges. In ideeller Hinsicht zeugt das neue Publikumsorgan von dem erklärten Willen der sich wieder organisierenden Gruppe der Heilpädagogen, vorrangig der Hilfsschullehrer, die Zeit nach dem „Zusammenbruch" als eine „Wiedergeburt der Heilpädagogik" zu verstehen, wobei man meinte, unter Vernachlässigung der zwölf Jahre der NS-Herrschaft im Sinne einer „Stunde Null" direkt an vermeintlich bewährte Traditionen der Zeit vor dem „Dritten Reich" anknüpfen zu können. Im Geleitwort zum Dezember-Heft von 1949 heißt es:

„Heilpädagogische Blätter"

„Zeiten des Überganges und des Neuwerdens legen die Verpflichtung nahe, die Fundamente nachzuprüfen, auf denen man bisher baute. Wenn die Hilfsschulpädagogik heute daran geht, sich auf ihre ureigenste Aufgabe zu besinnen, so kann sie dabei nicht vorübergehen an dem, was war. Die deutsche Hilfsschulpädagogik hat eine gute Tradition gehabt bis 1932. Sie hatte als tragendes Fundament eine echte heilpädagogische Gesinnung und edelmenschliche Verpflichtung aus dem Wertereich des Religiösen, Karitativen, Humanen und Sozialen erkannt. Die ‚Heilpädagogischen Blätter' wollen das Gute und Bleibende in dieser Tradition pflegen." (Lesemann/Dohrmann 1949/50, 5)

Im selben Jahr 1949 hatte sich die Gruppe Hilfsschullehrer erneut zu einem Verband zusammengeschlossen, dessen erster Verbandstag im Juni in Frankfurt a. M. stattfand. Auch auf diesem Treffen wurde mit Stolz an die großen Leistungen der deutschen Heilpädagogik der Vergangenheit erinnert. Die Tatsache allerdings, dass Behinderte als Opfer von Sterilisation und Euthanasie zu jenen Personengruppen zählten, die unmittelbar von den Gewaltmaßnahmen nationalsozialistischer Politik betroffen gewesen waren, fand mit keinem Wort Erwähnung.

neuer Hilfsschulverband

Gemäß dem propagierten Selbstbild einer unbeschädigten deutschen Heilpädagogik fehlte auf dieser ersten Zusammenkunft nach dem Krieg auch jeder Versuch, sich mit der Geschichte der eigenen Disziplin sowie des

Josef Spieler

eigenen Berufsstandes selbstkritisch auseinanderzusetzen. Es war kein Zufall, dass auf diesem ersten Verbandstag Josef Spieler den Einführungsvortrag hielt. Josef Spieler (1900–1987) stammte aus Baden und war ausgebildeter Psychologe, Pädagoge und Heilpädagoge. 1932 war er als Privatdozent auf den neu geschaffenen Lehrstuhl für Heilpädagogik an die Universität Freiburg/Fribourg (Schweiz) berufen worden, wo er am 1. März 1935 zum außerordentlichen Professor ernannt wurde. Spieler blieb bis 1945 Leiter des Heilpädagogischen Seminars der Universität Fribourg und wurde nach Kriegsende 1945 aus der Schweiz ausgewiesen, offenbar wegen Kollaboration mit Nazi-Deutschland (Haeberlin 1990, 330ff; Wolfisberg 2002, 134ff). Nach seiner Rückkehr nach Deutschland war Spieler erneut in der Lehrerbildung tätig, und zwar in Frankfurt a. M. sowie an den pädagogischen Hochschulen in Freiburg i. Br. und Karlsruhe.

Spieler sprach 1949 auf dem Verbandstag zu dem Thema „Wesen und Stand der Heilpädagogik", an dessen Anfang er die Aussage stellte: „Die Heilpädagogik kann auf ihre bisherige Entwicklung und Leistung stolz sein." Spielers geradezu beschwörende Erinnerungen an bedeutsame Vertreter der deutschsprachigen Heilpädagogik der Vorkriegszeit standen unter dem Motto „Wir müssen wieder dort anknüpfen, wo wir 1932 aufgehört haben". Dabei blieb die von Spieler gegen Ende seines Vortrages getroffene Feststellung, „wir können vom Ausland lernen, vor allem nicht zuletzt dort, wo die in Emigration Gegangenen bis heute ungestört weiter arbeiten konnten", inhaltlich vage, da mit keinem Wort des Schicksals auch nur eines Verfemten gedacht wurde. Selbst der Freitod des Nestors der deutschsprachigen Heilpädagogik, Theodor Heller, der als österreichischer Jude 1938 aus dem Leben geschieden war, wurde von Spieler nicht beim Namen genannt. Spieler entsprach zweifellos dem Wunsch seiner Zuhörer nach Vergessen der Vergangenheit, als er das „Dritte Reich" mit folgender Bemerkung kommentierte: „Die Entwicklungshemmungen durch wirtschaftliche Verhältnisse, geistig-philosophische, weltanschauliche und vor allem politische Strömungen erlauben Sie mir mit Stillschweigen zu übergehen." (1949/50, 17)

Die weitgehende Tabuisierung des „Dritten Reiches" durch die westdeutschen Heilpädagogen der Nachkriegsära spiegelte sich nicht zuletzt auch in der personellen Kontinuität ihrer führenden Repräsentanten wider. Eine Personaldebatte wurde nicht geführt; stattdessen bekleideten durchaus belastete Personen sehr bald wieder wichtige Ämter und Funktionen.

Gustav Lesemann

In der Person Gustav Lesemanns, des letzten Vorsitzenden des Hilfsschulverbandes vor seiner Auflösung im Jahre 1933, manifestiert sich die personelle Kontinuität von der Weimarer Republik über das „Dritte Reich" bis in die Nachkriegszeit in besonders eindrücklicher Weise. Lesemann, der aufgrund des Entnazifizierungsverfahrens zunächst 1947 aus dem Dienst entlassen worden war, erreichte durch ein Berufungsverfahren 1948 seine Einstufung in die Kategorie IV (Mitläufer), wodurch er erneut die Möglichkeit erhielt, ein öffentliches Amt zu bekleiden. Lesemann selbst stellte aus „Gesundheitsgründen" 1949 einen Antrag auf Versetzung in den Ruhestand, dem stattgegeben wurde. Ungeachtet der amtsärztlich bescheinigten

Dienstunfähigkeit entfaltete Lesemann anschließend eine Vielfalt von Aktivitäten im neu gegründeten Hilfsschulverband. So war er von 1949 bis 1967 Schriftleiter der „Zeitschrift für Heilpädagogik" und hatte in dieser Funktion nicht nur ein großes Arbeitspensum zu erledigen, sondern zugleich maßgeblichen Einfluss auf die Entwicklung der Sonderpädagogik der Nachkriegszeit. Anlässlich seines 70. Geburtstages wurde Gustav Lesemann zum Ehrenvorsitzenden des Verbandes Deutscher Sonderschulen ernannt; er starb hochgeehrt im Jahre 1973.

In die Kritik geriet Gustav Lesemann erst im Zusammenhang mit dem Auftreten einer kritischen Historiografie in der Behindertenpädagogik im Laufe der 70er Jahre, die schließlich den Verband Deutscher Sonderschulen zu einer, wenn auch vorsichtigen, Revision in der Bewertung der Person ihres 1973 verstorbenen Ehrenvorsitzenden Gustav Lesemann im Jahre 1986 veranlasste (S. 714f).

Der Umstand, dass eine Hilfsschulpädagogin wie Frieda Buchholz mit ihrer ablehnenden Haltung gegenüber der nationalsozialistischen Behindertenideologie und -politik eher eine Ausnahme unter den deutschen Heilpädagogen bildete, lässt verstehen, dass jene Heilpädagogen, die den Zweiten Weltkrieg überlebt hatten und sich der Aufgabe des Aufbaus des Sonderschulwesens stellten, in der Regel weder Neigung noch Notwendigkeit verspürten, ihre eigene Rolle in der Vergangenheit kritisch zu hinterfragen (Lesemann 1969).

Dass die Vertreter einer ehemals „braunen" Hilfsschulpädagogik nach **Erwin Lesch** 1945 keinen wirklichen Bruch mit dem „Dritten Reich" vollzogen, ist auch an den Inhalten ablesbar, die den jungen Hilfsschullehrern in den ersten Ausbildungsgängen nach Kriegsende angeboten wurden. Der Münchner Hilfsschullehrer Erwin Lesch hatte in der Zeitschrift „Die Scholle" von 1943 einen Artikel mit dem Titel „Welche Kinder gehören in die Hilfsschule?" veröffentlicht, in dem er zum Schluss schreibt:

„Wenn wir zurückblicken auf die Hilfsschule von ehedem, da sie (vor 40 Jahren) noch einer Versammlung von Idioten glich, müssen wir bekennen: sie hat ihr Gesicht wesentlich verändert; aus der Schwachsinnigenschule von damals wurde in steter Aufwärtsentwicklung die Leistungshilfsschule mit Ertragswert im neuen Geiste, die Hilfsschule, die die ‚ihr überwiesenen Kinder [...] zu noch wohl brauchbaren Gliedern der Volksgemeinschaft erzieht'." (S. 268)

In dem 1951 angebotenen Ausbildungskurs für Hilfsschullehrer in München griff Lesch auf seinen Text von 1943 zurück – in manchen Passagen war er leicht „retouchiert", aber nur unwesentlich. Auch die zitierte Schlusspassage wurde weitgehend übernommen, nur der letzte Halbsatz erhielt eine weniger verfängliche Formulierung. Er lautete nun:

„[...] aus der Schwachsinnigenschule von damals wurde in steter Aufwärtsentwicklung die Leistungshilfsschule für Schwachbegabte und Lernbehinderte, die Hilfsschule, die die ihr überwiesenen, ihr anvertrauten, überantworteten Kinder zu noch wohl brauchbaren Gliedern der menschlichen Gemeinschaft formt, bildet und erzieht." (Lesch 1951, 27)

Edwin Singer

Bei Horst Biesold finden wir ein seltenes Dokument aus der Nachkriegszeit. Ein zwangssterilisierter Gehörloser schrieb im Jahre 1967 seinem ehemaligen Direktor der Heidelberger Taubstummenanstalt einen Brief, in dem er gegen den ehemaligen Nazi-Parteigänger schwere Vorwürfe erhob und ihn mitverantwortlich machte für seine erlittene Sterilisation. Weder Verständnis noch Mitgefühl, weder Einsicht noch veränderte politische Überzeugung, sondern Arroganz und Überheblichkeit sprechen aus dem Antwortschreiben des inzwischen 81-jährigen Gehörlosendirektors Singer:

„Edwin Singer Direktor i. R., Heidelberg, Keplerstrasse 43, Heidelberg, den 18. August 61 […]
Herrn […] Lieber […]! Zu den erwachsenen Gehörlosen sage ich nicht Du, sondern Sie. Aber in diesem Brief will ich ‚Du' sagen wie früher, dann verstehst Du mich besser. Also. Du hast mir geschrieben, daß Du vor 26 Jahren sterilisiert worden bist. Das habe ich nicht gewusst. Aber ich bin gar nicht erstaunt. Denn alle Erbkranken sollten damals unfruchtbar gemacht werden. Du fragst: Wer ist schuldig? Wer ist dafür verantwortlich, daß Du sterilisiert worden bist? So können viele 100000 fragen, die alle unfruchtbar gemacht wurden. Ich antworte: der damalige Staat. Es war das nationalsozialistische deutsche Reich. An der Spitze der Regierungspartei standen Hitler, Himmler, Göbels, Frick und andere. Sie sind alle tot. Willst Du sie in der Hölle verklagen? Dann antworten sie: der Reichstag, (die Abgeordneten des Volkes) hat das Gesetz zur Verhütung erbkranken Nachwuchses beschlossen. Die Ärzte mussten gehorchen und das Gesetz ausführen. Lieber […] solche Klagen sind zwecklos. Es geht Dir nicht schlecht. Du bist aber unzufrieden. Vergleiche Dich doch mit andern. Viele Millionen sind gefallen oder umgebracht worden. Du lebst! Du kannst arbeiten und genügend verdienen. Daß Du keine Kinder hast, das sollst Du nicht als Unglück ansehen. Lieber keine Kinder als ein blindes, ein taubes oder ein epileptisches. Du warst schon als Bub oft unzufrieden. Aber wenn ich mit Dir gesprochen hatte und Du überlegtest, dann warst Du wieder froh. So soll es jetzt auch sein. Also […] Kopf hoch! Und Glück auf! Mit herzlichem Gruß" (Biesold 1988, 120ff)

Heinrich Hanselmann

Es gab in der Sonderpädagogik aber auch andere Stimmen. Heinrich Hanselmann verschwieg nicht die Verbrechen des NS-Staates an den Behinderten, denn er schrieb im Vorwort zur dritten Auflage seiner „Einführung in die Heilpädagogik" von 1946:

„In weiten Gebieten des europäischen Kulturkreises ist in dieser Zeit die Heilpädagogik als solche in schroffster Form nicht nur in Frage gestellt, sondern in ihren praktischen Auswertungen geradezu bekämpft worden. Die totalitären Regierungen in Deutschland und Italien haben für die ‚Behandlung' aller ‚anormalen' Kinder, aber auch aller erwachsenen körperlich-seelisch gebrechlichen Menschen den radikal kürzesten Weg propagiert und, so weit und so lange es ihnen möglich war, auch begangen, nämlich die ‚Tötung lebensunwerten Lebens'. Ausgenommen von der Tötung blieben nur jene Erwachsenen, deren Gebrechen sie als ‚eben noch sozial brauchbar' erscheinen ließ; sie wurden aber aufgrund neuerlassener Gesetze sterilisiert, sofern ihr Gebrechen als erebt und vererbbar betrachtet wurde." (S. 8)

Im Nachwort zur vierten Auflage von 1953 findet sich der bemerkenswerte Satz:

„Wir kämpfen ja noch immer um das Daseinsrecht der Heilpädagogik, das auch heute noch von allen jenen Seiten bestritten wird, welche nicht die Unantastbarkehit des menschlichen Lebens zur Grundlage ihrer Weltanschauung und ihrer Politik machen." (Hanselmann 1953, 548)

Das Beispiel Hanselmann zeigt, dass es, trotz ungebrochener Kontinuitäten aus der NS-Zeit und gewissermaßen parallel dazu, erste Ansätze einer demokratischen Entwicklung auch in der Sonderpädagogik gab. Ein Münchner Hilfsschullehrer, nämlich der Schulrat Karl Anton Ederer, veröffentlichte nach einer Reise in die USA einen Bericht über das amerikanische Sonderschulwesen, der in vielem an die Schilderungen der aus Deutschland emigrierten jüdischen Blindenpädagogin Betty Hirsch erinnert (Ellger-Rüttgardt 1996, 206ff).

Karl A. Ederer

Dieser Report, verfasst mit großem Respekt für das US-amerikanische Sonderschulwesen, gibt Aufschluss über die tiefgreifenden Differenzen zwischen der vorherrschenden restaurativen und demokratiefeindlichen deutschen Sonderpädagogik und der von pädagogischem und demokratischem Optimismus getragenen amerikanischen Pädagogik, deren Fundament das Bekenntnis zur Personenwürde auch des behinderten und benachteiligten Menschen ist. Ederer schreibt (1950, 10ff):

Sonderpädagogik in der USA

„Das ganze amerikanische Erziehungsdenken und Erziehungsprogramm dünkt mich Ausfluß eines breiten Humanismus mit seinem lebhaften Interesse am Nächsten und mit seinem Gefühl der Verpflichtung gegenüber den weniger Begünstigten. Die Erziehung und all ihre Einrichtungen und Organisationen stehen im Dienste des Humanismus, und dieser ist wiederum ein Ergebnis der Entwicklung der demokratischen Idee. Ein Superintendent bezeichnet die amerikanische Schule als ein Bollwerk der Demokratie und des amerikanischen Gedankens."

Die in der Überzeugung von der Personenwürde auch des behinderten und benachteiligten Menschen liegende philosophisch-politische Grundüberzeugung wurde von Ederer als die tragende Basis der US-amerikanischen Erziehungsanstrengungen für behinderte Kinder angesehen. Hieraus resultierte nach Beobachtung des deutschen Besuchers letztlich auch das Bemühen amerikanischer Schulvertreter, ungeachtet aller Besonderung, ein Höchstmaß an gesellschaftlicher Teilhabe für Behinderte zu realisieren – etwa durch eine stärkere Verbindung von Allgemeiner Pädadogik und Sonderpädagogik. Schulrat Ederer resümiert:

„Ein wesentliches Moment ist […] die absichtlich forcierte Verbindung von Spezialerziehung und Normalerziehung […] man [ist] beinahe ängstlich darum besorgt, daß die notwendige Sondererziehung eines Kindes nicht zu einer Absonderung führe, daß es vielmehr schon während der Schul- und Ausbildungszeit in das Milieu und die Personenkreise hineinwachse, die es später einmal umgeben werden. Uns begegnet hier der einnehmende Gedanke im Bereich der Erziehung und der Demokratie: dem Menschen dazu helfen, daß er sich selbst helfen kann, dem Hilfsbedürftigen hilfreich zu Seite zu stehen, aber nichts unversucht lassen, seine Selbstertüchtigung zu fördern, um ihn so von der Hilfe der anderen unabhängiger werden zu lassen." (1950, 10ff)

Für die tonangebende deutsche Sonderpädagogik der Nachkriegszeit, die für die nächsten beiden Jahrzehnte darauf bedacht sein sollte, das Besondere und Eigenständige ihrer Disziplin zu betonen, mussten alle noch so positiven Berichte über das Land USA fremd und damit – zumindest zunächst – wirkungslos bleiben. Zutreffend bemerkt Speck:

> „Ein wirklich befruchtender Austausch mit dem Auslande konnte […] in der Nachkriegszeit gar nicht zustandekommen. Das Sonderschulwesen, das als Erfüllung der heilpädagogischen Vorstellung der zwanziger Jahre hierzulande in den sechziger Jahren ausgebaut wurde, war schon bei Kriegsende anderswo überholt." (1988, 56)

Mangel an Internationalität

Dabei hatte es in Deutschland, wir erinnern uns, zur Zeit der Weimarer Republik im Zusammenhang mit den vielfältigen Diskussionen um eine Reform der Pädagogik durchaus Bestrebungen gegeben, eine stärkere Verbindung zwischen allgemeiner und spezieller Pädagogik herzustellen. Aber das Verdrängen der Zeit des Nationalsozialismus und damit von Geschichte überhaupt sowie der Mangel an Internationalität blieben wirksam und prägend bis zu Beginn der 70er Jahre. Die „Westintegration" der Sonderpädagogik erfolgte zweifellos später als in der Allgemeinen Pädagogik, und zwar erst in dem Moment, als Vergangenes und Gegenwärtiges fragwürdig geworden waren und das Bemühen um Reformen auch den Blick auf die Entwicklungen des Auslandes lenkten.

Sonderschulwesen der Nachkriegszeit

Die Lage der Sonderschulen nach 1945 muss im Vergleich zu anderen Bildungseinrichtungen als besonders katastrophal eingeschätzt werden. Aufgrund der negativen Bewertung behinderter Menschen zur Zeit des Nationalsozialismus war an der materiellen Ausstattung insbesondere der Hilfsschulen allerorten gespart worden. Die kriegsbedingten Schäden und Folgen taten dann ein Übriges: Überall mangelte es an Lehrkräften, Unterrichtsräumen sowie geeigneten Unterrichtsmaterialien. Da während des „Dritten Reiches" kaum noch Sonderpädagogen ausgebildet worden waren, fehlten vor allem heilpädagogisch qualifizierte Lehrer. Infolge des großen Lehrermangels arbeiteten in den Sonderklassen und -schulen nach Kriegsende in erster Linie ältere, weibliche und nicht ausgebildete Lehrkräfte. Erich Beschel beschreibt die Situation des Hilfsschulwesens ganz im Sinne der vorherrschenden Aufbaumentalität in der Erinnerung wie folgt:

> „Beim Wiederaufbau des deutschen Hilfsschulwesens fehlten vielerorts die Gebäude. Häufig gab es dort, wo die Schulen mit Unterstützung der Besatzungsmächte ein Haus gefunden hatten, oft genug keine Schulmöbel. So saß man auf den Fußböden, meist ohne Bücher und Hefte, ohne Schreibmaterial. Zudem waren mit den Häusern die Schulakten verbrannt, die Kinder durch ‚Kinder-Land-Verschickung' und Evakuierung oder Ausbombung der Familien zerstreut, die Lehrer gefallen oder noch in Gefangenschaft. Es war fast überall ein Anfang aus dem Stande ‚Null', den die wenigen älteren Lehrer, die den Volkssturm-Einsatz überlebt hatten, begannen. Nach und nach gab es wieder eine Schule im gewohnten Sinn, die durch die gewährte Schulspeisung auch jene Kinder anzog, die im Durcheinander des Zusammenbruchs zunächst ‚lebenswichtigere' Aufgaben gefunden hatten." (Beschel 1976, 141)

Wie schnell ein regulärer Schulunterricht auch für Sonderschüler wieder stattfand, variierte entsprechend den regionalen Gegebenheiten. In Hamburg dauerte es fast vier Jahre, bis alle schulpflichtigen Kinder erneut beschult werden konnten – am 1. Oktober 1948 besuchten von den 170.592 schulpflichtigen Kindern immerhin noch 46.980 überhaupt keine Schule (Grosse 1966, 90). In Anbetracht der besonderen sozialen Umstände der meisten Hilfsschüler darf angenommen werden, dass sich unter der Gruppe der unbeschulten Kinder ein Großteil der ehemaligen Hilfsschüler befand.

Situation in Hamburg

Eine Hamburger Volksschule beklagte in ihrem Bericht vom 22. Dezember 1945, dass von den zwölf Schülern der einen Hilfsschulklasse häufig nur ein einziger Schüler zum Unterricht erschiene. In ihrem Bericht vom 9. Januar 1946 verwies dieselbe Schule erneut auf den unregelmäßigen Schulbesuch der Hilfsschüler insbesondere während der Winterzeit, wofür vor allem weite Wege, fehlendes Schuhwerk und schlechte Verkehrsmittel verantwortlich gemacht wurden. Infolge der schlechten körperlichen Verfassung der Hilfsschulkinder wurde die Klasse von 24 Schülern geteilt. „Um die Kinder nicht zu überfordern, kommen sie nur jeden zweiten Tag." (Grosse 1966, 90)

Die ehemalige Reichshauptstadt Berlin musste nicht nur mit den verheerenden Kriegsfolgen fertigwerden, sondern sehr bald auch mit den besonderen Bedingungen einer Vier-Sektoren-Stadt. Trotz nahezu unübersehbarer materieller Schäden bemühten sich die Alliierten um eine rasche Wiederaufnahme des Schulbetriebes. Am 13. November 1947 beschloss die Stadtverordnetenversammlung das „Schulgesetz für Groß-Berlin", in dem in § 6 ausdrücklich besondere Bildungseinrichtungen für behinderte Kinder erwähnt wurden. Einen Einblick in die Situation der ersten Nachkriegsjahre vermitteln Schulchroniken, wie sie etwa für eine Hilfsschule im Bezirk Reinickendorf erhalten sind. Dort lesen wir über den Wiederbeginn des Unterrichts im November 1947:

Situation in Berlin

„Zwei Hilfsschulklassen, die in sich in Abteilungen aufgegliedert waren, mit insgesamt 156 Kindern, wurden von zwei Lehrkräften […] verwaltet […] Für beide Klassen stand nur ein Raum zur Verfügung. Dem neuen Schulleiter konnte nicht einmal ein Amtszimmer zur Verfügung gestellt werden, er erledigte die dringendsten Arbeiten im Lehrerzimmer der 20. Volksschule, auch die Eltern der Kinder mußten dort empfangen werden […] Am 15.11.1947 wurde in der 1. Konferenz folgende Klassenverteilung vorgenommen:

Klasse I 34 Kinder
Klasse II 30 Kinder
Klasse III 46 Kinder
Klasse III/IV 22 Kinder
Klasse V 24 Kinder
156 Kinder

Ein zweiter Klassenraum wird zur Verfügung gestellt. Die unteren Klassen sind viel zu stark besetzt. Wegen Mangel an Lehrkräften haben die Kinder verkürzten Unterricht, die Räume konnten infolge Kohlenmangels nicht geheizt werden." (Synwoldt 1979, 283)

Aufbau des Sonderschulwesens

Unterschiede im Aufbau des Sonderschulwesens nach Kriegsende bestanden nicht nur in regionaler Hinsicht, sondern auch in Abhängigkeit von der jeweiligen Sonderschulart. Während Bildungseinrichtungen für Kinder mit einer geistigen Behinderung – von den Anstalten abgesehen – auch in den unmittelbaren Nachkriegsjahren so gut wie nicht existierten, setzte beispielsweise der Wiederaufbau der Schulen und Klassen für schwerhörige Kinder rasch und zügig ein. Anfang der 50er Jahre war der Vorkriegsstand bereits wieder erreicht, zum Teil sogar überschritten. Auch die Bildungseinrichtungen für Körperbehinderte orientierten sich zunächst am vorherrschenden Modell der Heimunterbringung aus der Vorkriegsära. Erst gegen Ende der 50er Jahre gewann aufgrund der wachsenden Einflussnahme von Eltern die familiennahe Erziehung in Form der Tagesschule zunehmend an Bedeutung.

Was das Sprachheilwesen anbelangt, so konnte sowohl für die ambulante therapeutische Versorgung als auch die Unterrichtung in Sprachheilschulen bis etwa 1960 der Vorkriegsstand wiederhergestellt werden. Charakteristisch für die Nachkriegszeit ist, dass sich auch in dieser sonderpädagogischen Schulform sehr bald eine Tendenz zum Ausbau einer eigenständigen Sonderschule für Sprachbehinderte abzeichnete. Schließlich wurde die traditionelle Form der Heimsonderschule zunächst Vorbild auch für den Aufbau der Blindenanstalten im Nachkriegsdeutschland.

Dass der forciert betriebene Wiederaufbau im Selbstverständnis der Handelnden auch als eine Art der Wiedergutmachung gegenüber den Untaten des „Dritten Reiches" empfunden wurde, ist an einem Text ablesbar, den der Württemberger Wilhelm Hofmann 1966 über den Wicdcraufbau und Ausbau des Hilfsschulwesens nach 1945 schrieb:

> „In den ersten Jahren nach dem Zusammenbruch vollzog sich die eigentliche Wiedergeburt der Heilpädagogik und des Sonderschulwesens. Nach den für die Geschichte Deutschlands so verhängnisvollen Jahren, die sich im menschlichen Bereich durch die Verneinung des reinen Menschentums und der Menschenwürde kundtaten, haben wir wieder zurückgefunden zu den Werten, die echtes und wahres Menschentum ausmachen. Es ist uns wieder die unabdingbare Menschenwürde des geschädigten Menschen bewußt geworden […] Aus dieser Grundhaltung heraus haben die Hilfsschullehrer sich der mühevollen Aufgabe des Wiederaufbaus unseres Hilfsschulwesens gewidmet." (S. 93)

Die Behauptung von einem Anknüpfen an die Zeit vor 1933 und der damit unterstellte Bruch mit Theorie und Praxis nationalsozialistischer Sonderpädagogik gehörten in ihrer Pauschalität in den Bereich der historischen Legende. Auch wenn nicht in Abrede gestellt werden soll, dass viele Heilpädagogen der Nachkriegszeit subjektiv das Gefühl hatten, sich erneut vermeintlich bewährten heilpädagogischen Traditionen der Weimarer Republik zuzuwenden, so belegen doch die historischen Tatsachen, dass in personeller, gesetzlicher, ideologischer und schulorganisatorischer Hinsicht in der Mehrzahl der neuen Bundesländer zunächst an den Vorgaben und Strukturen des „Dritten Reiches" angeknüpft wurde.

Der restaurative Charakter der Rekonstruktionsphase der westdeutschen Sonderpädagogik ist belegt durch eine Fortsetzung der Gültigkeit schulrechtlicher Bestimmungen. Dies betrifft das Reichsschulpflichtgesetz vom Juli 1938, das die Stellung eines eigenständigen Sonderschulwesens im Rahmen des Bildungswesens des „Dritten Reiches" festgelegt hatte, das an den Prinzipien von Leistung und Auslese ausgerichtet war und das die Ausschulung „bildungsunfähiger" Schüler festgelegt hatte.

Die „Allgemeine Anordnung über die Hilfsschulen in Preußen", ebenfalls im Jahre 1938 erlassen, war von der Hilfsschullehrerschaft als ein Meilenstein auf dem Weg zur Anerkennung als eigenständige Sonderschule betrachtet worden. Es überrascht nicht, dass auch in der Nachkriegszeit die Berufspolitik des Hilfsschulverbandes, 1955 umbenannt in Verband Deutscher Sonderschulen, darauf aus war, diese Selbständigkeit zu erhalten. Im Juli 1954 veröffentlichte der Verband eine „Denkschrift zu einem Gesetz über das heilpädagogische Sonderschulwesen", in dem der Wunsch nach bundeseinheitlicher Regelung des gesetzlichen Status aller Sonderschulen, vor allem der Hilfsschule, unterstrichen wurde. In dieser Denkschrift betonte der Verband den Charakter der Hilfsschule als einer „Heilpädagogischen Sonderschule" für schulleistungsschwache Schüler, für die aufgrund ihres Leistungscharakters unverändert die Ausschulung der „bildungsunfähigen Kinder" gefordert wurde.

Denkschrift 1954

Die im selben Jahr dem Deutschen Städtetag überreichte „Denkschrift zu einem Gesetz über das heilpädagogische Sonderschulwesen" bestätigte und unterstrich den Wunsch nach Eigenständigkeit, Ausbau und Differenzierung des gesamten Sonderschulwesens. In dieser ausführlichen Denkschrift wurde die Forderung nach selbständigen, möglichst voll ausgebauten und in eigenen Gebäuden untergebrachten Hilfsschulen, Sprachheilschulen, Schwerhörigenschulen, Sehbehindertenschulen und Schulen für gemeinschaftsschwierige Kinder durch die Behauptung untermauert, dass eine Beschulung dieser Kinder in der Volksschule – selbst in separaten Klassen – dem Wohl der betreffenden Kinder zuwiderlaufe (Verband Deutscher Sonderschulen 1954).

Einen Höhepunkt in dem Streben der westdeutschen Sonderpädagogik nach idealer und schulorganisatorischer Abgrenzung und Eigenständigkeit stellte das von der Kultusministerkonferenz 1960 vorgelegte „Gutachten zur Ordnung des Sonderschulwesens" dar. Ausgehend von den sehr unterschiedlichen Entwicklungen in den einzelnen Bundesländern, war es die Absicht der Gutachter, Rahmenbedingungen für das Sonderschulwesen zu schaffen und zugleich Wege für eine pragmatisch-expansive Weiterentwicklung aufzuweisen:

KMK-Gutachten 1960

„Die vorgelegten Richtlinien sollen zeigen, wie das Sonderschulwesen den Anforderungen der Zeit gerecht werden kann. Es werden keine Fernziele gesetzt [...] Die gesunde Weiterentwicklung des Sonderschulwesens setzt voraus, daß die Eigenständigkeit der Arbeit in den Sonderschulen gewährleistet wird und klare Rechtsgrundlagen geschaffen werden." (KMK 1960)

Der zum damaligen Zeitpunkt in der Sonderpädagogik angestrebte hohe Differenzierungsgrad fand Berücksichtigung in diesem Gutachten, das immerhin zwölf verschiedene, jeweils eigenständige Sonderschulformen vorsah, wobei die spätere Schule für geistig Behinderte noch nicht berücksichtigt war:

„Blindenschule
Sehbehindertenschule
Gehörlosenschule
Schwerhörigenschule
Sprachheilschule
Körperbehindertenschule
Krankenschule und Hausunterricht
Hilfsschule
Beobachtungsschule
Erziehungsschwierigenschule
Gefängnisschule (Schule im Jugendstrafvollzug)
Sonderberufsschule (als eigene Schule oder in Verbindung mit anderen Sonderschulen)" (KMK 1960)

wissenschaftliche Sonderpädagogik

Der Wunsch nach Abgrenzung und Eigenständigkeit des gesamten Sonderschulwesens wurde auch von der gleichfalls in Expansion befindlichen wissenschaftlichen Sonderpädagogik gestützt. Prototypisch betonte Klauer nicht nur die Einheit einer „unitas multiplex des Sonderschulwesens", sondern erteilte zugleich allen Bemühungen einer engeren Verbindung von allgemeiner und besonderer Pädagogik eine deutliche Abfuhr:

„Daß eine Sonderschule, welche sich hinsichtlich des Schülerguts oder des Bildungsplanes oder der Verfahrensweisen stärker an die allgemeine Volksschule (Normalschule) annähern will, in gleichem Maße ihren Charakter als Sonderschule in Frage stellen kann, liegt auf der Hand. Jene Sonderschullehrer – einerlei welcher Fachrichtung –, die nicht genug tun können, um die Nähe zur allgemeinen Volksschule zu betonen, bemerkten allerdings oft selbst nicht die damit unlösbar gekoppelten Konsequenzen." (Klauer 1964, 276)

Ausbau des westdeutschen Sonderschulwesens

Der in den 60er Jahren stattfindende Ausbau des westdeutschen Sonderschulwesens, der auch den Ausbau des ländlichen Sonderschulwesens vorsah, konnte schon bald auf eine stolze Bilanz verweisen. 1961 fiel der Anteil der Sonderschüler an der Gesamtzahl der schulpflichtigen Kinder mit 2,4 % eher bescheiden aus, doch schon in den Folgejahren zeichnete sich ein eindrucksvoller Anstieg der Zahl jener Schülergruppe ab, die als sonderschulbedürftig eingestuft und demzufolge in Sonderschulen unterrichtet werden sollte. Im Jahr 1970/71 betrug die Quote bereits 3,61 %, und die Prognosen der Kultusministerkonferenz von 1972 sowie unterschiedlicher Experten beliefen sich auf einen Anteil von 6 bis 8 % an Sonderschülern. Die von Sander im Jahre 1975 erstellte Tabelle (s. Tab. 7.1) verglich den Ist-Stand des Jahres 1970/71 mit den von der Kultusministerkonferenz errechneten Soll-Zahlen 1972.

Tab. 7.1: Quote westdeutscher Sonderschüler im Vergleich (nach Sander 1975, 217)

Sonderschüler	Ist		Soll
	absolut	%	KMK 1972
Lernbehinderte	264 629	3,180	4,0
Schwerhörige	3 320	0,040	0,18
Gehörlose	3 833	0,046	0,06
Sprachbehinderte	5 663	0,068	0,5
Sehbehinderte	1 536	0,018	0,1
Blinde	1 008	0,012	0,015
Verhaltensgestörte	12 099	0,146	1,0
Kranke	1 947	0,023	–
Körperbehinderte	5 499	0,066	0,2
Geistigbehinderte	20 455	0,246	0,6
sonst. Behinderte	2 048	0,025	–
	322 037	3,870	6,645

Das Gutachten der Ständigen Konferenz der Kultusminister von 1960 reprä- **Bildungsrecht** sentierte auf der einen Seite das Streben der westdeutschen Sonder- **Behinderter** pädagogik der Nachkriegsära nach Eigenständigkeit und Ausbau, auf der anderen Seite markierte es aber zugleich eine Wende in der legitimatorischen Begründung der Arbeit von Sonderschulen. An erster Stelle wurden nicht mehr, wie in der Vergangenheit üblich, die utilitaristischen Ziele einer Entlastung der Regelschule oder ökonomische Erwägungen genannt, sondern das Recht der jeweiligen Kinder auf angemessene Bildung und Erziehung, indem an die „Pflicht der Allgemeinheit" und „die Achtung vor der Menschenwürde" auch behinderter Menschen erinnert wurde. Diese veränderte Sichtweise war zweifellos eine Voraussetzung dafür, dass zum ersten Mal in einer offiziellen staatlichen Verlautbarung das Schicksal Behinderter während des Nationalsozialismus erwähnt wurde. So heißt es in dem Gutachten:

„Das Ansehen der Sonderschulen in der Öffentlichkeit muß gehoben werden. Das deutsche Volk hat gegenüber den Menschen, die durch Leiden oder Gebrechen benachteiligt sind, eine geschichtliche Schuld abzutragen. Sie dürfen nicht als weniger wertvoll betrachtet und behandelt werden. Das deutsche Volk muß die Aufgabe wieder ernst nehmen, allen Kindern und Jugendlichen, die die allgemeinen Schulen nicht mit Erfolg besuchen können, den Weg zu einem sinnerfüllten Leben zu bereiten." (KMK 1960, 16)

„geistig behindert" Es entsprach dem Tenor des Gutachtens, dass man jene Kinder, die bald danach als geistig behindert bezeichnet wurden, nun nicht mehr als „bildungsunfähig" klassifizierte, sondern ihnen ein Anrecht auf Bildung und Erziehung zusprach:

„Diejenigen Kinder, deren Erziehbarkeit und Bildbarkeit so gering sind, daß sie weder in Schulen noch in Heilpädagogischen Kindergärten gefördert werden können, haben auch ein Anrecht darauf, als Menschen beachtet und behandelt zu werden. Der Staat darf sich der Verpflichtung nicht entziehen, auch diesen Kindern gerecht zu werden. Er muß Heilpädagogische Lebenskreise für pflegebedürftige Kinder schaffen, die die ihnen eigenen körperlichen und seelischen Kräfte pflegen und soweit wie möglich entwickeln." (KMK 1960, 48)

„Bundesvereinigung Lebenshilfe" In der einsetzenden Debatte um die Erziehung geistig Behinderter, die entscheidend durch die Gründung der Elterninitiative „Bundesvereinigung Lebenshilfe für geistig Behinderte e. V." (1958) angestoßen wurde, plädierte Otto Speck für eine Revision der sonderpädagogischen Terminologie: Er verwies darauf, dass der Begriff „bildungsunfähig" „historisch schwer belastet" und „mit viel Unrecht und Unheil" verknüpft sei. Die Entscheidung des Bayerischen Kulturministeriums vom Oktober 1963, an den Hilfsschulen eigene Klassen für geistig behinderte Kinder, sogenannte Hilfsschulsonderklassen, einzurichten, kommentierte Speck wie folgt:

„Mit der Öffnung der Schultore für die heute nicht mehr hilfsschulfähigen geistigbehinderten Kinder wird historisch gesehen ein Unrecht beseitigt und sonderpädagogisch gesehen ein Beitrag zum Anschluß an den Stand der Geistesschwachenfürsorge des Auslandes geleistet." (1964, 353)

Nur kurze Zeit später äußerte sich ein anderer Vertreter der westdeutschen Sonderpädagogik, Heinz Bach, in ähnlicher Weise:

„Die Sonderschule hat also gleichsam Gewissensfunktion […] zuletzt, indem sie die allgemeine Schule daran erinnert, daß ein Urteil wie ‚bildungsunfähig' von tragischem Gewicht ist […] Sonderschule ist […] praktizierter Widerspruch gegenüber dem geheimen Euthanasiedenken, das sich in Entscheidungen und Organisationsformen des Bildungswesens ebenso anzusiedeln tendiert wie in anderen Lebensbereichen." (1967, 292)

Internationalität Mit dem Hinweis auf das Ausland hatte Speck eine prinzipielle Schwäche der Sonderpädagogik der 40er, 50er und frühen 60er Jahre benannt, nämlich ihre bereits erwähnte mangelnde Öffnung gegenüber ausländischen Entwicklungen und Erfahrungen. Dieser Mangel war nicht ohne Auswirkungen auf die sich neu konstituierende Sonder- bzw. Heilpädagogik als wissenschaftliche Disziplin, denn verloren blieben für längere Zeit jene Ansätze zur Interdisziplinarität und Internationalität, wie sie in der Weimarer Republik bereits existiert hatten und wie sie für die „klassischen" Fachrichtungen der Gehörlosen- und Blindenpädagogik eigentlich immer bestanden hatten. Die in den Ausbildungsstätten für Sonderpädagogen sich etablierende wissenschaftliche Sonderpädagogik war folgerichtig nach ihrem Selbstverständnis in erster Linie eine Sonderschulpädagogik.

Eine erneute Zuwendung gegenüber dem Ausland und damit eine gegenläufige Entwicklung bahnte sich erst in dem Moment an, als die Initiatoren der „Bundesvereinigung Lebenshilfe für geistig Behinderte e. V." als Vorbild das Nachbarland Holland entdeckten und – über ein Jahrzehnt später – eine reformorientierte Behindertenpädagogik sich auf Länder wie Dänemark, Schweden und Italien als Kronzeugen ihrer Positionen berief. Der Mangel an Internationalität wirkt in der deutschen Sonderpädagogik bis in die Gegenwart nach, und verschiedene Anläufe, die internationale Kommunikation erneut zu beleben, zeigen erst in den letzten Jahren Früchte.

Während die restaurative Rekonstruktion des westdeutschen Sonderschulwesens in den ersten beiden Nachkriegsjahrzehnten nicht zuletzt auch ein Spiegelbild gesamtgesellschaftlicher Entwicklungen war, die ihren Niederschlag auch in der Pädagogik fanden (Klafki 1976; Herrlitz et al. 1993; Führ/Furck 1998), so kann auch die Ende der 60er Jahre einsetzende Reformdebatte in der Sonderpädagogik nicht losgelöst von der allgemeinen gesellschafts- und bildungspolitischen Diskussion betrachtet werden. Der durch die 68er Studentenrevolte ausgelöste Ruf nach Demokratisierung der westdeutschen Gesellschaft führte in der Pädagogik zu der Forderung nach Überwindung des dreigliedrigen Schulwesens und zur Einführung von Gesamtschulen, deren Hauptziele die Herstellung von gleichen Bildungschancen vor allem sozial unterprivilegierter Kinder, eine weitgehende Vermeidung früher Ausleseprozesse und Laufbahnentscheidungen, eine Ausschöpfung von Bildungsreserven sowie eine Reformierung von Lerninhalten und -methoden waren. **Reformdebatte**

Sozialkritische Argumentation und pädagogische Forderungen fanden ihre theoretische Begründung in einem gewandelten Begabungsbegriff. Die auch im Bereich der Sonderpädagogik viel beachtete Gutachtensammlung des Bildungsrates „Begabung und Lernen" bewirkte eine Revolutionierung des bislang weitgehend statisch-biologischen Begabungsbegriffes: **„Begabung und Lernen"**

„Begabung ist nicht nur Voraussetzung für Lernen, sondern auch dessen Ergebnis. Heute erkennt man mehr als je die Bedeutung der kumulativen Wirkung früher Lernerfahrungen, die Bedeutung der sachstrukturell richtigen Abfolge der Lernprozesse, der Entwicklung effektiver Lernstrategien, kurz: die Abhängigkeit der Begabung von Lernprozessen und die Abhängigkeit aller Lernprozesse von Sozialisations- und Lehrprozessen." (Deutscher Bildungsrat 1969, 22)

Der nur ein Jahr später veröffentlichte „Strukturplan für das Bildungswesen" berief sich ausdrücklich auf die „Resultate der modernen Begabungsforschung" sowie auf die bildungspolitische Diskussion um die Gesamtschule. Aber symptomatisch für die seit dem „Dritten Reich" existierende **Strukturplan für das Bildungswesen**

Modell Gesamtschule

Distanz zwischen Allgemeiner Pädagogik und Sonderpädagogik war die fehlende Berücksichtigung der Sonderschule im Strukturplan.

Und so waren es Vertreter der Sonderpädagogik, die anmahnten, dass in der Diskussion um eine Bildungsreform, insbesondere in der Frage einer zukünftigen Gesamtschule, die Sonderschule bislang nicht berücksichtigt worden war. Auf der Vertreterversammlung des Verbandes Deutscher Sonderschulen vom April 1969 brachte der Landesverband Bayern folgenden Antrag ein:

„Die Vollversammlung möge der Verbandsführung den Auftrag erteilen, über die Frage eine Diskussion in Gang zu bringen, inwieweit an eine Voll- oder Teilintegration der Sonderschulen in das Modell einer Gesamtschule gedacht werden kann. Die Fragestellung ergibt sich aus dem Begriff ‚Gesamtschule', die ihrerseits nur eine Teilschule wäre, wenn sich neben der ‚Durchlässigkeit nach oben' nicht auch eine ‚Auffangfähigkeit nach unten' aufweisen könnte." (Vertreterversammlung des Verbandes Deutscher Sonderschulen 1969, 555)

Relativität von Behinderung

Auch wenn es bereits zum damaligen Zeitpunkt erste Bemühungen um eine integrative Unterrichtung beispielsweise blinder Kinder gab, so konzentrierte sich die einsetzende bildungspolitische Diskussion um das Verhältnis von Sonderschule und Gesamtschule doch zunächst vorrangig auf den Personenkreis der lern- und verhaltensauffälligen Kinder. Die „Entdeckung" der Relativität von Behinderung, der großen Bedeutung sozialer Faktoren bei der Entstehung von Schulversagen und Verhaltensauffälligkeiten ließen besonders jene Schüler in den Mittelpunkt sonderpädagogischer Reformdiskussionen rücken, die als „sozio-kulturell benachteiligte" Schüler (Begemann 1970) bezeichnet wurden und für die durch die Aufnahme in eine Gesamtschule sowohl bessere Lernbedingungen als auch größere soziale Gerechtigkeit verwirklicht werden sollten.

Für diese Phase der Reformdiskussion in der Sonderpädagogik ist charakteristisch, dass sich ihre Protagonisten explizit auf ausländische – vor allem skandinavische – Vorbilder beriefen. Damit wurde erstmals in nennenswerter Weise die weitgehende Abstinenz gegenüber ausländischen Erfahrungen aufgegeben. Zugleich richteten reformorientierte Sonderpädagogen Bedenken und Forderungen an die Adresse einer zukünftigen Gesamtschule, die in der weiteren Debatte um die schulische Integration behinderter Kinder und Jugendlicher nicht immer genügend Beachtung finden sollten. So verwies Eberwein auf den Umstand, dass die mangelnde Integration von Behinderten zuallererst an den Nichtbehinderten liege und dass daher die Gesamtschule aufgerufen sei, durch veränderte Formen der Differenzierung eine drohende Isolierung der Leistungsschwächeren zu vermeiden:

„Von seiten der Behindertenpädagogik liegt die entscheidende Forderung an eine soziale Gesamtschule darin, ihre pädagogischen Möglichkeiten zu nutzen, Wege zu eröffnen für das Zugehörigseinkönnen jener Menschen, die im besonderen Maße auf die Rücksicht und mitmenschliche Hilfe anderer angewiesen sind." (Eberwein 1970, 317)

Aber nicht nur eine „soziale Gesamtschule" wurde gefordert, sondern zugleich auf die Vielfalt noch ungelöster pädagogischer Probleme verwiesen: wie dem fehlenden Unterbau durch eine Vor- und Grundschule, der zu starken Betonung äußerer Differenzierung und schließlich den unübersehbaren Nachteilen einer rein additiven Verbindung von Gesamt- und Sonderschule.

Die Debatte um Demokratisierung der Schule und gleiche Bildungschancen erschütterte Ende der 60er Jahre auch das auf Eigenständigkeit angelegte Sonderschulwesen. Während die Möglichkeit einer integrativen Beschulung von Kindern mit einer geistigen Behinderung sowie schweren Sinnes- und Körperbehinderungen zu diesem Zeitpunkt entweder verneint wurde oder nur in additiver Form vorstellbar schien, erhoffte eine zunehmende Zahl von Sonderpädagogen für die Gruppe der Lern- und Verhaltensauffälligen eine bessere Förderung im Rahmen der sich neu etablierenden Gesamtschule. Die dabei zugleich geäußerte Skepsis, ob die Gesamtschule aufgrund systemimmanenter Strukturschwächen in der Lage sein werde, unter sozialem und pädagogischem Aspekt dieser besonderen Personengruppe tatsächlich gerecht zu werden, sollte sich durch die Praxis der einsetzenden Schulversuche als durchaus berechtigt erweisen. **integrative Beschulung**

Die 1972 von der Kultusministerkonferenz veröffentlichte „Empfehlung zur Ordnung des Sonderschulwesens" kann als ein Zeugnis des Übergangs und der Widersprüchlichkeit in dieser Phase der Neuorientierung in der Sonderpädagogik angesehen werden. So stellt sie einerseits eine Fortsetzung der Empfehlung von 1960 dar, indem sie die Sonderschule als „eine eigenständige Schulform" definiert, die durch zehn verschiedene Sonderschularten repräsentiert wird: **KMK-Empfehlung 1972**

„▩ Schule für Blinde (Sonderschule)
▩ Schule für Gehörlose (Sonderschule)
▩ Schule für Geistigbehinderte (Sonderschule)
▩ Schule für Körperbehinderte (Sonderschule)
▩ Schule für Kranke (Sonderschule) und Hausunterricht
▩ Schule für Lernbehinderte (Sonderschule)
▩ Schule für Schwerhörige (Sonderschule)
▩ Schule für Sehbehinderte (Sonderschule)
▩ Schule für Sprachbehinderte (Sonderschule)
▩ Schule für Verhaltensgestörte (Sonderschule)" (KMK 1972, 14)

Auf der anderen Seite enthält die Empfehlung von 1972 Aussagen, die über das Gutachten von 1960 hinausgehen und bedeutsame Aspekte der Reformdebatte aufgreifen. So wird der präventive Charakter sonderpädagogischen Bemühens betont, indem als erstrebenswert angesehen wird, „den Anteil der Sonderschulbedürftigen durch entsprechende Maßnahmen, wie zum Beispiel durch vorschulische Erziehung, Früheinschulung oder durch Differenzierung in der Grundschule zu senken" (KMK 1972, 15). Ferner plädierten die Verfasser der Empfehlung dafür, „die Durchlässigkeit zwischen den einzelnen Sonderschultypen und zu den allgemeinen Schulen […] in besonderem Maße zu sichern" und „bei Grenzfällen zwischen Sonderschulbedürftigkeit und Normalschulfähigkeit" die betreffenden Kinder in der allgemeinen Schule „durch Differenzierung bestmöglich zu fördern" (S. 15).

Bildungsrats-empfehlung 1973

Die seit den 70er Jahren in der Behindertenpädagogik geführte Debatte um eine gemeinsame Erziehung behinderter und nicht behinderter Kinder ist ohne die Bildungsratsempfehlung von 1973 nicht vorstellbar. Diese Empfehlung, die als Nachtrag zum Strukturplan von 1970 als eine Art „Strukturplan für die pädagogische Förderung behinderter und von Behinderung bedrohter Kinder und Jugendlicher" konzipiert wurde, läutete einen Wendepunkt in der westdeutschen Sonderpädagogik ein: Sie brach mit der Tradition eines separaten Sonderschulwesens und propagierte stattdessen als neues Ziel die gemeinsame Erziehung behinderter und nicht behinderter Kinder. Ausgehend von der zum damaligen Zeitpunkt vorherrschenden Überzeugung, dass behinderten Kindern „in abgeschirmten Einrichtungen am besten geholfen werden könne", stellten die Kommissionsmitglieder demgegenüber fest:

„Die Bildungskommission folgt dieser Auffassung nicht. Sie legt in der vorliegenden Empfehlung eine neue Konzeption zur Förderung behinderter und von Behinderung bedrohter Kinder und Jugendlicher vor, die eine weitmögliche gemeinsame Unterrichtung von Behinderten und Nichtbehinderten vorsieht und selbst für behinderte Kinder, für die eine gemeinsame Unterrichtung mit Nichtbehinderten nicht sinnvoll erscheint, soziale Kontakte mit Nichtbehinderten ermöglicht. Damit stellt sie der bisher vorherrschenden schulischen Isolation Behinderter ihre schulische Integration entgegen." (Deutscher Bildungsrat 1973, 15f)

schulische Integration

Begründet wurde die neue bildungspolitische Zielsetzung mit der sozialpolitischen Annahme, dass durch die Vermeidung von Ausleseprozessen im Schulwesen eine bessere gesellschaftliche Eingliederung behinderter Menschen zu erreichen sie, womit am ehesten dem Anspruch eines demokratischen Sozialstaats entsprochen werde. Der Vorsitzende des Ausschusses „Sonderpädagogik" der Bildungskommission, der Nicht-Sonderpädagoge Jacob Muth, formulierte die neue Leitidee der schulischen Integration wie folgt:

„Vorrangig wird es darauf ankommen, daß die Behinderten von den Gesunden oder Nichtbehinderten human angenommen akzeptiert werden. Diese humane Annahme ist nur in Lernprozessen für die Nichtbehinderten erreichbar. In ihnen muß zuerst das Informationsdefizit der Nichtbehinderten überwunden werden." (Muth 1973, 264)

„Kooperatives Schulzentrum"

Die stark von der Entwicklung in Skandinavien geprägte Empfehlung stellte unter Berufung auf die im Strukturplan benannten zentralen Aspekte der horizontalen Gliederung, der Individualisierung der Lernanforderungen sowie der Bedeutung früher Lernprozesse die Bereiche der Frühförderung und der schulischen Förderung in den Mittelpunkt ihrer Erörterungen. So wurde der Elementarbereich um den Frühbereich ergänzt, um eine drohende bzw. entstehende Behinderung abzuwenden oder zu mildern. Kernstück der schulischen Förderung war das „Kooperative Schulzentrum", das idealtypisch drei unterschiedliche Organisationsformen umfassen sollte:

- den Besuch eines behinderten Kindes in der allgemeinen Schule mit möglichen zusätzlichen behinderungsspezifischen Hilfen (sog. volle Integration);
- die partielle Teilnahme eines behinderten Kindes an ausgewählten Unterrichtsfächern der allgemeinen Schule bei gleichzeitigem separaten Unterricht (sog. Teilintegration);
- den Besuch eines behinderten Kindes in Sonderklassen oder Sonderschulen, die jedoch durch gemeinsame Aktivitäten wie Feste und Freizeitunternehmungen in enger Kooperation mit der allgemeinen Schule arbeiten sollen.

Die durch die Bildungsratempfehlung erzeugte Wirkung fand ihren Niederschlag zum einen in der Initiierung von Modellversuchen zur gemeinsamen Erziehung behinderter und nicht behinderter Kinder, wobei der Fläming-Grundschule in Berlin als erstem Schulversuch (1975) eine besondere Schlüsselstellung zukam. Gleichzeitig entstand auf der theoretischen Ebene in den 70er Jahren ein zunehmend ideologischer Streit um die Frage nach der richtigen Organisationsform für die pädagogische Förderung behinderter Schüler. War in der Diskussion um das Verhältnis von Sonderschule und Gesamtschule sowie in der Bildungsratempfehlung noch von flexiblen, auf die jeweiligen individuellen Bedürfnisse des einzelnen Kindes abgestellten Organisationsformen die Rede gewesen, so wurde nun bei der Bestimmung der Leitidee von Integration eine Identität von Weg und Ziel und damit eine „Schule ohne Aussonderung" zur Forderung erhoben (Jantzen 1981; Preuss-Lausitz 1981).

Modellversuche

7.3   Sonder- und Rehabilitationspädagogik in der sowjetisch besetzten Zone und in der DDR

Als heimgekehrte Pädagogen mit dem Aufbau des weitgehend zerstörten Schulwesens in der sowjetisch besetzten Zone begannen, vereinte sie mehrheitlich der Wille, entsprechend den von den Alliierten im Potsdamer Abkommen sowie im Alliierten Kontrollrat formulierten Richtlinien an einer Demokratisierung des Bildungswesens tatkräftig mitzuwirken. Die verheerenden Folgen nationalsozialistischer Politik gerade für den Personenkreis der Behinderten waren offenbar bewusstseinsprägend für jene Sonderpädagogen der „ersten Stunde", die wie Reinhold Dahlmann und Max Staubesand in Berlin sowie Kurt Prautzsch in Halle maßgeblich am Aufbau des Sonderschulwesens in der Sowjetischen Besatzungszone und späteren DDR beteiligt waren. Rückblickend schreibt der Sonderpädagoge A. Breitsprecher im Jahre 1971:

Demokratisierung des Bildungswesens

„Als im Mai 1945 der 2. Weltkrieg mit der völligen Niederlage des deutschen Imperialismus endete, war die sonderpädagogische Arbeit so gut wie vollständig zum Erliegen gekommen. Von dem einst für bürgerliche Verhältnisse beispielhaften deutschen Sonderschulwesen waren nur noch Reste vorhanden. Faschismus und Kriegsfolgen hatten sich im Sonderschulwesen verheerend ausgewirkt. Viele Schulen waren zerstört, zweckentfremdet oder während der Nazizeit geschlossen worden. Lehrer und Schüler waren vielfach durch die Kriegseinwirkungen, Evakuierungen usw. in alle Winde zerstreut.

Die Kriegseinwirkungen setzten aber lediglich den Schlußstrich unter eine Entwicklung, die mit der ‚Machtergreifung' durch den Hitlerfaschismus einsetzte; denn von diesem Zeitpunkt an stagnierte die Entwicklung des Sonderschulwesens nicht nur, sondern es setzte eine rückläufige Bewegung ein. In der ‚völkischen Erziehungslehre' hatten humanistische Gedanken keinen Platz […]

Es war kein leichtes Erbe, das die ‚Aktivisten der ersten Stunde' im Sonderschulwesen in den Maitagen des Jahres 1945 antraten. Sie hatten nicht nur die Trümmer aus den Klassenzimmern zu beseitigen, sondern auch eine neue Sonderschule aufzubauen, eine Schule, die ihre Aufgabe darin sah, die Kinder und Jugendlichen für ein Leben in Frieden zu bilden und zu erziehen. Beide Aufgaben waren äußerst schwierig zu lösen. Es fehlte an den einfachsten Dingen, wobei die materiellen Schwierigkeiten noch leichter zu überwinden waren als manche Vorbehalte gegenüber dem Geschädigten, die sich als Folge jahrelanger faschistischer Beeinflussung bei Eltern und Lehrern herausgebildet hatten." (Breitsprecher et al. 1971, 10ff)

Aufbauarbeiten

Die ersten Aufbauarbeiten erfolgten bereits im Jahre 1945, wie Jonny Schlegel in seiner Dissertation berichtet:

„Durch den Befehl Nr. 40 vom 25. August 1945 wurde auch die Arbeit der Hilfsschullehrer wieder ermöglicht. Die wenigen dem Hilfsschulwesen verbliebenen antifaschistischen Lehrkräfte und die Neulehrer bemühten sich, ihre Arbeit zunächst am erreichten Entwicklungsstand der Jahre vor 1933 zu orientieren. Wissenschaftliche Hilfen für die Aufbauarbeit gab es in der ersten Nachkriegszeit kaum. Die Hilfsschulpädagogen richteten deshalb aus eigenem Antrieb regional gegliederte Arbeitsgemeinschaften ein, die in einen engen Erfahrungsaustausch traten und den neuen und jungen Kollegen hilfsschulpädagogische Erkenntnisse und erste Erfahrungen vermittelten." (1971, 22)

Notlage der „Sophienhöhe"

Auch die private Erziehungsanstalt von Johannes Trüper auf der „Sophienhöhe" bei Jena, die den Nationalsozialismus und die Kriegswirren überstanden hatte, hoffte auf einen Neuanfang. Hanns Eyfert, der seit 1930 die Funktion eines pädagogischen Leiters der „Sophienhöhe" innehatte, „war 1937 als einziger von 70 Beschäftigten der Trüperschen Heime in die NSDAP eingetreten, um die Einrichtung zu schützen" (Hoffmann 1999, 239). Eine ehemalige Erzieherin, Senta Sergel, erinnert sich an die Notsituation der „Sophienhöhe" in den ersten Nachkriegsjahren:

„Der Winter war noch nicht zu Ende. Es war ein eiskalter, schneereicher und langer Winter. Ich sollte die Kinder des Kernberghauses übernehmen. Es waren nur wenige Kinder übriggeblieben oder wiedergekommen. Frau Ungern-Sternberg betreute sie bisher. Aber wir konnten nicht im Kernberghaus wohnen. Alle Bewohner der „Sophienhöhe" waren in der Zentrale untergebracht. Für Zentralheizung gab es kein Heizmaterial. Für die Kanonenöfen gingen die vorhandenen Männer auf den Kernberg und schlugen dort Holz, was am nächsten Tag schon in die Öfen wanderte. Es war viel zu frisch und brannte daher erbärmlich. Wir versuchten jeder mit 3–4 Kindern im gleichen Raum Unterricht zu machen, der sich auf Malen, Basteln oder Stillarbeit beschränkte. Draußen herrschten bis in den April hinein Schnee und Eis, so daß wir wenig hinauskonnten. Dann brach eine Grippewelle über uns herein [...] Zu essen gab es auch nicht viel. Montags gab es immer Erbsensuppe, das war das Schönste. Trüpers hatten die Erbsenvorräte noch aus früheren Zeiten gerettet. So überstand ich den ersten Jena-Winter. Zwar hatte ich Eiterungen an den Fingern (Hungerödeme), die in der Klinik unten in der Stadt immer geschnitten werden mußten. Ich bekam immer Lachgas. Einmal hörte ich aus der Ferne, wie die Ärztin sagte: ‚Es sind halt schwere Zeiten.' Allmählich kamen die Kinder zurück und Neue hinzu, so daß wir im Sommer wieder umziehen konnten. Ich übernahm das Kernberghaus mit etwa 30 Jungen [...]

Mittag und Abendbrot haben wir alle in der Zentrale gegessen, das Kernberghaus in einem extra Raum, die anderen im großen Eßsaal. Es wurde immer in Schüsseln serviert, so daß wir Erzieher das Essen einteilen mußten. Die Pellkartoffeln wurden abgezählt. Die Kinder paßten sehr genau auf, ob sie in der Größe stimmten und nicht einer mehr bekam. Bei der Soße, die es in Soßengüssen gab, mußte ich sagen, wieviel Löffel jeder nehmen darf und mir von einem Tag zum anderen merken, wer den Rest bekommen hatte. Abends bekamen wir jeder Brot, Fett und Aufschnitt zugeteilt. Wir aßen manche Schnitte trocken und machten uns zum Schluß eine ‚Friedensschnitte', auf der alles auf einmal drauf war. Wir nannten sie schon damals so.

Das Frühstück mußten die Kinder aus der Küche in die Häuser holen. Es gab meistens trockenen Quark ohne Fett, vielleicht Marmelade. Wir aßen in unseren Gruppenräumen. Alle mußten es sich allein zurecht machen. Um das Holen rissen sich meine Jungen, weil sie in der Küche erfuhren, was es mittags zu essen geben würde und sie das lauthals verkünden durften." (Bettermann/Schotte 2002, 107ff)

Es waren zweifellos die historischen Erfahrungen der menschenverachtenden Behindertenpolitik des Nationalsozialismus und das damit verbundene Bestreben einer selbst legitimierenden Abgrenzung gegenüber dieser Epoche deutscher Geschichte, die bewirkten, dass die Interessen behinderter Schüler von Anfang an Eingang in die allgemeinpädagogische Debatte um den Bildungsaufbau in der Ostzone fand. So enthielt das „Gesetz zur Demokratisierung der deutschen Schule", das 1946 in allen Ländern der Ostzone in Kraft trat und nach den Grundsätzen von Einheitlichkeit, Staatlichkeit und Weltlichkeit gestaltet war, bereits einen Hinweis auf das Sonderschulwesen. Es heißt dort in § 6a im Hinblick auf Schulverwaltung und Schulaufsicht:

„Gesetz zur Demokratisierung der deutschen Schule"

„Die Leitung und Aufsicht über alle Arten von Schulen und Erziehungsanstalten (Kindergärten, Kinderheime, Sonderschulen für Blinde, Taube, Körperbehinderte, schwer Erziehbare u. a.) wird nach Richtlinien der deutschen Verwaltung für Volksbildung in der Sowjetischen Besatzungszone durch den Präsidenten des Landes ausgeübt." (Baske/Engelbert 1966, 26)

Es ist davon auszugehen, dass auch in der Lehrerschaft das unmittelbare Erlebnis der NS-Herrschaft bewusstseinsprägend für die Haltung gegenüber behinderten Kindern und Jugendlichen war. So verzeichnet der Bericht über die Konferenz der Lehrer an den öffentlichen Schulen der Stadt Berlin vom September 1946 folgenden Rednerbeitrag:

> „Schulrat Geißler weist darauf hin, daß im Zuge der allgemeinen Schulreform die Son-
> derschulen nicht vergessen werden dürfen. Sie bilden einen erheblichen Sektor des
> Schulwesens und bedürfen vor allem aus Gründen der Humanität unserer besonderen
> Fürsorge." (Winzer 1946, 48)

Pädagogischer Kongress Leipzig

Die Verhandlungen auf dem 2. Pädagogischen Kongress in Leipzig 1947 verdeutlichen die Beweggründe für die Aufnahme des Paragraphen 6 in das
Schulgesetz von 1946. Es war der Leiter der Deutschen Zentralverwaltung,
Paul Wandel, der die angemessene Berücksichtigung der Sonderschulen unter historisch-legitimatorischem Aspekt einforderte:

> „Eine erste Verbesserung gelang uns auf dem Gebiete des Sonder- und Hilfsschul-
> wesens. In der ersten Zeit erwiesen sich die Sonderschulen als stark vernachlässigt. Die
> Überwindung dieses Rückstandes war sehr schwer, da oft hundertprozentig die Lehr-
> kräfte in der NSDAP organisiert waren. Es fehlte nicht an Hinweisen, daß diese Sonder-
> schulen im Hinblick auf vordringlichere Arbeiten noch etwas zurückgestellt werden
> müßten. Obwohl es um eine kleinere Gruppe von Kindern ging, konnten wir einen
> solchen Standpunkt aus grundsätzlichen Erwägungen nicht teilen und hielten es für
> geboten, möglichst rasch eine nennenswerte Verbesserung herbeizuführen. Diese Er-
> wägungen bestehen darin, daß wir uns nachdrücklich von der nazistischen Mißach-
> tung dieser so schwer vom Schicksal Betroffenen abwenden müssen. Die Meisterung
> gerade dieser Aufgabe erschien uns insofern auch als ein Beweis für die Aufrichtigkeit
> und Realität unseres neuen Humanismus." (Wandel 1947, 16f)

Aufbau des Sonderschulwesens in SBZ

Die Versammlung nahm eine Entschließung an, in der bereits detailliert
Aufbau und Weiterentwicklung des Sonderschulwesens festgelegt wurden,
wobei der hohe Grad an Differenziertheit an die Entwicklungen der Weimarer Republik erinnert. Es heißt dort:

> „1. Um das in § 1 des Gesetzes zur Demokratisierung der deutschen Schule und im
> Erziehungsprogramm ausgesprochene Erziehungsrecht aller bildungs- und erziehungs-
> fähigen Kinder auch für mindersinnige (blinde und taube), sinnesschwache (seh-
> schwache und schwerhörige), sprachgestörte (stotternde, stammelnde u. a.), körper-
> behinderte (Krüppel), schwachsinnige und schwererziehbare Kinder zu verwirklichen
> und die Ziele und Aufgaben der deutschen Schule auch in ihnen zu erfüllen, sind Son-
> derschulen nötig. Diese müssen nach Aufbau, Verfahren, Lehrplänen und Lehrmitteln
> der Eigenart obiger Kinder Rechnung tragen, in ausreichender Zahl vorhanden sein
> und entsprechend ausgebildete Lehrer haben." (Becker et al. 1984, 58)

Die Frage, ob der Aufbau der Sonderschulen in der SBZ nach 1945 tatsächlich in gleichem Maße voranschritt wie der der anderen allgemeinbildenden
Schulen, muss offenbleiben. Es gibt zumindest Hinweise darauf, dass – wie
etwa in Leipzig – das Sonderschulwesen hinter den Interessen anderer Schulformen zurückstecken musste (Hoffmann 1986, 63ff).

Bereits 1947 wurde das Referat für Sonderschulen in der Schulabteilung
der Deutschen Verwaltung für Volksbildung eingerichtet. Ein erstes Ar-
beitsergebnis dieses Referats waren die Ende 1947 veröffentlichten Ausführungsbestimmungen zum § 6 des Gesetzes zur Demokratisierung der deut-

schen Schule, die die Arten der Sonderschulen sowie Kriterien und Zeitpunkt für das Aufnahmeverfahren in die jeweiligen Sonderschulen festlegten. In deutlicher Anspielung auf die Verhältnisse der Vergangenheit wurde darauf hingewiesen, dass Kinder nur dann in die Hilfsschule aufzunehmen seien, wenn "die Ursachen in erheblichen Defekten des Kindes selbst liegen", wodurch man glaubte sicherstellen zu können, dass die Hilfsschule ihren Charakter als Armenschule ablegen werde (Referat für Sonderschulen 1947, 18).

Nur zwei Jahre nach Kriegsende wurden Maßnahmen zur Ausbildung von Sonderpädagogen an den Universitäten von Berlin (1947/48) und Halle (1949) eingeleitet, die in Anknüpfung an Reformbestrebungen der Weimarer Republik für alle Gruppen von Sonderpädagogen als akademische Ausbildung konzipiert wurden. Damit war in der SBZ in der Tat das lang umkämpfte Ziel einer Gleichstellung der Hilfsschullehrer mit den übrigen Sonderschullehrern gesellschaftliche Praxis geworden. Becker schreibt zu Recht: „Zum ersten Mal in der deutschen Geschichte setzte damit die einheitliche akademische Ausbildung für alle Sonderschullehrer ein." (Becker et al. 1984, 62) Die erste Studienstätte für Sonderpädagogik im westlichen Teil Deutschlands war Marburg, wo im Wintersemester 1955/56 mit der Sonderschullehrerausbildung begonnen wurde (Heese 1962; Gerber et al. 1987) – nahezu zeitgleich mit Köln, wo am 14. Januar 1956 das „Heilpädagogische Institut Köln" den Studienbetrieb aufnahm (Jussen 2006).

> **Ausbildung von Sonderpädagogen**

Parallel zu der konzeptionellen Arbeit wurden große Anstrengungen für den Aufbau des Sonderschulwesens unternommen, wobei zu vermuten ist, dass der bauliche Zustand der Sonderschulen in etwa dem der übrigen Schulen entsprach, wie er beispielsweise in einer Broschüre über das Berliner Schulwesen aus dem Jahre 1949 festgehalten ist (Köhlitz 1949). Für den Bereich des Sonderschulwesens gibt Tabelle 7.2 statistische Auskünfte für das Jahr 1947. Becker kommentiert diese Tabelle wie folgt:

Tab. 7.2: Statistik zum Sonderschulwesen im Jahr 1947 (nach Becker et al. 1984)

	Schulen	Schüler	% der Normal-schüler	Lehrer
Hör- und Sprach-geschädigte	8	1435	0,06	91
Gesichtsgeschädigte	4	180	0,01	28
Schwachsinnige, Schwererziehbare	111	18422	0,75	563
	123	20037	0,82	682

„Aus der Tabelle […] geht nicht hervor, in welchem Zustand sich damals die Schulgebäude befunden haben. So waren z. B. von den 9 Gehörlosenschulen, die vor dem Krieg auf dem Gebiet der jetzigen DDR vorhanden waren, 3 zerstört, 2 schwerbeschädigt, 3 hatten leichtere Schäden und lediglich 1 Schule hatte den Krieg unbeschädigt überstanden. Zeitgenössische Berichte beklagen den Raummangel und den schlechten baulichen Zustand der meisten Gebäude.

Unter den aufgeführten Lehrern befand sich eine große Anzahl sog. Neulehrer, die ohne spezielle Ausbildung in den Sonderschulen unterrichteten und auf eine Studienmöglichkeit warteten." (Becker et al. 1984, 62)

Ausschluss „Bildungsunfähiger" und Repressalien

Ungeachtet der geschilderten positiven Momente, repräsentiert durch den raschen Aufbau von Sonderschulen, ihre Einbeziehung in das Bildungswesen sowie die Etablierung der akademischen Lehrerbildung für alle Sonderpädagogen deuteten sich bereits in den ersten Nachkriegsjahren negative Tendenzen an, die sich zum einen in dem ungebrochenen Ausschluss sogenannter „bildungsunfähiger" Kinder aus dem allgemeinen Bildungswesen und zum anderen in den zunehmenden Repressalien gegenüber den Traditionen einer „bürgerlichen" Reformpädagogik manifestierten.

Ende von „Sophienhöhe"

Die von der SED diktierte Schulpolitik bekam auch bald die „Sophienhöhe" zu spüren, die 1955 verstaatlicht wurde und schließlich 1966 endgültig ihre Tore schließen musste (Bröse 2001; Bettermann/Schotte 2002). Die Zeitzeugin Senta Sergel erwähnt in ihren Erinnerungen das bittere Ende dieser einst international berühmten Erziehungsanstalt:

„Ein trauriges Kapitel war allmählich die politische Lage. Wie ein Damoklesschwert schwebte die Schließung des Heimes über uns. Nach jeden Ferien fehlte eine Erzieherin oder ein Erzieher, sie waren im Westen geblieben. Frau Digutsch und ein Gärtnergehilfe wurden verhaftet, ich von der Stasi verhört, weil Frau Digutsch in meinem Haus gearbeitet hatte. Der Chef wurde öfter nach Berlin gerufen und wir bangten jedes Mal, ob er überhaupt wiederkäme. Der Betrieb lief unter großen Schwierigkeiten weiter.

Friedmar [der Sohn Trüpers, E.-R.] konnte uns zeitweise unsere 100 Mark Gehalt nicht auszahlen. Franz Langer fotografierte noch alles im Heim, um es für später festzuhalten. Ihm haben wir dadurch viele schöne Fotos zu verdanken. Wir waren alle davon überzeugt, daß das Heim nicht mehr lange bestehen würde.

Und einmal, 1954, kam auch ich nicht wieder." (Bettermann/Schotte 2002, 115f)

Der Ausschluss geistig Behinderter wurde gesetzlich verankert im Schulgesetz für Groß-Berlin vom 1. Juni 1948, in dem das eingeschränkte Bildungsrecht für Schwerstbehinderte in den Punkten 6 und 8 festgeschrieben wurde und das in fataler Weise an das Reichsschulpflichtgesetz von 1938 erinnerte. Die entsprechenden Passagen lauten:

Schulgesetz Groß-Berlin

„Kinder mit geistigen, körperlichen und sittlichen Ausfallerscheinungen und Schwächen, die aber noch bildungs- und erziehungsfähig sind, werden besonderen Schulen und Heimen zugewiesen (Hilfsschulen, Sonderschulen für Schwererziehbare, Blinde, Taubstumme, Krüppel usw.) […] Bildungsunfähige Kinder und Jugendliche sind von der Schulpflicht befreit." (Köhlitz 1949, 20f)

Im Unterschied zur BRD, in der das System der pädagogischen Förderung **Kontinuität in DDR** für behinderte Kinder und Jugendliche in den 70er Jahren durch eine nachhaltige Legitimationskrise erschüttert wurde, erfuhr das Sonderschulwesen der DDR seit 1949 weder in seiner ideologischen Begründung und Absicherung noch in seiner organisatorischen Ausgestaltung vergleichbare tiefgreifende Veränderungen. Die Geschichte des sonderpädagogischen Bildungswesens der DDR weist in ihrem 40-jährigen Verlauf durchaus Veränderungen und partielle Neuorientierungen auf, insgesamt jedoch repräsentiert sie eine hohe Kontinuität und Gleichförmigkeit der sie charakterisierenden Grundstrukturen (Werner 1999).

Wie bereits an der Periode der SBZ deutlich wurde, können Aufbau und **Ideologisierung** Entwicklung des Bildungswesens für behinderte Kinder und Jugendliche in **der Pädagogik** der DDR nicht isoliert von Theorie und Struktur des allgemeinen Bildungswesens betrachtet werden, das wiederum durch direkte ideologische Vorgaben von SED und Staatsorganen geprägt war. Diese enge Verbindung zwischen staatlicher Ideologie, Allgemeiner Pädagogik und einer Pädagogik der Geschädigten entsprach dem Selbstverständnis führender Repräsentanten, wie sie etwa in den folgenden Ausführungen zum Ausdruck kommt:

„Das Bildungswesen Geschädigter ist fester Bestandteil des sozialistischen Bildungswesens. Die allgemeingültigen Grundsätze sind auch für die Bildung, Erziehung und Rehabilitation Geschädigter voll gültig [...]
Geschädigte sind gleichberechtigte Mitglieder unseres Staates. Die sozialistische Gesellschaft schafft vielfältige Bedingungen, daß Geschädigte ihrem verfassungsmäßigen Recht auf Bildung sowie der Pflicht zur Bildung nachkommen können." (Becker/Greenberg 1987, 53)

Die durch das Gesetz zur Demokratisierung der deutschen Schule von 1946 festgelegte Einheitlichkeit des DDR-Bildungssystems bedeutete keineswegs einen Verzicht auf eine organisatorische Differenzierung, wie sie durch die ausdrückliche Anerkennung eines eigenständigen Sonderschulwesens zum Ausdruck kam. So hieß es in dem 1950 erlassenen Schulpflichtgesetz in § 6:

„Körperlich und geistig behinderte Schulpflichtige erfüllen die Schulpflicht in den für sie vorgeschriebenen staatlichen Schuleinrichtungen gemäß den Richtlinien, die das Ministerium für Volksbildung im Einvernehmen mit dem Ministerium für Gesundheitswesen der Deutschen Demokratischen Republik erläßt." (Gesetzblatt der Deutschen Demokratischen Republik 1950, 1203)

Die nur ein Jahr später erschienene „Verordnung über die Beschulung und **Differenzierung** Erziehung von Kindern und Jugendlichen mit wesentlichen physischen oder **Sonderschulwesen** psychischen Mängeln" sowie die „Anordnung über den organisatorischen Aufbau des Sonderschulwesens" von 1952 stellten die Weichen für die zukünftige qualitative und quantitative Ausgestaltung des Sonderschulwesens. Die Aufstellung in Tabelle 7.3 gibt einen Überblick über die verschiedenen Sonderschulen mit den jeweiligen Schulbezeichnungen.

Tab. 7.3: Sonderschulen in der DDR und ihre Bezeichnung (nach Baske/Engelbert 1966, I, 211f)

Schularten	Bezeichnung
Sonderschulen für blinde Kinder und Jugendliche	Blindenschule
Sonderschulen für gehörlose Kinder und Jugendliche	Gehörlosenschule
Sonderschulen für taubstummenblinde Kinder und Jugendliche	Taubstummenblindenschule
Sonderschulen für sehschwache Kinder und Jugendliche	Sehschwachenschule
Sonderschulen für schwerhörige Kinder und Jugendliche	Schwerhörigenschule
Sonderschulen für sprachgestörte Kinder und Jugendliche	Sprachheilschule
Sonderschuleinrichtungen für Kinder und Jugendliche in Krankenanstalten und Heilstätten	Sonderschuleinrichtung für Körperbehinderte
Sonderschulen für körperbehinderte Kinder und Jugendliche	Sonderschule für Körperbehinderte
Sonderschulen für bildungsfähige schwachsinnige Kinder und Jugendliche	Hilfsschule

Fünfjahresplan

Vor dem Hintergrund des in den ersten Jahren der DDR forcierten Aufbaus eines am sowjetischen Vorbild orientierten sozialistischen Staates entwickelten die Fachreferenten für das Sonderschulwesen im Ministerium für Volksbildung, Lothar Hammer und Klaus-Peter Becker, Perspektiven für Ausbau und Differenzierung des Sonderschulwesens. Die für den ersten Fünfjahresplan von 1951 bis 1955 erarbeiteten Vorschläge bezogen sich auf die Entwicklung von Zentralhilfsschulen in ländlichen Gebieten, auf selbständige Schulen für Schwerhörige und Sprachgestörte, auf die Ausdifferenzierung der Blindenschulen zu Blinden- und Sehschwachenschulen sowie die erstmalige Einrichtung von Schulen für Körperbehinderte. Ferner erfolgte unter Berufung auf politische Vorgaben der Vorschlag einer Verankerung von Berufsschulklassen bzw. -teilen im Sonderschulbereich. So schreibt Klaus-Peter Becker mit seinem Autorenkollektiv in der mehrfach aufgelegten „Rehabilitationspädagogik":

„Die im ersten Fünfjahrplan abgesteckten ökonomischen Aufgaben geboten, alle organisatorischen Reserven zu erschließen, die einem höheren Niveau der Berufsausbildung geschädigter Jugendlicher dienten. Aus diesen Erwägungen entsprang der Vorschlag, den Hilfsschulen in den kommenden Jahren Berufsschulteile anzugliedern und schulbildungsfähige Schwachsinnige systematisch auf eine berufliche Tätigkeit vorzubereiten." (1984, 35)

Als „eine weitere Konsequenz aus den steigenden Bildungsanforderungen und der humanen Einstellung gegenüber Geschädigten" wurde die Einführung von Vorschulklassen propagiert. Durch die 1954 erlassene „Anordnung über die Meldung von Körperbehinderungen, geistigen Störungen, Schädigungen des Sehvermögens und Schädigungen des Hörvermögens" wurden schließlich schon in den 50er Jahren die Grundlagen für pädagogische Maßnahmen im Bereich der Frühförderung gelegt. **Frühförderung**

Im Jahre 1955 gaben Käthe Winde, Klaus-Peter Becker und Lothar Hammer im Auftrag des Ministeriums für Volksbildung das Heft „Organisation des Sonderschulwesens in der Deutschen Demokratischen Republik" heraus, das als Probenummer für die ab 1956 erscheinende Zeitschrift „Die Sonderschule" konzipiert war. Neben der stolzen Bilanzierung bisheriger Erfolge im Bereich des Sonderschulwesens diente diese Schrift vor allem der verstärkten „ideologischen Offensive", wie sie während dieser und der folgenden Jahre in allen gesellschaftlichen Bereichen der DDR gegenüber nicht sozialistischen Ländern, vor allem der alten Bundesrepublik, geführt wurde. So heißt es in dieser Broschüre von 1955 im Hinblick auf das Sonderschulwesen in der Bundesrepublik: **ideologische Offensive**

„Die Entwicklung des Sonderschulwesens in der Deutschen Demokratischen Republik wird […] nur dann richtig verstanden werden können, wenn der grundlegende qualitative Unterschied erkannt wird, der zwischen dem Sonderschulwesen in einem kapitalistischen Staat und dem in einem Staate der Arbeiter und Bauern besteht. Es ist ein Unterschied, der auf der Grundlage der verschiedenen ökonomischen Strukturen der Gesellschaft, der verschiedenen Produktionsverhältnisse in diesen beiden Staatstypen gesehen werden muß. Die Autoren Weingart, Kroll und Bayertz schreiben in ihrem grundlegenden Werk ‚Rasse, Blut und Gene' von 1988: Betrachten wir […] aus dem Zusammenhang dieser gesellschaftswissenschaftlichen Darlegungen heraus das Sonderschulwesen in einem kapitalistischen Staat, so müssen wir erkennen, daß es in diesem Staat für das Sonderschulwesen keine allseitige Entwicklung geben kann. Der kapitalistische Staat besitzt als Ausbeuterstaat keine wirtschaftlich-organisatorische und keine kulturell-erzieherische Funktion.

Das Sonderschulwesen in einem kapitalistischen Staat wird, im großen und ganzen gesehen, vernachlässigt, weil die defektiven Kinder und Jugendlichen nur bedingt als billige Ausbeutungsobjekte benutzt und kaum in die Eroberungskriege der Ausbeuter entsandt werden können. Den Gipfel der Barbarei erreichte der Faschismus unter der Losung der ‚Vernichtung lebensunwerten Lebens'." (Winde et al. 1955, 5)

Einfluss der Staatsideologie

Dass sich die offizielle Staatsideologie auch in den folgenden Jahren in Veröffentlichungen der Sonderpädagogik niederschlug, kann beispielhaft an der von einem Autorenkollektiv verfassten Publikation „Welches Kind muß sonderpädagogisch betreut werden?" abgelesen werden. In der ersten und zweiten Auflage von 1971 bzw. 1973 war in dem historischen Rückblick auf den Neuaufbau nach 1945 noch „von dem einst für bürgerliche Verhältnisse beispielhaften deutschen Sonderschulwesen" die Rede und eine Verurteilung vergangener Entwicklungen beschränkte sich ausschließlich auf die Zeit des Nationalsozialismus. Dagegen ist die dritte Auflage von 1982 von dem Bemühen gekennzeichnet, die Entwicklung in der DDR auch im Bereich des Sonderschulwesens als etwas völlig Neues darzustellen und damit alle Verbindungen zu Traditionen der Vergangenheit zu negieren. Der entsprechende Passus lautet:

„Die ersten Schritte des Neuaufbaus der Bildung und Erziehung physisch-psychisch geschädigter Kinder und Jugendlicher waren unsagbar schwer. Galt es doch, nicht nur die verbliebenen Gebäude wieder für den Unterricht herzurichten, sondern auch neue Wege im sonderpädagogischen Bildungs- und Erziehungsprozeß zu beschreiten, Wege, die der Festlegung des Artikels 39 der ersten Verfassung unserer Republik entsprachen: ‚Jedem Kind muß die Möglichkeit zur allseitigen Entfaltung seiner körperlichen, geistigen und sittlichen Kräfte gegeben werden.' Diese Aufgabe war nicht zu erfüllen, wenn die Sonderpädagogen auf die Arbeitsweise der Sonderschulen in der Zeit vor 1933 zurückgriffen und das Ziel ihrer Arbeit darin sahen, ihre Schüler an die Gesellschaft ‚anzupassen' und ‚gebrauchsfähig zu machen', so daß sie ihren Lebensunterhalt nur notdürftig selbst verdienen konnten und damit dem Steuerzahler nicht zur Last fielen [...]

Diese Neuorientierung vollzog sich nicht im Selbstlauf. Sie erforderte nicht nur, daß sich jeder Lehrer umfangreiche pädagogische Kenntnisse aneignete, sondern vor allem die politische Klarheit, daß die sozialistische Schule und die bürgerliche Schule auf völlig entgegengesetzten klassenmäßigen Voraussetzungen beruhen und daß überall dort, wo das Streben nach Maximalprofiten das Denken der im Staat herrschenden Klasse bestimmt, auch die Schule und nicht zuletzt die Sonderschulen diesem Streben unterworfen sind.

In ihrer Neuorientierung hatten sich die Sonderpädagogen aber nicht nur von den Zielen und Aufgaben der bürgerlichen Sonderschule abzugrenzen, sondern sie hatten auch die Aufgabe, die durch die revolutionären gesellschaftlichen Umwälzungen 1945 gegebenen Möglichkeiten für ihre Arbeit auszuschöpfen. Hier fanden sie in der sowjetischen Pädagogik umfangreiche Unterstützung, die sie in ständig steigendem Maße in die Lage versetzte, ihre Schüler immer effektiver zu bilden und zu erziehen." (Breitsprecher et al. 1982, 8f)

sowjetische Vorbilder

Die für die Pädagogik der 50er Jahre charakteristische Anlehnung an sowjetische Vorbilder, vor allem an die Lehre Pawlows, fand ihren Niederschlag offenbar uneingeschränkt auch in der offiziellen Sonderpädagogik. Wie sehr die konsequente Anpassung an vorgegebene ideologische Direktiven erfolgte, die allerdings später revidiert wurden, ist dem Weiterbildungsprogramm für Sonderpädagogen des Jahres 1955/56 zu entnehmen, das ganz im Zentrum der Lehre Pawlows stand:

„Zeit- und Themenplan für die Weiterbildung der Sonderschulpädagogen im Schul-   **Lehre Pawlows**
jahr 1955/56
Einführung in die Lehre Pawlows

Themen:

1. Die Beziehungen zwischen Organismus und Umwelt
2. Die führende Rolle des Nervensystems im Organismus
3. Die unbedingten und bedingten Reflexe sowie die Lehre von den Analysatoren
4. Die Nervengrundprozesse; die Neurosenlehre
5. Die Aufmerksamkeit und ihre Bedeutung in der praktischen pädagogischen Arbeit
6. Die Gewohnheiten und ihre Bedeutung in der praktischen pädagogischen Arbeit
7. Das erste und das zweite Signalsystem; die ontogenetische Entwicklung des zweiten Signalsystems
8. Die Einheit der physisch-psychischen Prozesse. Die Lehre von den Typen
9. Die Verwirklichung des didaktischen Prinzips der Verbindung der Theorie mit der Praxis im Unterricht sowie des Prinzips der Faßlichkeit, der Anpassung des Lehrstoffes an die Aufnahmefähigkeit des Lernenden, das die Überwindung von Schwierigkeiten verlangt und einschließt
10. Die Erziehung der Schüler zur Liebe zur Heimat" (Winde et al. 1955, 5)

In den 50er Jahren wurden neben den gesetzlichen und organisatorischen auch die qualifikatorischen Voraussetzungen für den Ausbau und die Differenzierung des Sonderschulwesens geschaffen. Analog der Verordnung über die Neuregelung der Ausbildung der Lehrer und anderer pädagogischer Kräfte für die allgemeinbildende Schule erließ das Ministerium für Volksbildung 1958 eine „Anordnung über die Ausbildung von Lehrern, Erziehern und Kindergärtnerinnen für Sonderschulen", die dem Ziel einer qualitativen Verbesserung des Sonderschulwesens dienen sollte:

„Der Aufbau des Sozialismus in der Deutschen Demokratischen Republik erfordert,   **Anordnung von**
daß in allen Erziehungs- und Bildungseinrichtungen die Erziehungsarbeit verbessert   **1958**
und das Bildungsniveau gehoben wird. Um diese Aufgaben auf dem Gebiet des
Sonderschulwesens zu erfüllen, müssen die Lehrer und Erzieher bei Kindern und
Jugendlichen mit physisch-psychischen Schädigungen gründlicher als bisher ausgebildet werden. Es wird deshalb im Einvernehmen mit dem Staatssekretär für das Hoch-
und Fachschulwesen folgendes angeordnet:

§ 1
(1) Die Lehrer für die Sonderschulen werden vom 1. September 1958 an in einem
zweijährigen Zusatzstudium an den Instituten für Sonderschulwesen der Pädagogischen Fakultät der Humboldt-Universität zu Berlin und der Philosophischen Fakultät
der Martin-Luther-Universität Halle-Wittenberg ausgebildet.
(2) Am Institut für Sonderschulwesen in Berlin werden Lehrer für Blinde, Sehschwache, Gehörlose, Taubblinde, Schwerhörige, Sprach- und Stimmgestörte, Körperbehinderte und Schwachsinnige ausgebildet. Das Institut für Sonderschulwesen in Halle bildet nur Lehrer für Schwachsinnige aus.

§ 2
Die Zusatzausbildung der Erzieher für die Internate oder die Horte an Sonderschulen oder für die Kinderheime und Jugendwerkhöfe für Hilfsschüler sowie die zusätzliche Ausbildung der Kindergärtnerinnen für die Vorschulteile an Sonderschulen erfolgt vom 1. September 1958 an in zweijährigen Ausbildungsgängen am Institut für Sonderschulwesen der Pädagogischen Fakultät der Humboldt-Universität zu Berlin."
(Baske/Engelbert 1966, I, 395)

weitere Ausdifferenzierung

In den 60er Jahren „setzte sich der Differenzierungs- und Konzentrationsprozeß" (Becker et al. 1984, 73) des Sonderschulwesens weiter fort. Das „Gesetz über die sozialistische Entwicklung des Schulwesens in der Deutschen Demokratischen Republik" von 1959, das vor allem die zehnklassige allgemeinbildende polytechnische Oberschule, die Durchsetzung der polytechnischen Bildung sowie die stärkere Berufsvorbereitung auf das Berufsleben beinhaltete, galt gleichermaßen für das Sonderschulwesen. So führte die Einführung der zehnklassigen Oberschule auch in den Sonderschulen zu einer Steigerung der Leistungsanforderung, was sich besonders in den Hilfsschulen niederschlug, die nun – entsprechend der individuellen Leistungsfähigkeit ihrer Schüler – in A-, B- und C-Züge untergliedert wurden.

„Fünfte Durchführungsbestimmung"

Mit der „Fünften Durchführungsbestimmung zum Gesetz über das einheitliche sozialistische Bildungssystem" von 1968 erhielt das Sonderschulwesen jene Gestalt, die es – abgesehen von einigen Modifikationen – bis zum Ende der 80er Jahre beibehielt. Es stellte sich dar, so Becker,

„als ein differenziertes, aufeinander abgestimmtes System […] das nach den Kategorien der Geschädigten gegliedert ist und Vorschulteile, allgemeinbildende Schulen und Berufsschulteile bzw. -klassen als notwendige Bestandteile umfaßt" (Becker et al. 1984, 81).

Die für die Sonderschulen ebenfalls gültige Bezeichnung „Allgemeinbildende polytechnische Oberschule" galt allerdings nicht für die Hilfsschule und auch nicht für die Gehörlosenschule. Ihr Bildungsangebot war auf jeweils acht Schuljahre begrenzt worden.

Umstrukturierung der Hilfsschule

Eine Umstrukturierung des Hilfsschulwesens geschah 1972, als die bestehende Dreizügigkeit zugunsten einer Zweizügigkeit in A- und B-Kurse zurückgenommen wurde, da sich der hohe Differenzierungsgrad in der Praxis nicht durchsetzen ließ. Außerdem hatten der Ausbau der Hilfsschulen und der Anstieg der Schülerzahlen zu dem Vorwurf geführt, dass die Hilfsschule keinesfalls nur schwachsinnige Kinder aufnehme. Die Konsequenz war, dass mit der „Fünften Durchführungsbestimmung" von 1968 der Richtwert des Hilfsschüleranteils an der Gesamtschülerpopulation von etwa 3 auf 2,5 % gesenkt wurde, wodurch ab den 70er Jahren ein tatsächlicher Rückgang der Schülerzahlen erreicht wurde.

Die Hilfsschule sollte zukünftig aber nicht nur vermeiden, ein Auffangbecken für Schulversager zu sein – ein Vorwurf der nahezu gleichlautend in den 60er und 70er Jahren in der BRD gegen die Lernbehindertenschule erhoben wurde – sondern zugleich allen „schulbildungsunfähigen", also geis-

tig behinderten Kindern, die Aufnahme verwehren. So schrieb Scholz-Ehrsam in der „Pädagogischen Enzyklopädie" von 1963 unter der Rubrik
„Hilfsschule":

> „Es werden drei Schwachsinnsgrade unterschieden: Debilität (Schwachsinn leichten
> Grades), Imbezillität (Schwachsinn mittleren Grades), Idiotie (Schwachsinn schweren
> Grades). Debile und imbezile Kinder sind bildungsfähig; debile Kinder kommen in je-
> dem Fall in die Hilfsschule, imbezile Kinder nur dann, wenn sie in der Hilfsschule noch
> genügend gefördert werden können. Idioten sind schulbildungsunfähig." (S. 414)

Und noch 1972 bemerkte der Leiter der Abteilung Sonderschulwesen/Ju-
gendhilfe im Ministerium für Volksbildung, Eberhard Mannschatz:

> „Die praktische Erfahrung läßt [...] deutlich werden, daß [...] schwerschwachsinnige
> Kinder im Sinne der Imbezillität in der Hilfsschule nicht adäquat gefördert werden kön-
> nen. Die Hilfsschule stellt für diese Kinder eine unspezifische, inadäquate Entwick-
> lungsbedingung dar. Es wird deshalb notwendig sein, unter der Verantwortung des
> Gesundheitswesens schrittweise entsprechende Einrichtungen für imbezile Kinder zu
> schaffen." (S. 134)

Diese Position wurde mit der Fünften Durchführungsbestimmung zum Gesetz über das einheitliche sozialistische Bildungssystem – Sonderschulwesen –
vom 9. Februar 1984 bestätigt, in der es heißt: „Kinder, die die Hilfsschul-
fähigkeit nicht erreichen, sind als schulbildungsunfähig in Einrichtungen
des Gesundheits- und Sozialwesens zu überweisen." (Essbach et al. 1985)

Ausschluss geistig Behinderter

Die offizielle Linie des Ausschlusses geistig behinderter Kinder aus dem
Bildungswesen wurde bis zum Ende der DDR weitgehend beibehalten,
auch wenn seit den 70er Jahren geistig behinderte Kinder und Jugendliche
zunehmend in „rehabilitationspädagogischen Förderungseinrichtungen"
pädagogisch betreut wurden. Ein nicht genau zu bestimmender Prozentsatz
„imbeziler und idiotischer Kinder" erhielt allerdings überhaupt keine pädagogische Förderung und wurde in Anstalten sowie in Pflege- und Altenheimen untergebracht. Es waren vor allem die christlichen Kirchen, die sich
frühzeitig diesem Personenkreis zuwandten und Bildungseinrichtungen für
jene schufen, die der Staat ausgesondert hatte (Ellger-Rüttgardt/Wachtel
2000). Dabei ist davon auszugehen, dass der Ausschluss geistig Behinderter
von Bildungsprozessen seitens der Fachleute zumindest offiziell keine Kritik erfuhr. So liest man noch 1987 im „Handbuch der Sonderpädagogik",
Bd. 11, in dem von Klaus-Peter Becker verfassten Artikel über die DDR
Folgendes:

> „Nach der Ausprägung der physisch-psychischen Schädigung und der daraus resultie-
> renden Bildungsfähigkeit werden Intelligenzgeschädigte in Subkategorien unterteilt:
> schulbildungsfähige Intelligenzgeschädigte, schulbildungsunfähige förderungsfähige
> Intelligenzgeschädigte, schulbildungsunfähige förderungsunfähige Intelligenzgeschä-
> digte" (Becker 1987, 123)

– hinter diesem letzten Wortungetüm stand der alte Begriff „bildungsunfähig".

zwei Ministerien für Bildung

Wie schon angedeutet, erhielt das Sonderschulwesen, vergleichbar dem allgemeinen Bildungswesen, bereits Ende der 60er Jahre seine spezifische Struktur. Gewisse Modifikationen wie die Neuorganisation der Hilfsschule, die Erstellung neuer Lehrpläne, Verbesserung von Diagnostik und Aufnahmeverfahren, die Ausweitung der Funktionen der sonderpädagogischen Beratungsstellen, die Schaffung neuen Schulraums, weitere Anstrengungen zur Qualifizierung eines sonderpädagogischen Personals sowie die Einrichtung von „Ausgleichsklassen" für verhaltensgestörte Schüler kennzeichneten die Entwicklung der 70er und 80er Jahre (Freiburg 1988, 43f). Die Zuständigkeit zweier Ministerien für Bildungsmaßnahmen, nämlich die des Ministeriums für Volksbildung und des Ministeriums für Gesundheitswesen, stellte dabei einen bedeutsamen strukturellen Unterschied zum bundesrepublikanischen System dar. Zu den Einrichtungen, die in den Zuständigkeitsbereich des Ministeriums für Volksbildung fielen und unter dem Begriff „Sonderschulwesen" zusammengefasst wurden, zählten:

> „▨ Sonderschulen (sie entsprechen in der Regel der allgemeinbildenden zehnklassigen polytechnischen Oberschule), ihnen können Vorschulteile, Berufsschulteile und zum Abitur führende Klassen angeschlossen sein
> ▨ Sonderkindergärten
> ▨ Sonderberufsschulen
> ▨ Sonderschulen und -klassen in Einrichtungen des Gesundheits- und Sozialwesens
> ▨ Sonderpädagogische Beratungsstellen für Sprach-, Stimm- und Hörgeschädigte
> ▨ Sonderklassen an allgemeinbildenden polytechnischen Oberschulen, z. B. Ausgleichsklassen für Verhaltensgeschädigte, LRS-Klassen (Klassen für Kinder mit einer Lese-Rechtschreibschwäche." (Becker 1987, 127f)

differenziertes Sonderschulwesen

Ausdifferenzierung und Spezialisierung nach zugrunde gelegten Schädigungskriterien im Sonderschulwesen der DDR wurden wie folgt vorgenommen:

> „▨ allgemeinbildende polytechnische Oberschulen für Blinde (Blindenschulen)
> ▨ allgemeinbildende polytechnische Oberschulen für Sehschwache (Sehschwachenschulen)
> ▨ allgemeinbildende polytechnische Oberschulen für Schwerhörige (Schwerhörigenschulen)
> ▨ allgemeinbildende polytechnische Oberschulen für Sprachgeschädigte (Sprachheilschulen)
> ▨ LRS-Klassen an allgemeinbildenden polytechnischen Oberschulen bzw. an Sprachheilschulen (zum zeitweiligen Aufenthalt)
> ▨ allgemeinbildende polytechnische Hilfsschulen für schulbildungsfähige Intelligenzgeschädigte (Hilfsschulen)
> ▨ allgemeinbildende polytechnische Oberschulen für Körperbehinderte (Körperbehindertenschulen)
> ▨ allgemeinbildende polytechnische Oberschulen bzw. Teiloberschulen in Einrichtungen des Gesundheits- und Sozialwesens für längere Zeit stationär Behandlungsbedürftige, chronisch Erkrankte

- allgemeinbildende polytechnische Sonderschulen mit Ausgleichsklassen (Sonderschulen mit Ausgleichsklassen) für Verhaltensgeschädigte
- Ausgleichsklassen an allgemeinbildenden polytechnischen Oberschulen.

Kinder und Jugendliche mit einer Kombination von wesentlichen Schädigungen (Mehrfachgeschädigte) werden in speziellen Einrichtungen erfaßt:

„- Hilfsschulklassen an Blindenschulen
- allgemeinbildenden polytechnischen Hilfsschulen für Sehschwache
- allgemeinbildenden polytechnischen Hilfsschulen für Gehörlose
- allgemeinbildenden polytechnischen Hilfsschulen für Schwerhörige
- allgemeinbildenden polytechnischen Hilfsschulen für Körperbehinderte." (Becker 1987, 128f)

7.4   Vergleichende Perspektiven und Desiderata

Der Versuch, die Entwicklung des Sonderschulwesens in der Sowjetischen Besatzungszone und der Deutschen Demokratischen Republik aus heutiger Sicht zu bewerten, erzeugt ein Bild von Ambivalenz und Widersprüchlichkeit. Mehrdeutigkeit und Widersprüchlichkeit kennzeichnen bereits die ersten Jahre nach Kriegsende, auch wenn sich diese Zeit in positiver Weise durch das Bemühen um einen wirklichen Neuanfang und eine relative Offenheit der Diskussion auszeichnete. Die Anerkennung einer humanistischen Verpflichtung gegenüber Menschen mit Behinderungen im Bewusstsein der menschenverachtenden NS-Politik, die Verantwortlichkeit des allgemeinen Bildungswesens für den Personenkreis der Behinderten, der rasche Aufbau des Sonderschulwesens nach Beendigung des Krieges, die Überwindung einer reinen Sonderschulpädagogik sowie das frühzeitige Anknüpfen an Professionalisierungsbestrebungen der Weimarer Republik durch Einführung der akademischen Lehrerbildung für alle Sonderpädagogen – all dies sind positive Strukturelemente einer sich entwickelnden Sonderpädagogik in der SBZ, dann DDR.

Ambivalenz kennzeichnet hingegen die sich entwickelnde Organisationsstruktur des Sonderschulwesens im Rahmen eines nach dem Grundsatz der Einheitlichkeit konzipierten Bildungswesens. Es scheint, dass es auch in den frühen Jahren der SBZ keine Stimmen gab, die – anknüpfend an Traditionen der Reformpädagogik – für eine stärkere Annäherung von allgemeiner und spezieller Pädagogik plädiert hätten. Die separate Stellung des Sonderschulwesens im Rahmen der Einheitsschule entsprach zwar der Mehrheitsmeinung der Volksschullehrerschaft während der Weimarer Republik, aber es gab ja (s. Kap. 5.1) bereits in der Vorkriegszeit Vertreter, die für mehr Gemeinsamkeit von Allgemeiner Pädagogik und Sonderpädagogik eintraten. Die offenbare Nichtbeachtung jener reformpädagogischen Traditionen, die als Vorläufer der gegenwärtigen Debatte um schulische Integration bzw. Inklusion gelten können, legt den Schluss nahe, dass jene Son-

Ambivalenzen und Widersprüche

derpädagogen, die das Sonderschulwesen von SBZ und früher DDR aufbauten, in der Kontinuität der traditionellen Positionen einer auf Eigenständigkeit bedachten Sonderpädagogik der Vorkriegszeit standen.

Reinhold Dahlmann   Ganz in diesem Sinne schrieb einer der Initiatoren für den Neuanfang in der Zeitschrift „Pädagogik" von 1950:

> „Zusammenfassend läßt sich sagen: Solange die Normalschulen sich nicht auf ihre eigentlichen Aufgaben beschränken können und auch defektive Kinder unterrichten und erziehen müssen, vermögen sie nicht beste Leistungen zu erreichen. Die ihnen anvertrauten defektiven Kinder kommen zu kurz. Sie werden nicht weitgehend entwickelte Menschen. Der Aufbau eines guten Sonderschulsystems ist eine Notwendigkeit, die sich aus dem Bedürfnis der allgemeinen Schule, der defektiven Kinder und der Gesellschaft ergibt." (Dahlmann 1950, 21)

Leistungsprinzip   Die von dem Nestor der Berliner Sonderpädagogik, Reinhold Dahlmann, 1950 postulierte Interessenidentität von Gesellschaft, behindertem Kind und allgemeiner Schule bildete den Ausgangspunkt für eine Reihe von Widersprüchlichkeiten und Ambivalenzen, die sich während der weiteren Entwicklung der DDR auf dem Feld der Sonderpädagogik manifestierten und an denen ablesbar ist, dass durch die immer stärkere Ausrichtung des Bildungswesens an den Kriterien von Ökonomie und Leistung die individuellen Ansprüche und Bedürfnisse des einzelnen Behinderten in Gefahr gerieten, als von nachrangigem Interesse eingestuft zu werden. Exemplarisch lässt sich das belegen an Theorie und Praxis der Geistigbehindertenpädagogik sowie an der Funktion der beruflichen Bildung und Eingliederung.

„bildungsunfähig"   In deutlichem Widerspruch zu der postulierten Abgrenzung gegenüber utilitaristischen Positionen der Vergangenheit stand die fortgesetzte Verwendung des Terminus „bildungsunfähig", was unter inhaltlichem Aspekt zu einer zunehmenden Betonung des Leistungsgedankens führte. Damit deutete sich an, dass auch im Sonderschulbereich schon frühzeitig jener Konflikt zwischen dem Erziehungsziel einer „allseitig entwickelten sozialistischen Persönlichkeit" und den durch die Staatspädagogik formulierten gesellschaftlichen Leistungsanforderungen an die Schule zum Tragen kam, der das gesamte Bildungswesen der DDR bestimmte.

Peter Voigt   Symptomatisch hierfür ist die Rede, die der Nachfolger Dahlmanns am Institut für Sonderschulwesen, Peter Voigt, zur Eröffnung des Internationalen Symposiums über Defektologie anlässlich der 150-Jahr-Feier der Humboldt-Universität zu Berlin 1960 hielt. Er führte darin u. a. aus:

> „Der Sozialismus braucht Menschen, deren geistige und körperliche Fähigkeiten allseitig entwickelt sind, denen die Arbeit zum Lebensinhalt wird und die eine hohe Achtung vor den arbeitenden Menschen haben. Diese hohen Anforderungen müssen grundsätzlich auch an physisch und psychisch geschädigte Menschen, vor allem Kinder und Jugendliche, gestellt werden. Besondere pädagogische Einrichtungen und Maßnahmen sind erforderlich, um diese weitgesteckten Ziele im Rahmen des Möglichen zu erreichen." (Voigt 1962, 143)

An späterer Stelle seiner Rede unterstrich Voigt die primär unter gesellschaftlichem Leistungsaspekt erfolgte Funktionsbestimmung des Sonderschulwesens:

„An sonderpädagogischen Einrichtungen werden alle Kinder, Jugendliche und Erwachsene erfaßt, die auf normale Weise gar nicht oder nicht genügend gefördert werden können. Überdies ist die Aussonderung geschädigter Kinder und Jugendlicher in
Hinblick auf die vorher umrissenen erhöhten Anforderungen von wesentlicher Bedeutung für die Lehrplanerfüllung der Normalschule. Verspätete Ein- und Überweisungen
in die Sonderschule hemmen also das Erziehungs- und Bildungsgeschehen sowohl in
der Normal- als auch in der Sonderschule und schaden somit Kind und Gesellschaft."
(1962, 144f)

Wie bereits dargelegt, war die Geistigbehindertenpädagogik der DDR   **Geistigbehinderten-**
durch Widersprüchlichkeit bestimmt. So bestand für jene Kinder und Jugend-   **pädagogik der DDR**
lichen, die als „schulbildungsunfähige förderungsfähige Intelligenzgeschä-
digte" bezeichnet wurden, eine Diskrepanz zwischen dem theoretischen
Bildungsanspruch und dessen tatsächlicher Einlösung in der gesellschaftlichen Praxis. Sie dokumentiert sich zunächst in der staatlicherseits spät einsetzenden pädagogischen Versorgung dieses Personenkreises, die bis zu Beginn der 70er Jahre ausschließlich durch private und kirchliche Initiative
erfolgte. Als eindeutig negativ ist ferner einzuschätzen, dass der Bildungsbe-
griff mit Schulfähigkeit gleichgesetzt wurde, was nicht nur zu einer Verdrängung geistig behinderter Kinder aus den Hilfsschulen in sogenannte „reha-
bilitationspädagogische Förderungsstätten" führte, sondern darüber hinaus
für die Schwächsten, die sogenannten „förderungsunfähigen" Kinder, den
Ausschluss von allen Bildungsmaßnahmen zur Folge hatte. Dieser kleine
Prozentsatz von behinderten Kindern wurde in Pflege- und Altenheimen
sowie psychiatrischen Anstalten untergebracht.

Es waren die Eindrücke von teilweise unwürdigen Lebensverhältnissen
geistig behinderter Menschen in der ehemaligen DDR sowie veröffentlichte
Berichte über Missstände in einzelnen Heimen, die westdeutsche Repräsentanten der Geistigbehindertenpädagogik unmittelbar nach der Wende
zu scharfen Urteilen herausforderten:

„Das Sonderschulgesetz von 1951 [...] insbesondere der § 9, erwies sich als inhuman
und blockierte Entwicklungsmöglichkeiten geistig behinderter Menschen. Es legte
fest, daß Kinder, die in Schulen nicht erzogen bzw. gebildet werden können, in die
Pflegebereiche des Gesundheitswesens zu überweisen sind. Somit wurde Schulbil-
dungsunfähigkeit mit Bildungsunfähigkeit gleichgesetzt. Mit dieser Anknüpfung an
das Reichsschulgesetz von 1938 [...] erfolgte also in einem sozialistischen Staat die
Übernahme faschistischer Bildungsvorstellungen. Die Situation verschärfte sich, als
Anfang der 60er Jahre die Lehrinhalte an Hilfsschulen im Zuge der ‚sozialistischen Per-
sönlichkeitsentwicklung' leistungsorientiert ausgeweitet wurden und in der Folge unter administrativem Druck eine verstärkte Ausschulung von behinderten Kindern begann." (Decker/Frühauf 1992, 4f)

berufliche Eingliederung

Ein weiteres Beispiel für Ambivalenz und Widersprüchlichkeit liegt im Bereich der beruflichen Eingliederung ehemaliger DDR-Sonderschüler. Entsprechend der zentralen Bedeutung des marxistischen Arbeitsbegriffes kannte die Verfassung der DDR (§ 24) ein Recht auf Arbeit, das grundsätzlich auch für den Personenkreis der Geschädigten galt. Dabei wurde zumindest in theoretischen Entwürfen keineswegs einer reinen Anpassung des Behinderten an vorgegebene Bedingungen der Arbeitswelt das Wort geredet, sondern Arbeit für Geschädigte als Teil eines subjektiven Bildungsprozesses definiert:

> „Es geht bei der Schaffung von Bedingungen für Geschädigte, im Produktionsprozeß wirksamer werden zu können, nicht allein um die Herstellung oder Wiederherstellung der Erwerbsfähigkeit – so wichtig das auch sein mag. Es geht im Sinne des sozialistischen Humanismus um Bedingungen für die Selbstverwirklichung des Menschen, die Realisierung seiner Freiheit und seines Glücks als Mensch. Das ist mehr als nur die Erwerbsfähigkeit." (Becker et al. 1984, 32)

Eine derartige Aussage kontrastierte allerdings mit einer Reihe von Fakten gesellschaftlicher Realität in der DDR, wie z. B. einer starken beruflichen Lenkung und damit Einschränkung der Berufswahl, einer verkürzten allgemeinbildenden Ausbildung für Intelligenzgeschädigte im Bereich der Schule und damit frühzeitige Eingliederung in den Arbeitsprozess und schließlich die nur partiell gewährte berufliche Bildung für stärker intelligenzgeschädigte Jugendliche:

> „Aus den Erfordernissen des sozialistischen Produktionsprozesses objektiv resultierende hohe Anforderungen in Theorie und Praxis schließen die Ausbildung intellektuell geschädigter Jugendlicher in komplexen Facharbeiterberufen aus und engen dadurch das Berufswahlfeld für diese Personengruppe stark ein. Hilfsschüler erfahren deshalb in der seit langem bewährten Form der Ausbildung auf Teilgebieten bestimmter Facharbeiterberufe eine ihren Fähigkeiten entsprechende Berufsausbildung. Für Jugendliche mit erheblichen Persönlichkeitsauffälligkeiten steht mit der Ausbildung für einfache Arbeitstätigkeiten eine geeignete berufliche Qualifizierungsmöglichkeit zur Verfügung." (Siepmann/Neumüller 1986, 125f)

deutsch-deutsche Gemeinsamkeiten

Vergleicht man die Entwicklung der Sonderpädagogik in beiden deutschen Teilstaaten, so können die von verschiedenen Disziplinvertretern konstatierten Gemeinsamkeiten ost- und westdeutscher Sonderpädagogik (Bleidick 1991; Bröse 1991; Becker 1993; Hoffmann 1994) vor allem für die frühen Jahre geltend gemacht werden. Sowohl in der SBZ als auch in den westdeutschen Zonen erfolgte in terminologischer und organisatorischer Hinsicht ein direktes Anknüpfen an die Vorkriegszeit. Parallelen liegen ferner in dem Streben nach Akademisierung und damit Statusangleichung aller sonderpädagogischen Lehrergruppen, der Expansion und Ausdifferenzierung eines eigenständigen Sonderschulwesens und dem fortgesetzten Ausschluss geistig behinderter Kinder vom Schulbesuch, die zum damaligen Zeitpunkt sowohl im östlichen als auch westlichen Deutschland als „bildungsunfähig" bezeichnet wurden.

In der politisch-pädagogischen Begründung des Sonderschulwesens zeigen sich gleichfalls auffallende Übereinstimmungen in West- und Ostdeutschland in der Anfangszeit. Nicht anders als in der DDR beherrschte auch in der Bundesrepublik das doppelte und gleichrangige Motiv der humanitären Verpflichtung und der ökonomischen Zweckmäßigkeit die Diskussion. So bemerkte der erste Vorsitzende des Verbandes Deutscher Sonderschulen, Wilhelm Schade, 1963: „Wenn die deutsche Volksschule ihren Ruf als Leistungsschule erhalten will, muß sie sich befreien von der Belastung durch die behinderten Kinder […]" (Sander 1969, 18) Und der Bildungsökonom Friedrich Edding schrieb im selben Jahr:

„Wenn Kinder, die eigentlich heilpädagogischer Förderung bedürften, in erheblicher Zahl in Normalklassen verbleiben, so beeinträchtigt dies nicht nur ihre eigene Entwicklung, sondern auch die aller anderen mit ihnen zusammen unterrichteten Schüler. Die Tendenz geht daher in allen Bundesländern dahin, die Sonderschulen auszubauen und einen wachsenden Anteil aller Kinder in solche Schulen einzuweisen." (Sander 1969, 18)

Unterschiede offenbarten sich für die Anfangszeit in der Auseinandersetzung mit der unmittelbaren NS-Vergangenheit sowie dem Tempo und der Intensität des Aufbaus eines Bildungswesens für behinderte Kinder und Jugendliche.

Noch etwa ein Jahrzehnt nach Gründung der beiden deutschen Teilstaaten überwogen die Gemeinsamkeiten beider Systeme. Sie dokumentierten sich vor allem durch das – in der Bundesrepublik allerdings verzögert einsetzende – verstärkte Bemühen um organisatorischen Aufbau und Ausdifferenzierung. Ungeachtet der Einheitlichkeit des DDR-Bildungssystems, der Betonung von Prävention und der Möglichkeit der Rückschulung, besaß das Sonderschulwesen der DDR eine weitgehend isolierte Stellung:

„Flexibilität und Durchlässigkeit innerhalb der Sonderschulen oder gar zwischen Sonderschulen und allgemeinen Schulen blieben trotz der in der 5. Durchführungsbestimmung von 1984 formulierten Möglichkeiten für den Schulwechsel eine Seltenheit. Selbst flexible Übergänge zwischen den beiden Abteilungen in den Hilfsschulen hielten sich deutlich in Grenzen." (Angerhoefer 1994, 17)

Eine unterschiedliche Entwicklung des Sonderschulwesens von BRD und DDR deutete sich seit den späten 70er Jahren an. Während das Sonderschulsystem der DDR unter verstärkten Leistungsdruck geriet, was sich in der Ausschulung schwer schwachsinniger Kinder aus der Hilfsschule und deren Funktionsbestimmung als einer Leistungsschule niederschlug, erfolgte in der Bundesrepublik ein tiefgreifender Veränderungsprozess. Er führte auf der einen Seite zu einem Wandel des Begabungs- und Bildungsbegriffs, demzufolge auch für geistig behinderte Kinder Schulbildung erreicht wurde, und auf der anderen Seite – trotz der gegliederten Struktur des Schulwesens – im Rahmen der sogenannten Integrationsdebatte zu einer stärkeren Annäherung von allgemeiner Schule und Sonderschule.

deutsch-deutsche Unterschiede

In Widerspiegelung gesamtgesellschaftlicher Reformprozesse bewies das westdeutsche System behindertenpädagogischer Förderung eine größere Fähigkeit zur Innovation, während das DDR-Sonderschulsystem durch eine gewisse Starre und Widersprüchlichkeit, die „Diskrepanz zwischen Wunsch und Wirklichkeit" (Angerhoefer 1994, 14), gekennzeichnet blieb.

Ein gutes Jahr vor dem Zusammenbruch der DDR fand die „IV. Internationale Konferenz zur Defektologie" im Januar 1988 in Ost-Berlin statt, auf der das in den westlichen Ländern aktuelle Thema der schulischen Integration behinderter Kinder und Jugendlicher diskutiert wurde. Die offiziell vorgetragenen Positionen geben Anlass zu der Vermutung, dass das Sonderschulwesen der DDR bis zuletzt einen Mangel an Plastizität und Innovationsfähigkeit aufwies. So bescheinigte Winfried Baudisch angesichts der lebhaften schulpolitischen Debatte in den westlichen Ländern dem „‚Integrationskonzept der spätbürgerlichen Sonder- bzw. Heilpädagogik' einen klar erkennbar[en] Klassencharakter, weil es

- die dem Kapitalismus wesenseigene soziale Benachteiligung von Schwachen und Randgruppen kaschieren soll, ohne sie in ihren Wurzeln beseitigen zu können,
- in seiner reformistischen Stoßrichtung in Kauf nimmt, daß die Lebens- und Arbeitsvoraussetzungen Geschädigter weniger konsequent ausgeprägt werden,
- in seiner Transformation durch die reale Bildungspolitik der rechtsgerichteten Kräfte seinen individualpsychologisch-humanistischen Charakter einbüßt und zu einer ‚Verflachung' der pädagogischen Zuwendung zum Geschädigten führen kann."

Stattdessen pries Baudisch die Entwicklung des sozialistischen Sonderschulwesens, mit dem „ein hervorragendes Instrument zur umfassenden sozialen und beruflichen Integration physisch-psychisch Geschädigter geschaffen wurde. Seine Leistungen sind unverzichtbar […]" (1989, 5).

Desiderata

Die Frage nach Gemeinsamkeiten und Unterschieden der sonderpädagogischen Entwicklung beider deutscher Staaten wird sich nicht auf einen einfachen Ost-West-Vergleich beschränken können, sondern muss zugleich berücksichtigen, dass es innerhalb der jeweiligen Teilstaaten divergente Entwicklungen gegeben hat, wobei zu erwarten ist, dass wiederum bedeutsame Unterschiede zwischen den einzelnen sonderpädagogischen Fachdisziplinen bestanden haben. Die Annahme von Überschneidungen und Berührungen zwischen der ost- und der westdeutschen Sonderpädagogik sowie der Uneinheitlichkeit der spezifischen Entwicklung innerhalb der beiden Teilstaaten unterstreicht die Bedeutung einer historisch-vergleichenden Bildungsforschung. Die daraus abzuleitende Schlussfolgerung, dass die Geschichte von Theorie und Praxis der Sonderpädagogik der Nachkriegszeit verstärkt unter Beachtung der gesamtdeutschen Perspektive zu betrachten ist, deckt sich mit Positionen einer zeithistorischen Geschichtsschreibung, die davon aus geht, dass ungeachtet der jeweiligen Unterschiede „die beiden deutschen Staaten von einer sich wandelnden, aber durchgängig die 40 Jahre Nachkriegsgeschichte jeweils prägenden dialektischen Einheit bestimmt gewesen sind." (Kleßmann 1991, 12)[55]

Eine derartige Sichtweise revidiert bisherige Auffassungen von der „Restauration des westdeutschen Staates" und der „Geburt eines neuen Deutschland" in Ostdeutschland. Danach könnte sich auch für die Sonderpädagogik ein differenzierteres Bild ergeben, indem aufgezeigt würde, dass in der BRD bereits während der Phase der Restauration Elemente von Reformen angelegt waren und sich andererseits in der SBZ bzw. DDR der vielbeschworene Neuanfang inhaltlich sehr viel traditioneller gestaltete, als bisher propagiert und angenommen wurde.

Der deutsche Einigungsvertrag von 1990 markierte das Ende der Nachkriegszeit auch in der Sonderpädagogik. Wie in anderen gesellschaftlichen Bereichen, wurde das System sonderpädagogischer Hilfen in den neuen Bundesländern weitgehend nach dem Muster der alten Bundesrepublik neu gestaltet. Die Debatte um mehr gemeinsame Erziehung von behinderten und nicht behinderten Schülern wird zunehmend auch im östlichen Teil Deutschlands geführt, und als gegenwärtiger Schlusspunkt einer über mehrere Jahrzehnte währenden bildungspolitischen Diskussion kann die KMK-Empfehlung von 1994 gelten, die in ihrem Vorwort ausdrücklich die unterschiedlichen Traditionen West- und Ostdeutschlands benennt, um daran anschließend ihre Empfehlungen für die Zukunft zu formulieren, deren Kerngehalt eine personen-, nicht mehr institutionsbezogene Sichtweise von Behinderung ist. Die KMK-Empfehlung von 1994 könnte der neue „Fluchtpunkt" für die Geschichtsschreibung der Sonderpädagogik aus nunmehr gesamtdeutscher Sicht sein. Dies genauer zu untersuchen, wird Aufgabe der noch ausstehenden Forschungen einer zeitgeschichtlichen Historiografie auf dem Felde der Sonderpädagogik sein.

Ende der Nachkriegszeit

KMK-Empfehlung 1994

8   Ausblick: Erfolge, Niederlagen, Gefährdungen

> „Nichts kommt von selbst.
> Und nur wenig ist von Dauer – besinnt Euch auf Eure
> Kraft, und darauf, daß jede Zeit eigene Antworten will
> und man auf ihrer Höhe zu sein hat, wenn Gutes be-
> wirkt werden soll."
> (Willy Brandt, Kanzler der Bundesrepublik Deutschland
> 1969–1974; 1992, zit. nach Merseburger 2004)

Kehren wir an den Anfang unserer historischen Betrachtung zurück und erinnern wir uns der leitenden Fragestellungen:

- Warum werden behinderte → Die Frage nach den Ideen.
  Kinder und Jugendliche
  gebildet und erzogen?
- Wer ist gemeint? → Die Frage nach dem Personenkreis.
- Wie sollen Bildung und → Die Frage nach den Methoden.
  Erziehung geschehen?
- Wo soll es geschehen? → Die Frage nach den Institutionen.
- Wer soll das leisten? → Die Frage nach der Profession.
- Wie artikulieren sich die → Die Frage nach der Selbstvertretung be-
  Subjekte? hinderter Menschen.

Um die Mitte des 19. Jahrhunderts, so stellten wir fest (s. Kap. 3.6), war ein
erster Höhepunkt einer positiven Entwicklung erreicht. Das sich anschließende Jahrhundert war hingegen, so unser Fazit, eine Periode, die von Stag-
nation, Rückschritt und Niedergang gekennzeichnet war und die erst in den
späten 50er Jahren des 20. Jahrhunderts ihr Ende fand, als neue Pfade einer
demokratischen Bildungs- und Sozialpolitik für Behinderte beschritten
wurden (Proklamierung der Leitidee „Normalisierung" in Skandinavien; in
der BRD Gründung der Bundesvereinigung „Lebenshilfe" 1958; KMK-
Empfehlung von 1960; Bundessozialhilfegesetz von 1961).

Idee der Bildsamkeit   Die Frage, *warum* und *wer* gebildet werden sollte, also die Frage nach der
Idee und dem Personenkreis, war um die Mitte des 19. Jahrhunderts im
Grundsatz beantwortet worden, denn die Entdeckung der Bildsamkeit Behinderter bedeutete eine Erweiterung des Bildungsbegriffes. Aber es war
vor allem eine theoretische Antwort, denn die durch Aufklärung und Neuhumanismus angestoßenen Ideen waren in der pädagogischen Praxis vor-
erst nur in Ansätzen realisiert worden. So gab es erste Bildungsanstren-

gungen für gehörlose, blinde, verkrüppelte, verwaiste und verwahrloste Kinder und vereinzelt auch für geistig behinderte Kinder, aber die ungebrochene Verwendung des Begriffes „bildungsunfähig" zeigt, dass es für das Bewusstsein und das Handeln der meisten Zeitgenossen so etwas wie eine „Bildungsgrenze" gab. Dieser Gedanke einer „Bildungsgrenze" blieb virulent und verstärkte sich sogar in der Folgezeit. Der Aufstieg von Naturwissenschaften und Medizin, die Ideen von Eugenik und Rassenhygiene in der zweiten Hälfte des 19. Jahrhunderts hatten ihre Wirkung auf ein „biologisches Denken" von Pädagogen und Heilpädagogen, das nun nicht mehr von der aufklärerischen Gleichheitsidee, sondern dem der anthropologischen Differenz immer mehr bestimmt wurde. Und dieses Denken in der Differenz war geneigt, behinderten Menschen allzu leicht den Status von „minderwertigen" und „überflüssigen" Gesellschaftsmitgliedern zuzuschreiben.

Während sich die Heilpädagogik in ihrer Anfangszeit bewusst als pädagogische Disziplin definiert hatte, und hier sei das Werk von Georgens und Deinhardt in Erinnerung gerufen, geriet sie zunehmend unter die Dominanz der Medizin. Die „Pädagogische Pathologie" eines Ludwig Strümpell, die als Grundbegriffe Gesundheit und Krankheit verwendete, ist repräsentativ für die Übernahme einer medizinischen Terminologie in der Pädagogik. Damit waren Pädagogik und Heilpädagogik auf dem Wege, in der Debatte um Bildung und Erziehung Behinderter die zentrale pädagogische Kategorie der Bildsamkeit aufzugeben.

Die Zeit der Weimarer Republik hätte die Epoche sein können, in der sich **Weimarer Republik** die Heilpädagogik als pädagogische Disziplin neu positioniert, denn vielfältig und lebendig waren die Beziehungen zwischen Heil- und Reformpädagogik, und auch in der Theoriebildung gab es hoffnungsvolle Neuanfänge. So stand an verschiedenen Universitäten die Einführung eines akademischen Studiums für Sonderpädagogen kurz vor dem Abschluss (Kanter/Schmetz 1998; Heese/Solarová 2001), und in dieser Zeit erschienen grundlegende Werke zur Heil- und Sonderpädagogik von Heinrich Hanselmann (1930), Linus Bopp (1930), Fritz Rössel (1931) und Karl Heinrichs (1931) (Bleidick 1978; Mürner 1985; Heese et al. 1990; Hoyningen-Süess 1992; Speck 1996; Haeberlin 1996; Moser 1998; Lindmeier 2001). Und schließlich war dieser Zeitraum in der gesamten Pädagogik durch die Internationalität des Diskurses geprägt, was genau den Traditionen der Heilpädagogik in der Gehörlosen-, Blinden- und Geistigbehindertenpädagogik entsprach.

Aber – all dies war nur ein kurzer, hoffnungsvoller Aufbruch, der gerade einmal maximal 14 Jahre währte. Der radikale Bruch mit den aufklärerischen, humanistischen und demokratischen Traditionen der Pädagogik durch den Machtantritt der Nazis wirkte, auch das haben wir gesehen, bis weit in die Nachkriegszeit hinein. Viele Traditionsbestände sind noch immer unentdeckt, und der von August Winkler benannte neue „Fluchtpunkt" historischer Betrachtung, die deutsche Vereinigung von 1990, ist auch eine Herausforderung an die Sonderpädagogik, sich ihrer gesamtdeutschen Geschichte bis in die Zeit vor 1933 bewusst zu werden (s. Dudek 1995).

„Drittes Reich"

Die Bildungspolitik des „Dritten Reichs", die die gegliederte und selektive Struktur des bestehenden Schulwesens noch verstärkte, beeinflusste auch das Verhältnis von Allgemeiner Pädagogik und Sonderpädagogik. Hatte es bis zum Ende der Weimarer Republik, ungeachtet der ausgeprägten separatistischen Tendenzen der Hilfsschullehrer, enge Verbindungen zwischen der pädagogischen Spezialdisziplin Heilpädagogik und ihrer Mutterdisziplin gegeben, so wurde dieser Traditionsstrang 1933 abrupt durchtrennt, und die Auswirkungen spüren wir bis in die unmittelbare Gegenwart. Die zwangsweise Überführung aller Gruppen von Heilpädagogen in eine Fachgruppe „Sonderschulen" im Nationalsozialistischen Lehrerbund bescherte den Hilfsschullehrern ohne Zweifel die lang erkämpfte Anerkennung als Sonderpädagogen, sie schwächte aber die Verbindungen zur Allgemeinen Pädagogik. Damit ging das Bewusstsein weitgehend verloren, dass Heilpädagogik nur die Kehrseite ein und derselben Medaille ist. Mit dem Segen der offiziellen Politik versehen, erlag die nationalsozialistische Sonderpädagogik der Versuchung, das Spannungsverhältnis von Bildung und Utilität zugunsten des Letzteren zu interpretieren.

Sonderpädagogik im Nationalsozialismus wurde zum Anwendungsfeld einer rassischen Erziehungspolitik, an deren Exklusionsprozessen sie sich aktiv beteiligte. Der Rückfall in Unvernunft und Barbarei, die Preisgabe pädagogischer und ethischer Prinzipien erzeugte traumatische Reaktionen, deren Wirkung bis weit in die Nachkriegszeit spürbar waren.

Nachkriegszeit

Bei der Rückkehr in die Zivilisation erhielt auch die deutsche Sonderpädagogik Hilfe von außen. Es war der Holländer Tom Mutters, der sich nach Kriegsende versprengter und heimatloser „displaced persons" mit einer Behinderung annahm und der der entscheidende Motor für die Gründung der Elterinitiative „Bundesvereinigung Lebenshilfe für das geistig behinderte Kind" (1958) wurde. Damit gab er zugleich den Anstoß für die (Neu-)Konstituierung einer Geistigbehindertenpädagogik in Deutschland. Die schulrechtliche Anerkennung des Bildungsrechts für alle behinderten Schüler, auch für geistig behinderte, erfolgte in den 60er Jahren des 20. Jahrhunderts in allen Bundesländern der alten Bundesrepublik. Als erstes Land führte Hessen 1961 „Sonderschulklassen für praktisch Bildbare" ein – genau ein Jahrhundert nach dem Erscheinen der „Heilpädagogik" von Georgens und Deinhardt und ihrem Erziehungsversuch in der „Levana" bei Wien.

Die Frage, *wie* Bildung und Erziehung für Behinderte geschehen kann, also die Frage nach der Methode, war ebenfalls im ersten Jahrhundert im Grundsatz geklärt und in der Praxis erprobt. Die nicht enden wollende Auseinandersetzung um die „richtige" Methode der Gehörlosenbildung ließ in der Anfangszeit Raum für pragmatische und „gemischte" Lösungen, wobei die Betroffenen durchaus eine selbstbewusste Rolle einnahmen. Spätestens seit den Mailänder Beschlüssen von 1880 wendete sich allerdings das Blatt, und ab nun diktierten die Fachleute die Wahl der „richtigen" Methode. Damit berühren wir die Frage, *wer* die Aufgabe von Bildung und Erziehung Behinderter leisten sollte, also die Frage nach dem Verhältnis der professionellen zu den betroffenen behinderten Menschen.

Der gegenwärtige Kenntnisstand berechtigt zu der – aus heutiger Sicht überraschenden – Erkenntnis, dass es in der ersten Hälfte des 19. Jahrhunderts keine ausgeprägte Hierarchie zwischen den nicht behinderten Professionellen und den Menschen mit einer Behinderung gab. Behinderte Menschen waren den Fachleuten sogar häufig überlegen bei der Entwicklung einer adäquaten Didaktik und Methodik. Blinde und gehörlose Schüler avancierten zu Lehrern, und sie waren unverzichtbar für die erzielten Unterrichtserfolge. Der voranschreitende Professionalisierungsprozess der Fachleute mit einer eigenen Interessenlage und die spezifischen gesellschaftlichen Bedingungen des Wilhelminischen Kaiserreichs veränderten das ehemals egalitäre Verhältnis hingegen grundlegend. Die Antwort der Betroffenen war die Gründung von Selbsthilfevereinigungen, die neben dem Bedürfnis nach Geselligkeit vor allem die Interessen der behinderten Menschen zu vertreten suchten.

Profession und Selbsthilfe

Die letzte, uns bis heute beschäftigende Frage ist die, *wo* Bildung für behinderte Schüler geschehen soll, also die Frage nach der Institution. Das Scheitern der „Verallgemeinerungsidee" hatte die Frage zunächst in eindeutiger Weise beantwortet, denn unter den Bedingungen der Elementarerziehung des frühen 19. Jahrhunderts hatte es sich als unmöglich erwiesen, Blinde und Gehörlose in den überfüllten Klassen mit schlecht ausgebildetem Personal zu unterrichten. Zum damaligen Zeitpunkt erschienen allein selbständige Sonderschulen als die optimale, zukunftsorientierte Lösung, und interessanterweise war es Dänemark, das als Vorbild für diese Entwicklung gepriesen wurde.

Zur Frage der Institutionalisierung gehört auch die nach dem Verhältnis von privatem zu staatlich-öffentlichem Rechtsstatus. Die große Mehrheit der Neugründungen beruhte auf privaten Initiativen, deren Initiatoren bestrebt waren, möglichst rasch eine Überführung in eine öffentliche Rechtsform zu erreichen. Als schließlich in der preußischen Reformära die Institute für Sinnesbehinderte zur Sektion für den öffentlichen Unterricht kamen, war der entscheidende Schritt zur Anerkennung der Bildung Behinderter als einer öffentlichen Aufgabe getan. Aber, wir erwähnten es bereits, es war noch ein langer Weg, bis schließlich in der zweiten Hälfte des 20. Jahrhunderts in Deutschland das Recht auf Bildung für alle behinderten Kinder gesetzlich verankert wurde.

Wir sind am Ende unseres Streifzuges durch die Geschichte der Sonderpädagogik angekommen. Es war der Versuch, aus pädagogischer Sicht auf den Umgang mit Behinderung während eines Zeitraumes von mehr als 200 Jahren zu blicken. Notwendigerweise ausgeblendet blieben all jene Sichtweisen, wie sie von den anderen Human- und Sozialwissenschaften auf die Phänomene von Normalität und Pathologie, Gesundheit und Krankheit, Normierung, Normalisierung und Abweichung gerichtet werden. Aber auch für die Pädagogik gilt: „Das Ineins des deskriptiven und normativen Elements des ‚Normalen' ist ein durch die Geschichte bleibendes Charakteristikum dieses Begriffs." (Ritter 1984, 920)

Universalität und Partikularität

Der universellen Gültigkeit von Bildsamkeit ist nur durch Prozesse der Partikularisierung zu genügen – das ist das Paradoxon, das alle Anstrengungen sonderpädagogischer Theorie und Praxis von den Anfängen bis in die Gegenwart prägt. Dieses Paradoxon gilt es auszuhalten und zu akzeptieren und sich stets der Gefährdungen bewusst zu sein, die in dem Spannungsverhältnis von Universalität und Partikularität, von Allgemeinem und Besonderem, von Gleichheit und Differenz sowie von Inklusion und Exklusion liegen – sei es durch die Entwicklung besonderer Methoden, die Ausbildung von Fachleuten, die Schaffung institutioneller Differenzierungen sowie den Versuchen der theoretischen Begründung einer speziellen Pädagogik.

Inklusion und Exklusion

Es war ein langer und mühsamer Weg, bis schließlich das errungen wurde, was uns heute fast selbstverständlich erscheint: Die Anerkennung der Bildungsfähigkeit eines jeden behinderten Menschen. Dabei hat es Gefährdungen des Rechts auf Bildung und Leben Behinderter zu allen Zeiten gegeben, nicht nur in Zeiten des Faschismus. Auch wenn Geschichte keine direkten Handlungsanweisungen für die Probleme der Gegenwart bereithält, so kann sie doch helfen, „für die Praxis heute und morgen eine schärfere Erkenntnis der Handlungsbedingungen" zu eröffnen, so der Historiker Reinhart Koselleck (1971, 1).

Für die Handlungsbedingungen der gegenwärtigen und zukünftigen Sonderpädagogik sollte, so meine ich, die Erkenntnis Bedeutung haben, dass Sonderpädagogik ein gesellschaftliches Arbeitsfeld darstellt, das eminent politisch ist, denn die Position behinderter Menschen, auch im Bildungsbereich, wird entscheidend bestimmt von den jeweiligen gesellschaftspolitischen Verhältnissen. Daraus folgt, dass alle Reformvorschläge der Gegenwart im Hinblick auf Integration und Inklusion stets die jeweiligen politischen Implikationen mit zu bedenken haben, wenn sie nicht einem etwas blauäugigen „Verlust des Politischen" (Ellger-Rütgardt 1998e) erliegen wollen. Angesichts der historischen Erfahrungen und der gegenwärtigen Debatten ist sehr eindringlich daran zu erinnern, dass die Frage nach der „richtigen Institution" und der Ruf nach Reformen „heute mehr denn je nur denk- und machbar innerhalb einer Reform des gesamten Bildungs- und Erziehungswesens" zu beantworten ist (Kanter 1991, 103).

Das aktuelle bundesrepublikanische Bildungswesen schlägt nach den Ergebnissen der PISA-Studien nun, so hat es den Anschein, gerade nicht den Weg der seit Beginn des 19. Jahrhunderts stecken gebliebenen pädagogischen Reformen im Sinne von mehr Egalität ein, sondern ist gerade dabei, die soziale Auslese durch proklamierte Eliteförderung zu steigern. Diese Entwicklung lässt wenig Gutes hoffen für die Gemeinsamkeit von behinderten und nicht behinderten Schülern, im Gegenteil. Angesichts zunehmender Exklusionsprozesse auch im Bildungswesen erscheint es gefährlich, wenn nicht fahrlässig, die bestehenden institutionellen Strukturen sonderpädagogischer Bildungsangebote zugunsten einer immer weniger qualitativ abgesicherten schulischen Integration vorschnell aufzugeben. Wie die Geschichte zeigt, kann mühsam Erreichtes schnell verspielt werden, insofern beinhaltet historisches Bewusstsein immer auch ein konservatives, nämlich bewahrendes Moment. Schließlich ist die von der UNESCO propagierte Zielsetzung einer „Schule für alle", basierend auf der Salamanca-Erklärung von 1994, für die deutsche Debatte nur bedingt tauglich, denn im Weltmaßstab der UNESCO geht es vorrangig um die Sicherung von Bildungschancen für behinderte Kinder und Jugendliche überhaupt, weniger jedoch um Fragen adäquater Organisationsstrukturen in entwickelten Ländern (Biewer 2000). Und schließlich bleibt die kritische Anfrage an die Mutterdisziplin Pädagogik, ob und inwieweit sie Phänomene wie Behinderung und Scheitern als konstitutiv für ihre Theoriebildung anerkannt hat (Ellger-Rüttgardt 2004b). Der Schweizer Heilpädagoge Kobi bemerkt hierzu: „Dass Heilpädagogik Pädagogik sei, und nichts anderes […] blieb weitum mehr echoloser Wunsch als Fakt." (1996, 266)

Wenn Otto Speck (1999; 2003) für die gegenwärtige Situation der Heil- und Sonderpädagogik eine Umbruchsituation konstatiert, die auf innere und äußere Herausforderungen zurückgeht, dann möchte ich ergänzen, dass die Heilpädagogik selbst seit ihren Anfängen, spätestens jedoch seit Mitte des 19. Jahrhunderts, von inneren Widersprüchen gekennzeichnet war, deren Nachwirkungen wir bis in die Gegenwart spüren, ablesbar an dem ambivalenten Verhältnis zwischen Utilität und Bildung. Die Geschichte erzählt von Glanzlichtern und Erfolgen, aber auch von tiefen Niederlagen der Sonderpädagogik; wir sollten uns daher ihrer steten Gefährdung bewusst sein. Diese Gefährdung dürfte uns in Deutschland wohl für immer im Gedächtnis bleiben durch die Erfahrungen mit dem Nationalsozialismus, dessen Kern ein Angriff auf die Traditionen jüdisch-christlicher Ethik und Moral war. Hierzu ein letztes Zeugnis. **Widersprüche**

Mit deutlicher Anspielung auf die Nazi-Diktatur und die Person Hitlers schrieb Thomas Mann im amerikanischen Exil 1943 die Erzählung „Das Gesetz". Am Beispiel des Volkes Israel und seines Abfalls vom Gesetz Gottes thematisiert Mann den „Angriff Hitlers auf die Zehn Gebote" (Rauschning 1988). Dort lesen wir: **Thomas Mann**

„Und alles Volk kam vor Mose, daß er ihm das Mitgebrachte überhändige, die Botschaft Jahwe's vom Berge, die Tafeln mit den zehn Worten […] **„Das Gesetz"**

In eurer Sprache hat er's geschrieben, aber in Sigeln, mit denen man notfalls alle Sprachen der Völker schreiben kann; denn Er ist der Herr allenthalben, darum ist sein das ABC, und seine Rede, möge sie auch an dich gerichtet sein, Israel, ist ganz unwillkürlich eine Rede für alle.

In den Stein des Berges metzte ich das ABC des Menschenbenehmens, aber auch in dein Fleisch und Blut soll es gemetzt sein, Israel, so daß jeder, der ein Wort bricht von den zehn Geboten, heimlich erschrecken soll vor sich selbst und vor Gott, und soll ihm kalt werden ums Herz, weil er aus Gottes Schranken trat. Ich weiß wohl, und Gott weiß es im voraus, daß seine Gebote nicht gehalten werden; und wird verstoßen werden gegen die Worte immer und überall. Doch eiskalt ums Herz soll es wenigstens jedem werden, der eines bricht, weil sie doch auch in sein Fleisch und Blut geschrieben sind und er wohl weiß, die Worte gelten.

Aber Fluch dem Menschen, der da aufsteht und spricht: ,Sie gelten nicht mehr'. Fluch ihm, der euch lehrt: ,Auf, und seid ihrer ledig! Lügt, mordet und raubt, hurt, schändet und liefert Vater und Mutter ans Messer, denn so steht's dem Menschen an,

und sollt meinen Namen preisen, weil ich euch Freiheit verkündete.' Der ein Kalb auf-
richtet und spricht: ,Das ist euer Gott. Zu seinen Ehren tuet dies alles und dreht euch
ums Machwerk im Luderreigen!' Er wird sehr stark sein, auf goldenem Stuhl wird er
sitzen und für den Weisesten gelten, weil er weiß: Das Trachten des Menschenherzens
ist böse von Jugend auf. Das aber wird auch alles sein, was er weiß, und wer nur das
weiß, der ist so dumm wie die Nacht, und wäre ihm besser, er wäre nie geboren. Weiß
er doch von dem Bunde nichts zwischen Gott und Menschen, den keiner brechen
kann, weder Mensch noch Gott, denn er ist unverbrüchlich. Blut wird in Strömen fließen um seiner schwarzen Dummheit willen, Blut, daß die Röte weicht aus den Wan-
gen der Menschheit, aber sie kann nicht anders, gefällt muß der Schurke sein." (Mann
1988, 74f)

**ethische Heraus-
forderungen**

Die westdeutsche Sonderpädagogik konnte seit den 50er Jahren ein gesellschaftlich und wissenschaftlich anerkanntes Profil entwickeln, und sie unternahm große Anstrengungen, den Anschluss an die Diskussionen des Auslandes wiederzufinden. Diese lange Periode einer erfolgreichen Entwicklung
war zwar seit den 70er Jahren begleitet von viel Streit um die Frage der Institutionen und des Wissenschaftsverständnisses, aber unberührt davon gab es
einen nicht weiter hinterfragten Konsens hinsichtlich des uneingeschränk-
ten Bildungs- und Lebensrechts behinderter Menschen. Mit dem Erscheinen des Buches „Praktische Ethik" von Peter Singer im Jahre 1984, in dem
der Autor schwerstbehinderten Menschen das Lebensrecht abspricht,
musste die Heil- und Sonderpädagogik plötzlich erneut die Erfahrung machen, dass ihre Grundannahmen keineswegs zeitlos gültig sind, sondern jederzeit in Frage gestellt werden können, je nachdem, wie der Zeitgeist weht
und ob die ökonomischen Verhältnisse garstig werden.

Die neu entfachte ethische Debatte belegt, dass, ungeachtet aller Eman-
zipationsbestrebungen behinderter Menschen, ihrem Eintreten für Selbstbestimmung und gesellschaftliche Teilhabe, es anzuerkennen gilt, dass
menschliches Leben grundsätzlich und damit auch ein Leben im Kontext
von Behinderung immer auch durch Schwäche, Leid, Vulnerabilität (Gardou 2006) und Abhängigkeit (Macintyre 2001) bestimmt wird und dass eine
gerechte Politik und verantwortliche Advokaten vonnöten sind, damit auch
die Schwächeren ein Leben in Anerkennung und Würde (Honneth 1990)
führen können.

Die zahlreichen Veröffentlichungen zu ethischen Fragen von Vertretern
der Sonderpädagogik aus jüngster Zeit (z.B. Blickensdorfer et al. 1988;
Radtke 1990; Haeberlin 1996; Speck 1996; Jantzen 1993; 1998; Antor/Blei-
dick 1995; 2000; Dederich 2000; 2003) belegen eindrucksvoll, dass sich die
Heil- und Sonderpädagogik ihrer Geschichte und ihrer gesellschaftlichen
Verantwortung für die Gegenwart bewusst ist. Und damit wäre auch erwiesen, dass man sehr wohl aus der Geschichte lernen kann.

„Zur Lehrmeisterin taugt die Geschichte nur als kritische Instanz. Sie sagt uns im besten Fall, wie wir es nicht machen sollen. Es sind Erfahrungen negativer Art, aus denen
wir lernen." (Habermas 1995)

Anhang

Anmerkungen

1 Der Jansenismus war eine innerkatholische Oppositionsbewegung in Frankreich und den Niederlanden während des 17. und 18. Jahrhunderts.

2 Archives INJS: Institution nationale des sourds-muets de naissance. Ecole et pension de Paris.

3 Deutsche Übersetzung: „für die Handarbeit verloren war".

4 Das Pariser Hospiz für Blinde gilt als das älteste Institut der Blindenfürsorge auf europäischem Boden. Es wurde 1254 von König Ludwig dem Heiligen für erblindete Kreuzritter ins Leben gerufen (Weygand 1994).

5 Bibl. AVH: côte ES BR/3 37: Programme des Exercices que soutiendront les enfants aveugles, le jeudi 25 mars 1790 à midi précis, en la salle d'assemblée de la commune à l'Hôtel-de-Ville de Paris.
François-Joseph Gossec (1734–1829), französischer Komponist, verfasste u. a. revolutionäre Lieder.

6 Archives INJA in Caisse „Conseil d'Administration, Procès Verbaux 1821–1840".

7 ÖStA/AVA: Studienhofkommission. Karton-Nr. 105, Signatur 21 „Allerunterthänigster Bericht v. Johann Friedrich Stork des erzbischoflichen Kur Priesters ‚über die von Ihm im Monathe November 1779 unterwiesenen Taubstummen'".

8 ÖStA/AVA: Studienhofkommission. Karton-Nr. 842, Signatur 21 A "Niederösterreich Wien Taubstummeninstitute."

9 ÖStA/AVA: Studienhofkommission. Karton-Nr. 842, Signatur 21 „Taubstummenunterricht" Darin: Schreiben des Direktors Joseph May vom 1. Juni 1793 an die k. k. Landesregierung.

10 BLHA: Pr. Br. Rep. 34, Nr. 1304, 54ff.

11 BLHA: Pr. Br. Rep. 34, Nr. 1304, 54ff.

12 Reglement des Königlichen Taubstummeninstituts aus dem Jahre 1813, abgedruckt in: Amtsblatt der Königlichen Kurmärkischen Regierung. Potsdam 1814, Nr. 3, S. 22.

13 GStA (PK): Rep. 96 A Nr. 110 Hh, Bl. 7ff.

14 Vermischte Nachrichten. In: Intelligenzblatt der Allgemeinen Literatur-Zeitung. Halle/Leipzig, Nr. 106 (6. 8. 1806), Sp. 843f.

15 BLHA: Pr. Br. Rep. 34. Provinzialschulkollegium Nr. 1331, Bl. 1.

16 GStA (PK): Rep. 76 alt Abt. XI Nr. 12, Bl. 25.

17 Domstiftsarchiv Brandenburg, Sig. BABEA 122/373 „Taubstummenkinder" (Zeitraum 1832–1871, unpaginiert).

18 Domstiftsarchiv Brandenburg, Sig. BABEA 122/373 „Taubstummenkinder" (Zeitraum 1832–1871, unpaginiert).

19 BLHA Potsdam Pr. Br. Rep. 1, Nr. 231 „Acta betreffend der Einrichtung der Taubstummen-Anstalten" (Zeitraum 1834–1849, unpaginiert).

20 Schulblatt für die Provinz Brandenburg (1836) 3. Heft, 463.

21 BLHA Potsdam Pr. Br. Rep. 1, Nr. 231. „Acta betreffend der Einrichtung der Taubstummen Anstalten" (Zeitraum: Juni 1834–1849, unpaginiert).

22 Königl. Regierung, Abt. für die Kirchenverwaltung und das Schulwesen, Circularverfügung an alle Superintendenten und Schulinspektoren, Frankfurt/O., den 27. Januar 1838. In: BLHA: Pr. Br. Rep. 32 A Kreisschulinspektion Lübben.

23 Königl. Regierung, Abt. für die Kirchenverwaltung und das Schulwesen, Circularverfügung an alle Superintendenten und Schulinspektoren. Frankfurt/O., den 20. Juli 1839. In: BLHA Pr. Br. Rep. 32 A Kreisschulinspektion Lübben Nr. 72.

24 Über die Politik von Altenstein nach der preußischen Reformära urteilt K.-E. Jeismann: „Nur der besonnenen und taktisch geschickten Amtsführung des preußischen Kultusministers von Altenstein und seiner Beamten und den auf Provinzialebene fortlaufenden Reformbestrebungen ist es zuzuschreiben, daß die Bildungsreform in Preußen nicht gänzlich aufzuhalten oder gar rückgängig zu machen war." (1987, 109)

25 Altenstein an den König, Berlin den 2. Juli 1823. In: GStA: Rep. 89 Nr. 22582, Bl. 42f.

26 Weil/Schulz/Stubenrauch (Provinzialschulkollegium) an Ministerium der geistlichen und Unterrichtsangelegenheiten. Berlin, den 25. Februar 1939. In: BLHA: Pr. Br. Rep. 34 Provinzialschulkollegium Nr. 1338, Bl. 81 RS.

27 J. A. Zeune: Über Blindenunterricht. In: Preußische Volksschul-Zeitung, 2. Jhrg. (1834), Nr. 15, 61f.

28 BLHA: Pr. Br. Rep. 23 C Niederlausitzer Stände Nr. 1236, Bl. 225.

29 J. A. Zeune: Vor- und Abschieds-Wort (datiert mit

dem 14.10.1847). In: G. Freudenberg: Gründliche Hülfe für Blinde in geistiger und leiblicher Beziehung. Berlin 1848, 4.

30 Steglitz: III/R6/K14/ Nr. 472: Schülerakte August Witzsche aus Hayna bei Delitzsch 1853–1860.

31 Steglitz: III/R6/K14/ Nr. 2302: Schülerakte Caroline Henriette Ruhle aus Treuenbrietzen, 1845–1851.

32 Steglitz: III/R6/K14/ Nr. 390: Schülerakte Carl Ebell aus Neu-Ruppin 1845–1914.

33 C. F. W. Voigt: Aus dem Unterrichte eines Blinden: In: Schulblatt für die Provinz Brandenburg, 19. Jhrg. (1854), 11./12. Heft (November/Dezember), 686.

34 J. G. Hientzsch: Jahresschrift über das Blindenwesen im Allgemeinen wie über die Blinden-Anstalten insbesondere. Berlin 1854, 200.

35 „An die Hochlöbliche K. K. vereinigte Hofkanzley. Bericht der k. k. n. Ö. Landesregierung über den Zustand der hiesigen Institute für Taubstumme und Blinde, über ihre erforderliche Erweiterung und über die Mittel solche zu bewirken" vom 26. April 1814. In: ÖStA/AVA: Studienhofkommission. Karton 842, Signatur 21 Taubstummenunterricht Niederösterreich Wien A, Bl. 22.

36 BBI: Oberaufsicht. „Von dem Director des Blinden-Instituts, W. Klein wird das verlangte Gutachten über die von dem württembergischen Pfarrer M. Daniel eingereichte Denkschrift, die Ausbildung der Taubstummen u. Blinden in ihren Familien und den gewöhnlichen Ortsschulen betreffend, abgegeben." vom 16. September 1824, Bl. 8f.

37 ÖStA/AVA: Studienhofkommission. Karton 846, Signatur 21 A Mären-Brünn Blinden. Inst., 68 ex 1837, Z: 7294/1837, Bl. 20.

38 BLHA: Pr. Br. Rep. 34, Nr. 1304, pag. 2f.

39 St A Br, DIV, 3147.

40 St A Br, DIV, 3147.

41 St A Br, Personalakte Esche; s. hierzu auch Ellger-Rüttgardt 1981, 81–91 und 2003, 165–170.

42 Das Wort „Hilfsschulen" findet sich im französischen Text auf Deutsch und gesperrt gedruckt. Interessant ist, dass die deutschen Hilfsschulen, die in der Regel keine Internate waren, als Begründung für die Forderung nach Internaten herangezogen wurden.

43 Etwas andere Zahlen finden sich bei den Autoren Pellicier/Thuillier. Sie verzeichnen für 1912 in Paris 30 Klassen mit 720 Schülern und für ganz Frankreich 48 Klassen mit insgesamt 1.000 Kindern; nach Berechnungen dieser Autoren liegt die Anzahl der Sonderklassen in Frankreich zwischen 1919 und 1930 bei etwa 2.000 (Pellicier/Thuillier 1979, 128f).

44 Zum heilpädagogischen Zeitschriftenwesen s. Enzyklopädisches Handbuch der Heilpädagogik 1911, Sp. 1929ff; Enzyklopädisches Handbuch der Heilpädagogik, II, 1934, Sp. 3274; Handbuch des Blindenwesens (A. Mell) von 1900, Sp. 862ff); Das Taubstummenbildungswesen im XIX. Jahrhundert (J. Karth) von 1902, 68f).

45 Deutsche Übersetzung: „Ich dachte mir, das Obige meinen Kollegen zur Kenntnis zu geben in der Hoffnung, dass daraus eine gemeinsame Bewegung erwächst, um die gewünschte Hilfe zu gewähren." Ich danke Thomas Barow für Hinweise und Übersetzung.

46 Zu reformpädagogischen Tendenzen in der Allgemeinen Pädagogik und Heilpädagogik s. exemplarisch Tenorth 1988, 203ff; Oelkers 1989; Göppel 1989, 141ff; Tomasik 1991; Röhrs 1991; Flitner 1992; Amlung et al. 1993; Scheibe 1994; Röhrs/Lenhart 1994; Hillenbrand 1994; 1998, 2001; Ellger-Rüttgardt 1997, 37ff; 2003, 187ff; Datler et al. 2001; Buchka et al. 2002; Klein 2002; Schmalenbach 2002; Benner/Kemper 2003a, b; Retter 2004; Grimm 2004; Köpcke-Duttler 2002.

47 Siehe Mitteilung im „Organ der Taubstummen- und Blindenanstalten in Deutschland und den deutschredenden Nachbarländern", 14. Jhrg. (1868, Nr. 1, 134) und Bericht des Herausgebers Ludwig C. Matthias über „Die Idioten-Anstalt in Riga (Organ der Taubstummen- u. Blindenanstalten)", 14. Jhrg. (1868), Nr. 8, 144–147.

48 DÖW. Bestand Israelitische Kultusgemeinde Wien.

49 Schularchiv der Hamburger Sonderschule Carsten-Rehder-Straße (ehem. Hafenstraße), Bestand Schülerakten; s. a. Ellger-Rüttgardt 1986, 233f.

50 GStA, I HA Rep. 76 Kultusministerium, Sektion 1 B.

51 GStA, I HA Rep. 76 Kultusministerium, Sektion 1 B.

52 Schularchiv der Hamburger Sonderschule Carsten-Rehder-Straße (ehem. Hafenstraße), Bestand Schülerakten.

53 StA Hamburg. Bestand Gesundheitsämter. Darin Erbgesundheitsgericht Hamburg. (Aus Datenschutzgründen bleibt die Akten-Nr. unerwähnt.)

54 Gespräch mit G. Meier am 13.12.1986 in Hamm/Westfalen, s. a. Ellger-Rüttgardt 1997, 113ff.

55 Zum Forschungsstand in der Allgemeinen Pädagogik s. exemplarisch Grams 1990; Horn/Tenorth 1991; Dudek/Tenorth 1993; Dudek 1993; Cloer/Wernstedt 1994; Drewek et al. 1995; Pehnke 1996; 2004; Häder/Tenorth 1997; Benner/Sladek 1998; Heinemann 1999.

Literatur

1 Quellen

„Ahawa". Jüdische Kinder- und Jugendheime e. V. (Hrsg.) (1932): 10 Jahre „Ahawa". 10 Jahre Arbeit für die jüdische Jugend. Ein Rechenschaftsbericht für die Freunde der „Ahawa" 1922/1932. Berlin

Allgemeine Anordnung über die Hilfsschulen in Preußen vom 27.4.1938. Die deutsche Sonderschule 5, 375–377

Armack, F. (1890a): Ueber Errichtung von Schulen resp. Klassen für Schwachbefähigte. Pädagogische Reform 14 (44), 260

– (1890b): Die Schule für Schwachbefähigte. Pädagogische Reform 14 (49), 290–291

Arndt, E. M. (1802): Bruchstücke einer Reise durch Frankreich im Frühling und Sommer 1799. 1. Theil. Leipzig, 204–206

– (1807): Reise durch einen Theil Deutschlands, Ungarns, Italiens und Frankereichs in den Jahren 1798 und 1799. 1. Theil. 2. verb. Aufl. Leipzig

Audemard, E. (1911): Les anormaux psychiques des écoles. Revue philanthropique, 485–498

Barthold, F. (1868): Der Idiotismus und seine Bekämpfung. Ein Beitrag zur praktischen Lösung der Idiotenfrage. Stettin

Basedow, K. (1913): Bedeutung und Entwicklung des deutschen Hilfsschulwesens und des Verbandes der Hilfsschulen Deutschlands. In: Wehrhahn (1913), 9–56

Bericht über die 24. Vertreterversammlung des Verbandes deutscher Sonderschulen (1969): In: Zeitschrift für Heilpädagogik 20 (1969), 541–612

Bericht über den I. Internationalen Kongress für Heilpädagogik (1940). Hrsg. v. Sekretariat der Internationalen Gesellschaft für Heilpädagogik. Zürich

Bericht über den Zweiten Verbandstag der Hilfsschulen Deutschlands zu Cassel (1899). Langensalza

Bernfeld, S. (1921): Kinderheim Baumgarten. Bericht über einen ernsthaften Versuch mit Neuer Erziehung. Berlin

Binding, K., Hoche, A. (1920): Die Freigabe der Vernichtung lebensunwerten Lebens. Ihr Maß und ihre Form. Leipzig

Binet, A., Simon, Th. (1907): Les enfants anormaux. Guide pour l'admission des enfants anormaux dans les classes de perfectionnement. Paris

Blätter für Taubstummenbildung 3 (1891). Mitteilungen. Vermischtes. Petition der Taubstummen, 382–384

Böttger, R. (1897): Über Erziehung und Unterricht schwachsinniger Kinder in der Leipziger Schwachsinnigenschule. Aus der Schule – für die Schule, 57–81

Bopp, L. (1930): Allgemeine Heilpädagogik in systematischer Grundlegung und mit erziehungspraktischer Einstellung. Freiburg i. Br.

Breitbarth, M. (1915): Die Wechselbeziehungen zwischen geistiger Minderwertigkeit und sozialem Elend. Die Hilfsschule 8, 236–246 u. 259–264

Buchholz, F. (1939): Das brauchbare Hilfsschulkind – ein Normalkind. Weimar

Camailhac, F. (1899): Les enfants anormaux. Revue philanthropique, 171–181

Coblenz, H. (1927): Die Erziehung der Schulpflichtigen und Jugendlichen in jüdischen Heimen. Ein Beitrag zur Geschichte der jüdischen geschlossenen Jugendwohlfahrtspflege in Deutschland unter besonderer Berücksichtigung ihrer sozialpädagogischen Bedeutung. Köln

Comenius, J. A. (1985): Große Didaktik – Die vollständige Kunst alle Menschen alles zu lehren. Hrsg. v. A. Flitner. 6. Aufl. Stuttgart

Dahlmann, R. (1950): Über Probleme des Schulwesens. In: Pädagogik 5 (1950), 17–21

– (1956): Zur Umgestaltung der Sonderschullehrerausbildung. Die Sonderschule 1, 6–14

Damerow, H. (1858): Zur Cretinen- und Idiotenfrage. Allgemeine Zeitschrift für Psychiatrie 15, 499–545

Dannemann, A. (Hrsg.) (1934): Enzyklopädisches Handbuch der Heilpädagogik. Bd. 1–3. 2. Aufl. Halle

Darwin, Ch. (1988): Über die Entstehung der Arten durch natürliche Zuchtwahl oder die Erhaltung der begünstigten Rassen im Kampfe ums Dasein. Hrsg. v. G. H. Müller. Nachdruck der 8. deutschen Aufl. von 1899. Darmstadt

de l'Epée, M. (1910): Die Unterweisung der Taubstummen durch die methodischen Zeichen. Ein Werk, das den Entwurf einer Weltsprache vermittelst der in ein System gebrachten natürlichen Zeichen enthält. Aus dem Französischen übers. v. G. Brand, Taubstummenlehrer. Stade

Deutscher Bildungsrat (Hrsg.) (1969): Gutachten und Studien der Bildungskommission: Begabung und Lernen. Ergebnisse und Folgerungen neuer Forschungen

– (Hrsg.) (1970): Empfehlungen der Bildungskommission: Strukturplan für das Bildungswesen

– (Hrsg.) (1973): Empfehlungen der Bildungskommission: Zur pädagogischen Förderung Behinderter und von Behinderung bedrohter Kinder und Jugendlicher

Diderot, D., d'Alembert, J.-B. (1961): Menschlichkeit (Moral). Enzyklopädie 8. Bd. 1765. Abgedr. in: D. Diderot: Philosophische Schriften. 1. Bd. Berlin, 377–382

Die deutsche Sonderschule (1934–1944). Organ der Reichsfachschaft V Sonderschulen im Nationalsozialistischen Lehrerbund. Hrsg. v. Nationalsozialistischen Lehrerbund. Reichsfachschaft Sonderschule. München

Die Hilfsschule (1908–1933). Organ d. Verbandes der Hilfsschulen Deutschlands. Hrsg. v. Verband der Hilfsschulen Deutschlands

Diesterweg, F. A. W. (1827): Über den Gebrauch der Kinder zu Fabrikarbeitern. Aus pädagogischem Gesichtspunkte betrachtet. In: Kinderausbeutung und Fabrikschulen in der Frühzeit des industriellen Kapitalismus, eingel. v. R. Alt. Berlin 1958, 180–196

– (1839): Ueber den Charakter der Taubstummen. Rheinische Blätter für Erziehung und Unterricht mit besonderer Berücksichtigung des Volksschulwesens 19, 54–82

– (Hrsg.) (1844): Wegweiser zur Bildung für deutsche Lehrer. 1. u. 2. Bd. 3. Aufl. Essen

Dohrmann, P., Lesemann, G. (1949/50): Geleitwort Heilpädagogische Blätter. 1, 50, 1–2 Hannover

Dubois, P. (1906): L'adaption sociale des anormaux. Les arriérés. Enquête sur les résultats pédagogiques et sociaux obtenus dans les Ecoles et dans les classes d'arriérés de la Belgique et de l'Allemagne du Nord. Paris

Dupuy, R. (1912/13): Ecoles autonomes de perfectionnement. Revue philanthropique, 270–276

Ederer, K. A. (1950): Vom amerikanischen Sonderschulwesen. Schule und Gegenwart 2, 10–12

Egenberger, R. (1912): Die Lehr- und Arbeitskolonie für Schwachbegabte als Mittel gegen die Durchdringung unseres Volkes mit unheilbar Minderwertigen. Friedreich's Blätter für gerichtliche Medicin und Sanitätspolizei 63, 241–259

Enzyklopädisches Handbuch der Heilpädagogik (1911). 2 Bde. Hrsg. v. A. Dannemann, H. Schober u. E. Schulze. Halle a. S.

– (1934). 2 Bde. 2. Aufl. Hrsg. v. A. Dannemann, G. Guerlich u. A. Henze. Halle a. S.

Erlenmeyer, A. A. (1863): Übersicht der öffentlichen und privaten Irren- und Idiotenanstalten aller europäischen Staaten. Neuwied

Ernst, L. H. (1906): Anthropologisch-psychologische Untersuchungen an Züricher Schulkindern nebst einer Zusammenstellung der Resultate der wichtigsten Untersuchungen an Schulkindern in andern Ländern. Leipzig

Esche, L. (1902): Ein verhängnisvoller Irrtum auf heilpädagogischem Gebiete. Allgemeine Deutsche Lehrerzeitung 54, 198–201

Eschke, E. A. (1912): Taubstummeninstitut zu Berlin. In: Wollermann/Wollermann/Wollermann (1911/12), 2. Bd., 473–495

Eyfert, H. (1930): Die Heilpädagogik. In: Nohl/Pallat (1930), 3. Bd, 498–512

– (1931): Arbeitsbericht vom 1. Januar 1928 bis 31. Dezember 1930. Gesamtbericht. Blätter für Heilerziehung aus Trüpers Erziehungsheimen in Jena-Sophienhöhe 9 (Ostern), 1–26

Frenzel, F. (1902): Volksschule und Hilfsschule. Eine sozial-pädagogische Erwägung. Zeitschrift für die Behandlung Schwachsinniger und Epileptischer, 95–107

Fuchs, A. (1922): Schwachsinnige Kinder, ihre sittlich-religiöse, intellektuelle und wirtschaftliche Rettung. Versuch einer Hilfsschulpädagogik. 3. Aufl. Gütersloh

– (Hrsg.) (1927): Die Heilpädagogische Woche in Berlin vom 15.–22. Mai 1927. Berlin

– (1928): Das Sonderschulwesen. In: Die neuzeitliche Volksschule. Bericht über den Kongreß Berlin 1928. Berlin, 404–415

Galton, F. (1910): Genie und Vererbung. Übers. und hrsg. v. O. Neurath und A. Schapire-Neurath. Leipzig

Georgens, J. D. (1860): Zur Geschichte der „Levana". In: Allgemeine Schulzeitung. Ein Archiv für die neueste Geschichte des gesammten Schul-, Erziehungs- und Unterrichtswesens der Universitäten, Gymnasien, Volksschulen und aller höheren und niederen Lehranstalten 37 (5), 65–71

–, Deinhardt, H. M. (1861/63): Die Heilpädagogik mit besonderer Berücksichtigung der Idiotie und der Idiotenanstalten. 1861: 1. Bd. 1863: 2. Bd. Leipzig

Gerhardt, J. P. (1904): Zur Geschichte und Literatur des Idiotenwesens in Deutschland. Hamburg

Gesetzblatt der Deutschen Demokratischen Republik (1950): Gesetz über die Schulpflicht in der Deutschen Demokratischen Republik (Schulpflichtgesetz) vom 15. Dezember 1950, 1203

Gobineau, A. (1935): Die Ungleichheit der Menschenrassen. Berlin

Graser, J. B. (1829): Der durch Gesicht- und Tonsprache der Menschheit wiedergegebene Taubstumme. Bayreuth

Griesinger, A. (1912): Zur Fürsorge der entlassenen Hilfsschulzöglinge. Die Hilfsschule 5 (3), 70–75

Gronewald, J. J. (1835): Reisebericht des Lehrers Gronewald. In: Dritter Jahres-Bericht des Verwaltungs-Ausschusses des Vereins zur Beförderung des Taubstummen-Unterrichts zu Köln. Das Schuljahr von Pfingsten 1834 bis Pfingsten 1835 umfassend. Köln

Grunwald, M. (Hrsg.) (1911): Die Hygiene der Juden. Im Anschluß an die Internationale Hygiene-Ausstellung Dresden 1911. Dresden, 164–165

Guggenbühl, H. J. (1904): Die Heilung und Verhütung des Cretinismus und ihre neuesten Fortschritte. In: Gerhardt (1904), 180–191

Gütt, A., Rüdin, E., Ruttke, F. (Hrsg.) (1934): Gesetz zur Verhütung erbkranken Nachwuchses vom 14. Juli 1933 mit Auszug aus dem Gesetz gegen gefährliche Gewohnheitsverbrecher und über Maßregeln der Sicherung und Besserung vom 24. November 1933. München

Hanselmann, H. (1930): Einführung in die Heilpädagogik. Praktischer Teil. Für Eltern, Lehrer, Anstaltserzieher, Jugendfürsorger, Richter und Ärzte. Zürich/Leipzig
– (1946): Einführung in die Heilpädagogik. Praktischer Teil. Für Eltern, Lehrer, Anstaltserzieher, Jugendfürsorger, Richter und Ärzte. 3. durchg. Aufl. Zürich
– (1953): Einführung in die Heilpädagogik. 4. durchg. Aufl. (mit Nachtrag). Zürich
Harnisch, W. (1839): Handbuch für das deutsche Volksschulwesen. 3. Aufl. Breslau
Haüy, V. (1883): Abhandlung über die Erziehung blinder Kinder. Aus dem Französischen übers. v. Oberlehrer Michel. Dresden
– (1990): Essai sur l'éducation des aveugles. Nachdr. der Ausgabe Paris 1786 sowie eine Übers. dieses Buches „Abhandlung über die Erziehung blinder Kinder" v. Oberlehrer Michel. Dresden, Würzburg
Heilmann (1804): Über die Blindenanstalt in Paris von einem Blinden. Französische Miscellen 6. Bd. 2. Stück, 125–126. Tübingen
Heinicke, S. (1912): Samuel Heinickes Gesammelte Schriften. Hrsg. v. G. u. P. Schumann. Leipzig
Heinrichs, K. (1931): Grundlegung der Heilpädagogik. Osterwieck/Harz
Heller, Th. (1925): Grundriß der Heilpädagogik. 3. Aufl. Leipzig.
– (1959): Heilpädagogik in Österreich. In: Heilpädagogik. Beiblatt der Zeitschrift Erziehung und Unterricht. Sonderheft, 7–11
Henze, A. (1913): Die soziale Fürsorge für die aus der Hilfsschule Entlassenen. In: Bericht über den IX. Verbandstag der Hilfsschulen Deutschlands zu Bonn 1913. Halle, 52–70
– (1934): Statistisches. In: Enzyklopädisches Handbuch der Heilpädagogik (1934), 2. Bd., Sp. 2654–2682
Henze, A. (1923): Vor fünfundzwanzig Jahren. In: Die Hilfsschule 16 , 60–64
Herlitz, G., Kirschner B. (Hrsg.) (1927–1930): Jüdisches Lexikon. Ein enzyklopädisches Handbuch jüdischen Wissens. Berlin
Hilfsverein der Deutschen Juden (1928): 27. Jahresversammlung des Hilfsvereins der Deutschen Juden vom 24. März 1928 in Berlin. Berlin
– (1935): Die Arbeit des Hilfsvereins der Deutschen Juden 1934–1935. Berlin
Hill, F. M. (1838): Leitfaden für den Unterricht der Taubstummen. Essen
– (1844): Der Unterricht der Taubstummen. In: Diesterweg (1844), 465–532
– (1866): Der gegenwärtige Zustand des Taubstummen-Bildungs-Wesens in Deutschland. Eine Mahnung an die Taubstummen-Lehrer und ihre Vorgesetzten, die Communal- und Kreis-Schulbehörden, die Geistlichen und Aerzte, die Stadtregierungen und Landesvertreter. Weimar

– (1872): Die neusten Vorschläge zur Förderung des Taubstummen-Bildungs-Wesens. Weimar
Hintz, O. (1897): Welche pädagogischen Maßnahmen eignen sich für den Unterricht und die Erziehung solcher Kinder, welche durch die Volksschule nicht genügende Förderung erfahren? Pädagogische Zeitung 26, 783–786, 798–802, 821–824
Intelligenzblatt der Allgemeinen Literatur-Zeitung (1806). Vermischte Nachrichten. Nr. 106 vom 6.8., Sp. 843–844, Halle/Leipzig
Itard, J. (1965): Victor das Wildkind von Aveyron. Zürich/Stuttgart
Jacquin, G. (1905): De l'assistance et du traitement des enfants arriérés. En particulier des arriérés des écoles. Revue philanthropique, 307–325
Jäger, V. A. (1830): Was sollte für die Blinden allgemein geschehen? Freimüthige Jahrbücher der allgemeinen deutschen Volksschulen. Hrsg. v. F. C. H. Schwarz, F. L. Wagner, A. H. d'Autel u. C. A. Schellenberg. 10. Bd. (2), 128–139
– (1831): Ueber die Idee des allgemein einzuführenden Taubstummenunterrichtes. Allgemeine Schulzeitung 8 (36), 281–287
Jerusalem, W. (1890): Laura Bridgman. Erziehung einer Taubstumm-Blinden. Eine psychologische Studie. Wien
Jüdische Erziehungskonferenz (1924). Veranstaltet vom 8. bis 10. Oktober von der Zentralwohlfahrtsstelle der deutschen Juden gemeinsam mit dem jüdischen Frauenbund. (Selbstverlag)
Kalischer, S., u. a. (1898): Untersuchung zurückgebliebener Schulkinder. Deutsche Medicinische Wochenschrift 1, 14–15
Karth, J. (Hrsg.) (1902): Das Taubstummenbildungswesen im XIX. Jahrhundert in den wichtigsten Staaten Europas. Ein Überblick über seine Entwicklung. Breslau
Keller, Chr. (1921): Henvendelse. Nyt Tidsskrift for Abnormvæsenet 23, 55–56
Kern, F. (1855): Gegenwart und Zukunft der Blödsinnigenbildung. Allgemeine Zeitschrift für Psychiatrie und psychisch-gerichtliche Medicin 12, 521–574
Key, E. (1992): Das Jahrhundert des Kindes. Neu hrsg. mit einem Nachwort v. U. Herrmann. Weinheim/Basel
Kielhorn, H. (1888): Zur Fürsorge für Geistesschwache. Vortrag, gehalten im hiesigen Armenpflegerein. Braunschweigische Anzeigen
– (1899): Die Organisation der Hilfsschule. In: Bericht über den Zweiten Verbandstag der Hilfsschulen Deutschlands. Langensalza, 25–33
Kirmsse, M (1911a): Therese Platz. In: Enzyklopädisches Handbuch der Heilpädagogik (1911), Sp. 1226
– (1911b): Weises Betrachtung über geistesschwache Kinder. Ein Beitrag zur Geschichte der Heilpädagogik in der ersten Hälfte des 19. Jahrhunderts. Mit einem Anhange: Zur Geschichte der erziehlichen Behandlung Schwachsinniger. Langensalza

– (1912): Edouard Séguin. Zeitschrift für die Behandlung Schwachsinniger 32, 116–121

– (1913): Die Entwicklung der Schwachsinnigenfürsorge Deutschlands mit Berücksichtigung der übrigen Länder. In: Zeitschrift für die Behandlung Schwachsinniger 33 (1913), 123–174

– (1915a): Kern und die Hilfsschule. Die Hilfsschule 8, 1–20

– (1915b): Séguins Ansichten über die Behandlung Geistesschwacher nach physiologischer Methode. Zeitschrift für Kinderforschung 22, 102–119

– (1930): Fröbels Beziehungen zur Heilpädagogik. Zeitschrift für die Behandlung Anomaler 50, 65–80

– (1931): Zwei deutsche Heilpädagogen: Erinnerungsblätter. [Salomon Krenberger, Anstalts- und Hilfsschullehrer Karl Ziegler]. Halle (Sonderabdruck aus der Zeitschrift für die Behandlung Annormaler 51), 6

Knie, J. G. (1837a): Anleitung zur Behandlung blinder Kinder, für deren erste Jugendbildung und Erziehung in ihren Familien, in öffentlichen Volksschulen und durch zu ertheilende Privatunterweisung. 2. vermehrte Aufl. Breslau

– (1837b): Pädagogische Reise durch Deutschland im Sommer 1835: auf der ich elf Blinden-, verschiedene Taubstummen-, Armen-, Straf- und Waisenanstalten als Blinder besucht und in den nachfolgenden Blättern beschrieben habe. Stuttgart/Tübingen (Nachdr. Würzburg 1994)

– (1838): Der Unterricht der Blinden. In: Diesterweg, F. A. W. (Hrsg.): Wegweiser zur Bildung für deutsche Lehrer. 2. Bd. 2. Aufl. Essen, 308–343

Koch, J. L. A. (1891): Die Psychopatischen Minderwertigkeiten. Ravensburg

Köhlitz, F. (1949): Was das Berliner Schulgesetz wirklich bedeutet. Berlin

Kohlbach, G. (1943): Erziehung und Unterricht in der Hilfsschule. In: Amtsblatt des Reichs- und preußischen Ministeriums für Wissenschaft, Erziehung und Volksbildung (seit 1.5.1934), 8, 99–100

Korczak, J. (1981): Verteidigt die Kinder! Gütersloh

Kraemer, R. (1933): Kritik der Eugenik – Vom Standpunkt des Betroffenen. Herausgegeben vom Reichsdeutschen Blindenverband e. V. Reichsspitzenverband der Deutschen Blinden Berlin

Krampf, A. (1936): Hilfsschule im neuen Staat. Hrsg. v. der Reichsfachschaft V Sonderschulen im NS-Lehrerbund. Leipzig

Krenberger, S. (1929): Vorwort. In: Levana 1, 2–3

Kruse, F. (1831): Bemerkungen, die Aufhebung der Taubstummeninstitute betreffend. In: Allgemeine Schulzeitung 8; 90, 713–720

– (1877): Bilder aus dem Leben eines Taubstummen. Eine Autobiographie. Altona

Kultusministerkonferenz (KMK) (1960): Gutachten zur Ordnung des Sonderschulwesens

– (1972): Empfehlung zur Ordnung des Sonderschulwesens

– (1994): Empfehlungen zur sonderpädagogischen Förderung in den Ländern der Bundesrepublik Deutschland

Lasch, M. S. (1940): Ein Jahr jüdische Hilfsschule. Jüdisches Nachrichtenblatt Nr. 60 vom 26. Juli, 6

Lesch, E. (1943): Welche Kinder gehören in die Hilfsschule? Die Scholle (April/Mai), 264–268

– (1951): Welche Kinder gehören in die Hilfsschule? Heilpädagogik 11, 14–27

Lexis, W. (Hrsg.) (1904): Das Unterrichtswesen im Deutschen Reich. 3. Bd. Das Volksschulwesen und das Lehrerbildungswesen. Berlin

Lindner, R. (1921): Erholungsbedürftige Kinder in Dänemark. Berlin

Manheimer-Gommés (1901): A propos des chlasses spéciales pour enfants mentalement anormaux. Revue philanthropique, 557–562

Matthias, C. (1855): Diese Zeitschrift, ihre Geschichte und ihre Zukunft. Organ der Taubstummen- und Blinden-Anstalten in Deutschland und den deutschredenden Nachbarländern 1, 1–13

Matthies, I. (1904): Das Volksschulwesen und das Lehrerbildungswesen im Deutschen Reich. Berlin

– (1913): Deutsche Blindenanstalten in Wort und Bild. Halle a. S.

Mell, A. (Hrsg.) (1900): Encyklopädisches Handbuch des Blindenwesens. Wien/Leipzig

– (1952): Von Vives bis Haüy. Dokumente und Betrachtungen zur Begründungsgeschichte der Blindenbildung. Hannover

Metz, H. (1915): Das Altersheim des „Hilfsvereins für die jüdischen Taubstummen in Deutschland e. V.". In: Wende (1915), 46–51

Montessori, M. (1913): Selbsttätige Erziehung im frühen Kindesalter. Stuttgart

Natorp, P.: Volk und Schule Preußens vor hundert Jahren und heute (1908) und Die Einheitsschule (1914). Abgedruckt in: Plickat, H.-H. (Hrsg.): Schulaufbau und Schulorganisation. Pläne und Empfehlungen zur Reform und Neugestaltung der Volksschule im 19. und 20. Jahrhundert. Klinkhardts Pädagogische Quellentexte. Bad. Heilbrunn 1968, 43–49

Neigebaur, J. F. (Hrsg.) (1834): Das Volks-Schulwesen in den Preußischen Staaten. Eine Zusammenstellung der Verordnungen, welche den Elementar-Unterricht der Jugend betreffen. Berlin/Posen/Bromberg

Neumann, R. (1827): Die Taubstummen-Anstalt zu Paris im Jahre 1822: Eine historisch-pädagogische Skizze als Beitrag zur Kenntnis und Würdigung der französischen Methoden des Taubstummen-Unterrichts; Nebst Geschichte und Literatur des Taubstummen-Unterrichts in Spanien und Frankreich. Königsberg

Nohl, H., Pallat, L. (Hrsg.) (1928–1933): Handbuch der Pädagogik. 1.–5. Bd. Langenzala

Pascal, C. (1913): L'enfance anormale dans les maisons de correction. Revue philanthropique, 260–271

Pestalozzi, J. H. (1777/1927): Bruchstück aus der niedrigsten Menschheit. Anrufung der Menschlichkeit zum Besten derselben. Aus: Sämtliche Werke. Hrsg. von A. Buchenau, E. Spranger, H. Stettbacher. Bd. 1 Berlin, 176–182

Petersen, P. (1927): Der Jena-Plan einer freien allgemeinen Volksschule. Langensalza

Petition der Taubstummen an Seine Majestät den deutschen Kaiser v. 1891. Abgedruckt und kommentiert in: Blätter für Taubstummenbildung 3 (1891), 382–384

Piper, H. (1890): Ein Wort, die „Hilfsklassen" oder „Hilfsschulen" betreffend. Zeitschrift für die Behandlung Schwachsinniger und Epileptischer 6, 26–29, 49–52

– (1892): Zur Frage der Hilfsschulen. Pädagogische Zeitung 21, 136–138

– (1897a): Zur Erziehung geistig zurückgebliebener Kinder. Pädagogische Zeitung 26, 553–555

– (1897b): Die Fürsorge für die schwachsinnigen Kinder. Die Deutsche Schule 1, 129–138

Platz, Th. (1880): Die Heilpflege und Erziehung zurückgebliebener, schwachsinniger und idiotischer Kinder. 1. u. 2. Lieferung. Leipzig

Raatz, W. (1919): Unsere Stellung zum Schulprogramm der Deutschen Lehrervereine. Vortrag auf der Vertreterversammlung des Verbandes der Deutschen Hilfsschulen Deutschlands zu Charlottenburg am 1.6.1919. Die Hilfsschule 12, 122–124

Rappe, Th. (1904): Über Pflege, Erziehung und Unterricht schwachsinniger (idiotischer) Kinder. Ratschläge und Anweisungen. Übersetzung aus dem Schwedischen von P. Chr. Hansen in Kiel. Kiel und Leipzig

Referat für Sonderschulen in der Schulabteilung der Deutschen Verwaltung für Volksbildung in der sowjetischen Besatzungszone für den Pädagogischen Kongress in Leipzig (1947): Ein Jahr demokratische Einheitsschule. Berlin

Rein, W. (1903): Enzyklopädisches Handbuch der Pädagogik. Bd. 1. 2. Aufl. Langensalza

Reuschert, E. (1905): Friedrich Moritz Hill, der Reformator des deutschen Taubstummenunterrichts. Ein Gedenkblatt zu seinem hundertjährigen Geburtstage. Berlin

Rössel, F. (1931): Das Helfen in der heilpädagogischen Arbeit. Halle

– (1934): Heilpädagogik und Normalschulpädagogik. In: Enzyklopädisches Handbuch der Heilpädagogik (1934), 1. Bd., Sp. 1086–1098

Royer, M. (1907): De l'absolue nécessité de l'assistance des enfants anormaux et de ses résultats au point de vue social. Paris

Rühle, O. (1922): Das proletarische Kind. 2. völlig neu bearb. u. erw. Aufl. München

Saegert, C. W. (1874/75): Das Taubstummen-Bildungswesen in Preußen. Separatdruck aus dem Taubstummenfreund. Berlin

– (1845/46): Die Heilung des Blödsinns auf intellectuellem Wege. 1845: 1. Bd. 1846: 2. Bd. (Psychische Anthropologie mit Beispielen). Berlin, 1–134, 165–170, 183–188

Schaefer (1911): Bericht über die schulärztliche Tätigkeit in der Hilfsschule zu Pankow. Die Hilfsschule 4, 220–226

Schallmayer, W. (1918): Vererbung und Auslese. Grundriß der Gesellschaftsbiologie und der Lehre vom Rassedienst. Für Rassehygieniker, Bevölkerungspolitiker, Ärzte, Anthropologen, Soziologen, Erzieher, Kriminalisten, höhere Verwaltungsbeamte und politisch interessierte Gebildete aller Stände. 3. Aufl. Jena

Schlenkrich, J. (1928): Zur Geschichte der Leipziger Taubstummen-Anstalt. Festschrift zum 150 jährigen Bestehen der staatlichen Taubstummen-Anstalt Leipzig. Leipzig, 53–99

Schlesinger, E. (1907): Vorgeschichten und Befunde bei schwachbegabten Schulkindern. Ein Beitrag zur Forschung nach den Ursachen der schwachen Begabung. Archiv für Kinderheilkunde 46, 1–63

Schmidt, F. (1847): Ein Besuch in der Sägert'schen Heilanstalt für Blödsinnige in Berlin. Illustrirte Zeitung 8 (Nr. 195 vom 27.3.), 202–204

Schmitz, A. (1903): Zweck und Einrichtung der Hilfsschulen. Pädagogisches Magazin 205. Langensalza

Schneider, K., von Bremen, C. (Hrsg.) (1887): Das Volksschulwesen im Preußischen Staate in systematischer Zusammenstellung der auf seine innere Einrichtung und seine Rechtsverhältnisse, sowie auf seine Leitung und Beaufsichtigung bezüglichen Gesetze und Verordnungen. 3. Bd.: Die Schulpflicht, der Privatunterricht, die Schulzucht, der Schulunterricht, Schulgesetze. Berlin

Schulz, F. (1791): Über Paris und die Pariser. Berlin

Schumann, P. (1915): Goethes Besuch in der Taubstummen-Anstalt zu Leipzig am 7. Mai 1800 und sein Eintrag in das Fremdenbuch. Leipzig

– (1929): Die Bildungseinrichtungen. In: Handbuch des Taubstummenwesens. Hrsg. v. Bund Deutscher Taubstummenlehrer. Osterwieck, 63–130

Schwarz, F. H. C. (1829): Erziehungslehre. In drei Bänden. 1. Bd.: Geschichte der Erziehung. 2. Aufl. Leipzig

Segall, J., Weinreich, F. (1925): Die geschlossenen und halboffenen Einrichtungen der jüdischen Wohlfahrtspflege in Deutschland. Hrsg. v. Zentralwohlfahrtsstelle der Deutschen Juden. Berlin

Séguin, E. (1912): Die Idiotie und ihre Behandlung nach physiologischer Methode. Hrsg. v. S. Krenberger. Wien

– (1997): Traitement moral, hygiène et éducation des idiots (1846). Hrsg. v. Y. Pellicier u. G. Thuillier. Paris

Sengelmann, H. (1885): Idiotophilus. Systematisches Lehrbuch der Idioten-Heilpflege. Norden

Sickinger, A. (1913): Über naturgemäße Organisation des großstädtischen Volksschulwesens im allgemeinen und über das Mannheimer Volksschulsystem im besonderen. Frankfurt a. M.

Spieler, J. (1949/50): Wesen und Stand der Heilpädagogik. In: Heilpädagogische Blätter 1, 9–25

Spitzner, A. (1898): Die wissenschaftliche und praktische Bedeutung der pädagogischen Pathologie für die Volksschulpädagogik. Die Deutsche Schule 2, 27–37, 141–149, 200–211

Spranger, E. (1927): Die Heilpädagogik im Rahmen der Normalschulpädagogik. In: Fuchs (1927), 8–24

Staemmler, M. (1933): Rassenpflege im völkischen Staat. München

Stötzner, H. E. (1868): Altes und Neues aus dem Gebiete der Heilpädagogik. Leipzig

– (1872): Unglückliche Kinder. Daheim. Ein deutsches Familienblatt mit Illustrationen 8 (40)

– (1963): Schulen für schwachbefähigte Kinder. Erster Entwurf zur Begründung derselben. Leipzig/Heidelberg 1864. Vollständiger Nachdr. der Originalausgabe, hrsg. v. G. Heese. Berlin

Strauss, P. (1903): Assistance et éducation des enfants anormaux. Revue philanthropique, 181–197

Strümpell, L. (1899): Die Pädagogische Pathologie oder die Lehre von den Fehlern der Kinder. Versuch einer Grundlegung für gebildete Eltern, Studirende der Pädagogik, Lehrer, sowie für Schulbehörden und Kinderärzte. Hrsg. v. A. Spitzner. 3. Aufl. Leipzig

Tätzner, P., Puggmayer, E. J. (1901): Die Nachhilfeschule zu Dresden-Altstadt (links der Elbe) nach ihrer Entstehung und ihrem Ausbau und dem jetzt geltenden Lehrplan. Dresden

Thomaschewski, E. (1934): Hilfsschule und Jena-Plan. Versuch nach den Grundsätzen des Jena-Plans mit 20 Kindern der einklassigen Hilfsschule in Zielenzig-Neumark. Oktober 1931–April 1932. In: Petersen, P. (Hrsg.): Eine freie allgemeine Volksschule nach den Grundsätzen Neuer Erziehung (Der Jena-Plan). 3. Bd.: Die Praxis der Schulen nach dem Jena-Plan. Weimar, 167–176

Tornow, K. (1934): Die Mitarbeit des Sonderschullehrers bei der Verwirklichung des Gesetzes zur Verhütung erbkranken Nachwuchses. Aus der Praxis der Gutachtertätigkeit des Hilfsschullehrers. Die deutsche Sonderschule 3, 321–332

–, Weinert, H. (1942): Erbe und Schicksal. Von geschädigten Menschen, Erbkrankheiten und deren Bekämpfung. Mit 87 Bildern und 36 Sippentafeln. Berlin

Verband der Hilfsschulen Deutschlands (1920): Denkschrift über das deutsche Hilfsschulwesen. Die Hilfsschule 13, 51–58

Verband Deutscher Sonderschulen (1954): Denkschrift zu einem Gesetz über das heilpädagogische Sonderschulwesen. Juli

Vial, M. (1984): La création du perfectionnement en 1909 et les débiles des psychologues: ou comment s'écrit l'histoire. In: Cresas: Intégration ou marginalisation? Aspects de l'éducation spécialisé. Paris, 47–73

Viszánik, M. (1845): Die Irrenheil- und Pflegeanstalten Deutschlands, Frankreichs, sammt der Cretinen-Anstalt auf dem Abendberge in der Schweiz, mit eigenen Bemerkungen. Wien

Voigt, P. (1962): Zum Entwicklungsstand und Aufgabenbereich der Sonderpädagogik in der DDR. Wissenschaftliche Zeitschrift der Humboldt-Universität zu Berlin. Gesellschaftliche und sprachwissenschaftliche Reihe XI (1), 143–147

von Düring, E. (1925): Grundlagen und Grundsätze der Heilpädagogik. Erlenbach-Zürich/München/Leipzig

von Rohden, G. (1908): Rettungsanstalten. In: Rein, W. (Hrsg.): Encyklopädisches Handbuch der Pädagogik. 7. Bd. 2. Aufl. Langensalza, 458–492

Wahl (1913): Les débuts de l'assistance aux enfants anormaux. La France Medicale. Revue d'Etudes d'Histoire de la Mèdicine 60

Walther, E. (1882): Geschichte des Taubstummen-Bildungswesens. Unter besonderer Berücksichtigung der Entwicklung des deutschen Taubstummen-Unterrichts. Bielefeld/Leipzig

– (Hrsg.) (1895): Handbuch der Taubstummenbildung. Im Vereine mit verschiedenen Fachgenossen. Berlin

Wandel, P. (1947): Die demokratische Einheitsschule – Rückblick und Ausblick. Rede, gehalten auf dem Pädagogischen Kongreß. Leipzig. September 1942. Berlin/Leipzig

Wehrhahn, A. (Hrsg.) (1913): Deutsche Hilfsschulen in Wort und Bild. Halle a. S.

Weiskopf, H. (1908): Ergebnisse einer Untersuchung über die Wohn- und Schlafverhältnisse der Knaben in der 2. Klasse des Schulhauses an der Pestalozzistraße zu Fürth. Allgemeine deutsche Lehrerzeitung 60, 29–30

Wende, G. (Hrsg.) (1915): Deutsche Taubstummenanstalten, -Schulen und -Heime in Wort und Bild. Halle a. S.

Werner, P. (1982): Arbeit der blinden Hitlerjungen. Die Hitlerjugend, Folge 42 vom 16.10.1937. Zeitschrift für Heilpädagogik 33 (8), 23–24

Wiegmann, O. (1949/50): Bemerkungen zum „Kleinen Jena-Plan". Heilpädagogische Blätter 1, 20–22

Winde, K., Becker, K.-P., Hammer, L. (1955): Organisation des Sonderschulwesens in der Deutschen Demokratischen Republik. Berlin

Winzer, O., Windangel, E. (1946): Ein Jahr Neuaufbau des Berliner Schulwesens. Bericht von der Konferenz der Lehrer an den öffentlichen Schulen der Stadt Berlin 2. September 1946. Berlin

Witte, J. H. (1901): Volksschule und Hülfsschule. Über Förderung der Schwachen im Rahmen der normalen Volksschule und die mehrfach bedenkliche Einrichtung von Hülfsschulen als Schulen für schwachbegabte Kinder. Eine schulmännische Erwägung. Thorn

Wollermann, R., Wollermann, O., Wollermann E. (Hrsg.) (1911/12): Quellenbuch zur Geschichte und Methode des Taubstummenunterrichts. 4 Bde. Stettin

Zehn Jahre Versuchsschule Telemannstraße 10. Hamburger Lehrerzeitung 8 (18), 369–385

Zeune, A. (1834): Über Blindenunterricht. Preußische Volksschul-Zeitung 2 (15), 61–62

– (1848): Vor- und Abschieds-Wort (datiert mit dem 14.10.1847). In: Freudenberg, G. (Hrsg.): Gründliche Hülfe für Blinde in geistiger und leiblicher Beziehung. Berlin

– (1817): Über Blinde und Blindenanstalten. Berlin

– (1969): Belisar. Über den Unterricht der Blinden. Hrsg. v. S. Solarová. Nachdr. der Originalausgabe in der Aufl. v. 1821. Berlin

2 Darstellungen

Allgemeiner Blinden- und Sehbehindertenverein Berlin (Hrsg.) (1999): 125 Jahre Blindenselbsthilfe. Die Geschichte des Allgemeinen Blinden- und Sehbehindertenvereins Berlin gegründet 1874 e. V. Berlin

Amlung, U., Haubfleisch, D., Link, J.-W., Schmitt, H. (Hrsg.) (1993): Die alte Schule überwinden. Reformpädagogische Versuchsschule zwischen Kaiserreich und Nationalsozialismus. Frankfurt a. M.

Angerhoefer, U. (1994): Gedanken zum pädagogisch wirksamen Menschenbild in der DDR – sein Einfluß auf die Sonderpädagogik. In: Bleidick/Ellger-Rüttgardt (1994), 11–27

Antor, G., Bleidick, U. (Hrsg.) (1995): Recht auf Leben – Recht auf Bildung. Aktuelle Fragen der Behindertenpädagogik. Heidelberg

– (2000): Behindertenpädagogik als angewandte Ethik. Stuttgart

– (2001): Handlexikon der Behindertenpädagogik. Schlüsselbegriffe aus Theorie und Praxis. 2. überarb. u. erweiterte Auflage. Stuttgart

Apel, H.-J., Kemnitz, H., Sandfuchs, U. (Hrsg.) (2001): Das öffentliche Bildungswesen. Historische Entwicklung, gesellschaftliche Funktionen, pädagogischer Streit. Bad Heilbrunn

Arendt, H. (1993): Besuch in Deutschland. Aus dem Amerikanischen v. E. Geisel. Mit einem Vorwort v. H. M. Broder und einem Portrait v. I. Nordmann. Berlin

Azer, D. (1990): Das blinde Kind von Brauron. In: Ellger-Rüttgardt, S. (Hrsg.): Bildungs- und Sozialpolitik für Behinderte. München/Basel, 257–271

Baberowski, J. (2005): Der Sinn der Geschichte. Geschichtstheorien von Hegel bis Foucault. München

Bach, H. (1967): Geistigbehindertenpädagogik. Berlin

Bachmann, W. (o. J.): Bilddokumentation zur Geschichte der Heilpädagogik. Zeitschrift für Heilpädagogik; Beiheft 7

Bajohr, F., Pohl, D. (2006): Der Holocaust als offenes Geheimnis: die Deutschen, die NS-Führung und die Alliierten. München

Barow, Th. (2002): Schwedens Weg der Integration. Zeitschrift für Heilpädagogik 53, 314–321

Baske, S., Engelbert, M. (Hrsg.) (1966): Zwei Jahrzehnte Bildungspolitik in der Sowjetzone Deutschlands. Dokumente. 2 Bde. Berlin

Baudisch, W. (1989): Effektive Bedingungen und Wege für die Bildung und Erziehung physisch-psychisch geschädigter Kinder und Jugendlicher. Die Sonderschule 34, 1–9

Beck, F., Henning, E. (Hrsg.) (2003): Die archivalischen Quellen. Mit einer Einführung in die historischen Hilfswissenschaften. 3. Aufl. Köln/Weimar/Wien

Becker, K.-P. u. a. (1984): Rehabilitationspädagogik. 2. Aufl. Berlin

– (1987): Deutsche Demokratische Republik. In: Klauer, K. J., Mitter, W. (Hrsg.): Vergleichende Sonderpädagogik. Handbuch der Sonderpädagogik. 11. Bd. Berlin, 119–133

– (1993): Rehabilitationspädagogik an der Humboldt-Universität zu Berlin. In: Steinhöfel, W. (Hrsg.): Spuren der DDR-Pädagogik. Weinheim, 225–238

–, Greenberg, R. A. (Hrsg.)(1987): Pädagogische Rehabilitation Geschädigter in der Deutschen Demokratischen Republik und in den Vereinigten Staaten von Amerika. Ein Überblick. Berlin

Begemann, E. (1970): Die Erziehung der soziokulturell benachteiligten Schüler. Hannover

Bendt, V. (Hrsg.) (1993): Öffne deine Hand für die Stummen. Die Geschichte der Israelitischen Taubstummen-Anstalt Berlin-Weissensee 1873 bis 1942. Berlin

Benner, D., Brüggen, F. (2004): Bildsamkeit/Bildung. In: Benner/Oelkers (2004), 174–215

–, Kemper, H. (2000): Quellentexte zur Theorie und Geschichte der Reformpädagogik. Teil 1: Die pädagogische Bewegung und die Aufklärung bis zum Neuhumanismus. Weinheim

–, – (2001): Quellentexte zur Theorie und Geschichte der Reformpädagogik. Teil 2: Die Pädagogische Bewegung von der Jahrhundertwende bis zum Ende der Weimarer Republik. Weinheim

–, – (2003a): Theorie und Geschichte der Reformpädagogik. Teil 1: Die pädagogische Bewegung und die Aufklärung bis zum Neuhumanismus. 2. Aufl. Weinheim/Basel

–, – (2003b): Theorie und Geschichte der Reformpädagogik. Teil 2: Die Pädagogische Bewegung von der Jahrhundertwende bis zum Ende der Weimarer Republik. Weinheim/Basel

–, Oelkers, J. (Hrsg.) (2004): Historisches Wörterbuch der Pädagogik. Weinheim/Basel

–, Sladek, H. (1998): Vergessene Theoriekontroversen in der Pädagogik der SBZ und DDR 1946–1961. Monographie mit Quellenteil. Weinheim

Berg, C. (1973): Die Okkupation der Schule. Eine Studie zur Aufhellung gegenwärtiger Schulprobleme an der Volksschule Preußens (1872–1900). Heidelberg

–, Ellger-Rüttgardt, S. (Hrsg.) (1991): Du bist nichts, Dein Volk ist alles. Forschungen zum Verhältnis von Pädagogik und Nationalsozialismus. Weinheim

– u. a. (Hrsg.) (1987–1998): Handbuch der deutschen Bildungsgeschichte. 1.–6. Bd. München.

Beschel, E. (1960): Der Eigencharakter der Hilfsschule. Weinheim

– (1976): Geschichte. In: Kanter, G., Speck, O. (Hrsg.): Pädagogik der Lernbehinderten. Handbuch der Sonderpädagogik. 4. Bd. Berlin, 113–147

Bettermann, C., Schotte, A. (2002): Heraus aus den Schulstuben, fort von den schlafraubenden Hausaufgaben in die freie Natur. Das Lebenswerk von Johannes Trüper: Die Sophienhöhe bei Jena. Jena

Biesold, H. (1988): Klagende Hände. Betroffenheit und Spätfolgen in bezug auf das Gesetz zur Verhütung erbkranken Nachwuchses, dargestellt am Beispiel der „Taubstummen". Solms-Oberbiel

Biewer, G. (2000): Inclusive schools. Die Erklärung von Salamanca und die internationale Integrationsdebatte. Gemeinsam leben. Zeitschrift für integrative Erziehung 8, 152–155

– (2001): Vom Integrationsmodell für Behinderte zur Schule für alle Schüler. Neuwied/Berlin

Blankertz, H. (1982): Die Geschichte der Pädagogik. Von der Aufklärung bis zur Gegenwart. Wetzlar

Blasius, D. (1994): „Einfache Seelenstörung". Geschichte der deutschen Psychiatrie 1800–1945, Frankfurt a. M.

Bleidick, U. (1978): Pädagogik der Behinderten. Grundzüge einer Theorie der Erziehung behinderter Kinder und Jugendlicher. 3. Aufl. Berlin

– (Hrsg.) (1981): Heinrich Kielhorn und der Weg der Sonderschulen. 100 Jahre Hilfsschulen in Braunschweig. Braunschweig

– (1991): Stand und Entwicklung des Schulwesens für Lernbehinderte in den deutschen Bundesländern. Die Sonderschule 36, 130–141

– (Hrsg.) (1999): Allgemeine Behindertenpädagogik. Studientexte zur Geschichte der Behindertenpädagogik. 1. Bd. Neuwied u. a.

– (2001): Vom Nutzen und Nachteil der Historie für das Leben behinderter Menschen – Ideengeschichtliche Betrachtungen zur Behindertenpädagogik. In: Wachtel/Dietze (2001), 11–23

–, Ellger-Rüttgardt, S. (Hrsg.) (1994): Behindertenpädagogik im vereinten Deutschland. Weinheim

Blickensdorfer, J., Dohrenbusch, H., Klein, F. (Hrsg.) (1988): Ethik in der Sonderpädagogik. Berlin

Bock, G. (1986): Zwangssterilisation im Nationalsozialismus. Studien zur Rassenpolitik und Frauenpolitik. Opladen

– (1991): Krankenmord, Judenmord und nationalsozialistische Rassenpolitik: Überlegungen zu einigen neueren Forschungshypothesen. In: Bajohr, F., Johe, W., Lohalm, U. (Hrsg.): Zivilisation und Barbarei. Die widersprüchlichen Potentale der Moderne. Hamburg, 285–306

Böhm, W. (2003): Maria Montessori (1870–1952). In: Tenorth (2003), 2. Bd., 74–88

Bradl, C. (1991): Anfänge der Anstaltsfürsorge für Menschen mit geistiger Behinderung („Idiotenanstaltswesen"). Ein Beitrag zur Sozial- und Ideengeschichte des Behindertenbetreuungswesens am Beispiel des Rheinlands im 19. Jahrhundert. Frankfurt a. M.

Breitsprecher, A. u. a. (Hrsg.) (1982): Welches Kind muß sonderpädagogisch betreut werden? 3. Aufl. Berlin

Breyvogel, W., Lohmann, Th. (1985): Schulalltag im Nationalsozialismus. In: Hermann, U. (Hrsg.): „Die Formung des Volksgenossen". Der „Erziehungsstaat" des Dritten Reiches. Weinheim/Basel, 253–268

Brieler, U. (1998): Foucaults Geschichte. Geschichte und Gesellschaft 24, 248–282

Brill, W. (1994): Pädagogik im Spannungsfeld von Eugenik und Euthanasie. Die „Euthanasie"-Diskussion in der Weimarer Republik und zu Beginn der neunziger Jahre. Ein Beitrag zur Faschismusforschung und zur Historiographie der Behindertenpädagogik. St. Ingbert

Bröse, B. (1991): Gesellschaftlicher Wandel und Sonderpädagogik. Zeitschrift für Heilpädagogik 42, 570–578

– (1998): Die DDR – ein deutsches Land ohne den Verband Deutscher Sonderschulen. In: Möckel (1998), 208–219

– (2001): Johannes Trüper auf der Sophienhöhe in Jena – Ursprung deutscher Heilpädagogik? In: Wachtel/Dietze (2001), 102–117

Buchka, M., Grimm, R., Klein, F. (Hrsg.) (2002): Lebensbilder bedeutender Heilpädagoginnen und Heilpädagogen im 20. Jahrhundert. 2. Aufl. München

Cantow, J., Kaiser, J.-C. (Hrsg.) (2005): Paul Gerhard Braune (1887–1954). Ein Mann der Kirche und Diakonie in schwieriger Zeit. Stuttgart

Chauvière, M. (1980): Enfance inadaptée: L'héritage de Vichy. Paris

Cloer, E., Wernstedt, R. (Hrsg.) (1994): Pädagogik in der DDR. Eröffnung einer notwendigen Bilanzierung. Weinheim

Datler, W., Gstach, J. (2005): „Auch Chicago ist nun daran, einen Verleger für Ihre ausgezeichnete Arbeit zu finden …" Einführende Bemerkungen zur dritten Auflage von Oskar Spiels „Am Schaltbrett der Erziehung" (1947). Wien, 1–24

–, –, Wittenberg, L. (2001): Individualpsychologische Erziehungsberatung und Schulpädagogik im Roten Wien der Zwischenkriegszeit. In: Zwiauer, Ch., Eichelberger, H. (Hrsg.): Das Kind wird entdeckt. Erziehungsexperimente im Wien der Zwischenkriegszeit. Wien, 227–269

de Saint-Loup, A. (1993): Darstellungen Gehörloser im westeuropäischen Mittelalter. In: Fischer/Lane (1993), 447–474

Decker, W., Frühauf, Th. (1992): Zwischen Verdrängtwerden und Verdrängen. Zur Personalsituation in der Behindertenhilfe der neuen Bundesländer. Geistige Behinderung 1, 1–15

Dederich, M. (2000): Behinderung – Medizin – Ethik. Behindertenpädagogische Reflexion zu Grenzsituationen am Anfang und Ende des Lebens. Bad Heilbrunn

– (Hrsg.) (2003): Bioethik und Behinderung. Bad Heilbrunn

Degenhardt, S., Rath, W. (2001): Blinden- und Sehbehindertenpädagogik. Studientexte zur Geschichte der Behindertenpädagogik. 2. Bd. Neuwied

Demmel, H. (1995): Durch Nacht zum Licht. Geschichte des Bayerischen Blindenbundes. München (Bayerischer Blindenbund)

Deutsches Institut für Internationale Pädagogische Forschung (1994): Katalog der Kunstsammlung der Bibliothek Hör- und Sprachgeschädigtenwesen Leipzig. Berlin

Dörner, K. (1994): Wir verstehen die Geschichte der Moderne nur mit den Behinderten vollständig. Leviathan. Zeitschrift für Sozialwissenschaft 22, 367–390

–, Haerlin, C., Rau, V., Schernus, R., Schwendy, A. (1980): Der Krieg gegen die psychisch Kranken. Nach „Holocaust" Erkennen, Trauern, Begegnen. Rehburg-Loccum

Drave, W., Mehls, H. (Hrsg.) (2006): 200 Jahre Blindenbildung in Deutschland (1806–2006). Würzburg

Dreves, F. (1998): „… leider zum größten Theile Bettler geworden". Organisierte Blindenfürsorge in Preußen zwischen Aufklärung und Industrialisierung. (1806–1860). Freiburg i. Br.

Drewek, P., Tenorth, H.-E. (2001): Das deutsche Bildungswesen im 19. und 20. Jahrhundert. Systemdynamik und Systemreflexion. In: Apel/Kemnitz/Sandfuchs (2001), 49–83

–, Horn, K.-P., Kersting, C., Tenorth, H.-E. (Hrsg.) (1995): Ambivalenzen der Pädagogik. Zur Bildungsgeschichte der Aufklärung und des 20. Jahrhunderts. Weinheim

Drovs, D. (2000): Heilpädagogik im deutschen Judentum. Eine Spurensicherung. 1873–1942. Mit einem Essay v. S. Sachs. Münster u. a.

Dudek, P. (1993): Gesamtdeutsche Pädagogik im Schwelmer Kreis. Geschichte und politisch-pädagogische Programmatik 1952–1974. Weinheim/München

– (1995): „Der Rückblick auf die Vergangenheit wird sich nicht vermeiden lassen." Zur pädagogischen Verarbeitung des Nationalsozialismus in Deutschland (1945–1990). Opladen

–, Tenorth, H.-E. (Hrsg.) (1993): Transformationen der deutschen Bildungslandschaft. Lernprozeß mit ungewissem Ausgang. 30. Beiheft der Zeitschrift für Pädagogik. Weinheim/Basel

Dupuis, G. (1983): Sprachbehindertenpädagogik. In: Solarová, S. (Hrsg.): Geschichte der Sonderpädagogik. Stuttgart, 260–296

Eberle, G. (1996): Otto Selz, 1881–1943, ein (jüdischer) Professor für Philosophie, Pädagogik und Psychologie aus Mannheim, der für die ‚Heilpädagogik' von großer Bedeutung hätte werden können. In: Ellger-Rüttgardt (1996), 71–95

– (2006): Erb- und Rassenhygiene in der Hilfsschule des Dritten Reiches. Zur Frage des Einflusses von Karl Tornow und Herbert Weinert durch ihr Buch ‚Erbe und Schicksal'. Replik auf den Beitrag von Kremer, G. (2005): Ein „richtiger Volksgenosse". Erb- und Rassenhygiene in der Hilfsschule des Dritten Reiches. Sonderpädagogik, 35, 127–134. In: Sonderpädagogik, 36. Jg., 84–89

Eberwein, H. (1970): Die Sonderschule als Integrationsfaktor der Gesamtschule – ein pädagogisch-soziologisches Problem. Zeitschrift für Heilpädagogik 21, 311–327

Eibach, J., Lottes, G. (Hrsg.) (2002): Kompass der Geschichtswissenschaft. Ein Handbuch. Göttingen

Ellger-Rüttgardt, S. (1980): Der Hilfsschullehrer. Sozialgeschichte einer Lehrergruppe (1880–1933). Weinheim/Basel

– (1981): Widerstände gegen die Braunschweiger Hilfsschule. In: Bleidick (1981), 69–91, 235–266

– (1985): Historiographie der Behindertenpädagogik. In: Bleidick, U. (Hrsg.): Handbuch der Sonderpädagogik. 1. Bd.: Theorie der Behindertenpädagogik. Berlin, 87–125

– (1986): Zur Funktion historischen Denkens für das Selbstverständnis der Behindertenpädagogik. Sonderpädagogik 16, 49–61

– (1988): Kritiker der Hilfsschule als Vorläufer der Integrationsbewegung. In: Eberwein, H. (Hrsg.): Behinderte und Nichtbehinderte lernen gemeinsam. Weinheim/Basel, 38–44

– (1989): Hilfsschulpädagogik und Nationalsozialismus: Traditionen, Kontinuitäten, Einbrüche. Zur Berufsideologie der Hilfsschullehrerschaft im Kaiserreich und in der Weimarer Republik. In: Herrmann, U., Oelkers, J. (Hrsg.): Pädagogik und Nationalsozialismus. Weinheim/Basel, 147–165

– (1990): Die Diskussion um die Beschulung zurückgebliebener Kinder in Frankreich um die Jahrhundertwende. Heilpädagogische Forschung. 16. Bd., 195–211. Berlin

– (1991): Historische Wegmarken des behindertenpädagogischen Selbstverständnisses. Zeitschrift für Heilpädagogik 42, 76–91

– (1992): Deutsch-deutscher Dialog in der Sonderpädagogik. Die Sonderschule 37, 386–396

– (1995): Historische Aspekte der gemeinsamen Bildung behinderter und nichtbehinderter Jugendlicher. Die Sonderschule 40 (6), 421–435

– (Hrsg.) (1996): Verloren und Un-Vergessen. Jüdische Heilpädagogik in Deutschland. Weinheim

– (1997): Frieda Stoppenbrink-Buchholz (1897–1933): Hilfsschulpädagogin, Anwältin der Schwachen, soziale Demokratin. 2. Aufl. Weinheim

– (1998a): Entwicklung des Sonderschulwesens in der Bundesrepublik Deutschland. In: Führ/Furck (1998), 356–377

– (1998b): Das Sonderschulwesen. In: Führ/Furck (1998), 2. Teilbd.: Deutsche Demokratische Republik und neue Bundesländer, 233–254

– (1998c): 100 Jahre Verband deutscher Sonderschulen – ein historischer Rückblick. Die neue Sonderschule 43 (2), 90–100

– (1998d): Der Verband der Hilfsschulen Deutschlands auf dem Weg von der Weimarer Republik in das Dritte Reich. In: Möckel (1998), 50–95

– (1998e): Der Verlust des Politischen – Kritische Anfragen an die deutsche Debatte um schulische Integration. Die neue Sonderschule 43, 2–10

– (1999): Vor 60 Jahren. Erinnerungen an die Opfer der „Euthanasie" in Deutschland. Zeitschrift für Heilpädagogik 50 (12), 559–563

– (2000): Der Rückblick auf die DDR im Jahre 1999: Zeitzeugen erinnern sich. In: Ellger-Rüttgardt/ Wachtel (2000), 12–42

– (2001): Aus der Vergangenheit für die Zukunft lernen. Zeitschrift für Heilpädagogik 52, 119–124

– (Hrsg.) (2003): Lernbehindertenpädagogik. Studientexte zur Geschichte der Behindertenpädagogik. 5. Bd. Weinheim

– (2004a): Sonderpädagogen im Dritten Reich – der Versuch einer Annäherung. Vierteljahresschrift für Heilpädagogik und ihre Nachbargebiete 73, 350–364

– (2004b): Sonderpädagogik – ein blinder Fleck der Allgemeinen Pädagogik? Eine Replik auf den Aufsatz von Dagmar Hänsel. Zeitschrift für Pädagogik 50 (3), 416–429

– (2005): Prügelknabe Sonderschule – ungeliebte Tochter Sonderpädagogik? Zeitschrift für Heilpädagogik 56, 42–55

– (2006a): Historiographie der Behindertenpädagogik. In: Antor, G., Bleidick, U. (Hrsg.): Handlexikon der Behindertenpädagogik. Schlüsselbegriffe aus Theorie und Praxis. 2. Aufl. Stuttgart, 94–97

– (2006b): Behinderung als Phänomen und Konstrukt im französischen Diskurs. Vierteljahresschrift für Heilpädagogik und ihre Nachbargebiete 75, 317–225

– (2006c): Blinde Menschen im Dritten Reich. In: Drave/Mehls (2006), 161–171

– (2006d): Geschichte der sonderpädagogischen Institutionen. In: Harney, K., Krüger, H.-H. (Hrsg.): Einführung in die Geschichte der Erziehungswissenschaft und Erziehungswirklichkeit. Opladen/ Bloomfield Hills, 269–290

–, Bleidick, U. (Hrsg.) (1994): Behindertenpädagogik im vereinten Deutschland. Über die Schwierigkeiten eines Zwiegesprächs zwischen Ost und West. Weinheim

–, Tenorth, H.-E. (1998): Die Erweiterung von Idee und Praxis der Bildsamkeit durch die Entdeckung der Bildbarkeit Behinderter – Anmerkungen zu einem Forschungsprojekt. Zeitschrift für Heilpädagogik 49 (10), 438–441

–, Wachtel, G. (Hrsg.) (2000): Zehn Jahre Sonderpädagogik und Rehabilitation im vereinten Deutschland. Neuwied

Emmerig, E. (1927): Bilderatlas zur Geschichte der Taubstummenbildung. Maidl, München

Engelbrecht, H. (1984): Geschichte des österreichischen Bildungswesens. Erziehung und Unterricht auf dem Boden Österreichs. 3. Bd.: Von der frühen Aufklärung bis zum Vormärz. Wien

Erdélyi, A. (2002): Ungarische Heilpädagogik im Wandel. Entwicklung und Situation der Heilpädagogik in Ungarn angesichts des politischen Systemwandels unter besonderer Berücksichtigung der Geistigbehindertenpädagogik. Würzburg

Erlinghagen, K. (1991): Maria Montessori (1870–1952). In: Scheuerl (1991), 2. Bd., 140–151

Essbach, S. u. a. (Hrsg.) (1985): Rehabilitationspädagogik für schulbildungsunfähige förderungsfähige Intelligenzgeschädigte. Einführung. Berlin

Fabry, E. (1988): Die Schulpolitik der Linken in der ersten Phase der Weimarer Republik. In: de Lorent, H.-P., Ullrich, V. (Hrsg.): Der Traum von der freien Schule. Schule und Schulpolitik in der Weimarer Republik. Hamburg, 56–85

Fatke, R. (2002): Psychoanalytische Pädagogik und Reformpädagogik. Geschwister, die sich nichts zu sagen haben? In: Andresen, S., Tröhler, D. (Hrsg.): Gesellschaftlicher Wandel und Pädagogik. Studien zur historischen Sozialpädagogik. Zürich, 156–169

Faulstich, H. (1998): Hungersterben in der Psychiatrie 1914–1949. Mit einer Topographie der NS-Psychiatrie. Freiburg i. Br.

Feige, H.-U. (1999): „Denn taube Personen folgen ihren thierischen Trieben". Gehörlosen-Biografien aus dem 18. u. 19. Jahrhundert. Leipzig

Fischer, F. (1961): Griff nach der Weltmacht. Die Kriegszielpolitik des kaiserlichen Deutschland 1914/18. Düsseldorf

Fischer, R., Lane, H. (Hrsg.) (1993): Blick zurück. Ein Reader zur Geschichte von Gehörlosengemeinschaften und ihren Gebärdensprachen. Hamburg

–, Wempe, K., Lamprecht, S., Seeberger, I. (1995): John Pacher (1842–1898) – ein „Taubstummer" aus Hamburg. Zusammenstellung von Quellen als Versuch einer biographischen Skizze. Das Zeichen 9 (Teil I: Nr. 32), 122–133 u. (Teil II: Nr. 33), 254–266

Flecken, M. (1981): Arbeiterkinder im 19. Jahrhundert. Weinheim/Basel

Flitner, A. (1957): Die Politische Erziehung in Deutschland. Geschichte und Probleme. 1750–1880. Tübingen

Foucault, M. (1961): Wahnsinn und Gesellschaft. Eine Geschichte des Wahns im Zeitalter der Vernunft. Frankfurt a. M.

– (1976): Überwachen und Strafen. Die Geburt des Gefängnisses. Frankfurt a. M.

Franz, G. unter Mitwirkung von W. Flitner (Hrsg.) (1966): Thüringer Erzieher. Köln und Graz

Freiburg, G. (1981): Die Sonderschule, insbesondere Hilfsschule, in der DDR. Entwicklung und Vergleich zur westdeutschen und zur sowjetischen Konzeption. In: Baske, S. (Hrsg.): Bildungsreformen in der Bundesrepublik Deutschland und in der Deutschen Demokratischen Republik. Ergebnisse und Probleme vergleichender Untersuchungen. Heidelberg

– (1988): Das Sonderschulwesen der Deutschen Demokratischen Republik. In: Novikov, L., Freiburg, G., Jehle, P. (Hrsg.): Entwicklungen im Sonderschulwesen der Sowjetunion und der Deutschen Demokratischen Republik. Frankfurt a. M., 31–148

Friedlander, H. (1989): Jüdische Anstaltspatienten im NS-Deutschland. In: Aly, G. (Hrsg.) Aktion T 4 1939–1945. Die „Euthanasie"-Zentrale in der Tiergartenstraße 4. 2. Aufl. Berlin, 34–44

– (1997): Der Weg zum NS-Genozid. Von der Euthanasie zur Endlösung. Berlin

Fuchs, B. (2003): Maria Montessori. Ein Portrait. Weinheim/Basel

Fuchs, P. (2001): „Körperbehinderte" zwischen Selbstaufgabe und Emanzipation. Selbsthilfe – Integration – Aussonderung. Neuwied

Führ, C., Furck, C.-L. (Hrsg.) (1998): Handbuch der deutschen Bildungsgeschichte. 6. Bd.: 1945 bis zur Gegenwart. 1. Teilbd.: Bundesrepublik Deutschland. München

Fürst, M. (2005): Maria Theresia Paradis – Mozarts berühmte Zeitgenossin. Köln

Gabriel, E., Neugebauer, W. (Hrsg.) (2000): NS-Euthanasie in Wien. Wien/Köln/Weimar

Gall, L. (1980): Bismarck. Der weiße Revolutionär. Frankfurt a. M. u. a.

Gardou, Ch. (2006): Fragments sur le handicap et la vulnérabilité. Pour un révolution de la pensée et de l'action. Toulouse

Gautherin, J. (2002): Une discipline pour la République. La Science de l'éducation en France (1882–1914). Bern

Gebhardt, B. (Hrsg.) (1960): Handbuch der deutschen Geschichte. 4 Bände. Stuttgart

Gerber, G. (1987): Universitäre Sonder- und Heilpädagogik. Vergangenheit – Gegenwart – Zukunft. München

Geschichte der Kinderarbeit in Deutschland (1958). 2 Bände. Bd. I: Geschichte von J. Kuczynski. Bd. II: Dokumente von R. Hoppe. Berlin

Glaue, P. (1966): Johannes Daniel Falk. 1768–1826. In: Franz, G., Flitner, W. (Hrsg.): Thüringer Erzieher. Köln/Graz, 113–129

Göppel, R. (1989): „Der Friederich, der Friederich …". Das Bild des „schwierigen Kindes" in der Pädagogik des 19. und 20. Jahrhunderts. Würzburg

Grams, W. (1990): Kontinuität und Diskontinuität der bildungspolitischen und pädagogischen Planungen aus Widerstand und Exil im Bildungswesen der BRD und DDR. Eine vergleichende Studie. Frankfurt a. M./Bern

Grimm, R. (2004): Phänomene des Wandels. Anthroposophische Heilpädagogik in acht Jahrzehnten. In: Gäch, A. (Hrsg.): Phänomene des Wandels. Wozu Heilpädagogik und Sozialtherapie herausgefordert sind. Luzern, 31–42

Grosse, K.-D. (1993): Menschen mit Behinderungen in Mythen und Legenden der Sumerer. Ein Beitrag zur Fachgeschichte. Vierteljahresschrift für Heilpädagogik und ihre Nachbargebiete 62, 1–8

Grosse, R. (1966): Die Entwicklung des Hilfsschulwesens in Hamburg. Hamburg (unveröff.)

Gstach, J. (2001): Zur Geschichte der tiefenpsychologischen Erziehungsberatung im Wien der Zwischenkriegszeit. In: Menne, K., Hundsalz, A. (Hrsg.): Jahrbuch für Erziehungsberatung. Weinheim/München, 291–307

–, Datler, W. (2001): Zur Geschichte und Konzeption der individualpsychologischen Erziehungsberatung im Wien der Zwischenkriegszeit. Zeitschrift für Individualpsychologie 26, 200–221

Habermas, J. (1995): Zur Normalität der künftigen Republik. 1889 im Schatten von 1945. Rede in der Frankfurter Paulskirche zur 50. Wiederkehr des 8. Mai. Frankfurter Rundschau Nr. 106 vom 08.05.

Häder, S., Tenorth, H.-E. (Hrsg.) (1997): Bildungsgeschichte einer Diktatur. Bildung und Erziehung in SBZ und DDR im historisch-gesellschaftlichen Kontext. Weinheim

Haeberlin, U. (1990): Wie sich Heilpädagogik entwickelt. Illustriert an der Geschichte des Heilpädagogischen Institutes der Universität Freiburg/Schweiz anlässlich deren 100-Jahr-Feier. Vierteljahresschrift für Heilpädagogik und ihre Nachbargebiete 59, 327–338

– (1996): Heilpädagogik als wertgeleitete Wissenschaft. Ein propädeutisches Einführungsbuch in Grundfragen einer Pädagogik für Benachteiligte und Ausgegrenzte. Bern

– (2005): Grundlagen der Heilpädagogik. Einführung in eine wertgeleitete erziehungswissenschaftliche Disziplin. Bern

Hagener, C. (1990): Die Hamburger Versuchsschulen der Weimarer Jahre. Ihre Programmatik und Realität im Umfeld gesellschaftlicher Bewegung. In: Daschner, P., Lehberger, R. (Hrsg.): Hamburg – Stadt der Schulreformen. Hamburg, 26–41

Hansen-Schaberg, J. (Hrsg.) (2005): Die Praxis der Reformpädagogik. Dokumente und Kommentare zur Reform der öffentlichen Schulen in der Weimarer Republik. Bad Heilbrunn

Harten, H.-C. (1990): Elementarschule und Pädagogik in der Französischen Revolution. München

– (1996): Utopie und Pädagogik in Frankreich 1789–1860. Ein Beitrag zur Vorgeschichte der Reformpädagogik. Bad Heilbrunn

– (1997): Pädagogik und Eugenik im „rassenhygienischen“ Diskurs vor 1933. Paedagogica Historica XXXIII (3), 765–800

Häupl, W. (2006): Die ermordeten Kinder vom Spiegelgrund. Gedenkdokumentation für die Opfer der NS-Kindereuthanasie in Wien. Wien/Köln/Weimar

Heese, G. (1954): Über Verallgemeinerungsbestrebungen in der Geschichte der Schwerhörigenbildung. Neue Blätter für Taubstummenbildung 8, 341–345

– (Hrsg.) (1962): Das sonderpädagogische Studium. Eine Übersicht über die Studienstätten und Studienprogramme für die sonderpädagogischen Fachrichtungen im deutschen Sprachgebiet. Berlin

– (1983): Schwerhörigenpädagogik. In: Solarová, S. (Hrsg.): Geschichte der Sonderpädagogik. Stuttgart, 297–331

–, Solarová, S. (2001): Die Modellfunktion des Heilpädagogischen Seminars (1925–1934) der Diesterweg Hochschule Berlin für differenzierte Ausbildungsformen in der zweiten Hälfte des 20. Jahrhunderts. In: Wachtel, G., Dietze, S. (Hrsg.): Heil- und Sonderpädagogik – auch im 21. Jahrhundert eine Herausforderung. Weinheim/Basel, 142–156

–, Jeltsch, B., Stoffel, A.-M. (Hrsg.) (1990): Über Hanselmann nachdenken. Ein Kolloquium über das Werk Heinrich Hanselmanns im Zentenarjahr 1985. Beiträge – Diskussionen – Dokumente. Zürich

Heiden, H.-G., Simon, G., Wilken, U. (1993): Otto Perl und die Entwicklung von Selbstbestimmung und Selbstkontrolle in der Körperbehinderten-Selbsthilfe-Bewegung. Krautheim

Heinemann, M. (Hrsg.) (1999): Zwischen Restauration und Innovation. Bildungsreform in Ost und West nach 1945. Köln/Weimar/Wien

Hellekamps, S., Musolff, H.-U. (1999): Die gerechte Schule. Eine historisch-systematische Studie. Köln

Henri, P. (1952): La vie et l'œuvre de Louis Braille. Paris

Herrlitz, H.-G., Hopf, W., Titze, H. (1993): Deutsche Schulgeschichte von 1800 bis zur Gegenwart. Eine Einführung. Weinheim/München

Herrmann, U. (Hrsg.) (1981): „Das pädagogische Jahrhundert“. Volksaufklärung und Erziehung zur Armut im 18. Jahrhundert in Deutschland. Weinheim/Basel

– (1992): Die „Majestät des Kindes“ – Ellen Keys polemische Provokationen. Nachwort zu Ellen Key: Das Jahrhundert des Kindes. Neu hrsg. Weinheim/Basel, 253–264

– (1993): Aufklärung und Erziehung. Studien zur Funktion der Erziehung im Konstitutionsprozeß der bürgerlichen Gesellschaft im 18. und frühen 19. Jahrhundert in Deutschland. Weinheim

– (2005): Pädagogisches Denken. In: Hammerstein, N., Herrmann, U. (Hrsg.): Handbuch der deutschen Bildungsgeschichte. 2. Bd. München, 97–133

Herzig, A. (1990): Humanität oder Preußens Gloria? Das allmähliche Ende der Kinderarbeit. In: Universität-Gesamthochschule Siegen (1990), 176–182

Hillenbrand, C. (1994): Reformpädagogik und Heilpädagogik unter besonderer Berücksichtigung der Hilfsschule. Bad Heilbrunn

– (1998): Reflexion des Scheiterns – Siegfried Bernfelds Beitrag zur Heilpädagogik und Verhaltensgestörtenpädagogik. Vierteljahresschrift für Heilpädagogik und ihre Nachbargebiete 67, 334–347

– (2001): Lernförderung in Reformschulen – Zur Geschichte der „Integration“. In: Wachtel/Dietze (2001), 118–141

Höck, M. (1979): Die Hilfsschule im Dritten Reich. Berlin

Hofer, U. (2000): Bildbar und verwertbar. Utilitätsdenken und Vorstellungen der Bildbarkeit behinderter Menschen Ende 18. und Anfang 19. Jahrhundert in Frankreich. Würzburg

– (2001): Sensualismus als Grundlage erster sonderpädagogischer Unterrichtsversuche. Seine Bedeutung für die Frage nach der Bildbarkeit blinder Menschen. blind – sehbehindert 121, 71–89

– (2004): Sonderpädagogik. In: Benner/Oelkers (2004), 887–902

Hofer-Sieber, U. (2000): Bildbar und verwertbar. Utilitätsdenken und Vorstellungen der Bildbarkeit behinderter Menschen Ende 18. und Anfang 19. Jahrhundert in Frankreich. Würzburg

Hoffmann, J. (1986): Hilfsschulpädagogik in der DDR. Historische und theoretische Grundlagen. Berlin

– (1994): Hilfsschulpädagogik in der DDR. Erfahrungen mit einer Dissertation. In: Bleidick/Ellger-Rüttgardt (1994), 103–112

– (1999): Gegen die Fürsorgeerziehung. Die Verordnung über öffentliche Jugendhilfe in Brandenburg 1946/1948. In: Heinemann (1999), 237–253

Hofmann, W. (1966): Hilfsschule (Sonderschule für Lernbehinderte). In: Lesemann, G. (Hrsg.): Beiträge zur Geschichte und Entwicklung des deutschen Sonderschulwesens. Berlin, 65–101

Honneth, A. (1990): Integrität und Mißachtung. Grundmotive einer Moral der Anerkennung. Merkur 44, 1043–1054

Hoof, D. (1990): Das blinde Kind von Brauron. In: Ellger-Rüttgardt, S. (Hrsg.): Bildungs- und Sozialpolitik für Behinderte. München/Basel, 257–271

Hoppe, R. (1958): Geschichte der Kinderarbeit in Deutschland. 2. Bd.: Dokumente. Berlin

Horkheimer, M. (1961): Über die deutschen Juden. Köln

Horn, K.-P., Tenorth, E. (1991): Remigration in der Erziehungswissenschaft. Exilforschung. Ein internationales Jahrbuch. 9. Bd., 171–195. München

Hoyningen-Süess, U. (1992): Sonderpädagogik als Wissenschaft. Heinrich Hanselmanns Theorie der Sonderpädagogik. Luzern

– (2006): Der Kongress der Internationalen Gesellschaft für Heilpädagogik in Genf 1939 als Wegscheide einer historischen Disziplinierung. In: Berufsverband der Heilpädagogen e. V. (Hrsg.): Internationaler Kongress für Heilpädagogik. Heilpädagogik in Praxis, Forschung und Ausbildung. Aktuelle Beiträge zum Profil einer Handlungswissenschaft. Ulm, 20–35

Hugon, M.-A., Gateaux, J., Vial, M. (1984): Les enfants des classes de perfectionnement (1907–1950). In: Cresas u. a.: Intégration ou marginalisation? Aspects de l'éducation spéciale. Paris, 75–104

Huxley, A. (1997): Schöne neue Welt. Frankfurt a. M.

Ingenkamp, K., Laux, H. (1990): Geschichte der Pädagogischen Diagnostik. 1. Bd.: K. Ingenkamp: Pädagogische Diagnostik in Deutschland 1885–1932. 2. Bd.: H. Laux: Pädagogische Diagnostik im Nationalsozialismus 1933–1945

Jacobi, J. (1998): Erziehung als Mission. In: Röper/Jüllig (1998), 80–89

Jaedicke, M., Schmidt-Block, W. (Hrsg.) (1991): Blinde unterm Hakenkreuz – Erkennen Trauern, Begegnen. Marburger Schriftenreihe zur Rehabilitation Blinder und Sehbehinderter. 8. Bd. Marburg

Jantzen, W. (1975): Behinderung und Faschismus. Zum 30. Jahrestag der Befreiung vom Hitlerfaschismus. Behindertenpädagogik in Hessen 14, 150–169

– (Hrsg.) (1981): Soziologie der Sonderschule. Weinheim

– (1993): Das Ganze muß verändert werden. Zum Verhältnis von Behinderung, Ethik und Gewalt. Berlin

– (1998): Die Zeit ist aus den Fugen. Marburg

Jeismann, K.-E. (1987a): Schulpolitik, Schulverwaltung, Schulgesetzgebung. In: Jeismann/Lundgreen (1987), 105–122

– (1987b): Zur Bedeutung der „Bildung" im 19. Jahrhundert. In: Jeismann/Lundgreen (1987), 1–21

–, Lundgreen, P. (Hrsg.) (1987): Handbuch der deutschen Bildungsgeschichte. 3. Bd. München

Jussen, H. (1991): Die Heilpädagogische Fakultät zu Köln. Geschichte, Gegenwartsprobleme, Perspektiven. Bonn

– (1998): Die Taubstummenanstalt zu Brühl. Ein Beitrag zur Geschichte der allgemeinen Volksbildung im Rheinland zwischen 1854 und 1938. Wissenschaftliche Beiträge zur Brühler Geschichte. Beilagen zu den Brühler Heimatblättern 55 (3), 1–24

– (2006): 50 Jahre wissenschaftlicher Fortschritt. Forschung und Lehre an der Heilpädagogischen Fakultät zu Köln. Jahrbuch des Kölnischen Geschichtsvereins e. V. 77, 151–173

Kanter, G. O. (1985): Die Sonderschule regelschulfähig, die Regelschule sonderschulfähig machen – Perspektiven aus Modellversuchen. Zeitschrift für Heilpädagogik 36, 305–325

– (1991): Kennzeichnungen der aktuellen Situation des Bildungswesens und Zukunftsperspektiven der Behindertenpädagogik. Zeitschrift für Heilpädagogik 42, 92–103

–, Schmetz, D. (1998): Der Verband und der Auf- und Ausbau von Ausbildung und Studium. In: Möckel (1998), 186–207

Kaplan, M. A. (1981): Die jüdische Frauenbewegung in Deutschland. Organisation und Ziele des Jüdischen Frauenbundes 1904–1938. Hamburg

Karacostas, A. (1993): *Glottophagia*-Fragmente: Ferdinand Berthier und die Geburt der Gehörlosenbewegung in Frankreich. In: Fischer/Lane (1993), 157–169

Keim, W. (1995): Erziehung unter der Nazi-Diktatur. 1. Teil: Antidemokratische Potentiale, Machtantritt und Machtdurchsetzung. Darmstadt

– (1997): Erziehung unter der Nazi-Diktatur. 2. Teil: Kriegsvorbereitung, Krieg und Holocaust. Darmstadt

Klafki, W. (1976): Restaurative Schulpolitik 1945–1959 in Westdeutschland. Das Beispiel Bayern. In: Klafki, W. (Hrsg.): Aspekte kritisch-konstruktiver Erziehungswissenschaft. Weinheim/Basel, 253–299

Klauer, K. J. (1964): Über den Begriff der Sonderschule. In: Zeitschrift für Heilpädagogik 15 (1964), 261–280

– (1965): Lernbehindertenpädagogik. Berlin

Klee, E. (1985): Dokumente zur „Euthanasie". Frankfurt a. M.

Klein, F. (2002a): Janusz Korczak (1878–1942). In: Buchka/Grimm/Klein (2002), 159–173

– (2002b): Anne Sullivan (1866–1936). In: Buchka, M./Grimm, R./Klein, F.(Hrsg): Lebensbilder bedeutender Heilpädagoginnen und Heilpädagogen im 20. Jahrhundert. 339–353

Kleßmann, Ch. (1991): Die doppelte Staatsgründung. Deutsche Geschichte 1945–1955. Bonn

Kobi, E. E. (1996): Heilpädagogik in der Wendezeit. Brüche, Kontinuitäten, Perspektiven. In: Opp, G., Freytag, A., Budnik, J. (Hrsg.): Heilpädagogik in der Wendezeit. Brüche, Kontinuitäten, Perspektiven. Luzern, 264–285

Köpcke-Duttler, A. (2002): Clara Grunwald (1877–1943). In: Buchka/Grimm/Klein (2002), 83–96

Koselleck, R. (1971): Wozu noch Historie? Historische Zeitschrift 212, 1–18

Kraus, A. (1987): Armenwesen, Wohlfahrtspflege, Sozialarbeit. In: Jeismann/Lundgreen (1987), 317–331

Kremer, G. (2005): Ein „richtiger Volksgenosse". Erb- und Rassenhygiene in der Hilfsschule des Dritten Reiches. In: Sonderpädagogik, 35. Jg., 127–134

– (2006): Historiographie der Hilfsschule im Dritten Reich: Methoden, Möglichkeiten und Grenzen. Eine Antwort auf die Replik von Gerhard Eberle. In: Sonderpädagogik, 36. Jg., 90–95

Kristeva, J. (2003): Lettre au président de la République sur les citoyens en situation de handicap, à l'usage de ceux qui le sont et de ceux qui ne le sont pas. Paris

Kühl, R. (1997): Die Internationale der Rassisten. Aufstieg und Niedergang der internationalen Bewegung für Eugenik und Rassenhygiene im 20. Jahrhundert. Frankfurt a. M./New York

Kuhlemann, F.-M. (1991): Niedere Schulen. In: Berg (1987–1998), 4. Bd., 179–227

– (1992): Modernisierung und Disziplinierung. Sozialgeschichte des preußischen Volksschulwesens 1794–1872. Göttingen

Leber, A. (1981): Der Wilde von Aveyron und sein Lehrer. Kindheit. Zeitschrift zur Erforschung der psychischen Entwicklung 3, 27–39

Lehberger, R. (1988): Einflüsse der Reformpädagogik auf das Regelschulwesen. In: de Lorent, H.-P., Ullrich, N. (Hrsg.): Der Traum von der freien Schule. Hamburg, 118–134

–, de Lorent, H.-P. (Hrsg.) (1986): Die Fahne hoch. Schulpolitik und Schulalltag in Hamburg unterm Hakenkreuz. Hamburg

Leonhardt, A. (2002): Einführung in die Hörgeschädigtenpädagogik. München/Basel

Leschinsky, A., Roeder, P. M. (1976): Schule im historischen Prozeß. Zum Wechselverhältnis von institutioneller Erziehung und gesellschaftlicher Entwicklung. Stuttgart

Lesemann, G. (1969): Wege, Wandlungen, Begegnungen in der Pädagogik, Sonder- und Sozialpädagogik. Rückschau, Analysen, Ausblicke, dargestellt an Ausschnitten aus meinem Leben. Berlin

Liegle, L., Konrad, F.-M. (Hrsg.) (1989): Reformpädagogik in Palästina. Dokumente und Deutungen zu den Versuchen einer „neuen" Erziehung im jüdischen Gemeinwesen Palästinas (1918–1948). Frankfurt a. M.

Lindmeier, B. (1998): Die Pädagogik des Rauhen Hauses. Zu den Anfängen der Erziehung schwieriger Kinder bei Johann Hinrich Wichern. Bad Heilbrunn

–, Lindmeier, C. (Hrsg.) (2002): Geistigbehindertenpädagogik. Studientexte zur Geschichte der Behindertenpädagogik. 3. Bd. Weinheim u. a.

Lindmeier, C. (2001): Fritz Rössels Versuch einer erziehungswissenschaftlichen Grundlegung heilpädagogischer Theoriebildung auf phänomenologischer Grundlage. Zeitschrift für Heilpädagogik 52, 62–68

List, G. (1991): Vom Triumph der „deutschen" Methode über die Gebärdensprache. Problemskizze zur Pädagogisierung der Gehörlosigkeit im 19. Jahrhundert. Zeitschrift für Pädagogik 37, 245–266

Löwe, A. (1992): Hörgeschädigtenpädagogik international. Geschichte – Länder– Personen – Kongresse. Heidelberg

Lundgreen, P. (1980/81): Sozialgeschichte der deutschen Schule im Überblick. Teil I: 1770–1918, Teil II: 1918–1980. Göttingen

– (2003): „Bildungspolitik" und „Eigendynamik" in den Wachstumsschüben des deutschen Bildungssystems seit dem 19. Jahrhundert. Zeitschrift für Pädagogik 49, 34–41

Macintyre, A. (2001): Die Anerkennung der Abhängigkeit über menschliche Tugenden. Hamburg

Malson, L., Itard, J., Mannoni, O. (1972): Die wilden Kinder. Frankfurt a. M.

Mann, Th. (1988): Das Gesetz. In: Robinson (1988), 17–75

Mannschatz, E. (1971): Zur Entwicklung des Sonderschulwesens unter der Sicht des VIII. Parteitages. Die Sonderschule 16, 193–200

– (1972): Zur Weiterentwicklung der Hilfsschule als Bestandteil des sozialistischen Bildungswesens. In: Die Sonderschule 17 (1972), 129–139

Manuskript „Der beste Freund in der Not ist der Narr. Das Leben des Johannes Falk" v. C. Schmitz-Scholemann der Sendung im Deutschlandfunk vom 26. Mai 2006

Mehlitz, H. (2003): Johann August Zeune. Berlins Blindenvater und seine Zeit. Köthen

Mehls, H., Althans, G. C.: Der Beginn der Taubblindenbildung. blind – sehbehindert 124, 160–165

Mell, A. (1952): Von Vives bis Haüy. Dokumente und Betrachtungen zur Begründungsgeschichte der Blindenbildung. Hannover

Merseburger, P. (2004): Willy Brandt 1913–1992. Visionär und Realist. München

Michael, B., Schepp, H.-H. (1993): Die Schule in Staat und Gesellschaft. Dokumente zur deutschen Schulgeschichte im 19. und 20. Jahrhundert. Göttingen/Zürich

Mitscherlich, A., Mielke, F. (Hrsg.) (1978): Medizin ohne Menschlichkeit. Dokumente des Nürnberger Ärzteprozesses. Frankfurt a. M.

–, Mitscherlich, M. (1994): Die Unfähigkeit zu trauern. Grundlagen kollektiven Verhaltens. 23. Aufl. München/Zürich

Mocek, R. (2002): Biologie und soziale Befreiung. Zur Geschichte des Biologismus und der Rassenhygiene in der Arbeiterbewegung. Frankfurt a. M.

Möckel, A. (1988): Geschichte der Heilpädagogik. Stuttgart

– (Hrsg.) (1998): Erfolg – Niedergang – Neuanfang. 100 Jahre Verband Deutscher Sonderschulen – Fachverband für Behindertenpädagogik. München

– (2006): Anmerkungen zu Denis Diderot „Über die Blinden" oder: Die Bedeutung der Blindenpädagogik für die Heilpädagogik. In: Drave/Mehls (2006), 13–24

–, Adam, H., Adam, G. (Hrsg.) (1997): Quellen zur Erziehung von Kindern mit geistiger Behinderung. 1. Bd.: 19. Jahrhundert. Würzburg

–, –, – (Hrsg.) (1999): Quellen zur Erziehung von Kindern mit geistiger Behinderung. 2. Bd.: 20. Jahrhundert. Würzburg

Moser, V. (1995): Die Ordnung des Schicksals. Zur ideengeschichtlichen Tradition der Sonderpädagogik. Butzbach-Griedel

– (1998): Die wissenschaftliche Grundlage der Heilpädagogik in der ersten Hälfte des 20. Jahrhunderts. Heilpädagogische Forschung 24 (2), 75–83

Mottez, B. (1993): Die Gehörlosenbankette und die Geburt der Gehörlosenbewegung. In: Fischer/Lane (1993), 171–185

Mürner, C. (1985): Die Pädagogik von Heinrich Hanselmann. Zum Verhältnis von Entwicklung und Behinderung. Luzern

Musenberg, O. (2002): Der Körperbehindertenpädagoge Hans Würtz (1875–1958). Eine kritische Würdigung des psychologischen und pädagogischen Konzeptes vor dem Hintergrund seiner Biographie. Hamburg

Muth, J. (1973): Möglichkeiten und Grenzen schulischer Integration behinderter Kinder. Zeitschrift für Heilpädagogik 24, 262–272

Myschker, N. (1969): Der Verband der Hilfsschulen Deutschlands und seine Bedeutung für das deutsche Sonderschulwesen. Beiheft der Zeitschrift für Heilpädagogik 8, Nienburg/Weser

– (1996): Verhaltensstörungen bei Kindern und Jugendlichen. Erscheinungsformen – Ursachen – hilfreiche Maßnahmen. 2. Aufl. Stuttgart

Niemeyer, C. (1998): Klassiker der Sozialpädagogik. Einführung in die Theoriegeschichte einer Wissenschaft. Weinheim/München

Nieser, B. (1992): Aufklärung und Bildung. Studien zur Entstehung und gesellschaftlichen Bedeutung von Bildungskonzeptionen in Frankreich und Deutschland im Jahrhundert der Aufklärung. Weinheim

Nipperdey, T. (1994): Deutsche Geschichte 1800–1866: Bürgerwelt und starker Staat. München

Oberborbeck, K. W. (1999): Die Entwicklung der Erziehungsberatung in Niedersachsen nach 1945. Zwischen „Child Guidance" und der Tradition der deutschen Erziehungsberatung. In: Heinemann (1999), 255–301

Oelkers, J. (1996): Reformpädagogik. Eine kritische Dogmengeschichte. 3. Aufl. Weinheim/München

Overhoff, J. (2004): Die Frühgeschichte des Philanthropismus (1715–1771). Konstitutionsbedingungen, Praxisfelder und Wirkung eines pädagogischen Reformprogramms im Zeitalter der Aufklärung. Tübingen

Pandel, H.-J. (2003): Quelleninterpretation. Die schriftliche Quelle im Geschichtsunterricht. 2. Aufl. Schwalbach/Ts.

Pehnke, A. (Hrsg.) (1996): Einblicke in reformorientierte Schulpraxis der neuen Bundesländer. Anregungen einer Tagung. Frankfurt a. M.

– (2001): Die Bernsdorfer Schule in Chemnitz. Reformpädagogische Versuchsarbeit von 1912 bis 1933. Jahrbuch für Historische Bildungsforschung. 7. Bd., 191–213. Bad Heilbrunn

– (2004): Sächsische Versuchsschulen und das Schicksal des Schulreformers Kurt Schumann – Reformpädagogik zwischen Verklärung und Historisierung. In: Lüdtke, M., Matthes, E., Miller-Kipp, G. (Hrsg.): Erfolg oder Misserfolg? Urteile und Bilanzen in der Historiographie der Erziehung. Bad Heilbrunn, 111–128

Pellicier, Y., Thuillier, G. (1979): Pour une histoire de l'éducation des enfants idiots en France. Revue historique 103, 99–130

–, – (1996): Un pionnier de la psychiatrie de l'enfant. Edouard Séguin (1812–1880). Paris

Peukert, D. (1985): Alltag unterm Hakenkreuz. In: Herrmann, U. (Hrsg.): „Die Formung des Volksgenossen". Der „Erziehungsstaat" des Dritten Reiches. Weinheim/Basel, 40–64

Pielasch, H., Jaedicke, M. (1972): Geschichte des Blindenwesens in Deutschland und in der DDR. Leipzig

Pilarczyk, U., Mietzner, U. (2005): Das reflektierte Bild. Die seriell-ikonografische Fotoanalyse in den Erziehungs- und Sozialwissenschaften. Bad Heilbrunn

Pinna, P. u. a. (1993): Schriftliche und andere Dokumente einer Gehörlosenschule in Rom. In: Fischer/Lane (1993), 413–436

Plann, S. (1993): Roberto Francisco Prádez. Spaniens erster gehörloser Gehörlosenlehrer. In: Fischer/Lane (1993), 59–85

Pluhar, Ch., Ellger-Rüttgardt, S., Möller, C. (1996): Betty Hirsch: Porträt einer blinden Heilpädagogin. In: Ellger-Rüttgardt (1996), 206–225

Pogt, H. (1990a): „… verkrüppeln an Seele und Leib". Kinderarbeit im Wuppertal. In: Universität-Gesamthochschule Siegen (1990), 148–155

– (1990b): Wohnung des menschlichen Elends? Elberfeld, eine Stadt am Beginn der Industrialisierung. In: Universität-Gesamthochschule Siegen (1990), 142–147

Pritchard, D. G. (1963): Education and the handicapped. 1760–1960. London/New York

Prost, A. (1968): Histoire de l'enseignement en France. 1800–1967. Paris

Preuss-Lausitz, U. (1981): Fördern ohne Sonderschule. Konzepte und Erfahrungen zur integrativen Förderung in der Regelschule. Weinheim/Basel

Radtke, P. (1990): Wir lassen nicht über uns diskutieren. Zur Lebensrechtsdebatte behinderter Menschen. Geistige Behinderung 29, 275–279

Rand, Y. (1996): Der Holocaust: Die pädagogische Botschaft eines Überlebenden. Ein Essay. In: Ellger-Rüttgardt, S. (Hrsg.): Verloren und Un-Vergessen. Jüdische Heilpädagogik in Deutschland. Weinheim, 335–344

Rauschning, H. (1988): Vorwort. Eine Unterredung mit Hitler. In: Robinson (1988), 9–13

Retter, H. (Hrsg.) (1996): Peter Petersen und der Jenaplan: Von der Weimarer Republik bis zur Nachkriegszeit. Berichte – Briefe – Dokumente. Weinheim

– (Hrsg.) (2004): Reformpädagogik. Neue Zugänge – Befunde – Kontroversen. Bad Heilbrunn

Reyer, J. (1991): Alte Eugenik und Wohlfahrtspflege. Entwertung und Funktionalisierung der Fürsorge vom Ende des 19. Jahrhunderts bis zur Gegenwart. Freiburg i. Br.

– (2002): Kleine Geschichte der Sozialpädagogik. Individuum und Gemeinschaft in der Pädagogik der Moderne. Baltmannsweiler

Richter, G. (1986): Blindheit und Eugenik (1918–1945). Freiburg i. Br.

Ritter, H. H. (1984): Normal, Normalität. In: Ritter, J., Gründer, K. (Hrsg.): Historisches Wörterbuch der Philosophie. 6. Bd. Basel/Stuttgart, 920–928

Ritzi, C., Wiegmann, U. (Hrsg.) (2004): Behörden und pädagogische Verbände im Nationalsozialismus. Zwischen Anpassung, Gleichschaltung und Auflösung. Bad Heilbrunn

Robinson, A. L. (1988): Die zehn Gebote. Zehn Erzählungen über Hitlers Krieg gegen die Moral. Frankfurt a. M.

Rödler, K. (1987): Vergessene Alternativschulen. Geschichte und Praxis der Hamburger Gemeinschaftsschulen 1919–1933. Weinheim

Röhrs, H. (1991): Die Reformpädagogik – Ursprung und Verlauf unter internationalem Aspekt. 3. Aufl. Weinheim

–, Lenhart, V. (Hrsg.) (1994): Die Reformpädagogik auf den Kontinenten. Ein Handbuch. Frankfurt a. M.

Röper, U., Jüllig, C. C. (Hrsg.) (1998): Die Macht der Nächstenliebe. Einhundertfünfzig Jahre Innere Mission und Diakonie 1848–1998. Berlin

Ruchat, M. (2003): Inventer les arriérés pour créer l'intelligence. Arriéré scolaire et la classe spéciale. Histoire d'un concept et d'une innovation psychopédagogique 1874–1914 Bern u. a.

Saathoff, N. (2001): Der Hessische Wolfsjunge und die mittelalterliche Wahrnehmung eines ‚Wilden Kindes'. Jahrbuch für Historische Bildungsforschung. 7. Bd., 89–108. Bad Heilbrunn

Sachs, S. (1989): Stefa. Stefania Wilczynskas pädagogische Alltagsarbeit im Waisenhaus Janusz Korczaks. Weinheim/München

– (2002): Zur Stellung des behinderten Menschen in der jüdischen Überlieferung. In: Drovs, D. (Hrsg.): Heilpädagogik im deutschen Judentum. Eine Spurensicherung. 1873–1942. Münster u. a., V–XIX

Sachße, C., Tennstedt, F. (1988): Geschichte der Armenfürsorge in Deutschland. 2. Bd. Stuttgart u. a.

–, – (1992): Der Wohlfahrtsstaat im Nationalsozialismus. Geschichte der Armenfürsorge in Deutschland. 3. Bd. Stuttgart

Sander, A. (1969): Die Sonderschulen im geteilten Deutschland. Berlin

– (1975): Zum Stand der Erfassung sonderschulbedürftiger Behinderter. Zeitschrift für Heilpädagogik 26, 214–221

Schauerte, E. (1999): Von der Berliner Fortbildungsschule für Schwachbeanlagte zur heutigen Berufsschule mit sonderpädagogischer Aufgabe (Loschmidt-Oberschule). Die Geschichte des Berufsschulunterrichts für Lernbehinderte im Spannungsfeld von Sonder- und Berufspädagogik. Berlin (unveröff.)

Scheibe, W. (1994): Die Reformpädagogische Bewegung 1900–1932. Eine einführende Darstellung. 10. Aufl. Weinheim/Basel

Scheuerl, H. (1954): Das Spiel. Weinheim/Berlin

– (1982): Pädagogische Anthropologie. Eine historische Einführung. Stuttgart u. a.

– (Hrsg.) (1991): Klassiker der Pädagogik. 2 Bde. 2. Aufl. München

Schiffler, H., Winkeler, R. (1991): Bilderwelten der Erziehung. Die Schule im Bild des 19. Jahrhunderts. Weinheim/München

Schlegel, J. (1971): Abriß zur geschichtlichen Entwicklung des Hilfsschulwesens und der Hilfsschulpädagogik vor der Zeit des Frühkapitalismus bis zur Gegenwart. 1. u. 2. Teil. Studienmaterial. Hrsg. v. der Abteilung Fernstudium Hilfsschulpädagogik an der Sektion Rehabilitationspädagogik und Kommunikationswissenschaft der Humboldt-Universität zu Berlin. Berlin

Schmalenbach, B. (2002): Karl König (1902–1966). In: Buchka/Grimm/Klein (2002), 145–158

Schmidt, J.-T., Lerch, D. (2005): Aux origines de l'enseignement spécialisé en Alsace: les classes auxiliaires à Strasbourg de 1889 à 1918. Handicap. Revue des Sciences humaines et sociales 105/106, 7–19

Schmitt, H. (2001): Selbstorganisation, Bildungsfähigkeit und Zwang: Die Reform der Elementarschulen in der Provinz Brandenburg 1809–1816. In: Apel/Kemnitz/Sandfuchs (2001), 125–139

– (2003): Pädagogen im Zeitalter der Aufklärung – die Philanthropen: Johann Bernhard Basedow, Friedrich Eberhard von Rochow, Joachim Heinrich Campe, Christian Gotthilf Salzmann. In: Tenorth (2003), 1. Bd., 119–143

Schmuhl, H.-W. (1992): Rassenhygiene, Nationalsozialismus, Euthanasie. Von der Verhütung zur Vernichtung „lebensunwerten" Lebens. 1890–1945. 2. Aufl. Göttingen

– (2005): Friedrich von Bodelschwingh. Rowohlts Monographien. Reinbek

Scholz-Ehrsam, E. (1963): Hilfsschulen. In: Pädagogische Enzyklopädie. Berlin, 414–418

Schott, W. (1995): Das k. k. Taubstummen-Institut in Wien 1779–1918. Wien/Köln/Weimar

Schrenk, C. (2002): Rudolf Kraemer. Ein Leben für die Blinden (1885–1945). Doktor der Rechtswissenschaften. Wegbereiter der Blindenselbsthilfe. Kritiker des Nationalsozialismus. Heilbronn

Schriewer, J. (1983): Pädagogik – ein deutsches Syndrom? Universitäre Erziehungswissenschaft im deutsch-französischen Vergleich. Zeitschrift für Pädagogik 29, 359–389

Schröder, U. (2005): Lernbehindertenpädagogik. Grundlagen und Perspektiven sonderpädagogischer Lernhilfe. 2. Aufl. Stuttgart

Schuber, M. (1986): Begründung des deutschen Blindenbildungswesens. Entstehung und Entwicklung des deutschen Blindenbildungswesens in der ersten Hälfte des 19. Jahrhunderts. Frankfurt a. M. u. a.

Schümann, B. (2001): Heinrich Matthias Sengelmann als Stifter und Anstifter der Behindertenarbeit. Münster u. a.

Schumann, G., Schumann, P. (Hrsg.) (1912): Samuel Heinickes Gesammelte Schriften. Wiegandt, Leipzig

Schumann, P. (1940): Geschichte des Taubstummenwesens vom deutschen Standpunkt aus dargestellt. Frankfurt a. M.

Schwartz, M. (1995): Sozialistische Eugenik. Eugenische Sozialtechnologien in Debatten und Politik der deutschen Sozialdemokratie 1890–1933. Bonn

Sichler, M. (2002): Hermann Piper und die Idiotenanstalt in Berlin-Dalldorf. Berlin (unveröff.)

Siepmann, G., Neumüller, H. u. a. (1986): Rehabilitationspädagogik für schulbildungsunfähige intellektuell Geschädigte. Berlin

Singer, P. (1984): Praktische Ethik. Stuttgart

– (1994): Praktische Ethik. 2. Aufl. Stuttgart

Solarová, S. (1983): Sehbehindertenpädagogik. In: Solarová, S. (Hrsg.): Geschichte der Sonderpädagogik. Stuttgart, 332–361

Speck, O. (1964): Schulen für nichthilfsschulfähige schwachbildbare Kinder in Bayern. In: Zschr. f. Heilpädagogik 15 (1964), 351–356

– (1996): Erziehung und Achtung vor dem Anderen. Zur moralischen Dimension der Erziehung. München

– (1999): Die Ökonomisierung sozialer Qualität. Zur Qualitätsdiskussion in Behindertenhilfe und Sozialer Arbeit. München/Basel

– (2003): System Heilpädagogik. Eine ökologisch-reflexive Grundlegung. 5. Aufl. München

– (2005): Menschen mit geistiger Behinderung. Ein Lehrbuch zur Erziehung und Bildung. 10. Aufl. München

Stadler, H. (2004): Die Unterrichts- und Beschäftigungsanstalt für krüppelhafte Kinder des Edlen von Kurz in München. In: Stadler/Wilken (2004), 46–81

–, Wilken, U. (2004): Pädagogik bei Körperbehinderung. Studientexte zur Geschichte der Behindertenpädagogik. 4. Bd. Weinheim/Basel/Berlin

Stept, H.-J. (2001): Gehörlose im 3. Reich. In: Deutsche Arbeitsgemeinschaft für Evangelische Gehörlosenseelsorge (Hrsg.): Gehörlos- nur eine Ohrensache? Aspekte der Gehörlosigkeit. 2. überarb. Aufl. Göttingen, 21–26

Störmer, N. (1991): Innere Mission und geistige Behinderung. Von den Anfängen der Betreuung geistig behinderter Menschen bis zur Weimarer Republik. Münster

Strachota, A. (2002): Heilpädagogik und Medizin. Eine Beziehungsgeschichte. Wien

Stübig, H. (1999): Nationalerziehung und Pestalozzi-Rezeption: Das Beispiel Wilhelm Harnisch. In: Schmitt, H., Tosch, F. (Hrsg.): Erziehungsreform und Gesellschaftsinitiative in Preußen 1798–1840. Berlin, 134–153

Synwoldt, J. (1979): Von der Hilfsschule zur Schule für Lernbehinderte. Die Förderung der schwachbefähigten Kinder am Beispiel des Landes Berlin. Berlin

Tenorth, H.-E. (1988): Geschichte der Erziehung. Einführung in die Grundzüge ihrer neuzeitlichen Entwicklung. Weinheim

– (1992): Geschichte der Erziehung. Einführung in die Grundzüge ihrer neuzeitlichen Entwicklung. 2. Aufl. Weinheim/München

– (2002): Historische Bildungsforschung. In: Tippelt, R. (Hrsg.): Handbuch Bildungsforschung. Opladen, 123–140

– (Hrsg.) (2003): Klassiker der Pädagogik. 2 Bde. München

– (2006a): Bildsamkeit und Behinderung – Anspruch, Wirksamkeit und Selbstdestruktion einer Idee. In: Raphael, L., Tenorth, H.-E. (Hrsg.): Ideen als gesellschaftliche Gestaltungskraft im Europa der Neuzeit. Beiträge für eine erneuerte Geistesgeschichte. München, 497–520

– (2006b): Eugenik im pädagogischen Denken des nationalsozialistischen Deutschland – oder: Rassismus als Grenzbegriff der Pädagogik. In: Horn, K.-P. u. a. (Hrsg.): Pädagogik im Militarismus und im Nationalsozialismus. Japan und Deutschland im Vergleich. Bad Heilbrunn, 33–44

Teumer, J. (Hrsg.) (1997): Zum Beispiel: Albert Gutzmann. Leben und Wirken eines bedeutenden Gehörlosen- und Sprachheilpädagogen. Berlin

Tomasik, E. (1991): Maria Grzegorzewska – die Gründerin der Spezialpädagogik. In: Bachmann, W., Eckert, U., Poznánski, K. (Hrsg.): Tradition und Trends der polnischen Sonderpädagogik. Giessen, 42–51

Trüper, H. (1966): Johannes Trüper. 1855–1921. In: Franz, G., Flitner, W. (Hrsg.): Thüringer Erzieher. Köln/Graz, 300–327

United Nations Educational, Scientific and Cultural Organization (UNESCO); Ministery of Education and Science Spain (Hrsg.) (1994): World Conference on Special Needs Education: Access and Quality. Final Report. Salamanca

van Dick, L. (1988): Oppositionelles Lehrerverhalten 1933 bis 1945. Biografische Berichte über den aufrechten Gang von Lehrerinnen und Lehrern. Weinheim/München

Vds-Landesverband Hessen e. V. (1996): Schreiben an das Kollegium der August-Henze-Schule Frankfurt am Main vom 19.2.1996 (unveröffentlicht)

Verband Deutscher Sonderschulen e. V. (1986): Diskussion um Gustav Lesemann. Zeitschrift für Heilpädagogik 37, 714–715

Vial, M. (1984): La création des classes du perfectionnement en 1909 et les débiles des psychologues : ou comment s' écrit l 'histoire. In : Cresas: Intégration ou marginalisation ? Aspects de l'éducation spécialisé. Paris, 47–73

– (1990): Les enfants anormaux à l'école. Aux origines de l'éducation spécialisée 1882–1909. Paris

–, Plaisance, J., Stiker, H.-J. (2000): Enfants sourds, enfants aveugles au début du XXème Siècle. Autour de Gustave Baguer. Paris

Vial, M., Hugon, A.-M. (1998): La Commission Bourgeois (1904–1905). Documents pour l'histoire de l'éducation spécialisée. Paris

Wachtel, G., Dietze, S. (Hrsg.) (2001): Heil- und Sonderpädagogik – auch im 21. Jahrhundert eine Herausforderung. Weinheim/Basel

Walk, J. (1996): Jüdische Sondererziehung im Dritten Reich. In: Ellger-Rüttgardt (1996), 45–70

Wanccck, O. (1969): Geschichte der Blindenpädagogik. Berlin

Wehler, H.-U. (1989): Deutsche Gesellschaftsgeschichte. Bd. 1 + 2. München

– (1995): Deutsche Gesellschaftsgeschichte. 3. Bd. München

– (2003): Deutsche Gesellschaftsgeschichte. 4. Bd. München

Weingart, P., Kroll, J., Bayertz, K. (1988): Rasse, Blut und Gene. Geschichte der Eugenik und Rassenhygiene in Deutschland. Frankfurt a. M.

Weinmann, U. (2001): Zur Aktualität und Geschichte des Fachdiskurses der Behindertenpädagogik über Normalität und Behinderung – mit besonderer Berücksichtigung des Pädagogen Marianus Deinhardt (1821–1880). Behindertenpädagogik 40, 418–447

Werner, B. (1999): Sonderpädagogik im Spannungsfeld zwischen Ideologie und Tradition. Zur Geschichte der Sonderpädagogik unter besonderer Berücksichtigung der Hilfsschulpädagogik in der SBZ und der DDR zwischen 1945 und 1952. Hamburg

– (2004): Die Erziehung des Wilden von Aveyron. Ein Experiment auf der Schwelle zur Moderne. Frankfurt a. M.

Weygand, Z. (1994): Von der Fürsorge zur Bildung: Die Taubstummen und die Blinden vom Mittelalter bis zum Ende des 18. Jahrhunderts. blind – sehbehindert 114, 80–92

– (2003): Vivre sans voir. Les aveugles dans la société française, du Moyen Age au siècle de Louis Braille. Paris

Wilken, U. (1983): Körperbehindertenpädagogik. In: Solarová, S. (Hrsg.): Geschichte der Sonderpädagogik. Stuttgart, 212–259

– (2004): Selbsthilfevereinigungen bei Körperbehinderten. In: Stadler, H./ Wilken, U. (Hrsg.): Pädagogik bei Körperbehinderung. Bd. 4 der „Studientexte zur Geschichte der Behindertenpädagogik" Weinheim, Berlin, 249–292

Willems, S. (1995): Lothar Kreyssig. Vom eigenen verantwortlichen Handeln. Eine biographische Studie zum Protest gegen die Euthanasieverbrechen in Nazi-Deutschland. Berlin

Winkler, H. A. (1994): Weimar 1918–1933. Die Geschichte der ersten deutschen Demokratie. 2. Aufl. München

– (2000): Der lange Weg nach Westen. 2 Bde. München

Wittenberg, L. (2002): Geschichte der Individualpsychologischen Versuchsschule in Wien. Eine Synthese aus Reformpädagogik und Individualpsychologie. Wien

Wolfisberg, C. (2002): Heilpädagogik und Eugenik. Zur Geschichte der Heilpädagogik in der deutschsprachigen Schweiz (1800–1950). Zürich

Zentralwohlfahrtsstelle der Deutschen Juden e. V. (Hrsg.) (1987): Die Zentralwohlfahrtsstelle. Der jüdische Wohlfahrtsverband in Deutschland. Eine Selbstdarstellung. Frankfurt a. M.

Zimmermann, V. (2004): „Den neuen Menschen schaffen". Die Umerziehung von schwererziehbaren und straffälligen Jugendlichen in der DDR (1945–1990). Köln/Weimar/Wien

Zitt, R. (1998): Sozialpolitische Kursbestimmungen der Inneren Mission und Finanzierungsmodelle ihrer Arbeit. In: Röper/Jüllig (1998), 102–111

Zmarzlik, H.-G. (1963): Der Sozialdarwinismus in Deutschland als geschichtliches Problem. Vierteljahreshefte für Zeitgeschichte 11, 246–273

Zymek, B. (1989): Schulen, Hochschulen, Lehrer. In: Langewiesche, D., Tenorth, H.-E. (Hrsg.): Handbuch der deutschen Bildungsgeschichte. 5. Bd., 155–208

Bildquellennachweis

S. 22: Verein zur Förderung des Museums für Blinden-wesen e. V. VFMB Berlin; Blinden-Museum, Berlin 1991, 101

S. 24: Verein zur Förderung des Museums für Blinden-wesen e. V. VFMB Berlin; Blinden-Museum, Berlin 1991, 144

S. 26: Bildarchiv Preußischer Kulturbesitz

S. 27: Heilpädagogisches Archiv Berlin

S. 30: Archiv Gerstenberg, Wietze

S. 30: Gemälde von Maurice Quentin de La Tour, Musée Jean Jacques Rousseau, Montmorency

S. 33: Emmerig 1927, 37

S. 38: Bachmann o. J., 17

S. 51: Schumann/Schumann 1912, VI

S. 54: Schumann/Schumann 1912, 281

S. 55: Deutsches Institut für Internationale Pädago-gische Forschung 1994, 31

S. 56: Schumann 1915

S. 66: Fürst 2005, 111

S. 69: Demmel 1995, 62

S. 73: Bildarchiv Preußischer Kulturbesitz

S. 77: Emmerig 1927, 48

S. 81: Landesbildstelle Berlin, Nr. 14952

S. 88: Heilpädagogisches Archiv Berlin

S. 89: Heilpädagogisches Archiv Berlin

S. 90: Heilpädagogisches Archiv Berlin

S. 93: Heilpädagogisches Archiv Berlin

S. 94: Heilpädagogisches Archiv Berlin

S. 122: Emmerig 1927, 82

S. 124: Heilpädagogisches Archiv Berlin

S. 124: Heilpädagogisches Archiv Berlin

S. 131: Heilpädagogisches Archiv Berlin

S. 143: Ölgemälde von Wilhelm Zimmer 1906, West-fälische Diakonissenanstalt Sarepta Bethel, Biel-feld

S. 150: Heilpädagogisches Archiv Berlin

S. 154: Heilpädagogisches Archiv Berlin

S. 154: Heilpädagogisches Archiv Berlin

S. 201: Emmerig 1927, 129

S. 209: Heilpädagogisches Archiv Berlin

S. 210: Heilpädagogisches Archiv Berlin

S. 214: Heilpädagogisches Archiv Berlin

S. 216: Heilpädagogisches Archiv Berlin

S. 227: Archiv der Blindenschule Berlin-Steglitz

S. 229: Verein zur Förderung des Museums für Blin-denwesen e. V. VFMB Berlin; Blinden-Museum, Berlin 1991, 49

S. 234: Privatbesitz Sieglind Ellger-Rüttgardt

S. 246: Archiv Johann-August-Zeune-Schule Steglitz

S. 248: Archiv Johann-August-Zeune-Schule Steglitz

S. 281: Jüdisches Museum Frankfurt am Main

S. 283: Staatsbibliothek zu Berlin. Preußischer Kultur-besitz

Verzeichnis der Abkürzungen

AAoPr	Allgemeine Anordnung über die Hilfsschulen in Preußen
ABV	Allgemeiner Blindenverein Berlins
AVH	Bibliothèque et Musée de l'Association Valentin Haüy, Paris
BArch	Bundesarchiv Berlin
BBF	Bibliothek für Bildungsgeschichtliche Forschung, Berlin
BBI	Bundes-Blinden-Institut, Wien
bl.	Blinden-, blind u. Ä.
BLHA	Brandenburgisches Landeshauptarchiv Potsdam
DÖW	Dokumentationsarchiv des österreichischen Widerstandes, Wien
Exod.	Exodus
GStA	Geheimes Staatsarchiv Berlin
GzVeN	Gesetz zur Verhütung erbkranken Nachwuchses
HJ	Hitler-Jugend
HPA	Heilpädagogisches Archiv, Berlin
HSch	Die Hilfsschule
INJA	Archives de l'Institut national des jeunes aveugles, Paris
INJS	Archives et Bibliothèque de l'Institut national des jeunes sourds, Paris
KMK	Kultusministerkonferenz
LAB	Landesarchiv Berlin
NÖLA	Niederösterreichisches Landesarchiv St. Pölten
NSDAP	Nationalsozialistische deutsche Arbeiterpartei
NSLB	Nationalsozialistischer Lehrerbund
NSV	Nationalsozialistische Volkswohlfahrt
ÖStA	Österreichisches Staatsarchiv Wien
RBV	Reichsdeutscher Blindenverband
REGEDE	Reichsverband der Gehörlosen Deutschlands
RJF	Reichsbund jüdischer Frontsoldaten
SBZ	Sowjetische Besatzungszone
Schul A Br	Schularchiv der Kielhornschule, Braunschweig
StA Br	Stadtarchiv Braunschweig
StA Han.	Stadtarchiv Hannover
StA Hbg.	Staatsarchiv Hamburg
StA Köln	Stadtarchiv Köln
StaLa	Stadt- und Landesarchiv Wien
VbAD	Verein der blinden Akademiker Deutschlands
VdHD	Verband der Hilfsschulen Deutschlands
ZWST	Zentralwohlfahrtsstelle der deutschen Juden bzw. der Juden in Deutschland

Verzeichnis der Archive

Archiv des Bundesblinden-Erziehungsinstituts Wien
Archiv des Quinze-Vingts, Paris
Archives de l'Institut national des jeunes aveugles, Paris
Archives et Bibliothèque de l'Institut national des jeunes sourds, Paris
Bibliothek der Sächsischen Landesschule für Hörgeschädigte Samuel Heinicke, Leipzig
Bibliothek des Bundesinstituts für Gehörlosenbildung, Wien
Bibliothek für Bildungsgeschichtliche Forschung, Berlin
Bibliothèque et Musée de l'Association Valentin Haüy
Brandenburgisches Landeshauptarchiv Potsdam
Bundesarchiv Berlin
Dokumentationsarchiv des österreichischen Widerstandes, Wien

Geheimes Staatsarchiv Berlin
Heilpädagogisches Archiv, Berlin
Kirmsse-Sammlung, Universität Marburg
Landesarchiv Berlin
Leo Baeck Institut, Jerusalem
Niederösterreichisches Landesarchiv St. Pölten
Österreichisches Staatsarchiv Wien
Schularchiv der Hamburger Sonderschule Carsten Rehder Straße (ehem. Hafenstraße)
Schularchiv der Kielhornschule, Braunschweig
Staatsarchiv Hamburg
Stadt- und Landesarchiv Wien
Stadtarchiv Braunschweig
Stadtarchiv Hannover
Stadtarchiv Köln
Wiener Library, Tel Aviv

Zeittafel

Jahr	Allgemeine Geschichte	Pädagogik und Politik für Behinderte
1724		Der „wilde Peter von Hameln" wird aufgegriffen und für einen Erziehungsversuch nach England gebracht.
1740–1780	Kaiserin Maria Theresia	
1740–1786	König Friedrich der Große	
1749	Goethe * in Frankfurt a. M.	Denis Diderot veröffentlicht seinen „Brief über die Blinden".
1756–1763	Siebenjähriger Krieg	
1762		Jean-Jacques Rousseau veröffentlicht seinen Erziehungsroman „Emile".
1763		Abbé de l'Epée beginnt mit dem Unterricht mitteloser taubstummer Schüler in Paris. Erste Schule für Gehörlose in Edinburgh (Thomas Braidwood).
1772		Der Landreformer und Philanthrop Fritz Eberhardt v. Rochow gründet eine Elementarschule in Reckahn/Brandenburg.
1776	Unabhängigkeitserklärung der USA, Erklärung der Menschenrechte	Charles Michel de l'Epée: „Institution des sourds et muets par la voie des signes méthodiques" (dtsch.: Die Unterweisung der Taubstummen durch die methodischen Zeichen. Stade 1910).
1777		Johann Heinrich Pestalozzi: Erziehungsversuch auf dem Neuhof mit verwaisten, verwahrlosten und behinderten Kindern.
1778		Gründung des Leipziger Taubstummeninstituts durch Kurfürst Friedrich August v. Sachsen und Berufung Samuel Heinickes zu dessen Leiter.
1779		Gründung des k. k. Taubstummen-Instituts Wien durch Kaiser Joseph II.
1784	Immanuel Kant: „Was ist Aufklärung?"	Die blinde Wienerin Maria Theresia Paradis, Sängerin, Pianistin und Komponistin tritt in Paris auf und trifft V. Haüy. Schule für Gehörlose in Rom.
1785		Valentin Haüy eröffnet die erste Blindenschule in Paris.

(Fortsetzung Zeittafel)

Jahr	Allgemeine Geschichte	Pädagogik und Politik für Behinderte
1786		Schule für Gehörlose in Prag. Valentin Haüy: Essai sur l'éducation des aveugles (dtsch.: Abhandlung über die Erziehung blinder Kinder. Dresden 1883).
1787		Schule für Gehörlose in Bordeaux.
1788		Ernst Adolf Eschke, Schwiegersohn Heinickes, beginnt mit dem privaten Unterricht Gehörloser in Berlin.
1789	Ausbruch der Französischen Revolution	
1790		Schule für Gehörlose in Groningen. Anna C. E. Heinicke übernimmt die Leitung des Leipziger Taubstummeninstituts.
1791		Schule für Blinde in Liverpool.
1792–1794	Radikalisierung der Französischen Revolution	
1792		Schule für Blinde in Edinburgh.
1793		Schule für Blinde in Bristol.
1795	Russland, Österreich und Preußen vereinbaren die 3. Teilung Polens und damit Zerschlagung des polnischen Staates (bis 1918).	
1799–1815	Napoléon I., Kaiser der Franzosen	
1799		Schule für Blinde in London.
1800		Schule für Gehörlose in Barcelona. Schule für Gehörlose in Waitzen (Vác) in Ungarn. Victor, der „Wilde von Aveyron", wird in die Taubstummenanstalt von Paris gebracht.
1800–1806		Der Mediziner Jean Itard unternimmt einen Erziehungsversuch mit Victor.
1803		Nachhilfeklasse in Zeitz.
1804		Schule für Blinde in Wien (Johann Wilhelm Klein).

(Fortsetzung Zeittafel)

Jahr	Allgemeine Geschichte	Pädagogik und Politik für Behinderte
1805		Schule für Gehörlose in Madrid (Roberto Francisco Prádez).
1806	Ende des Heiligen Römischen Reiches Deutscher Nation, Gründung des Rheinbundes	Haüy bricht nach St. Petersburg auf und macht Station in Berlin, wo er im Juli dem preußischen König Friedrich Wilhelm III. seine Unterrichtserfolge präsentiert. August Zeune wird mit der Gründung eines Berliner Blindeninstituts beauftragt. Schulen für Gehörlose in Pawlowsk und St. Petersburg.
1807–1811	Napoléon I. herrscht über Mitteleuropa	
1807		Schule für Gehörlose in Kopenhagen. Schulen für Blinde in Mailand und St. Petersburg (Haüy).
1808		Schule für Gehörlose in Gent. Schulen für Blinde in Amsterdam, Prag und Stockholm.
1809		Schule für Gehörlose in Stockholm. Schulen für Blinde in Dresden und Zürich. Wilhelm v. Humboldt übernimmt in Preußen die Leitung der „Sektion für Kultus und Unterricht" und fördert den Unterricht Gehörloser und Blinder; Gehörlosen- und Blindeninstitut gehören nun zum Erziehungsministerium.
1811		Schule für Blinde in Kopenhagen.
1812–1815	Kriege gegen Napoléon I. stärken überall das Nationalbewusstsein.	
1813		Johannes Daniel Falk gründet die „Gesellschaft der Freunde in der Not" und den Lutherhof in Weimar.
1815	Wiener Kongress: Reaktionäre „Neuordnung" Europas, Gründung des Deutschen Bundes	
1815–1847	Der Deutsche Vormärz: Das „System Metternich" unterdrückt jegliche Freiheitsbewegungen.	

(Fortsetzung Zeittafel)

Jahr	Allgemeine Geschichte	Pädagogik und Politik für Behinderte
1816		Gotthard Guggenmoos errichtet eine „Kretinen-schule" in Hallein, ab 1829 in Salzburg.
1817		Nach einer Europareise beginnt Thomas Hopkins Gallaudet mit dem Unterricht Gehörloser in Hartford/Connecticut.
1818		Schule für Gehörlose in New York. Gründung des Perkins Instituts für Blinde in Boston, Mitbegründer ist der Mediziner Samuel Gridley Howe.
1819		Johann Wilhelm Süvers, ein enger Mitarbeiter v. Humboldts, unterbreitet einen Gesetzesentwurf für ein egalitäres Schulsystem.
1820		Armenschullehrer Traugott Weise, Zeitz: „Betrach-tungen über geistesschwache Kinder in Hinsicht der Verschiedenheit, Grundursachen, Kennzeichen und der Mittel, ihnen auf leichte Art durch Unterricht beizukommen. Mit besonderer Rücksicht auf die Pestalozzi'sche Rechenmethode".
Seit den 1820er Jahren	Frühindustrielle Massenarmut prägt den Begriff „Pauperismus".	
1821		Einführung der Punktschrift in der Pariser Blinden-anstalt – eine Erfindung von Charles Barbier de La Sarre und weiterentwickelt von dem Blinden Louis Braille.
1824		Schule für Gehörlose in Trondheim/Norwegen.
1827		F. Adolph W. Diesterweg: „Über den Gebrauch der Kinder zu Fabrikarbeitern. Aus pädagogischem Gesichtspunkte betrachtet".
1828		Schulabteilung für Blödsinnige an der Irrenanstalt Bicêtre (Paris).
1830	Julirevolution in Frankreich verstärkt den Einfluss der Großbourgeoisie (Bürger-könig Louis Philippe).	
1831		Schulabteilung für Blödsinnige an der Irrenanstalt La Salpêtrière (Paris).

Jahr	Allgemeine Geschichte	Pädagogik und Politik für Behinderte
1832	Goethe † in Weimar	Johann Nepomuk M. Edler von Kurz, Initiator der „Technischen Industrieanstalt für arme krüppelhafte Kinder" in München.
1833		Johann Hinrich Wichern ruft das „Rauhe Haus" in Hamburg ins Leben.
1834		Das erste Institut für Blinde und Taubstumme in Portugal wird durch den Schweden Aaron Borg gegründet. Erste Vereinsbildung für Gehörlose in Paris, die „Société universelle des sourds-muets"
1835		Nachhilfeklasse in Chemnitz („Notschule").
1837		Aufnahme der taubblinden Laura Bridgman in die Bostoner Blindenanstalt und Unterrichtung durch Samuel Gridley Howe.
1840		Edouard Séguin eröffnet eine kleine Privatanstalt für Taubstumme in der Rue Pigalle (Paris).
1841		Der Mediziner Hans Jacob Guggenbühl eröffnet die Kretinenanstalt auf dem Abendberg bei Interlaken (Schweiz).
1845		Der Taubstummenpädagoge Carl-Wilhelm Saegert eröffnet eine private Heilanstalt für Blödsinnige in Berlin.
1846		Schule für Gehörlose in Porvoo Bargö (Helsinki). Séguin veröffentlicht „Traitement moral, hygiène et éducation des idiots". Hubertusburg/Sachsen: die erste staatliche Erziehungsanstalt für Blödsinnige auf deutschem Boden.
1848	Februarrevolution in Frankreich führt zur Märzrevolution in Deutschland (Zentren: Berlin, Wien, Frankfurt a. M.). Erstes gewähltes gesamtdeutsches Parlament in der Frankfurter Paulskirche (Nationalversammlung).	Erster deutscher Taubstummenverein in Berlin.

(Fortsetzung Zeittafel)

Jahr	Allgemeine Geschichte	Pädagogik und Politik für Behinderte
1849	Fast überall Fehlschlag der Revolution; in Frankreich mündet sie im Kaisertum Napoléons III. (1851), in Deutschland Wiederherstellung des Deutschen Bundes (1851). Nur in Italien beginnt der Prozess der staatlichen Einheit (erreicht 1861).	
1853–1855	Graf Arthur Gobineau: „Essais sur l'inégalité des races humaines" (dtsch.: „Die Ungleichheit der Menschenrassen").	
1857		Pfarrer Julius Disselhoff erreicht öffentliche Wirkung mit seiner Schrift „Die gegenwärtige Lage der Kretinen, Blödsinnigen und Idioten in den christlichen Ländern".
1856–1866		Die Erziehungsanstalt „Levana" für behinderte und nicht behinderte Kinder auf Schloss Liesing bei Wien unter der Leitung von Jan Daniel Georgens, Heinrich Deinhardt und Jeanne-Marie v. Gayette.
1859	Charles Darwin veröffentlicht sein bahnbrechendes Werk „On the origins of species by means of natural selection, or the preservation of the favoured races in the struggle for life" (dtsch.: Über die Entstehung der Arten durch natürliche Zuchtwahl oder die Erhaltung der begünstigten Rassen im Kampfe ums Dasein).	Nachhilfeklasse Halle a. S.
1861		Schule für Blinde in Christiania (Oslo).
1861/63		Georgens und Deinhardt veröffentlichen ihr zweibändiges Werk „Die Heilpädagogik mit besonderer Berücksichtigung der Idiotie und der Idiotenanstalten".

Jahr	Allgemeine Geschichte	Pädagogik und Politik für Behinderte
1863	Gründung des Allgemeinen Deutschen Arbeitervereins durch F. Lassalle in Leipzig.	
1864	Krieg Preußens und Österreichs gegen Dänemark um Schleswig und Holstein.	Der Leipziger Taubstummenlehrer Heinrich Stötzner: „Schulen für schwach befähigte Kinder".
1865	Krieg Preußens gegen Österreich.	
1867		Nachhilfeklasse Dresden.
1869	Francis Galton begründet mit seinem Werk „Hereditary Genius" die Rassenhygiene.	
1870/71	Krieg der deutschen Fürsten unter Führung Preußens gegen Frankreich führt zum Ende des Kaisertums Napoléons III. (1870) und zur Gründung des Deutschen Kaiserreichs unter Wilhelm I. in Versailles (1871). Elsass und Lothringen vom Deutschen Reich annektiert.	
1872	Beginn des „Kulturkampfs" in Preußen	„Allgemeine Bestimmungen betreffend das Volksschul-, Präparanden- und Seminarwesen", die einen Niveau-Anstieg des Volksschulwesens zur Folge haben. Erstes Treffen der nordeuropäischen „Abnormenlehrer" in Kopenhagen. Eröffnung des Israelitischen Blinden-Instituts „Hohe Warte" in Wien durch Ludwig August Frankl.
1873		Markus Reich gründet in Fürstenwalde/Brandenburg die Israelitische Taubstummenanstalt; 1890 Umzug nach Berlin-Weißensee.
1874		Erster Kongress Gehörloser in Wien.
1875	Die „Sozialistische Arbeiterpartei Deutschlands" in Gotha gegründet.	

Jahr	Allgemeine Geschichte	Pädagogik und Politik für Behinderte
1878–1890	Die Sozialistengesetze grenzen große Teile der Arbeiterschaft gesellschaftlich und politisch als „vaterlandslose Gesellen" aus.	
1879		Nachhilfeklasse Elberfeld.
1880		Berlin eröffnet eine kommunale Idiotenanstalt, Leiter: Hermann Piper. Therese Platz: „Die Heilpflege und Erziehung zurückgebliebener, schwachsinniger und idiotischer Kinder". Pastor Heinrich Matthias Sengelmann aus Hamburg begründet die „Konferenz für das Idiotenwesen", die interdisziplinär konzipiert ist.
1881		Gründung einer Schwachsinnigenklasse in Leipzig und einer Hilfsklasse in Braunschweig.
1882		Einführung der allgemeinen Schulpflicht in Frankreich.
1884–1889	Bismarcks Sozialgesetzgebung; ursprünglich zur Abwehr der Sozialisten konzipiert, gilt sie bald international als vorbildlich.	
1884/1885	Deutschland beginnt als „verspätete Nation" mit eigener Kolonialpolitik.	
1886		In Nowawes bei Potsdam beginnt die Unterrichtung Taubblinder.
1887		Heinrich Kielhorn hält auf der 27. Allgemeinen Deutschen Lehrerversammlung in Gotha seinen Vortrag „Schulen für schwachbefähigte Kinder".
1888	„Dreikaiserjahr": Auf Wilhelm I. folgt Friedrich III. und bald Wilhelm II.	
1892		Der schweizerische Psychiater Auguste Forel führt die erste eugenisch begründete Sterilisation durch. Hamburg gründet eine Hilfsschule im Stadtteil St. Pauli.
1893		Preußisches Gesetz über erweiterte Armenpflege, das die Provinzen verpflichtet, für mittellose Geisteskranke, Idioten und Epileptische zu sorgen.

Jahr	Allgemeine Geschichte	Pädagogik und Politik für Behinderte
1894		Gründung des „Bundes Deutscher Taubstummen-lehrer" in Augsburg. Gründung der ersten privaten Anstalt und Schule für geistig behinderte Kinder und Epileptiker in St. Petersburg durch Jekaterina Konstantinowna Gracheva.
1895		Durch preußischen Ministerialerlass werden die Idiotenanstalten der Medizinalbürokratie unterstellt; die Leitungsfunktion wird ausschließlich Medizinern übertragen. Hilfsschule in Mülhausen/Elsass.
1897		Hilfsschule in Straßburg/Elsass.
ab 1898	Flottengesetze verstärken die Aggressivität deutscher Außenpolitik.	Gründung des „Verbandes der Hilfsschulen Deutschlands".
1900	Auslobung einer hoch-dotierten Preisfrage durch die Fa. Krupp: „Was lernen wir aus den Prinzipien der Deszendenztheorie in Beziehung auf die innenpolitische Entwicklung und Gesetzgebung der Staaten?"	Die schwedische Schriftstellerin, Frauenrechtlerin und Pädagogin Ellen Key veröffentlicht „Das Jahrhundert des Kindes".
1902		Schwerhörigenschule in Berlin (Dionys Reinfelder).
1904	Blutige Niederschlagung von Aufständen in Deutsch-Südwestafrika	
1905	1. Revolution in Russland bleibt nahezu erfolglos.	Der Mediziner Alfred Ploetz gründet die „Gesellschaft für Rassenhygiene".
1907	„Internationale Gesellschaft für Rassenhygiene"	Alfred Binet und Théodore Simon: „Les enfants anormaux".
1908		Sally Bein gründet die „Israelitische Erziehungsanstalt für geistig zurückgebliebene Kinder" in Beelitz/b. Berlin.
1909	Schwedische Gesellschaft für Rassenhygiene (Svenkt sällskap för rashygien)	Französisches Gesetz über die Einrichtung von Hilfsklassen bzw. -schulen (classes et écoles de perfectionnement). „Erster Deutscher Blindentag" in Dresden.

Jahr	Allgemeine Geschichte	Pädagogik und Politik für Behinderte
1911		Berliner Nebenklassen werden in selbständige Hilfsschulen umgewandelt. Einführung der Schulpflicht für Gehörlose und Blinde. Verbindliche Fachprüfung für Blinden- und Gehörlosenlehrer.
1912	Erster internationaler eugenischer Kongress in London. Die SPD wird erstmals stärkste Partei im Reichstag.	
1913		Gründung des Dachverbandes „Reichsdeutscher Blindenverband" in Berlin. Otto Rühle „Das proletarische Kind" (2. Aufl. 1922). Sprachheilschule Wien.
1914	Ausbruch des Ersten Weltkrieges.	
1916/17	Der harte Winter und die schlechte Versorgungslage („Steckrübenwinter") fordern in Deutschland eine große Anzahl von Hungertoten.	„Hungersterben" in Psychiatrieanstalten.
1917	Februar- und Oktoberrevolution beenden in Russland die Zarenherrschaft und führen zur Machtübernahme durch die Kommunisten. In Deutschland spaltet sich die Linke in SPD, USPD und Spartakusbund (Kommunisten).	„Zentralwohlfahrtsstelle der Deutschen Juden".
1918	Ende des Ersten Weltkrieges und Novemberrevolution in Deutschland; Ende des deutschen Kaiserreichs.	
1919–1933	„Weimarer Republik"; 1. Republik in Deutschland.	

Jahr	Allgemeine Geschichte	Pädagogik und Politik für Behinderte
1919	Friedensvertrag von Versailles mit nahezu unerfüllbaren Forderungen an Deutschland. In den ersten Jahren der Republik zahlreiche politische Morde durch nationalistische Fanatiker.	Schulprogramm des Deutschen Lehrervereins. „Selbsthilfebund der Körperbehinderten". Sehschwachenschule Berlin (Georg Levinsohn).
1920	Gründung des Völkerbundes zur Sicherung des Weltfriedens. 1. Staatsstreichversuch (Kapp-Putsch) in Deutschland.	Gründung der Vereinigung der Blindenlehrer, der „Deutsche Blindenverein". Weimarer Schulkompromiss: Einführung der gemeinsamen vierjährigen Grundschule. Denkschrift des Hilfsschulverbandes zur Einheitsschule. Karl Binding und Alfred Hoche: „Die Freigabe der Vernichtung lebensunwerten Lebens. Ihr Maß und ihre Form".
1921		Sprachheilschule Hamburg.
1922	Erstes staatliches Institut für Rassenbiologie in Uppsala/Schweden	Erster Kongress für Heilpädagogik in München.
1923	Staatsstreichversuch durch die NSDAP (Hitler). Besetzung des Ruhrgebietes durch Frankreich wegen ausbleibender deutscher Zahlungen. Der Franzose A. Briand und der deutsche G. Stresemann erhalten den Friedensnobelpreis.	Jüdische Erziehungskonferenz in Berlin.
1927		„Heilpädagogische Woche" in Berlin.
1928		Gründung der „Heilpädagogischen Lehrerbildungshochschule" in Budapest, erste akademische Ausbildungsstätte für Heilpädagogik in Europa.
ab 1929	Weltwirtschaftskrise; in Deutschland Massenarbeitslosigkeit und Erstarken extremistischer Parteien.	Der Wiener Samuel Krenberger gründet die internationale heilpädagogische Zeitschrift „Levana".
ab 1930	Deutschland wird zunehmend mit Hilfe von „Notverordnungen" regiert.	Heinrich Hanselmann: „Einführung in die Heilpädagogik".

(Fortsetzung Zeittafel)

Jahr	Allgemeine Geschichte	Pädagogik und Politik für Behinderte
1933	Hitler wird vom Staatspräsidenten v. Hindenburg zum Reichskanzler ernannt; durch eine Reihe von Maßnahmen wird die Republik liquidiert und Hitler als „Führer und Reichskanzler" zum Diktator. Sämtliche Vereine, Vereinigungen, Verbände etc. werden entweder mit der NSDAP gleichgeschaltet oder verboten. Gegner kommen in „Konzentrationslager" (KZ's).	„Gleichschaltung" und Selbstauflösung der sonderpädagogischen Lehrerverbände sowie der Behindertenverbände.
1934	Das „Gesetz zur Verhütung erbkranken Nachwuchses" tritt in Kraft (01.01.1934).	Bildung der „Fachschaft V Sonderschulen" im Nationalsozialistischen Lehrerbund (NSLB).
1935	Die „Nürnberger Rassengesetze" legalisieren die Verfolgung von Juden, Sinti und Roma.	
ab 1937	Hitlers Kriegsvorbereitungen werden deutlich.	
1938		Reichsschulpflichtgesetz. „Allgemeine Anordnung über die Hilfsschulen in Preußen"; Ausschulung „Bildungsunfähiger". Theodor Heller begeht Selbstmord in Wien.
1939	Mit dem Überfall auf Polen beginnt der Zweite Weltkrieg. (Oktober): Adolf Hitler erteilt die geheime Weisung zur Durchführung des „Euthanasie"-Programms.	Erster internationaler Kongress für Heilpädagogik in Genf. Frieda Buchholz: „Das brauchbare Hilfsschulkind – ein Normalkind".
1941	(August): Offizieller Stopp der „Euthanasie".	
1942	Die „Wannseekonferenz" beschließt die Ausrottung der europäischen Juden.	Reichseinheitliche „Richtlinien für Erziehung und Unterricht in der Hilfsschule".

Jahr	Allgemeine Geschichte	Pädagogik und Politik für Behinderte
1945	Die bedingungslose Kapitulation aller deutschen Streitkräfte beendet den Zweiten Weltkrieg in Europa. Deutschland wird in vier Besatzungszonen der Siegermächte aufgeteilt. Als Nachfolgeorganisation des Völkerbundes werden die Vereinten Nationen (UNO) gegründet.	
1946	In der SBZ werden SPD und KPD zur SED zwangsvereinigt.	„Gesetz zur Demokratisierung der deutschen Schule" (SBZ).
1947/1948		Beginn der akademischen Ausbildung von Sonderpädagogen an der Humboldt-Universität zu Berlin (SBZ).
1947		Zweiter Pädagogischer Kongress in Leipzig (SBZ).
1948	Erklärung der Menschenrechte durch die Generalversammlung der UNO. Blockade der Viersektorenstadt Berlin durch die sowjetische Armee bleibt erfolglos. In den drei Westzonen wird eine Währungsreform durchgeführt.	Schulgesetz für Groß-Berlin.
1949	Gründung zweier deutscher Staaten: Aus der SBZ wird die DDR, aus den drei Westzonen die BRD; die drei Westberliner Sektoren bleiben unter der Kontrolle der jeweiligen Besatzungsmacht.	Neugründung des Hilfsschulverbandes in der BRD.
1955		Umbenennung des Hilfsschulverbandes in „Verband Deutscher Sonderschulen".
1957	Die „Römischen Verträge" werden zur Keimzelle der späteren Europäischen Union; Versöhnungspolitik mit Frankreich durch Bundeskanzler Adenauer und Staatspräsident de Gaulle.	

Jahr	Allgemeine Geschichte	Pädagogik und Politik für Behinderte
1958	Der dänische Jurist Niels Erik Bank-Mikkelsen formuliert im dänischen „Gesetz über die Fürsorge für geistig Behinderte und andere besonders Schwachbegabte" die sozialpolitische Leitidee der Normalisierung.	Gründung der Elterninitiative „Bundesvereinigung Lebenshilfe für geistig Behinderte e. V." (BRD).
1960		Internationales Symposium zur Defektologie anlässlich der 150-Jahrfeier der Humboldt-Universität zu Berlin (DDR). Ständige Kultusministerkonferenz (KMK): Gutachten zur Ordnung des Sonderschulwesens (BRD).
1961	Bau der Berliner Mauer, die die Stadt endgültig teilt.	
1967/68	Demonstrationen und Tumulte („Studenten-Revolte") erschüttern den restaurativen Charakter der Gesellschaft in der BRD.	
ab 1969	Die Reformpolitik der sozial-liberalen Koalition in der BRD (Bundeskanzler Willy Brandt) legt ihre Schwerpunkte auf die Bildungspolitik und Versöhnung mit den Staaten des kommunistischen Ostblocks.	Deutscher Bildungsrat: „Begabung und Lernen" (1969) (BRD).
1970		Deutscher Bildungsrat: „Strukturplan für das Bildungswesen".
1972		KMK: Empfehlung zur Ordnung des Sonderschulwesens.
1973		Deutscher Bildungsrat: Zur pädagogischen Förderung behinderter und von Behinderung bedrohter Kinder und Jugendlicher.
1984		Der australische Moralphilosoph Peter Singer veröffentlicht sein Buch „Praktische Ethik".

Jahr	Allgemeine Geschichte	Pädagogik und Politik für Behinderte
1989/90	Öffnung der Berliner Mauer. Die weltpolitische Lage ermöglicht den Beitritt der DDR zur BRD. Ende des kommunistischen deutschen Teilstaates.	
1994	Im Grundgesetz wird das Diskriminierungsverbot für Menschen mit Behinderungen verankert.	UNESCO: Salamanca-Erklärung zur „Pädagogik für besondere Bedürfnisse". KMK: Empfehlungen zur sonderpädagogischen Förderung.
2002	Einführung des Euro (€) als übernationale europäische Währung.	
2003		Europäisches Jahr der Menschen mit Behinderung.
2005		Die Französische Nationalversammlung beschließt das Gesetz „pour l'égalité des droits et des chances, la participation et la citoyenneté des personnes handicapées (das Gesetz über die Gleichheit von Rechten und Chancen, über gesellschaftliche Teilhabe und Bürgerrechte), das erstmals das Recht auf Schulbildung verankert.
2006		Die Versammlung der Vereinten Nationen verabschiedet die Konvention „Zur Förderung und zum Schutz der Rechte und Würde von Menschen mit Behinderung" (Convention on the rights of persons with disabilities). BRD: Allgemeines Gleichstellungsgesetz.

Namenregister

Thomas Hülshoff
**Medizinische Grundlagen der
Heilpädagogik**

2005. 429 Seiten. 18 Abb. 2 Tab. 31 Übungsfragen
UTB-M (978-3-8252-2698-5) kt

Dieses Lehrbuch bietet eine breit gefächerte
Übersicht über die medizinischen Aspekte
von Entwicklungsprozessen, Entwicklungs-
störungen und Behinderungen. Es führt anschaulich in neurophysiologische Grundlagen ein und erläutert die Entwicklung des
Zentralen Nervensystems und des kindlichen
Gehirns. Krankheit, Behinderung und die
daraus resultierenden Belastungen werden
vom medizinischen Standpunkt aus definiert. Unter heilpädagogisch
relevanten Aspekten werden Funktionen und Störungen von zentralen
Sinnesleistungen, Motorik, Sprache, Denken und Fühlen sowie die wichtigsten Interventionsformen beschrieben.

ℝV **reinhardt**
www.reinhardt-verlag.de

Otto Speck
System Heilpädagogik

Eine ökologisch reflexive Grundlegung
5., neu bearbeitete Auflage 2003. 547 Seiten.
26 Abb. 7 Tab.
(978-3-497-01626-6) gb

Die fünfte Auflage des Standardwerkes der
Heilpädagogik erscheint in erneut aktualisier-
ter Form. Berücksichtigt werden wichtige
Veränderungen in den gesellschaftlichen und
wissenschaftlichen Rahmenbedingungen in
Theorie und Praxis, ohne dass der Kernbe-
stand des ökologisch-systemtheoretischen
Ansatzes angetastet wurde. So wurden heilpädagogisch relevante
Themen aufgenommen, z. B. die Diskussion um eine eugenisch orientierte Gentechnologie, ökonomisierende Einflüsse, Qualitätsentwick-
lung, die Frage einer neuen Selektion im Schulwesen auf der Basis der
PISA-Studie 2000, Care-Ethik und die wachsende Bedeutung des erzieherischen Verhältnisses.

reinhardt
www.reinhardt-verlag.de

Annette Leonhardt (Hrsg.)
Wie perfekt muss der Mensch sein?

Behinderung, molekulare Medizin, Ethik
2004. 214 Seiten. 3 Abb. 11 Tab.
(978-3-497-01658-7) kt

Der Einsatz modernster Methoden in der Bio-
medizin eröffnet dem Menschen scheinbar
unbegrenzte Möglichkeiten. Der Glaube an die
Machbarkeit oder – je nachdem – Vermeid-
barkeit ist ungebrochen. Der Erwartungsdruck
in Richtung „Perfektionierung" des Menschen
wird größer. Droht damit nicht der Abwei-
chende, der Andere eklatant oder subtil stig-
matisiert zu werden? Im Buch werden Aspekte
von Ethik, molekularer Medizin und Behinderung von hochkarätigen
Fachleuten diskutiert, die zum Teil Mitglieder des Nationalen Ethikrates
sind. Neben Vertretern der Sonderpädagogik, Molekularbiologie und
Medizin äußern sich Wissenschaftler der Moraltheologie, Rechtswissen-
schaft, Soziologie, Philosophie, Bioinformatik, Gesundheitsökonomie
und Philologie.

Mit Beiträgen von Wolfgang van den Daele, Wolfgang Frühwald, Elke
Holinski-Feder, Hans-Georg Koch, Anton Leist, Peter Oberender, Jens
Georg Reich, Wolfgang Schäuble, Horst Dieter Schlosser, Eberhard
Schockenhoff, Otto Speck.

ℝ⁄ reinhardt
www.reinhardt-verlag.de